그러나 내게는 우리 주 예수 그리스도의 십자가 외에
결코 자랑할 것이 없으니
(갈 6:14)

"존 스토트는 모든 주제 중 가장 위대한 주제가 주는 도전에 웅대하게 대응한다. 성경적 정확성, 사려 깊음과 철두철미함, 질서와 체계, 도덕적 경각, 신중한 행보, 균형 잡힌 판단, 실제적 열정 등 우리가 그에게서 기대하는 모든 특질들이 여기에서 가장 충만하게 입증된다. 그의 저서 가운데 가장 위대한 걸작이다."

―제임스 패커, 「하나님을 아는 지식」(IVP) 저자

"'예수 그리스도와 그가 십자가에 못박히신 것 외에는 아무것도 알지 아니하기로 작정하였음이라'는 바울의 열정이, 십자가의 중심성에 관해 쓴 이 고전적인 책 면면에서 공명한다. 더구나, 스토트 박사는 섬기는 지도자로서 일평생 살아감으로 이 책에 쓰인 단어 하나하나를 실증해 주었다."

―마이클 카드, CCM 가수 및 「땅에 쓰신 글씨」(IVP) 저자

"최근 출판된 복음주의 저서들에서는 좀처럼 찾아보기 어려운 심오한 깊이를 담지한 책이다. 그 단순성은 주목하지 않을 수 없으며, 하나님이 우리의 죄, 우리의 반역, 우리의 끔찍한 악을 정복하시는 방식을 파악하는 면에서는 총체적이다."

―데이비드 웰스, 고든콘웰 신학교 교수

"처음 쓰였을 때와 마찬가지로 지금도 적절한 책. 「그리스도의 십자가」는 고전 이상의 책이다. 이 책은 우리 시대에 기독교 메시지의 핵심을 재진술한다. 세례 요한과 마찬가지로, 존 스토트는 '보라 세상 죄를 지고 가는 하나님의 어린양이로다'라고 알리면서, 우리의 에너지를 너무 많이 차지하는 온갖 산만한 것들로부터 주의를 돌려 마음을 정돈하게 한다."

―마이클 호튼, 웨스트민스터 신학교 교수

"한 권의 신학 책이 여섯 가지 주요한 미덕들을 두루 갖춘 경우는 거의 없다. 하지만 존 스토트의 「그리스도의 십자가」는 그 일을 비할 데 없이 훌륭하게 해냈다. 이 책은 십자가에 대해 반드시 말해야 할 것을 말한다. 부드러우나 단호하게, 무엇을 말해선 안 되는지 경고한다. 또한 거듭해서 성경 본문에 근거하여 판단을 내린다. 논증들을 체계적으로 분류하여 주요 부분은 언제나 주요 부분으로 남아 있도록 한다. 게다가 감탄할 정도로 명확하게 쓰였다. 사려 깊은 독자라면 누구나 진정한 찬사와 감사의 마음을 표하지 않을 수 없도록 구성되어 있다.

세상에는 많은 '필독서'가 있다. 그 책들은 모든 목사들의 서가에, 그리고 성경에서 중심 되는 것이 무엇인지 더 잘 파악하고자 하는 평신도들의 서가에 꽂혀 있는 책이다. 이 책이 그 중 하나다."

―D. A. 카슨, 트리니티 신학교 교수

"성경 자체를 빼면, 이 책은 내가 그리스도의 십자가에 대해 읽은 책 중 가장 훌륭한 책이다."

―앤 그레이엄 로츠,
「위기 속에서 만난 주님」(예수 전도단) 저자

"전쟁과 테러가 난무하는 현대 세계에서 그리스도의 십자가보다 더 중요한 묵상의 소재는 없다. 스토트의 성찰들이 우리 안의 사랑을 모두 모아 죽임당한 어린양의 전투를 할 수 있는 용기를 주기를! 십자가는, 이 세상에 우리의 목숨을 바칠 만한 가치가 있는 것은 존재하지만 사람을 살해해도 되는 가치가 있는 것은 없다는 것, 악을 악으로 갚지 않으면서도 악을 정복할 수 있다는 것을 가르쳐 준다. 이 책을 붙잡고 진실로 선하게 살며 진실로 악한 것을 꾸짖을 준비를 하라. 이것은 우리의 믿음에 대한 이야기다."

―샤인 클레어본,
「저항할 수 없는 혁명」(Irresistible Revolution)의 저자

"나는 몇 달에 걸쳐, 천천히, 기도하는 마음으로 이 책을 읽었다. 이 책은 비그리스도인들과 회의주의자들이 십자가에 대해 묻는 질문들에 대답할 수 있도록 나를 구비시켜 주었다."

―아지스 페르난도, 스리랑카 Youth for Christ 전국 책임자

# 그리스도의 십자가

존 스토트 | 황영철·정옥배 옮김

IVP

IVP(InterVarsity Press)는
캠퍼스와 세상 속의 하나님 나라 운동을 지향하는
IVF(InterVarsity Christian Fellowship)의 출판부로
생각하는 그리스도인을 위한 문서 운동을 실천합니다.

Originally published by IVP-England
as *The Cross of Christ* by John R. W. Stott
© 1986, 2006 by John R. W. Stott
Translated by permission of IVP-England
38 De Montfort Street, Leicester LE1 7GP, England

Korean Edition © 1988, 1998, 2007 by Korea InterVarsity Press
156-10 Donggyo-ro, Mapo-gu, Seoul 04031, Korea.

# The Cross of Christ

John R. W. Stott

IVP 모던 클래식스를 펴내며

## 느린 생명의 속도로 가장 먼저 진리에 가 닿다

"참다운 정신으로 참다운 책을 읽는 것은 고귀한 수련"이라고 한 헨리 D. 소로우의 말처럼, 그리스도인에게 독서는 그 어느 수련보다도 평생에 걸쳐 쌓아야 할 영성 훈련이다. 경건한 독서는 성경을 대체하거나 방해하는 것이 아니라 하나님의 말씀을 바르게 사용하도록 하며, 그리스도인의 성품을 영적으로 각성시켜 그분의 나라를 세우도록 도전하기 때문이다.

그러나 '21세기 속도에 발맞춘 생각의 속도'라는 명분으로 독서는 정보 획득의 수단으로 전락해 버리고, 눈과 귀를 자극하며 육감만을 작동시키는 이미지, 온라인 지식 정보로 대체된 읽기 습관, 영상으로 치우쳐 가는 관심은 사고의 획일화와 빈약함, 경박함을 낳고 있다. 거기에다, 새로운 것이라면 더 좋고 진실에 가까울 것이라는 근거 없는 생각이 독서 및 고전에 대한 오해와 무관심은 물론 총체적 지적(知的) 부실이라는 결과를 초래했다.

이러한 상황 가운데 출간하게 된 IVP 모던 클래식스는 복음주의라는 신학적 스펙트럼을 통해 문화, 사회, 정치, 경제, 윤리, 공동체, 세계관, 영성 그리고 신학 등 현대 교회가 직면한 광범위한 주제와 이슈를 다룰 것이다. 이에 대해 단순히 정보를 제공하거나 지적 호기심을 자극하는 데 그치지 않고 주체적이고 적극적인 사고 활동의 기초와 방향을 제시하고자 한다. 이 시리즈는 IVP 모던 클래식스 자문 위원회의 선정 작업을 거쳐 19세기 말에서 20세기까지 출판된 기독교 저작 가운데 선별된다. 고전의 본의를 온전히 담아내면서도 주제, 접근, 기술(記術) 방식 등에 유연성을 부여하여 고전의 대중성 또한 최대한 살리고자 한다. 특별히 독자의 이해를 돕고자 저자와 책 내용에 대한 국내외 전문가의 해설 및 추천 도서를 통해, 분명하고 균형 잡힌 성경적 지혜와 현실 적용 가능한 지식을 한국 교회에 제공하고자 한다.

범람하는 정보들의 무분별한 채택과 즉각적인 결과 기대의 문화적 흐름 속에서, 거듭난 기독교적 지성과 영성 형성을 위해 생명의 속도에 맞추어 고전 읽기에 헌신하는 반(反)시대적 용기가 더욱 절실하다. IVP 모던 클래식스와 함께하는 느리고 진지한 독서를 통해 오히려 가장 먼저 진리에 가 닿을 수 있게 되기를 간절히 바란다.

—IVP 모던 클래식스 기획편집팀

 차례

서문 • 13

제1부 ∽ 십자가를 향하여

    1장 십자가의 중심성 • 27
    2장 그리스도는 왜 죽으셨는가? • 85
    3장 심층적 진리 • 117

제2부 ∽ 십자가의 핵심

    4장 사죄의 문제 • 161
    5장 죄에 대해 만족시킴 • 209
    6장 하나님의 자기 희생 • 251

제3부 ∽ 십자가의 성취

    7장 죄인의 구원 • 313
    8장 하나님의 계시 • 385
    9장 악의 정복 • 433

제4부 ◈ 십자가 아래 사는 삶

　10장 경축하는 공동체 • 483

　11장 자기 이해와 자기 희생 • 519

　12장 원수를 사랑하는 것 • 563

　13장 고난과 영광 • 593

결론: 십자가의 편만한 영향력 • 647

해설: 십자가에 대한 가장 설득력 있는 복음주의적 이해 • 675

참고 도서 • 685

인명 색인 • 705

주제 색인 • 710

성구 색인 • 716

저자 연보 • 729

# 서문

영국 IVP에서 나에게 가장 위대하고 영광스러운 주제인 그리스도의 십자가에 관한 집필을 청한 것을, 나는 무한한 특권으로 생각한다. 나는 영적으로 풍성했던 지난 수년 동안의 사역을 마치면서 분명하고 강한 확신들을 가지게 되었으며, 이 지상에서의 남은 날들을(내가 아는 바 모든 구속받은 사람들은 하늘에서 영원히 살게 될 것이므로) 십자가에 달리신 그리스도께서 행하시는 자유케 하는 사역을 위해 바치기로 굳게 결심하고 있었다.

독서하는 그리스도인들에게 큰 유익을 주고 있으며, 로날드 인클리(Ronald Inchley)와 프랭크 엔트위슬(Frank Entwistle)이 헌신적으로 이끌고 있는 영국 IVP 창립 50주년(1987년이 영국 IVP 창립 50주년 되는 해였다—역주)을 맞아 이 축전의 일부를 십자가에 관한 책이 담당한다는 것은 매우 합당한 일이다. 왜냐하면 복음주의 신앙의 핵심에는 바로 십자가가 있기 때문이다. 사실 이 책에서도 내가 주장하듯이, 역사적·성경적 신앙의 중심에는 십자가가 있다. 그러나 이 사실이 어디서나 인정받는 것은 아닌데, 그러한 현실 자체가 십자가에 대한 고유한 복음주의적 증거가 늘 보존되어야 하는 이유를 충분히 설명해 준다. 복음주의 그리스도인들은, 십자가에 달리신 그리스도 안에서 그리고 그 그리스도를 통하여 하나님이 우리를 대신하여 우리의 죄악을 담당하시고, 우리가 죽어야 할 죽음을 대신 죽으심으로써, 우리로 하여금 그분의 사랑으로 돌아가게 하시고 우리를 그분의 가족으로 입양하셨다는 것을 믿는다. 패커(J. I. Packer) 박사는, 이 믿음은 "전 세계에 퍼진 복음주의 형제를 구별해 주는 표지이며"(비록 어떤 때는 이 믿음이 "비판자들에게 오해를 받아 풍자적으로 묘사되긴" 하지만), "우리를 기독교 복음의 핵심으로 이끈다"고 썼는데[1] 과연 정당한 말이다.

오늘날 UCCF(Universities and Colleges Christian Fellowship: 영국 IVF)로 알려진 단체와 이 단체가 회원으로 가입되어 있는 세계적 단체인 IFES(International Fellowship of Evangelical Students)의 역사에서, 십자가의 중심성은 확실히 생명 같은 요소가 되어 왔다. 이와 관련하여 금세기 초에 특별히 중요한 두 사건이 일어났다.

첫 번째 사건은 CICCU(Cambridge Inter-Collegiate Christian Union, 1877년 설립)가 SCM(Student Christian Movement, 1895년 설립)으로부터 탈퇴한 사건이다. CICCU의 회원들은, 그들이 케임

---

[1] J. I. Packer, "What Did the Cross Achieve?", p. 3.

브리지 종교개혁(Cambridge Reformation)의 위대한 인물들인 빌니(Bilney), 틴데일(Tyndale), 라티머(Latimer), 리들리(Ridley) 그리고 크랜머(Cranmer)의 전통에 서 있다는 것을 의식하고 있었다. 그들은 또한 긍지와 애정을 가지고 찰스 시므온(Charles Simeon)을 회고했는데, 그는 54년 동안(1782-1836) 홀리 트리니티 교회의 교구 목사로서 충실하게 성경을 강해했으며, 그의 기념패가 증언하듯이 "자신의 소망의 근거로서든, 자기의 모든 직무의 주제로서든, 예수 그리스도, 즉 십자가에 달리신 예수 그리스도 외에는 알지 않기로 작정한" 인물이었다. 그러므로 그들이 SCM의 자유주의적인 경향, 특히 성경과 십자가 그리고 심지어는 예수님의 신성에 대해서까지도 취약한 교리에 대하여 점차 각성하게 된 것은 당연한 일이었다. 그래서 SCM의 총무인 타틀로(Tissington Tatlow)가 1910년 3월에 CICCU 회원들을 만났을 때, 그들의 탈퇴 결정을 통고하였던 것이다. 그 이듬해에 하워드 모울(Howard Mowll: 후에 시드니의 대주교와 오스트레일리아의 수좌주교가 되었다)이 CICCU의 회장이 된 다음, 그는 이 단체를 굳건한 복음적 기초 위에 세워 놓았으며, 그 이후로 이 단체는 결코 흔들리지 않았다.[2]

1918년에 제1차 세계대전이 끝나자, 많은 퇴역 군인들이 케임브리지 학생으로 들어갔다. 그 때 CICCU는 SCM보다 훨씬 작았다. 그럼에도 불구하고 SCM 지도자들은[특히 임마누엘(Emmanuel)의 학장인 찰스 레이븐(Charles Raven)] CICCU에 제안하기를, 자기들과 합쳐서 SCM에 결여된 신앙의 열정과 복음주의적 추진력을 공

---

2) Marcus L. Loane이 쓴 *Archbishop Mowll*, 특히 pp. 43-61를 보라. 또한 O. R. Barclay가 쓴 *Whatever Happened to the Jesus Lane Lot?*, 특히 pp. 65-70를 보라.

급해 줄 것을 희망했다. 이 문제를 결정하기 위하여 대니얼 딕 (Daniel Dic: CICCU의 회장)과 노만 그럽(Norman Grubb: CICCU의 총무)이 트리니티 그레이트 코트에 있는, SCM의 총무 롤로 펠리(Rollo Pelly)의 방에서 SCM 위원들을 만났다. 이 중요한 문제에 관하여 노만 그럽이 직접 한 말은 다음과 같다.

> 한 시간 동안 이야기를 나눈 다음에 나는 롤로에게 "SCM은 예수 그리스도의 속죄의 보혈을 중심에 놓고 있는가?"라고 단도직입적으로 물었다. 그러자 그는 잠시 머뭇거리더니, "그것을 인정하기는 하지만 중심에 놓지는 않는다"고 대답했다. 그 대답을 듣고 대니얼 딕과 나는 CICCU 내의 우리의 태도는 결정되었노라고 말했다. 우리는 예수 그리스도의 속죄의 보혈을 중심에 놓지 않는 어떤 것과도 결코 합칠 수 없었다. 그리고 우리는 그들과 헤어졌다.[3]

이 결정은 전쟁 이전의 탈퇴 결정을 거듭 확인했을 뿐만 아니라, IVF의 실제적인 기초가 되었다. 왜냐하면, 만약 CICCU가 케임브리지에 필요하다면, 이와 동일한 종류의 단체가 전 세계의 각 대학에 또한 필요하다는 것을 우리가 깨달은 때가 바로 그 결정으로부터 불과 몇 달 후였기 때문이다.[4] 최초의 대학 연합(Inter-Varsity) 수련회(이는 IVF 수련회의 모체가 되었다—역주)가 1919년 12월에 런던에서 열렸다.

---

3) Norman P. Grubb, *Once Caught, No Escape*, p. 56.
4) F. Donald Coggan (ed.), *Christ and the Colleges*, p. 17.

이 기간에 노만 그룹은 그들의 사상을 표현하는 핵심 본문으로 고린도전서 15:3-4을 인용했다. "내가 받은 것을 먼저 너희에게 전하였노니 이는 성경대로 그리스도께서 우리 죄를 위하여 죽으시고 장사지낸 바 되었다가 성경대로 사흘만에 다시 살아나사." 그러므로 십자가에 관한 다음과 같은 진술을 포함하고 있는 SCM의 1919년 목표와 기초는 고린도전서의 이 말씀과 도저히 조화될 수 없다. "온 인류의 죄를 위하여 하나님이 매일 갚아 주시는 고통의 대가를 갈보리에서 볼 때만 우리는 참된 회개와 사죄를 경험할 수 있으며, 이 경험은 우리로 하여금 전혀 새로운 방식의 삶을 시작할 수 있는 자유를 준다.…이것이 속죄의 의미다."[5] 그러나 우리는 속죄의 의미에 대해 다음과 같이 정중히 대답해야 한다. 곧 속죄의 의미는 갈보리 언덕의 십자가를 바라보는 데서 솟아나는 **우리의** 참회로부터가 아니라, 십자가에 달리신 그리스도 안에서 우리의 죄를 대신 담당하신 **하나님**에게서 발견된다는 사실이다.

속죄에 대한 '객관적' 이해와 '주관적' 이해의 이런 차이는 모든 세대를 통하여 분명하게 구별되어야 한다. IVF의 초대 총무였던 더글라스 존슨(Douglas Johnson) 박사의 말에 따르면, 이 발견이야말로, 제2차 세계대전 이후 수십 년 동안 복음주의 지도자로서 비견할 데가 없는 위치에 있었던 마틴 로이드 존스(Martyn Lloyd-Jones) 박사의 사역의 전환점이었다. 그는 몇몇 친구에게, "1929년에 자신의 안목과 설교에서 근본적인 변화가 일어났다"고 털어놓았다. 물론 그는 사역 초기부터 거듭남이 반드시 필요함을 강조했

---

5) Tissington Tatlow, *Story of the SCM*, p. 630.

다. 하지만 어느 날 밤 남웨일즈의 브리젠드에서 설교를 마친 로이드 존스 목사에게 그곳의 목사는 '그리스도의 십자가와 그 공로'에 대한 언급이 거의 없다고 도전하였다. 로이드 존스는 "즉시 그가 즐겨 찾던 헌책방에 가서 주인에게, 속죄에 관한 대표적인 책을 두 권 요구했다." 책방 주인은…데일(R.W.Dale)의 「속죄」(*The Atonement*, 1875)와 제임스 데니(James Denney)의 「그리스도의 죽음」(*The Death of Christ*, 1902)을 내놓았다. 집에 돌아온 그는 점심과 차 마시는 일까지 거르면서 책에 몰두했으며, 그 모습을 본 부인이 걱정스러운 나머지 의사를 불러야 할지 말아야 할지를 의논하려고 오빠에게 전화를 걸 정도였다. 하지만 그 책들을 다 읽고 난 후 로이드 존스는 '복음의 참된 핵심과, 기독교 신앙의 깊은 의미'를 발견했다고 외쳤다. 그 후로 그의 설교 내용은 바뀌었으며, 따라서 그의 설교 능력도 변했다. 그가 말했듯이, 근본적인 물음은 안셀무스(Anselm)가 물었던 "왜 하나님은 인간이 되셨는가?"가 아니라 "그리스도는 왜 죽으셨는가?"인 것이다.[6]

속죄라는 개념과, '대속'(substitution), '만족시킴'(satisfaction) 그리고 '화목'(propitiation)과 같은 성경의 중요한 개념에 대한 오해를 시정해 주는 속죄에 대한 바른 이해가 얼마나 중요한가를 생각할 때, 나는 다음의 두 가지 사실에 매우 놀랐다. 첫째는, 이 교리가 얼마나 인기 없는 채로 남아 있는가 하는 것이다. 어떤 신학자들은, 이 교리의 성경적 근거가 분명하다는 것을 알면서도 그것을 기

---

6) 이 사실을 나에게 가르쳐 준 Douglas Johnson 박사에게 감사한다. 이 사실은 Iain H. Murray가 *David Martyn Lloyd-Jones*, pp. 190-191에서 제시한 설명을 보완해 주었다.

술하기를 꺼리는 이상한 태도를 보인다. 그 예로서, 나는 뛰어난 침례교 신약학자 빈센트 테일러(Vincent Taylor)를 생각하게 된다. 그의 세심하고도 포괄적인 학문적 업적은 십자가에 관한 세 권의 책―「예수와 그의 희생」(*Jesus and His Sacrifice*, 1937), 「신약의 가르침에 나타난 속죄」(*The Atonement in New Testament Teaching*, 1940), 「용서와 화해」(*Forgiveness and Reconciliation*, 1946)―에서 입증되고 있다. 그는 그리스도의 죽음을 묘사하기 위하여 '대신하는'(vicarious), '구속의'(redemptive), '화목시키는'(reconciling), '보상하는'(expiatory), '희생적인'(sacrificial) 그리고 특히 '대표하는'(representative) 등과 같은 많은 형용사를 동원한다. 그러면서도 그는 그것을 '대속적인'(substitutionary)이라고 묘사할 마음은 내키지 않았다. 초대 기독교의 설교와 신앙 그리고 바울 서신과 히브리서와 요한의 글을 자세히 조사한 그는 그리스도의 사역에 대하여 이렇게 쓴다. "우리가 살펴본 구절 어디에서도 그리스도의 사역이 대속의 사역으로 묘사되지 않는다.…그 견해들을 지지하는 내용을 우리는 어디에서도 발견하지 못했다."[7] 도리어, 그리스도의 일은 "우리를 위하여 성취된 사역이었지, 우리를 대신하여 성취된 사역이 아니었다"(p. 270). 하지만 테일러는 이런 충격적인 이야기를 하면서도, 그리 편안치는 못했음이 분명하다. 그가 주장한 진술의 강도(強度)에 비춰 볼 때, 나중에 그가 다음과 같이 양보할 수밖에 없었던 점은 우리를 어리둥절케 한다. "우리를 대표하는 그리스도의 공로에 관한 신약 성경의 가르침에서 가장 충격적

---

7) Vincent Taylor, *Atonement*, p. 258.

인 특징은, 대표의 교리가 대속의 교리와 겹치지는 않지만 거의 경계선까지 가까이 다가간다는 점일 것이다. 특히 바울의 사상은 대속의 교리와 간발의 차이다"(p. 288). 심지어 그는 신약 신학자들의 태도에 관하여 "우리는 너무나 자주 대속을 다른 것으로 대치하지는 않으면서 그저 부인하려고만 하는데"(p. 289), 이것은 "잘 생각해서 평가하기보다는 열심히 거부하려고만 하는" 사고방식이라고 말한다(p. 301). 하지만 내가 이 책에서 보여 주려고 노력하는 것은, 성경의 속죄 교리는 처음부터 끝까지 대속적이라는 점이다. 테일러가 기피했던 것은 대속의 교리 자체가 아니라 그 사상과 표현의 생경(生硬)함인데, 이 점에 대해서는 이 교리의 주창자들이 자주 잘못을 범했다고 할 수밖에 없다.

그리스도의 십자가의 중심성을 생각해 볼 때 두 번째로 나를 놀라게 한 것은, 거의 반 세기 동안(두세 해 전까지는) 사려 깊은 독자들을 위하여 복음주의 저자가 이 주제에 관하여 쓴 책이 한 권도 없었다는 점이다. 물론 몇몇 작은 책자들과 학적인 저술이 있었던 것은 사실이다. 이 점에서 오스트레일리아 멜버른의 레온 모리스(Leon Morris) 박사가 이 분야에 기울인 뛰어난 노력에 대하여 나는 특별한 찬사를 보내는 바다. 그의 책 「십자가의 사도적 설교」(*Apostolic Preaching of the Cross*, 1955)는 우리 모두에게 큰 유익을 주었으며, 그의 또 다른 책 「속죄」(*The Atonement*, 1983)는 평신도가 이해할 수 있는 내용으로 쓰여 있어 기쁘다. 그는 이 주제에 관한 여러 세대의 광범위한 문헌을 섭렵했으며, 그의 책 「신약의 십자가」(*The Cross in the New Testament*, 1965)는 아마 우리가 사용할 수 있는 가장 광범위한 개관으로 남을 것이다. 나는 진심으로 찬동하는 마음으로, 그의 책에서 "십자가가 신약 성경 전반을 압도하고 있다"(p. 365)는 말을 여기에 인용한다.

하지만 로날드 월러스(Ronald Wallace)의 「그리스도의 속죄의 죽음」(*The Atoning Death of Christ*, 1981)과 마이클 그린(Michael Green)의 「예수의 비어 있는 십자가」(*The Empty Cross of Jesus*, 1984)가 최근에 출판되기까지 IVF가 최초로 출간한 길보드(H. E. Guillebaud)의 「왜 십자가인가?」(*Why the Cross?*, 1937) 이래로, 내가 생각하는 독자층을 위한 복음주의적 서적은 찾을 수 없다. 길보드의 이 책은 과감한 작업이었으며, 대속의 교리를 비판하는 사람들에 정면으로 맞서서 세 가지 질문을 제기하였다. (1) "그 교리는 기독교적인가?"(즉 예수님과 그분의 사도들의 가르침과 일치하는가?) (2) "그 교리는 비도덕적인가?"(즉 정의에 부합하는가, 부합하지 않는가?) (3) "그 교리는 믿을 수 없는 것인가?"(즉 죄책을 느끼는 때와 그것의 전가 같은 문제들에 부합하는가, 부합하지 않는가?)

이제 나의 관심은 좀더 넓은 범위에까지 미치게 되었다. 이 책은 속죄만을 다루지 않고 십자가까지 다루기 때문이다. 제1부의 서론적인 세 장을 마치고, '십자가의 핵심'이라는 제목을 붙인 제2부로 들어가서는 '만족시킴'과 '대속'의 개념에 대한 참된 성경적 이해를 논한다. 제3부에서는 십자가의 세 가지 위대한 성취, 곧 죄인을 구원함, 하나님을 계시함 그리고 악을 정복함에 대하여 계속 논한다. 그러나 제4부는, 십자가에 관한 책들에서 자주 간과되는 분야, 즉 '십자가 아래에서 산다'는 것이 기독교 공동체에 의미하는 바가 무엇인가 하는 문제와 씨름하게 된다. 나는 십자가가 모든 것을 변혁시킨다는 것을 보여 주고자 한다. 십자가는 우리로 하여금 새롭게 하나님을 예배하게 하고, 자신에 대하여 새롭고 균형잡힌 이해를 하게 해주며, 선교에 대한 자극, 원수를 향한 새로운 사랑, 고통의 난국을 직면할 수 있는 새로운 용기를 준다.

논지를 전개해 가면서, 나는 성경, 전통 그리고 현대 세계라는 삼각형을 꾸준히 마음속에 그려 나가고 있다. 나의 첫 번째 열망은 하나님의 말씀에 충실하여, 성경이 어떤 말을 해주기를 내 편에서 요구하는 것이 아니라 성경이 말하는 바를 허심탄회하게 들으려는 것이다. 본문의 원래 의미를 주의 깊게 해석하는 것 이외에는 대안이 없다. 둘째로, 나는 내가 읽고 얻은 결과들을 함께 나누려고 노력하였다. 십자가를 이해하고자 할 때 우리는 과거의 위대한 저자들을 무시할 수 없다. 전통과 역사적 신학을 무시하는 것은, 세기마다 적극적으로 교회에 빛을 비추신 성령을 무시하는 태도다. 그리고 세 번째로 나는 성경을 성경 자체의 관점과 전통의 관점에서 이해할 뿐만 아니라, 현대 세계와의 관계 속에서 이해하려고 노력하였다. 나는 그리스도의 십자가가 20세기 말을 사는 우리에게 무엇을 말하는가 하는 질문을 제기하였다.

십자가에 관한 책을 감히 쓰는 데는(또한 읽는 데는) 주제넘는 짓을 할 수 있는 큰 위험이 있게 마련이다. 이것은 한편으로, '하나님이 그리스도 안에서 세상을 자신과 화목시키셨을 때에' 실제로 어떠한 일이 발생했는가 하는 것은 우리가 영원히 궁구해야 할 만큼 깊은 신비이기 때문이다. 또 다른 한편으로는 그리스도의 십자가를 명상하면서 냉정하게 초연한 자세를 취하는 체하는 것은 가장 어울리지 않는 일이기 때문이다. 좋든 싫든 우리는 십자가와 연루되어 있다. 우리의 죄가 그리스도를 십자가에 못박았으므로 십자가는 우리에게 듣기 좋은 말을 해주는 것은 고사하고 우리의 자기 의(自己義)를 차츰 파괴한다. 우리는 오직 머리를 조아리고 가슴을 찢음으로써 그 앞에 설 수 있다. 그리고 우리는 거기에 남아 있다가 주 예수님이 우리를 용서하시고 받아 주신다는 말씀을 마음속에 들려주실 때, 그분의 사랑과 넘치는 감사에 사로잡혀서, 이 세상으로 나아가 그분을 섬기는 삶을 살게 된다.

원고의 일부를 읽고 유익한 조언을 제공해 준 벡위드(Roger Beckwith)와 터너(David Turner)에게 감사한다. 또한 가장 최근의 연구 조수인 라버톤, 잉그레이엄, 위즈머와 앤드류에게도 감사한다. 앤드류는 원고를 읽는 일, 참고 도서 목록과 색인을 편집하는 일, 참고 도서 목록을 검토하고 교정하는 일을 세심하게 도와주었다.

무엇보다도, 1986년이면 나의 비서로 일한 지 삼십 년이 되는 화이트헤드에게 마음속 깊이 감사의 뜻을 전한다. 이 책은 그녀가 타이프한 책 중에 열 몇 번째 것이다. 주님의 일에 대한 그녀의 끊임없는 열정과 능력, 충성, 도움은 아무리 격찬해도 지나치지 않을 것이다. 그녀에게 감사하면서 이 책을 그녀에게 헌정한다.

1985년 성탄절에

John Stott

## 일러두기

인용한 성경 구절 중 별도 표기하지 않은 경우에는 개역개정 성경 혹은 New International Version을 사용하였다. 본문에 나오는 약어의 원어는 다음과 같다.

AG    *A Greek-English Lexion of the New Testament and Other Early Christian Literature* by William F. Arndt and F. Wilbur Gingrich(University of Chicago Press and Cambridge University Press, 1957).
AV    The Authorized(King James') Version of the Bible, 1611.
JB    The Jerusalem Bible(Darton, Longman and Todd, 1966).
LXX    The old Testament in Greek according to the Septuagint, 3rd century BC.
NEB    The New English Bible(NT 1961, 2nd edition 1970 ; OT 1970).
NIV    The New International Version of the Bible(NT 1973 ; OT 1979).
RSV    The Revised Standard Version of the Bible(NT 1946 ; 2nd edition 1971 ; OT 1952).

제 **1** 부

# 십자가를 향하여

군중은 서서히 사라졌고, 그들의 호기심도 만족되었다.
마침내 침묵이 임했고 어둠이 뒤덮였다. 그 어둠과 침묵은,
아마 무죄한 구주께서 지금 당하시는
그 영혼의 고통을 아무도 못 보게 하고,
거기에 대하여 아무런 말도 못하게 하려는 것이었으리라.

# 1 ∽ 십자가의 중심성 *The centrality of the cross*

당신은 라파엘 전파(前派)의 지도자인 홀맨 헌트(Holman Hunt)가 그린 "죽음의 그림자"(The Shadow of Death)라는 제목의 그림을 알고 있는가? 이 그림은 나사렛에 있는 목공소의 내부를 묘사한다. 상반신에 아무것도 걸치지 않은 예수님이 목조 작업대 위에 톱을 올려 놓고서 그 옆에 서 있다. 그분의 눈은 하늘을 향해 있으며, 얼굴에는 고통인지, 황홀함인지, 아니면 그 둘 다인지 알 수 없는 묘한 표정이 나타나 있다. 그러면서 그분은 두 팔을 들어 머리 위로 쭉 뻗고 있다. 마침 그 때 저녁 햇빛이 열린 문으로 비쳐 들어와서 뒤편 벽에 십자가 모양의 그림자를 드리우는데, 그곳에는 연장을 두는 선반이 벽에 걸려 있어서 마치 그분의 손이 못박힌 십자가의 가로 지름대처럼 보인다. 그리고 연장들은 그 무서운 망치와 못을 생각나게 한다.

왼편 전면에는 한 여인이 대팻밥 사이에 무릎을 꿇고 앉아 있다. 그녀가 손을 얹은 커다란 상자에는 동방 박사들이 주고 간 값진 선물들이 들어 있다. 고개를 돌리고 있어서 얼굴을 볼 수는 없지만, 우리는 그녀가 마리아임을 알 수 있다. 그녀는 벽에 드리운 자기 아들의 십자가 모양 그림자를 보고서 깜짝 놀란다(혹은 그렇게 보인다).

라파엘 전파는 보통 감상적이라고 평판이 나 있다. 하지만 그들은 진지하고 심각한 미술가들이었으며, 홀맨 헌트 역시 자신이 말한 바와 같이, 평범한 주제들을 피상적으로 다루는 '당시의 보잘것없는 미술'에 대항하여 싸우기로 결심한 화가였다. 그래서 그는 1870-1873년을 성지(聖地)에서 보내면서 자기 집 지붕 위에 앉아 "죽음의 그림자"를 그렸다.[1] 그 생각은 비록 역사적으로는 허구였지만, 신학적으로는 진실된 것이었다. 예수님의 소년 시절부터, 아니 그의 탄생 때부터 십자가는 그의 앞에 그림자를 드리우고 있었다. 그의 죽음은 그의 사명의 중심이었다. 더욱이 교회는 항상 이 점을 인식해 왔다.

한 나그네가 런던의 세인트 폴 대성당을 방문했다고 상상해 보라. 비기독교 문화권에서 성장한 그는 기독교에 대해서는 거의 아무것도 모르는 사람이다. 하지만 그는 단순한 여행자가 아니라, 많은 관심과 배우려는 열정이 있다.

플리트 가(Fleet Street)를 걷다가, 그는 균형잡힌 건물의 장엄함

---

1) "The Shadow of Death"가 걸려 있는 맨체스터 시 화랑의, Julian Treuherz의 *Pre-Raphaelite Paintings*를 보라.

에 깊은 감동을 받으면서, 크리스토퍼 워렌 경(Sir Christopher Wren)이 1666년에 일어난 영국의 대화재 직후에 그렇게 훌륭한 건축물을 구상할 수 있었다는 사실에 경탄을 금치 못할 것이다. 그 건물을 눈여겨 관찰하노라면 둥근 천장(dome)을 지배하고 있는 거대한 황금 십자가에 주목하지 않을 수 없다.

이제 그는 성당 안으로 들어가서, 둥근 지붕 아래 중심점에 선다. 건물의 크기와 모양을 이해하려고 노력하는 가운데, 본당 회중석과 교회당 양쪽의 날개 모양(transepts)으로 구성된 둥근 모형이 십자가 형태임을 알게 된다. 그는 이리저리 돌아다니면서 각각의 측면 예배당(side chapel)에 탁자처럼 보이는 것이 놓여 있고 그 위에는 눈에 잘 띄도록 십자가가 전시되어 있음을 주목한다. 그러고 나서 크리스토퍼 워렌 경이나 넬슨 경(Lord Nelson) 그리고 웰링턴 공작(Duke of Wellington) 같은 유명한 인물들의 무덤을 보려고 지하실로 내려간다. 그런데 그 각각의 무덤에도 십자가가 음각되어 있거나 양각되어 있음을 알게 된다.

윗층으로 돌아온 그는 이제 막 시작되는 예배에 참석해 보기로 작정한다. 그의 옆 자리에 앉은 한 남자는 옷깃에 작은 십자가를 달았고 다른 쪽 옆에 앉은 여인은 십자가 목걸이를 하고 있다. 이제 그의 눈길은 동쪽 창문의 화려한 스테인드글래스에 머문다. 비록 그가 앉은 위치에서 그 형상을 자세히 파악할 수는 없지만 거기에 십자가가 있다는 점만은 놓칠 수가 없다.

갑자기 회중이 일어난다. 행렬용 십자가를 든 사람이 앞장서고, 그 뒤를 따라 성가대와 성직자가 들어온다. 그들은 찬송을 부른다. 그 방문객은 주보로 눈을 돌려서 가장 앞 부분에 쓰인 글을 읽는다.

죽으신 그분을 우리는 찬송하네,
　　십자가에 달려 죽으신 그분을.
사람들은 죄인의 소망을 비웃어도
　　십자가 때문에 우리는 세상을 버리네.

계속되는 순서를 통해 그는 자기가 성체성사 예배를 드리고 있음과 이 예배가 예수님의 죽음에 초점을 맞추고 있음을 깨닫게 된다. 주위 사람들이 떡과 포도주를 받으려고 영성체대로 나아갈 때, 성직자가 그들에게 그리스도의 살과 피에 대하여 이야기하기 때문이다. 그러고 나서 예배는 다음과 같은 찬송으로 끝나게 된다.

주 달려 죽은 십자가
　　우리가 생각할 때에
세상에 속한 욕심을
　　헛된 줄 알고 버리네.

죽으신 구주밖에는
　　자랑을 말게 하소서.
보혈의 공로 입어서
　　교만한 맘을 버리네.

이제 회중은 다 흩어졌는데, 한 가족이 뒤에 남아 있다. 그들은 자기 아이에게 세례를 받게 하려 한다. 세례반에 합류한 방문객은 성직자가 먼저 아이의 머리에 물을 붓고 이마에 십자가를 그리면서

"내가 너에게 십자가를 표시하노니, 이는 네가 십자가에 못박히신 그리스도를 고백하기를 두려워하지 말아야 함을 보여 주기 위함이다.…"라고 말하는 것을 주목한다.

그 나그네는 깊은 인상을 받았지만, 한편으로는 매우 당황하여 성당을 떠난다. 십자가의 중심성을 말과 상징으로 반복해서 강조하는 것은 그에게 충격적이었다. 하지만 마음속에는 여러 가지 의문들이 일어났다. 거기서 사용된 어떤 언어들은 다소 과장된 듯했다. 과연 실제로 그리스도인들은 십자가를 위하여 '세상을 헛된 것으로 여기며', 십자가로만 '자랑하고', 그것을 위하여 모든 것을 '희생하는가?' 기독교 신앙이 과연 '십자가에 달리신 그리스도에 대한 믿음'이라는 말로 정확하게 요약될 수 있는가? 그는 자신에게 이렇게 묻는다. 그리스도의 십자가에 이렇게 집중하는 것은 무슨 근거에서인가?

**십자가의 표시와 상징**

종교와 이데올로기는 각각 자체의 가시적인 상징을 가지고 있는데, 이 상징은 그 종교나 이데올로기의 역사와 신념의 중요한 특징을 드러내 보여 준다. 예를 들어서 연꽃은 고대 중국인들과 이집트인들과 인도인들이 사용했지만, 오늘날은 특별히 불교와 연관되어 있다. 그 꽃의 바퀴 모양 때문에, 사람들은 연꽃이 탄생과 죽음의 순환, 혹은 혼돈의 진흙 속에서 탄생하는 아름다움과 조화를 묘사한다고 생각한다. 어떤 때는 석가가 활짝 핀 연꽃 속에 좌정해 있는 것으로 그려지기도 한다.

고대의 유대교는 가시적인 표시나 상징을 회피했는데, 이는 우상을 만드는 것을 금하는 제2계명을 범할까 두려워서였다. 하지만 현대의 유대교는 두 개의 정삼각형을 조합해서 만든 육각형 모양, 이른바 다윗의 방패 혹은 다윗의 별이라는 상징을 채택하고 있다. 이 상징은, 다윗의 보좌가 영원할 것이며 메시아가 그의 후손 중에서 태어나리라는, 다윗에 대한 하나님의 언약을 말해 준다. 중동에서 일어난 또 다른 일신론 신앙인 이슬람교는, 적어도 서아시아에서는 초승달로 상징된다. 원래 달의 한 단계를 표시하던 이 상징은, 이슬람교도들이 비잔티움을 점령하기 이전부터 비잔티움에 대한 그들의 주권의 상징이었다.

금세기의 세속적 이데올로기들 역시 그들이 보편적으로 인정하는 표시들을 가지고 있다. 소련 정부가 19세기 벨기에인의 그림에서 1917년에 취택한 망치와 낫은 산업과 농업을 상징하는데, 둘이 서로 엇갈린 모양은 노동자와 농부, 공장과 논밭의 연합을 상징하는 것이다. 한편 '만'(卍, *swastika*) 자는 육천 년 이전까지 거슬러 올라간다. 그 십자 모양의 막대기는 시계 방향으로 돌아가는 것처럼 끝이 꺾여 있는데, 이는 하늘을 가로지르는 태양의 운동, 사계절의 회전, 혹은 창조성과 번영의 진보를 상징한다(*svasti*는 '번영'이라는 의미의 산스크리트어다). 하지만 금세기 초에 어떤 독일인 그룹은 이것을 아리안 족의 상징으로 취했다. 그 후에 히틀러가 이 상징을 넘겨받음으로써, 이것은 종족 편견을 지닌 나치의 불길한 표시가 되었다.

기독교도 이런 가시적 상징을 지닌다는 점에서는 예외가 아니다. 하지만 최초의 상징은 십자가가 아니었다. 그리스도인들에게 가해진 격렬한 비난과 박해 때문에, 그들은 "매우 신중해야 했으며,

자기들의 종교를 드러내 놓고 자랑하는 일을 피해야 했다. 따라서 이제는 기독교의 보편적 상징이 된 십자가가 처음에는 외면당했는데 이는 그것이 직접 그리스도와 연결되기 때문만이 아니라, 일반적인 죄인의 처형과도 관련되기 때문이다."[2] 그래서 카타콤(로마 외곽의 지하 묘지로, 핍박받던 그리스도인들이 숨었던 곳으로 보인다)의 벽과 천장을 보면 초창기 기독교의 주된 표시들은 공작(불멸을 상징한 듯하다), 비둘기, 운동 선수의 승리의 월계관, 혹은 특별히 물고기 등 성격이 모호한 그림이었던 것 같다. '이크튀스'(*ichthys*, 물고기)가 '예수스 크리스토스 테우 휘오스 소테르'(*Iēsous Christos Theou Huios Sōtēr*, 예수 그리스도, 하나님의 아들, 구세주)의 머리 글자를 따왔다는 것은, 비밀을 전수받은 사람 외에는 아무도 눈치 챌 수 없었다. 하지만 이것은 기독교의 표시로 지속되지 못했는데, 그 이유는, 예수님과 물고기 사이의 연상은 순전히 두문자어(頭文字語, acronymic)로만 이루어진, 즉 우연한 글자의 나열에 의한 연상이지, 아무런 가시적인 의미를 가지지 않기 때문임이 분명하다.

   그로부터 얼마 후에—아마 2세기경인 듯한데—박해받던 그리스도인들은 노아의 방주, 이삭 대신에 양을 죽이는 아브라함, 사자굴 속의 다니엘, 극렬히 타는 풀무 속의 다니엘의 세 친구, 물고기가 토해 내친 요나, 세례의 몇 가지 모습, 양을 데리고 가는 목자, 앉은뱅이의 치료와 나사로를 일으킴 같은 성경의 주제들을 즐겨 그린

---

2) Michael Gough, *Origins of Christian Art*, p. 18. 또한 J. H. Miller, "Cross" and "Crucifix" : *Christian World*, ed. Geoffrey Barraclough 그리고 Cyril E. Pocknee의 *Cross and Crucifix*를 보라.

것 같다. 이러한 모든 그림은 그리스도의 구속을 상징하면서도, 그 내용을 아는 사람들만이 의미를 해석할 수 있었으므로, 그 자체로는 유죄가 되지 않았다. 게다가 키-로(Chi-Rho) 모노그램(*Christos*라는 헬라어(Χριστοs)의 처음 두 글자 Χ와 ρ를 가리킨다—역주)이 여러 사람에게 퍼진 암호였으며, 종종 십자가의 모양으로 구성되었고, 가끔은 양이나 비둘기가 그 앞에 서 있기도 하였다.

보편적으로 받아들여질 수 있는 기독교의 표시는 예수 그리스도에 관하여 말하는 것이어야 할 필요가 분명히 있는데, 그렇다면 너무 많은 것들이 그런 가능성을 가지고 있었다. 그리스도인들은 아기 예수가 누운 구유 혹은 여물통을 택할 수도 있었고, 예수님이 청년 시절 나사렛에서 일하면서 쓰셨던 긴 목수 의자를 택해서 수공업을 신성시할 수도 있었다. 혹은 갈릴리에서 예수님이 군중을 가르치시던 배를 택할 수도 있었으며, 혹은 그분의 겸손한 섬김의 영을 언급할 때 얘기되었을 만한, 사도들의 발을 씻길 때 두르셨던 수건을 부호로 정할 수도 있었다. 혹은 아리마대 요셉의 무덤 입구를 막고 있다가 굴려진 돌을 택할 수도 있었는데, 이것은 예수님의 부활을 선포하는 부호가 되었을 것이다. 또 다른 가능성으로는, 요한이 그의 천국 환상 속에서 예수님이 참여하신 것으로 본, 하나님의 주권의 상징인 보좌가 선택될 수도 있었으며, 혹은 오순절에 하늘에서 내려온 성령의 비둘기가 선택될 수도 있었다. 이 일곱 가지 상징 중의 어느 것이라도, 주님의 사역의 일면을 표시하는 데 적합했을 것이다. 하지만 실제로 선택된 상징은 그런 것들이 아니고 단순한 십자가다. 십자가의 두 막대기는 훨씬 오랜 옛날부터, 하늘과 땅 사이의 축을 나타내는 우주적인 상징이었다. 하지만 그리스도인들이 그것을 선택한 데는 더욱 독특한 의미가 있다. 그리스도인들은 예수님에 대한 이해의 중심으로 그분의 탄생이나 청년 시절을 택하지 않았고, 그분의 가르침이나 봉사를 택하지도 않았으며, 그분의 부활이나 통치를 택하지 않았고, 그분의 성령의 은사를 택하지도 않았으며, 오히려 그분의 죽음, 곧 십자가에 달리심을 기념하고자 했다. 십자가상(crucifix: 그리스도의 모습이 달려 있는 십자가)은 6세기 이전에는 사용된 흔적이 없다.

적어도 2세기 이후로 그리스도인들은 자신의 신앙을 나타내는 상징으로 십자가를 그리고, 칠하고, 음각했을 뿐만 아니라 자기들과 다른 사람들에게 십자가 표시를 해주기도 한 것이 확실해 보인다. 이러한 관행을 최초로 증언한 사람들 가운데 한 사람이 테르툴리아누스(Tertullian)인데, 그는 주후 200년경에 왕성하게 활동한, 북아프리카의 법률가요 신학자였다. 그는 다음과 같이 기록했다.

> 발걸음을 앞으로 옮기고 움직일 때마다, 들어가거나 나갈 때마다, 옷을 입고 신발을 신을 때, 목욕할 때, 식탁에 앉을 때, 등잔에 불을 켤 때, 침상에서, 좌석에서, 매일의 모든 일상적인 행동에서, 우리는 이마에 그 표시(십자가)를 그렸다.[3]

로마의 학자요 감독이었던 히폴리투스(Hippolytus)는 특히 흥미로운 증인인데, 이는 그가 '그의 세대에서 미래보다는 과거를 위해 싸우기로 맹세한 보수주의자'로 알려져 있기 때문이다. 그의 유

---

3) Tertullian, *De Corona*, Ch. III. p. 94.

명한 논문인 "사도적 전통"은 "이미 전통이 된 의식(儀式)의 형태와 모형들 그리고 이미 확립된 지 오래된 관례만을 기록하며, 새로운 것에 의도적으로 저항하기 위하여 기록한다고 분명하게 선언한다."[4] 그러므로 만약 그가 어떤 '교회 관습'을 묘사한다면, 그것은 한 세대 혹은 그 이전부터 이미 시행되던 것이었음을 우리는 확실히 알 수 있다. 그는, 견진 성사를 할 때 주교가 신청자에게 기름을 부으면서 그 이마에 십자가를 표시했다고 하면서, 개인 기도를 할 때도 그 관습을 따를 것을 권면한다. "당신의 이마에 엄숙하게 그 표시를 그림으로써 언제나 그(그리스도)를 본받으라. 왜냐하면 이것은 그의 고난의 표시이기 때문이다." 그는 또한, 그것이 악으로부터의 보호가 된다고 부언한다. "유혹을 받을 때는 언제나 이 십자가의 표시로 당신의 이마에 경건하게 인 치라. 왜냐하면, 만약 당신이 사람 앞에 보이려는 목적에서가 아니라 의식적으로 그것을 방패로 내밂으로써 믿음으로 행한다면, 이 고난의 표시는 마귀를 대적하는 것이 되기 때문이다."[5]

이런 습관을 그저 미신으로 치부할 필요는 없다. 적어도 십자가 표시가 처음 생겼을 때는 그 표시가 각각의 행동을 그리스도께 속한 것으로 확인하며, 나아가 그 행동을 진실로 성화시키기까지 하려는 의도로 행해졌던 것이다.

3세기 중엽, 다른 북아프리카인인 키프리아누스(Cyprian)가 카르타고의 감독이었을 때 데시우스(Desius) 황제가 무서운 박해를

---

4) Gregory Dix(ed.), *Apostolic Tradition of St. Hippolytus*. p. xi.
5) 앞의 책, pp. 68-69.

시작했는데(주후 250-251), 이 기간에 수천 명의 그리스도인들이 그의 이름 앞에 제물을 드리기를 거부하고 죽어갔다. 이 때, 그들의 사기를 진작시키며, 기독교 신앙에 대해 타협하느니 순교를 택하도록 용기를 주고자 하는 열정으로, 키프리아누스는 그들에게 십자가의 예식을 상기시켜 주었다. "우리의 머리를 보호하기 위하여 구원의 투구를 쓰자.…우리의 이마가 튼튼해지도록, 하나님의 표시를 지키기 위하여."[6] 투옥을 견디고 죽음의 위협을 무릅쓴 신실한 자들에 대하여 키프리아누스는 다음과 같은 말로 칭찬했다. "하나님의 인(印)으로 거룩해진 당신들의 이마는…주께서 주실 면류관을 위하여 예비되었다."[7]

16세기 영국 국교회 신학자이며 런던 성당의 책임자였던 리처드 후커(Richard Hooker)는, 초대교회의 교부들이 그리스도의 수난에 대한 이방인의 조소에도 불구하고, "다른 어떤 외적인 표시보다도 십자가의 표시(즉 세례 시에)를 택해서, 이 표시에 의해 세상이 언제나 그들이 누구임을 쉽게 구별할 수 있도록 한" 점을 칭찬했다.[8] 그는 청교도들의 직선적인 반대를 의식했다. 청교도들은 "사도 시대의 하나님의 교회가 전혀 알지 못하던" "십자가를 긋는 일이나 그와 유사한 천주교의 관습"은 사용하지 말아야 하는데, 그것은 인간의 고안이 신성한 제도에 첨가되는 일이 있어서는 안 되기 때문이며, 또한 거기에는 언제나 미신적인 오용의 위험이 있기 때문이라고 말했다. 히스기야 왕이 놋뱀을 부수었듯이, 십자가를 그

---

6) Cyprian, *Ad Thibaritanos* IX.
7) Cyprian, *De Lapsis* 2.
8) Richard Hooker, *Ecclesiastical Polity*, Book V, Ch. lxv. 20, "Of the Cross in Baptism."

리는 일도 그만두어야 한다는 것이다. 하지만 후커는 자기의 입장을 고수했다. 성경에 위배되지 않는 '사소한 일들'에서 그리스도인들은 자유로웠다는 것이다. 게다가 십자가의 표시는 긍정적인 유용성이 있었다. 십자가는 "비록 그것이 우리로 하여금 이 악한 세상으로부터 비난과 악평을 당하게 하더라도, 예수 그리스도를 위한 봉사를 영광으로 여기며, 그것 때문에 수치를 당한 사람처럼 머리를 숙이지 말 것을…우리에게 권면한다."9)

십자가 상징을 사용하는 데 더욱 박차를 가한 사람은, 자신을 그리스도인으로 고백한 최초의 황제인 콘스탄티누스(Constantine)였다. [유세비우스(Eusebius)에 따르면], 그는 서유럽을 정복하게 된 밀비안 다리 전투(주후 312-313년)가 있기 전날 밤에, 하늘에서 빛의 십자가와 함께 '인 호크 시그노 비네스'(*In hoc signo vinces*, 이 표시에 의해 승리한다)라는 글자를 보았기 때문이다. 그는 즉시 그 표시를 자신의 기장으로 채택했으며, 군대의 기를 이 표시로 장식하게 했다.

콘스탄티누스와 콘스탄티누스 이후의 '기독교 세계'의 전개에 대해 우리가 어떻게 생각하든지 간에, 적어도 교회는 십자가를 자신의 중심적인 상징으로 충실하게 지켜 온 것이다. 어떤 교회의 전통에서는 세례 신청자에게 여전히 십자가의 표시를 그려 주며, 죽은 다음에 화장하지 않고 매장할 경우 친척들은 그의 무덤 위에 십자가를 세워 주곤 한다. 이와 같이, 그리스도인의 탄생에서부터 죽음에 이르기까지 교회가 십자가를 가지고 우리를 구별하고 지켜 주

---

9) 앞의 책, Book V, Ch. lxv. 6.

려 한다고 이야기할 수도 있을 것이다.

고대 세계에서 십자가가 얼마나 두려운 것으로 간주되었는지를 기억해 낸다면, 그리스도인이 자기네 신앙의 상징으로 십자가를 택했다는 것은 한층 놀랍다. 우리는 바울의 "십자가의 도"가 그것을 듣는 사람들에게 "미련한 것"며, 심지어 "미친 것"(고전 1:18, 23)이기까지 했던 이유가 무엇인지 이해할 수 있다. 정신이 온전한 사람이라면, 공정하게 죄인으로 정죄당해서 가장 수치스러운 처형 방식으로 죽임을 당한 사람을 어떻게 하나님으로 경배할 수 있었겠는가? 이러한 죽음, 범죄, 수치의 결합은 그 사람을 경배의 대상은 고사하고 존경의 대상으로도 어림없는 존재가 되게 했던 것이다.[10]

십자가형은 당시 알려진 세계의 변두리에 살던 '야만인들'이 고안하여, 뒤에 그리스인과 로마인이 받아들인 것으로 보인다. 아마 이것은 지금까지 시행된 모든 처형 방법 중에서 가장 잔인한 방법일 것이다. 왜냐하면 이것은 사람이 극도의 고통을 느낄 때까지 죽음을 늦추기 때문이다. 거기에 달린 사람은 여러 날 동안 죽지 못하고 고통을 당할 수도 있었다. 로마인이 이 처형 방법을 채택했을 때, 그들은 살인, 반란 혹은 무장 강도짓을 한 범죄자, 그 중에서도 노예나 외국인 혹은 사람 취급을 못 받는 사람들에게만 이 형벌을 가했다. 그래서 유대인들은 로마의 장군 바루스(Varus)가 주전 4세기에 자기네 동족 이천 명을 십자가에 못박았을 때 크게 분노했으며, 예루살렘을 포위 공격할 때 장군 티투스(Titus)는 그 도시에서 도망

---

10) 특히, Martin Hengel의 *Crucifixion*, pp. 1-10를 보라. 이 책의 원래의 제목은 *Mors turpissima crucis*, 즉 '완전히 사악한 십자가의 죽음'으로서, 이 표현을 처음 사용한 사람은 Origen이었다.

치는 사람들을 너무나 많이 십자가에 못박았기 때문에 "십자가를 세워 놓을 만한…공간도, 사람을 달 십자가도" 찾을 수가 없었다.[11]

로마 시민은 오직 극단적인 국가 반역죄를 행했을 경우에만 십자가형을 당했다. 키케로(Cicero)는 한 연설에서 십자가형을 "가장 잔인하고 혐오스러운 형벌"이라고[12] 비난했다. 조금 후에 그는 이렇게 선언했다. "로마 시민을 결박하는 것은 범죄이고, 그를 매질하는 것은 가증한 행위이며, 그를 죽이는 것은 살인이나 마찬가지다. 그러면 로마 시민을 십자가에 못박는 것은 무엇인가? 그렇게도 끔찍한 행동을 묘사할 만한 적절한 말은 존재하지 않는다."[13] 키케로는 주전 63년에 살인죄로 고발된 고참 원로원 의원 가이우스 라비리우스(Gaius Rabirius)를 변호하는 데 성공한 적이 있는데, 그 때 그가 한 말은 더욱 분명하다. "'십자가'라는 단어는 로마 시민 한 사람 한 사람에게서뿐만 아니라 그들의 생각과 눈과 귀로부터도 멀리 사라져야 한다. 왜냐하면 이 일(즉 십자가 처형 절차)이 실제로 일어나거나 그것을 견디는 것뿐 아니라, 그것을 당할 수 있다는 사실, 그 예상, 아니 그것을 단순히 상징하는 것까지도 로마 시민과 자유인에게는 어울리지 않기 때문이다."[14]

로마인들이 십자가를 무서운 것으로 간주했다면, 그 이유야 다르겠지만, 유대인 역시 마찬가지였다. 유대인들은 '나무'와 '십자가'를 구분하지 않았으며, 또한 나무에 달리는 것과 십자가에 못박

---

11) *Antiquities* xvii. 10. 10과 *Jewish War* V. xi. 1에서 Josephus가 제공한 설명을 보라.
12) Cicero, *Against Verres* II. v. 64, para. 165.
13) 앞의 책, II. v. 66. para. 170.
14) Cicero, *In Defense of Rabirius* V. 16, p. 467.

히는 것도 서로 구별하지 않았다. 그러므로 그들은 십자가에 못박힌 범죄자에게는 자동적으로, "나무에 달린 자는 하나님께 저주를 받았음이니라"(신 21:23)라는 율법의 끔찍한 진술을 적용시켰다. 그들은 하나님의 메시아가 나무에 달려서 하나님의 저주 아래 죽으리라고는 도저히 믿을 수 없었다. 유대인이었던 트리포(Trypho)는 자신과 대화를 나누던 기독교 변증가 유스티누스(Justin)에게 유대인의 그런 생각을 다음과 같이 나타냈다. "나는 이 점을 극히 의심하지 않을 수 없다."[15]

따라서, 로마의 배경을 가졌든 유대의 배경을 가졌든 혹은 그 양편을 모두 배경으로 가졌든, 초기의 기독교 반대자들은 하나님의 기름부음 받은 자요, 인간의 구세주가 십자가 위에서 삶을 마쳤다는 주장을 아주 좋은 냉소거리로 삼았던 것이다. 그것은 미친 생각이었다. 이 사실은, 로마의 팔라틴 언덕에서 발견된 어떤 집―학자들은 이 집이 궁전의 하인을 훈련시키는 학교로 사용되었으리라고 생각한다―벽에 그려진, 2세기 것으로 보이는 낙서에 의하여 생생하게 실증된다. 그것은 현재 남은 것 중 가장 오래된 십자가 그림으로서, 하나의 만화적 묘사다. 이는 당나귀 머리를 가진 사람이 십자가에 달린 모습을 조잡하게 그려 놓은 것이며, 그 왼쪽에는 한 사람이 경배의 표시로 한 쪽 손을 들고 서 있다. 그 아래에 삐뚤삐뚤한 글씨로 "알렉사메노스는 신을 경배한다"[ALEXAMENOS CEBETE (즉 sebete) THEON]고 쓰여 있다. 지금 이 풍자화는 로마의 킬헤리안 박물관에 소장되어 있다. 당나귀 숭배에 대한 비난(이것이 유대

---

15) Justin Martyr, *Dialogue with Trypho a Jew*, Ch. lxxxix.

인과 그리스도인에게 가해진 비난이었다)의 기원이 무엇이었든 간에, 그것은 당시 조소거리가 되고 있던, 십자가에 달린 사람을 경배하는 것에 관한 개념이었다.

우리는 이와 동일한 조소의 음성을, 2세기의 이교도 풍자가였던 사모사타의 루키아누스(Lucain of Samosata)에게서도 간파할 수 있다. 「페레그리누스의 죽음」(*The Passing of Peregrinus*: 페레그리누스는 그가 협잡꾼으로 그리고 있는 가상의 그리스도인 개종자다)에서 그는 그리스도인이 "십자가에 못박힌 궤변가를 믿으며 그의 율법 아래에서 살고 있다"고 비아냥거린다(p. 15).

### 예수님의 조망

십자가가 기독교의 상징이 되었다는 사실 그리고 그런 비웃음에도 불구하고 그리스도인들이 좀 덜 모욕적인 다른 것으로 십자가를 대신하기를 완고하게 거절한 사실은, 오직 한 가지 사실로 설명될 수 있다. 그것은 십자가의 중심성이 예수님 자신의 마음속에서 생겨났다는 것이다. 그분의 추종자들이 그렇게도 완강하게 이 상징에 집착한 것은, 바로 그분에 대한 충성심에서 연유된 행동이다. 그렇다면 예수님도 십자가를 자신의 조망의 중심에 세워 두셨다는 것을 입증할 만한 증거가 있는가?

소년 예수님의 자의식의 발달을 우리가 희미하게나마 볼 수 있는 곳은 예수님이 12세 때 유월절에 예루살렘에 올라갔다가 부모의 실수로 뒤에 홀로 남게 된 이야기 속에서다. 예수님이 성전에서 "선생들 중에 앉으사 그들에게 듣기도 하시며 묻기도 하시는" 것을 부모가 발견하고서, 그들은 예수님을 꾸짖었다. 그들은 자기들이 열심히 찾고 있었다고 말했다. 그러자 예수님은 참으로 놀랍다는 태도로 "어찌하여 나를 찾으셨나이까?"라고 대답하셨다. "내가 내 아버지 집에 있어야 될 줄을 알지 못하셨나이까?"(눅 2:41-50) 누가는 애가 탈 정도로 이 이야기를 간단하게 서술한다. 그러므로 우리는 이 이야기 자체가 인정하는 이상의 사실을 첨가해서 읽지 않도록 주의해야 한다. 하지만 적어도, 이미 12세 때 예수님은 하나님을 "내 아버지"라고 말씀하셨으며, 또한 자기 아버지의 일에 전념해야겠다는 내적인 충동을 느끼고 계셨다는 것만큼은 확실하게 단언할 수 있다. 그분의 아버지는 어떤 목적을 위하여 그분을 이 세상에 보내셨다. 예수님은 이 사명을 수행하셔야 했다. 그분은 이 목적을 이루셔야 했다. 이 목적과 사명이 무엇인지는 복음서의 서술 속에서 점점 분명하게 드러난다.

예수님의 세례와 시험은 모두, 예수님이 사탄의 길이 아니라 하나님의 길을, 인기와 환호의 길이 아니라 고난과 죽음의 길을 가기로 공약한 사례들임을, 복음서 기자들은 암시한다. 하지만 마가는 (이 점에서 마태와 누가는 마가를 따른다) 예수님이 이것을 분명하게 가르치기 시작하신 후의 한 사건을 정확하게 집어서 이야기한다. 이 사건은 그분의 공적 사역의 분수령에서 일어났다. 제자들과 함께 북쪽 헤르몬 산 기슭의 가이사랴 빌립보 근처 지역으로 물러가셨을 때, 예수님은 제자들을 향하여 자신을 누구라고 생각하느냐고 직접 물으셨다. 베드로가 불쑥 하나님의 메시아라고 말하자, 예수님은 즉시 "자기의 일을 아무에게도 말하지 말라고 경고하셨다"(막 8:29-30). 이 금지 명령은, 이른바 '메시아의 비밀'을 지키라고 하시던 이전의 가르침과 일관된 것이었다. 그런데 이번에는 조금

색다른 일이 벌어졌다.

> 인자가 많은 고난을 받고 장로들과 대제사장들과 서기관들에게 버린 바 되어 죽임을 당하고 사흘 만에 살아나야 할 것을 비로소 그들에게 가르치시되 드러내 놓고 이 말씀을 하시니(막 8:31-32).

여기 '드러내 놓고'는 '파르레시아'(parrēsia)를 옮긴 말인데, 그 뜻은 '표현의 자유를 가지고' 혹은 '공개적으로'다. 이 사실은 이제 더 이상 비밀이 아니었다. 그분이 메시아라는 사실은 비밀에 부쳐져 있었는데, 그 이유는 사람들이 메시아의 성격을 오해하고 있었기 때문이었다. 당시 대중이 기대하던 메시아는 혁명적인 정치 지도자였다. 갈릴리에서 예수님의 인기가 절정에 이르렀을 때, 오천 명을 먹이신 일이 있은 후에, 군중이 "그를 억지로 붙들어 임금으로 삼으려"(요 6:15) 했음을 요한은 우리에게 전해 준다. 하지만 이제 사도들이 그분의 정체를 분명하게 깨닫고 고백했으므로, 예수님도 자신의 메시아적 성격을 드러내 놓고 매우 분명하게 설명하실 수 있었다. 베드로는 예수님이 말씀하시는 그분의 끔찍한 운명에 놀란 나머지 예수님을 나무랐다. 하지만 예수님은 도리어 강경한 어조로 베드로를 꾸짖으셨다. 아버지로부터 계시를 받아 예수님의 신성한 메시아 직분을 고백했던 그 사도가(마 16:17), 이번에는 마귀에 속아서 십자가의 필요성을 부인했다. 예수님은 듣는 자들이 놀랄 만한 강경한 어조로 "사탄아, 물러가라"고 말씀하셨다. "네가 하나님의 일을 생각하지 아니하고 도리어 사람의 일을 생각하는도다."[16]

이 사건은 대개 최초의 '수난 예고'로 지칭된다. 이전에는 그저 슬쩍 변죽만 울린 적이 몇 번 있었다(이를테면, 막 2:19-20). 하지만 이번에는 불분명한 데가 전혀 없다. 두 번째 예고는 그로부터 얼마 후 예수님이 몰래 갈릴리로 지나가실 때 이루어졌다. 그 때 예수님은 열두 제자에게 이렇게 말씀하셨다.

> 인자가 사람들의 손에 넘겨져 죽임을 당하고 죽은 지 삼 일 만에 살아나리라(막 9:31).

마가는 제자들이 이 말의 의미를 이해하지 못했으며, 예수님께 그 의미를 질문하기를 두려워했다고 말한다. 거기다가 마태는 제자들이 "매우 근심하더라"고 부언한다(막 9:30-32; 참고. 마 17:22-23). 누가에 따르면 이 때 예수님은 "예루살렘을 향하여 올라가기로 굳게 결심하신" 것 같다(눅 9:51). 예수님은 자신에 관하여 기록된 것을 이루기로 결심하셨다.

예수님은 그들이 성도(聖道)를 향하여 갈 때, 세 번째로 '수난 예고'를 말씀하셨다. 주님의 결심이 제자들 속에 일으킨 두려움을 생생하게 묘사하면서 마가는 그 말씀을 다음과 같이 소개한다.

> 예루살렘으로 올라가는 길에 예수께서 그들 앞에 서서 가시는데 그들이 놀라고 따르는 자들은 두려워하더라. 이에 다시 열두 제자를 데리시고 자기의 당할 일을 말씀하여 이르시되 보라, 우리가 예루살렘에 올라가노니 인자가 대제사장들과 서기관들에게 넘겨지매 그들이 죽이기로

---

16) 막 8:31이하; 참고. 마 16:21이하; 눅 9:22이하.

결의하고 이방인들에게 넘겨주겠고 그들은 능욕하며 침 뱉으며 채찍질하고 죽일 것이나 그는 삼 일 만에 살아나리라 하시니라.

이 설명에 누가는 "선지자들을 통하여 기록된 모든 것이 인자에게 응하리라"는 말을 덧붙인다.[17]

이렇게 세 번 반복된 수난 예언은 마가의 기록에 엄숙성을 더해 준다. 예수님이 의도적으로 열두 제자를 준비시키셨듯이, 마가도 이런 방식으로, 앞으로 일어날 끔찍한 사건들에 대하여 독자들을 준비시킨다. 이 세 개의 예언을 함께 놓고 보면 가장 인상적으로 강조되는 것은, 예수님이 자기 백성과 그 지도자들에게 배반당하고 버림받고 정죄당하시리라는 것이 아니다. 또한 그들이 예수님을 이방인들에게 넘겨주고, 그들이 처음에 그분을 조롱하고 다음에는 죽이리라는 것이 아니다. 또한 사흘 만에 그분이 죽음에서 다시 살아나시리라는 것이 아니다. 또한 각각의 예언 때마다 예수님이 자신을 '인자'(Son of Man: 다니엘이 환상 속에서 본 인물, 곧 천상의 구름 가운데 올라와서 권세와 영광과 주권적인 능력을 받고서 열방의 찬송을 받는 그 인물)로 지칭하면서도, 역설적으로 인자인 자신이 고난을 당하고 죽으리라고 말씀하심으로써, 구약의 두 메시아적 인물 곧 이사야 53장의 고난받는 종과 다니엘 7장의 지배하는 인자를 매우 독창적으로 결합시켰다는 데 강조점이 주어지는 것 역시 아니다. 게다가 더욱 인상적인 것은, 예수님이 표현하시고 예증하신 그 단호함이다. 예수님은 자신이 **반드시** 고난을 당하고 버림을

---

17) 막 10:32-34; 참고. 마 20:17-19; 눅 18:31-34.

받으며 죽어야 한다고 말씀하셨다. 성경에서 그분에 관하여 기록된 모든 것은 **반드시** 성취되어야 한다. 그래서 그분은 제자들을 앞서서 예루살렘을 향해 가셨던 것이다. 예수님은 베드로의 만류하는 말을 사탄에게서 나오는 것으로 인식하셨고, 따라서 바로 반박하셨다.

이 세 개의 예언은 그 유사한 구조와 어투 때문에 분명한 트리오(trio)를 형성하지만, 복음서는 예수님이 자신의 죽음을 넌지시 암시하신 최소한 여덟 번의 또 다른 경우를 기록한다. 변화산에서 내려오시면서 예수님은, 세례 요한과 마찬가지로 자신도 대적의 손에 고난을 당하리라고 경고하셨으며,[18] 또한 그분의 나라에서 최고의 자리를 요구하는 야고보와 요한의 터무니없이 이기적인 요구에 대답하시면서 자기가 온 목적은 섬기려는 것이지 섬김을 받으려는 것이 아니며 "자기 목숨을 많은 사람의 대속물로 주려 함이니라"고 말씀하셨다.[19] 나머지 여섯 번의 암시는 모두, 위기가 점점 가까이 다가온 그분의 생애 마지막 주간에 있었다. 예수님은 자신의 죽음을, 유대인이 여러 세기 동안 하나님의 메시지를 거부한 일의 절정으로 보셨으며, 또한 하나님의 심판이 유대인의 민족적 특권 의식을 종식시킬 것을 예언하셨다.[20] 그리고 나서 예수님은 화요일에 유월절에 대해 말씀하시면서 "십자가에 못박히기 위하여 팔리리라"고 하셨다. 베다니에서 그분은 자신의 머리에 부어진 향유를 가리켜 자기의 장사를 예비하는 것이라고 설명하셨다. 다락방에서 예수님은 인자가 자신에 관하여 기록된 대로 갈 것이라고 말씀하셨

---

18) 마 17:9-13; 막 9:9-13; 참고. 눅 9:44.
19) 막 10:35-45; 마 20:20-28.
20) 막 12:1-12; 참고. 마 21:33-46; 눅 20:9-19.

고, 자신의 살과 피의 상징으로 제자들에게 떡과 포도주를 주셨으며, 그리하여 자신의 죽음을 예시하시면서, 그 죽음을 기념할 것을 요구하셨다. 마침내 겟세마네 동산에서 예수님은 인간이나 천사에 의해 보호받기를 거부하셨으며, "내가 만일 그렇게 하면 이런 일이 있으리라 한 성경이 어떻게 이루어지겠느냐"라는 말씀으로 거부의 이유를 밝히셨다.[21] 이와 같이 공관 복음서 기자들은, 예수님이 임박한 죽음을 분명하게 예견하시고 반복해서 예언하신 사실을 공통적으로 증언한다.

요한은 이런 구체적이고 정확한 예언들을 생략한다. 하지만 그는 바로 그 현상을 예수님의 '때'[대개는 *hōra*가 쓰였고 한 번은 *kairos*(시간)가 사용되었다]를 일곱 번 지언(指言)함으로써 동일하게 증언한다. 그 때는 예수님이 이 세상을 떠나서 아버지께로 돌아갈 운명의 시간이었다. 더욱이 예수님의 시간은 아버지의 지배하에 놓여 있었으므로, 처음에는 그 때가 아직 이르지 아니하였으며, 마지막에는 예수님이 "때가 가까웠느니라"고 확신 있게 말씀하실 수 있었다.

가나의 혼인 잔치에서 포도주가 떨어졌을 때, 예수님은 어머니에게 "내 때가 아직 이르지 아니하였나이다"라고 말씀하셨고, 예수님이 예루살렘으로 가서 공개적으로 자신을 선전할 것을 형제들이 원했을 때도 그들에게 "내 때가 아직 차지 못하였으니"라고 말씀하

---

21) 유월절 말씀에 대해서는 마 26:2을 보라. '장사'의 언급에 관해서는 막 14:3-9을 보고, 마 26:6-13을 참고하라. 유다에게 임할 화에 대해서는 막 14:10이하를 보라(참고. 마 26:14이하; 눅 22:22). 성만찬의 제정에 관해서는 막 14:22-25을 보라(참고. 마 26:26-29; 눅 22:14-20과 고전 11:23-26). 그리고 체포에 관해서는 마 26:47-56을 보라(참고. 막 14:43-50; 눅 22:47-53; 요 18:1-11).

셨는데, 그 표면적 의미는 분명했다. 하지만 요한이 의도한 것은, 예수님의 어머니나 형제들은 비록 깨닫지 못했지만, 독자들은 그 말의 좀더 깊은 의미를 깨닫게 하려는 것이다.[22] 요한은 계속해서 독자들과 이 비밀을 나누면서, 분명히 예수님이 참람한 말씀을 하셨음에도 불구하고 유대인들이 그분을 잡지 못한 이유를 그 비밀로 설명하고 있다. "그들이 예수를 잡고자 하나 손을 대는 자가 없으니 이는 그의 때가 아직 이르지 아니하였음이러라."[23] 마지막으로 예수님이 예루살렘에 입성하셨을 때 이 사실을 분명하게 언급한다. 그리스 사람 몇이 예수님을 뵙고자 했을 때, 처음에 예수님은 "인자가 영광을 얻을 때가 왔도다"라고 말씀하시고, 뒤이어 자신의 죽음을 명확하게 말씀하신 후에 계속해서 이렇게 말씀하신다. "지금 내 마음이 괴로우니 무슨 말을 하리요. 아버지여, 나를 구원하여 이 때를 면하게 하여 주옵소서. 그러나 내가 이를 위하여 이 때에 왔나이다. 아버지여, 아버지의 이름을 영광스럽게 하옵소서."[24] 그리고 나서 예수님은 다락방에서 자신이 이 세상을 떠나 영광을 얻을 때가 되었음을 마지막으로 두 번 말씀하셨다.[25]

예수님의 '때' 혹은 '시간'에 관한 초기의 암시들이 아무리 불확실하게 느껴진다 해도, 이 마지막 세 번의 암시에 대해서는 전혀 의심을 품을 수 없다. 예수님은 구체적으로 자신의 때를, '영화'(glorification)의 때라고 부르셨으며—(앞으로 보게 되겠지만) 그

---

22) 요 2:4; 7:8.
23) 요 7:25이하, 특히 30절 그리고 8:12이하, 특히 20절.
24) 요 12:27-28.
25) 요 13:1; 17:1

분의 영화는 그분의 죽음과 함께 시작된다—또한 그분이 그 때를 면하게 해 달라고 요구하실 수 없는 것은 그분이 바로 그 때를 위해 이 세상에 오셨기 때문이라고 부언하셨다. 사실 요한의 기록에서 나타나는 역설, 곧 예수님은 이 세상을 떠나시는 바로 그 때를 위하여 세상에 오셨다는 사실은 결코 우연이 아니다. 마가는 예수님의 '때'를 그분의 '잔'과 동일시함으로써 이 문제를 더욱 명확히 밝힌다.[26]

복음서 기자들이 제공하는 이러한 증거에 비추어 볼 때, 우리는 예수님이 자신의 죽음을 어떤 시각으로 보셨다고 말해야 옳겠는가? 그 죽음이 자신에게 닥치리라는 것을 그분이 알고 계셨다는 데는 의심의 여지가 없다. 하지만 그것은, 우리 모두는 언젠가 자신이 죽으리라는 것을 알고 있다는 그런 의미에서가 아니라, 폭력에 의한 때아닌 죽음, 그러면서도 어떤 목적을 이루는 죽음을 당하리라는 것을 알고 있었다는 그런 의미에서다. 그뿐 아니라 예수님은 그 죽음의 불가피성에 대한, 서로 얽힌 세 가지 이유를 제시하신다.

첫째로, 예수님은 유대 국가 지도자들의 적의 때문에 자신이 죽으리라는 것을 알고 계셨다. 이런 적대심은 그분 공생애의 극히 초기에 일어났던 것으로 보인다. 율법 일반에 대한 그리고 구체적으로는 안식일에 대한 그분의 태도는 유대 지도자들을 분노케 했다. 어느 안식일에 회당에서, 한 편 손 마른 사람을 예수님이 치료하시고 말았을 때, 마가는 "바리새인들이 나가서 곧 헤롯당과 함께 어떻게 하여 예수를 죽일까 의논하니라"(막 3:6)고 말한다. 예수님은 이

---

26) 요 12:27; 13:1; 막 14:35, 41; 참고. 마 26:18.

것을 알고 계셨음이 분명하다. 예수님은 또한 신실한 선지자들을 핍박한 일에 대한 구약의 기록을 매우 잘 알고 계셨다.[27] 그분은 자신이 선지자보다도 더 큰 자인 것을 알고 계셨지만, 동시에 자신은 선지자 정도의 대접을 받으리라는 것과, 따라서 과거의 선지자들과 비슷한 방식으로 취급되리라는 것을 알고 계셨다. 예수님은 유대 지도자들의 지위와 편견에 대응하는 위협적인 존재셨다. 누가의 기록에 따르면, 예수님이 나사렛의 회당에서 이사야 61장을 읽고 강론을 마치자—이 강론에서 예수님은 이방인에 대한 하나님의 호의를 가르친 듯하다—"회당에 있는 자들이 이것을 듣고 다 크게 화가 나서 일어나 동네 밖으로 쫓아내어 그 동네가 건설된 산 낭떠러지까지 끌고 가서 밀쳐 떨어뜨리고자" 했다. 그러고 나서 누가는 "예수께서 그들 가운데로 지나서 가시니라"(눅 4:16-30)고 부언한다. 하지만 그것은 구사일생이었다. 예수님은 그들이 조만간 자신을 잡으리라는 것을 알고 계셨다.

둘째로, 예수님은 자신의 죽음이 메시아에게 일어나리라고 성경에 기록된 것의 성취이므로, 자신이 죽으리라는 것을 알고 계셨다. "인자는 자기에 대하여 기록된 대로 가거니와"(막 14:21). 실제로 구약의 예언의 증거를 가리켜 말씀하실 때 예수님은 주로 메시아의 죽음과 부활, 수난과 영광을 서로 짝지어서 말씀하셨다. 그 이유는 성경이 이 두 가지를 모두 가르쳤기 때문이다. 또한 주님은 부활하신 후에도 여전히 그 사실을 단언하셨다. 그분은 엠마오로 가는 제자들에게 이렇게 말씀하셨다. "그리스도가 이런 고난을 받고 자기

---

27) Joachim Jeremias는 *Central Message*에서 이 논지를 전개하고 있다. 특히 그 책의 p. 41를 보라.

의 영광에 들어가야 할 것이 아니냐 하시고 이에 모세와 모든 선지자의 글로 시작하여 모든 성경에 쓴 바 자기에 관한 것을 자세히 설명하시니라"(눅 24:26-27; 참고 44-47절).

예수님이 구약 성경에서 인용하셨던 십자가와 부활에 관련된 구절은 실제로 그렇게 많지는 않았을 것이므로, 혹자는 '모든 성경에 쓴 바 그리스도에 관한' 이 설명을 간절히 듣고 싶어할 수도 있다. 목자가 매를 맞을 때 양들이 흩어지리라고 말씀하심으로써, 예수님은 스가랴의 말을 인용해 사도들이 모두 도망칠 것을 예언하셨다.[28] 그분은 농부들의 비유를 마치시면서, 건축자에게는 버림을 받았지만 결국은 건물의 머릿돌 혹은 모퉁잇돌이 된 그 돌을 생생하게 말씀하셨다.[29] 또한 십자가에 달리셨을 때 예수님이 말씀하신, 이른바 그분의 '가상칠언'(架上七言)은 성경에서 직접 인용하신 것이었다. "나의 하나님, 나의 하나님, 어찌하여 나를 버리셨나이까"는 시편 22:1, "내가 목마르다"는 시편 69:21, "아버지, 내 영혼을 아버지 손에 부탁하나이다"는 시편 31:5에서 인용하셨다. 이 세 개의 시편은 모두 무죄한 희생자의 깊은 번민을 묘사하며, 희생자는 대적의 손에 신체적·정신적 고통을 당하면서도 동시에 하나님에 대한 신뢰를 견지하는 인물로 묘사된다. 비록 그 시편들은 시인 자신의 고뇌를 표현하고자 기록한 것이지만, 예수님은 자신과 자신의 고통을 그 시편의 최종적인 성취로 보신 것이 분명하다.

하지만 예수님은, 자기의 수난뿐만 아니라 그 이후의 고통까지도

---

28) 슥 13:7; 마 26:31; 막 14:27.
29) 시 118:22; 마 21:42; 막 12:10-11; 눅 20:17; 참고. 행 4:11; 벧전 2:7.

가장 분명하게 보여 주는 전조(前兆)를 이사야 53장에서 가져오신 듯하다. 왜냐하면 여기서는 여호와의 종이 우선 "멸시를 받아 사람들에게 버림 받았으며 간고를 많이 겪었으며 질고를 아는 자"(3절)라고 제시되기 때문이다. 그리고 우리의 죄악을 그에게 담당시킴으로써 "그가 찔림은 우리의 허물 때문"이라고 하였고 또한 "우리 모두의 죄악을 그에게 담당시키셨으며"(5-6절), 그 다음에 52장의 마지막 부분과 53장의 마지막 부분에서 그는 "받들어 높이 들려서 지극히 존귀하게 되며"(52:13), "존귀한 자와 함께 몫을 받게 하며"(53:12) 그 결과로 그는 "열방을 놀랠" 것이고(52:15) 또한 "많은 사람을 의롭게 할"(53:11) 것으로 묘사되기 때문이다. 예수님이 직접 말씀하신 것을 기록한 유일한 인용은 12절의 "그가…범죄자 중 하나로 헤아림을 받았음이니라"다. "내가 너희에게 말하노니 기록된 바 그는 불법자의 동류로 여김을 받았다 한 말이 내게 이루어져야 하리니"라고 그분은 말씀하셨다(눅 22:37). 그럼에도 불구하고, 자신이 "많은 고난을 받아야" 하며 또한 자기의 "온 것은 섬김을 받으려 함이 아니라 도리어 섬기려 하고 자기 목숨을 많은 사람의 대속물로 주려 함이니라"(막 8:31; 10:45)라고 예수님이 선언하셨을 때, 그 구절들을 직접 인용한 것은 아니라 할지라도, 다른 사람의 구원을 위한 수난, 봉사 그리고 죽음의 이런 조합은 바로 이사야 53장과 일맥상통한다. 더욱이 바울, 베드로, 마태, 누가, 요한의—이들은 신약 성경의 주요 저자들이다—글들을 합쳐 놓고 보면, 그들은 이사야 53장의 열두 개의 절 중에서 적어도 여덟 개를 인용한다. 그들이 이사야 53장을 확신을 가지고 세세한 부분까지 예수님께 적용시킨 것은 어디서 연유했을까? 그들은 분명 그것을 예수님에게서 직접 들었을 것이다. 메시아의 사명은 인간의 죄악을 위하여 고난과 죽음을 당하고 그렇게 함으로써 영광을 받는 것이라는 사실을, 예수님은 다른 어느 곳에서보다도 이사야 53장에서 배우셨다.

하지만 고위 지도자들의 반발과 성경의 예언, 그 자체로서는 예수님의 죽음의 필연성을 설명해 주지 못한다. 예수님이 자신이 죽으리라는 것을 알게 된 세 번째이자 가장 중요한 이유는, 바로 자신의 의도적인 선택 때문이다. 예수님은, 아무리 고통스럽다 하더라도, 메시아에 관하여 기록된 것을 성취하기로 굳게 결심하셨다. 이것은 운명론도, 순교자 콤플렉스도 아니었다. 이것은 단지 예수님이 구약 성경을 자기 아버지의 계시로 믿으셨고, 아버지의 뜻을 행하며 그분의 일을 완성하기로 굳게 결심하셨다는 것이다. 그 외에도 예수님의 수난과 죽음은 목적 없는 것이 아니었다. 그분은 "잃어버린 자를 찾아서 구원하려고" 오셨다(눅 19:10). 그분이 죽으시는 것은, 죄인을 구원하기 위함이요, 그들을 풀어 자유케 하려고 자기 생명을 속전으로 주기 위함이다(막 10:45). 그래서 예수님은 예루살렘을 향해 올라가신다. 아무것도 그분을 가로막거나 방해하지 못했을 것이다. 이런 이유로 예수님은 자기의 죽음에 관하여 이야기할 때 '반드시'(must)라는 말로 명확하게 이야기하신다. 인자는 **반드시** 많은 고난을 받고 버린 바 되어야 한다. 그에 관하여 기록된 모든 것은 **반드시** 이루어져야 한다. 예수님은 천사에게 자기를 구해 달라고 호소하지 않으셨는데, 이는 만약 그분이 그렇게 호소하셨더라면, 이런 방식으로 일이 **반드시** 이루어지리라고 말한 성경이 이루어지지 않을 것이기 때문이다. 그리스도께서 자기 영광에 들어가기 전에 고난을 당하시는 것은 **필요한** 일이 아니었는가?[30] 그분은 압박을 받으셨으며, 심지어 그것은 강박 관념과도 같았다. "나는 받을 세례가 있으니 그것이 이루어지기까지 나의 답답함이[RSV는 constrained(강요당함)라고 옮겼고 원어를 직역하면 '에워싸이다'이다] 어떠하겠느냐"(눅 12:50).

이와 같이, 비록 예수님은 자신이 죽어야 할 것을 알고 계셨지만, 그 죽음은 그분을 대항하여 연합한 악한 힘들 혹은 그분에게 작정된 피할 수 없는 운명 앞에서 그분이 무능한 희생자가 되었기 때문이 아니라, 성경에 계시된 대로 죄인을 구원하려는 아버지의 목적을 그분이 자발적으로 맞아들이셨기 때문이었다.

이것이 예수님이 자신의 죽음을 바라보신 방식이다. 그분의 교훈, 모범, 긍휼과 능력의 일들이 매우 중요하긴 하지만, 그 가운데 어느 것도 그분 사명의 중심은 아니었다. 그분의 마음을 지배했던 것은, 사는 것이 아니라 자기의 생명을 주는 것이었다. 이 최후의 자기희생, 이것이 바로 그분이 이루기 위해 이 세상에 오신 바 그 '때'였다. 또한 그분을 증언한 네 명의 복음서 기자들은, 예수님의 지상 최후의 며칠 곧 그분의 죽음과 부활의 이야기에 균형이 맞지 않을 정도의 많은 지면을 할애했는데 이는 바로 그들이 그 '때'의 의미를 이해하고 있었음을 말한다. 그 죽음과 부활의 이야기는 공관 복음의 3분의 1 내지 4분의 1을 차지한다. 한편 요한복음은 '표적의 책'(the Book of the Signs)과 '수난의 책'(the Book of Passion)의 두 부분으로 구성된 것으로 묘사되어 왔는데, 이는 요한이 각각에 거의 비슷한 양의 시간을 할애했기 때문이다.

---

30) 막 8:31; 눅 24:44; 마 26:54; 눅 24:26.

### 사도들의 강조점

사람들은 가끔, 사도행전에서 사도들의 강조점은 예수님의 죽음보다는 부활이며, 어느 곳에서도 그분의 죽음에 대한 교리적 설명을 제공하지는 않았다고 주장한다. 하지만 이러한 주장을 뒷받침할 만한 증거는 없다. 물론 나는, 후기에 사도들의 서신에서 발견되는 것과 같은 충만한 속죄의 교리가 사도행전에 나오는 그들의 설교에서도 표현되고 있다고 주장하려는 것은 아니다. 누가는 역사 감각을 가지고, 만약 그들이 수년 후에 설교를 했다면 이야기했을 법한 내용을 기술한 것이 아니라 그들이 그 때 이야기했던 내용을 그대로 기술했다. 하지만 발전된 교리들의 씨앗은 이미 그 설교 속에 들어 있다. 누가는 두 명의 사도, 베드로와 바울을 중심으로 이야기를 엮어 가며, 이들이 행한 다섯 개씩의 단순한 복음 전도 설교를 다소 짧거나 길게 요약된 형태로 제공한다. 이렇게 해서 우리는, 베드로의 오순절 설교, 성전 경내에서의 설교, 두 번에 걸친 공회 앞에서의 재판 시에 이야기한 내용의 간략한 요약, 그리고 이방인 백부장 고넬료와 그의 가족에게 행한 설교의 꽤 완전한 기록을 가지고 있게 되었다.[31] 그러고 나서 누가는, 자신의 영웅인 바울의 선교 공적을 나열하면서, 그가 비시디아 안디옥의 회당에서 유대인에게 행한 연설을 루스드라의 옥외에서 이방인에게 행한 강연과 대비시킨다. 또한 제2차 선교 여행 때의 또 다른 두 설교 곧 데살로니가의 유대인들과 아덴의 철학자들에게 한 설교를 최초의 설교와 대비시키며, 아울러 로마에 있던 유대 지도자들에게 행한 그의 가르침을 요약한

---

31) 행 2:14-39; 3:12-26; 4:8-12; 5:29-32과 10:34-43.

다.[32] 각각의 설교마다 접근 방법이 다르다. 즉 바울은 유대인에게는 언약의 하나님, 아브라함과 이삭과 야곱의 하나님을 이야기했지만, 이방인에게는 하늘과 땅과 바다와 그 가운데 있는 모든 것을 지으신 창조의 하나님을 이야기했다. 그럼에도 불구하고 이 두 사도가 선포한 내용 속에는 하나의 핵심이 있으며, 그 핵심은 다음과 같이 재구성될 수 있다.

예수님은 그 행한 바 기적을 통하여 하나님의 인정하심을 증명했으며, 성령으로 기름부음을 받음으로써 선한 일을 행하고 사람들의 병을 고쳐 준 인물이었다. 그럼에도 불구하고 예수님은, 메시아가 고난을 당하리라는 성경 말씀에 따른 하나님의 목적에 의한 것이긴 했지만 악한 사람들에 의하여 십자가에 못박혔다. 하지만 하나님은 또한 성경대로 예수님을 죽음에서 다시 살리심으로써 예수님에 대한 인간의 판결을 뒤집으셨으며, 이는 사도들이 목격한 바에 의하여 입증된다. 다음으로 하나님은 그를 지극히 영광스러운 위치 곧 주와 구주로 높이셨다. 이제 예수님은 회개하고 믿고 그의 이름으로 세례를 받는 사람들을 구원해서 그들에게 사죄(赦罪)와 성령의 선물을 주고, 그를 배척하는 사람들을 심판할 수 있는 충만한 권세를 지니신다.

이 복음의 핵심에는 몇 가지 중요한 점이 나타난다.
첫째로, 사도들은 예수님의 죽음을 인간의 악에 의한 것으로 돌리긴 하지만, 동시에 그것이 또한 하나님의 뜻에 의한 것이라고 선

---

32) 행 13:16-41; 14:15-17; 17:2-3과 22-31; 28:23-31.

언한다.³³⁾ 더욱이 하나님은 자기가 미리 아신 바를 예언해 놓으셨다. 그래서 사도들은 예수님의 죽음과 부활이 '성경대로' 일어났다는 사실을 반복해서 강조했던 것이다. 바울이 뒤에 말한 복음의 요약 역시 이 사실을 강조했다. "성경대로 그리스도께서 우리 죄를 위하여 죽으시고…성경대로 사흘 만에 다시 살아나사…"(고전 15:3-4). 실제 성경 인용구들이 기록된 경우는 몇 번밖에 되지 않는다. 마치 데살로니가의 회당에서 바울이 "성경을 가지고 강론하며 뜻을 풀어 그리스도가 해를 받고 죽은 자 가운데서 다시 살아나야 할 것을 증언한"(행 17:2-3) 것같이 성경에는 기록되지 않은 더 많은 인용이 사용되었음이 분명하다. 이 인용들은 예수님이 사용하신 성경 말씀들 혹은 적어도 거기에 포함된 성경 말씀들 그리고 그것들이 표현하는 교리였던 것으로 보인다.

둘째로, 비록 전면적인 속죄 교리가 빠져 있긴 하지만, 그렇다고 사도들의 십자가 선포가 비교리적인 것은 아니었다. 그들은 그리스도께서 성경대로 곧 하나님의 구원의 목적대로 죽으셨다고 선포했을 뿐 아니라, 그분이 달려서 죽으신 십자가를 '나무'라고 불렀다. 누가는 지도자격인 사도였던 베드로와 바울이 십자가를 그렇게 부른 사실을 주의 깊게 기록한다. 베드로는 사람들이 "그를 나무에 달아 죽였다"는 표현을 두 번 사용했는데, 한 번은 유대인의 공회에서 그리고 다른 한 번은 이방인 고넬료의 집에서였다. 이와 유사하게 바울도 비시디아 안디옥에서 회당에 모인 회중에게, 예루살렘 사람들과 그들의 지배자들이 "성경에 그를 가리켜 기록한 말씀을 다 응

---

33) 예를 들어, 행 2:23; 3:18; 4:28.

하게 한 것이라. 후에 나무에서 내려다가"라고 말했다.[34]

하지만 그들에게 이 말을 사용해야 할 어떤 필요성이 있었던 것은 아니었다. 베드로도 예수님의 '십자가에 못박히심'을 말했고, 바울 또한 예수님의 '해 받음'과 '죽임당함'을 이야기했다.[35] 그런데도 그들은 어떤 이유로 그것을 가리켜서 '나무'라고 말하고, 또한 그분이 그 위에 '달리셨음'을 이야기했을까? 이에 대한 유일한 설명은 신명기 21:22-23에서 발견된다. 이 부분은, 사형에 해당하는 죄 때문에 나무에 달려서 처형당한 사람은 해가 지기 전에 장사해야 하는데, 이는 "나무에 달린 자는 하나님께 저주를 받았기"때문이라고 되어 있다. 사도들은 이 법규를 매우 잘 알았으며, 그것이 함축하는 바 예수님이 하나님의 저주 아래 죽으셨다는 것의 의미를 너무나 잘 알고 있었다. 그런데도 사도들은 이 문제에 대하여 입을 막으려 하지 않고, 도리어 사람들의 주의를 일부러 그리로 끌고자 하였던 것이다. 따라서 그들은 분명 예수님이 하나님의 저주 아래 죽었다는 사실에 당황하지 않았을 것이다. 그들은 어떤 의미에서든, 예수님이 하나님의 저주를 받을 만한 인물이라고는 생각하지 않았다. 그러므로 최소한 그들은, 예수님이 바로 우리의 저주를 담당하셨음을 이해하기 시작한 것이 분명하다. 실제로 두 사도는 그들의 후기 서신에서 이 점을 명확하게 진술했다. 바울은, 비시디아 안디옥을 방문한 직후에 쓴 듯한 갈라디아서에서 "그리스도께서 우리를 위하여 저주를 받은 바 되사 율법의 저주에서 우리를 속량

---

34) 행 5:30; 10:39; 13:29.
35) 행 2:23, 36; 4:10; 17:3과 13:28.

하셨으니 기록된 바 나무에 달린 자마다 저주 아래에 있는 자라 하였음이라"(3:13)고 썼다. 그리고 베드로는 이렇게 썼다. "친히 나무에 달려 그 몸으로 우리 죄를 담당하셨으니"(벧전 2:24). 베드로와 바울이 서신에서 예수님의 십자가를, 죄책을 담당하는 것으로 혹은 저주를 담당하는 것으로 명확하게 보았으며, 또한 나무에 달리는 것에 관하여 말한 신명기의 구절과 이 사실을 연결시켰다면, 그들이 십자가를 '나무'라 불렀던 사도행전의 설교에서 이미 바로 이 진리를 감지하고 있었다고 추정해 봄직하지 않은가? 만약 그렇다면, 사도들의 초기 설교에 담긴 십자가에 대한 가르침에는, 사람들이 그 설교에 대해 인정해 오던 것 이상의 교리적 요소가 포함된 셈이다.

셋째로, 우리는 사도들이 부활을 설명한 방식을 심사숙고해 보아야 한다. 비록 그들이 부활을 강조하긴 했지만, 그들의 메시지를 전적으로 부활의 복음이라고 부르는 것은 과장일 것이다. 왜냐하면 이 문제의 성격상 부활은 그 자체만으로는 성립될 수 없기 때문이다. 그것은 죽음에서의 부활이기 때문에, 부활의 의미는 죽음의 성격에 의하여 결정된다. 실제로 부활을 강조하는 이유는, 부활에 의하여 무효화되고 정복당한 그 죽음에 관한 어떤 것을 강조하기 위해서다. 이것이 사실임은 쉽게 입증될 수 있다. 그들의 메시지를 가장 단순화시키면 다음과 같다. "너희가 그를 죽였고, 하나님은 그를 살리셨으며, 우리는 그 증인이다."[36] 다른 말로 하면, 부활은 인간의 판결을 하나님이 뒤엎으신 것이다. 하지만 이것이 전부가 아니다. 부활에 의하여 하나님은 죽었던 예수님을 "영화롭게 하셨고" 또

---

36) 참고. 행 2:23-24; 3:15; 4:10; 5:30; 10:39-40; 13:28-30.

한 "높이셨다."³⁷⁾ 하나님은 또한 시편 110:1의 성취로 예수님의 죽음이 이룬 결과 때문에, 그를 자기 오른편의 지고(至高)의 영광의 위치에 올리심으로써, 십자가에 못박혔다가 부활하신 예수님을 '주와 그리스도', '임금과 구주'로 삼으셨다. 또 죄인들에게 회개와 사죄와 성령의 선물을 내림으로써 그들을 구원할 수 있는 권세를 그에게 주셨다.³⁸⁾ 더욱이 이 포괄적인 구원은 예수님의 권능 있는 '이름'(그분의 인격, 죽음 그리고 부활의 총체)으로 말미암는 것으로 명확하게 밝혀진다. 사람들은 이 이름을 믿고, 이 이름으로 세례를 받아야 하는데, 이는 "천하 사람 중에 구원을 받을 만한 다른 이름을 우리에게 주신 일이 없기" 때문이다.³⁹⁾

우리가 사도행전에 기록된 사도들의 초기 설교에서 눈을 돌려서 좀더 성숙된 그들의 서신서를 살펴보면, 그들이 십자가에 부여한 탁월한 위치가 더욱 두드러지게 나타난다. 가장 짧은 몇몇 서신들은 십자가에 관하여 전혀 언급하지 않는 것이 사실이며(빌레몬에게 보낸 바울의 서신, 유다의 서신 그리고 요한의 두 번째 서신과 세 번째 서신 같은 것), 또한 주로 윤리적인 설교인 야고보의 서신이 십자가를 언급하지 않는 것은 전혀 이상한 일이 아니다. 하지만 신약 성경의 주요 서신 기자들—바울, 베드로, 요한—은 십자가의 중심성을 증언하는 데 일치하며, 히브리서와 요한계시록도 이 점에서 마찬가지다.

바울의 글에서 시작하기로 하자. 바울은 자기의 복음을 "십자가

---

37) 행 3:13과 2:33.
38) 참고. 행 2:33-36; 3:26; 5:31-32; 10:43과 13:38-39.
39) 행 2:38; 3:16; 4:10, 12; 참고. 눅 24:46-47.

의 도"로 정의하고 자기의 사역을 "십자가에 못박히신 그리스도를 전파한다"로 정의했으며, 세례를 "그의 죽음 속으로" 들어감으로 정의하고, 주의 만찬을 주의 죽으심의 선포로 정의한 것을 전혀 이상한 일로 생각지 않았다. 그는 과감하게, 비록 십자가가 어리석은 것으로 보이기도 하고, 자신을 신뢰하는 자들에게는 "거치는 돌"로 보이기도 하지만, 실상 십자가는 하나님의 지혜와 능력의 본질 그 자체라고 선언했다.[40] 그는 고린도 교인들에게, 자기는 이 사실을 너무나 확신한 나머지, 세상적인 지혜를 단념하고 대신에 "예수 그리스도와 그가 십자가에 못박히신 것 외에는" 알지 않기로 일부러 작정했다고 말했다(고전 2:1-2). 이 편지의 뒷 부분에서 바울은 자기의 복음, 곧 자기가 받아서 그들에게 전했으며, 그들이 서 있는 바 믿음의 근거가 되었고, 그들이 듣고 그로 말미암아 구원을 얻은 그 복음을 그들에게 상기시키기 위해 다음과 같이 말한다. "첫째로 중요한" 것은(바울이 이렇게 말했다) "성경대로 사흘 만에 다시 살아나사…보이신"(고전 15:1-5) 사실이다. 또한 그로부터 몇 년 후에 그가 이 개요를 발전시켜서 완전한 복음 선언문—바로 로마서다—으로 만들었을 때, 그는 십자가를 더욱 힘있게 강조했다. 모든 인간은 하나님 앞에서 타락했고 죄인이라는 것을 입증했으므로 그는 불의한 자들을 하나님과의 정당한 관계 속에 놓기 위한 하나님의 의로운 방법이, "하나님이 그의 피로 인하여 믿음으로 말미암는 화목 제물로 세우신", "그리스도 예수 안에 있는 구속으로 말미암아"(롬 3:21-25) 작동하고 있다고 설명한다. 그 결과 우리는 "그 피

---

40) 고전 1:18-25; 롬 6:3; 고전 11:26.

를 인하여 의롭다 하심을 얻은즉" 또한 "그 아들의 죽으심으로 말미암아 하나님으로 더불어 화목되었다"(롬 5:9-10). 우리를 위한 그리스도의 희생의 죽음이 없다면 구원은 불가능했을 것이다. 따라서 바울이 오직 십자가를 자랑한 것은 전혀 이상한 일이 아니다(갈 6:14).

사도 베드로의 증언도 이와 똑같이 명확하다. 베드로는 자기의 첫 번째 편지를, 자기 편지의 독자들이 예수 그리스도의 피로 뿌림을 받았다는 놀라운 진술로 시작한다. 그리고 몇 절 뒤에서, 그들을 이전의 공허한 생활 방식에서 구속하기 위하여 치러진 값은 "은이나 금같이 없어질 것이" 아니고, "흠 없고 점 없는 어린양 같은 그리스도의 보배로운 피"였음을 독자들에게 상기시킨다(벧전 1:18-19). 비록 그의 편지에서 예수님의 죽음에 대한 나머지 언급들은, 그것을 그리스도인의 고난과 연결시키지만('고난을 통한 영광'은 예수님에게와 마찬가지로 그리스도인들에게도 하나의 원리라는 것이다), 그럼에도 불구하고 베드로는 그것을 구주의 죽으심에 관한 심오한 가르침을 제공하는 기회로 삼는다. "친히 나무에 달려 그 몸으로 우리 죄를 담당하셨으니", "그리스도께서도 단번에 죄를 위하여 죽으사 의인으로서 불의한 자를 대신하셨으니 이는 우리를 하나님 앞으로 인도하려 하심이라"(2:24; 3:18). 이것은 바로 이사야 53장 예언의 성취다. 이 문맥에서 베드로는 십자가를 우리의 모범으로 강조하기 때문에, 동시에 그가 그리스도를 우리의 죄를 담당한 자요 대속자로 기록해야만 했던 점은 더욱 충격적이다.

요한은 그의 서신들에서 성육신을 강조했다. 그는, 그리스도와 예수님을 분리시키려고 노력하고 하나님의 아들됨과 인성을 서로 분리시키려고 노력한 초기 이단과 싸우고 있었으므로, 예수님이 '육체로 오신 그리스도'였다는 점을 주장하였으며 이것을 부인하는 사람은 누구든지 적그리스도라고 주장했다.[41] 그럼에도 불구하고 그는 성육신 속죄를 예상하고 있다고 보았다. 왜냐하면 하나님의 독특한 사랑은 그분의 아들이 오심에서보다는 그 아들의 죽으심에서 더욱 분명하게 드러나기 때문이다. 이 아들은 이렇게 표현되어 있다. "하나님이 자기의 독생자를 세상에 보내심은 그로 말미암아 우리를 살리려 하심이라."[42]

편지라기보다는 신학적인 소논문이라고 할 만한 히브리서는, 박해의 압력하에서 그리스도를 버리고 유대교로 되돌아가려는 유혹을 받던 유대인 그리스도인들에게 쓰인 것이다. 이 편지에서 저자의 진술은 예수 그리스도의 지고(至高)함을 보여 주되, 천사보다도 높은 아들로서 그리고 모세보다도 높은 선지자로서의 예수 그리스도, 특히 지금은 폐기된 레위 지파 제사장직보다도 높은 제사장으로서의 예수 그리스도를 증명하려는 것이다. 왜냐하면 우리의 "큰 대제사장"(4:14)이신 예수님의 제사장 사역은 레위 지파의 그것과는 비교할 수 없을 만큼 우월하기 때문이다. 그분께는 죄가 없으므로 자기 자신을 위한 제사가 필요치 않다. 그분이 흘리신 피는 염소나 송아지의 피가 아니라 자신의 피였다. 그분은 결코 죄를 없이 할 수 없는 동일한 제사를 반복해서 드릴 필요가 없었는데 이는 그분이 '죄를 위한 한 영원한 희생'이 되셨기 때문이다. 그리하여 그분은 '영원한 구속'을 획득하셨고 '영원한 언약'을 세우셨는데, 이 언

---

41) 예를 들어, 요일 2:22; 4:1-3; 요이 7절.
42) 요일 3:16; 4:9, 14; 4:10; 참고. 2:1-2; 1:7.

약에는 "그들의 죄와 그들의 불법을 내가 다시 기억하지 아니하리라"는 약속이 포함되어 있다.[43]

하지만 이 모든 것보다 더욱 충격적인 것은 성경의 마지막 책인 요한계시록에 나타난 예수님에 대한 묘사다. 요한계시록 1장에서 그분은 "죽은 자들 가운데서 먼저 나신 자"(5절)로 그리고 전에는 죽으셨지만 이제는 세세토록 살아 계셔서 사망과 음부의 열쇠를 가지신 "산 자"(18절)로 소개된다. 또한 그분께 합당한 송영이 첨가되어 있다. "그의 피로 우리 죄에서 우리를 해방하시고…그에게 영광과 능력이 세세토록 있기를 원하노라"(5-6절).

요한이 예수님을 지칭할 때 가장 흔히 사용하는, 요한계시록의 상징적 표상은 '어린양'이다. 이 명칭은 요한계시록 전체를 통해서 예수님에게 스물여덟 번 사용되는데, 이 명칭이 사용된 이유는, 성품의 온유함과는 별로 관계가 없다[하지만 한 번은 그분의 성품이 "사자"와 "어린양"으로 의도적으로 대비되었다(5:5-6)]. 오히려 이 명칭이 사용된 이유는, 그분이 희생 제물로 죽임을 당했으며, 그분의 피가 자기 백성을 자유케 하기 때문이다. 요한이 어린양의 능력을 바라본 폭넓은 관점을 이해하기 위해서는, 그 조망을 구원, 역사, 예배, 영원의 네 영역으로 나누어 살펴보는 것이 유익하다.

모든 나라와 방언에서 이끌림을 받아 하나님의 보좌 앞에 서 있는, 하나님의 구속된 백성("아무라도 능히 셀 수 없는 큰 무리")은 특별히 자기의 구원을 하나님과 어린양에게로 돌린다. 그들은 큰 소리로 이렇게 외친다.

---

43) 특히 히 8-10장을 보라.

구원하심이 보좌에 앉으신 우리 하나님과 어린양에게 있도다.

그들이 입은 옷은 "어린양의 피에 씻어 희게 된" 옷으로 묘사되는데, 이것은 매우 극적인 수사적 표현이다. 다시 말하면 그들이 하나님 앞에서 의로운 위치를 소유한 것은 전적으로 그리스도의 십자가 덕택이라는 것이다. 십자가를 통하여 그들의 죄가 사해졌고 그들의 더러움이 깨끗이 씻겼다. 또한 그리스도를 통한 그들의 구원은 보증된 것인데, 이는 그들의 이름이 어린양의 생명책에 기록되어 있을 뿐만 아니라 어린양의 이름이 그들의 이마에 기록되어 있기 때문이다.[44]

하지만 요한의 환상 속에서 그 어린양은 무수한 군중의 구세주에 그치지 않는다. 그분은 또한 모든 역사의 주인으로 묘사된다. 우선 첫째로 그분은 "보좌 한가운데 서 있는데", 이는 전능하신 하나님의 통치에 참여하고 계시다는 것이다. 게다가 보좌에 앉으신 이는 오른손에 일곱 인으로 봉한 두루마리를 들고 계시며, 이 두루마리는 일반적으로 역사의 책(the book of history)으로 인정된다. 처음에 요한은, 이 우주에서 그 두루마리를 열거나 그 안을 보거나 할 이가 없기 때문에 "크게 울었다." 하지만 마침내 어린양이 그 일을 하기에 합당하시다는 말을 듣게 된다. 어린양이 그 두루마리를 취해서 봉인을 하나씩 하나씩 떼어 내서 역사를 한 장 한 장 여신다 (이렇게 한 것으로 보인다). 여기서 중요한 것은, 그분께 이 역할에 합당한 자격을 준 것이 바로 그분의 십자가라는 점이다. 왜냐하면

---

44) 계 7:9-14, 16-17; 13:8; 21:27; 14:1이하.

십자가야말로 역사의 열쇠이며 그것이 시작한 구속 과정의 열쇠이기 때문이다. 전쟁, 기근, 질병, 박해 그리고 다른 재난으로 인한 고통에도 불구하고, 하나님의 백성은 "어린양의 피"에 의하여 마귀를 물리칠 수 있으며, 최후의 승리는 어린양과 그들의 것임을 확신하는데, 이는 그 어린양이 "만주의 주시요 만왕의 왕"으로 증명되기 때문이다.[45]

구원을 이루시며 역사의 주인인 그분이 또한 하늘의 경배의 대상이라는 것은 전혀 놀라운 일이 아니다. 요한계시록 5장에서 우리는 찬양대가 그 어린양을 향한 찬송을 하나씩 하나씩 부르는 것을 듣는다. 첫째로, 그분이 두루마리를 취하셨을 때, "네 생물과 이십사 장로들이(아마 이들은 한편으로는 전체 피조물을, 다른 한편으로는 신구약의 전 교회를 대표하는 듯하다) 그 어린양 앞에 엎드려⋯새 노래를" 부른다.

> 두루마리를 가지시고 그 인봉을 떼기에 합당하시도다. 일찍이 죽임을 당하사 각 족속과 방언과 백성과 나라 가운데에서 사람들을 피로 사서 하나님께 드리시고⋯.

다음으로 요한은 만만 혹은 그 이상의 천사들의 음성을 듣는데, 그들은 보좌를 둘러선 무리를 빙 둘러서 있었다. 그들 역시 큰 소리로 노래했다.

---

45) 계 5:1-6; 22:1, 3; 12:11; 17:14.

죽임을 당하신 어린양은 능력과 부와 지혜와 힘과 존귀와 영광과 찬송을 받으시기에 합당하도다.

그러고 나서 마지막으로 요한은 "하늘 위에와 땅 위에와 바다 위에와 또 그 가운데 모든 만물"—온 우주의 피조물—이 이렇게 노래하는 것을 들었다.

보좌에 앉으신 이와 어린양에게 찬송과 존귀와 영광과 권능을 세세토록 돌릴지어다.

네 생물은 이 찬송에 '아멘'으로 대답하고, 장로들은 엎드려 경배하였다.[46]

어린양 예수는 구원, 역사, 예배에서 오늘날 무대의 중심을 차지하시지만, 이것이 전부는 아니다. 그 외에도 그분은 역사가 끝나고 영원의 커튼이 올려질 때도 중심 위치를 차지할 것이다. 심판의 날이 되면, 지금까지 예수님을 거부했던 자들이 그분에게서 피하려고 애쓸 것이다. 그들은 산과 바위들을 향하여, 자기를 숨겨 달라고 요구할 것이다. "우리 위에 떨어져 보좌에 앉으신 이의 낯에서와 어린양의 진노에서 우리를 가리우라. 그들의 진노의 큰 날이 이르렀으니 누가 능히 서리요?" 하지만 예수님을 믿고 신뢰한 사람들에게는, 그 날이 혼인하는 날 같고 혼인 잔치와 같을 것이다. 왜냐하면 그리스도와 그분의 백성이 이루는 최후의 결합은 어린양과 그 신부

---

46) 계 5:8-9, 11-14.

의 혼인으로 그려지기 때문이다. 은유를 다르게 표현하자면, 새 예루살렘이 하늘에서 내려올 것이다. 거기에는 성전이 없을 것인데, "이는 주 하나님 곧 전능하신 이와 어린양이 그 성전"이시기 때문이다. 또한 거기에는 해나 달이 필요치 않을 것인데, "이는 하나님의 영광이 비치고 어린양이 그 등이" 되시기 때문이다.[47]

여기서 우리는 요한이 아무 거리낌 없이 '하나님과 어린양'을 짝지어서 반복해서 말하는 것을 주목하게 되며, 또한 거기서 강한 인상을 받게 된다. 그가 하나님과 동등하게 놓는 그 인물은 죄인을 위하여 죽으신 구주시다. 요한은 그 인물이 하나님의 구원을 중보하며 하나님의 보좌에 동참하여 하나님의 경배(즉 하나님께 합당한 경배)를 함께 받는 것으로, 또한 하나님의 빛을 발산하는 것으로 묘사한다. 그리고 그로 하여금 이런 독특한 특권에 참여하게 하는 것은, 그가 죽임을 당했으며, 또한 그의 죽음에 의하여 우리의 구원을 이루셨다는 사실에 기인한다. 만약 13:8에서 요한이 그 생명책이 '창세 이후로 죽임을 당한 어린양'(개역개정 성경에는 "죽임을 당한 어린양"으로 되어 있다—편집자 주)에게 속한 것으로 말한다면 (실제로 이렇게 말하는 듯하다), 지금 요한이 말하는 것은 바로, 영원한 과거로부터 영원한 미래에 이르기까지 무대의 중심은 죽임당한 하나님의 어린양의 것이라는 사실이다.

### 반대에도 불구하고 주장함

지금까지의 개관에서 우리는, 신약 성경의 주요 저자들이 그리

---

47) 계 6:15-17 ; 19:6-7 ; 21:9-10, 22-23.

스도의 십자가의 중심성을 믿었다는 점과, 그들의 확신은 바로 주님의 마음으로부터 나온 것임을 그들이 믿었다는 점에 대해 전혀 의심할 수 없다. 그러므로 초대의 사도 시대 이후의 교회가 십자가를 기독교의 표시와 상징으로 삼은 데는 두 가지 굳건한 근거가 있는데, 그리스도의 교훈과 그분의 사도들의 교훈이 그것이다. 이 점에서 교회의 전통은 성경을 충실하게 반영했음이 입증된다.

더욱이 우리는 그들의 괄목할 만한 끈기를 간과하지 말아야 한다. 그들은, 하나님의 아들을 십자가에 못박은 사람들이 그분을 "드러내 놓고 욕되게 하였다"는 것을 알았으며, 또한 그 십자가를 참으시기 위하여 예수님은 자기를 낮추시고 "부끄러움을 개의치 아니하셨다"는 것을 알았다.[48] 그럼에도 불구하고, 그리스도를 비난하는 사람들에게는 수치스럽게 여겨지고 심지어 가증하게 여겨지던 십자가가 그분의 추종자들에게는 가장 영광스러운 것으로 여겨졌다. 그들은 종이 주인보다 크지 않다는 것을 배웠으며, 또한 그리스도께 그러했던 것과 마찬가지로 그들에게도 고난은 영광에 이르는 수단이 된다는 것을 배웠다. 나아가서 고난 그 자체가 영광이었으며, 그들이 "그리스도의 이름으로 욕을 받으면", "영광의 영"이 그들 위에 머물렀다.[49]

하지만 복음의 대적들은 이러한 시각을 과거에도 받아들이지 않았고, 지금도 마찬가지다. 신앙과 불신앙이 가장 크게 갈리는 곳은 바로 이 십자가에 대한 각각의 태도에서다. 신앙이 영광을 발견하

---

48) 히 6:6; 빌 2:8; 히 12:2.
49) 눅 24:26; 요 12:23-24; 벧전 1:11; 4:13; 5:1, 10; 4:14.

는 바로 그곳에서 불신앙은 수치를 발견하는 것이다. 그리스인들에게 어리석은 것으로 보였고, 더 나아가 자기의 지혜를 의지하는 현대의 지성인들에게도 어리석게 비치는 그것이, 바로 하나님께는 지혜인 것이다. 또한 1세기의 유대인들처럼 자기 자신의 의를 의지하는 사람들에게는 거침돌로 남아 있는 그것이, 하나님의 구원의 능력으로 입증되는 것이다(고전 1:18-25).

이슬람교의 가장 안타까운 특징 중 하나는, 하나님의 중요한 선지자가 그렇게도 수치스러운 종말을 맞이하는 것은 불합리하다고 선언하면서 십자가를 거부하는 것이다. 코란은 죄를 담당하는 구주의 죽음의 필요성을 느끼지 않는다. 코란은 적어도 다섯 번, "어떤 영혼도 다른 사람의 짐을 져서는 안 된다"고 단정적으로 선언한다. 실제로 "짐을 진 어떤 영혼이 도움을 호소할 때, 가까운 관계에 있는 사람이라도 그 짐을 나누어 져서는 안 된다." 그 이유는 무엇인가? 그것은, 비록 알라가 자비로우며, 회개하고 선을 행하는 사람을 용서한다고 할지라도 "각 사람은 자기 행위의 열매를 거두어야 하기" 때문이다. 코란은 십자가의 필요성을 부인하며, 더 나아가서 그 사실까지도 부인한다. 유대인들이 "우리는 알라의 사도, 마리아의 아들 메시아 예수를 죽였다"고 선언했을 때, 그들은 "엄청난 거짓을 말한" 것이었는데, 이는 "그들은 그를 죽이지도 않았고, 십자가에 못박지도 않았으며, 단지 자기네들이 그렇게 했다고 생각하는" 것이기 때문이다.[50] 이슬람교 신학자들은 이 진술을 여러 가지 상이한 방식으로 해석한다. 하지만 일반적으로 지지받는 신앙은 하나님이 예수님을 구하기 위하여 예수님의 대적에게 마술을 걸어서, 가룟 유다나[51] 구레네 시몬이 마지막 순간에 예수님을 대신하여 죽게 하셨다는 것이다. 19세기에, 이슬람교의 한 종파인 아마디야(Ahmadiya)는, 예수님이 십자가 위에서 단지 졸도했다가 무덤에서 다시 소생했다는 자유주의 기독교 저술가들의 생각을 빌려 왔으며, 뒤에 예수님은 인도에 가서 가르치다가 거기서 죽었다고 덧붙였다. 그들은 자기들이 카쉬미르에 있는 예수님의 무덤의 수호자라고 주장한다.

하지만 기독교의 복음을 전하는 자들은 십자가에 관하여 침묵할 수가 없다. 미국인 선교사 새뮤얼 츠위머(Samuel M. Zwemer, 1867-1952)는 다음과 같이 증언했다. 그는 아라비아에서 일했으며 40년 동안 "이슬람 세계"(*The Muslim World*)를 편집했고, '이슬람의 사도'라 불리기도 했다.

> 이슬람교도(이들에게 그리스도의 십자가는 거침돌이며, 속죄는 어리석은 것이다) 가운데 활동하는 선교사는 날마다 구속의 신비를 더욱 깊이 명상하게 되며, 바로 이 십자가에 우리의 메시지와 선교의 핵심이 있다는 강한 확신으로 더욱 깊이 들어가게 된다.…
> 
> 만약 그리스도의 십자가가 조금이라도 마음을 사로잡는다면, 십자가

---

50) 이것들은 코란에서 인용한 글들이다. '대신함'의 가능성에 대한 다섯 개의 반박은 pp. 114(liii. 38), 176(xxv. 18), 230(xvii. 15), 274(xxxix. 7) 그리고 429(vi. 164)에 나와 있다.

51) 이슬람교로 개종한 어떤 그리스도인이 14세기 혹은 15세기에 이탈리아에서 쓴 가짜 바나바 복음(Gospel of Barnabas)은, 네 개의 성경 복음서의 일부뿐만 아니라 코란의 일부까지도 포함하고 있다. 이 글은, 유다가 군병들과 함께 예수님을 잡으러 왔을 때, 예수님이 어떤 집 안으로 피했다는 공상적인 이야기를 하고 있다. 거기서 천사들이 창문을 통해서 예수님을 구했고, 반면에 유다는 "그 말투와 얼굴이 예수님처럼 변했으며" 그래서 모든 사람이 거기에 속아서 "유다가 예수님 대신 십자가에 못박혔다"는 것이다.

는 그의 모든 것이 될 것이다. 그것은 가장 심오한 실체이며 가장 숭고한 신비다. 우리는 문자 그대로, 복음의 부요와 영광의 모든 것이 십자가를 중심으로 하고 있음을 깨닫게 된다. 십자가는 신약 사상의 중심일 뿐만 아니라 축이다. 그것은 기독교 신앙의 독점적인 표지이며, 기독교의 상징이며, 기독교의 지침의 상징이다.

불신자들이 십자가의 결정적인 중요성을 부인하면 할수록, 신자들은 그 안에서 죄와 고난의 신비에 대한 열쇠를 발견한다. 우리는 이슬람교도와 함께 복음서를 읽을 때 십자가에 대한 사도들의 강조를 재발견한다. 십자가가 어떤 이들에게는 여전히 거침돌이지만, 우리는 그것이 끄는 자력 같은 힘은 불가항력적임을 발견한다.[52]

여기에 쓰인 '불가항력적'이라는 단어는, 한 이란 학생이 기독교로 개종한 사실을 나에게 이야기하면서 사용한 바로 그 단어다. 그는 코란을 읽고 기도를 외우며 선한 삶을 살 것을 배우면서 자랐지만, 그럼에도 불구하고 자기의 죄 때문에 하나님에게서 분리되었음을 알고 있었다. 그런데 그리스도인 친구들이 그를 교회로 데려가며 성경을 읽으라고 권했을 때, 그는 예수 그리스도가 자기를 용서하기 위하여 죽으셨음을 배웠다. 그는 "나에게 그 제안은 불가항력적이며 하늘에서 보낸 것이었다"고 말했다. 그는 그리스도를 통하여 자기에게 자비를 베풀어 주시기를 하나님께 부르짖었다. 그러자 거의 즉각적으로 "내 지난 삶의 짐이 벗겨졌다. 마치 엄청나게 큰 짐이…사라져 버린 것 같은 느낌이었다. 짐을 벗은 홀가분함과 함

---

52) Samuel M. Zwemer, *Glory of the Cross*, p. 5.

께 믿을 수 없는 기쁨이 왔다. 마침내 이루어진 것이다. 나는 나의 과거로부터 자유케 되었다. 나는 하나님이 나를 용서하신 것을 **알았으며**, 내가 깨끗하게 되었다고 느꼈다. 나는 소리를 지르며 모든 사람에게 그것을 말하고 싶었다." 그가 하나님의 성품을 분명하게 파악한 것은 바로 십자가를 통해서였으며, 또한 이슬람교가 놓친 차원 곧 '하나님의 친애한 부성(父性)과 사죄의 깊은 확신'을 발견한 것도 십자가를 통해서였다.

하지만 이슬람교도만이 십자가의 복음을 거절하는 유일한 사람들은 아니다. 힌두교도들 또한 십자가의 역사성을 받아들이기는 하지만, 그 구원의 의미는 거부한다. 예를 들면 현대 인도의 기초를 놓은 인물인 간디는, 남아프리카에서 젊은 법률가로 일하는 동안 기독교에 마음이 끌렸으면서도, 거기에 있었던 1894년에 자신에 대하여 이렇게 썼다.

> 나는 예수를 한 순교자로, 희생의 실천자로, 또한 신성한 교사로 받아들일 수는 있었지만, 지금까지 존재했던 사람들 중 가장 완전한 사람으로 받아들일 수는 없었다. 그의 십자가 죽음은 세상에 대한 위대한 모범이었다. 하지만 거기에 신비하거나 기적적인 덕성 같은 무엇인가가 있었다는 것을 나의 마음은 받아들일 수가 없었다.[53]

서방으로 눈을 돌려 보면, 아마 십자가에 대한 가장 냉소적인 거부는, 독일의 철학자요 언어학자인 프리드리히 니체(Friedrich

---

53) *Gandhi: An Autobiography*, p. 113.

Nietzsche, 1900년 사망)의 펜에서 흘러나왔을 것이다. 「안티크리스트」(*The Anti-Christ*, 1895)의 거의 서두에서 그는 선을 "권력에의 의지"라고 규정했고, 악을 "연약함에서 나오는 모든 것"으로 규정했으며, 행복이란 "권력이 **증가한다**는 느낌"이라고 규정했다. 한편 "어떤 악덕보다도 더욱 해로운 것"은 "빈약한 구성과 유약한 것에 대한 적극적 동정심, 즉 기독교"라고 했다. 적자 생존에 대한 다윈의 강조를 우러러본 그는 모든 형태의 연약함을 멸시했으며, 그 대신에 "초인"과 "용감한 지배 종족"의 출현을 꿈꿨다. 그에게 "부패"란 "퇴폐"를 의미했으며, "온갖 연약하고, 천하고, 잘못 만들어진 것의 편을 취하는" 기독교보다 더 퇴폐적인 것은 없었다. "**동정의 종교**"인 기독교는 "멸망을 위하여 무르익는 것을 보존하며", 따라서 "진화의 법칙을 방해한다"(pp. 115-118). 니체는 "병든 자의 하나님", "거미 같은 하나님", "유령과 같은 하나님"이라고 말하는 등 가장 혹독한 악담을 기독교의 신관(神觀)에 그리고 그가 "십자가상의 신"이라고 말하면서 냉소적으로 무시해 버린 기독교의 메시아에 퍼부었다(pp. 128, 168).

니체가 기독교를 그것의 "연약함" 때문에 거절했다면, 다른 사람들은 그들이 추정한 바, 기독교의 "야만적인" 교훈 때문에 기독교를 배격했다. 예를 들면 기독교를 혐오하는 사람으로 잘 알려진 옥스퍼드의 철학자 알프레드 아이어(Sir Alfred Ayer) 교수는 최근의 한 신문에 역사적인 중요성을 갖는 종교들 가운데서, 기독교를 가장 형편없는 것으로 간주할 수 있는 강한 논거가 있다는 내용의 글을 썼다. 왜 그러한가? 그 이유는, 기독교는 "서로 결합된 원죄 교리와 대속의 교리"에 근거하기 때문인데, "그 교리들은 지적으로는 비웃음 받을 만하며, 도덕적으로는 언어 도단인 것들이다."[54]

　그리스도인은 어떻게 자기의 입장을 바꾸지 않고 그러한 냉소를 직면할 수 있겠는가? 우리는 왜 "험한 십자가를 붙들어야"(이것은 다소 감상적인 대중 찬송가의 가사다) 하며, 그것의 중심성을 주장하며, 그것이 메시지의 가장자리로 밀려나는 데 반대하는가? 왜 우리는 그 수치스러운 일을 선포해야 하며, 부끄러운 것을 자랑으로 여겨야 하는가? 이런 질문들에 대한 대답이 '고결성'(integrity)이라는 한마디에 들어 있다. 그리스도인들의 고결성은 부분적으로는 서투른 모방(caricature)을 폭로하겠다는 결심을 포함하지만, 그 고결성의 대부분은, 구원의 십자가를 그 마음의 중심에 놓고 계셨던 예수님에 대한 충성이다. 실제로 선입관을 가지지 않고 성경을 읽은 사람은 전부 동일한 결론에 도달하는 듯하다. 다음에 소개하는 것은 이 사실을 예증하는 금세기의 실례다.

　영국 조합교회주의자(Congregationalist)인 포사이스(P. T. Forsyth)는 그의 책 「십자가의 중대성」(*The Cruciality of the Cross*, 1909)에서 이렇게 썼다.

　우리에게 그리스도는 바로 그분의 십자가를 의미한다. 천상에서 혹은 지상에서 그리스도께서 어떤 분이셨는가 하는 모든 것이, 십자가에서 그분이 행하신 일 속에 용해되어 있다.…반복해서 말하지만 우리에게 그리스도는 바로 그분의 십자가다. 당신은 그분의 십자가를 이해할 때까지는 그리스도를 이해하지 못할 것이다(pp. 44-45).

---

54) *The Guardian*, 30 August 1979.

그리고 이듬해(1910)에, 「그리스도의 사역」(*The Work of Christ*)에서 그는 이렇게 썼다.

전 교회는 그리스도의 사역에 대한 이 해석(즉 바울의 화목 교리)을 교회의 기초로 삼는다. 만약 당신이 그 중심을 향하던 신앙의 방향을 다른 곳으로 돌려 놓는다면, 당신은 교회를 그대로 죽이는 것이다. 그렇게 된다면 교회는 죽을 수밖에 없는 운명에 처하게 되며, 그리하여 교회가 사라지는 것은 시간 문제가 되는 것이다(p. 53).

다음으로 스위스의 신학자 에밀 브루너(Emil Brunner)가 있다. 그의 책 「중보자」(*The Mediator*)는 1927년에 독일에서 처음 출판되었으며, 그 부제는 "기독교 신앙의 중심 교리 연구"(A study of the Central Doctrine of the Christian faith)였다. 이 책에서 그는 다음과 같은 말로 그의 확신을 변호하였다.

기독교에서 중보자에 대한 신앙은, 선택의 여지가 있는 어떤 것이 아니며, '중심점'에만 일치하면 상이한 견해를 가지고 있어도 되는 그런 것이 아니다. 왜냐하면 중보자에 대한—단번에 이루어진 사건, 곧 계시된 구속의 사건에 대한—신앙이야말로 기독교 자체이기 때문이다. 그리고 그것이 바로 '중심점'이기 때문이다. 이 신앙은 기독교의 중심과 나란히 있는 어떤 것이 아니다. 그 신앙이 바로 본질이요 핵이다. 그것은 껍질이 아니다. 이것이 참으로 사실이므로 우리는 이렇게까지 말한다. 즉 다른 모든 형태의 종교와 구별되는 기독교는 바로 한 분 중보자에 대한 신앙이다.…또한 단번에 일어난 그 사실, 중보자를 통한 계시와 속죄에 대한 신앙을 통하지 않고는 그리스도인이 될 다른 가능성은 없다(p. 40).

뒤에 가서 브루너는 기독교 신학을 '십자가의 신학'(*theologia crucis*)이라고 한 루터의 설명을 칭찬하면서 계속해서 다음과 같이 말한다.

십자가는 기독교 신앙의 상징이고, 교회의 상징이며, 예수 그리스도 안에 있는 하나님의 계시의 상징이다.… '오직 믿음'(*sola fide*), '오직 하나님의 영광'(*soli deo gloria*)을 위한 종교개혁의 전 투쟁은 단지 십자가의 바른 해석을 위한 투쟁이었던 것이다. 십자가를 올바로 이해하는 사람은—이것은 종교개혁가들의 의견이다—성경을 이해하며, 그리스도를 이해한다(p. 435).

다시 그는 이렇게 말한다.

이 독특성에 대한 신앙적 인식, 중보자에 대한 신앙은 기독교적 신앙의 표시다. 이 진술을 과장, 편협, 조야함, 비역사적 사고 등의 표시로 간주하는 사람은 아직 기독교의 메시지를 듣지 못한 것이다(p. 507).

나의 마지막 인용문은 영국 국교회의 학자인 스티븐 닐(Stephen Neill) 주교의 말이다.

기독교 역사 신학에서, 그리스도의 죽음은 역사의 중심점이다. 과거의

모든 길은 거기로 수렴한다. 그리고 미래의 모든 길이 거기서부터 발산한다.[55]

학자들의 판결은 대중적인 기독교의 신앙 생활 속으로 침투해 들어가는데, 이는 이해가 가는 일이다. 그리스도의 십자가에서 자기들의 교만이 꺾이고, 죄책이 사라지며, 사랑이 불붙고, 소망이 회복되며, 성품이 변혁된 것을 발견한 그리스도인들—만약 그들이 자기네 체험을 별로 해롭지 않을 정도로 다소 강조한 것이라면—도 고려에 넣어야 한다. 십자가를 역사와 신학의 중심으로 인식함으로써, 자연히 그들은 십자가를 모든 실체의 중심으로 인식한다. 그래서 그들은 어디서든지 십자가를 보며, 또한 언제나 십자가를 중심에 두고 행했다. 이에 관한 두 가지 실례를 제시하겠는데, 하나는 고대의 것이고 다른 하나는 현대의 것이다.

2세기의 기독교 변증가였던 순교자 유스티누스는, 자기는 어디를 보든지 거기서 십자가를 본다고 고백했다. 배의 돛대와 활대 그리고 쟁기의 날과 멍에를 가리키면서 그는, 십자가 없이는 바다를 건널 수도 없고 땅을 갈 수도 없다고 썼다. 땅을 파는 사람들과 기술자들도 십자가 모양의 도구 없이는 일을 할 수가 없다고 했는데, 아마도 이 말은 삽과 그 손잡이를 암시하는 듯하다. 더욱이 "인간의 모습과 비이성적인 동물의 모습 사이의 차이점은, 단지 인간은 직립해서 팔을 뻗고 있다는 것뿐이다." 인간의 몸통과 팔이 십자가를 선언한다면, 얼굴의 코와 눈썹 역시 마찬가지다.[56] 이것이 너무 공

---

55) E. M. B. Green이 편집한 책 *Truth of God Incarnate*의 p. 80, "Jesus and History"라는 제목의 장에서 발췌한 것이다.

상적인 생각으로 보이는가? 사실 그렇다. 하지만 나는, 십자가를 영화롭게 하는 것이라면 어떤 공상이라 할지라도 기꺼이 받아들이고 싶어지는 자신을 발견한다.

여기서 내가 예로 들고자 하는 현대의 실례는, 내가 아는 한, 십자가의 보편성에 관한 가장 유창한 표현이다. 그것은 자기도 모르게 현대판 순교자 유스티누스가 된 말콤 머거리지(Malcolm Muggeridge)의 말이다. 사회주의자의 가정에서 성장했으며, 사회주의자 주일 학교와 그들의 "찬송이라는 미명으로 달콤하게 만든 불가지론들"에 친숙한 그는, "훌륭한 대의(大義)를 가진 예수라는 이 전체 개념"에 대하여 거북함을 느끼게 되었다.

> 나는 십자가의 섬광을 언뜻언뜻 포착하곤 했으며—이것은 반드시 예수가 달린 십자가상이었던 것은 아니다. 아마 전신주 위에 우연히 엇갈려 못질 된 두 개의 나무 토막이었으리라—그럴 때면 심장이 갑자기 정지되곤 했다. 어떤 본능적이고 직관적인 방식으로 나는, 우리의 좋은 대의가 아무리 존경할 만한 것이라고 하더라도, 이 대의보다 더욱 중요하고 더욱 우리를 격앙시키고 더욱 격정적인 어떤 것이 문제가 되고 있었음을 이해하고 있었다.…
>
> 나는 그것이 강박적인 관심이었음을 알고 있었다.…나는 직접 나뭇가지를 십자가 모양으로 고정시키기도 하고, 멍청하게 앉아서 종이에 십자가를 낙서하기도 했다. 우리 가정에서는 보잘것없이 여겨지던 이 상징이 그러면서도 소망과 갈망의 초점이었던 것이다.…

---

56) Justin Martyr의 *First Apology*, Ch. lv. "Symbols of the Cross."

이것을 기억하노라면, 나 자신의 실패에 대한 의식이 납덩이처럼 나를 누른다. 나는 그 십자가를 내 심장 위에 입고 다녔어야 했다. 그 귀한 상징, 그것을 지니고 다니면서 결코 손아귀에서 빼앗기지 말아야 했다. 내가 넘어지더라도, 그것만은 높이 쳐들고 있었어야 했다. 그것이 나의 숭배자, 나의 제복, 나의 언어, 나의 생명이 되었어야 했다. 그렇게 하지 못한 것에 대하여 나는 아무런 변명도 하지 못할 것이다. 나는 그것을 몰랐다고 말할 수 없다. 오히려 나는 처음부터 그것을 알고 있었으면서도 그것을 외면했다.[57]

하지만 뒤에, 십자가에 달리신 그리스도의 섬광을 한 번이라도 보았던 사람이라면 그러했듯이, 그도 돌아섰다. 왜냐하면 십자가 위에서 죽으신 예수님만이 유일하게 참된 예수님이시기 때문이다.

그렇다면 그분은 왜 죽으셨는가? 이 죽음에 대한 책임은 누구에게 있는가? 우리는 다음 장에서 이런 질문들을 다루게 될 것이다.

## 토론 문제

첫 번째 장에 담긴 저자의 의도는, 예수님 및 신약에 제시된 초대교회의 관점에 의하면 그리스도의 십자가야말로 바로 기독교의 **유일한** 중심적인 특징임을 보여 주는 것이다. 이에 대해 여러 가지 반대가 있음에도 불구하고 우리에게는 오늘날에도 이 관점을 계속해서

---

57) Malcolm Muggeridge, *Jesus Rediscovered*, pp. 24-25.

공유할 충분한 이유들이 있다.

1. 오늘날 우리는 십자가를 우리 신앙의 상징으로 여기는 데 익숙하다. 그러나 1세기 상황에서는 그것이 오히려 놀라운 선택이었다. 왜 그러했는가?(pp. 39-42)

2. 최초의 그리스도인들은 십자가 사상을 예수님으로부터 직접 포착했던 것으로 보인다. 마가복음 8:31-32; 9:30-32; 10:32-34을 읽으라. 이 예측들에서 발견되는 두드러진 점은 무엇인가?(pp. 44-45)

3. 요한도 다른 복음서 저자들과 똑같은 관점을 갖고 있다. 요한은 어떻게 독자들의 관심을 십자가로 주목시키는가?(pp. 48-50)

4. 예수님은 자신의 죽음이 불가피한 것임을 어떻게 아셨는가?(pp. 50-55)

5. 예수님의 죽음의 중심성을 초점으로 부각시키는 것은 사도행전에서 누가가 기록한 베드로와 바울의 설교에서도 발견된다. 그룹 조원들을 두세 명씩 나누어 다음 구절 중 한두 가지씩 찾아보게 하라(행 2:14-39; 3:12-26; 4:8-12; 5:29-32; 10:34-43; 13:16-41; 14:15-17; 17:2-3, 22-31; 28:23-31). 그들은 십자가의 의미에 관하여 무엇을 깨달았는가?(p. 56이하) 왜 '나무'라는 용어를 사용한 것이 특히 의미심장한 중요성을 지니는가?

6. "신약 성경의 주요 서신 기자들—바울, 베드로, 요한—은 십자가의 중심성을 증언하는 데 일치하며, 히브리서와 요한계시록도 이 점에서 마찬가지다." 이 진술의 근거는 무엇인가?(p. 61이하)

7. "신앙과 불신앙이 가장 크게 갈리는 곳은 바로 이 십자가에 대한 각각의 태도에서다"(p. 70). 이와 같은 대조적인 태도를 당신은 최근에 어떤 경험을 통해서 확인했는가?

8. 이슬람교는 십자가의 중심성을 받아들일 수 없는 종교 중 하나다(p. 71이하). 그 이유는 무엇인가?

9. 십자가의 중심성에 대한 여러 가지 반대가 있음에도 불구하고 당신이 계속해서 그것을 견지하는 이유는 무엇인가?

# 2 그리스도는 왜 죽으셨는가? *Why did Christ Die?*

그리스도는 왜 죽으셨는가? 그분의 죽음에 대한 책임은 누구에게 있는가?

많은 사람들은 이 질문에 대해서 아무런 문제도 느끼지 못하며, 따라서 그 질문에 답하는 데도 아무런 어려움을 느끼지 못한다. 그들에게는 모든 사실이 대낮과 같이 명료하다. 그들은 다음과 같이 말한다. 예수님은 '죽은 것'이 아니라 죽임을 당했으며, 중죄인처럼 공공연하게 처형되었다. 그분의 가르침들은 위험한 것으로, 심지어 파괴적인 것으로 느껴졌다. 유대 지도자들은 율법을 존중하지 않는 예수님의 태도에, 또한 그분의 도발적인 선언에 몹시 분노했다. 한편 로마인들은 예수님이 자신을 유대인의 왕으로 선언하고, 따라서 가이사의 권위에 도전한다는 이야기를 들었다. 이 두 부류의 사람들에게 그리스도는 혁명적인 사상가요 설교가로 비쳤으며, 또 어떤 사람들은 예수님을 혁명적인 행동가로 간주하기도 했다. 그리스도는 당시의 현실 상황(*status quo*)을 너무나 깊게 뒤흔들어 놓았으므로, 그들은 예수님을 제거하기로 결정했다. 실제로 그들은 그 일을 실행하기 위하여 깨끗하지 못한 동맹을 체결하기에 이르렀던 것이다. 유대인의 법정에서는 그리스도에 대하여 참람죄라는 신학적 고소가 제기되었다. 로마 법정의 고소 제목은 폭동 교사죄라는 정치적인 것이었다. 하지만 그 죄가 일차적으로 하나님께 대한 것이든, 아니면 가이사에 대한 것이든 그 결과는 마찬가지였다. 예수님은 법과 질서를 위협하는 존재로 간주되었고, 이는 묵과될 수 없었다. 그래서 그분은 제거되셨다. 예수님은 왜 죽으셨는가? 겉으로 보기에 그분은 범법자로 죽으셨다. 하지만 실제로는 편협한 마음을 가진 자들에 의한 제물로 죽으셨으며, 또한 자신의 위대성으로 인한 순교자로서 죽으셨다.

예수님의 재판에 관한 복음서 기자들의 설명에서 우리의 마음을 사로잡는 한 가지 특징은, 거기에 법적인 요소와 도덕적인 요소가 혼합되어 있다는 점이다.[1] 복음서 기자들은 유대 법정과 로마 법정 모두에서 어떤 법적인 절차를 밟았다고 지적한다. 죄수가 체포되고, 기소되고, 반대 심문을 당하고, 증인이 소환되었다. 그 다음에 재판장이 판결을 내리고 형을 언도했다. 하지만 복음서 기자들은, 그 죄수가 고발된 내용에 대해 무죄했고 그 증인들은 거짓되었으며 또한 사형 언도는 정의를 크게 그르친 것임을 너무나 분명하게 밝

---

1) 어떤 법률가가, 복음서에 묘사된 재판의 역사적 정확성에 대하여 최근에 학문적으로 변호한 글이 있다. 이것을 위해서는, Jean Imbert 교수의 *Le Procès de Jésus*를 보라.

힌다. 나아가서 이런 사태의 원인은, 법의 진행 과정에 영향을 끼친 인간적·도덕적 요소들이 있었기 때문이라고 말한다. 유대인의 대제사장 가야바와 로마 총독 빌라도는 그들의 공적인 직책을 수행하는 면에서, 교회와 국가의 정당한 공직자 노릇을 하지 못했다. 그들은 타락하고 잘못을 범할 수 있는 인간이었으며, 우리 모두를 지배하는 흑암의 열정에 의하여 좌지우지되었다. 우리 내면의 동기가 언제나 이것 저것이 뒤섞여 있게 마련이기 때문이다. 우리는 공적인 의무를 수행하며, 조그마한 청렴을 유지할 수는 있다. 하지만 그 이면에는 난폭하고 타락한 감정들이 도사리고 있으면서, 언제나 뻗어 나오려고 위협하고 있다. 복음서 기자들은 예수님의 체포, 구금, 재판, 구형 그리고 집행을 이야기하면서, 이 은밀한 죄악들을 폭로한다. 이런 폭로는 그들이 복음서를 기술한 목적들 중 하나다. 왜냐하면 복음서의 자료들은 개종자를 위한 도덕적 지침으로 사용되었기 때문이다.

**로마 군병들과 빌라도**

예수님의 죽음의 직접적인 책임은, 말할 것도 없이 그 선고를 집행한 로마 군인들에게 돌려져야 한다. 하지만 예수님을 십자가에 못박은 실제적인 과정에 대해서는 복음서 기자 중 어느 누구도 묘사하지 않았다.

만약 오직 복음서만 의존한다면, 우리는 거기서 일어난 사건을 알지 못했을 것이다. 하지만 그 시대의 다른 문헌들은 십자가형이 어떤 것이었는지 우리에게 이야기해 준다.[2] 죄인은 발가벗겨짐으로써 공개적인 수치를 당한다. 그러고 나서 죄수의 등을 땅으로 향

하여 눕히는데, 이 때 그의 손은 수평 나무 기둥(*patibulum*)에 못
으로 박혀서 고정되거나 줄로 묶이며, 그의 발은 수직 나무 기둥에
동일한 방식으로 고정된다. 그런 연후에 십자가를 곧추세워 땅에
파 놓은 구덩이 속에 꽂는다. 대개의 경우 작은 말뚝이나 받침대가
죄수의 몸을 떠받쳐서, 몸이 찢겨 떨어지는 것을 방지한다. 죄수는
거기에 매달려서 엄청난 육체적 고통, 대중의 비웃음, 낮의 열기와
밤의 냉기를 절망적으로 겪게 된다. 그 고통은 며칠 동안 계속되곤
했다.

복음서 기자들은 이런 것을 하나도 묘사하지 않았다. 그들이 이
야기하는 내용을 종합해 보면, 당시 로마의 풍속대로 예수님은 자
신의 십자가를 처형 장소까지 지고 가는 일부터 시작하셨던 것 같
다. 하지만 그분은 그 무게에 짓눌려 쓰러지셨던 것 같다. 그것은,
북아프리카 구레네 출신의 시몬이라는 사람이 바로 그 때 자기 나
라에서 예루살렘으로 오다가 억지로 예수님 대신 십자가를 나르게
된 것을 보아 알 수 있다. "골고다(해골의 장소라는 의미)라는 곳"
에 이르렀을 때 그들은 예수님께 쓸개를 탄 포도주를 주었는데, 이
것은 가장 극심한 고통을 완화시켜 주려는 자비의 표시였다. 하지
만 마태의 기록에 의하면, 예수님은 그것을 맛은 보셨지만 마시기
를 거절하셨다. 그 다음에 네 명의 복음서 기자는 모두 이렇게만 쓰
고 있다. "저희가 예수를 십자가에 못박았다."[3] 이것이 전부다. 앞
에서 그들은 프래토리움(Praetorium: 총독의 관저)에서 병사들이

---

2) 십자가형에 관한 지식을 요약해 놓은 책을 보려면, Martin Hengel이 쓴
   *Crucifixion*을 보라.
3) 마 27:32-35; 막 15:21-25; 눅 23:26-33; 요 19:17-18.

예수님을 어떻게 조롱했는지를 꽤 자세히 묘사했다. 그들은 예수님께 자색 옷을 입히고, 머리에는 가시 면류관을 씌우고, 갈대 홀(笏)을 그 오른손에 들게 하고, 눈을 가리고 그분께 침을 뱉고, 얼굴을 손바닥으로 때리고 머리를 치면서, 때린 사람이 누구인지 알아맞춰 보라고 했다. 그들은 또한 예수님 앞에 무릎을 꿇고 앉아 조롱하며 경배하는 흉내를 냈다. 그런데도 복음서 기자들은 십자가에 못박히는 데 관해서는 자세한 설명을 전혀 제공하지 않는다. 그들은 못이나 망치, 고통 혹은 피에 관하여 전혀 아무런 이야기도 하지 않는다.

우리가 들을 수 있는 것은 오직 "그들이 그를 십자가에 못박았다"는 말이다. 즉 군병들이 소름끼치는 임무를 수행했다는 것이다. 그들이 그 일을 즐겼다는 증거도 없고, 그들이 잔인하거나 가학적이었다는 암시도 없다. 그들은 그저 명령에 따르는 군인이었다. 그들은 자기가 해야 할 일을 했을 뿐이다. 또한 무엇보다도 누가는 예수님이 "아버지, 저들을 사하여 주옵소서. 자기들이 하는 것을 알지 못함이니이다" 하고 큰 소리로 기도하셨다고 말한다(눅 23:34).

복음서 기자들은 예수님을 십자가에 못박은 일에 대하여 로마 군병들에게는 특별히 비난할 것이 없다는 식으로 말하는 반면(또한 그들은 그 일을 책임졌던 백부장이 뒤에 예수님을 믿거나 혹은 반쯤 믿은 것으로 부언하고 있다), 십자가형을 명령한 로마 총독에 관해서는 전혀 다른 태도를 보여 준다. "이에 예수를 십자가에 못박도록 그들에게 넘겨주니라. 그들이 예수를 맡으매…예수를 십자가에 못박을새"(요 19:16-18). 빌라도는 비난을 받아야 했다. 사실 그의 죄책은 사도신경에까지 기록되어 있다. "본디오 빌라도에게 고난을 받으사 십자가에 못박혀 죽으시고."

빌라도는 티베리우스(Tiberius) 황제에 의하여 유대 변경 지방의 총독(즉 로마의 통치자)으로 임명되었으며, 주후 26년부터 36년에 이르는 약 10년 간 총독이었던 것으로 알려진다. 그는 공명 정대함에 대해 전형적인 로마식 개념을 가진, 유능한 행정관으로서 명성을 얻었다. 하지만 그는 유대인에게 냉소적이었으므로, 유대인의 미움을 받았다. 유대인들은 그가 공직을 처음 시작할 때, 로마의 기장들(standards)을 예루살렘에 전시했던 도발적인 행동을 잊지 않았다. 요세푸스(Josephus)는 그의 또 다른 어리석은 짓들, 곧 성전의 돈 얼마를 수도관 건설에 전용한 일을 서술한다.[4] 많은 사람들은, 그가 어떤 갈릴리 사람들의 피를 그들의 제물에 섞었던 것(눅 13:1)이, 그 후에 뒤따른 폭동 중에 일어난 일이었다고 생각한다. 이런 것들은 단지 그의 불 같은 성격, 포학과 잔인함의 실례일 뿐이다. 필로(Philo)에 따르면, 칼리굴라(Caligula) 황제에게 보낸 편지에서 왕인 아그립바 1세(King Agrippa I)는 빌라도를 가리켜 "매우 융통성이 없는 기질을 가졌으며 무척 완고할 뿐만 아니라 무자비한 인물"이라고 묘사한다.[5] 빌라도의 우선적인 목표는 법과 질서를 유지하고 골치 아픈 유대인을 확고한 지배하에 두며, 이런 목적을 위하여 필요하다면 어떤 폭동이든 혹은 그럴 위험이 있는 움직임이 있다면 무엇이든 무자비하게 진압하는 것이었다.

복음서가 묘사하는 본디오 빌라도의 모습은 이런 외적인 증거와 잘 부합된다. 유대 지도자들이 예수님을 그에게 데려와서 "우리가 이 사람을 보매 우리 백성을 미혹하고"라고 말하고서, "가이사에게

---

4) *Antiquities* xviii. 3. 2.
5) *Ad Gaium* 38, p. 165.

세금 바치는 것을 금하며 자칭 왕 그리스도라 하더이다"(눅 23:2)라고 부언했을 때, 빌라도는 예수님을 주목하지 않을 수 없었다. 그의 조사가 진행되는 동안에, 복음서 기자들은 두 가지 중요한 점을 강조한다.

첫째, 빌라도는 예수님의 무죄를 확신했다. 그는 죄수의 고상한 처신과 자제 그리고 정치적 무해함에 분명히 깊은 인상을 받았다. 그래서 그는 예수님에게서 고소의 근거를 발견하지 못했다고 세 번이나 선언했다. 첫 번째 선언은, 공회가 그 사건을 그에게로 가져왔던 금요일 새벽에 있었다. 빌라도는 그들의 말을 듣고 예수님께 몇 가지를 질문해 보고서, 이 일차 심문이 있은 후에, "내가 보니 이 사람에게 죄가 없노라"고 선언했다.[6]

예수님이 헤롯에게서 조사를 받고 돌아오신 때가 두 번째 선언의 때였다. 빌라도는 제사장들과 백성들에게 이렇게 말했다. "너희가 이 사람이 백성을 미혹하는 자라 하여 내게 끌고 왔도다. 보라, 내가 너희 앞에서 심문하였으되 너희가 고발하는 일에 대하여 이 사람에게서 죄를 찾지 못하였고 헤롯이 또한 그렇게 하여 그를 우리에게 도로 보내었도다. 보라, 그가 행한 일에는 죽일 일이 없느니라."[7] 이에 대하여 군중은 "그를 십자가에 못박게 하소서. 십자가에 못박게 하소서" 하고 소리질렀다. 하지만 빌라도는 세 번째로 응답했다. "이 사람이 무슨 악한 일을 하였느냐? 나는 그에게서 죽일 죄를 찾지 못하였나니."[8] 더욱이 예수님의 결백함에 관한 총독의 개인적인 확신은 그의 아내가 그에게 보낸 메시지에 의하여 확증되었

---

6) 눅 23:4; 요 18:38.
7) 눅 23:13-15; 참고. 요 19:4-5.

다. "저 옳은 사람에게 아무 상관도 하지 마옵소서. 오늘 꿈에 내가 그 사람으로 인하여 애를 많이 태웠나이다"(마 27:19).

예수님의 무죄함에 대한 빌라도의 반복된 주장은, 복음서 기자들이 그에 관하여 강조하려는 두 번째 요점 곧, 어느 한쪽을 택해야만 하는 상황을 피하려는 그의 교묘한 시도를 밝히는 근거가 된다. 그는 예수님에 대한 언도를 피하고자 했으며(왜냐하면 그는 예수님이 무죄하다고 믿었으므로), 동시에 예수님의 무죄를 선언하는 행동도 피하고자 했다(왜냐하면 유대 지도자들이 예수님의 유죄를 믿었으므로). 이렇게 서로 조화될 수 없는 두 가지 사실을 그는 어떻게 조화시킬 수 있었는가? 우리는 빌라도가 예수님을 풀어 주면서 동시에 유대인들을 무마시키기 위하여, 즉 의로우면서 동시에 불의하게 되기 위하며 우물쭈물하고 있다는 것을 본다. 그는 네 가지 도피 수단을 시도했다.

첫째로, 예수님이 갈릴리 사람이며 따라서 헤롯의 사법 관할하에 있다는 사실을 듣고서 결정의 책임을 헤롯에게 미루기 위하여 헤롯에게 그 사건의 재판을 넘겨주었다. 하지만 헤롯은 형을 선고하지 않은 채로 예수님을 돌려보냈다(눅 23:5-12).

둘째로, 그는 미봉책을 시도했다. "때려서(즉 채찍질해서) 놓겠노라"(눅 23:16, 22). 그는 군중이 최고형보다 좀 덜한 형으로 만족하기를 바랐으며, 피에 굶주린 그들이 예수님의 찢긴 등을 보고서 충분히 만족하기를 원했다. 하지만 이것은 야비한 짓이다. 왜냐하면, 예수님이 무죄라면 그분에게 채찍질을 하지 말고 즉시 석방해

---

8) 눅 23:22; 요 19:6.

야 했기 때문이다.

셋째로, 그는 잘못된 이유로(군중이 예수님의 석방을 택한다면) 옳은 일(예수님을 석방하는)을 하려고 시도했다. 그는 유월절에 죄수 하나를 특별 사면해 주는 총독의 전례를 기억해 내고서, 백성이 예수님을 사면해 달라고 요구하기를 바랐다. 그렇게 되면 그는 공의의 행동으로서가 아니라 자비의 행동으로 예수님을 풀어 줄 수가 있었기 때문이다. 이것은 기민한 생각이긴 했지만, 본질적으로 수치스런 착상이었으며, 백성은 도리어 악명 높은 범죄자요 살인자인 바라바의 사면을 총독에게 요구함으로써 그의 생각을 망쳐 놓고 말았다.

넷째로, 그는 예수님의 결백함을 옹호하고자 노력했다. 그는 물을 가져다가 군중 앞에서 손을 씻으면서 "이 사람의 피에 대하여 나는 무죄하니"(마 27:24)라고 말했다. 그러고 나서 손이 채 마르기도 전에 예수님을 십자가에 못박도록 넘겨주었다. 어떻게 그는 예수님의 무죄함을 선언하고 나서 즉시 이 큰 범죄에 자신을 맡겨 버릴 수 있었을까?

빌라도를 정죄하면서, 그와 똑같이 도리에 어긋난 우리 자신의 행동은 간과하기 쉽다. 그리스도께 전심으로 헌신했을 때 오는 고통을 피하기 위하여 우리 역시 편리한 핑계를 찾는다. 우리는 다른 사람에게 결단을 맡기기도 하고, 마지못해 타협하는 쪽을 택하기도 하며, 혹은 잘못된 이유에서 예수님을 칭송하려고 하며, 심지어 공적으로는 충성을 단언하면서도 동시에 마음속으로는 예수님을 부인하기까지 한다.

누가의 기술에서 내막을 폭로하는 세 개의 표현은, 빌라도가 한 일이 결국 무엇이었는가를 밝혀 준다. "그들이 큰 소리로 재촉하여", "빌라도가 그들이 구하는 대로 하기를 언도하고", "예수를 넘겨주어 그들의 뜻대로 하게 하니라"(눅 23:23-25). **그들의 외침, 그들의** 요구, **그들의** 뜻―빌라도는 연약하게도 이런 것에 항복해 버렸다. 그는 "예수를 놓고자"(눅 23:20) 하였지만, 또한 "무리에게 만족을 주고자"(막 15:15) 하였다. 그리고 군중이 이겼다. 왜 그렇게 되었을까? 이는 군중이 이렇게 말했기 때문이다. "이 사람을 놓으면 가이사의 충신이 아니니이다. 무릇 자기를 왕이라 하는 자는 가이사를 반역하는 것이니이다"(요 19:12). 이 말이 결말을 짓고 말았다. 이것은 명예와 야망 사이, 원칙과 편의 사이에서 어느 쪽을 선택하느냐의 기로였다. 그는 그 때 이미 두세 가지 사건으로 디베료 가이사와 불편한 관계였다. 따라서 그는 또 다른 불편한 일을 택할 수가 없었던 것이다.

그렇다. 분명히 예수님은 죄가 없으셨다. 참으로 공의에 의거하여 예수님은 마땅히 석방되셔야 했다. 하지만 만약 빌라도가 결백과 공의를 옹호함으로써 백성의 뜻을 부정하고 국가 지도자들을 조롱하며, 무엇보다도 폭동을 자극하여 황제의 호의를 박탈당할 수밖에 없는 처지라면, 어떻게 그가 결백과 공의를 위하여 싸울 수 있겠는가? 이러한 합리화의 큰 목소리에 의하여 그의 양심의 소리는 죽고 말았다. 그는 비겁했기 때문에 타협하고 말았다.

### 유대 백성과 제사장들

비록 빌라도를 무죄로 선언할 수는 없지만, 우리는 그가 진퇴 유곡에 빠져 있었음을 분명히 인정해야 하며, 그를 그곳에서 꼼짝 못하게 만든 것이 유대 지도자들이었음을 인정해야 한다. 왜냐하면 예수님을 재판하도록 빌라도에게 맡겼고, 예수님이 파괴적인 주장과 가르침을 전파했다고 비난했고, 군중을 선동해서 예수님의 십자가형을 요구하도록 사주한 것은 바로 이 유대 지도자들이었기 때문이다. 그러므로 예수님이 직접 빌라도에게 "나를 네게 넘겨준 자의 죄는 더 크다"고 말씀하셨다(요 19:11). 예수님은 여기서 단수를 사용해서 말씀하셨으므로 대제사장 가야바를 지칭하신 것처럼 보이지만, 실은 공회원 전체가 거기에 연루되었다. 오순절 직후에 베드로가 그들에게 담대하게 이야기했듯이 그 백성도 거기에 연루되었던 것이다. "이스라엘 사람들아,…너희가 그를(예수님을) 넘겨주고 빌라도가 놓아 주기로 결의한 것을 너희가 그 앞에서 거부하였으니 너희가 거룩하고 의로운 이를 거부하고 도리어 살인한 사람을 놓아 주기를 구하여 생명의 주를 죽였도다"(행 3:12-15). 종려 주일에 그렇게도 요란하게 예수님의 예루살렘 입성을 환영하던 바로 그 군중이 겨우 닷새 만에 그분의 피를 요구하며 목소리를 높였던 것이다. 하지만 그들의 지도자들은 그들을 선동한 점 때문에 더욱 비난받아야 한다.

예수님은 공생애 벽두부터 유대의 기존 체계를 뒤엎으셨다. 처음부터 그분은 규율을 지키지 않으셨다. 그분은 비록 랍비로 행세하셨지만, 다른 랍비들처럼 기존 방식을 따르지는 않으셨다. 예수님께는 자격증도 없었고, 그분의 권위를 인정해 주는 정당한 근거도 없었다. 다음으로 그분은 도발적인 행동으로 논쟁을 야기하셨고, 문제가 있는 사람들과 가까이 지내셨으며, 금식하신 것이 아니라 잔치에 참석하셨으며, 안식일에 사람을 치료하셔서 안식일을 범하셨다. 장로들의 유전을 무시하는 것으로 만족하지 않으시고, 그분은 실제로 그것을 도매금으로 배격해 버리셨으며, 전통을 성경보다 더 높이 둔다는 이유로 바리새인들을 비난하셨다. 예수님은, 그들이 사람보다도 규칙에 더 주의를 기울이며 도덕적 순결성보다도 결례의 의식에 더 주의를 기울이고 사랑보다도 율법에 더 중점을 둔다고 말씀하셨다. 심지어 예수님은 그들을 "외식하는 자들"이라고 비난하셨고, "소경을 인도하는 소경들"이라고 부르셨으며, "회칠한 무덤 같으니 겉으로는 아름답게 보이나 그 안에는 죽은 사람의 뼈와 모든 더러운 것이 가득하도다"(마 23:27)라고 묘사하셨다. 이것은 참을 수 없는 비난이었다. 게다가 더욱 참기 어려운 것은, 예수님이 그들의 권위를 훼손하고 묵살하셨다는 점이다. 동시에 예수님은 자기야말로 안식일의 주인이며, 하나님을 아버지로 독특하게 알고 있으며, 심지어 하나님과 동등하다는 터무니없는 선언을 하셨다. 그렇다. 참람(blasphemy), 바로 그것이었다.

그러므로 그들은 예수님을 미워하는 것은 전적으로 옳은 일이라고 생각했다. 예수님의 가르침은 이단적인 것이었다. 예수님의 행위는 거룩한 율법에 대한 모욕이었다. 예수님은 백성을 어그러진 길로 인도하고 있었다. 또한 그가 가이사에 대한 불충을 조장한다는 소문들이 돌았다. 따라서 더 이상의 손실을 가져오기 전에, 그의 사역을 중지해야 했다. 그들은 예수님이 잡혀서 재판을 받고 죽임을 당해야 할 충분한 정치적·신학적·윤리적 이유를 가지고 있었다. 더욱이 그들이 예수님을 법정에 데려다가 맹세로 증언하게 한 그때도 그는 자신에 대하여 참람한 주장을 했던 것이다. 그들은 예수님이 말하는 것을 자기들의 귀로 직접 들었다. 더 이상의 증인이 필요하지 않았다. 예수님은 스스로 참람한 말을 하였다. 예수님은 죽어 마땅했고 그것은 자명한 사실이었다. 예수님은 죄가 있었다. 반면에 그들의 손은 깨끗했다.

하지만 이 모든 것이 사실이라 할지라도, 유대 지도자들에게는 결점들이 있었다. 예수님의 주장이 참이었느냐 아니면 거짓이었느냐 하는 근본적인 문제는 차치하고라도, 거기에는 동기의 문제가 있었다. 제사장들이 예수님에 대해 품은 적의의 근본 원인이 무엇이었는가? 정치적 안정과 교리적 진리와 도덕적 순결을 염려했다는 것이 전적인 이유였을까? 빌라도는 그렇게 생각하지 않았다. 예수님이 잡히신 것은 그들이 내세운 이유, 특히 황제에 대한 그들의 가장된 충성심 때문이 아니었다. 스웨테(H. B. Swete)가 말했듯이 "그는 그들이 숨기고 있는 질투라는 천박한 악덕을 간파했다."[9] 마태의 말을 빌리면 "이는 저가 그들의 시기로 예수를 넘겨준 줄 앎이러라."[10] 빌라도의 이 평가에 대하여 의문을 제기할 이유는 전혀 없다. 그는 인간의 본성에 대한 기민한 판단자였다. 그 외에, 복음서 기자들도 그의 판단을 기록함으로써 그것을 승인하는 것으로 보인다.

질투! 질투는 허영이라는 동전의 다른 면이다. 거만하지 않은 사람은 타인을 질투하지 않는다. 그런데 유대 지도자들은 교만했다. 그들은 종족적으로, 국가적으로, 종교적으로, 도덕적으로 교만했다. 그들은 하나님과 특별한 관계를 유지해 온 그들 국가의 긴 역사

---

9) H. B. Swete, *The Gospel According to St. Mark*, p. 350.
10) 마 27:18; 참고. 막 15:10.

를 자랑했으며, 국가 내에서 그들의 지도적인 역할을 자랑했고, 무엇보다도 그들의 권위를 자랑했다. 예수님과의 경쟁은 본질적으로 권위의 투쟁이었다. 왜냐하면 예수님은 그들의 권위에 도전하셨으며, 동시에 그분은 그들에게 분명히 결여된 권위를 소유하셨기 때문이다. 그들이 예수님께 "무슨 권위로 이런 일을 하느냐? 누가 이런 일 할 이 권위를 주었느냐?"(막 11:28)라고 은밀히 탐색했을 때, 그들은 자기네가 예수님을 꼼짝 못하게 했다고 생각했다. 하지만, 예수님의 반문에 도리어 자기들이 꼼짝 못하게 된 것을 알았다. "요한의 세례가 하늘로부터냐, 사람으로부터냐. 내게 대답하라"(30절)가 그 반문이었다. 그들은 완전히 함정에 빠지고 말았다. 그들은 "하늘로부터"라고 대답할 수 없었다. 만약 그렇게 대답한다면 예수님은, 그들이 왜 그를 믿지 않았는지를 알고자 하실 것이었다. 또한 그들은 "사람으로부터"라고도 대답할 수 없었는데, 이는 요한을 참 선지자라고 확신하는 백성을 두려워했기 때문이다. 그래서 그들은 아무 대답도 못했다. 그들의 얼버무림은 그들의 위선을 증거하였다. 만약 그들이 요한의 권위의 도전을 맞받을 수 없었다면, 그리스도의 권위의 도전을 맞받을 수 없었음은 명백한 일이다. 예수님은, 하나님에 대해 가르치며 귀신을 쫓아내며 죄를 용서하며 세상을 심판할 권세가 자기에게 있다고 선언하셨다. 이 모든 점에서 그리스도는 그들과 전혀 달랐다. 왜냐하면 그들이 알고 있는 권위란 고작해야 다른 권위에게 호소할 수 있는 권위였기 때문이다. 그 외에도 예수님의 권위에는 자명한 진실성이 있었다. 그것은 실제적인 권위였고, 힘을 들이지 않은 권위였으며, 투명했고, 하나님께로부터 온 권위였다.

그래서 그들은 예수님이 자기들을 위협한다고 느꼈다. 예수님은 그들의 특권, 백성에 대한 지배력, 자신감과 자존심을 손상시켰으며, 그러면서 그 자신의 그런 것은 다치지 않으셨다. 그들은 예수님을 "질투했으며", 그리하여 그분을 제거하기로 결정했다. 마태가 예수님을 제거하려는 두 번의 질투에 찬 음모를 자세히 이야기한 것은 의미심장하다. 첫 번째 음모는 예수님의 생애 초기에 헤롯이 꾸몄던 것이고, 다른 하나는 그분의 생애 말기에 제사장들이 꾸몄던 것이다. 그들은 모두 자신의 권위가 위협을 받는다고 느꼈다. 그래서 그들은 예수님을 "죽이려" 했다.[11] 제사장들의 정치적·신학적 논거가 아무리 외적으로는 존경할 만하더라도, 그들로 하여금 예수님을 죽이기 위해 빌라도에게 "넘겨주게" 한 것은 시기였다(막 15:1, 10).

이와 같은 악한 감정이, 오늘날 예수님에 대한 우리의 태도에도 영향을 준다. 루이스(C. S. Lewis)가 예수님을 그렇게 불렀듯이, 예수님은 여전히 "초월적인 간섭자"(transcendental interferer)이시다.[12] 우리는 우리의 프라이버시에 대한 그분의 침해, 그분이 우리의 경배를 요구하신다는 사실 그리고 그분이 우리의 순종을 기대하신다는 사실에 분노한다. 왜 그분은 자기 일만 하면서 우리를 그냥 내버려두지 못하는가 하고 말이다. 우리는 성급하게 묻는다. 그러나 이에 대한 예수님의 대답은 언제나, 우리가 바로 그분의 일이며 따라서 그분은 결코 우리를 홀로 내버려두실 수 없다는 것이다. 그래서 우리 역시 예수님을, 우리의 평화를 방해하며, 우리의 현실 상

---

11) 마 2:13과 27:20, AV.
12) C. S. Lewis, *Surprised by Joy*, p. 163.

황을 뒤엎으며 우리의 권위를 손상시키며 우리의 자존심을 깎아 내리는, 위협적인 경쟁자로 인식하는 것이다. 우리 역시 그분을 제거하기 원한다.

### 배반자 가룟 유다

지금까지 우리는 예수님이 어떻게 제사장들에 의하여 빌라도에게 넘겨졌고 빌라도에 의하여 군병들에게 넘겨졌는지를 보았다. 이제는 처음에 그분이 어떻게 유다에 의하여 제사장들에게 넘겨졌는지를 생각해 보아야 한다. 유다의 이 행동은 특히 "배신"이라는 용어로 묘사된다. 실로 세족(洗足) 목요일은 언제나 "그가 배신당하신 밤"(고전 11:23, 역자 번역. 개역개정 성경에는 "잡히시던 밤"으로 되어 있음—역주)으로 기억될 것이며, 유다는 "예수를 판 자"로 기억될 것이다. 이 비난의 비문(epitaph)은, 복음서에서 열두 제자 사이에 언급될 때 이미 그의 이름에 첨부되었다. 세 명의 공관 복음서 기자들은 모두 그를 사도의 명단에서 맨 밑에 두었다.[13]

우리는 사람들이 유다에 대해 동정심을 표하는 말을 심심치 않게 듣는다. 그들은 유다가 생전에 불공정한 대우를 받았으며, 그 이래로 계속해서 불공정한 억압을 받았다고 느낀다. 사람들은 "만약 예수가 죽어야 했다면, 결국 누군가가 그를 팔아야 했다. 그런데 왜 유다를 비난하는가? 그는 단지 섭리의 도구였으며, 예정의 희생자였을 뿐이다"라고 말한다. 사실 성경은 예수님이 자기를 팔 자가 누구인지 미리 알고 계셨으며[14] 또한 유다를 가리켜서 "멸망의 자식

---

13) 마 10:4; 막 3:19; 눅 6:16.
14) 요 6:64, 71; 13:11.

뿐이오니 이는 성경을 응하게 함이니이다"[15]라고 말씀하셨다고 지적한다. 유다가 그 일을 실행한 것은 사탄이 먼저 그의 마음속에 그런 "생각을 넣어" 주고 나서 그 뒤에 실제로 "그 속에 들어간" 다음인 것 또한 사실이다.[16]

하지만 이런 사실이 유다의 죄를 사면해 주는 것은 아니다. 그는 이미 이전에 어느 때엔가 음모를 세운 것이 분명하므로, 자신의 행동에 책임을 져야 한다. 그의 배반이 성경에 예언되었다고 해서 그를 자유로운 행위자가 아니라고 말할 수는 없다. 이는 예수님의 죽음이 구약에 예언되어 있다고 해서 그 죽음이 자발적이지 않다고 말할 수 없는 것과 마찬가지다. 그래서 누가는 뒤에 그의 "불의"에 관하여 언급하였다(행 1:18). 사탄의 영향력이 아무리 강했다고 하더라도, 그가 스스로 그 영향력에 자기를 개방한 때가 있었던 것이다. 예수님은 유다의 행동에 대한 책임이 유다에게 있다고 간주하신 것이 명백하다. 왜냐하면, 다락방에서의 마지막 순간까지 예수님은 접시에서 떡 한 조각을 찍어서 그에게 주심으로써 최후의 호소를 하셨기 때문이다(요 13:25-30). 하지만 유다는 예수님의 호소를 거부했으며, 그의 배반은 환대에 대한 극악한 배은망덕의 행위였으므로 언제나 더욱 가증한 것으로 보인다. 유다의 이런 행위는 다음과 같이 말한 성경의 또 다른 구절을 성취하였다. "내가 신뢰하여 내 떡을 나눠 먹던 나의 가까운 친구도 나를 대적하여 그의 발꿈치를 들었나이다"(시 41:9). 우정의 표시인 입맞춤을 도리어 우정을 파괴하는 방법으로 사용해서, 입맞춤으로 자기 선생을 배반하기

---

15) 요 17:12; 참고. 행 1:15-17, 25.
16) 요 13:2, 27; 참고. 눅 22:3.

로 결정한 것은 유다의 극단적인 냉소적 태도였다. 그래서 예수님은 그의 죄를 명확히 밝히면서 이렇게 말씀하셨다. "인자를 파는 그 사람에게는 화가 있으리로다. 그 사람은 차라리 나지 아니하였더라면 자기에게 좋을 뻔하였느니라"(막 14:21). 이와 같이 예수님이 그를 정죄하셨을 뿐만 아니라, 마침내는 유다도 자기 자신을 정죄했다. 그는 자기가 무죄한 피를 팔았다고 시인하고서, 예수님을 판 대가로 받은 돈을 돌려주고서 자살하고 말았다. 그는 회개했다기보다는 양심의 가책에 사로잡힌 것이긴 하지만, 최소한 그는 자신의 죄를 고백하고 말았다.

유다의 범죄 동기에 대하여, 연구자들은 오랫동안 호기심을 보여 왔고 여러 기발한 생각들을 내놓았다. 어떤 사람들은, 유다는 유대인 열심당원으로서,[17] 예수님과 그 추종자들에게 가담하면서 그들의 운동이 민족 해방 운동이라고 믿었으며, 그가 마침내 예수님을 배반한 것은 정치적인 망상 때문이었든지, 아니면 예수님으로 하여금 일어나 싸우지 않을 수 없게 만들기 위해서였다고 확신한다. 이런 방식으로 그 상황을 재구성하려는 사람들은, '가룟'(Iscariot)이라는 그의 이름에서 확증을 얻을 수 있다고 생각한다.

---

17) 열심당의 창시자는 유다와 이름이 같은 사람으로서, '갈릴리 사람 유다'라는 인물이었는데, 그는 주후 6년에 로마에 대항하여 무장 반란을 일으켰다(행 5:37에 언급되어 있음). 그 반란은 진압되었고 유다는 죽임을 당했지만, 그의 아들이 항쟁을 계속했다. 마사다(Masada)가 로마에 대항한 열심당의 최후의 보루였는데, 이곳은 주후 70년에 무너졌다. William Barclay는, 유다는 열심당원이었음이 "거의 확실하다"고 간주하는 사람들 중 하나로서, 겟세마네 동산에서의 입맞춤은 "의도된 배반이 아니라", 차라리 예수님으로 하여금 망설임을 그치고 오랫동안 기다려 왔던 투쟁을 시작하도록 격려하기 위한 표시였다고 생각한다(*Crucified and Crowned*, pp. 36-38).

하지만 이 말의 모호성에 대해서는 누구나 인정한다. 일반적으로 인정되는 바에 따르면, 가룟이라는 이름은 '가룟인'(man of Kerioth)이라는 의미로서 그의 출신지를 표시한다는 것이다 – '그리욧'(Kerioth)은 여호수아 15:25에 언급된, 유다 남방의 한 마을 이름이다. 하지만 유다가 열심당원이었다고 생각하는 사람들은 '가룟'이 암살자라는 의미의 '시카리오스'(*sikarios*)와 연결된 말이라고 주장한다(라틴어 *sica*와 헬라어 *sikarion*, 곧 '단도'라는 단어에서 온 말이다). 요세푸스는 '시카리오이'(*sikarioi*)를 언급한다.[18]

광적인 유대 민족주의에 열중한 그들은 로마의 식민 지배로부터 국가의 독립을 회복해야겠다고 결심하고서, 이 목적을 위하여 그들이 로마의 앞잡이로 여기고 멸시하는 정치적 숙적들을 암살하는 일도 불사했다. 이 집단은 신약 성경에서 한 번 언급된다. 바울이 예루살렘에서 폭행을 당할 때 그를 구해 준 로마의 천부장은 바울이 "이전에 난을 일으켜 사천의 자객(*sikarioi*)을 거느리고 광야로 가던 애굽인"인 줄 생각했다고 말하는데(행 21:38), 이것이 바로 그들에 대한 언급이다.

또 다른 주석가들은 이런 재구성의 근거가 너무나 빈약하다고 보고 유다의 결함을 정치적인 동기보다는 도덕적인 잘못, 즉 요한복음 기자가 말하는 탐욕에 돌린다. 요한의 말에 따르면, 유다는 사도단의 "돈궤를 맡은 자"로서, 공동의 금전을 맡아서 책임졌다. 요한이 이 말을 하게 된 배경은 베다니 마리아가 예수님께 향유를 부은 때였다. 그녀는 매우 비싼 향유(마가와 요한에 따르면 "순전한

---

18) Josephus의 *Antiquities* xx. 163-165, 186-188과 *Jewish War* ii. 254-257을 보라.

나드")가 든 옥합을 가지고 와서, 식탁에 비스듬히 기대어 계신 예수님께 그것을 부었으며, 그리하여 그 집이 향기로 가득차게 되었다. 그것은 아낌없이 바치는, 아니 거의 무모한 헌신의 행동이었는데, 뒤에 예수님은 그것을 가리켜서 "좋은 일"이라고 말씀하셨다. 하지만 그곳에 있던 어떤 사람들은(그들의 대변인이 유다였다) 그 행동에 전혀 다른 방식으로 대응했다. 믿기 어려운 그녀의 행동을 주목하고 나서 그들은 스스로 의로운 분노라고 느끼며 '씨근거렸다'(직역하면 이런 의미다). "이 무슨 낭비인가!"라고 그들은 말했다. "이 얼마나 악한 낭비인가! 그 향유를 팔면 일 년 치 봉급에 해당하는 돈을 만들 수 있을 것이고, 그 돈을 가난한 사람들에게 줄 수 있을 것이 아닌가?" 하지만 요한이 계속해서 이야기하듯이, 그들의 논평은 역겹고 진실치 못한 것이었다. 유다가 "이렇게 말함은 가난한 자들을 생각함이 아니요 그는 도둑이라 돈궤를 맡고 거기 넣는 것을 훔쳐 감이러라." 실제로, 무책임한 낭비라고 여긴 마리아의 행동을 목격하고 그것을 비난한 후에 그는, 손실의 얼마를 벌충하려고 곧장 제사장들에게로 간 듯하다. "내가 예수를 너희에게 넘겨주리니 얼마나 주려느냐"고 유다는 그들에게 물었다. 그들은 분명 값을 흥정하기 시작했을 것이며, 그리하여 마침내는 은 삼십, 곧 보통 노예를 풀어 주는 데 드는 금액으로 계약을 맺었다. 복음서 기자들은 고도의 극적 효과를 의식하면서, 의도적으로 마리아와 유다를 대비시키면서, 이해 타산을 따지지 않는 마리아의 너그러움과 냉혹하게 계산된 유다의 흥정을 부각시킨다. 다른 어떤 흑암의 격정이 유다의 마음속에서 끓어오르고 있었는지는 단지 추측할 뿐이지만, 요한의 주장에 의하면 유다를 지배한 최후의 동기는 돈에 대한 욕심이었다. 일 년 치 급료에 해당하는 돈을 허비한 것에 심히 분노한 그는, 그 금액의 겨우 3분의 1밖에 되지 않는 액수에 예수님을 팔아 넘겼다.[19]

예수님이 우리에게 "삼가 모든 탐심을 물리치라"고 말씀하신 것이나, 바울이 돈에 대한 사랑을 "일만 악의 뿌리"라고 선언한 것은, 별 까닭 없이 그저 한 말이 아니다.[20] 왜냐하면 물질적 이익을 추구하다가 인간은 깊은 부패 속으로 빠져들어갔기 때문이다. 관원들은 뇌물을 받고 공의를 왜곡시켰는데, 이는 아모스가 이스라엘의 재판관에 관하여 말한 바와 같다. "그들이 은을 받고 의인을 팔며 신 한 켤레를 받고 가난한 자를 팔며"(2:6). 정치가들은 자신의 권력을 이용해서 뇌물을 가장 많이 바친 자를 낙찰시키며, 첩자들은 자기 나라의 비밀을 적에게 팔아 넘길 정도까지 타락하는 것이다. 사업가들은 암거래를 통해 더 유리한 계약을 맺기 위하여 다른 사람들의 재산에 피해를 주기도 한다. 심지어 영적인 스승으로 간주되는 사람들도 종교를 돈벌이로 이용해 온 것으로 알려져 있으며, 어떤 사람들은 오늘날에도 여전히 그런 행동을 하므로, 목사 후보생들은 "돈을 사랑하는 자"가 되지 말라는 경고를 받게 되는 것이다.[21] 그런 모든 사람의 말은 바로 유다의 다음 말과 마찬가지다. "내가 예수를 너희에게 넘겨주리니 얼마나 주려느냐?" 언제든지 다른 사람의 생명을 놓고 흥정할 준비를 갖춘 자객으로부터, 뇌물을 받을 때까지 허가를 미루는 치졸한 관리에 이르기까지, 그들에게는 '모든

---

19) 마 26:6-16; 막 14:3-11; 요 12:3-8과 13:29.
20) 눅 12:15, RSV; 딤전 6:10.
21) 딤전 3:3, 8; 딛 1:7; 참고. 행 8:18-23과 20:33-34.

사람이 몸값을 가진 존재'로 여겨지기 때문이라고, 냉소적인 사람들은 단언한다. 유다도 예외는 아니었다. 예수님은 사람이 하나님과 돈을 겸해서 섬길 수는 없다고 말씀하셨다. 유다는 돈을 택했다. 그리고 다른 많은 사람들도 그와 같이 행했다.

### 그들의 죄악과 우리의 죄악

우리는 지금까지, 복음서 기자들이 예수님을 십자가에 달리게 한 주요 책임자로 제시한 세 사람—빌라도, 가야바 그리고 유다—을 주목했으며, 또한 그들과 연관된 사람들로 제사장 혹은 군병들을 살펴보았다. 그 각각의 개인 혹은 무리를 가리켜 사용된 동사는 '파라디도미'(paradidōmi) 즉 '넘겨주다' 혹은 '팔다'라는 동사다. 예수님은 자신이 "사람들의 손에 넘기워질" 것이라고 혹은 "십자가에 못박히기 위하여 팔리우리라"고 예언하셨다.[22] 그러고 나서 복음서 기자들은 예수님의 예언이 어떻게 실현되었는지를 입증하는 방식으로 이야기를 전개한다. 처음에, 유다가 제사장들에게 "예수를 넘겨주었다"(탐욕 때문에), 다음에는 제사장들이 빌라도에게 "예수를 넘겨주었다"(시기 때문에), 그런 연후에 빌라도가 군병들에게 "예수를 넘겨주었고"(비겁함 때문에) 그들은 예수님을 십자가에 못박았다.[23]

이 누적된 악에 대해 우리가 본능적으로 보이는 반응은, 군중이 예수님의 피를 소리쳐 요구할 때 빌라도가 놀라서 던진 다음과 같은 질문을 반복하는 것이다. "어쩜이냐, 무슨 악한 일을 하였느냐"

---
22) 마 17:22; 26:2.
23) 마 26:14-16(유다); 27:18(제사장들); 27:26(빌라도).

(마 27:23). 하지만 빌라도는 아무런 합리적인 대답을 얻지 못했다. 광포한 군중은 단지 더욱 큰 소리로 "십자가에 못박혀야 하겠나이다"라고 소리쳤을 뿐이다. 하지만 그 이유가 무엇인가?

이유가 뭔가? 나의 주님이 무슨 일을 했다고 그러는가?
　왜 그들은 분노하고 악의를 품는가?
　그는 앉은뱅이를 뛰게 했고
　　장님을 보게 했다.
이 어떤 은혜인가?
　그런데도 그들은
이것을 불쾌해하고
　그를 대적해서 일어난다.

우리는 그들에게서 우리 자신의 모습을 보며, 또한 우리 자신을 용서할 수 있기를 바라므로, 우리가 그들을 위하여 변명하는 것은 자연스러운 일이다. 실제로 거기에는 그들의 죄를 경감시켜 주는 몇 가지 상황이 있었다. 예수님이 자기를 십자가에 못박던 그 군병들의 죄를 용서해 주시기를 기도하면서 말씀하셨듯이, "자기들이 하는 것을 알지 못함이니이다." 이와 유사하게 베드로도 예루살렘의 유대인 군중을 향하여 "너희가 알지 못하여서 그리하였으며 너희 관리들도 그러한 줄 아노라"고 말했다. 바울도 첨가해서 말하기를, 만약 "이 세대의 관원이" 알았다면, "영광의 주를 십자가에 못박지 아니하였으리라"고 했다.[24] 하지만 그들은 유죄 판결을 받기에 충분할 만큼, 그들의 범죄 사실을 수긍하기에 충분할 만큼 그리고 그들의 행위에 대하여 정죄당하기에 충분할 만큼 알고 있었다. "그 피를 우리와 우리 자손에게 돌릴지어다"라는 그들의 외침은 전적인 책임을 지겠다는 주장이 아니었던가?[25] 베드로는 오순절에 전혀 숨김없이 말했다. "그런즉 이스라엘 온 집이 확실히 알지니 **너희가 십자가에 못박은** 이 예수를 하나님이 주와 그리스도가 되게 하셨느니라." 더욱이 베드로의 생각에 반박하기는커녕, 그의 말을 들은 사람들은 "마음에 찔려" 그 일을 바로잡기 위하여 무엇을 해야 할지를 물었다(행 2:36-37). 스데반은 공회 앞에서 연설할 때 더욱 직설적으로 사실을 말했는데, 이로 인하여 그는 순교했다. 그는 공회를 향해서 "목이 곧고 마음과 귀에 할례를 받지 못한 사람들아"라고 부르고 나서, 그들이 자기네 조상들과 똑같이 성령을 거스려 행한다고 힐문했다. 왜냐하면, 그들의 조상은 메시아의 오심을 예언한 사람들을 죽이고 선지자들을 핍박했는데, 이제는 그들이 메시아이신 그분을 넘겨주고 죽였기 때문이다(행 7:51-52). 뒤에 바울은 복음에 대한 당시 유대인들의 저항에 관하여 데살로니가 사람들에게 편지를 쓰면서, 그와 비슷한 말을 사용했다. 그들은 "주 예수와 선지자들을 죽이고 우리를 쫓아내고" 그들이 이방인의 구원을 방해하려고 노력했으므로 하나님의 심판이 그들 위에 떨어질 것이었다(살전 2:14-16).

예수님을 십자가에 못박은 것을 들어서 유대 민족을 이렇게 비난하는 것은 오늘날에는 전혀 어울리지 않는 일이다. 실제로, 유대인을 비방하고 박해하기 위한 정당한 근거로(과거에 이런 적이 있

---

24) 눅 23:34; 행 3:17; 고전 2:8.
25) 마 27:25; 참고. 행 5:28.

었다) 혹은 반(反)셈주의(anti-semitism)를 지지하는 근거로 이것이 사용된다면, 이는 전혀 용납될 수 없다. 하지만 반셈주의의 편견을 피하는 길은, 유대인들에게 죄가 없는 것처럼 여기는 것이 아니라, 그들의 잘못을 인정하기는 하되 그 죄에 다른 사람들도 참여했음을 덧붙이는 것이다. 바로 이는 사도들이 그 상황을 바라본 방식이었다. 사도들은 헤롯과 빌라도, 이방인들과 유대인들이 함께 예수님을 거스려 "모의했다"고 말했다(행 4:27). 하지만 이보다 더욱 중요한 점은 바로 우리 자신에게도 잘못이 있다는 것이다. 만약 우리가 그들의 위치에 있었다면 우리 역시 그들과 똑같이 행동했을 것이다. 아니 실제로 우리는 그렇게 **했다**. 왜냐하면 우리가 그리스도로부터 등을 돌릴 때마다 우리는 "하나님의 아들을 다시 십자가에 못박아 현저히 욕을 보이기" 때문이다(히 6:6). 우리 역시 유다처럼 우리의 탐욕을 인하여, 제사장들처럼 우리의 시기를 인하여, 빌라도처럼 우리의 야망을 위하여 예수님을 희생시킨다. "거기 너 있었는가? 그 때에, 주가 그 십자가에 달릴 때"(Were you there when they crucified my Lord?)라고, 오래된 흑인 영가는 묻는다. 우리는 "그렇다, 우리는 거기에 있었다"고 대답해야 한다. 단순한 구경꾼이 아니라 음모를 품고, 계획을 세우고, 배반하고, 흥정하고, 넘겨주어서 예수님을 십자가에 못박히게 한 그 모든 일에 참여한 유죄의 가담자로 거기에 있었다. 우리는 빌라도처럼 손을 씻고 책임을 회피하려고 노력할 수도 있다. 하지만 빌라도의 시도가 헛되었던 것과 마찬가지로 우리의 시도도 허사가 되고 말 것이다. 왜냐하면 우리의 손에는 피가 묻었기 때문이다. 우리는 십자가를 우리를 **위해** 행해진(우리를 신앙과 경배로 이끄는) 것으로 보기에 앞서 십자가를 우리에 **의하여** 행해진(우리를 회개로 인도하는) 것으로 보아야만 한다. 실제로 "십자가 죄책의 자기 몫을 담당할 준비가 된 사람만이 그 은혜의 자기 몫을 주장할 수 있다"고 캐논 피터 그린(Canon Peter Green)은 썼다.[26]

'스코틀랜드 찬송가 작사자의 왕'이라고 불렸던 호라티우스 보나르(Horatius Bonar, 1808-1889)는 그것을 다음과 같이 잘 표현했다.

거룩한 피 내가 흘리게 했네.
   내가 그분을 나무에 못박았네.
내가 하나님의 그리스도를 십자가에 못박고
   그 모욕하는 일에 나도 참여했다네.

그 소리치던 모든 군중 속에
   나도 있었음을 나는 안다네.
그 무례한 외침의 소음 속에서
   내 목소리가 들리네.

십자가 주위의 군중을 내가 보니
   그 고통받으시는 분의 신음을 비웃도다.
하지만 거기서도 내 목소리가 들리네.
   마치 나 혼자서 비웃는 듯이.

---

26) Peter Green, *Watchers by the Cross*, p. 17.

"그리스도는 왜 죽으셨는가?"라는 질문에 대하여 지금까지 우리가 찾아 온 대답은, 복음서 기자들이 그들의 이야기를 전개한 방식을 반영하고자 했다. 복음서 기자들은 책임의 연결 고리를 지적하고(유다에게서 제사장들로, 제사장들에게서 빌라도로, 빌라도에게서 군병들로), 최후에 가서는 그들을 그렇게 몰아간 탐욕과 시기와 두려움이 우리를 몰아가고 있음을 암시한다. 하지만 이것이 복음서 기자들이 제공하는 완전한 설명은 아니다. 나는 그들이 제공한 더 중요하고 결정적인 설명 한 가지를 지금까지 유보해 왔다. 그것은 바로 이것이다. 비록 예수님이 인간의 죄악으로 인해 죽음을 당하시긴 했지만, 그분이 순교자로 죽지는 않으셨다는 점이다. 도리어 그분은 자발적으로, 심지어 의도적으로 십자가를 향해 나아가셨다. 예수님은 공적인 사역의 시초부터 이 목표를 위하여 자신을 바치셨다.

세례를 받으실 때 예수님은 자신을 죄인들과 동일시하셨으며(그분은 십자가 위에서 자신을 완전히 죄인과 동일시하셨다), 시험을 받으실 때 십자가의 길에서 벗어나기를 거절하셨다. 바로 앞 장에서 보았듯이, 그분은 자신의 수난과 죽음을 반복해서 예언하셨으며, 예루살렘에서 죽기 위하여 꾸준히 그곳을 향해 나아가셨다. 그분이 자신의 죽음과 관련해서 '반드시 해야 한다'(must)는 표현을 계속해서 사용하신 것은, 어떤 외적인 강제가 아니라 자신에 관하여 기록된 것을 성취하겠다는 그분의 내적인 결심을 표현한다. "선한 목자는 양들을 위하여 목숨을 버리거니와"(요 10:11)라고 그분은 말씀하셨다. 그런 연후에, 은유는 빼 버리고서, "목숨을 버리거니와…이를 내게서 빼앗는 자가 있는 것이 아니라 내가 스스로 버리노라"(요 10:11, 17-18)고 말씀하셨다.

더욱이, 사도들은 그들의 서신에서 예수님의 죽음의 자발성을 이야기할 때, 복음서 기자들이 예수님이 다른 사람들에 의하여 죽음에 "넘기운" 것을 말하면서 사용했던 바로 그 동사(*paradidōmi*)를 여러 번 사용했다. 그래서 바울은 "나를 위하여 자기 몸을 버리신(*paradontos*) 하나님의 아들"이라고 쓸 수 있었다.[27] 이것은 아마, "그가 자기 영혼을 버려(칠십인 역에는 *paredothē*로 되어 있음) 사망에 이르게 하며"라는 이사야 53:12을 의식적으로 반영한 말이었을 것이다. 바울은 또한, 성부께서 성자를 복종케 하실 때 성자가 자발적으로 복종한 사실을 회상할 때도 동일한 단어를 사용하였다. 예를 들면, "자기 아들을 아끼지 아니하시고 우리 모든 사람을 위하여 내주신(*paredōken*) 이가 어찌 그 아들과 함께 모든 것을 우리에게 주시지 아니하시겠느냐?"[28] 옥타비우스 윈슬로우(Octavius Winslow)는 매끈한 진술로 이것을 잘 요약했다. "누가 예수님을 죽음에 넘겨주었는가? 돈을 위하여 유다가 넘겨준 것이 아니다. 두려움 때문에 빌라도가 넘겨준 것도 아니다. 시기 때문에 유대인들이 넘겨준 것도 아니다. 바로 사랑 때문에 성부께서 넘겨주신 것이다."[29]

십자가를 바라보는 이 두 가지 상보적인 방법을 언제나 함께 유지하는 것은 매우 중요하다. 인간의 차원에서 보면, 유다가 예수님을 제사장에게 넘겨주었고, 제사장은 그분을 다시 빌라도에게 넘겨

---

27) 갈 2:20; 참고. 엡 5:2, 25과 또한 눅 23:46.
28) 롬 8:32; 참고. 4:25.
29) 이 인용문에 주의를 돌리도록 해준 David Kingdon에게 감사한다. 이 인용문은 John Murray가 Winslow의 *No Condemnation in Christ Jesus* (1857)에서 취해서, 그의 *Romans*, Vol. 1, p. 324에 포함시킨 것이다.

주었고, 빌라도는 그분을 군병들에게 넘겨주어서 군병들이 그분을 십자가에 못박았다. 하지만 하나님의 차원에서 보면, 성부께서 예수님을 내주셨고, 예수님도 자기 자신을 내주어서, 우리를 위하여 죽으셨다. 그러므로 십자가를 대할 때 우리는 우리 자신에게 "**내가** 그 일을 했다. 내 죄가 그분을 십자가로 보냈다"고 말할 수 있고, 또한 "**그분이** 그 일을 하셨다. 그분의 사랑이 그분을 십자가로 보냈다"고도 말할 수 있다. 사도 베드로는 오순절의 그 주목할 만한 진술에서, 이 두 가지 진리를 융화시켜서 "그가 하나님의 정하신 뜻과 미리 아신 대로 내준 바 되었거늘"이라고 말했고, 또한 "너희가 법 없는 자들의 손을 빌어 못박아 죽였으나"라고 말했다.[30] 이렇게 해서 베드로는 예수님의 죽음을 하나님의 계획인 동시에 인간의 악함의 결과로 돌렸다. 우리가 이 장에서 특별히 살핀 바와 같이 인간 악의 폭로인 십자가는, 동시에 그렇게 폭로된 인간의 악을 제압하려는 하나님의 목적의 계시이기 때문이다.

이 장의 마지막에서 이제, 이 장의 처음 부분에서 제시한 그 질문으로 돌아온다. 예수 그리스도는 왜 죽으셨는가? 나의 첫 번째 대답은, 그분은 죽으신 것이 아니라 죽음을 당하셨다는 것이었다. 그러나 이제 나는 그것과 정반대인 또 하나의 답을 제공해서, 해답에 균형을 맞춰야겠다. 예수님은 죽음을 당하시지 않았다. 그분은 아버지의 뜻을 행하기 위하여 자발적으로 자신을 내주심으로써 죽으신 것이다.

그 성부의 뜻이 무엇이었는지를 알아보기 위하여 동일한 사건들

---

30) 행 2:23; 참고. 4:28. 뒤에 그의 첫 번째 서신에서 베드로는 어린양 예수를 '창세 전부터 택하심을' 받은 것으로 묘사했다(벧전 1:19-20).

을 다시 한 번 살펴보아야 하는데, 이번에는 그 사건 이면에 있는 깊은 의미를 살펴볼 것이다.

## 토론 문제

이 장에서 우리는 예수님을 십자가에 죽게 만든 인간적인 요인들을 살펴보았다. 그러나 이 모든 것 배후에는 예수님이 아버지의 뜻을 깨달았던 사실이 놓여 있다. 바로 이것이 예수님으로 하여금 매우 의도적으로 죽음을 향해 가도록 만든 요인이었다.

1. 복음서 기자들은 예수님의 재판이 법적인 절차를 밟아 이루어졌으나 그분의 사형 선고는 엄청난 오심(誤審)이었음을 분명히 밝힌다. 마태복음 26:57-58; 마가복음 14:57-59; 누가복음 23:1-2, 13-16; 요한복음 18:38; 19:6을 보라. 그 이유는 무엇이었는가?(p. 87)

2. 누가복음 23:1-25을 읽으라. 이 구절은 빌라도에 관해 무엇을 밝히 보여 주는가?(pp. 91-94)

3. "빌라도를 정죄하면서, 그와 똑같이 탈선한 우리 자신의 행동은 간과하기 쉽다"(p. 93). 어떤 면에서 우리는 그와 유사한가?

4. 왜 유대의 기존 체계는 예수님을 그토록 반대했는가?(p. 95이하) 어떤 면에서 우리는 그들과 유사한가?

5. "가룟 유다는 단지 불가항력적인 외부 세력에 희생당한 희생자일 뿐이다"라는 말은 왜 잘못된 진술인가?(pp. 100-101)

6. 유다가 예수님을 배반한 행위 이면에는 어떤 동기가 있었는가?(pp. 102-106)

7. "예수님은 사람이 하나님과 돈을 겸해서 섬길 수는 없다고 말씀하셨다"(p. 106). 당신은 어떤 면에서 이 말씀이 진리인 것을 경험으로 발견했는가?

8. "우리는 십자가를 우리를 **위해** 행해진(우리를 신앙과 경배로 이끄는) 것으로 볼 수 있기에 앞서서 십자가를 우리에 **의하여** 행해진(우리를 회개로 인도하는) 것으로 보아야만 하는 것이다"(p. 110). 당신도 십자가를 이런 시각에서 보는가? 이제 잠시 동안 당신이 빌라도, 가야바, 유다에게서 발견되는 성품을 얼마만큼이나 지니고 있는지 깊이 반성해 보라.

9. 예수님을 '순교자'라고 부르는 것은 왜 부정확한 말인가?(p. 111 이하)

# 3 ∽ 심층적 진리 *Looking Below the Surface*

앞의 장들에서 나는 십자가에 관하여 두 가지 사실을 확정하고자 했다. 첫째는 십자가의 중심적인 중요성이고(그리스도에게, 사도들에게, 그 이후의 온 세계 교회에게), 둘째는 십자가의 고의성이었다(왜냐하면 비록 그것이 인간의 악함으로 인하여 일어난 일이지만, 동시에 그것은 하나님이 목적을 정하셨고 그리스도가 자발적으로 그 목적을 받아들여서 자신을 죽음에 내주심으로써 일어난 사건이기 때문이다).

하지만 그 이유는 무엇인가? 우리는 이 기본적인 난제로 다시 돌아오게 된다. 예수님의 십자가에는 어떤 중요성이 있기에, 그 끔찍함과 수치와 고통에도 불구하고 하나님은 이러한 일을 미리 계획하시고 예수님은 그것을 당하기 위해 오셨을까?

### 일차적인 구성

이 질문에 대한 대답을 네 단계로 제시하는 것이 유익할 것이다. 우선 명확하고 논란의 여지가 없는 곳에서 시작해서, 점차 신비 속으로 더 깊이 들어가도록 하자.

첫째, **그리스도께서는 우리를 위하여 죽으셨다**. 그 죽음의 필요성과 자의성 외에도, 그분의 죽음은 이타적이었으며, 또한 은혜를 베푸는 것이었다. 그리스도께서는 자신을 위해서가 아니라 우리를 위하여 죽음을 당하셨으며, 또한 자신의 죽음을 통하여, 우리가 다른 방법으로 획득할 수 없는 유익을 우리에게 확보해 준다고 믿으셨다. 그분은, 선한 목자는 "양들을 위하여" 곧 그들의 유익을 위하여 자기 목숨을 내놓는다고 말씀하셨다. 이와 유사하게, 다락방에서 제자들에게 떡을 나누어 주시면서 그분은 "이것은 너희를 위하여 주는 내 몸이라"고 말씀하셨다. 사도들은 이 단순한 개념을 택하여 반복해서 말했으며, 어떤 때는 이인칭을 일인칭으로 바꿔서 "그리스도께서 우리를 위하여 죽으셨다"[1]고 말함으로써 좀더 친근한 표현으로 바꾸기도 했다. 그분이 죽으심으로써 우리를 위하여 획득하신 그 복이 무엇인지 밝혀지지도 않았고 그것에 대한 설명도 아직 제공되지 않았지만, 최소한 우리는 '당신을 위하여'와 '우리를 위하여'에 대해서는 동의할 수 있다.

---

1) 요 10:11, 15; 눅 22:19; 롬 5:8; 엡 5:2; 살전 5:10; 딛 2:14. Martin Hengel 교수는 굉장한 박학 다식과 함께, 자기의 도시, 가족과 친구, 진리를 위하여 혹은 신들을 달래기 위하여 스스로 죽는 사람에 대한 개념이 헬라-로마 세계에 널리 퍼져 있었음을 보여 주었다. *hyperapothnēskein*(위하여 죽다)이라는 특별한 합성어가 형성되어 그런 죽음을 묘사하였다. 그러므로 '그리스도께서 우리를 위하여 죽으셨다'는 복음은 1세기의 이방인 청중에게 쉽게 이해될 수 있었던 것이다(Martin Hengel, *Atonement*, pp. 1-32).

둘째, **그리스도께서는 우리를 하나님께로 인도하고자 우리를 위해 죽으셨다**(벧전 3:18). 그분의 죽음이 지니는 은혜로운 목적은 우리의 화목에 초점이 맞춰진다. 니케아 신조가 표현하듯이 "우리를 위하여(일반적인) 그리고 우리의 구원을 위하여(특별한) 그분은 하늘에서 내려오셨다." 그분이 죽으심으로써 우리를 위하여 얻으신 구원은 여러 가지로 묘사된다. 때로 그 구원은 구속, 용서 혹은 건져 냄처럼 소극적으로 이해된다. 또 어떤 때는 적극적으로―새 생명, 영원한 생명 혹은 하나님의 자비를 향유하고 그분과 교제를 누리는 하나님과의 화평―묘사된다.[2] 그 용어의 자세한 의미는, 현 단계에서는 그렇게 중요하지 않다. 지금 중요한 요점은, 그분이 우리에게 구원의 큰 복을 내려 주실 수 있는 것은 그분의 죽음의 결과라는 사실이다.

셋째, **그리스도께서는 우리의 죄를 위하여 죽으셨다**. 우리의 죄는 그분이 우리에게 주시고자 하는 은사를 받지 못하도록 가로막는 장애물이었다. 그러므로 그 은사가 우리에게 주어지기 위해서는 먼저 죄를 제거해야 한다. 그래서 그분은 죽음으로써 우리의 죄를 처리 혹은 없이하셨다. "우리의 죄를 위하여"라는 이 표현은 대부분의 중요한 신약 성경 저자들에 의하여 사용되었다. 그들은 그리스도의 죽으심과 우리의 죄가 서로 연결되었음을―그 방식은 앞으로 밝혀질 것이다―매우 분명하게 인식했던 것으로 보인다. 그 예로 몇 구절을 인용해 보자. "성경대로 그리스도께서 우리 죄를 위하여 죽으

---

2) 소극적인 표현의 실례를 위해서는, 갈 1:4; 엡 1:7; 히 9:28을 보라. 그리고 적극적인 표현의 실례를 위해서는 요 3:14-16; 엡 2:16; 골 1:20; 살전 5:10; 벧전 3:18을 보라.

시고"(바울). "그리스도께서 단번에 죄를 위하여 죽으사"(베드로). "자기를 단번에 제물로 드려 죄를 없이 하시려고…나타나셨으니", 그분이 "죄를 위하여 한 영원한 제사를 드리시고"(히브리서). "그(하나님의) 아들 예수의 피가 우리를 모든 죄에서 깨끗하게 하실 것이요"(요한). "우리를 사랑하사 그의 피로 우리 죄에서 우리를 해방하시고…영광…있기를 원하노라"(요한계시록).[3] 이 모든 구절은 (이 외에도 더 많다) 그분의 죽음을 우리의 죄와 연결시킨다. 그렇다면 그 둘은 어떻게 서로 연결되는가?

넷째, 우리의 죄를 위하여 죽으셨을 때, **그리스도께서는 우리의 죽음을 대신하신 것이다**. 즉 그분의 죽음과 우리의 죄가 연결된다면, 그 연결은 단순한 결과적인 연결(그분이 우리의 잔인성의 제물이었다는)뿐만 아니라, 형벌의 연결(그분이 무죄한 인격으로서, 우리의 죄가 받아야 할 형벌을 담당하셨다는)이라는 말이다. 왜냐하면, 성경에서 죽음은 죄에 대한 정당한 대가로 죄와 연관되기 때문이다. "죄의 삯은 사망이요"(롬 6:23). 성경은 어느 곳에서든지 인간의 죽음을 **자연적인** 사건이 아니라 **형벌**의 사건으로 본다. 죽음은 하나님의 선한 세계에 침입한 이질적인 요소이지, 인간을 향한 하나님의 원래 의도의 일부가 아니다. 화석 기록을 살펴보면, 인간 창조 이전에 동물계에는 약육강식과 죽음이 있었음이 분명하다. 하지만 하나님은 그분의 형상을 지닌 인간을 위해서는 더 고귀한 종말을 의도하신 듯한데, 아마 에녹과 엘리야가 경험하였던 '옮겨 감'(translation) 혹은 예수님이 오실 때 산 자들에게 일어날 '변화'

---

[3] 고전 15:3; 벧전 3:18; 히 9:26; 10:12; 요일 1:7; 계 1:5-6.

(transformation)와 비슷한 종말이었을 것이다.[4] 그러므로 성경 전체를 통하여, 죽음(육체적, 영적)은 인간의 불순종에 대한 하나님의 심판으로 이해된다.[5] 따라서 죽음에 대한 공포를 나타내는 표현이 생겨났으며, 인간이 "멸망하는 짐승같이" 되어야 한다는—왜냐하면 "이 둘에게 임하는 일이 마찬가지"이기 때문에—데 대한 모순의 감정이 있을 것이다.[6] 그렇기 때문에 예수님도 나사로의 무덤가에서 죽음과 대면하셨을 때, 심하게 분노의 "거친 숨을 내쉬셨던" 것이다.[7] 죽음은 이질적인 것이었다. 예수님은 그에 저항하셨다. 예수님은 죽음과 제휴하지 않으셨다.

만약 죽음이 죄에 대한 형벌이라면, 또한 예수님에게는 그분의 본성, 성품 혹은 행위에서 아무 죄가 없으시다면, 우리는 그분이 죽으실 필요가 없다고 말해야 하지 않겠는가? 그분이 죽는 대신 그대로 옮기워 가실 수는 없었을까? 그분이 변화산에서 변화되셔서 몸이 반투명체가 되었을 때, 사도들은 그분의 부활하신 몸의 예고편을 보았던 것이 아닐까?(그래서 그분은 자기가 죽음에서 부활할 때까지는 이 사건을 아무에게도 말하지 말라고 지시하셨다—막 9:9) 그리스도께서는 그 때 곧장 하늘로 올라가심으로써 죽음을 벗어나실 수 있지 않았을까? 하지만 그분은 **스스로** 십자가로 가기 위하여 우리의 세상으로 다시 오셨다. 예수님은 아무도 그분에게서 생명을

---

4) 창 5:24; 왕하 2:1-11; 고전 15:50-54을 보라.
5) 예를 들어, 창 2:17; 3:3, 19, 23; 롬 5:12-14; 계 20:14; 21:8.
6) 시 49:12, 20; 전 3:19-21.
7) 요 11:33, 38에 동사 *embrimaomai*가 등장하는 것을 보라. 말의 씩씩거리는 거친 숨소리를 표현하는 데 사용된 이 단어는, 불쾌와 분노의 강한 감정을 표현하는 말로 전용되었다.

빼앗을 수 없다고 주장하셨다. 그분은 자신의 의지로 그 생명을 내놓으려 하셨다. 그러므로 죽음의 순간이 왔을 때, 누가는 그것을 예수님이 스스로 결정하신 행동으로 묘사했다. "아버지, 내 영혼을 아버지 손에 부탁하나이다"라고 그분은 말씀하셨다.[8] 이 모든 사실은, "그가 우리 죄를 위하여 죽으셨다"는 신약 성경의 단순한 진술이, 표면에 나타난 것보다는 훨씬 많은 것을 암시함을 의미한다. 그 말은, 죄가 없으므로 죽을 필요가 없는 예수 그리스도께서 우리의 죄가 담당해야 할 죽음을 죽으셨다고 단언하는 것이다.

이후의 여러 장에서 우리는 이러한 진술의 이론적 근거, 도덕성 그리고 그 효력에 대하여 더 깊이 파악할 필요가 있다. 하지만 당분간 우리는 여기서 제시한 초보적인 네 가지 구조로 만족해야 한다. 즉 그리스도께서는 우리를 위하여, 우리의 유익을 위하여 죽으셨다. 그분이 죽음으로써 획득하신 그 '유익'이 바로 우리의 구원이었다. 그것을 조달하기 위하여 그리스도께서는 우리의 죄를 처리하셔야 했다. 그리고 죄를 위해 죽으신 그분의 죽음은 바로 우리가 감당해야 할 죽음이다.

지금 내가 질문을 던지고서, 이 장의 나머지 부분에서 그 해답을 찾고자 하는 것은 이런 기초적인 신학적 구조가 사실에 부합하는지의 여부다. 그것은 십자가의 이야기에 억지로 부과된 복잡한 이론인가, 아니면 복음서 기자들의 서술 자체가 그 신학적 구조를 위한 증거를 제공하며, 심지어 그 신학적 구조 없이는 그들의 서술이 알 수 없는 어떤 것으로 남게 되는가? 나는 이 두 번째 경우를 주장할

---

8) 요 10:18; 눅 23:46.

것이다. 나아가서 나는, 복음서 기자들이 묘사하는 그것이 비록 그들의 증언이지만, 그들이 고안해 낸 이야기가 아님을 입증하고자 한다. 복음서 기자들이 하고 있는 일은 우리로 하여금 그리스도의 마음속으로 좀더 들어가게 하려는 것이다.

우리는 예수님이 지상에서 지낸 마지막 스물네 시간 중에서 중요한 세 장면-다락방, 겟세마네 동산, 골고다라고 불리는 곳-을 살펴볼 것이다. 이렇게 하노라면 그저 통렬한 이야기를 하는 데 그칠 수는 없을 것이다. 각 장면마다 예수님의 말씀이 나오는데, 그 말씀은 설명을 필요로 하며 대강 스쳐 지나갈 수가 없기 때문이다. 겉으로 드러난 것의 이면인 심층에서는 단순한 말이나 행동 이상의 더 깊은 어떤 일이 일어나고 있었다. 우리가 신학적 진리와 거리를 두고자 할지라도, 신학적 진리는 계속해서 드러난다. 특히 우리는 다락방에서의 주의 만찬의 제정에 관하여, 겟세마네 동산에서의 '고뇌'에 관하여 그리고 십자가 위에서의 '유기의 외침'(cry of dereliction)에 관하여 묻고 싶은 충동을 느끼게 된다.

하지만 그 일에 착수하기에 앞서 우리를 지체시키는 주목할 만한 사실이 하나 있다. 그것은 그 동안 예수님이 계속 견지하신 조망과 관련된다. 우리의 이야기는 세족 목요일 저녁부터 시작된다. 예수님은 이미 마지막으로 지는 해를 보셨다. 이제 열다섯 시간 이내에 그분의 사지는 십자가 위에 펴진 채로 못박힐 것이다. 스물네 시간 안에 그분은 죽어서 장사되실 것이다. 예수님은 이 사실을 알고 계셨다. 하지만 여기서 특이한 일은, 그분이 자기의 사명을 과거의 일로 여기시지 않고 아직도 미래의 일로 생각하셨다는 사실이다. 예수님은 비교적 젊은 청년으로, 삼십 세에서 삼십오 세 사이였음이 거의 확실하다. 그분은 인간에게 할당된 기간의 거의 반밖에 사시지 않았다. 여전히 그분은 전성기를 구가하고 있었다. 그 나이에 대부분의 사람은 인생 최고의 시절을 앞두기 마련이다. 모하메드는 육십 세까지 살았고 소크라테스는 칠십 세까지 살았으며, 플라톤과 석가는 팔십 세가 넘어서 죽었다. 만약 어떤 사람이 요절할 위기에 처했다면, 좌절감 때문에 우울에 빠지게 된다. 하지만 예수님은 그렇지 않으셨는데, 이는 다음과 같은 단순한 이유 때문이었다. 예수님은 이제 자기에게 임할 그 죽음을, 자기의 사명에 종식을 고할 시기상조의 사건이 아니라, 사명을 수행하는 데 실제로 필요한 것으로 여기셨다. 그분은 운명하기 불과 수초 전에라야 "다 이루었다"고 외치실 수 있었다(그 순간 이전에는 다 이룬 것이 아니었다). 그러므로 비록 그것이 최후의 말이긴 했지만, 예수님은 자신이 이미 **완성하신** 사명도 뒤돌아보지 않으셨는데, 하물며 실패한 것을 뒤돌아보셨을 리가 만무하다. 여전히 그분은 앞으로 성취해야 할 사명을 **내다보고** 계셨다. 30-35년에 걸친 생애의 사명이 이제 마지막 스물네 시간, 아니 최후의 여섯 시간에 성취되고 있었다.

### 다락방 최후의 만찬

예수님은 지상에서의 마지막 저녁을 따로 떨어진 조용한 곳에서 제자들과 함께 보내셨다. 그 날은 무교절의 첫 날로, 그들은 유월절 음식을 먹기 위하여 한 친구의 집에 모였다. 그곳은 "자리를 베풀고 예비된 큰 다락방"으로 묘사된다. 우리는 바닥에 깔아 놓은 보료에 비스듬히 기대어, 낮은 식탁 주위에 모인 그들의 모습을 그려 볼 수 있다. 그 자리에는 수종드는 종이 아무도 없어서, 식사 전에 그들의 발을 씻어 줄 사람이 없었다. 또한 사도들 중에도 이 천한 일을 담당하겠다고 나설 만큼 겸손한 사람은 아무도 없었다. 그러므로 식사 도중에 예수님이 종의 수건을 두르시고서 대야에 물을 가져다가 그들의 발을 차례로 씻기셔서 그들 중 아무도 하고 싶어하지 않은 일을 기꺼이 하셨을 때, 그들은 크게 당황했다. 그런 연후에 계속해서 예수님은, 항상 겸손한 섬김으로 표현되는 것이 참된 사랑이며 또한 그들이 서로 사랑할 때 세상이 그들을 예수님의 제자인 줄 알리라고 말씀하셨다. 그러나 남을 섬기는 희생적인 사랑이 그처럼 중요함에도 불구하고 그와 정반대로 그들 중 한 사람이 자기를 팔리라고 예수님은 경고하셨다. 또한 예수님은 임박한 이별에 관하여, 보혜사가 오셔서 자기를 대신할 것에 관하여 그리고 이 진리의 영이 행하실 가르침과 증거의 여러 가지 사역에 관하여 많은 것을 말씀하였다.

    그리고 나서, 식사가 여전히 계속되던 어느 시점에 예수님은 떡 한 덩어리를 들어 축사하시고(즉 그것을 감사하시고), 떼어서 제자들에게 나누어 주시면서 "이것은 너희를 위하여 주는 내 몸이니 너희가 이를 행하여 나를 기념하라"고 말씀하셨고, 제자들은 이 모습에 마음을 기울여 주목했다. 예수님은 그와 똑같은 방식으로 식사가 끝난 후에 포도주 한 잔을 취해 축사하시고, 그것을 그들에게 돌리시면서 "이 잔은 내 피로 세운 새 언약이니" 혹은 "이것은 많은 사람을 위하여 흘리는 바 나의 피, 곧 언약의 피니라. 이것을 행하여 마실 때마다 나를 기념하라"고 말씀하셨다."

---

9) 그것을 집행하면서 하신 말씀을 바울과 복음서 기자들이 약간 차이가 나게 기록해 놓았다. 고전 11:23-25; 마 26:26-28; 막 14:22-24; 눅 22:17-19을 보라.

이것은 참으로 의미심장한 행위요 말씀이었다. 우리가 이 사건에 익숙한 나머지 그 충격을 잃어가는 경향이 있다는 것은 슬픈 일이다. 왜냐하면 이 행동과 말씀은 자신의 죽음에 대한 예수님의 견해를 확실하게 밝혀 주기 때문이다. 떡과 포도주로 행하신 일과, 그 행위에 대해 하신 말씀으로써 예수님은 자기의 죽음이 임하기 전에 미리 그 죽음을 시각적으로 극화시키셨으며(dramatizing), 또한 그 죽음의 의미와 목적에 관하여 스스로 권위 있는 설명을 해주셨다. 여기서 예수님은 적어도 세 가지 교훈을 가르치셨다.

첫 번째 교훈은 **예수님의 죽음의 중심성**이다. 그들과 함께 보내신 마지막 저녁에 예수님은 엄숙하고도 신중하게, 자신을 기념하는 예배에 관한 지침을 내려 주셨다. 하지만 그것은 친구들이나 친척들이 모여서 떠나는 이를 마지막으로 칭송하는, 오늘날의 기념 예배 같은 일회적인 것이 아니었다. 도리어 그것은 정기적인 식사나 예배 혹은 그 두 가지 모두였다. 특별히 예수님은 그것을 반복하라고 말씀하셨다. "이것을 행하여 나를 기념하라." 그렇다면 제자들이 해야 할 일은 무엇이었는가? 그들은 예수님이 하신 것을 그대로 모방해서 그분의 행동과 말씀 곧 떡과 포도주를 취하고, 떼어 축사하고, 그 의미를 밝히는 일을 그대로 답습해야 했다. 떡과 포도주가 상징하는 바는 무엇인가? 그분이 하신 말씀이 그것을 설명한다. 떡은 "이것은 너희를 위하여 주는 내 몸이라"고 말씀하셨고, 포도주는 "이것은 너희를 위하여 흘리는 내 피니라"고 말씀하셨다. 이렇게 해서 그분의 죽음은 두 가지 요소로 그들에게 설명되었다. 그 떡은 그들과 함께 식탁에 기댄 그분의 산 몸을 대표하는 것이 아니라, 잠시 후에 죽음으로써 그들에게 "주어지는" 그 분의 몸을 대표했다.

마찬가지로 포도주 역시 그분이 그들에게 말씀하시는 동안 그분의 정맥을 흐르던 그 피를 대표하는 것이 아니라, 잠시 후에 죽음으로써 그들을 위하여 흘려질 그분의 피를 대표했다. 그 증거는 반박의 여지가 없을 만큼 명백하다. 예수님이 제정하시고 승인하신 유일한 정기적 기념 행위인 주의 만찬은, 그분의 탄생이나 삶 혹은 그분의 말씀이나 행위를 극화한 것이 아니라, 바로 그분의 죽음을 극화했다. 예수님이 자기의 죽음에 부여하신 중심적 중요성을 이보다 더 명료하게 지시할 수 있는 것은 아무것도 없다. 예수님은 다른 무엇보다도 그분의 죽음으로 기억되기를 원하셨다. 그러므로 십자가 없는 기독교는 존재하지 않는다고 말하는 편이 안전하다. 만약 십자가가 우리 종교의 중심이 아니라면, 우리의 종교는 예수님의 종교가 아니다.

둘째로, 예수님은 **그분의 죽음의 목적**에 관하여 가르치셨다. 바울과 마태의 기록에 따르면, 잔에 관한 예수님의 말씀은 그분의 "피"뿐만 아니라, 그분의 피와 연관된 "새 언약"을 가리켰으며, 또한 마태는 한 걸음 더 나가서 그분은 "죄사함을 얻게 하려고" 피흘리셨다고 첨가하였다. 예수님이 죽음에 임해서 흘리신 피를 통하여 하나님은 그분의 백성과 새로운 협정 즉 "언약"을 세우는 주도권을 행사하셨다는 매우 놀라운 주장이 여기에 있다. 그것은 죄인을 용서하신다는 가장 위대한 약속이다. 그러면 예수님의 이 말씀은 무엇을 의미하는가?

수세기 전에 하나님은 아브라함과 언약을 맺으시고, 좋은 땅과 많은 자손으로 그에게 복 주겠다고 약속하셨다. 하나님은 이스라엘(아브라함의 후손)을 애굽에서 건져내신 후에, 시내산에서 이 언약을 갱신하셨다. 하나님이 그들의 하나님이 되며, 그들을 자기 백성으로 삼겠다고 맹세하셨다. 나아가서 이 언약은 희생의 피로 확증되었다. "모세가 그 피를 가지고 백성에게 뿌리며 이르되 이는 여호와께서 이 모든 말씀에 대하여 너희와 세우신 언약의 피니라."[10] 수백 년이 흐르는 동안 그 백성이 하나님을 버리고 그분의 언약을 어기며 그분의 심판을 자처하자, 주전 7세기의 어느 날 다음과 같은 여호와의 말씀이 예레미야에게 임했다.

> 여호와의 말씀이니라. 보라, 날이 이르리니 내가 이스라엘 집과 유다 집에 새 언약을 맺으리라. 이 언약은 내가 그들의 조상들의 손을 잡고 애굽 땅에서 인도하여 내던 날에 맺은 것과 같지 아니할 것은 내가 그들의 남편이 되었어도 그들이 내 언약을 깨뜨렸음이라. 여호와의 말씀이니라. 그러나 그 날 후에 내가 이스라엘 집과 맺을 언약은 이러하니 곧 내가 나의 법을 그들의 속에 두며 그들의 마음에 기록하여 나는 그들의 하나님이 되고 그들은 내 백성이 될 것이라. 여호와의 말씀이니라. 그들이 다시는 각기 이웃과 형제를 가리켜 이르기를 너는 여호와를 알라 하지 아니하리니 이는 작은 자로부터 큰 자까지 다 나를 알기 때문이라. 내가 그들의 악행을 사하고 다시는 그 죄를 기억하지 아니하리라. 여호와의 말씀이니라(렘 31:31-34).

그로부터 육백 년 이상 인내의 기다림과 점증하는 기대의 세월이 흐르다가 마침내 어느 날 저녁 예루살렘의 한 다락방에서, 목수

---

10) 출 24:8. 또한 사 42:6; 49:8; 슥 9:11과 히 9:18-20의 언약에 관한 언급들을 보라.

로서 전도자의 소명을 받은 한 갈릴리 촌 사람이 감히 이런 취지의 말을 했던 것이다. "예레미야가 예언했던 새 언약이 이제 세워지려고 하고 있다. 그 독특한 복의 하나로 약속되었던 죄의 용서가 이제 효력을 발생하려 한다. 그리고 이 언약을 인 치고 사죄를 획득하는 제사는 내가 죽으면서 흘리는 나의 피가 될 것이다." 이 주장에 대한 놀라움을 어떤 말로 다 표현할 수 있겠는가? 이것이 바로 자신의 죽음에 관한 예수님의 견해다. 그분의 죽음은 하나님이 지정하신 것이며, 그 죽음에 의하여 새 언약은 사죄의 약속과 함께 확증될 것이다. 예수님은 그분의 백성을 하나님과의 새 언약의 관계로 이끌기 위하여 죽으려 하신다.

예수님이 가르치신 세 번째 교훈은 **그분의 죽음을 각자가 개인적으로 전유(專有)해야 할 필요**에 관한 것이다. 다락방에서 예수님이 자기의 죽음을 극화해서 미리 보여 주셨다는 우리의 말이 옳다면, 그 극이 어떤 형태를 취했는가를 중요하게 주목해 보아야 한다. 그 극은 무대 위에 배우가 한 명 있고, 열두 명의 관객이 있는 그런 극이 아니었다. 도리어 그 극에는 예수님뿐 아니라 제자들까지도 연루되었으며, 따라서 그들도 예수님과 함께 배역을 맡았다. 예수님이 떡을 취해 축사하시고 떼어 주신 것은 사실이지만, 그런 연후에 그분은 떡을 나누어 주어 먹게 하시면서 그들에게 그 의미를 설명하셨다. 다시 예수님은 잔을 들어 축사하셨지만, 이번에도 그분은 그것을 제자들에게 주어 마시게 하면서 그 의미를 설명하셨다. 따라서 그들은 이 십자가 극에서 단순한 구경꾼이 아니었다. 그들은 극에 참여한 자들이었다. 그들은 그 메시지를 놓칠 수 없었다. 떡을 떼고 포도주를 따르는 것만으로는 충분하지 않고 그들이 그것을 먹고 마셔야 했듯이, 그리스도께서 죽으시는 것만으로는 충분하지 않으며 그들 각자가 그분의 죽음의 유익을 자기의 것으로 전유해야 했다. 그것을 먹고 마시는 것은, 과거에도 그랬지만 지금도 여전히, 그리스도를 십자가에 못박히신 우리의 구주로 받아들이며, 또한 우리의 마음속에서 신앙에 의하여 그리스도로 말미암아 살아간다는 것을 생생하게 보여 주는 비유 행위다. 예수님은 이미 이것을, 오천 명을 먹이신 후에 베푸신 생명의 떡에 관한 위대한 말씀으로 가르치셨다.

> 예수께서 이르시되 내가 진실로 진실로 너희에게 이르노니 인자의 살을 먹지 아니하고 인자의 피를 마시지 아니하면 너희 속에 생명이 없느니라. 내 살을 먹고 내 피를 마시는 자는 영생을 가졌고 마지막 날에 내가 그를 다시 살리리니 내 살은 참된 양식이요 내 피는 참된 음료로다 (요 6:53-55).

이 이야기에 나오는 예수님의 말씀과 다락방에서의 그분의 행동은 동일한 실체를 증언한다. 그분이 죽으심으로써 우리에게 자기의 살과 피를 주셨다는 것과, 우리가 그분의 죽음으로 인한 복을 우리 자신의 것으로 삼는 것은 별개의 일이다. 그런데도 많은 사람들이 이것을 구별하지 못한다. 내 편에서 어떤 행동이 필요하다는 사실이, 청년이었던 내게 얼마나 큰 충격이었는지를 나는 지금도 기억할 수 있다. 나는 그리스도께서 죽으셨으므로 세계는 자동적으로 올바로 되었다고 생각하곤 했다. 누군가가 나에게 그리스도께서 **나를** 위하여 죽으셨다고 설명하면, 나는 마치 그 사실 자체 혹은 그 사실에 대한 나의 지식이 나에게 구원을 가져다주기나 한 것처럼, 도리어 거만하게 "그거야 누구나 알지요"라고 대답했다. 하지만 하나님은 좋든지 싫든지 우리에게 자신의 선물을 강요하지는 않으신다. 우리는 믿음으로 그것들을 받아야 한다. 주의 만찬은 하나님의 선물과 인간의 수락에 관한, 영구적이고 가시적인 상징으로 남아 있다. 주의 만찬은 "그리스도의 몸과 피에 참여하는" 것으로 의도된 것이다(고전 10:16).

그러므로 그리스도의 죽음에 관한 다락방의 교훈은 다음과 같다. 첫째, 그리스도의 죽음은 그분이 자신과 자신의 사명에 관하여 가지신 생각의 중심을 차지했으며, 그분은 우리에게도 그것이 중심이 되기를 원하셨다. 둘째, 그리스도는 새 언약을 세우기 위해, 또한 새 언약이 약속한 사죄를 조달하기 위해 죽으셨다. 셋째, 이 죽음의 혜택들(언약과 사죄)을 향유하기 위해서는 각자가 개인적으로 그것을 전유해야 한다. 예수님이 제정하신 주의 만찬은 '나를 잊지 말라'는 정도의 다소 감상적인 의식이 아니라, 영적인 의미가 풍부하게 담긴 예배였다.

다락방 사건과 주의 만찬의 의미를 더욱 선명하게 만드는 것은, 그것들이 유월절을 배경으로 한다는 점이다. 예수님이 자신의 죽음을 구약 성경의 희생 제사라는 견지에서 이해하셨음을 우리는 이미 보았다. 하지만 그분이 생각하셨던 것은 어떤 제사였던가? 생각건대 예수님이 생각하셨던 제사는, 언약을 결정적으로 갱신한 출애굽기 24장의 시내산 제사뿐만 아니라 하나님이 이스라엘을 해방시키시고 그들과 언약을 맺으신 사실을 기념하는 연중 행사가 되었던 출애굽기 12장 유월절 제사까지도 포함했던 것 같다.

공관 복음서 기자들에 따르면, 그 최후의 만찬은 유월절 식사로서, 식사 후에는 유월절 양을 잡아서 제사를 지내는 절차가 뒤따른다. 제자들이 예수님께 어디서 "유월절 먹기를" 예비해야 하느냐고 물었고, 예수님도 그 식사를 "유월절 먹기"라고 말씀하신 사실에 비추어 볼 때, 그것은 분명하다.[11] 요한에 의하면 사람들은 금요일 저녁이 되어야 비로소 유월절 식사를 시작하는데, 이 시각은 바로 예수님이 십자가에서 죽으신 때이며 바로 유월절 양이 죽임을 당하는 그 시각을 의미한다.[12] 요아킴 예레미아스(Joachim Jeremias)는 「예수님의 성찬식 말씀」(*The Eucharistic Word of Jesus*)이라는 중요한 책에서, 공관 복음에 나타난 유월절 식사의 요일과 요한복음의 요일을 조화시키기 위한 세 가지 시도를 자세히 소개하였다(pp. 20-62). 그 중 최선의 견해는 각각의 그룹이 유월절을 먹은 요일이 서로 달랐으며, 따라서 공관 복음의 기록과 요한복음의 기록이 모두 옳다고 주장하는 견해인 듯하다. 바리새인과 사두개인이 서로 다른 달력을 사용했기 때문에 유월절을 먹는 날에 하루의 차이가 났든지, 아니면 예루살렘에는 유월절을 지키고자 하여 모인 순례자가 너무나 많았기 때문에(아마 십만 명쯤 되었을 것이다), 갈릴리 사람들은 목요일에 양을 잡아서 그 날 저녁에 그것을 먹었고 유대 지방 사람들은 하루 늦게 유월절을 지켰을 수도 있다.

이 두 날짜가 어떻게 서로 조화되든지, 이 유월절의 배경은 앞에서 우리가 생각한 세 가지 교훈을 더욱 부각시킨다. 예수님이 자신의 죽음에 부여하신 중심적인 중요성은, 연중 행사인 유월절 대신

---

11) 막 14:12-16; 눅 22:15.
12) 요 18:28; 참고. 요 19:36과 출 12:46.

으로 자신의 성만찬을 지키라는 예수님의 실제 가르침에 의하여 강조된다. 왜냐하면 예수님이 떡과 포도주를 설명할 때 사용하신 말씀은("이것은…내 살이요 이것은…내 피니라"), 아람 지방의 유대인 가장이 유월절 음식에 대하여 하는 말("이것은 우리의 선조들이 애굽에서 나올 때 먹어야 했던 고통의 떡이다", pp. 54-57)과 똑같기 때문이다.[13] 이와 같이 "예수님은 유월을 해석하는 의식을 본떠서 자신의 말을 구성하셨다"(p. 61)

이 사실은, 예수님이 자신의 죽음의 목적을 어떻게 이해하셨는지를 더욱 분명하게 밝혀 준다. 예수님은 "살과 피를 분리시키는 도살을 전제하신다. 달리 표현하자면, **예수님은 자신을 희생 제물이라고 말씀하신다**"라고 예레미아스는 말했다. 실로 예수님은 "자신을 유월절 양이라고 말씀하신 것이 거의 분명하며", 따라서 그분의 마지막 비유의 의미는 "나는 참된 유월절 제물로서 죽으러 간다"는 것이다(pp. 222-224). 이것은 광범위한 함축을 갖는 말이다. 왜냐하면, 애굽 최초의 유월절에 각 집안의 장자를 대신해서 유월절 양이 한 마리씩 죽었으며, 양이 대신 죽음으로써만 그 집안 장자의 목숨이 보존되었기 때문이다. 양을 도살할 뿐만 아니라, 그 피를 대문에 뿌리고, 그 고기는 식구들이 식탁에 모여서 먹어야 했다. 이와 같이 유월절 예식은 그리스도의 희생 죽음이 가져다 준 혜택을 각 개인이 자기의 것으로 전유해야 한다는 세 번째 교훈 역시 가르쳐 준다.

---

13) 참고. 출 12:26-27; 13:8; 신 16:3.

### 겟세마네 동산에서의 고뇌

이제 저녁 식사는 끝났고, 예수님은 제자들에게 가르치기를 마치셨다. 예수님은 제자들을 향하여, 가지가 포도나무에 붙어 있듯이 그들도 그분 안에 거하라고 가르치셨다. 예수님은 제자들에게 세상이 그들을 핍박하리라고 경고하셨지만, 동시에 그럼에도 불구하고 진리의 성령이 으뜸이 되는 증인이 되실 것을 기억하면서 예수님을 증거하라고 말씀하셨다. 또한 예수님은 기도하셨다. 첫째는 닥쳐오는 시련 속에서 자신이 하나님을 영화롭게 할 수 있도록 자신을 위하여 기도하셨고, 다음으로는 제자들을 위하여 그들이 진리, 거룩, 사명과 하나됨으로 지켜지도록 기도하셨고, 마지막으로는 제자들의 메시지를 통하여 예수님을 믿게 될 이후 세대의 모든 사람을 위하여 기도하셨다. 이제 그들은 찬송을 부른 듯하며, 그 후에 함께 다락방을 떠난다. 그들은 밤의 적막 속에 유월절의 부드러운 달빛을 받으면서 조용한 도시를 가로질러, 기드온 골짜기를 건너서 감람산을 오르기 시작하여, 거기서 감람원—이 곳의 이름은 '겟세마네'(기름 짜는 곳)가 암시하듯이—으로 들어간다. 그곳은 예수님이 즐겨 찾아가서 쉬시던 곳이 분명하다. 요한은 예수님이 "제자들과 가끔 모이시는 곳"이라고 그곳을 설명한다(18:2). 이 곳에서 어떤 일이 발생하는데, 비록 복음서 기자들은 그 일을 차분하게 묘사하지만, 우리는 그 일을 반드시 설명해야 하며, 그것은 십자가가 예수님께 얼마나 큰 값을 요구한 것인지 드러내기 시작한다. 그것을 '동산에서의 고뇌'라고 부르는 것은 정당한 일이다. 깨어 있어서 기도하라는 권고와 함께 대부분의 사도를 뒤에 남겨 두고서, 예수님은 베드로, 야고보, 요한—친밀한 세 사람—을 데리고 돌을 던지면 닿을 거리만큼 감람나무 숲으로 들어가셨다. 그분은 자신이 "심히 고민하여 죽게 되었다"고 이야기하시고 그들도 자신과 함께 깨어 기도할 것을 요구하신다. 그리고 나서 예수님은 홀로 좀더 나아가셔서 얼굴을 땅에 대고 엎드려 기도하신다. "내 아버지여, 만일 할 만하시거든 이 잔을 내게서 지나가게 하옵소서. 그러나 나의 원대로 마시옵고 아버지의 원대로 하옵소서." 그리고 사도들에게 돌아오셔서 그들이 자는 것을 발견하시고 그들을 질책하신다. 예수님은 다시 두 번째로 나아가서 이렇게 기도하신다. "내 아버지여, 만일 내가 마시지 않고는 이 잔이 내게서 지나갈 수 없거든 아버지의 원대로 되기를 원하나이다." 예수님이 다시 돌아왔을 때 이번에도 제자들은 자고 있었다. 그래서 그분은 다시 그들을 남겨 두고 나아가서 동일한 내용으로 세 번째 기도를 드린다. 이렇게 세 번째 기도하시고 돌아왔을 때도 그들은 자고 있었는데, 이는 그들이 예수님의 고통의 불가해한 신비 속으로 들어갈 수 없었기 때문이다. 이 길은 그분이 홀로 걸으셔야 하는 길이다. 누가에 따르면, 어느 순간에 예수님이 "고민함으로"(즉 '고뇌함으로') 더욱 힘써서 기도하셨으므로 "땀이 땅에 떨어지는 핏방울같이 되었다."[14]

이 신성한 장면에 접근하면서, 우리는 먼저 예수님과 복음서 기자들이 예수님의 격한 감정을 표현하기 위하여 사용한 강한 단어들을 숙고해 보아야 한다. 우리는 이미 예수님이 앞에서 사용하신 두 번의 진술에 의하여 조금은 준비된 셈이다. 누가가 기록한 그 첫 번

---

14) 겟세마네 동산에서의 예수님의 고뇌는 마태(26:36-46), 마가(14:32-42) 그리고 누가(22:39-46)에 의하여 묘사되었다. 요한은, 예수님이 감람산 기슭의 감람나무 과수원으로 가셨다가 그곳에서 배반당하여 체포된 것을 이야기하기는 하지만 (18:1-11), 겟세마네의 고뇌에 대해서는 언급이 없다.

째 진술은 예수님께는 "받을 세례"가 있으며, 또 그 일이 끝날 때까지 "답답함"('압박감' 혹은 '고통을 당함'이라는 의미의 *synechō*)이 있다는 진술이다. 두 번째 진술은 요한이 기록한 것으로서, 예수님은 "민망하여서"(혹은 '동요되어서', *tarassō*), 심지어 "이 때"에서 자기를 구해 달라고 아버지께 구해야 하지 않겠는가 하고 생각하셨다는 진술이다. 그것은 다가오는 겟세마네를 의미했다.[15]

워필드(B. B. Warfield)는 "우리 주님의 정서 생활에 관하여"라는 제목의 세심한 연구를 글로 남겼는데, 거기서 겟세마네와 관련해서 공관 복음 기자들이 사용한 용어들을 언급했다. 그는 누가가 사용한 '아고니아'(*agōnia*)라는 단어를 '소스라침', '섬뜩해서 움츠림'이라고 정의한다. 마태와 마가는 똑같이 두 가지 표현을 사용한다. 그의 주장에 의하면, "고민하여"(*adēmoneō*)의 일차적인 의미는 '낙담이 조금은 섞여 있을 수도 있는, 혐오스러운 반감'이며, 한편 예수님이 자신을 "슬픔에 사로잡힌"(*perilypos*) 상태로 묘사하신 것은, '슬픔 혹은 더 잘 표현한다면, 사방에서 그분을 에워싸고 있어서 도저히 빠져 나갈 수 없는 정신적 고통이나 고민을 표현한' 것이다. 마가는 "심히 고민하여"(*ekthambeomai*)라는 자기만의 표현을 사용하는데, 이 말은 "두려움에 사로잡혀"(horror-stuck)라고 번역되었다. 워필드는 여기에 덧붙여 "이것은 고민을 더욱 좁은 의미의 소스라침으로 규정하는 용어다. 엄밀한 의미에서 두려움은 아니지만, 위험을 느끼고 당황한다는 정도의 의미다"라고 한다.[16] 이러한 설명을 종합해 보면, 이 강한 어조의 단어들이 의미하는 바는,

---

15) 눅 12:50; 요 12:27.

예수님이 불안한 마음으로 혹은 거의 공포에 가까운 감정으로 자신이 겪을 앞으로의 시련을 내다보셨을 때, 매우 극심한 고통을 느끼셨으며 땀을 뻘뻘 흘리셨다는 것이다.

예수님은 이 시련을 가리켜서 쓴 "잔"이라고 말씀하시면서, 가능하면 이 잔을 마시지 않을 수 있도록 그것이 자기에게서 지나가기를 간절히 기도하신다. 그러면 이 잔은 무엇을 가리키는가? 그분이 흠칫하고 물러서는 육체적 고통, 곧 채찍과 십자가의 고통, 친구들이 자기를 배신하고 부인하고 버린다는 정신적 괴로움 그리고 대적들의 모욕과 학대—이런 것들이 그 반일까? 지금까지 그 어떤 것도 나로 하여금, 예수님이 두려워하신 잔이 이것들 중의 어느 하나라고(비록 그것들도 큰 고통이지만) 믿게 만들지 못했으며, 또한 나는 그것들을 다 합친 것도 그분의 잔은 아니라고 믿는다. 공생애 전체를 통하여 예수님은 불굴의 용기를 보여 주셨다. 그런데 지금 이 순간에 그분이 고통이나 모욕이나 죽음을 두려워하고 있다고 추측하는 것은 나에게 바보 같은 일로 보인다. 플라톤의 설명에 의하면, 아테네의 감방에서 소크라테스는 "떨지도 않고 안색이나 표정 하나 바꾸지 않고" 독약이 든 잔을 받았다. 그리고 나서 "그 잔을 입술로 가져가, 매우 즐겁고도 담담하게 그 잔을 마지막 한 방울까지 모두 마셨다." 친구들이 눈물을 흘리자 소크라테스는 그들의 "부조리한" 행동을 나무랐으며, "평온을 유지하며 용감하라"고 그들을 격려했다.[17] 그는 아무런 두려움이나, 슬픔이나 저항없이 죽어갔다.

---

16) 바로 이 헬라어 단어는 마 26:37; 막 14:33과 눅 22:44에 나타난다. B. B. Warfield의 에세이는 그의 *Person and Work*, pp. 93-145에 실려서 출판되었다. 이 헬라어 단어들에 대한 그의 해석은 pp. 130-131에 실려 있다.

17) *Phaedo*, 117-118.

그렇다면 소크라테스가 예수님보다도 더 용감했던가? 아니면 그들의 잔은 서로 다른 독으로 채워졌단 말인가?

다음으로 우리에게 떠오르는 것은 기독교 순교자들이다. 예수님은 자기를 따르는 사람들을 향하여, 모욕을 당하고 핍박과 중상을 당할 때 "기뻐하고 즐거워해야" 한다고 말씀하셨다. 그러면 정작 본인은 자기가 가르치신 것을 실행하지 못하신 것인가? 사도들은 그분이 가르치신 대로 했다. 무자비한 채찍질로 인해 등에 피를 흘리며 공회를 떠나면서도, 그들은 실제로 "그 이름을 위하여 능욕받는 일에 합당한 자로 여기심을 기뻐했다." 고통과 버림당함은 그들에게 기쁨과 특권이었지, 무서워서 피해야 할 시련이 아니었다.[18]

심지어 사도 이후의 시대에는, 순교에 이르기까지 그리스도와 연합되려는 간절한 염원이 있었다. 2세기 초에 수리아 안디옥의 감독이었던 이그나티우스(Ignatius)는 로마로 가면서, 혹시 자신을 석방시키려고 시도함으로써 자기의 이 영예를 빼앗는 일을 하지 말라고 교회에 부탁했다! 그는 이렇게 쓴다. "불에 타거나 십자가에 매달리더라도, 뼈가 부러지고 사지가 찢기울지라도, 온 몸이 가루가 되고 악마의 모든 악의가 내게 오더라도 좋다. 그렇게 해서 내가 그리스도 예수를 얻을 수만 있다면!"[19] 그로부터 몇 년 후인 2세기 중엽에 서머나의 감독 폴리갑(Polycarp)은 팔십육 세에, 도주하거나 그리스도를 부인함으로써 죽음을 피할 것을 거부하고 화형을 당했다. 불이 붙기 직전에 그는 이렇게 기도했다. "오, 아버지여, 나를 순교자의 한 부분을 담당할 만한 자로 여기시니 주를 찬송합니다."[20]

---

18) 마 5:11-12; 행 5:41; 빌 1:29-30.
19) Foxe의 *Book of Martyrs*, p. 19에 인용되어 있음.

3세기의 혹독한 박해 기간에 순교한, 최초의 영국 기독교 순교자로 알려진 알반(Alban)의 경우를 보면, 그는 처음에 "모진 매를 맞았지만, 주님을 위하여 동일한 인내로, 아니 즐거움으로 그 고통을 견디다가" 참수를 당했다.[21] 이런 일이 세대마다 계속되었다. "오, 불타는 화염 속에서 그리스도의 순교자들이 느꼈던 기쁨이여!"라고 리처드 박스터(Richard Baxter)는 외쳤다. 그는 계속해서 그들도 우리와 같은 살과 피를 지녔지만, 그들의 영혼은 "그들의 몸이 불타고 있던 그 때에도" 기뻐할 수 있었다고 말했다.[22]

금세기의 여러 예들 중에서 나는 인도의 기독교 신비가이며 복음 전도자였던 사두 선다 싱(Sadhu Sundar Singh)이 이야기한 예 만을 소개하겠다. 그는 티베트의 어느 복음 전도자에 대하여 이야기했는데, 채찍질을 당하고 그 상처에 소금을 문지르는 고문을 당했는데도 "그의 얼굴은 평안과 기쁨으로 빛났다." 또 다른 어떤 사람은 물에 젖은 야크(yak) 가죽에 싸여서 삼 일 동안 땡볕에 있었는데, 그러면서도 "내내 즐거워했으며", 하나님을 위하여 고난당할 수 있는 특권을 주심을 인하여 하나님께 감사했다. 사두는 가끔 자기의 이야기를 윤색하거나 낭만적으로 이야기하긴 하지만, 그 자신과 다른 사람들의 경험 곧 고문 가운데서도 하나님은 자기 백성에게 기쁨과 평안을 주신다는 경험을 비추어 볼 때, 그의 이런 증언을 의심할 이유는 없는 것 같다.[23]

이제 우리는 다시, 겟세마네의 감람나무 과수원에 있는 저 외로

---

20) 앞의 책, pp 20-25.
21) 앞의 책, pp. 31-33.
22) *Saints' Everlasting Rest*, p. 393에서.

운 인물에게 돌아온다. 그분은 엎드려 땀을 뻘뻘 흘리면서 슬픔과 공포에 압도되어 가능하면 그 잔을 마시는 일을 피하게 해 달라고 간청하고 있다. 순교자들은 기뻐했지만 그분은 슬퍼하셨다. 순교자들은 열정에 불타고 있었지만, 그분은 망설이셨다. 어떻게 그들을 비교할 수 있는가? 순교자들은 머뭇거리지 않았던 그 순간에 만약 그분이 머뭇거렸다면, 어떻게 순교자들은 그분에게서 영감을 얻을 수 있었을까? 그 외에도, 지금까지 그분은 자신의 수난과 죽음의 필요성을 분명히 보고 계셨으며, 자기의 사명을 성취하기로 굳게 결심하셨으며 자기의 길을 굽게 하려는 자에게 격렬하게 대항하셨다. 그렇다면 그 모든 것이 갑자기 바뀌었단 말인가? 결국 시험의 순간이 다가오니까 그분은 겁쟁이가 되셨단 말인가? 결단코 아니다! 이전의 그분의 가르침, 성격 그리고 행위의 모든 증거는 그런 결론과는 어긋난다.

이 경우에 그분이 피하셨던 잔은 그 성격이 달랐다. 그 잔은 매질을 당하고 십자가에 못박히는 육체적인 고통을 상징하지 않으며, 또한 자기 백성에게까지 멸시와 버림을 받아야 한다는 정신적 고통을 상징하지도 않았다. 도리어 그것은 온 세상의 죄를 짊어진다는 영적인 고뇌, 달리 말하자면 그 죄 위에 떨어지는 하나님의 심판을 견뎌야 한다는 영적인 고통이다. 이것이 올바른 이해라는 사실은 구약 성경의 용례가 강력하게 확증해 준다. 왜냐하면 지혜서와 선지자의 글들에서 주님의 "잔"은 그분의 진노를 가리키는 일반적인 상징이었기 때문이다. 악인은 "전능자의 진노를 마셔야 할 것"이라

---

23) Friedrich Heiler, *Gospel of Sadhu Sundar Singh*, pp. 173-178.

고 나타난다(욥 21:20). 에스겔을 통해 여호와께서는 예루살렘도 잠시 후면 이미 멸망당한 사마리아와 같은 운명에 처하게 될 것이라고 경고하셨다.

> 깊고 크고 가득히 담긴 네 형의 잔을 네가 마시고, 코웃음과 조롱을 당하리라. 네가 네 형 사마리아의 잔 곧 놀람과 패망의 잔에 넘치게 취하고 근심할지라. 네가 그 잔을 다 기울여 마시고…(겔 23:32-34).

이러한 심판의 예언이 이루어진 지 얼마 지나지 않아서, 선지자들은 다시 회복의 언약으로 그 백성에게 용기를 주기 시작했다. 이사야는 예루살렘을 가리켜서 "여호와의 손에서 그 분노의 잔을 마시고, 이미 술잔의 찌꺼기까지 들이켜 비틀거리는 너희여"라고 묘사하면서 예루살렘에게 깨어서 일어서라고 용기를 불어넣는다. 이는 여호와께서 이제 그 잔을 예루살렘의 손에서 거두어 가셨으므로 다시는 예루살렘이 그 잔을 마시지 않을 것이기 때문이다. 주님의 진노의 잔은 불순종하는 그분의 백성에게만 내려진 것이 아니었다. 시편 75편은 하나님의 보편적 심판을 명상한 것이다. "여호와의 손에 잔이 있어 술 거품이 일어나는도다. 속에 섞은 것이 가득한 그 잔을 하나님이 쏟아 내시나니 실로 그 찌꺼기까지도 땅의 모든 악인이 기울여 마시리로다." 이와 유사하게, 하나님은 예레미야에게 이르시기를, 하나님의 손에서 진노가 가득 찬 잔을 받아서 하나님이 그를 보내시는 바 모든 나라로 그 잔을 마시게 하라고 하신다. 이와 동일한 표상이 요한계시록에도 나온다. 악인들이 "하나님의 진노의 포도주를 마시리니 그 진노의 잔에 섞인 것이 없이 부은 포

도주라"고 되어 있으며, 최후의 심판도 "하나님의 진노의 일곱 대접"을 쏟는 것으로 묘사되어 있다.[24]

예수님은 이런 구약의 표상을 잘 알고 계셨을 것이다. 예수님은 지금 자기 앞에 놓인 잔이, 악인에게 주어지는 하나님의 진노의 술로 채워져 있다는 사실과, 따라서 그 잔은 몸(비틀거리게 함)과 마음(혼란시킴)을 완전히 빗나가게 해서 술 취한 상태로 만든다는 사실을 아셨다. 그렇다면 예수님 역시 자기의 심판을 담당하는 죄인과 같이 되셔야 한다는 말인가? 예수님의 무죄한 영혼은 이렇게 인간의 죄에 접촉하는 것을 회피하고자 멈칫거렸던 것이다. 죄에 대한 심판이 가져다줄, 아버지로부터 소외되는 경험에 대하여 그분은 두려움을 느끼고 뒤로 물러나셨다. 그것이 아니라면 그분은 단 한 순간도 저항하지 않으셨다. 무서운 흑암이 예수님의 영혼을 삼켜서 그분의 눈이 흐려졌던 것이 분명했지만, 그분의 의지는 여전히 하나님께 복종하고 있었다. 각각의 기도는 "내 아버지여, 할 만하시거든 이 잔을 내게서 지나가게 하옵소서"라는 말로 시작되었다가, 언제나 "그러나 나의 원대로 마시옵고 아버지의 원대로 하옵소서"라는 말로 끝난다. 왜냐하면, 예수님이 겟세마네에서 단언하셨듯이 (막 14:36) 이론적으로는 하나님께 "모든 것이 가능하지만" 이것은 가능하지 않았기 때문이다. 하나님의 사랑의 목표는 죄인을 구원하는 것이고, 또한 그들을 의로운 방법으로 구원하는 것이었다. 하지만 구주가 죄를 담당하고 죽지 않는다면 그것은 불가능했다. 그러므로 어떻게 예수님이 죽음의 "이 때"에서 건져 달라고 기도하실

---

24) 사 51:17-22; 시 75:8; 렘 25:15-29(참고. 합 2:16); 49:12; 계 14:10; 16:1이하와 18:6.

수 있겠는가? 예수님은 "아니다"라고 말씀하셨고, 또한 늘 그렇게 말씀하시곤 했다. 왜냐하면 "내가 이를 위하여 이 때에 왔기"때문이다(요 12:27).

임박한 자신의 죽음의 의미를 명상하는 가운데, 예수님은 평온하고 단호한 확신과 함께 두려움의 고뇌에서 벗어나셨다. 그렇기 때문에 베드로가 동지애를 발휘해서 예수님의 체포를 막으려고 칼을 뺐을 때, 예수님은 "아버지께서 주신 잔을 내가 마시지 아니하겠느냐"고 말씀하실 수 있었다(요 18:11). 요한은, 그 잔이 떠나가게 해 달라고 요구하신 예수님의 고뇌의 기도를 기록하지 않았으므로, 잔에 대한 이 언급은 더욱 중요하다. 이제 예수님은 그 잔이 자기에게서 옮겨지지 않으리라는 것을 아신다. 아버지께서 그 잔을 그에게 내리셨다. 예수님은 그것을 마실 것이다. 더욱이 그 잔을 완전히 비우는 것이 비록 가혹하고 고통스러운 일이긴 하지만, 그를 보내신 아버지의 뜻을 행하며 그의 일을 끝마치는 것이 그의 "양식"(우리가 말하듯이)이 되어서 그의 갈증을 깊이 그리고 완전히 만족시키리라는 것을 그는 알게 될 것이다(요 4:34).

동산에서의 고뇌는 십자가 위에서의 더 큰 고뇌로 통하는 창문을 연다. 만약 인간의 죄와 하나님의 진노를 예상하기만 해도 그렇게 끔찍했다면, 그 실제는 어떠하겠는가?

우리는 알지 못하네. 말할 수도 없네.
   그분이 당하셔야 했던 고통이 어떠한지를.
그러나 우리는 그분이 거기 매달려서 당하신 고통이
   우리를 위한 것임을 믿네.

### 십자가 위에서의 유기(遺棄)의 외침

이제 우리는 예수님이 당하신 배반과 체포, 안나스와 가야바, 헤롯과 빌라도 앞에서의 재판, 세 번에 걸친 베드로의 부인, 제사장과 군병들의 잔인한 모욕, 침뱉음과 채찍질, 예수님의 죽음을 요구한 군중의 병적 흥분에 관한 자세한 이야기는 뛰어넘어야겠다. 그리고 우리는 그 이야기의 마지막 부분으로 나아간다. 십자가에 의한 사형을 선고받고서 그분은 "마치 도수장으로 끌려가는 어린양과 털 깎는 자 앞에서 잠잠한 양 같이 그의 입을 열지 아니하였도다"(사 53:7). 구레네 시몬이 예수님을 대신하여 십자가를 질 때까지, 예수님은 자기의 십자가를 지고서, '비아 돌로로사'(*via dolorosa*: 그리스도께서 십자가를 지고 걸으신 길―역주)를 따라서, 도시 밖에 있는 골고다 곧 "해골이라는 곳"으로 가신다. 복음서 기자들은, 옷을 벗기는 모습, 망치로 못을 깊이 박는 보기 흉한 모습 혹은 십자가를 세워서 구덩이에 집어넣을 때 사지가 뒤틀리는 모습 같은 것은 자세히 묘사하지 않고, 그저 "거기서 그들이 예수를 십자가에 못박았다"고만 기록한다. 그 참기 어려운 고통도 예수님의 반복되는 탄원을 멈추게 하지는 못했다. "아버지여, 저희를 사하여 주옵소서. 자기의 하는 것을 알지 못함이니이다." 군병들은 예수님의 옷을 나누어 제비를 뽑았다. 몇 명의 여인들이 멀찌감치서 바라보고 있었다. 군중은 얼마 동안 서서 그 모습을 주목했다. 예수님은 자기의 모친을 요한에게 부탁하고, 마리아를 향해서는 요한을 아들로 생각하도록 이르셨다. 그분은 자기 옆 십자가에 달린 회개하는 범죄자에게 당당하게 위로의 말씀을 하셨다. 그러는 동안에 통치자들은 예수님을 비웃으면서 "저가 남은 구원하였으되 자기는 구원할 수 없도다"

라고 소리쳤다. 그들의 희롱은 글자 그대로 사실이었다. 예수님은 자신과 다른 사람들을 동시에 구원하실 수는 없었다. 그분은 세상을 구원하시기 위하여 자신을 희생시키기로 작정하셨다.

군중은 서서히 사라졌고, 그들의 호기심도 만족되었다. 마침내 침묵이 임했고 어둠이 뒤덮였다. 그 어둠과 침묵은, 아마 무죄한 구주께서 지금 당하시는 그 영혼의 고통을 아무도 못 보게 하고, 거기에 대하여 아무런 말도 못하게 하려는 것이었으리라. 더글라스 웹스터(Douglas Webster)는 "하나님의 아들이 탄생하실 때는 한밤에 밝음이 있었다. 그러나 하나님의 아들이 죽으실 때는 한낮에 어둠이 있었다"고 썼다.[25] 성경 기자들은 그 어둠 속에서 일어난 일을 여러 가지로 표현한다.

그가 찔림은 우리의 허물 때문이요, 그가 상함은 우리의 죄악 때문이라. 그가 징계를 받으므로 우리가 평화를 누리고, 그가 채찍에 맞으므로 우리는 나음을 받았도다. 우리는 다 양 같아서 그릇 행하여 각기 제 길로 갔거늘 주님께서는 우리 모두의 죄악을 그에게 담당시키셨도다.

보라 세상 죄를 지고 가는 하나님의 어린양이로다.

인자가 온 것은…자기 목숨을 많은 사람의 대속물로 주려 함이니라.

그리스도도 많은 사람의 죄를 담당하시려고 단번에 드리신 바 되셨고. 친히 나무에 달려 그 몸으로 우리 죄를 담당하셨으니.

---

25) Douglas Webster, *In Debt to Christ*, p. 46.

그리스도께서도 단번에 죄를 위하여 죽으사 의인으로서 불의한 자를 대신하셨으니 이는 우리를 하나님 앞으로 인도하려 하심이라.

하나님이 죄를 알지도 못하신 이를 우리를 대신하여 죄로 삼으신 것은 우리로 하여금 그 안에서 하나님의 의가 되게 하려 하심이라.

그리스께서 우리를 위하여 저주를 받은 바 되사 율법의 저주에서 우리를 속량하셨으니.[26]

예수님이 우리의 죄와 저주를 "담당하신다"는 아니 실제로 우리의 죄와 저주가 "되신다"는 두려운 개념에 대해서, 어떻게 그렇게 될 수 있으며 그것이 무엇을 의미하는지는 다음 장에서 다룰 것이다. 어쨌든 여기서 하늘을 뒤덮은 흑암은, 예수님을 감싼 영적인 흑암의 외적인 상징으로 보인다. 성경에서의 흑암은, 빛이시며 "어둠이 조금도 없으신"(요일 1:5) 하나님으로부터의 분리를 상징하기 때문이다. "바깥 어두운 곳"이라는 표현은 예수님이 지옥을 지칭하실 때 사용하신 것이다. 왜냐하면, 지옥은 하나님의 임재의 빛으로부터 완전히 단절된 곳이기 때문이다. 하나님의 아들이 우리를 위하여 바로 그 바깥 어두운 곳으로 내던져지셨다. 우리 죄악이 예수님의 아버지의 낯빛을 흐렸던 것이다. 심지어 우리는 우리 죄가 그리스도를 지옥으로 보냈다고까지 말할 수 있다―사도신경에 그리스도께서 죽으신 후에 "내려가셨다"고 되어 있는 '지옥'(*hades*, 죽은 자의 처소)이 아니라, 그리스도의 육신이 죽기 이전에 우리의 죄가 그

---

26) 사 53:5-6; 요 1:29; 막 10:45; 히 9:28; 벧전 2:24; 3:18; 고후 5:21; 갈 3:13.

분에게 내린 '지옥'(gehenna, 형벌의 곳)이라는 의미에서 그러하다.

흑암은 세 시간 가량 계속된 것 같다. 왜냐하면, 예수님이 십자가에 못박히신 것이 삼 시(오전 아홉 시)였고, 온 땅에 어둠이 임한 것이 육 시(정오)였으며, 예수님이 어둠 속에서 아람 방언을 사용해서 큰 소리로 "엘리 엘리 라마 사박다니" 즉 "나의 하나님, 나의 하나님 어찌하여 나를 버리셨나이까"라고 소리치신 것이 구 시(오후 세 시)였기 때문이다.[27] 거기에 있던, 헬라어를 사용하는 사람들은 예수님의 말을 오해하여 그분이 엘리야를 부른다고 생각했다. 오늘날에도 여전히 많은 사람들이 그분이 하신 이 말씀을 오해한다. 이 '유기'(버림, 포기함)의 무서운 외침에 대하여는 네 가지 주요 설명이 있다. 여기서 예수님이 시편 22:1을 인용하신다는 점에 대해서는 모든 주석가들이 동의한다. 하지만 그들은 예수님이 그렇게 하신 이유에 대해서는 동의하지 않는다. 그분의 입술에서 흘러나온 이 인용문의 의미는 무엇인가?

첫째로, 어떤 사람들은 그 부르짖음이 **분노, 불신앙 혹은 절망의 부르짖음**이었다고 생각한다. 아마 예수님은, 최후의 순간에는 아버지께서 천사들을 보내서 자기를 구원하시리라는, 혹은 최소한 아버지의 뜻에 대한 전적인 순종 속에서 아버지의 임재의 평안을 계속 경험하리라는 소망을 놓지 않으셨을 것이다. 하지만 그렇지 않았다. 이제 그분은 자기가 버린 바 되었다는 것을 분명히 알고, 그리하여 낙담 혹은 반항을 나타내는 비통한 "어찌하여"를 부르짖으시는 것이다. 그분의 신앙은 그분을 배반했다. 물론 이렇게 해석하는

---

27) 막 15:25, 33-34.

사람들은 예수님이 이 때 오해하고 계셨다고 부언한다. 실제로는 버림 받은 것이 아닌데도 예수님은 자기가 버림을 받았다고 생각하셨다는 것이다. 이런 식으로 유기의 외침을 설명하는 사람들은 도대체 자기들이 무슨 소리를 하는지 알지 못한다. 그들은 예수님의 인격의 도덕적 완전성을 부인한다. 그들은 예수님이 동산에서 겁을 내는 죄를 지은 것과 마찬가지로 십자가에서는 불신앙의 죄를 범하셨다고 말한다. 그들은, 예수님이 가장 위대하고 숭고한 자기 희생의 순간에 실패하시고 말았다고 비난하는 셈이다. 기독교 신앙은 이런 설명에 저항한다.

첫 번째 해석의 수정인 두 번째 해석은, 유기의 외침을 **고독의 부르짖음**으로 이해한다. 이 해석은 예수님이 하나님의 약속은 그 백성을 저버리지 않으리라는 것을 아셨다고 인정한다.[28] 예수님은 하나님의 언약적 사랑의 불변함을 알고 계셨다. 따라서 "어찌하여"는 하나님이 실제로 그를 버리셨다는 데 대한 불평이라기보다는 오히려 자기를 버림받은 것처럼 **느끼게** 하신 데 대한 불평이다. "나는 가끔, 느낌과 사실 사이의 거리를 이렇게도 놀랍게 나타내 보여 주는 말은 없었다고 생각하곤 한다"고 글로버(T. R. Glover)는 썼다.[29] 하나님을 '아버지'라고 부르는 대신 지금 예수님은 하나님을 오직 "나의 하나님"이라고만 부르실 수 있을 뿐이다. 이는 하나님의 언약적 신실성(covenant faithfulness)에 대한 믿음의 단언인 것은 사실이지만 아버지이신 그분의 인자함을 선언하기에는 부족하다. 이 경우에 예수님은 오해를 한 것도 아니고 신앙이 없어진 것도

---

28) 예를 들어, 수 1:5, 9과 사 41:10.
29) T. R. Glover, *Jesus of History*, p. 192.

아니며, 단지 성도들이 '영혼의 어두운 밤'이라고 부른 그것을 경험하고 있으며, 실제로 우리와의 일체를 이루기 위하여 고의적으로 그렇게 하셨다는 것이다. 토머스 크로포드(Thomas J. Crawford)가 표현한 바에 의하면, 이 상황에서 하나님의 백성은 "하나님의 은총이 가져다주는 기쁨과, 그분과의 교제가 가져다주는 위안으로 말미암는 의식적인 만족감을 갖지 못한다." 이런 상황에서 하나님의 백성에게는 "승인의 미소도, 칭찬의 음성도, 하나님의 은총의 내적인 표시도" 주어지지 않는다.[30] 이런 설명은 가능하다. 이 설명은 첫 번째 설명처럼 예수님의 인격에 오점을 남기지는 않는다. 하지만 이 설명을 받아들이는 데는 극복할 수 없는 난관이 있다. 그것은 시편 22:1이 단지 하나님께로부터 버림을 받았다는 **느낌**만이 아니라, 실제로 버림받은 **상태**의 경험을 표현하고 있다는 사실이다.

많은 사람들의 수긍을 얻는 세 번째의 해석이 있는데, 이 해석은 이 때 예수님은 **승리의 외침**을 말씀하고 계셨다고 한다. 이는 그것이 절망의 외침이었다는 첫 번째 설명과 정반대의 입장을 취한다. 이 입장의 논지는 이렇다. 비록 예수님은 시편 22편의 처음 구절만을 인용했지만, 그렇게 한 것은, 처음부터 소름끼치는 고난의 기록이 계속되지만 마지막에 가서는 큰 확신, 아니 승리로 끝을 맺는 그 시편 전체를 제시하시기 위함이라는 것이다. "내가 주의 이름을 형제에게 선포하고 회중 가운데에서 주를 찬송하리이다. 여호와를 두려워하는 너희여 그를 찬송할지어다.…그는 곤고한 자의 곤고를 멸시하거나 싫어하지 아니하시며 그의 얼굴을 그에게서 숨기지 아니

---

30) Thomas J. Crawford, *Doctrine of Holy Scripture*, pp. 137-138.

하시고 그가 울부짖을 때에 들으셨도다"(22절 이하). 이 설명은 기발하긴 하지만, (내가 보기에는) 억지스럽다. 예수님이 실제로 암시하신 것이 시편의 마지막 부분이라면 왜 굳이 앞부분을 인용하셨겠는가? 이것은 좀 심술궂지 않은가? 누가 그분의 그런 의도를 이해하겠는가?

네 번째 설명은 단순하고도 직선적이다. 이 설명은, 그 말을 표면에 나타난 그대로 받아들이며, 그리하여 그것을 **진짜 유기의 외침**으로 이해한다. 나는 다음과 같이 쓴 데일의 견해에 동의한다. "나는 이 말에 대해 우리 주님의 처지를 있는 그대로 나타낸다고 생각하지 않는 설명은 받아들이지 않는다."[31] 예수님은 거짓 외침을 하고서 그것을 회개하실 필요가 없다. 이 순간에 이르기까지는 비록 사람들에게서는 버림을 받았지만, 그래도 예수님은 "그러나 내가 혼자 있는 것이 아니라 아버지께서 나와 함께 계시느니라"(요 16:32)고 덧붙이실 수 있었다. 하지만 그 암흑 속에서 예수님은 완전히 혼자가 되셨으며, 이제는 하나님으로부터도 버림을 받으셨다. 칼뱅이 말했듯이, "만약, 그리스도께서 육신만 죽으셨다면, 그 죽음은 유효하지 못했을 것이다.…만약 그분의 영혼이 그 형벌을 함께 받지 않으셨다면, 그분은 육신의 구속자밖에 되지 못하셨을 것이다." 결과적으로 "그분은 정죄받고 버림받은 인간의 무서운 고통을 그의 영혼으로까지 담당하심으로써 더 크고 엄청난 값을 치르신다."[32] 이와 같이 실제적이고도 무서운 분리가 성부와 성자 사이에서 일어났다. 이 분리는 성부와 성자가 자발적으로 받아들이신 것

---

31) R. W. Dale, *Atonement*, p. 61.

이다. 그 분리는 우리의 죄와 거기에 해당되는 공평한 보응으로 말미암았다. 그리고 예수님은 그 분리를 유일하게 정확히 묘사하셨으며 자신이 완전히 성취하신 바, "나의 하나님, 나의 하나님, 어찌하여 나를 버리셨나이까"를 인용하심으로써 이 끔찍하고 거대한 흑암을 표현하셨다. 십자가 위에서 하나님이 예수님을 버리셨다는 사실이, "하나님이 예수 안에서 세상을 자기에게 화목케 하셨다"와 같은 동일하게 성경적인 단언과 균형을 이뤄야 함을 우리가 이미 주장했지만, 이 분리에 대한 신학적 반론과 문제들에 대해서는 뒤에 생각하게 될 것이다. 크랜필드(C. E. B. Cranfield)는, 예수님이 "단순한 느낌뿐만 아니라 실제로 아버지로부터 버림을" 받았다는 진리와, "이런 하나님의 버리심은 전적으로 참된 것이었지만, 동시에 복되신 삼위 하나님 연합은 그 때도 깨어진 것이 아니라는 역설"을 모두 강조하는데, 이것은 옳다.[33] 어쨌든, 지금 우리는 다음의 사실들을 제시하는 것으로 만족하자. 예수님은 십자가 위해서 몇몇 시편을 묵상하시면서 그것을 인용하셨는데,[34] 이는 무죄하고 경건한 사람에 대한 잔인한 박해를 묘사한 시편 22편도 그분이 묵상하시던 시편이었다는 점, 그분은 다른 성경을 인용하셨을 때와 마찬가지 이유로 시편 22:1을 인용하셨다는 점—즉 자신이 그 구절을

---

32) 칼뱅의 *Institutes*, II. xvi. 10과 12. 칼뱅이(루터를 좇아서), 이 말을 예수님이 사후(死後)에 '지옥으로 내려가심'의 설명이라고 믿은 것이 사실이긴 하지만, 그가 이렇게 믿은 것이 좀 이상하긴 하다. 하지만 여기서 가장 중요한 것은, 예수님이 우리를 위하여 하나님으로부터 버림받음을 경험하셨다는 사실이지, 정확하게 언제 그것을 경험하셨느냐 하는 것이 아니다.
33) C. E. B. Cranfield, *Mark*, pp. 458-459.
34) 예를 들어, "내가 목마르다"(요 19:28)는 시 69:21(참고. 시 22:15)의 인용이고, "내 영혼을 당신 손에 부탁하나이다"(눅 23:46)는 시 31:5을 인용한 것이다.

성취하고 있다고 믿으셨다—또한 그분의 외침이 질문의 형태를 취한 것은("어찌하여…")그 답을 모르셨기 때문이 아니라, 구약 성경의 본문 자체(그분이 인용하고 계셨던)가 질문의 형태였기 때문이라는 점에서였다.

이 유기의 외침 직후에, 예수님은 잇달아 세 마디의 말씀을 하셨다. 첫째는 "내가 목마르다"인데, 이것은 그분의 큰 영적 고통이 육체에까지 나타난 것이었다. 둘째로 예수님은 다시 (마태와 마가에 따르면) 큰 목소리로 "다 이루었다"고 외치셨다. 셋째로, 마지막 숨을 거두시면서, 평온하고 자발적이며 확신 있게 자기를 맡기시는 말씀 곧 "내 영혼을 아버지 손에 부탁하나이다"라는 말씀을 하셨다.[35] 두 번째 외침 곧 큰 승리의 외침은 복음서 본문에서 '테텔레스타이'(*tetelestai*)라는 한 단어로 되어 있다. 이 단어는 완료 시제이므로, "이미 이루어졌고, 앞으로도 영원히 이루어진 상태로 남아 있을 것이다"라는 의미가 된다. 우리는 예수님이 죽기 직전에 이루었다고 선언하신 그 업적에 주목한다. 이것은 잔인하게 사형을 집행한 사람들에 의해 완성된 것이 아니다. 이 세상에서 해야 할 일을 다 이룬 자는 예수님 자신이시다. 그 분은 세상의 죄를 짊어지셨다. 의도적으로, 자유로이 그리고 완전한 사랑으로 우리 대신 심판을 당하셨다. 그분은 우리를 위한 구원을 마련하셨으며, 하나님과 인류 사이에 새 언약을 세우셨으며, 중심적인 언약의 축복 곧 죄 용서를 받을 수 있게 하셨다. 여러 세기 동안, 죄인이 하나님께로부터 소외됨을 상징해 오던 성소의 휘장이 단번에 위에서부터 밑으로 찢

---

35) 요 19:28; 눅 23:46.

어졌다. 이는 하나님이 죄의 벽을 제거하셔서서 그분의 면전으로 나아가는 길이 열렸음을 보여 준다.

그로부터 서른여섯 시간 후에 하나님은 예수님을 죽음에서 일으키셨다. 우리를 위하여 정죄를 받고 죽으신 예수님이 부활로 말미암아 모든 사람 앞에 무죄로 증명되신다. 이것은 예수님이 헛되이 죽은 것이 아니라는, 하나님의 결정적인 증명이었다.

이 모든 것은 통일성 있고 논리적인 하나의 그림을 보여 준다. 지금까지 우리의 연구는, 사용 가능한 자료를 하나도 빠뜨리지 않고 과학적으로 적절하게 참고해서 예수님의 죽음을 설명해 준다. 이 연구는 예수님이 자기의 죽음에 부여하신 중심적인 중요성, 성만찬을 제정해서 자기의 죽음을 기념하게 하신 이유 그리고 그분의 죽으심에 의하여 어떻게 새 언약이 비준되었으며, 그것과 더불어 어떻게 사죄의 약속이 확증되었는가를 설명해 준다. 우리의 연구는 예수님이 동산에서 자기의 수난을 예상하면서 겪으셨던 고뇌, 십자가 위에서 겪으신 유기의 고통 그리고 우리의 구원을 결정적으로 성취하셨다는 그분의 선언 등을 설명한다. 이 모든 현상은, "그가 친히 나무에 달려 그 몸으로 우리 죄를 담당하셨다"는 사도들의 설명과 예수님의 설명을 받아들일 때만 이해할 수 있다.

결론적으로 십자가는 세 가지 진리―우리 자신에 관한 진리, 하나님에 관한 진리, 예수 그리스도에 관한 진리―를 강하게 보여 준다.

첫째, 우리의 죄는 너무나 끔찍한 것임에 분명하다. 십자가만큼 우리 죄의 심각성을 잘 드러내 보여 주는 것은 없다. 궁극적으로 예수님을 십자가로 보낸 것은, 유다의 탐욕이나 제사장들의 시기 혹은 빌라도의 우유부단한 비겁함이 아니었다. 도리어 우리 자신의 탐욕, 시기, 비겁함 그리고 다른 죄악들이며, 이것에 대해 그리스도께서 사랑과 자비로 그 심판을 담당하고 그것을 없이하기로 작정하신 결단이었다. 우리가 그리스도의 십자가를 대할 때, 자신이 완전 무결하다고 여겨 우리 자신에 대해 아무런 부끄러움을 느끼지 않는 것은 불가능한 일이다. 십자가가 없는 세계 도처에는 냉담함, 이기심, 자기 만족이 피어나고 있다. 이런 유해한 잡초들이 십자가에서 시들어 죽게 된다. 십자가에서는 그것들이 있는 그대로의 모습, 즉 초라하고 해로운 것으로 나타난다. 왜냐하면, 만약 그리스도 안에서 하나님이 직접 우리의 불의를 담당하지 않고는 의로우신 하나님이 우리의 불의를 의로운 방식으로 용서하실 다른 방법이 없을 정도라면, 우리의 불의는 실로 심각한 것임이 분명하기 때문이다. 이 사실을 이해할 때만, 우리는 자기 의와 자기 만족을 벗어 버리고, 예수 그리스도를 우리에게 절실하게 필요한 구세주로 여기고 의지할 수 있다.

둘째로, 하나님의 사랑은 우리의 이해를 초월할 만큼 놀라운 것임이 분명하다. 하나님은 우리를 우리의 운명 속에 그대로 내버려두실 수도 있었다. 만약 하나님이 그렇게 하셨다고 하더라도 그것은 정당하다. 하나님은 우리가 우리 악행의 열매를 거두며, 그리하여 죄악 속에서 멸망하도록 내버려두실 수도 있었다. 그리고 우리는 그렇게 되어 마땅하다. 하지만 하나님은 그렇게 하지 않으셨다. 하나님은 우리를 사랑하셨기 때문에 그리스도 안에서 우리를 찾으러 오셨다. 하나님은 심지어 십자가의 살벌한 고통에까지 우리를 찾아나서신다. 그곳에서 그분은 우리의 죄, 죄책, 심판 그리고 죽음을 담당하셨다. 이와 같은 사랑에도 감동하지 않는다면, 그의 마음은 굳은 바위와 같다. 하나님의 행동은 사랑 이상의 그 무엇이다. 그것을 표시하는 바른 명칭은 '은혜'인데, 이것은 받을 자격이 없는 대상에게 베푸는 사랑이다.

셋째로, 그리스도의 구원은 값없이 주시는 선물임이 분명하다. 그분은 자기 자신이 생명의 피(life-blood)라는 높은 값을 치르고 우리를 위하여 구원을 **사셨다**. 우리가 치러야 할 것이 무엇이 남아 있는가? 아무것도 없다! 모든 것이 "이루어졌다"고 그분이 선언하셨으므로, 우리가 담당해야 할 것은 아무것도 남지 않았다. 하지만 이것은, 우리가 이제는 죄를 짓고서도 언제나 하나님의 사죄에 의지할 수 있다는 죄 허가증을 가지게 되었다는 의미는 물론 아니다. 도리어 값없이 주시는 구원의 근거인 그리스도의 십자가는, 동시에 거룩한 삶을 살게 하는 가장 강력한 자극이 된다. 이 새 생명은 다음의 과정을 따르게 된다. 첫째로, 우리는 십자가 아래에서 우리를 낮추어야 한다. 그리고 우리는 범죄했으므로, 하나님에게서 심판밖에는 받을 자격이 없음을 고백해야 한다. 또한 그분이 우리를 사랑하셔서 우리를 위하여 돌아가셨음을 감사해야 하며, 충만하고도 값없이 주시는 구원을 그분으로부터 받아야 한다. 우리에게 깊이 새겨져 있는 자존심은 이처럼 자기를 낮추는 일에 반항한다. 우리는 자기 힘으로 구원을 얻을 수 없다는—심지어 조그만 기여도 할 수 없다는—생각에 거부감을 느낀다. 그래서 우리는, 바울이 표현한 대로, 십자가의 걸림돌에 걸려 넘어지는 것이다.[36]

---

36) 고전 1:23; 갈 5:11; 참고. 마 11:6; 롬 9:32; 벧전 2:8.

## 토론 문제

우리는 예수님의 십자가 죽음에는 인간 행위자들이 개입되어 있긴 하지만 그것은 일차적으로 예수님 자신이 하나님의 뜻을 행하기 위하여 스스로를 포기한 결과임을 이미 살펴보았다. 이제 우리는 왜 하나님이 자기 아들이 이 같은 방식으로 죽기를 의도하셨는지 숙고하기에 이르렀다.

1. "그리스도는 왜 죽으셨는가?"라는 질문에 대답하면서, 저자가 제시하는 네 단계는 무엇인가?(p. 118이하) 당신의 답변에 대한 성경적 근거를 분명히 제시할 수 있도록 대답하라.

그러나 이 진술은 과연 사실에 부합하는가? 이 장의 나머지 부분은, 예수님의 죽음을 둘러싼 여러 사건에 대한 복음서 기자들의 진술이 나중에 신약 성경에 개괄된 메시지를 지시하고 있는지 여부를 검토하고 있다.

2. 마가복음 14:22-24을 읽으라. 주의 만찬을 기념하는 제도는 예수님 자신이 다가오는 자신의 죽음의 중대한 의미를 어떻게 깨닫고 계셨음을 우리에게 가르쳐 주는가?(p. 124이하)

3. 그 만찬이 유월절을 배경으로 일어났다는 사실은 우리로 무엇을 깨닫게 하는가?(pp. 131-134)

4. 마태복음 26:36-46을 읽으라. 왜 "지금 이 순간에 그분(예수님)이 고통이나 모욕이나 죽음을 두려워하고 있다고 추측하는 것은 바보 같은 일"인가?(pp. 137-139) 그렇다면 예수님이 지나가게 해 달라고 기도하신 그 "잔"은 무엇을 의미했는가?

5. 마가복음 15:33-34을 읽으라. 예수님은 죽기 직전에 시편 22:1을 인용하여 크게 외치셨다. 예수님이 그렇게 하신 이유에 대해 지금까지 어떤 설명이 있었는가?(pp. 147-152) 그 가운데 어느 견해가 가장 설득력 있어 보이는가?

6. "동산에서의 고뇌는 십자가 위에서의 더 큰 고뇌로 통하는 창문을 연다. 만약 인간의 죄와 하나님의 진노를 예상하기만 해도 그렇게 끔찍했다면, 그 실제는 어떠하겠는가?"(p. 143) 이 말은 죄에 대한 당신의 태도에 어떤 영향을 주는가?

7. 지금까지 공부한 것을 되돌아보라. 어떤 면에서 죄, 하나님, 구원에 대한 당신의 이해가 변화되었는가?

제2부

# 십자가의 핵심

하나님은 어떻게, 우리를 없애지 않으면서 그분의 거룩을 표현하시며, 우리의 죄를 묵과하지 않으면서 그분의 사랑을 표현하실 수 있겠는가? 어떻게 하나님은 우리를 구원하시면서 동시에 자신을 만족시키실 수 있는가? 이 시점에서 우리가 대답할 수 있는 것은 단지, 그분이 우리를 위하여 자신을 희생하셨다는 것이다.

# 4 ∽ 사죄의 문제 *The Problem of Forgiveness*

앞 장 '심층적 진리'를 읽고 어떤 독자들은 참을 수 없다는 반응을 보일 수도 있다. "다락방에서의 단순한 저녁 식사에 대해서, 아니 동산에서의 그 명백한 고뇌의 기도와 십자가에서의 외침에 대해서도 훨씬 간단하고 직설적인 설명이 가능하다. 그런데도 왜 당신은 뒤틀린 신학적 논의를 가지고 모든 것을 복잡하게 만들어야 하는가?"라고 말할지도 모른다. 이것은 납득할 만한 반응이다.

그리스도의 십자가야말로 하나님이 죄인을 용서할 수 있는 유일한 근거라는, 복음서에 의거한 우리의 주장은 특별히 많은 사람을 당혹케 한다. 그들은 "왜 우리의 사죄가 그리스도의 죽음에 의지해야 하는가?"라고 묻는다. "왜 하나님은 십자가 없이, 우리를 그냥 용서하시지 않는가?" 프랑스의 한 냉소자는 이 말을 이렇게 표현했다. "선한 하나님은 나를 용서하실 것이다. 그것이 그분의 일이니까."[1] 그리고 반대자들은 계속해서 다음과 같이 말할 것이다. "결국, 우리가 서로에게 죄를 지었다면 우리는 서로 용서해야 한다. 만약 이렇게 하기를 거부하면, 우리는 우리가 거둘 살벌한 결과에 대하여 경고를 받게 된다. 왜 하나님은 자신이 가르치는 바를 실행하시지 못하며, 자비를 베풀지 못하시는가? 우리가 서로 용서하기 전에는 누구의 죽음도 불필요하다. 그런데 왜 하나님은 우리의 죄를 용서함에서 공연히 소동을 일으키며, 심지어 그 아들의 '죄를 위한 희생'이 없이는 사죄가 불가능하다고까지 선언하시는가? 그것은 마치 현대인들이 이미 오래 전에 폐기한 원시적인 미신처럼 들린다."

이런 질문을 제기하고 거기에 부딪쳐 보는 것은 필수적인 일이다. 이런 반론에 즉시 두 가지 대답을 할 수 있다. 하지만, 그 대답을 자세히 다듬기 위해서 이 장의 나머지 부분이 필요하다. 첫 번째 대답은 11세기 말의 대주교 안셀무스가 그의 위대한 책 「왜 하나님은 인간이 되셨는가?」(*Cur Deus Homo?*)에서 제공하였다. 그 책에서 그는 만약 우리가 서로 용서하듯이 하나님도 그렇게 단순하게 우리를 용서하실 수 있다고 생각하는 사람이 있다면, 그 사람은 "아직 죄의 심각성을 심사 숙고해 본 적이 없는"—그의 말을 직역하면, "죄의 짐이 얼마나 무거운지를" 생각해 본 적이 없는(i. xxi)—사람이라고 했다. 두 번째 대답도 유사하게 표현될 수 있다. 곧 "당신은 아직 하나님의 위엄(majesty)을 깊이 생각한 적이 없다"는 것이다. 하나님과 인간 혹은 거룩과 죄에 대한 우리의 이해가 삐뚤어져 있을 때는 속죄에 대한 우리의 이해도 당연히 삐뚤어지게 된다.

---

1) S. C. Neill이 *Christian Faith Today*, p. 145에서 인용해 놓았다. James Denney는 이 인용문을 Heine의 *Death of Christ*, p. 186에 있는 말이라고 밝혔다.

중요한 점은, 우리 인간의 용서와 하나님의 용서 사이에는 결코 유사성이 없다는 것이다. 예수님이 우리에게 기도를 가르치실 때 "우리가 우리에게 죄 지은 자를 사하여 준 것같이 우리 죄를 사하여 주시옵고"라고 가르치신 것은 사실이다. 하지만 여기서 예수님은, 무자비한 종의 비유에 분명히 드러나듯이 용서를 받은 자는 다른 사람을 용서할 의무가 있으므로, 용서하지 않는 자는 결코 용서받을 수 없다는 것을 가르치신다. 그러니까 예수님은 이 기도에서, 사죄의 기초와 관련해서 하나님과 우리 사이의 어떤 평행선을 유도해 내고 계신 것이 아니다.[2] "우리가 서로 무조건적으로 용서하므로 하나님도 우리에게 그와 같이 하셔야 한다"고 말한다면, 이것은 우리의 궤변을 노출하는 것이 아니라 천단(淺短)함을 노출하는 것이다. 왜냐하면 그런 주장은, 우리는 하나님이 아니라는 초보적인 사실을 간과하기 때문이다. 우리는 각자 개인이고, 다른 사람의 비행 역시 그 개인의 위법 행위다. 하지만 하나님은 그런 개인이 아니시다. 또한 죄라는 것은 단순히 개인적인 위법 행위가 아니다. 오히려 우리가 어긴 법은 하나님이 제정하신 것이며, 따라서 죄는 하나님께 대한 반항이다.

그러므로 우리가 제기해야 할 중요한 질문은 이것이다. 즉, 왜 하나님은 우리를 용서하는 것이 **어려운** 일이라고 생각하시는가가 아니라, 도대체 어떻게 해서 하나님은 그것을 **가능하다**고 생각하시는가 하는 것이다. 에밀 브루너가 표현했듯이, "사죄는 우리가 당연하게 여길 수 있는 어떤 것의 정반대다. 우리는 사죄를 결코 당연한

---

[2] 마 6:12-15; 18:21-35.

일이라고 생각할 수 없다."[3] 혹은 카네기 심슨(Carnegie Simpson)의 말처럼, "인간에게 사죄는 가장 분명한 의무다. 하나님께는 그것이 가장 심오한 문제다."[4]

사죄의 문제는 하나님의 완전하심과 인간의 반항, 하나님의 본성과 우리의 본성 사이의 필연적인 충돌에 의하여 야기된다. 우리의 죄와 죄책만이 사죄의 장애가 아니다. 죄책을 짊어진 죄인들을 향한 하나님의 사랑과 진노의 대응 또한 장애물이다. '하나님은 사랑'이신 것이 사실이지만, 우리는 그 사랑이 '거룩한 사랑'이라는[5] 사실, 즉 죄인들을 동정하면서도 동시에 그들의 죄를 용서하기를 거부하는 그런 사랑임을 기억해야 한다. 그러면 하나님은 자신의 거룩한 사랑을 어떻게 표현하실 수 있었는가? 즉 그분의 거룩함을 죄와 타협하지 않고 죄인들을 용서하시는 사랑, 자기의 사랑을 좌절시키지 않으면서도 죄인들을 심판하는 거룩함을 어떻게 표현하실 수 있었는가? 인간의 악에 직면해서, 하나님은 어떻게 거룩한 사랑으로서의 자신에게 충실하실 수 있었는가? 이사야의 말대로, 어떻게 하나님은 동시에 "공의를 행하며 구원을 베푸는 하나님"(45:21)이 되실 수 있었는가? 왜냐하면, 하나님은 자기 백성을 구원하기 위한 행동을 취하심으로써 자신의 의로움을 입증하신 것이 사실이지만, '의로움'이라는 단어와 '구원'이라는 단어는 결코 단순한 동의어로 취급될 수 없기 때문이다. 차라리 그분의 주도적 구원

---

3) Emil Brunner, *Mediator*, p. 448.
4) P. Carnegie Simpson, *Fact of Christ*, p. 109.
5) '거룩한 사랑'에 대한 강조의 실례를 찾아보려면 P. T. Forsyth가 *Cruciality of the Cross*와 *Work of Christ*에서 다룬 내용, William Temple이 *Christus Veritas*, pp. 257, 269에서 다룬 내용, 그리고 Emil Brunner가 *Mediator*에서 말한 내용을 보라.

의 행동은 그분의 의로움과 어울리는 것이었으며, 또한 그 의로움의 표현이었다. 십자가에서 하나님은 그 거룩한 사랑 속에서 우리의 불순종에 대한 완전한 대가를 하나님 자신이 그리스도를 통하여 지불하셨다. 하나님은 우리가 받을 수 없는 사죄를 베풀기 위하여, 우리가 받아 마땅한 심판을 자신이 당하셨다. 십자가에서 하나님의 자비와 공의가 동일하게 표현되었으며, 영원히 화해를 이루었다. 하나님의 거룩한 사랑이 '만족되었다.'

하지만, 나는 지금 너무 빠른 속도로 달리고 있다. 많은 사람이 십자가에 관한 질문에 대하여 잘못된 대답을 제시하고, 심지어는 애당초 잘못된 질문을 제시하는 이유는, 그들이 죄의 심각성이나 하나님의 위엄을 세심하게 심사숙고하지 않았기 때문이다. 이제 이 일을 하기 위하여 우리는 네 가지 기본적인 성경적 개념 즉 죄의 심각성, 인간의 도덕적 책임, 참된 죄책(guilt)과 거짓된 죄책 그리고 하나님의 진노를 재음미하고자 한다. 그렇게 함으로써 우리는 바로 우리가 죄에 빠졌고, 책임이 있으며, 죄책을 지고 있으며, 잃어 버려진 자라는 것을 차례차례 알게 될 것이다. 그것은 과히 즐거운 일이 아니며, 그 과정에서 우리의 고결성을 점검받을 것이다.

### 죄의 심각성

최근 수년 동안에, '죄'라는 단어는 많은 사람의 어휘에서 빠져 버렸다. 그것은 과거의 전통적인 종교 용어로서, 적어도 점점 세속화되는 서양에서는 이제 많은 사람이 그 말을 무의미한 것으로 선언하고 있다. 더욱이 때로 '죄'라는 말을 한다고 할지라도, 그 말은 대부분 오해되는 경향이 있다. 그러면 죄란 무엇인가?

신약 성경은 죄를 표시하는 데 다섯 개의 헬라어 단어를 사용하며, 이것을 함께 모아 놓고 생각해 보면 죄의 수동적이거나 능동적인 여러 측면이 나타난다. 가장 자주 쓰이는 단어가 '하마르티아'(*hamartia*)인데, 이 말은 죄를 표적에서 빗나간 것, 목적지에 이르지 못한 것으로 묘사한다. '아디키아'(*adikia*)는 '불의' 혹은 '부정'이라는 의미이고, '포네리아'(*ponēria*)는 사악하거나 부패한 종류의 악을 가리킨다. 이는 모두 내적인 부패 혹은 뒤틀린 성격을 이야기하는 것 같다. 좀더 능동적인 단어로는, '파라바시스'(*parabasis*: 우리는 이것과 유사한 *paraptōma*도 연상할 수 있다)가 있는데, 이 말은 '침입' 혹은 '침해' 즉 일정한 한계를 넘어가는 것을 가리킨다. '아노미아'(*anomia*)라는 또 하나의 단어는 '무법' 즉 일정한 법을 무시하거나 어기는 것을 가리킨다. 이 각각의 경우는 어떤 객관적인 표준을 내포하며, 우리가 어떤 기준에 이르지 못하거나 어떤 선을 고의적으로 넘어가는 것을 가리키기도 한다.

이 기준 혹은 이상이 하나님에 의하여 제정되었다는 사실은 성경 전체에 걸쳐서 전제된다. 실로 이 기준은 하나님의 도덕법(moral law)으로서, 그분의 의로운 품성을 표현한다. 하지만 그것은 하나님의 존재의 법칙이기만 한 것이 아니다. 그것은 또한 우리 존재의 법칙이기도 한데, 이는 하나님이 우리를 자기 형상대로 만드셨기 때문이다(롬 2:15). 그러므로 하나님의 법과 우리 사이에는 중요한 상응 관계가 존재한다. 죄를 범한다는 것은 "불법"(요일 3:4)을 행한다는 것인데, 이것은 하나님의 권위와 사랑을 거스를 뿐만 아니라, 우리 자신의 가장 큰 안녕을 거스려 행하는 것이기도 하다.

성경이 강조하는 바는 죄의 사악한 자기 중심성이다. 모든 죄는 예수님이 "가장 크고 첫째 되는 계명"이라고 부르신 그것을 어기는 것인데, 이는 단지 우리의 전 존재로 하나님을 사랑하지 못하는 것뿐만 아니라, 하나님을 창조주요 주님으로 인정하고 순종하는 일을 적극적으로 거부함으로써 그 계명을 범하는 것을 말한다. 우리는 우리의 피조성 속에 필연적으로 수반되는 의존적 위치를 거절하고, 도리어 독립을 얻고자 노력하였다. 더욱 악한 것은, 우리가 감히 우리의 자존(self-dependence), 우리의 자율성을 선언했다는 사실인데, 이것은 오직 하나님만이 점유하신 위치를 주장하는 일이다. 죄는 전통적 표준에서 그저 유감스럽게 탈선한 정도가 아니다. 죄의 본질은 바로 하나님을 향한 적대감으로(롬 8:7), 하나님께 대한 적극적인 반항에서 생겨난다. 죄는 '하나님의 전능'을 자기의 것을 주장하는 교만한 마음을 가지고 하나님의 자리에 자기 자신을 올려놓기 위하여 '주 하나님을 쫓아내는' 것으로 묘사되어 왔다. 에밀 브루너가 그것을 잘 요약해 준다. "죄는 도전, 교만, 하나님과 같아지려는 욕망…하나님께 대하여 인간은 독립적이라는 주장…자율적인 이성, 도덕 그리고 문화의 구성체다." 이 글이 포함된 책의 제목을 그가 「반항하는 인간」(*Man In Revolt*)이라고 붙인 것은 올바르다(p. 129).

우리가 범하는 각각의 죄는 하나님께 대한 반항 정신의 표현(그것을 스스로 의식하는 정도는 다르지만)이라는 사실을 일단 이해하면, 우리는 다윗의 "내가 주께만 범죄하여 주의 목전에 악을 행하였사오니"(시 51:4)라는 고백을 받아들일 수 있을 것이다. 밧세바와 간음하고 또 그녀의 남편 우리아를 죽게 함으로써 다윗은 두 사람과 국가에 극히 심각한 죄를 범했다. 하지만 그가 범한 것은 하나님의 법이었으므로 궁극적으로 다윗은 주로 하나님께 죄를 범한 셈이었다.

오늘날 많은 사람들이 그들이 사용하는 어휘에서 죄라는 단어를 은폐해 버리게 된 것은, 죄의 심각성에 직면하기를 꺼리는 마음이 깊숙이 자리잡고 있기 때문이다. 인간의 상황에 대한 예리한 관찰자이며 죄라는 단어가 사라져 간 현상을 주목한 한 사람이 바로 칼 메닝거(Karl Menninger)다. 그는 「죄는 어디로 갔는가?」(*Whatever Became of Sin?*)에서 이 문제에 관하여 썼다. 서구 사회의 불안과 어둡고 불길한 분위기를 묘사하면서, 그는 "사람들은 '죄'에 대한 언급을 전혀 듣지 못한다"고 부언한다. "한때 그것은 모든 사람의 마음속에 있던 단어였으나, 이제는 거의 들을 수 없다." "그렇다면 이것은, 우리의 모든 어려움에 아무런 죄도 연루되지 않았다는 의미인가?…죄를 범한 사람은 아무도 없는가? 그러면 도대체 죄는 어디로 갔는가? 죄는 어떻게 되었는가?"라고 그는 묻는다(p. 13). 죄가 사라진 이유를 조사하면서 메닝거 박사는, 첫째로 "이전의 많은 죄(sins)가 범죄(crimes)로 바뀌었으며", 그리하여 그것을 다루는 책임이 교회에서 국가로, 성직자에게서 경관에게로 넘어갔고(p. 50), 한편 다른 죄들은 질병으로 혹은 적어도 질병의 징후로 바뀜으로써, 이 경우에는 형벌이 치료로 대치되었음을(p. 74이하) 주목한다. "집단의 무책임성"(collective irresponsibility)이라고 불리는 세 번째의 편리한 장치에 의하여 우리는 자신의 이상 행동에 대한 책임을 우리 자신이 아니라 사회전체 혹은 사회 내의 많은 집단 중의 하나에게 전가할 수 있게 된 것이다(p. 94이하).

메닝거 박사는 계속해서, '죄'라는 단어를 우리의 어휘에 회복시킬 뿐만 아니라, 그 말이 표현하는 실체를 인정하라고 당부한다. 죄는 결코 문화적 금기나 사회적인 큰 실수 정도로 대강 처리될 수 없다. 그것은 심각하게 취급해야 한다. 그것을 서서히 회복시키는 과업을 설교자들에게 맡기면서, 메닝거는 이렇게 덧붙인다. "성직자가 죄를 사소한 것으로 처리한다면 그는 우리 문화 속에서 그의 정당한 역할을 계속 수행할 수 없다"(p. 198). 왜냐하면 죄는 "숨어 있는 공격적 성질―잔인함, 상처를 입힘, 하나님으로부터 또한 다른 인간들로부터의 이탈, 부분적인 소외 혹은 반란의 행동이기 때문이다.…죄는 고집스럽고 반항적이며 혹은 불충실한 특질을 가진다. 그러므로 **누군가가** 무시당하거나 공격을 당하거나, 상처를 입게 된다"(p. 19). 이 사실을 무시하는 것은 부정직한 일이다. 하지만 만약 우리가 죄를 고백한다면 우리는 그것에 대하여 무엇인가를 할 수 있을 것이다. 나아가서 죄를 다시 회복시키면, 필연적으로 "개인적 책임의 부활 혹은 재천명"이 뒤따라올 것이다. 사실, 죄를 부활시키는 일의 "유용성"은 그 부활과 함께 책임이 부활하는 것이다(pp. 178-179).

### 인간의 도덕적 책임

어떤 사람이 불법 행위를 저질렀을 때 그를 비난하는 것은 공정한가? 우리는 참으로 우리의 행위에 대하여 책임을 져야 하는가? 우리는 자유로운 행위자이기보다는 다른 행위자의 제물이 되는 경우가 더 많으며, 그리하여 죄를 짓기보다는 죄의 피해자가 되는 경우가 더 많지 않은가? 우리는 온갖 속죄양을 준비하고 있다. 우리의 유전자, 화학적 성질(잠정적인 호르몬의 불균형), 유전된 기질과 체질, 유년 시절 부모의 실수, 성장 과정, 교육 환경과 사회 환경 등이 속죄양이 될 수 있다. 이 모든 것이 합해져서 흠이 없는 알리바이를 구성하는 듯이 보인다.

개인의 책임이라는 전통적 개념을 침식하기 위하여 시도하는 노력들 중에서, 스키너(B. F. Skinner) 교수의 책 「자유와 존엄을 넘어서」(*Beyond Freedom and Dignity*)보다 더 포괄적인 시도는 아마 없었을 것이다. 그의 주제는 "오늘날의 세계에서 우리가 당면하는 위협적인 문제들"은(특별히 인구 증가의 위협, 핵 전쟁, 기근, 질병과 공해) "인간 행동을 다루는 기술"(a technology of human behaviour)에 의하여 전부 해결될 수 있다는 것이다. 말하자면, "인간 행동의 거대한 변화"가 환경의 변화에 의하여 확보될 수 있다는 것이다. 그의 주장에 따르면 인간은 바르게 행동하도록 조작될 수 있다. 그러면 무엇이 장애물인가? "자율적인 인간"의 개념, 인간의 가정된 "자유"(인간이 자기 행동에 대하여 책임을 진다는 점에서) 그리고 가정된 "존엄성"(인간에게는 그의 업적에 따른 공로가 주어진다는 점에서)이 바로 장애물이라고 그는 답한다. 하지만 이런 장애물들은 실은 환상이다. 왜냐하면, "과학적 분석에 의하여, 책임과 성취는 모두 환경으로 환원되기 때문이다"(pp. 9-30). 인간은, "사회 속에 사는 사람들의 행동을" 정당하게 "형성하고 유지하는" 사회 환경 혹은 문화를 창조해 내기 위한 용기를 가져야 한다(p. 141). 이것은 인류의 생존을 위하여 필수적이며, 이 생존은 우리의 "자유와 존엄"에 대한 전통적인, "달콤한" 개념보다 중요하다(p. 208). 루이스는 이것을 가리켜서 "인간의 폐지"라고 불렀는데, 과연 바른 말이다. 하지만 스키너에 따르면, 여기서 폐지되는 것은 "자율적인 인간,…자유와 존엄의 문학에 의하여 변호된 인간"뿐이다. 실로 "인간의 폐지는 이미 오랫동안 지연되고 있다"(p. 196). 인간이 자신을 제어하는 환경을 만들며, 그리하여 "엄청난 자제를 실행하는" 미래를 응시하면서 스키너는 다음과 같은 말로 그의 책을 맺는다. "우리는 인간이 인간을 가지고 무엇을 할 수 있는지를 아직 보지 못했다"(p. 210). 이것은 자기 결정적인(self-determined) 결정론의 섬뜩한 전망이다.

하지만 인간의 정신은 그것에 대항한다. 우리는 '축소된 책임'이라는 개념은 확실히 받아들이지만, 가장 극단적인 경우를 제외하고는 모든 책임의 전적인 와해를 받아들일 수 없다. 도덕적 책임과 법적 책임성(liability) 사이의 병행 관계가 이 점에 대해서 가르치는 바가 있다. 일반적으로 형법은, 법을 지킬 것인가 어길 것인가를 선택할 수 있는 힘이 사람들에게 있다고 가정하며, 이 가정에 따라서 사람들을 취급한다. 그럼에도 불구하고 범죄에 대한 책임은, 어떤 '구실이 되는' 환경에 의해서, 감해질 수도 있고 심지어 배제될 수도 있다. 「형벌과 책임」(*Punishment and Responsibility*)이라는 제목의 법철학 에세이에서 하트(H. L. A. Hart)는 이 원리를 다음과 같이 밝힌다. "모든 진보된 법 체제 속에서 중한 범죄에 대한 유죄 결정의 여부는, 범죄자가 법률이 금하는 외적인 행동을 했다는 사실에만 의지하지 않고, 그가 어떤 정신적 구조 혹은 어떤 의지를 가지고 그 행동을 했느냐는 사실에도 의지하게 된다"(p. 187).[6] 이러한 정신과 의지의 상태는 '멘스 레아'(*mens rea*)라는 전문 용어로

---

6) 이와 유사한 진술이 pp. 28, 114에 나타난다.

표시되는데, 이 말을 직역하면 '유죄의 마음'(a guilty mind)이 되겠지만, 이 말이 실제로 가리키는 것은 그 사람의 '의도'다. 예를 들면, 의도적 살인과 비의도적 살인의 구별은 직접 모세의 율법으로까지 거슬러 올라간다. 이 원칙은 광범위하게 적용된다. 만약 어떤 사람이 정신 이상 상태나 강박을 당한 상태나 혹은 자동 기계와 같은 처지에서 범죄했다면, 그에게 형사적 책임을 물을 수 없다. 자극에 의한 결과라면 살인죄가 고살죄로 감해질 수도 있다. 정신 이상이라는 구실은 여러 세기 동안 인정되었으며, 1843년의 맥나텐 법칙(MacNaghten Rules) 이래로, 범죄자가 "자기가 하고 있던 일의 성격과 특질"을 알지 못하거나, 알았다고 하더라도 "자기가 나쁜 일을 하고 있음을 모르는" 그런 "이성의 결손"을 야기하는 "정신의 질병"으로 해석되어 왔다.

하지만, 이 법칙은, 범법자의 자제력 결여에 주의를 집중하기보다는 그의 무지에 초점을 맞췄다는 이유로 비판을 받았다. 따라서 1838년에 제정된 유아살해법(Infanticide Act)은, 어떤 여인이 "출산 후유증을 충분히 회복하지 못하여 마음의 균형을 잃은 상태에서" 한 행동에 관한 조항을 마련했으며, 또한 1957년의 살인법(Homicide Act)은, 어떤 사람이 "자신의 행동에 대한 정신적 책임 의식을 매우 손상시킬 만큼…정신적으로 비정상인 경우에 그의 살인은 유죄가 될 수 없다"고 규정했다. 이와 같이, 영국 의회는 열 살 미만의 어린이에게는 범죄의 책임을 물을 수 없으며, 한편 열 살부터 열네 살 사이의 아이들의 경우에는 그 아이에게 책임을 묻기 위해서 범죄한 아이가 자기가 하는 일이 심각한 잘못임을 알았다는 사실이 분명하고 자세하게 입증되어야 한다고 결정했다.

따라서 법률 적용의 가부는 정신적·도덕적 책임, 즉 '멘스 레아'―마음과 의지의 의도―에 의하여 좌우된다. 하지만 의식이나 자제력의 결여를 근거로 한 탄원은 언제나 엄밀하게 규정되어야 하며 또한 그런 탄원은 예외적이다. 기소된 사람이, 유전 형질이나 사회적 성장 과정을 구실로 자기의 범죄 행위를 변명하려는 것은 있을 수 없는 일이며, 자신의 개인적인 부주의(나는 내가 하고 있던 일에 대해 아무런 생각도 없었다)를 변명의 조건으로 내세울 수 없는 것 역시 너무나 당연하다. 일반적으로 말해서, 법정 심리(審理), 유죄 선언 그리고 언도라는 전 과정은, 인간이 자유로운 결정자이며 자신이 내린 선택에 책임을 지는 존재라는 가정을 기초로 한다.

이것은 다른 모든 상황에서도 마찬가지다. 우리는 분명히 유전자와 성장 배경의 지배를 받는다. 하지만 인간의 정신(물론 기독교적 지성은 말할 것도 없다)은, 인간을 단순한 컴퓨터(어떻게 행동하고 반응할지 미리 프로그램화된) 혹은 동물(본능에 의하여 좌우되는)이라고 선언하는 환원주의(reductionism)에 저항한다. 이런 개념에 대응하여 우리는 모든 사람이 상당한 범위 내에서 자유로운 행위자이며 스스로 결심하고 행동을 결단할 수 있다는 우리의 뿌리 깊은 의식에 호소한다. 양자 택일의 상황에 직면했을 때, 우리는 우리가 어느 한쪽을 선택할 수 있음을 안다. 또한 잘못 선택했을 때, 우리 자신을 꾸짖는 것은, 우리가 달리 행동할 수도 있었음을 스스로 알기 때문이다. 우리는 또한 다른 사람들도 자유로우며 책임을 지는 존재라는 가정하에서 행동한다. 그래서 우리는 다른 사람을 우리 자신의 견해로 설득시키려고 노력하기도 하며, 또한 "우리 모두는 때에 따라 사람들을 칭찬도 하고 비난도 하는 것이다."[7]

이런 인간의 책임 의식에 주의를 집중한 노만 앤더슨(Norman Anderson) 경의 견해는 옳다. 그가 쓴 글에 의하면, 우리는 한편으로는 "사람들이 자신의 두뇌의 구조와 조건, 유전이나 습득으로 얻은 심리적 기질 혹은 기계적이고 불가피한 '자연'의 과정이나, 창조주 하나님에 의해 자신이 행동하는 바로 그 행동을 하도록 미리 조건지어져 있는" 정도에 대해 숙고해 볼 수 있다고 하였다. 하지만 다른 한편으로는, "보통 사람들이 가진 굳은 확신, 곧 일정한 한계 내에서는 선택과 행동의 참된 자유가 있으며, 따라서 이 자유는 필연적으로 그에 상응하는 만큼의 도덕적 책임을 수반한다는 굳은 확신이 잘못이라고 생각할 이유는 어디에도 없다고 단호하게" 주장할 수 있다고 하였다.[8]

"다를 수 있는 자유"(Free to Be Different)라는 제목으로 1982년에 개최된 현대 기독교에 관한 런던 강연(London Lectures)에 참여한 세 사람의 기고가 역시 동일한 결론을 내렸다. 말콤 지브스(Malcom Jeeves) 교수는 심리학자로서, 샘 베리(Sam Berry) 교수는 유전학자로서, 데이비드 앗킨슨(David Atkinson) 박사는 신학자로서 강연을 하고 글을 썼다. 그들은 함께 '본성'(우리의 유전된 형질), '양육'(우리의 사회적 조건에 의한 제약), '은혜'(하나님의 자애롭고, 변혁시키시는 주도권)가 인간의 행동에 미치는 영향을 연구하였다. 그들은 이런 것들이 분명히 우리의 행동을 형성하고 제약한다는 점에 의견이 일치했다. 그럼에도 불구하고 그들은 서로 힘을 합해서 결정론을 완강하게 배격하고 인간의 책임을 단언했다.

---

7) Alec R. Vidler, *Essays in Liberality*, p. 45.
8) J. N. D. Anderson, *Morality, Law and Grace*, p. 38.

비록 그 전체 주제가 복잡할 수밖에 없고, 엉킨 실들을 명료하게 풀어 줄 수는 없었지만 세 명의 기고가는 다음과 같은 공통의 결론을 제시할 수 있었다.

우리는, 유전자에 따라서, 환경 혹은 하나님의 은혜에 따라서 기계적으로 반응할 수밖에 없는 자동 기계가 아니다. 우리는 하나님이 자신을 위해 창조하신 인격적인 존재다.…더욱이 우리는 하나님이 우리에게 주신 것을 정체된 자산이라고 생각하지 않아야 한다. 우리의 성격은 더욱 세련될 수 있다. 우리의 행동은 변할 수 있다.…실로 우리는 다르게 될 수 있는 자유를 가지고 있다.…[9]

성경을 살펴보더라도 우리는 이와 동일한 긴장, 곧 우리를 제약하고 심지어 지배하는 압력과, 그럼에도 불구하고 우리 속에 영속하는 도덕적 책임 사이에서 우리가 느끼는 개인적인 긴장의 체험과 같은 긴장을 발견한다. 성경은 우리가 물려받은 성질 곧 우리가 '아담 안에서' 가지는 성질의 영향력을 매우 강조한다. 원죄의 교리는 우리가 물려받은 본성 자체가 자기 중심성으로 인해 오염되고 뒤틀려 있다는 것을 의미한다. 그러므로 예수님은 악한 생각과 행동이 "속에서 곧 사람의 마음에서" 나온다고 가르치셨다(막 7:21-23). 예수님이 죄인을 "죄의 종"이라고 묘사하신 것은 놀라운 일이 아니다(요 8:34). 실로 우리는 세상(공공의 행습과 의견), 육신(우리의 타락한 본성), 마귀(악마적 힘)의 노예가 되어 있다. 그리스도께서 우

---

9) Malcolm Jeeves, R. J. Berry and David Atkinson, *Free to Be Different*, p. 155.

리를 해방시키시고, 우리를 죄의 종 대신 그분의 종으로 삼으신 이후에도, 우리는 아직 우리의 타락한 성품의 음험한 세력들을 완전히 벗어 버리지는 못했다. 그러므로 바울은 로마서 7장의 논의를 다음과 같은 요약으로 끝맺을 수 있었다. "그런즉 내 자신이 마음으로는 하나님의 법을 육신으로는 죄의 법을 섬기노라"(25절 하).

성경은 이 세력의 교묘함과 힘을 인정하며, 실제로 그것은 우리의 책임을 감소시킨다. 하나님이 "우리의 체질을 아시며" 또한 "우리가 진토임을 기억하신다." 그분이 우리를 향하여 인내하시고, 화내기를 더디하시며, "우리의 죄악을 따라 갚지 아니하시는" 것은 바로 이런 이유에서다(시 103:10, 14). 이와 같이 하나님의 메시아도 연약한 자들에게 온유하셔서, 상한 갈대를 꺾지 아니하시고 꺼져 가는 심지를 끄지 아니하신다.[10]

그러나 우리의 책임이 감소된다는 성경의 인정이 우리의 책임이 없어진다는 의미는 아니다. 오히려 성경은 변함없이 우리를 도덕적인 책임을 지는 행위자로 취급한다. 성경은 "생명과 선, 죽음과 악" 사이에서, 살아 계신 하나님과 우상 사이에서, 선택해야 할 필요성을 우리에게 맡긴다.[11] 성경은 우리에게 순종을 권고하며, 불순종할 때 우리를 나무란다. 예수님은 반항적인 예루살렘을 향하여, 자신을 인정하고 환영하라고 간청하셨다. 예수님은 가끔 그 도시를 향하여 직접적으로 "암탉이 그 새끼를 날개 아래에 모음 같이 내가 네 자녀를 모으려 한 일이 몇 번이더냐? 그러나 너희가 원하지 아

---

10) 사 42:1-3; 마 12:15-21. 하나님 또한 무지로 인하여 범한 죄와, 알면서 일부러 범한 죄를 구별하신다. 그 실례로 눅 23:34; 행 3:17; 딤전 1:13을 보라.
11) 신 30:15-20; 수 24:15.

니하였도다"(마 23:37)라고 말씀하셨다. 이와 같이 예수님은 예루살렘의 영적 우매함, 배교, 임박한 심판을 그 도시의 고집 때문이라고 말씀하셨다. 예수님이 "아버지께서 이끌지 아니하시면 아무도 내게 올 수 없으니"라고 말씀하신 것은 사실이지만 이 말씀은 "너희가 내게 오기를 원하지 아니하는도다"라는 말씀 후에 하셨다.[12] 사람들이 그리스도께 오지 않는 이유는 무엇인가? 그렇게 할 수 없기 때문인가, 아니면 그렇게 하고자 하지 않기 때문인가? 예수님은 두 가지 모두가 이유라고 가르치셨다. 그리고 이 '할 수 없음'과 '하고자 하지 않음' 속에, 하나님의 주권과 인간의 책임 사이의 궁극적인 이율 배반이 존재한다. 이것을 어떤 방식으로 진술하든, 우리는 어느 쪽도 무시해서는 안 된다. 하나님 앞에서 우리의 책임은, 인간 존엄성의 양도할 수 없는 측면이다. 이 책임은 심판의 날에 마침내 드러날 것이다. 재판을 거치지 않고 형을 선고받는 사람은 아무도 없을 것이다. 모든 사람은, 그가 위해하든지 미미하든지에 관계 없이, 사회적 계급을 막론하고 하나님의 보좌 앞에 설 것이다. 그리고 그 때는 억압적으로 짓눌려서 꿇어 엎드러지는 것이 아니라, 인간의 책임에 대한 최후의 존경의 표시로 각자가 자기의 행위에 대하여 진술할 수 있는 기회가 주어진다.

　에밀 브루너가, 인간됨의 불가결한 측면으로 우리의 책임을 강조한 것은 분명히 정당하다. "오늘날 우리의 슬로건은, 어떤 이유에서든 결정론을 거부한다는 것이어야 한다. 왜냐하면 결정론은 인간을 인간으로 이해하는 모든 이해를 불가능하게 만들기 때문이다."[13]

---

12) 요 6:44; 5:40.

인간은 자기의 창조주에게 응답하며, 또한 그에 대하여 책임을 지는, "생각하고 의지하는 존재"로, "신성한 자존자에 의하여 피조된, 그의 대응자(counterpart)"로 이해되어야 한다. 나아가서 이 인간의 책임은 우선적으로 "…의무가 아닌 선물이며,…율법이 아닌 은혜다." 이 책임은 "믿고 화답하는 사랑" 속에서 표현된다(p. 98). 그러므로 "책임의 성격을 이해한 사람은 인간의 본성을 이해한 사람이다. 책임은 하나의 속성이 아니라 인간 실존의 '본질' 그 자체다. 책임은 모든 것을 포함하며,…[그것은] 인간을 다른 피조물과 구별해 준다.…"(p. 50). 그러므로 "만약 책임이 제거된다면, 인간 실존의 모든 의미는 사라진다"(p. 258).

하지만 타락이 인간의 책임을 심각하게 약화시키지 않았는가? 지금도 여전히 인간은 자기의 행위에 책임을 져야 하는가? 그렇다. 책임은 인간에게 있다. "인간은 순전히 연약하기 때문에만 죄를 짓지는 않는다. 실제로는 그가 연약함 속에 늘 '자기를 방임하는' 것이다. 가장 우매한 죄인에게도 일말의 결정 능력은 여전히 있으며" 실로 하나님을 향한 방자한 반항이 있는 것이다. 따라서 인간은 자신의 연약함을 근거로 책임에서 벗어날 수 없다. "운명이나 형이상학적 구조나 그의 연약한 본성에 책임이 있는 것이 아니라, 그의 인격의 중심인 인간 자신이 자기의 죄에 대하여 책임을 지는 것이다"(pp. 130-131).

---

13) Emil Brunner, *Man in Revolt*, p. 257.

### 참된 죄책과 거짓된 죄책

만약 인간들이 죄를 범해 오고 있다면(실제로 그들은 그렇게 하고 있다), 또한 만약 그들의 죄에 대한 책임이 그들에게 있다면, 그들은 하나님 앞에서 죄책이 있다. 죄책이란 죄와 책임이라는 전제로부터 논리적으로 추론되는 결과다. 우리는 우리 자신의 실책으로 인하여 죄를 범했으며, 따라서 우리의 악행에 해당하는 형벌을 받아야 한다.

이것이 로마서 처음 몇 장의 논거다. 바울은 인간을 주된 세 부류로 분류하고 나서, 각 부류가 도덕적 의무에 대하여 알고 있으면서도 자기의 타락한 길을 추구하기 위하여 얼마나 그 사실을 고의적으로 억눌러 버렸는지를 보여 준다. 요한이 그것을 이렇게 표현하였다. "그 정죄는 이것이니 곧 빛이 세상에 왔으되 사람들이 자기 행위가 악하므로 빛보다 어둠을 더 사랑한 것이니라"(요3:19). 진리와 선의 빛을 고의적으로 배척한 것보다 더 심각한 일은 없다. 바울은 타락한 로마 사회에서부터 이야기를 시작한다. 로마 사람들은 피조물을 보고서 하나님의 권능과 영광을 알았고 그들의 양심을 통하여 하나님의 거룩하심을 알았으면서도, 그러한 지식에 부응하는 삶을 살기를 거부했다. 도리어 그들은 하나님을 예배하기는커녕 우상에게로 돌아섰다. 그래서 하나님은 그들을 부도덕함과 다른 형태의 반사회적 행위에 넘겨주셨다(롬1:18-32).

바울이 언급하는 두 번째 부류의 사람은 스스로 의롭다고 하는 자들이다. 그들은 하나님의 율법에 대한 지식을 성경에서 얻었을 수도 있고(유대인), 혹은 그들의 마음에서 얻었을 수도 있다(이방인). 어떤 경우든지, 그들은 자기의 지식에 합당하게 살지 않는다

(2:1-16). 세 번째 부류는 특별히 유대인의 세계로서, 이들은 자기들이 가진 지식을 자랑하며, 또한 그들이 다른 사람들에게 베푸는 도덕적 교훈을 자랑스럽게 생각한다. 그러면서도 자기들이 가르치는 바로 그 율법에 불순종하고 있다. 이런 상태이기 때문에, 하나님의 언약 백성이라는 그들의 특권적 신분이, 그들을 하나님의 심판에서 면제해 주지 못할 것이다(2:17-3:8).

그렇다면 어떤 결론을 얻을 수 있는가? 바울은 자기의 질문에 스스로 대답한다. "유대인이나 그리스인이나 다 죄 아래에 있다고 우리가 이미 선언하였느니라"(3:9). 구약 성경이 이 판결을 확증한다. 우리 모두는 변명할 수 없다. 우리 모두는 우리의 의무를 알면서도, 그 의무를 이행하지 않고 있기 때문이다. 모든 반론은 잠잠해진다. 온 세상은 죄가 있으며, 하나님 앞에 책임이 있다(3:19-20).

하지만 이것은 병적인 관점이 아닐까? 그리스도인은(적지 않은 복음주의 그리스도인을 포함해서) 가끔 끊임없이 죄를 되뇌인다는 이유로, 우리 자신의 생활에서와 특히 복음 전파에 있어서 죄의 강박 관념에 사로잡힌다는 이유로 그리고 다른 사람들에게 죄의식을 일으킨다는 이유로 비난을 받는다. 예를 들면, 니체는 다음과 같이 심한 불만을 토로하였다. "기독교는 병을 **필요로** 한다.···구원 절차에서 교회의 전체 체계의 감춰진 진짜 목적은 병을 **일으키려는 것이다**.···사람은 기독교로 '개종하는' 것이 아니다. 단지 기독교를 받아들일 수 있을 만큼 병드는 것이다."[14] 니체는 기독교를 죄의 병에 대한 치료약이라고 한 점에서 부분적으로는 옳았다. 결국 예수님도

---

14) Friedrich Nietzsche, *The Anti-Christ*, pp. 167-168.

"건강한 자에게는 의사가 쓸 데 없고 병든 자에게라야 쓸 데 있느니라"고 말씀하심으로써, 자신이 '세리와 죄인들'에게 힘을 쏟는 것을 변호하셨다. 그러면서 그분은 "나는 의인을 부르러 온 것이 아니요 죄인을 부르러 왔노라"고 덧붙이셨다(막2:17). 하지만 사람들을 개종시키기 위하여 그들을 병들게 '만드는' 것이 교회의 역할이라는 말에 우리는 강하게 반대한다. 그 대신 우리는, 그들의 병을 깨닫게 해줌으로써 그들이 위대한 의사에게로 돌아오게 해야 한다.

그런데도 비평가들은 그리스도인들이 불건전하게 죄에 사로잡혀 있다고 주장한다. 이런 견해를 최근에 유창하게 대변한 사람이 바로, BBC 방송국의 종교부 특파원이었던 제럴드 프리슬랜드(Gerald Priestland)다. 라디오 연속 프로였던 "프리슬랜드의 진행"(Priestland's Progress)에서 그가 한번은 "죄책의 날이 선 종교"(Guilt-edged Religion)라는 제목으로 이야기했다. 그는 열 살 때 기독교를 죄에 관한 종교로 생각했으며, 열다섯 살이 되었을 때는 "이름을 붙일 수 없는 은밀한 범죄들"에 대한 하나님의 보복에 대한 두려움과 함께 "절망의 깊은 구렁을 언뜻 보았다"고 했다. 그리고 그 두려움은 그 후 삼십 년 동안 줄곧 자라 왔다고 이야기했다. 기독교는 그에게 아무 도움도 주지 않았다. "내가 십자가에서 고통당하는 그 희생자와 함께 십자가를 볼 때, 그것이 나에게 주는 유일한 메시지는 이것이었다. '네가 이렇게 만들었다. 그러니 너에게는 건전함이 없다!'" 다메섹 도상의 개종에 해당하는 사건이 마침내 그에게 일어난 것은 "정신과 의사의 침상"에서였다. 왜냐하면 그가 "지금까지 얻지 못하던 사죄의 요소"를 배운 곳이 그곳이었기 때문이다. 그 후로 그는 "개인적 죄책감이 상당히 줄어들었고 상대적으로 죄에 대한 관심도 적어졌다"고 고백한다(pp. 59-60).

이것이 제럴드 프리슬랜드의 이야기의 전부는 아니지만, 반쪽 진리로 입게 되는 심각한 손상을 생생하게 보여 주는 데는 이 정도의 이야기로도 충분하다. 누가 기독교를 죄의 용서에 관한 것이라기보다는 오히려 죄에 관한 것이라고 생각할 수 있다는 말인가? 누가 십자가를 보고서, 그리스도께서 우리를 위하여 행하신 일의 영광스러움보다는, 우리가 그리스도께 행한 수치스러운 일만을 볼 수 있단 말인가? 탕자는 '자기 아버지께로 올' 수 있기 전에 먼저 '자기 자신에게 돌아와야'(즉 그의 자기 중심성을 시인해야) 했다. 화해의 기쁨 이전에 회개의 겸손함이 필요하다. 만약 탕자가 돌아오지 않고 먼 나라에 그냥 머물러 있었거나 혹은 돌아왔더라도 회개하지 않은 상태로 돌아왔다면, 반지도, 새 옷도, 입맞춤도, 잔치도 없었을 것이다. 우리의 죄의식은, 그것이 우리를 집으로 돌아오게 해줄 때만 커다란 축복이다.

이 말은, 우리의 양심이 항상 믿을 만한 안내자가 된다는 의미는 아니다. 병적이고 지나치게 예민한 양심도 있으며, 이런 양심을 가지고 죄의식을 고의적으로 만들어 내는 것은 유해한 일일 것이다. 하지만 모든 죄의식이 병적이라고 말할 수는 없다. 도리어 자기는 죄도 없고 잘못을 범하지도 않는다고 공공연히 떠드는 사람들이 더 악한 병에 걸려서 고생하고 있는 것이다. 왜냐하면 양심의 고발로 말미암는 고통에서 벗어나기 위하여, 양심을 조작하고 질식시키며 심지어 "마비시키는"(딤전 4:2) 것은, 구원의 필요에 대하여 무감각하게 만들기 때문이다.

그렇다면 사람들로 하여금 자기 행위에 책임을 지게 하고 하나님의 심판의 위험을 경고하기 위하여, 또한 사람들에게 죄를 고백하고 회개하고 그리스도께 돌아오라고 권하기 위하여 죄의 심각성과 구속의 필요성을 주장하는 것은 건전한 일인가, 아니면 불건전한 일인가? 그것은 건전한 일이다. 만약 '거짓된 죄책감'(우리가 행하지 **않은** 악에 대하여 갖는 나쁜 감정)이 있다면, '거짓된 순결의식'(우리가 **행한** 악에 대하여 갖는 좋은 감정)도 있기 때문이다. 만약 거짓된 통회가 건전하지 않다면(죄책에 대한 근거 없는 슬픔), 거짓된 확신(사죄에 대한 근거 없는 즐거움) 역시 불건전하다. 그러므로 우리가 죄의 심각성을 강조할 때, 그것을 과장해서 이야기하는 자는 우리가 아니라 도리어 그것을 과소평가하는 비판자들이다. 하나님은 구약 시대에 거짓 선지자들에 관하여 다음과 같이 말씀하셨다. "그들이 내 백성의 상처를 가볍게 여기면서 말하기를 평강하다 평강하다 하나 평강이 없도다."[15] 피상적인 치료는 언제나 오진 때문이다. 그런 처방을 내리는 사람들은, 죄의 심각성을 부인하는 현대의 속이는 정신의 제물이 된다. 하지만 우리의 상황이 아무리 심각하다 하더라도 즉각적인 치료에 착수하기만 하면, 우리의 상황을 올바로 진단하는 것은 결코 불건전한 일이 될 수 없다. 따라서 율법은, 우리를 정죄함에도 불구하고 하나님의 좋은 선물이다. 이것은 율법이 우리를 그리스도에게로 보내서 거기서 칭의를 얻도록 하기 때문이다. 또한 성령께서 오셔서 "죄에 대하여…세상을 책망"하시는데, 이는 오직 그리스도가 죄책으로부터의 구원자이심을 더욱 효과적으로 증거하기 위해서다(요 16:8; 15:26-27). 사죄

---

15) 렘 6:14; 8:11.

의 기쁨에 비교할 만한 기쁨은 없다.

최근 미국의 어떤 심리학자들과 정신과 의사들은 바로 이 점에서 잘못하고 있는데, 이는 그들이 중간쯤 가다가 말기 때문이다. 비록 어떤 사람들은 기독교 신앙을 고백하지 않지만 출발점에서는 올바른데, 그들은 우리가 죄, 책임, 죄책을 심각하게 생각해야 한다고 주장하기 때문이다. 이것은 확실히 큰 수확이다. 하지만 잘 처방할 수 없으면서 진단만 잘한다는 것은, 위험하고도 환멸스러운 미봉책을 채택하는 것이다.

호바트 모우러(Hobart Mowrer) 박사는, 일리노이 대학에서 심리학 연구 교수로 있을 때, 프로이트 심리학에 대한 비평서인 「정신의학과 종교의 갈등」(*The Crisis in Psychiatry and Religion*, 1961)을 발표했는데, 그는 '정신신경증은 도덕적 책임감과 무관하다'는 관념을 배격했다. 왜냐하면 "우리가 죄의 실체를 부인하는 바로 그만큼, 우리는 근본적인 구속('치료')의 가능성에서…멀리 떨어져 있기" 때문이다(p. 40). 모우러 박사는 '죄'라는 낱말을 사용함으로써, 그가 속한 전문가 집단에 상당한 소동을 일으켰다. 그러나 그는 죄의 사실을 가르칠 것과, 죄를 인정해야 할 필요를 고집했다.

> 한 사람이, 실재하지만 인정되지 않은, 용서받지 못한 죄책의 그늘 아래서 사는 동안 그는…'자신을 용납할 수'…**없다**. 그는 계속해서 자신을 미워할 것이며, 자기 증오의 필연적인 결과들로 고통을 당할 것이다. 그러나 그가…자기의 죄 있음과 약함을 인정하는 순간, 근본적인 개혁의 가능성이 열리며, 또한 동시에…자기 존경과 평안의 새로운 자유가 열린다(p. 54).

그로부터 몇 년 후에, 윌리엄 글래서(William Glasser) 박사는 죄책이란 병적인(pathological) 것이라는 프로이트의 주장에 반기를 들면서, 로스엔젤레스에서 비행 소년들 및 다른 사람들을 치료하는 데 다른 접근 방법을 개발하였다. 그는 이 방법을 '현실 요법'(Reality Therapy)이라 불렀다. 글래서의 주장은 "자신의 본질적인 필요를 채우지 못한" 사람, 특히 사랑과 자기 가치를 채우지 못한 사람은 주변 세상의 실체를 부인하며, 무책임하게 행동한다. 따라서 치료자는 "환자가 지금까지, **자기 행동에 대한 책임이 자기에게 있다는 것**을 회피하려고 노력하면서 살아 왔다는 사실을 직면하도록" 해주어야 한다는 것이다.[16] 모우러 박사는 그의 책 서문에서 글래서 박사의 치료 방법의 본질을 "세 개의 R, 즉 reality(현실), responsibility(책임), right-and-wrong(옳고 그름)이라는 정신 치료적 입장"으로 요약한다(p. xii).

이와 유사하게, 메닝거는 "죄는 인간 마음의 은밀한 법정에서 다루어져야 한다"고 쓴다.[17] 이것은 올바르고 좋은 말이다. 하지만 어떻게 그런 일이 이루어질 수 있는가? 그의 주장에 따르면, 특별히 "회개, 수리, 배상 그리고 속죄"에 의해서 그 일이 이루어질 수 있다. 여기서 칼 메닝거는 복음에 대한 그의 이해가 매우 부분적임을 드러낸다. 왜냐하면, 그가 사용한 네 단어는 이런 식으로 일괄될 수 없기 때문이다. 처음 세 단어는 하나로 묶어 다루어질 수 있다. 수리(이 단어는 무엇을 고친다는 의미의 일반적인 단어다)와 배상(누군가가 훔쳐 간 것을 회복시킨다는 좀더 특정한 의미다)은 모두, 회

---

16) William Glasser, *Reality Therapy*, pp. 5-41.
17) Karl Menninger, *Whatever Became of Sin?*, p. 180.

개의 진실성을 상징하기 위하여 필요한 말이다. 그러나 '속죄'는 우리가 할 수 있는 일이 아니다. 하나님만이 우리의 죄를 속하실 수 있으며, 실제로 하나님은 그리스도를 통하여 이 일을 이루셨다.

메닝거 박사가 하나님의 용서를, 지나치면서 슬쩍 한두 번 언급한 것은 사실이다(비록 그리스도의 십자가에 근거를 두지는 않았지만). 하지만 호바트 모우러 박사는 하나님의 용서라는 단어와 개념을 고의적으로 회피한다. 메닝거와 마찬가지로 그도 과실을 인정하는 일과 그것을 배상하는 일에 관심을 집중한다. 그는 자기의 치료 그룹을 '고결성 그룹'이라고 부르는데, 이는 자신의 악행을 시인하는 개인적인 고결성이 그 그룹의 근거를 형성하기 때문이다. 그 그룹에 참여하는 것은 "완전하고 무조건적인 자기 노출"—그는 이것을 '엑소몰로게시스'(*exomologēsis*)라고 부른다—에 의하여 이루어진다. 1970년에 일리노이 대학에서 모우러 박사와 개인적으로 대화를 나누면서, 나는 '엑소몰로게시스'가 '고백'에 해당하는 헬라어라고 언급하고서, 기독교 전통에서 고백의 목적은 피해를 입은 당사자로부터 용서를 받으려는 것이라고 이야기하였다. 그러자 그는 즉각적으로 "오, 우리는 용서에 대해서는 결코 이야기하지 않습니다"라고 답했다. 그의 죄 개념은, 각각의 경우에서 죄를 계약 의무의 불이행으로 이해하는 것이다. 그리고 그것에 대하여, 죄를 지은 사람은 배상을 해야 한다. 그러므로 피해를 입은 사람 혹은 하나님이 베푸시는 용서란 불필요하다.

앞에서도 지적했듯이, 비록 메닝거 박사는 용서를 언급해서는 안 된다는 모우러 박사의 견해에 찬성하지는 않지만, 두 사람은 모두 십자가를 하나님이 죄를 용서하시는 유일하고 충분한 근거로 여기는 일은 차치하고 십자가를 언급조차 하지 않는다. 하나님의 구속사역에 대한 확신을 동시에 회복시키지 않고서 인간의 죄, 책임, 잘못과 배상의 개념들을 회복시키려는 것은 균형을 잃은 일이다. 그것은 처방이 없는 진단이요, 하나님의 구원 대신에 자력의 구원으로 대치하려는 허망한 노력이요, 소망을 다시 바닥에 내던지기 위하여 높이 들어올리는 일이다.

인간의 책임을 완전히 인정하고 그리하여 인간의 죄책을 완전히 시인하는 것은, 인간 존재의 존엄성을 감소시키는 것이 아니라 실제로 고양시키는 것이다. 이렇게 하기 위해서는, 인간은 동물과 달리 도덕적인 책임을 지는 존재로서, 자기가 어떤 존재인지를 알고 자기가 무엇이 될 수 있었으며 어떻게 되어야 했음을 알고 또한 그 기준에 형편없이 못 미치는 실상에 대하여 변명을 하지 않는 존재라는 사실이 전제된다. 이것이 바로, 하비 콕스(Harvey Cox)가 그의 책 「뱀이 하는 대로 내버려두지 말라」(*On Not Leaving it to the Snake*)에서 주장한 것이다. 그는 에덴 동산에서 하와의 죄는 금단의 열매를 따서 먹었다는 불순종보다는 그 일에 앞서서 자기의 책임을 포기한 연약한 행위이며, 교만이라기보다는 게으름이라고 강조한다. 비록 콕스 박사가, 죄를 본질적으로 교만으로 보는 성경의 견해를 거부하고, '성인 된 인간'(man come-of-age)이라는 잘못된 개념의 영향을 받은 것은 사실이지만, 그럼에도 불구하고 그는 "오늘날 세계에서 죄의 핵심적인 형태는 무감각이다.…아담과 하와에게 무감각이란 뱀으로 하여금 자기들이 할 일에 대해서 말하도록 방치한 것이다. 그것은…세상을 지배하고 다스리는 일을 포기함을 의미한다"(p. xvii)고 말함으로써 중요한 점을 지적한다. 선택은 인간됨의 본질에 속한다. 단순히 하나님이 되려고 시도하는 것만이 죄가 아니라 우리의 행동에 대한 책임을 얼버무림으로써 인간이 되기를 거부하는 것도 죄다. "어떤 뱀도 우리에게 우리가 할 일을 지시하지 못하게 하라"(p. xviii). 나치 전범들이 가장 자주 내세우는 변명은, 단지 명령만을 수행했다는 것이다. 하지만 법정은 언제나 동일하게 그 책임을 그들에게 물었다.

성경이 **죄**를 심각하게 취급하는 것은, 성경이 **인간**(남자와 여자)을 심각하게 취급하기 때문이다. 지금까지 우리가 보아 왔듯이, 그리스도인들은 인간의 책임이 어느 정도 감소된 사실—어떤 환경에서는—을 부인하지는 않지만, 책임의 감소는 언제나 인간성의 감소를 수반함을 강조한다. 어떤 사람에 대하여, "그의 행동에 책임이 없다"고 말하는 것은 인간으로서의 그의 품위를 실추시키는 일이다. 우리가 행동에 책임을 지는 존재라는 사실은 인간됨의 영광의 일부다. 그러므로 우리의 죄와 잘못을 시인하면, 우리는 하나님의 용서를 받고 그분의 구원의 즐거움에 들어가며 그리하여 더욱 완전히 인간적이며 건강하게 되는 것이다. 실제로 고백과 회개와 예수 그리스도에 대한 믿음으로 이끌지도 않고, 그리하여 사죄로 인도하지도 않으면서 죄에 빠져드는 온갖 탐닉이야말로 불건전하다.

C. S. 루이스는, 유명한 에세이 "인도주의 형벌론"(The Humanitarian Theory of Punishment)에서 형벌은 정당한 응보라는 개념을 포기하고 그 대신에 형벌을 그 범죄자를 위하고(범죄자의 변화) 사회 전체를 위한(범죄의 방지) 인도주의적 배려라는 개념으로 대치하려는 현대의 경향에 개탄한다. 그의 주장에 따르면, 그가 그렇게 개탄하는 이유는, 그런 현대의 경향이 의미하는 것은 "모든 범법

자가 인간됨의 권리를 박탈당하는 것이기 때문이다. 그 이유는 이렇다. 인도주의 이론은 형벌에서 응보(desert)의 개념을 제거한다. 그러나 응보의 개념은 형벌과 공의의 개념을 연결하는 유일한 고리다. 어떤 판결이 의로운가 불의한가는, 그것이 그 죄에 대한 응분의 대가를 지불하는가 하지 못하는가에 따른다." 또한 "우리가 범죄자의 마땅히 받아야 할 응보가 무엇인지를 더 이상 생각하지 않고, 무엇이 그를 치료할 것인가 혹은 어떻게 하면 다른 사람이 그와 같은 짓을 못하도록 막을까 하는 것만 생각한다면, 우리는 교묘하게 그 범죄자를 정의의 영역에서 완전히 추방하는 것이다. 즉 우리는 그를 권리에 종속되는 한 사람으로 취급하지 않고 단순한 대상, 환자, 한 '사례'로 대하는 것이다"라고 그는 말한다. 만약 범죄자가 그런 취급을 **받을 자격**이 없는 존재라면, 우리가 무슨 권리로 강제력을 사용해서 범죄자를 그런 식으로―그것이 그를 치료하는 것이든 혹은 사회를 보호하는 것이 되었든―취급할 수 있단 말인가?

어떤 사람이 자기의 의지에 거스르서 '치료를 받아야 한다는' 것, 또한 우리가 질병으로 간주하지 않을 수도 있는 어떤 상태에 대하여 그가 치료를 받아야 한다는 것은, 그가 아직 이성적으로 생각할 수 있는 연령에 도달하지 않았거나 이성적으로 생각하려는 의지가 없는 사람의 수준으로 취급되며, 유아, 저능아, 가축으로 분류되는 것이다. 하지만 그 형벌이 아무리 엄하다 할지라도 우리가 응당 그것을 받아야 한다는 이유와, '우리가 더 잘 알았어야 한다'는 이유로 그 형벌을 받는 것은, 우리가 하나님의 형상대로 지음받은 인간으로 취급된다는 것이다.[18]

### 하나님의 거룩과 진노

지금까지 우리는 하나님에 대한 반항으로서 죄의 심각성을 생각했으며, 자신의 행동에 대한 인간의 계속적 책임을 살펴보았다. 또한 그들이 결국은 하나님 보시기에 죄를 범했으며 따라서 형벌을 받아야 할 위치에 있음을 살펴보았다. 하지만 우리는 하나님을, 악에 대해 '형벌'하시거나 '심판'하시는 분으로 생각할 수 있을까? 그렇다. 우리는 그렇게 생각할 수 있고, 또한 그렇게 생각해야 한다. 실로 십자가의 본질적인 배경은, 인간의 죄, 책임, 죄책뿐만 아니라 이런 것들에 대한 하나님의 의로운 반응 곧 그분의 거룩과 진노도 포함한다.

하나님이 거룩하시다는 사실은 성경적 종교의 기초다. 따라서 죄가 하나님의 거룩과 양립할 수 없다는 것은 당연한 결론이다. 그분의 눈은 "정결하시므로 악을 차마 보지 못하시며 패역을 차마 보지 못하신다." 그러므로 우리의 죄가 우리와 그분을 분리시켜서 그분의 얼굴이 우리에게 감추어지게 하며, 따라서 그분은 우리의 기도를 들어 주기를 거부하신다.[19] 그 결과로 성경 저자들은, 어떤 사람도 하나님께 눈을 고정할 수 없고 그 체험을 견딜 수 없음을 분명하게 이해하였다. 그들은 하나님의 '등'을 바라보도록 허락받을 수

---

18) C. S. Lewis의 에세이 "The Humanitarian Theory of Punishment"는 그의 글들을 모아 놓은 몇몇 책에 실려 있다. 내가 인용한 본문은 *Churchmen Speak*, ed. Philip E. Hughes, pp. 39-44에 실린 것이다. *Letters of C. S. Lewis*, ed. W. H. Lewis, p. 304에서 1962년 5월 25일에 C. S. Lewis가 T. S. Eliot에게 보낸 편지를 보라. 그는 이렇게 쓰고 있다. "어떤 사람이 그런 치료를 받을 만하지 않을 때에⋯ 그를 강제적인 치료를 받게 만드는 것은 사악한 포악이다."
19) 합 1:13; 사 59:1이하.

는 있었지만 그분의 '얼굴'을 쳐다볼 수는 없었으며, 햇빛을 볼 수는 있었지만 태양 자체는 볼 수 없었던 것이다.[20] 또한 하나님의 영광을 잠시라도 보는 것이 허락되었던 모든 사람은 그 빛을 감당할 수 없었다. 모세는 "하나님 뵈옵기를 두려워하여 얼굴을 가리웠다." 이사야는 보좌에 앉으신 승귀하신 여호와의 환상을 보았을 때, 자신이 부정하다는 의식에 사로잡혔다. 하나님이 자신을 욥에게 직접 나타내셨을 때, 욥은 자신을 "멸시하고", "티끌과 재 가운데서 회개했다"(개역개정 성경에는 "스스로 한하고"로 되어 있다—역주). 에스겔은 타오르는 불과 밝은 광채 속에서 "여호와의 영광의 형상의 모양"만을 보았지만, 그것으로도 그를 땅바닥에 거꾸러지게 하기에 충분했다. 이와 비슷한 환상 앞에서 다니엘 또한 얼굴을 땅에 대고 혼절하였다. 비록 예수님의 영광이 가리워진 지상의 생애 동안이긴 하지만, 주 예수 그리스도를 대면한 사람들 역시 깊은 불안을 느꼈다. 예를 들면 그리스도께서는 베드로 속에, 그의 죄악에 대한 느낌과, 그리스도 앞에 설 만한 가치가 없는 존재라는 느낌을 일으키셨다. 요한이 그분의 하늘에서의 위엄을 보았을 때, 그는 "그 발 앞에 엎드러져 죽은 자같이 되었다."[21]

하나님의 거룩에 밀접하게 연결된 것이 그분의 진노인데, 사실 이것은 악에 대한 그분의 거룩한 대응이다. 우리는 진노의 하나님은 구약에 속하시며 반면에 신약의 하나님은 사랑이시라고 말함으로써 이 사실을 무시해 버릴 수 없다. 왜냐하면 신약 성경에서 하나님의 진노가 드러나듯이, 구약 성경에도 하나님의 사랑이 명백하게

---

20) 예를 들어, 출 33:20-23; 삿 13:22.
21) 출 3:6; 사 6:1-5; 욥 42:5-6; 겔 1:28; 단 10:9; 눅 5:8; 계 1:17.

드러나기 때문이다. 이에 대해서는 타스커(R. V. G. Tasker)가 정당하게 기술했다. "하나님의 성품의 이 두 가지 속성 사이에 아무런 갈등이 없다는 것은 성경의 공리다. 또한 과거 대부분의 위대한 기독교 신학자들과 설교가들은, 하나님이 자기를 계시하시는 이 두 측면에 동시에 충실하려고 노력하였다."[22] 하지만 분노하시는 하나님이라는 개념은 그리스도인들의 마음에 계속해서 문제를 일으킨다. 그들은 이렇게 질문한다. 예수님이 살인과 동일시하셨고, 바울은 우리가 벗어 버려야 할 '타락한 본성의 행위'의 하나로 선언한 그 감정이 어떻게 거룩하신 하나님의 속성이 될 수 있는가?[23]

이 질문에 답하기 위한 시도로 제시된 한 가지 설명은 특히 도드(C. H. Dodd)와 그의 『로마서 주석』(*The Epistle of Paul to the Romans*)에 연관되어 있다. 그는 지적하기를, 바울은 하나님의 사랑을 언급하면서 하나님이 우리를 "사랑하셨다"고 썼지만, 하나님의 진노에 대하여 언급할 때는 하나님이 우리에게 "진노하신다"라고는 결코 쓰지 않았다고 했다. '진노하다'라는 이 동사가 나타나지 않는 것 외에도, 명사 '오르게'(*orgē*, 분노 혹은 진노)를 바울은 계속해서 "기묘한 비인격적 방식"으로 사용한다(p. 21). 바울은 '진노' 혹은 '그 진노'를 언급할 때 그것이 누구의 것인지를 밝히지 않음으로써, 거의 절대화시킨다. 예를 들면 바울은 "하나님의 진노의 날"을 말하며, 어떻게 "율법이 진노를 가져오는가"를 말하며, 또한 어떻게 진노가 믿지 않는 유대인들에게 "임했으며", 한편 어떻게 신

---

22) R. V. G. Tasker, *Biblical Doctrine of the Wrath of God*, p. vii. 막 3:5과 (어떤 사본을 따르면) 막 1:41에서 '진노'라는 말이 예수님께 적용되어 사용되고 있다.
23) 마 5:21-26; 갈 5:20; 엡 4:31; 골 3:8.

자들은 예수 그리스도를 통하여 "임박한 진노"에서 구원을 얻는가를 말한다.[24] 이런 증거에서부터 도드가 추론해 낸 결론은, 바울이 진노의 개념을 견지한 것은 "인간을 향한 하나님의 태도를 묘사하기 위함이 아니라 도덕적 세계에서의 인과(cause and effect)라는 필연적 과정을 묘사하기 위함이었다"는 것이다(p. 23).

한슨(A. T. Hanson) 교수는 자신의 포괄적인 성경 개요인 「양의 진노」(*The Wrath of the Lamb*)에서 도드의 주장을 상세히 설명했다. 포로 시대 이후의 성경 저자들 사이에 존재하는 "하나님의 진노를 매우 비인격적인 방식으로 이야기하는" "괄목할 만한 경향"에 주의를 집중하면서, 그는 하나님의 진노를 "역사 속에서 힘을 발휘하고 있는 죄의 필연적인 과정"으로 정의한다(pp. 21, 37). 신약 성경으로 오면 그는 이렇게 쓴다. "바울에게 진노의 비인격적 성격이 중요했다는 데는 의심의 여지가 없다. 이 비인격성 때문에, 바울은 진노를 곧장 하나님께 돌리지 않아도 되었으며, 진노를 하나님의 속성이 아니라 죄인들이 스스로 자초하는 과정으로 바꿀 수가 있었다." 왜냐하면 진노는 "전적으로 비인격적인" 것이며, "하나님의 속성을 묘사하지 않고 인간의 상태를 묘사하기" 때문이다(pp. 69, 110).

여기서 "바울은 진노를 하나님께 돌리지 않아도 되었으며"라는 표현은 내면의 생각을 노출시킨다. 이 표현이 암시하는 것은, 바울은 하나님의 인격적인 진노라는 개념에 불편함을 느끼고, 그것을 믿고 가르쳐야 한다는 필요성에서 벗어날 길을 찾다가 마침내 진노

---

24) 롬 2:5; 4:15; 살전 2:16; 1:10; 롬 5:9.

는 하나님의 감정이나 속성 혹은 태도가 아니라 죄인에게 영향력을 행사하는 비인격적인 역사적 과정임을 발견함으로써 그 부담에서 "벗어났다"는 것이다. 이 점에서 한슨 교수는 자신의 딜레마를 바울에게 투사하는 듯하다. 왜냐하면 그는 자기 자신이 그런 선험적(*a priori*) 문제를 가지고 있다고 고백할 만큼 솔직하기 때문이다. 논의의 거의 끝 부분에서 그는 이렇게 쓴다. "신약 성경에 나타나는 하나님의 진노에 대한 언급이 의미하는 것이, 하나님은 분노하시는 분으로 이해되었다는 것이라고 우리가 일단 생각하게 된다면…, 어떤 의미에서 성자는 성부의 진노를 견딘 것이라고 주장하지 않을 수 없게 되며, 또한 그런 이론으로 말미암아, 하나님이 주신 우리의 도덕적 정의의 감각을 변형시키고 왜곡시키면서 법정적 견지에서 모든 것을 생각지 않을 수 없는 것이다"(pp.193-194). 여기서 그는 마치 우리에게 이런 "소름끼치는 어려움들"을 피하기 위하여 하나님의 진노를 재해석했다고 말하고 있는 듯하다. 그는 그리스도께서 십자가에서 "진노"를 당하셨다고 말하는 것은, 그분이 인간의 형벌을 당한 것이 아니라 "인간의 죄의 결과를 당하신" 것을 의미한다고 주장한다(p. 194).

그러므로 우리는 우리가 가진 전제들을 주의해서 살펴야 한다. 십자가에 대한 우리의 이해를 규정지을 어떤 선험을 가지고 시작하는 것은, 설사 그것이 '하나님이 주신 도덕적 정의의 감각'이라 할지라도, 위험한 일이다. 도리어 하나님이 주신 십자가의 교리에서부터 귀납적으로 시작해서 도덕적 정의에 대한 우리의 이해를 형성하는 것이 더 지혜롭고 안전한 방법이다. 따라서 도덕적 정의와 결코 모순이 아니며, 도리어 도덕적 정의를 표현하고 지켜 주는 성경적이요 기독교적인 '진노' 개념과 '화해'(propitiation) 개념을 견지하는 것이 가능함을 뒤에서 입증하고자 한다.

'진노'를 비인격적인 과정으로 재구성하려는 도드, 한슨을 비롯한 여러 사람들의 시도는 최소한 '입증되지 않은' 것으로 선언되어야 한다. 그 단어가 어떤 때는 하나님을 분명하게 지칭해서 사용되지 않으며, 때로는 정관사 없이 또 때로는 정관사와 함께 사용되기도 하는 것은 분명한 사실이다. 하지만 바울과 요한은 "하나님의 진노"라는 완전한 어구도 서슴없이 사용했다. 또한 바울이, 하나님의 진노가 이교 사회의 도덕적 부패를 통하여, 또한 국가의 공의의 집행을 통하여 드러난다고 가르쳤다는 데는 아무런 의심이 있을 수 없다.[25] 하지만 이 과정들은 하나님의 진노와 동일시되는 것이 아니라 그 과정의 드러남으로 선언된다. 하나님의 진노(즉, 악에 대한 하나님의 적대감)가 사회적 과정과 법적인 과정을 통하여 실현된다는 진리 그 자체가 순전히 비인격적인 인과 관계의 연속이라는 결론을 유도하는 것은 아니다. 바울이 비인격적인 표현들을 채택한 이유는, 하나님은 결코 화를 내지 않으신다고 단언하기 위함이 아니라, 그분의 분노는 어떠한 인격적 악의의 색조도 없는 것임을 강조하기 위해서일 것이다. 결국 바울은 '카리스'(*charis*, 은혜)를 이야기하면서도 하나님을 언급하지 않을 때가 가끔 있지 않은가? 예를 들면 그는 은혜가 "넘침" 혹은 은혜가 "다스림"이라는 말을 쓴 바 있다(롬 5:20-21). 그런데도 우리는 이 경우에 은혜를 비인격화

---

25) 롬 1:18-32과 13:1-7. C. H. Dodd는 그의 주석 pp. 26, 204에서 이것들을 언급하고 있다.

해서, 그것을 어떤 영향력 혹은 과정으로 바꾸지 않는다. 도리어 은혜는 모든 단어 가운데서 가장 인격적인 단어다. 은혜란 바로 우리를 향하여 자비롭게 행하시는 하나님 자신이다. 따라서 '카리스'가 하나님의 은혜로운 인격적 행동을 나타내는 것과 마찬가지로 '오르게' 역시 악에 대한 하나님의 인격적인 적대감을 나타내는 말이다.

그렇다면 분노를 어떻게 정의할 수 있는가? 특히 의로운 인간의 분노에 관하여 쓰면서, 제임스 데니는 그것을, "영혼이 보기에 나쁘다거나 해롭다고 여겨지는 모든 것에 대한, 영혼의 본능적인 분노 혹은 반응"이며 또한 "해치는 것에 대한 강렬한 반감"이라고 했다.[26] 이와 유사하게, 레온 모리스의 말에 의하면 하나님의 진노는 "악에 대한 하나님의 인격의 신성한 반발"이며, 악에 대한 하나님의 "인격의 강인한 반대"다.[27] 하나님의 분노를 이렇게 말하는 것은, 만약 우리가 이 말을 대략적이고 개괄적인 비유로 인식한다면, 합법적인 신인동형적 표현(anthropomorphism)이다. 왜냐하면 하나님의 분노는 절대적으로 순결하며, 인간의 분노를 악한 것이 되게 하는 그런 요소들에 의하여 오염되지 않았기 때문이다. 인간의 분노는 대개 방종하며 억제되지 않은 것이다. 하지만 하나님의 분노는 언제나 원칙이 있고 조절되는 것이다. 우리의 분노는 발작적인 폭발이 되는 경향이 있으며, 불쾌한 감정과 보복하려는 시도에 의하여 일어나는 경향이 있다. 하지만 하나님의 진노는 악에 의해서만 일어나고, 악에 대한 정죄 속에서만 표현되는, 하나님의 계속적이며 확

---

26) James Denney, article "Anger", pp. 60-62.
27) Leon Morris, *Cross in the New Testament*, pp. 190-191. 또한 그의 *Apostolic Preaching*, pp. 161-166를 보라.

고한 적대(antagonism)다. 하나님은 사적인 원한이나 앙갚음 같은 것을 전혀 가지지 않으신다. 실로 하나님은 그 적대자에 대해 감소되지 않은 사랑을 동시에 유지하신다. 찰스 크랜필드(Charles Cranfield)의 요약에 따르면, 하나님의 '오르게'는 "무분별하고 무절제하며 비합리적인 분노의 악몽이 아니라, 인간의 '아세베이아'(*asebeia*, 불경건)와 '아디키아'(불의)에 의하여 일어나며, 그것들을 향하는 거룩하고 자비로운 하나님의 진노다."[28]

거룩에 대한 성경의 개념과 하나님의 진노에 대한 성경의 개념에 공통적인 것은, 이 둘이 죄와 병존할 수 없다는 진리다. 하나님의 거룩은 죄를 폭로한다. 그리고 하나님의 진노는 죄를 대적한다. 따라서 죄는 하나님께 가까이 갈 수 없으며, 하나님은 죄를 용납하실 수 없다. 이런 준엄한 사실을 생생하게 예증하기 위하여 성경에는 몇 가지 은유가 사용된다.

그 첫 번째 은유가 **높음**(height)이다. 창조와 언약의 하나님은 성경에서 자주 "지극히 높으신 하나님"으로 불리며, 몇몇 시편에서도 "지극히 높으신 여호와"라는 이름으로 친근하게 불린다.[29] 그분의 높이 계심은, 자연에 대한 그분의 주권, 땅과 "모든 신들"에[30] 대한 그분의 주권을 나타내며, 또한 죄인들이 그분께 감히 가까이 나아갈 수 없음을 나타낸다. 그분의 보좌가 "은혜의 보좌"로 불리며, 그분의 언약적 약속의 무지개로 둘려 있는 것은 사실이다. 그럼에

---

28) C. E. B. Cranfield, *Romans*, Vol. I, p. 111.
29) 예를 들어, 창 14:18-22; 시 7:17; 9:2; 21:7; 46:4; 47:2; 57:2; 83:18; 92:8; 93:4; 113:4; 단 3:26; 4:2, 17, 24-25, 32, 34; 5:18-21; 7:18-27; 호 7:16; 11:7; 미 6:6.
30) 예를 들어, 시 97:9과 99:2.

도 불구하고, 그 보좌는 "높고 숭엄"하며, 또한 하나님은 "높고 거룩한 분"으로서 사람이 만든 성전에 사시지 않는다. 이는 하늘이 그분의 보좌이며 땅은 그분의 발등상이기 때문이다. 따라서 죄인은 감히 그 앞에서 건방진 생각을 할 수 없다.[31] 그 하나님이, 자기의 그늘에서 안정을 발견하고 통회하는 마음이 겸손한 자들에게로 내려오시는 것 또한 사실이다. 하지만 그분은 교만한 죄인들을 "멀리서만" 아시며, 또한 교만한 자의 높고 오만한 눈을 참지 못하신다.[32]

하나님의 '높이' 좌정하심이란 문자적인 사실이 아니며, 따라서 당연히 글자 그대로 이해해서는 안 된다. 하나님을 '저기 높은 곳'에만 계신 분으로 생각해 버리는 최근의 경향은 매우 피상적이다. 성경 기자들은, 우리와 똑같이, 높음이라는 말을 초월의 상징으로 사용했다. 그것은 깊음이라는 말보다 더욱 풍성한 표현이다. '존재의 근거'(the Ground of Being)라는 말은 어떤 사람들에게는 궁극적인 실체가 무엇인지를 말해 줄 수 있겠지만, 이 말보다는 '높이 계신 분'이라는 말이 하나님의 타자성(otherness)을 더 명확하게 전달해 준다. 살아 계신 크신 하나님을 생각할 때는, 아래를 내려다보는 것보다는 위를 올려다보는 것이 좋고, 우리 내부를 들여다보는 것보다는 우리의 밖을 쳐다보는 것이 더 좋다.

두 번째 상징은 **거리**(distance)의 표현이다. 하나님은 우리 '위에 높이' 계실 뿐 아니라, 우리에게서 '멀리 떨어져' 계신다. 우리는 감히 너무 가까이 나아갈 수 없다. 실제로 그 거리를 유지하게 하는 금령이 성경에는 많다. 불붙는 가시나무 덤불 속에서 하나님은 모

---

31) 히 4:16; 계 4:3; 사 6:1; 57:15; 행 7:48-49.
32) 사 57:15; 시 91:1, 9; 138:6; 잠 21:4; 사 10:12.

세에게 "이리로 가까이 하지 말라"고 말씀하셨다. 그렇기 때문에 이스라엘의 예배 순서는, 하나님의 언약 때문에 하나님은 그들에게 가까이 하신다는 사실과 또한 그 분의 거룩 때문에 하나님은 그들과 분리되어 계신다는 두 가지 사실을 보완하는 진리를 표현했다. 이는 마치, 비록 하나님은 이스라엘에게 자신을 계시하기 위하여 시내산으로 내려오셨지만, 또한 모세에게 이르셔서 산 아래의 둘레에 한계를 정해서 백성으로 하여금 가까이 나아오지 못하게 하라고 하셨던 것과 마찬가지다. 이와 유사하게 성막(뒤에는 성전) 건축을 위한 지침을 내리실 때도 하나님은 자기 백성 가운데 거하리라고 언약하셨지만, 동시에 자신은 죄인의 손이 미치지 못하는 곳에 거한다는 영원한 상징으로, 지성소 앞에 휘장을 드리울 것을 경고하셨다. 대제사장이 일 년에 한 번 대속죄일에, 그것도 희생의 피를 들고 들어가는 것 외에는, 어떤 사람도 그 휘장 속으로 들어갈 수 없었으며, 만약 들어간다면 그는 반드시 죽어야 했다.[33] 또한 이스라엘 사람들이 요단을 건너서 언약의 땅으로 막 들어가려는 때에, 그들은 다음과 같은 엄밀한 명령을 받았다. "그러나 너희와 그 사이 거리가 이천 규빗쯤 되게 하고 그것(언약궤)에 가까이 하지는 말라"(수 3:4). 웃사의 죽음에 대한 이야기는 하나님의 거룩함과 인간의 주제넘은 행동의 위험에 관한 분명한 교훈을 배경으로 하여 이해해야 한다. 언약궤를 나르던 황소가 비틀거리자, 웃사는 손을 뻗어 언약궤를 잡았다. 그러나 "여호와 하나님이 웃사가 잘못함으로 말미암아 진노하사 그를 그곳에서 치시니"[34] 그는 죽었다. 주석가

---

33) 출 3:5; 19:3-25(참고. 히 12:18-21); 20:24; 25-40장, 특히 29:45-46; 레 16장(참고. 히 9:7-8).

들은 이 "원시적인" 구약 성경의 이해를 통해 하나님의 진노를 "근본적으로 비이성적이며, 결국 수수께끼 같고 신비로운 원시적 힘에서 터져 나온 설명할 수 없는 것"이고, "일시적인 변덕"에 가까운 것이라고 논박하는 경향이 있다.[35] 그러나 결코 그렇지 않다. 하나님의 진노에 관해서는 불가해한 점이 전혀 없다. 이런 형태 혹은 저런 형태로 악이 존재한다는 사실이 언제나 하나님의 진노에 대한 설명이다. 죄인은 전적으로 거룩하신 하나님께 가까이 나아갈 때 결코 무사할 수 없다. 마지막 날에, 그리스도 안에서 피난처와 정결케 됨을 발견하지 못한 사람들은 어떤 말보다도 가장 두려운 다음과 같은 말을 들을 것이다 "내게서 떠나가라."[36]

거룩한 하나님이 죄인들을 가까이 할 수 없음을 나타내는 세 번째와 네 번째 상징은 **빛**과 **불**이다. "하나님은 빛이시며" 또한 "우리의 하나님은 소멸하는 불이시다." 이 두 표상은 하나님께 너무 가까이 접근하는 것을 저지하며, 실제로 금한다. 밝은 빛은 우리의 눈을 멀게 한다. 우리의 눈은 그 광휘를 견딜 수 없으며, 또한 그 불의 열기 속에서 모든 것은 오그라들며 파괴된다. 그러므로 하나님은 가까이 가지 못할 빛에 거하신다. 그분을 "아무 사람도 볼 수 없다." 그리고 그 진리를 고의적으로 배격하는 사람들에게는 "오직 무서운 마음으로 심판을 기다리는 것과 대적하는 자를 태울 맹렬한 불만 있으리라.…살아 계신 하나님의 손에 빠져 들어가는 것이 무서

---

34) 삼하 6:6-7; 참고. 삼상 6:19. 성막을 분해하고, 옮기고, 재조립하는 책임을 진 레위인들에게 명백한 경고가 주어졌다. 민 1:51, 53을 보라.
35) Johannes Fichtner의 *orge*에 관한 논문, pp. 401-402.
36) 예를 들어, 마 7:23; 25:41.

울진저."³⁷⁾

다섯 번째 은유는 가장 극적이다. 이 은유가 표시하는 것은, 거룩한 하나님이 악을 배척하시는 것은, 마치 인간의 몸이 독을 **토해 내는** 것과 같이 결정적이라는 것이다. 구토는 아마 인간의 모든 반응 중에서 가장 격렬한 반응일 것이다. 성경에는, 가나안 족속의 비도덕적이고도 우상 숭배적인 행습이 너무나 역겨웠기 때문에 "그 땅도 스스로 그 주민을 토하여 내느니라"고 기록되어 있으며, 만약 이스라엘 족속이 그와 같은 죄를 범하면, 그 땅이 그들까지도 토하여 내치리라는 경고가 주어졌다. 더욱이 그 땅이 악을 거부하는 것으로 표현된 것은, 실상 여호와께서 그렇게 악을 거부하신다는 말이다. 왜냐하면 동일한 문맥에서 성경은 가나안 족속의 악행 때문에 하나님이 가나안 족속을 "가증히 여긴다"고 선언하시는 것으로 말하기 때문이다. 이와 동일한 히브리어 단어가 광야에서의 이스라엘의 완악한 불순종과 관련되어서 "내가 사십 년 동안 그 세대로 말미암아 근심하여(직역하면 '역겨워하여') 이르기를"이라고 사용되고 있다. 여기서도 그 동사는 아마 "우리 마음이 이 박한 식물을 싫어하노라!"는 말에서와 같이 메스꺼운 음식을 암시하는 것 같다. 우리의 섬세한 가정 교육은 아마 이 저속한 은유를 대할 때 우리로 하여금 당황케 할 것이다. 하지만 이 은유는 신약 성경에서도 계속된다. 예수님이 미지근한 라오디게아 교인들을 향하여, 그들을 자기 입에서 "뱉어 버리겠다"고 경고할 때 사용하신 헬라어 동사는 직역하면 '토하겠다'(*emeō*)는 뜻이다. 다소 충격적인 이 표현의 의미

---

37) 요일 1:5; 히 12:29(참고. 신 4:24); 딤전 6:16; 히 10:27, 31.

는 명확하다. 하나님은 죄와 위선을 참거나 '삭이지' 못하신다. 그런 것들은 그저 하나님의 입에 맞지 않는 정도가 아니라 구토를 일으킨다. 죄와 위선은 하나님께 너무나 불쾌한 것이기 때문에, 하나님은 그것들을 자신에게서 제거하셔야 한다. 즉, 뱉어 버리시든지 아니면 토해 내치셔야 한다.[38]

이 다섯 가지 은유는 하나님의 거룩과 인간의 죄가 도저히 병존할 수 없음을 생생하게 보여 준다. 높이와 거리, 빛, 불, 토하여 냄이라는 상징은 모두, 하나님은 죄를 대면하실 수 없으며 또한 만약 죄가 하나님께 너무 가까이 접근하면 죄는 거부되든지 아니면 불타 버리고 만다는 것을 말해 준다.

그런데도 현대인에게는 이런 개념들이 낯설다. 오늘날 대부분의 사람이 매력을 느끼는 하나님은 우리의 잘못을 손쉽게 눈감아 주는 그런 하나님이다. 그 하나님은 부드럽고 친절하고 융통성 있는 존재지, 난폭한 반응을 보이는 존재가 아니다. 불행하게도 심지어 교회 내에서도 우리는 하나님의 위엄에 대한 시각을 상실한 것 같다. 우리들 사이에는 심각한 천단함과 경솔함이 편만하다. 선지자들과 시편 기자들은 아마 우리를 보고 "눈앞에 하나님을 두려워함이 없다"고 말할 것이다. 공중 예배 시에는 웅크리거나 쭈그리고 앉는 것이 우리의 습관이 되어 버렸다. 하나님 앞에서 겸비함으로 부복하는 것은 고사하고 무릎을 꿇지도 않는다. 수치로 얼굴을 붉히며 눈물을 흘리기보다는 기쁨으로 손뼉을 치는 것이 우리의 더 큰 특징이 되었다. 우리는 하나님이 우리를 후원하고 친절을 베푸셔야 한

---

[38] 레 18:25-28; 20:22-23; 시 95:10; 민 21:5; 계 3:16.

다고 주장하기 위하여 하나님께로 어슬렁거리며 나아간다. 하나님이 어쩌면 우리를 내쫓으실지도 모른다는 생각은 전혀 떠오르지 않는다. 우리는 사도 베드로의 냉정한 말을 다시 들어 볼 필요가 있다. "각 사람의 행위대로 판단하시는 이를 너희가 아버지라 부른즉 너희가…때를 두려움으로 지내라."[39] 다른 말로 하면, 만약 우리의 재판자를 감히 아버지라고 부른다면, 우리는 그분에 대하여 주제넘은 짓을 하지 않도록 주의해야 한다. 만약 우리가 너무나 빨리 속죄로 나아간다면, 우리 복음주의자들이 속죄를 강조하는 것은 도리어 위험한 일이라고 말할 수도 있을 것이다. 우리는 먼저 죄인들이 하나님께 받아들여질 수 없음을 본 후에야 비로소, 그리스도께서 우리를 하나님께 받아들여지게 해주신 사실을 감사할 수 있다. 우리가 참으로 "할렐루야"를 외칠 수 있는 것은, 먼저 "화로다. 나는 버린 바 되었도다"라고 외친 후이다. 데일의 말은 이를 보여 준다. "죄가 하나님의 진노를 촉발시킨다고 믿지 못하는 이유는 부분적으로는 죄가 우리의 분노를 촉발시키지 않기 때문이다."[40]

그러므로 우리는, 죄를 미워하고 역겨워하시며 그 때문에 분노하시고 결코 죄와 타협하지 않으시는 하나님에 대한 성경의 계시를 굳게 붙잡아야 한다. 그럴 때 우리는, 하나님이 그분의 자비로 행악자를 용서하시고 씻으시며 받아들이기 위한 방법을 모색하실 때도, 도덕적 타협의 길을 취하시지는 않는다고 확신할 수 있다. 그것은 그분의 사랑과 진노를 똑같이 표현하는 방법이어야 한다. 브루너는 그것을 이같이 말했다. "하나님의 진노의 개념이 무시되는 곳에는

---

39) 벧전 1:17.
40) R. W. Dale, *Atonement*, pp. 338-339.

복음의 중심 개념, 곧 중보자를 통해 드러난 계시의 독특성에 관한 이해 역시 없을 것이다."[41] 이와 유사하게 "진노가 얼마나 큰가를 아는 사람만이 자비의 위대함에 압도될 것이다."[42]

속죄에 관한 모든 부적절한 교리는 하나님과 인간에 관한 부적절한 교리에서 연유한다. 만약 하나님을 우리의 수준으로 끌어내리고, 우리 자신을 하나님의 수준으로 끌어올리면, 우리는 구원을 확보하기 위한 철저한 속죄의 필요성은 고사하고, 철저한 구원의 필요성조차도 느끼지 못하게 된다. 반면에 우리의 눈을 멀게 하는 하나님의 거룩하신 영광을 우리가 일별하였을 때, 또한 성령에 의하여 우리의 죄를 깊이 느낀 나머지 하나님 앞에서 떨며 우리가 '지옥에 떨어져 마땅한 죄인들'임을 인정할 때, 그때에만, 오직 그때에만 우리는 십자가의 필요를 깊이 깨닫고 이전에 우리가 십자가의 필요를 느끼지 못했다는 사실에 경악하게 된다.

그러므로 십자가의 본질적인 배경은, 죄의 심각성과 하나님의 위엄에 대한 균형잡힌 이해다. 만약 우리가 둘 중 하나라도 축소시킨다면, 우리는 그로 말미암아 십자가를 축소시키는 것이다. 만약 우리가 죄를 반항이 아니라 실수로 해석하고, 하나님을 분노하시는 분이 아니라 관대하신 분으로 해석한다면, 자연히 십자가는 불필요해진다. 하지만 하나님을 끌어내리고 우리 자신을 보좌에 앉히는 것은, 십자가만 불필요하게 만들고 끝나는 것이 아니라, 하나님과 인간 모두의 지위를 격하시킨다. 하지만 하나님과 인간에 관한 성경적인 견해, 곧 우리의 죄와 하나님의 진노에 관한 성경의 견해는

---

41) Emil Brunner, *Mediator*, p. 152.
42) Gustav Stählin이 *orgē*에 관한 논문 p. 425에서 한 말.

인간과 하나님 모두를 높여 준다. 그 견해는, 인간을 자기 행위에 책임을 지는 존재라고 주장함으로써 인간을 높인다. 또한 하나님을 도덕적인 품성을 가진 존재라고 단언함으로써 하나님을 높인다.

따라서 우리는 이 장의 처음 부분, 곧 하나님께 용서는 가장 심오한 난제라는 데로 돌아온다. 웨스트코트(B. F. Westcott) 주교가 표현했듯이, "피상적으로 보면 용서보다 더 간단한 것이 없지만" 한편 "만약 우리가 깊이 들여다보면, 그것보다 신비스럽고 어려운 것은 없다."[43] 죄와 진노가 용서를 방해하는 것이다. 하나님은 우리를 원래의 책임 있는 존재로 존중해 주셔야 할 뿐만 아니라, 또한 자신을 있는 그대로의 거룩한 하나님으로 존중하셔야 한다. 거룩하신 하나님이 우리를 용서하실 수 있으려면, 그 전에 먼저 어떤 종류의 '만족'이 필요하다. 바로 이것이 다음 장의 주제다.

## 토론 문제

왜 하나님은 우리를 그냥 용서하실 수 없는가? 왜 우리의 용서는 그리스도의 죽음에 의존해야 하는가? 이것이 저자가 이 장에서 다루는 문제다. 그 대답은 우리가 죄의 심각성과 하나님의 위엄을 더 잘 이해하는 데 놓여 있다.

1. 당신은 '죄'라는 단어를 어떻게 이해하는가? 성경(예를 들어, 롬

---

43) B. F. Westcott, *Historic Faith*, p. 130.

8:7; 요일3:4)에 의하면, 죄의 **본질**은 무엇인가?(pp. 165-169)

2. "그러나 우리가 어떻게 우리의 죄에 책임질 수 있겠는가? 결국 우리는 죄를 지을 수밖에 없지 않은가!" 당신은 이 말에 어떻게 대답하겠는가?(p. 169이하)

3. "만약 인간들이 죄를 범해 오고 있다면(실제로 그들은 그렇게 하고 있다), 또한 만약 그들의 죄에 대한 책임이 그들에게 있다면, 그들은 하나님 앞에서 죄책이 있다"(p. 179). 어떤 사람이 "죄책에 관해 이런 식으로 말하는 것은 지나치고 병적인 관점이다"라고 불평한다면 당신은 어떻게 응답하겠는가?(p. 179이하)

4. "인간의 책임을 완전히 인정하고 그리하여 인간의 죄책을 완전히 시인하는 것은, 인간 존재의 존엄성을 감소시키는 것이 아니라, 실제로 고양시키는 것이다"(p. 187). 어떻게 해서 그러한지 근거를 설명하라.

5. 많은 사람들이 하나님이 화를 내시고 죄를 벌하신다는 개념을 받아들이기 어려워한다. 이 문제를 우회적으로 모면하려는 다음의 시도들에 대해 당신은 어떻게 대답하겠는가?

 (1) "진노의 하나님은 구약에 속하시며 반면에 신약의 하나님은 사랑이시다"(p. 191).

(2) "하나님의 진노는 인간을 향한 하나님의 태도를 묘사하기 위함이 아니라 도덕적 세계에서의 인과(cause and effect)라는 필연적 과정이다"(p. 193이하).

6. 하나님의 진노와 인간의 분노는 어떻게 다른가?

7. 저자는 하나님의 거룩이 인간의 죄와 병존할 수 없다는 사실을 예증하기 위하여 성경에서 사용된 다섯 가지 은유를 인용한다(p. 197이하). 이러한 상징에 의거하여 당신의 삶과 당신의 교회의 실상을 직시하면 무엇을 깨닫게 되는가?

8. "만약 우리가 너무나 빨리 속죄로 나아간다면, 우리 복음주의자들이 속죄를 강조하는 것은 도리어 위험한 일이라고 말할 수도 있을 것이다"(p. 203). 왜 그러한가?

# 5 ∽ 죄에 대해 만족시킴 *Satisfaction for Sin*

십자가에 관한 신학 용어 중에서 가장 심하게 비판받는 용어는 '만족시킴'(satisfaction)과 '대속'(substitution)이다(일반적으로 satisfaction과 함께 atonement 역시 '속죄'라는 말로 번역된다. 하지만 여기서 저자는 satisfaction을 '속죄'라는 말이 지니는 개괄적인 의미로 사용하지 않고 좀더 독특한 의미로 사용하므로, 조금 어색하긴 하지만 저자의 의도를 살려서 satisfaction을 '만족시킴' 혹은 '만족'으로 번역하기로 한다—역주). 하지만 이 장과 다음 장은 바로 이 두 단어를 변호하기 위하여 쓰였다. 이 두 단어를 조합시켜 놓으면('대속을 통한 만족'), 더욱 참기 어려운 말처럼 보인다. 사람들은 이렇게 묻는다. 하나님이 우리를 사죄하시기 전에 어떤 종류의 '만족'이 있어야 하며, 어떻게 예수 그리스도께서 우리의 '대신'(substitute)으로 죄인들이 받아야 할 형벌을 당하심으로써, 그 만족을 제공할 수 있다고 믿을 수 있는가? 그런 생각은 성경 계시에 나타난 하나님과는 어울리지 않으며, 원시적인 미신의 유물이며, 솔직히 말해서 정말 비도덕적이지 않은가?

예를 들면, 알리스터 하디(Alister Hardy) 경은 옥스퍼드의 동물학 교수(Linacre Professor)였으며, 일생 동안 종교적 경험을 연구했으므로 모든 종교적 경험에 대하여 호의적인 태도를 취했다. 그럼에도 불구하고 그는 "그렇게도 많은 정통 교인들이" 견지하고 있다고 생각한 "조야한" 믿음과는 타협할 수가 없다고 밝혔다. 「거룩한 정열」(*The Divine Flame*)이라는 제목으로 출판된 1965년의 기포드 강연(Gifford Lectures)에서 그는 만약 예수님이 오늘날 살아있다면 그가 과연 그리스도인이 되고자 했겠느냐고 물었다. 그리고 "나는 이 점에 대하여 상당히 회의적이다"라고 대답했다. "예수님은 아마, 고통당하는 육체의 잔인한 희생에 의하여 분이 풀리는 그런 하나님을 우리에게 전하지 않았으리라고 나는 확실히 느낀다.… 예수님의 소름끼치는 죽음이 하나님 보시기에 세상의 죄를 위한 희생이었다는 가설, 혹은 하나님이 자기 아들의 모양으로 오셔서 우리의 구속을 위하여 스스로를 고통스럽게 했다는 가설을 나는 받아들일 수 없다. 나는 진심으로 그런 종교적 관념을 모든 인류학 중에서 가장 매력 없는 사상이라고 생각한다는 사실을 고백할 수밖에 없다. 내 생각에, 그런 관념은 예수님이 가르친 종교의 철학과는 전혀 다른 종류의 철학―다른 심리학―에 속하는 것이다"(p. 218).

예수님은 자신의 죽음을 그런 조야한 말로 설명하지 않으셨으리라고 말한 점에서는 알리스터 경의 말이 옳지만(왜냐하면 실제로 예수님은 그렇게 하지 않으셨으므로), "많은 정통 교인들"이 그렇게 설명하고 있다고 가정한 점에서는 틀렸다. 그는 십자가에 대한 그리스도인의 이해를 더 쉽게 비난하기 위하여, 그것을 우스꽝스럽게 그려 놓았다. 진짜 문제는, 우리가 하나님을 모독하지 않으면서도 예수님의 죽음이 주는 구원의 효과를 고수하며, 그것의 전통적인 어휘('만족'과 '대속'을 포함한)를 고수할 수 있겠느냐는 것이다. 나는 우리가 그렇게 할 수 있으며, 또한 그렇게 해야 한다고 믿는다. 확실히 '만족'이니 '대속'이니 하는 단어 자체는 성경에 나오지 않기 때문에 우리는 매우 조심스럽게 논의를 진행해야 한다. 하지만, 이 둘의 개념은 모두 성경적이다. 사실 '대속을 통한 만족'에 관한 성경 계시가 있으며, 이것은 유일하게 하나님을 높이는 계시다. 따라서 이것은 교회의 예배와 증거에서 핵심을 차지해야 한다. 크랜머가 그의 '봉헌 기도'(Prayer of Consecration, 1549)의 첫머리에 '속죄를 통한 만족'의 교리를 명백히 한 것도 이런 이유에서였다. 그 결과로 영국 성공회 회원들은 사백 년 동안 예수 그리스도가 십자가 위에서 "자신을 드리는 한 번의 봉헌"으로써 "온 세상의 죄를 위하여 충만하고 완벽하며 충분한 희생, 봉헌, 그리고 만족이 되었다"고 묘사했다.

다른 여러 신학자들이 만족에 대한 개념을 어떻게 전개시키느냐 하는 것은, 먼저 제거되어야 할 사죄의 장애물을 그들이 어떻게 이해하느냐에 달려 있다. 그것들이 만족되기에 앞서서 무엇이 요구되는가? 누가 그것을 요구하는가? 요구하는 것은 마귀인가, 율법인가, 아니면 하나님의 명예나 공의 혹은 '도덕 질서'인가? 사실은 그 모든 것이 해답으로 제시되었다. 하지만 나는 가장 중요한 '장애'는 바로 하나님 자신에게 있음을 논증할 것이다. 하나님은 자신이 구상하신 구원의 방식 속에서 '자신을 만족시키셔야' 한다. 하나님은 결코 자가 당착에 의하여 우리를 구원하실 수 없다.

### 마귀를 만족시킴

십자가를 필요하게 만든 것이 마귀였다는 생각은 초대교회에 널리 퍼져 있었다.[1] 확실히, 예수님과 사도들은 십자가를, 마귀를 거꾸러뜨리는 수단이라고 말했다(우리는 이것을 뒷 장에서 다룰 것이다). 하지만 몇몇 초대 교부들은, 마귀의 능력 그리고 십자가가 어떻게 마귀의 능력을 박탈했는지를 설명하는 데 매우 천박한 방식을 사용하였다. 그들 모두는, 타락 이래로 또한 타락 때문에 인류는 죄와 죄책의 포로가 되었을 뿐만 아니라, 마귀의 포로가 되었음을 인식하였다. 그들은 마귀를 죄와 죽음의 주인으로 생각했으며, 이 폭군으로부터 예수님이 우리를 건져내셔야 한다고 생각했다.

하지만 다시 생각해 본 결과 우리는, 그들이 세 가지 실수를 범했다고 말할 수 있다. 첫째, 그들은 마귀가 실제로 소유한 이상의 능력을 마귀에게 돌렸다. 그들은 마귀를 반란자, 도적, 찬탈자로 그리긴 했지만, 마치 마귀에게 인간에 대한 어떤 '권리'가 있어서 하나님도 그 의무를 제대로 만족시켜 주셔야 하는 것처럼 말하는 경향이 있었다. 4세기에 살았던 나치안추스의 그레고리우스(Gregory of Nazianzus)는, 이런 사상을 철저하게 거부한 몇 안 되는 초기 신

---

[1] 속죄에 관한 서로 다른 이론들을 역사적으로 개관한 책을 보려면, H. E. W. Turner, *Patristic Doctrine*, J. K. Mozley, *Doctrine of the Atonement*, Robert Mackintosh, *Historic Theories*와 Robert S. Franks, *History of the Doctrine of the Work of Christ*를 보라.

학자 중의 한 사람이다. 그는 그런 생각을 "모욕"이라고 불렀다.[2]

둘째, 그러므로 그들은 십자가를 마귀와 하나님 사이의 거래라고 생각하는 경향이 있었다. 즉 십자가는 마귀가 자기의 포로들을 놓아 주는 대가로 요구한 속전이었으며, 하나님은 마귀의 권리를 양도받는 대가로 십자가를 지불하셨다는 것이다. 이것은 교회의 처음 몇 세기 동안에 매우 유행하던 신념이었다.

셋째, 어떤 사람들은 한 걸음 더 나아가서, 그 거래를 속임이라는 말로 설명했다. 신학적으로 말하자면, 그들은 마귀가 자기를 자기 이상의 존재로 간주했다고 보았다. 마귀는 비록 우리 죄인들에게는 "죽음의 세력을 잡은 자"(히 2:14)이지만, 무죄한 예수님에 대해서는 그런 권위를 가지고 있지 않는데 예수님을 죽음으로 몰아감으로써 무죄한 피를 흘렸다는 것이다. 이렇게 자기 능력을 오용했으므로, 마귀는 그 능력을 빼앗겼다. 어떤 교부들은 여기에 더하여 예수님이 누구신지 마귀가 몰랐기 때문에 혹은 하나님이 인간의 형상으로 오셨기 때문에, 마귀는 자기가 하는 일을 전혀 깨닫지 못한 채 이제는 하나님을 제압할 수 있다고 생각했다고 말한다. 하지만 실제로는 마귀가 속은 것이다. 오리게네스(Origen)는 예수님의 죽음은 마귀에게 지불된 속전이었으며, 마귀를 속여서 거꾸러뜨리기 위한 수단이었다고 명료하게 가르친 최초의 인물이었다. 4세기에 활동하던, 수줍음을 잘 타는 갑바도기아인 학자, 닛사의 그레고리우스 (Gregory of Nyssa)는 「대요리문답」(*Great Catechism*) 혹은 「교리연설」(*Catechetical Oration*)에서, 생생한 심상을 사용해서 이 사

---

2) *Orat.* xlv. 22.

상을 발전시킨다.

> 하나님은…우리를 위한 속전이 그것을 요구한 그(즉 마귀)에게 잘 받아들여지게 하기 위하여,…우리의 본성이라는 베일 아래 자신을 감추어 두셨다. 그리하여 굶주린 이가 육신의 미끼와 함께 신성이라는 낚시 바늘을 꿀떡 삼키듯이, 죽음의 집안으로 생명이 들어올 수 있게 하여…[마귀를] 소멸시키고자 하셨다.[3]

이 낚시 바늘의 비유는 우리에게 괴상한 것으로 보이며, 아우구스티누스가 설교에서 사용한 쥐덫의 심상 역시 마찬가지다. 수세기가 지난 뒤에 페테르 롬바르(Peter Lombard)는 이 비유를 사용하면서, "십자가는 그리스도의 피를 미끼로 한 쥐덫(*muscipula*)이었다"고 단언했다.[4] 이런 신학자들이 그런 설명을 개발해 낸 것은 보통 사람들의 이해를 돕기 위한 목적에서였을 것이며, 초대 교부들은, 인류를 속여서 불순종에 떨어뜨린 마귀는 자신도 속아서 패배를 당하게 된다는 생각에서 어떤 공의를 보았던 것이 분명하다. 하지만 그런 부정한 행동을 하나님께 돌리는 것은 어울리지 않는다.

이런 이론들이 갖는 영구적인 가치라면, 첫째로 그 이론들이 마귀("강한 자가 무장을 하고", 눅 11:21)의 실재와 악의 그리고 그 세력을 심각하게 생각하였다는 것이고, 둘째로는 그 이론들이 마귀가 십자가에서 결정적이고도 객관적으로 패배를 당함으로써 우리가

---

3) *Catechetical Oration* 22-26. A. S. Dunstone, *Atonement in Gregory of Nyssa*, p. 15, footnote 7.
4) *Sentences*, Liber III, Distinctio xix. 1.

해방되었음을 선언한다는 것이다(우리는 그를 공격해서 이긴 "더 강한 자"에 의하여 해방되었다—눅 11:22).[5] 그럼에도 불구하고 데일은 그 이론들을 "참을 수 없고, 기괴하며 불경스러운" 것이라고 불렀는데,[6] 그것은 결코 과장이 아니었다. 우리는, 하나님까지도 어쩔 수 없는 권리를 마귀가 우리에 대하여 가지고 있다는 생각을 거부하는 바이며 결과적으로, 그리스도의 죽음을 마귀와의 관계에서 해결해야 할 필연적인 거래로—속임이라는 생각은 제쳐두고라도—이해하는 생각은 배제한다.

### 율법을 만족시킴

십자가 위에서 하나님을 '만족시켜야' 할 도덕적 필연성을 설명하는 또 다른 방식은, 율법을 높이 드는 것이다. 죄는 "불법"이요(요일 3:4), 하나님의 율법을 무시하고 불순종하는 것이다. 법을 어겼을 때는 반드시 형벌이 뒤따른다. 그러므로 죄인은 그들이 어긴 법에 대한 형벌을 받는다. 죄인은 간과할 수 없다. 율법은 존중해야 하고, 그 존엄성을 지켜야 하며, 율법의 정당한 형벌은 시행해야 한다. 그렇게 함으로써 율법은 '만족되는' 것이다.

이 진리의 대중적인 예화가 바로 다니엘서에 나타나는 다리오

---

5) Nathaniel Dimock는, "몇몇 교부들의 고삐 풀린 언어 혹은 오해의 여지가 있는 진술들"을 받아들이지는 않지만—왜냐하면 하나님은 마귀와 거래를 하시지는 않으므로—그럼에도 불구하고, 과민 반응 속에서 "이 문제에 대한 교부의 견해가 과도하게 정죄를 당했다"고 믿는다. 그래서 그는 그의 Additional Note B, "on Christ's Redemption as viewed in relation to the dominion and works of the devil"에서, 그 이론들로부터 몇몇 성경적 진리를 건져내고 있다. 그의 책 *Doctrine of the Death of Christ*, pp. 121-136를 보라.
6) R. W. Dale, *Atonement*, p. 277.

왕의 이야기다(6장). 그는 백이십 명의 방백을 세워서 바벨론을 통치하게 하였고, 그들 위에 총리 셋을 두었는데, 그 중 하나가 바로 다니엘이었다. 나아가서, 다니엘의 뛰어난 자질과 탁월한 봉사 때문에 왕은 다니엘을 동료들보다도 더욱 높은 자리에 앉히려고 계획했다. 이것 때문에 다니엘의 동료들은 그를 시기했고, 즉시 다니엘을 실추시키기 위한 계교를 꾸미게 되었다. 마치 매처럼 다니엘을 감시하면서 그들은 다니엘의 행동에서, 공적인 활동에 부합되지 않거나 비효율적인 것을 발견해서 탄핵하려고 노력했다. 하지만 그들의 계획은 실패했다. "이는 그가 충성되어 아무 그릇됨도 없고 아무 허물도 없음이었더라"(단 6:4). 그래서 그들은 이제 다니엘의 사생활을 조사하기 시작했다. 그들의 유일한 희망은 다니엘의 정규적인 신앙 생활과 관련된 기술적인 흠을 잡음으로써 그의 유죄를 발견하는 것이라고 생각했다. 그리고 그들은 왕을 설득해서 "이제부터 삼십일 동안에 누구든지 왕 외의 어떤 신에게나 사람에게 무엇을 구하면 사자굴에 던져 넣기로 한" 율법을 세우며 한 금령을 정하게 했다(7절). 믿을 수 없을 만큼 어리석게도 왕은 그들의 덫에 걸리고 말았다. 조서에 어인을 찍음으로써 그는 "메대와 바사의 고치지 아니하는 규례를 따라" 그것을 다시 고칠 수도 없게 만들었던 것이다(8-9절).

이 법령이 포고되었다는 사실이 다니엘의 귀에도 들어갔지만, 이것이 그의 일상을 바꾸지는 못했다. 바꾸기는커녕, 다니엘은 자신의 하나님께 하루에 세 번 기도하기를 계속했다. 예루살렘을 향하여 창문이 열려 있는 위층의 방에서 무릎을 꿇고 하루에 세 번씩 기도하는 것은 그의 습관이었다. 거기서는 지나가는 사람들이 그를 볼 수 있었으며, 그의 적들도 충분히 그를 보았다. "왕이 이 말을 들고 그로 말미암아 심히 근심하여 다니엘을 구원하려고 마음을 쓰며 그를 건져내려고 힘을 다하다가 해가 질 때에 이르렀더라"(14절). 하지만 그는 자신이 일으킨 법적 문제에 대하여 아무런 해결책도 발견할 수 없었다. 방백들과 총리들은 그에게 "메대와 바사의 규례를 아시거니와 왕께서 세우신 금령과 법도는 고치지 못할 것"임을 상기시켰다(15절). 그래서 다리오는 마지못해 그 법에 따라, 다니엘을 사자굴에 던져 넣으라는 명령을 내렸다. 그리하여 법이 승리하였다.

하나님의 딜레마를 강조하기 위하여 이 이야기를 사용해 온 설교자들이(나 역시 그들 중 하나다) 많다. 다리오는 다니엘을 존중했으며, 그를 구할 길을 찾기 위하여 오랫동안 애를 썼다. 하지만 법은 제 길을 가야 하며, 그것을 짓밟아서는 안 된다. 이와 같이 하나님도 죄인을 사랑하시며, 우리를 구원하기를 간절히 원하시지만, 정당하게 우리를 정죄하는 율법을 어기면서까지 그렇게 하실 수는 없다. 그런 연고로, 율법의 형벌이 시행되며, 그 신성함이 보장되는 십자가가 필요하다. 나는 이 견해를 지지하는 최근의 대표적 인물로서 1903년부터 1924년까지 캔터베리의 주임사제를 지낸 헨리 웨이스(Henry Wace)의 말을 인용하겠다.

> 이 표현의 전문적인 의미에서, 제재가 시행되지 않는 법, 다시 말해 어기더라도 합당한 형벌이 부과되지 않는 법은 전혀 법이 아니다. 또한 하나님의 도덕법을 어겼을 때, 가장 두려운 결과들이 수반되지 않으리라고는 도저히 생각할 수도 없다. 사람이 의도적으로든 부주의에 의해서든 그분의 물리적 법칙들 중의 하나만을 어긴다 하더라도, 가장 영구적

이고도 대규모적인 참상이 수반될 수 있다. 하물며 모든 법 중에서 가장 높은 법―진리와 의의 법―을 가장 극악하고도 방자하게 범하는 죄에 대하여 그런 결과들이 수반되지 않는다고 가정할 수 있겠는가?"

여기서 다시 말하거니와, "하나님은 자신이 제정한 사물의 도덕적 규약을 폐기하실 수 없다." 웨이스 주임사제는, 도덕적 세상은 "물리적인 자연계에서 법칙들이 작용하는 것처럼 법이 작용하는, 그런 종류의 도덕적 기계"가 아니며, 또한 "우리가 관계하는 것은 단순히 확정된 질서가 아니라, 살아 계신 인격체요 살아 계신 하나님이다"라고 우리에게 상기시킴으로써, 그의 진술들을 규정하는 것이 사실이다. 그럼에도 불구하고 그는 다시 "하나님의 법을 어겼을 때 필연적으로 수반되는 형벌"을 언급한다.[8]

나는 지금 이 말에 이의를 제기하려는 것이 아니며, 실제로 나 자신도 계속해서 그렇게 이야기하고 있다. 실로 이 말은 훌륭한 성경적 근거가 있다. 왜냐하면 바울은, 모든 범법자는 '저주를 받았다'는 의미로서 신명기를 긍정적으로 인용하며, 계속해서 "그리스도께서 우리를 위하여 저주를 받은 바 되사 율법의 저주에서 우리를 속량하셨으니"(갈 3:10, 13)라고 단언하기 때문이다. 그러므로, 만약 바울이 "율법의 저주"와 같은 비인격적인 표현을 사용하기를 주저하지 않았다면, 우리 또한 그런 태도를 취해야 할 것이다.

암브로시우스(Ambrose)와 힐라리우스(Hilary) 같은 4세기의 라틴 교부들은 십자가를 통상 그런 견지에서 해명했다. 하나님과

---

7) Henry Wace, *Sacrifice of Christ*, p. 16.
8) 앞의 책, pp. 22, 28-29, 36.

그리스도인의 관계에 대하여 '공로'(merit)와 '만족'이라는 말을 처음으로 사용했던 테르툴리아누스보다도 한걸음 더 나아가서, 그들은 갈라디아서 3:13 같은 본문들을, "율법이 내린 판결의 지속성을 의미하는, 로마 공법의 '사티스팍티오'(satisfactio)"에 비추어 해석했다."[9] 16세기 종교개혁가들은 이 사상을 더욱 발전시켰다. 예수 그리스도의 율법에 대한 순응은, 율법의 정죄에서 우리를 구해 내기 위하여 필수 불가결한 것이라고 그들은 바르게 강조했다. 그들은 또한 이 복종은 두 가지 형태를 취했다고 가르쳤다. 그분의 삶 속에서 율법에 완전히 복종하신 것이 그 한 가지고, 그분의 죽음 속에서 율법의 형벌을 담당하신 것이 다른 한 가지다. 그들은 전자를 그리스도의 '능동적' 순종이라고 불렀고, 후자를 그분의 '수동적' 순종이라고 불렀다. 하지만 이 형용사는 정확하지 못하다. 왜냐하면 예수님이 십자가 위에서 죽음에 복종하신 것은, 도덕법에 대한 그분의 순종과 마찬가지로 '능동적인'(즉, 자발적이고 확고한)것이었기 때문이다. 성부의 뜻에 대한 예수님의 순종은 그분의 행동이나 사역 그리고 사는 것이나 죽는 것에까지도 오직 한 가지로 동일한 것이었다. 하지만 그리스도의 '이중적' 순종에 관하여 계속 이야기하는 것은, 그렇게 함으로써 그분이 율법의 요구를 성취하신 것과, 율법의 정죄를 담당하신 것을 구분할 수 있는 유익을 준다. 율법에 대한 이런 두 가지 순종은 십자가의 효력에 필수적이다.

그럼에도 불구하고 우리는 법적인 표현(law-language)의 위험성에 주의할 필요가 있으며, 하나님의 도덕법을 국가의 시민법이나

---

9) Robert S. Franks, *Work of Christ*, p. 135.

우주의 물리적 법칙에 비유하는 것이 부적합하다는 것을 명심해야 한다. 실로 입헌 군주제의 위대성은, 부분적으로는, 군주라 할지라도 법 위에 있는 것이 아니라 법 아래에 있으며, 법의 조항에 순종하며 (만약 조항을 어겼을 경우에는) 그 형벌을 감당해야 한다는 데 있다. 다리오는 이 정신을 보여 주는 좋은 예가 된다. 하지만 그가 제정한 법령은 성급하고도 어리석었다. 그는 거기에 종교적 양심에 관한 조항을 포함시키지 않았으며, 따라서 자신의 법령이 정죄하리라고는 전혀 생각지도 않았던 의로운 행위로 인하여 의인을 정죄할 수밖에 없는 사태를 야기했기 때문이다. 우리는 하나님도 이러한 법의 기술적인 실수에 빠지셨다고 생각할 수 없다. 또한 하나님의 도덕법을 그분의 물리적 법칙에 비유하면서 그 둘이 똑같이 융통성이 없다고 선언하는 것도 지혜로운 일이 아니다. 예를 들어서 "네가 불속에 손을 넣으면 손을 델 것이며, 만약 십계명을 어기면 처벌을 받을 것이다"라는 진술을 생각해 보자. 이 비유 속에는 진리가 있지만, 기계적인 형벌이라는 개념은 우리를 오도하는 것이다. 그것이 자연 법칙에는 적용될 수 있다. 하지만 엄밀하게 이야기하면, 자연의 '법칙'이라는 것도 하나님의 행동을 구속하는 것이 아니라, 인간이 지금까지 관찰해 온 바, 하나님의 행동의 일상적인 통일성에 대한 묘사다. 하나님의 도덕법에 대한 불순종이 정죄를 당하게 되는 진정한 이유는, 하나님이 그 법에 구속되는 까닭이 아니라 하나님이 그 법을 만드셨기 때문이다.

데일이 말하듯이 율법에 대한 하나님의 관계는 "복종의 관계가 아니라 일체(identity)의 관계다.…하나님 안에서 율법은 살아 있다. 율법은 그분의 보좌에 앉아서, 그분의 홀을 휘두르며, 그분의 영광으로 관을 쓰고 있다."[10] 왜냐하면 율법은 하나님 자신의 도덕적 됨됨이의 표현이며, 그분의 도덕적 됨됨이는 언제나 모순이 없기 때문이다. 나다니엘 디목크(Nathaniel Dimock)는 이 진리를 잘 파악하고 있다.

> 율법의 요구와, 율법의 엄혹성과, 율법의 정죄와, 율법의 죽음과, 율법의 저주…이 모든 것 속에는 하나님의 완전성을 (부분적으로) 반영하지 않는 것이 없다. 율법으로 말미암는 것은 무엇이든지 율법에게로 돌려져야 한다. 왜냐하면 율법은 하나님의 법이며, 따라서 그것은 하나님 자신에게서 기인하기 때문이다.[11]

### 하나님의 명예와 공의를 만족시킴

초대의 헬라 교부들이 십자가를 일차적으로 마귀를 '만족시킴'으로—십자가는 마귀가 요구해서 마귀에게 지불된 속전이라는 의미로—설명했고, 초기 라틴 교부들은 십자가를 하나님의 율법을 '만족시킴'으로 보았다면, 11세기에 캔터베리의 안셀무스는 신선한 접근을 시도했다. 그는 「왜 하나님은 인간이 되셨는가?」에서 십자가를 하나님의 손상된 명예를 만족시키는 것으로 보는 조직적인 해명을 제공했다. 프랭크스(R. S. Franks)는, "이 책은 십자가의 의미를 해명하는 데 최초로, 철저하고도 일관되게 만족과 공로의 개념을 적용시켰다는 점에서 전 교리사에 획기적인 전환점을 마련했

---

10) R. W. Dale, *Atonement*, p. 372.
11) Nathaniel Dimock, *Doctrine of the Death of Christ*, p. 32. footnote 1.

다"고 썼다.[12] 한 걸음 더 나아가 제임스 데니는 그 책을 "지금까지 속죄에 관하여 쓴 책 가운데 가장 참되고 가장 위대한 책"이라고 불렀다.[13]

안셀무스는 경건한 이탈리아 사람으로서 처음에는 노르망디에 정착했다가 노르만인이 영국을 정복한(Norman Conquest) 뒤인 1093년에 캔터베리의 대주교로 임명되었다. 그는 철학과 신학을 조화시키고 아리스토텔레스의 논리와 성경의 계시를 조화시키고자 했던 중세 '스콜라주의'의 최초의 대표자로 묘사된다. 비록 그가 자신의 저작 속에 많은 성경 인용문을 포함시켰고, 성경을 가리켜서 "견고한 기초"라고 말하긴 했지만, 그의 주된 관심사는 "이성에 합당하게 하는 것"이었다(ii. xi). 그가 만든 가상의 대담자인 보소(Boso)는 "당신이 나를 인도하는 그 길은 사방이 완전히 논리적 사고의 벽으로 둘러싸여 있으므로, 나는 오른쪽으로도 왼쪽으로도 그 길에서 벗어나지 못할 것 같다"(ii. ix)고 표현하였다.

성육신과 속죄의 관계에 관한 위대한 논문인 「왜 하나님은 인간이 되셨는가?」에서 안셀무스는 마귀가 정복되어야 한다는 점에는 동의하지만, "하나님이 마귀에게 빚진 것이라고는 그를 처벌해야 한다는 사실뿐"이라는 점을 근거로(ii. xix), 교부들의 속전 이론(ransom-theories)을 거부한다. 오히려 인간이 하나님께 빚진 것이 있으며, 바로 이것이 속전이 필요한 이유라고 말한다. 왜냐하면 안셀무스는 죄를, "하나님의 몫을 하나님께 돌리지 않는 것"(i. xi)— 우리의 전체 의지를 하나님의 의지에 복종시키는 것이 우리가 하나

---

12) Robert S. Franks, *Work of Christ*, p. 126.
13) James Denney, *Atonement*, p. 116.

님께 돌려야 할 하나님의 몫이다—으로 정의하기 때문이다. 그러므로 죄를 짓는 것은, "하나님의 소유를 그분에게서 빼앗는 것"이다. 이것은 바로 하나님의 것을 도적질함으로써 그분을 욕되게 하는 것이다. 만약 우리가 다른 사람들을 용서하는 것과 똑같은 방식으로 하나님도 우리를 거저 용서하실 수 있다고 생각한다면, 그는 아직까지 죄의 심각성을 깊이 생각해 보지 않은 것이다(i. xiii). 죄는 하나님의 알려진 뜻에 대한 변명할 수 없는 불순종으로서 하나님을 욕되게 하고 모욕하는 것이며, "피조물이 창조주로부터 그분의 몫인 명예를 탈취하고서, 자기가 탈취한 것을 되갚지 않는다는 것보다도…더 참을 수 없는 일은 없다"(i. xiii). 하나님은 이 사실을 묵과하실 수 없다. "그렇게 죄를 형벌하지 않고 그냥 지나친다는 것은 하나님께는 부당한 일이다"(i. xii). 그것은 단순히 부당한 것 이상이다. 그것은 불가능한 일이다. "불의하거나 부정하게 어떤 일을 하는 것이 하나님께 어울리지 않는다면, 자기가 탈취한 것을 하나님께 되갚지 않는 죄인을 형벌하지 않고 지나간다는 것은, 하나님의 자유나 자비나 의지의 범위를 벗어나는 일이다"(i. xii). "하나님은 자신의 위엄 있는 명예를 고수하는 의로운 행동만을 하신다"(i.xiii).

그러면 무슨 일을 할 수 있겠는가? 용서를 받으려면, 우리는 우리의 빚을 반드시 갚아야 한다. 하지만 우리에게는, 우리 자신을 위해서건 다른 사람을 위해서건, 그것을 갚을 능력이 없다. 우리가 현재에 보이는 충성과 선행은 우리의 죄값을 만족시킬 수 없다. 왜냐하면 그것들은 우리가 당연히 해야 하는 것이기 때문이다. 그러므로 우리는 우리 자신을 구원할 수 없다. 또한 다른 어느 인간도 우리를 구원하지 못하는데, 이는 "죄인인 사람은 다른 죄인을 의롭게 만들 수 없기 때문이다"(i. xxiii). 그래서 그 책의 1권은 다음과 같은 딜레마와 함께 끝난다. "죄인인 인간은 죄 때문에 그가 갚을 수 없는 빚을 하나님께 지고 있으며, 그 빚을 갚지 않는 한 구원을 얻지 못한다"(i. xxv).

    2권의 거의 첫머리에, 이 인간의 딜레마에서 벗어날 수 있는 유일한 길이 제시된다. "하나님을 제외하고는 이것을 만족시킬 수 있는 이가…없다.…하지만 이것은 반드시 인간이 **해야 하는** 일이다. 그렇지 않다면, 인간이 그것을 만족시킨 것이 되지 않는다." 그러므로 "신인(God-man)인 인물이 그 일을 하는 것이 필요하다"(ii. vi). 하나님이지만 인간이 아닌 자, 혹은 인간이지만 하나님이 아닌 자, 혹은 하나님과 인간의 혼합물이 되어서 하나님도 인간도 아닌 자는 그 일을 할 자격이 없다. "그것을 만족시킬 그 인물은 완전한 하나님이면서 완전한 인간이어야만 한다. 왜냐하면 참 하나님이 아니면 누구도 그 일을 **할 수** 없으며, 또한 진정한 인간이 그 일을 **해야만** 하기 때문이다"(ii. vii). 여기서 안셀무스는 그리스도를 도입하게 된다. 그분은 독특한 분이셨다(지금도 그러하시다). 왜냐하면, 그분 안에서 "말씀이신 하나님과 인간이 만나기" 때문이다(ii. ix). 또한 그분은 독특한 일을 수행하신다. 자신을 죽음에 내주신 것이다. 이는 빚을 갚기 위해서가 아니다(왜냐하면 그분은 죄가 없었으므로, 죽어야 할 의무가 없었기 때문이다). 하나님의 명예를 위하여 자의로 자신을 내주신다. "범죄에 의하여 하나님으로부터 자신을 가능한 한 완전하게 훔쳐 낸" 인간이 "그것을 만족시키기 위하여 그가 할 수 있는 한 완전하게 하나님께 복종해야 한다는 것", 즉 자신을 자발적으로 죽음에 내줌으로써 그렇게 해야 한다는 것은 합리적인 일이다. 인간의 죄가 심각하긴 하지만, 그 신인의 삶은 너무나 선하고 너무나 고상하고 귀했으므로, 그분이 자신을 죽음에 내준 일은 "모든 죄악의 숫자와 크기를 능가하며"(ii. xiv), 손상된 하나님의 명예를 충분히 보상했다.

안셀무스의 해명의 가장 위대한 공로는, 죄의 극단적인 심각성(피조물이 자기 창조주의 위엄에 감연히 맞서 하나님께 반역한), 하나님의 불변하는 거룩(그분의 명예에 대한 어떤 손상도 용인하실 수 없는), 그리스도의 독특한 완전성(우리를 위하여 자신을 자발적으로 죽음에 내주신)을 명료하게 인식했다는 점이다. 하지만 어떤 곳에서는 그의 스콜라적 논증이 그로 하여금 성경 메시지의 경계를 넘어가게 하기도 했다. 그리스도께서 지불하신 것은 정확하게 죄인들이 빚진 만큼인가, 혹은 그 이상인가의 문제 그리고 구속받은 인간의 숫자가 타락한 천사의 숫자보다 많은가 하는 문제 같은 것들이 그 예다. 더욱이 그의 전체적인 설명 방식은, 그 시대의 봉건적인 문화를 반영한다. 이를테면, 사회는 엄격한 계층을 이루고, 각 사람은 자기에게 할당된 정도의 위엄을 갖추었으며, 열등한 자가 우등한 자(특히 왕)에 대하여 취해야 할 "정당한" 혹은 "어울리는" 행동이 정해져 있었고, 이런 규범을 어기면 처벌되었으며, 모든 빚은 제대로 청산되어야 한다는 것 등이다.

명예를 요구하고 불명예를 처벌하는 봉건 영주를 떠올리게 하는 용어로 하나님이 묘사되었을 때, 과연 이 묘사가 오직 하나님께만 돌려질 '명예'를 정당하게 표현하는가 하는 것은 의문이다. '하나님의 법' 혹은 '하나님의 명예'가 어떤 방식으로든 하나님과 분리되어서 존재하는 것으로 객관화될 때, 속죄를 '하나님의 법'이나 '하나님의 명예'에 대한 필연적인 만족으로 설명하는 모든 시도에 우리는 만족하지 못할 수밖에 없다.

그리스도의 죽음에 대한 세 가지 상이한 해석이 명료화된 것은 12세기 동안이었다. 지금까지 보았듯이 안셀무스(1109년에 사망)는 신인이신 예수님이 지불하신, 하나님의 명예에 대한 객관적인 만족을 강조했다. 그보다 젊은 동시대인이었던 파리의 피에르 아벨라르(Pierre Abélard, 1142년에 사망—아벨라르의 가르침은 p. 410 이하에서 자세히 살펴볼 것이다)는 십자가가 신자에게 미치는 주관적인 도덕적 영향력을 강조했다. 그러는 동안에, 신비적 신학자인 베르나르두스(Bernard of Clairvaux, 1153년에 사망)는 마귀에게 속전이 지불되었다고 계속해서 가르쳤다. 하지만 우세한 위치를 점한 것은 안셀무스의 견해였다. 왜냐하면 주의 깊은 성경 연구가들은 성경에서 만족의 개념을 제거할 수 없었기 때문이다. 그래서 '스콜라주의자들'(scholastics) 혹은 '스쿨멘'(schoolmen: 스콜라주의자들이 이런 명칭으로도 불린 것은, 그들이 당시에 설립된 중세 유럽의 school 즉 대학에서 가르쳤기 때문이다)은 안셀무스의 입장을 한층 더 발전시켰다. 이 일에는 토마스 아퀴나스(1274년 사망)편에 속한 도미니크회 수사들이었던 '토미스트들'(Thomists)과 둔스 스코투스(Duns Scotus, 1308년 사망)편에 속한 프란체스코회 수사들이었던 '스코티스트들'(Scotists)이 모두 가담했다. 이 두 그룹의 '스쿨멘'은 세부적인 면에서는 서로 달랐지만, 하나님의 의의 요구가 그리스도의 십자가에 의하여 만족되었다고 가르치는 점에서는 동일하였다.

종교개혁 그리고 종교개혁가들이 행하던 칭의에 대한 강조와 더

불어, 그들이 하나님의 공의를 강조하고, 이러한 하나님의 공의를 만족시키지 않는 구원이란 불가능함을 강조한 것은 수긍할 만하다. 왜냐하면, 칼뱅이 「기독교 강요」(*Institutes*)에서 말했듯이, "의와 불의 사이에는 영구적이고 화해할 수 없는 불화가 존재하기 때문이다"(II. xvi. 3). 그러므로 그리스도가 "하나님의 진노를 누그러뜨리며 그분의 의로운 심판을 만족시키기 위하여, 하나님의 혹독한 보복을 감당하는 것"이 필요했다.[14] 토머스 크랜머(Thomas Cranmer)는 "구원의 설교"(Homily of Salvation)에서, 우리의 칭의에는 다음 세 가지가 병행되어야 한다고 설명했다. 즉, 하나님 편에서 "크신 자비와 은혜", 그리스도 편에서 "하나님의 공의를 만족시킴" 그리고 우리 편에서 "참되고 생명 있는 믿음"이 바로 그것이다. 그는 설교의 첫째 부분을 이런 말로 끝맺는다. "우리의 천부께서는 그분의 무한한 자비로, 우리의 아무런 공로나 공적 없이, 그리스도의 살과 피라는 가장 귀한 보석을 우리를 위하여 예비하시고, 그것으로써 우리의 속전이 완전히 지불되고 율법이 성취되며 그분의 공의가 완전히 만족되게 하기를 기뻐하셨다."[15]

이와 동일한 가르침을 루터의 글에서도 발견할 수 있다. 하지만 그의 사후에 개신교 '스콜라주의자들'은 그리스도의 죽음의 교리를 이중적 만족—즉 하나님의 율법의 만족과 하나님의 공의의 만

---

14) *Institutes*, II. xvi. 10; 참고. II. xii. 3.
15) Thomas Cranmer, *First Book of Homilies*, p. 130. Westminster Confession of Faith(1647)도 또한, 주 예수님이 완전하신 순종과 자기 희생에 의해서, "그의 아버지의 공의를 완전히 만족시키셨다"고 선언하고 있다(VIII. 5). 실로 그것은 의롭게 된 자를 위하여, "그의 아버지의 공의를 합당하고, 실제적이며, 완전하게 만족시킨" 것이었다(xi. 3).

족—으로 체계화시켰다. 하나님의 율법은 그리스도의 생애 속에서의 완전한 순종으로서 만족되었으며, 하나님의 공의는 죄를 위한 그리스도의 완전한 희생—그의 죽음으로 그 형벌을 담당하는—으로 만족되었다. 하지만 이것은 너무나 딱 떨어지는 공식이다. 사실 하나님의 율법은 그분의 공의의 표현이므로, 이 둘은 엄격하게 분리될 수가 없다.

그렇다면, 하나님의 관심사는 결국 '도덕 질서'(moral law)를 만족시키는 것이었는가? '도덕 질서'라는 개념은, '율법'이라는 개념과 마찬가지로, 하나님의 의로운 품성, 혹은 도덕적 품성을 나타낸다. 우선 이 개념은 '율법'보다는 더 일반적이고 광범위한 개념일 것이다. 왜냐하면 이 개념은 도덕적 표준들만 의미하지 않고, 뿌리 깊은 제재의 체계(system of sanctions)까지도 포용하기 때문이다. 이 개념은, 거룩하신 하나님은 이 세상을 도덕적으로 통치하신다는 신념을 기초로 한다. 하나님이 세우신 질서 속에서는, 선은 승인되고 보상을 얻지만, 악은 정죄되고 처벌을 받는다. 악을 승인하거나 선을 정죄하는 것은 이 도덕 질서를 전복시키는 것이 된다. 그런 도덕적인 세상에서는 원칙 없는 사죄 역시 동일하게 도덕을 뒤엎는 것이 된다.

그리스도의 죽음과 관계된 이런 개념의 발단은 휴고 그로티우스(Hugo Grotius, 1645년에 사망)에게서 발견된다. 그는 네덜란드의 법률가요 정치가로서, 그리스도인의 논쟁과 분열을 개탄했으며, 기독교 세계의 재결합과 개혁을 꿈꿨다. 속죄에 대한 그의 이해는 안셀무스와 아벨라르 사이를 타협시킨 어떤 것이었다. 때로 그는, 죄인으로 하여금 회개에 이르게 하고, 그리하여 하나님이 그들을 용서하실 수 있게 해준다는 십자가의 주관적 영향력에 관해서 거의 아벨라르적인 견해를 가르쳤다. 하지만 대개의 경우에 그는 십자가의 객관성을 견지했으며, 십자가가 하나님의 공의를 만족시키는 것으로 보았다. 게다가 그는 범죄를 예방하고 법을 지지하는 공공의 도덕성에 대하여 법률가의 관심을 가지고 있었다. 그는 하나님을 피해당한 쪽으로 보지 않았으며 채권자나 재판관으로 보지도 않았고, 오히려 세상에 대한 최고의 도덕적 통치자(Supreme Moral Governor)로 보았다. 따라서 그에게는 보응적 공의보다는 공공의 공의(public justice)가 더욱 중요했으며, 그는 바로 이 공공의 공의가 십자가에서 만족되었다고 믿었다. 그리스도께서 우리의 죄를 위하여 우리 대신 죽으신 것은 사실이다. 하지만 그 속에서 하나님은 어떤 부분 혹은 어떤 직책을 담당하셨는가 하고 그는 묻는다. "형벌을 가할 수 있는 권리는 피해를 입은 당사자에게 속하는 것이 아니라" 오히려 "통치자에게" 속한 것이다.[16] 또한 "형벌을 가하는 것은…그 자체로서 오직 통치자의 특권이다.…예를 들면, 가족의 가장, 국가의 왕, 우주에서는 하나님의 특권이다"(p. 51). 이와 같이 그로티우스는 십자가에 대한 '통치적'(rectoral) 혹은 '정권적' (governmental) 해석을 발전시켰다. 하나님은 "사물의 질서와 그 자신의 율법의 권위를 위하여" 십자가를 제정하셨다고 그는 가르쳤다(p. 137). 그는 하나님의 공의를 공적으로 옹호하는 데 마음이 쏠려 있었다. "하나님은 뚜렷한 본보기", 즉 심각할 정도로 죄를 싫어하시는 본보기를 "제시하지 않고 그렇게도 많고 큰 죄를 그냥 지나

---

16) Hugo Grotius, *Defence of the Catholic Faith*, p. 57.

쳐 버리기를 원치 않으셨다"(p. 106). "하나님께는…형벌을 내려야 할 지극히 중대한 이유들이 있었다." 하지만 그로티우스의 생각에서 그 이유들 중 가장 으뜸이 되는 것은, 그분이 우리가 "죄의 크기와 수다함을 어림잡을" 수 있도록, 율법의 확립된 법칙을 드높이고자 결심하신 것이었다.

20세기의 몇몇 신학자들은 하나님을 '세계의 도덕적 통치자'로 보는 그로티우스의 관점을 취해서, 그것을 속죄와의 관계로 더 발전시켰다. 예를 들어서 포사이스(P. T. Forsyth)는 "거룩의 이 우주적 질서"에 관하여 쓰고서 이렇게 덧붙였다. "도덕적 개념들이 최종적으로 심각하게 받아들여지고, 인간의 의식이 그 요구를 반향하는 곳이라면 어디서든지, 하나님의 도덕 질서는 속죄를 요구한다."[17]

또 다른 예는, 인간 속의 보편적인 죄의식에 주의를 집중했던 워필드다. "모든 참된 종교적 체험에 일차적인 요소로 존재하는 것은 깊은 도덕적 자책이다. 그 자책감은 간절히 만족을 구한다. 어떠한 도덕적 추론도, 사죄가 세상의 도덕적 질서에서 필연적인 요소라고 설득하지는 못한다. 도리어 이 자책감은, 무분별한 사죄는 그 자체가 바로, 세계의 도덕 질서의 전복이 되리라는 것을 안다.…그것은 속죄(expiation)를 간절히 구하는 것이다."[18]

하지만 도덕 질서의 불가침성에 대한 가장 충격적인 진술은, 에밀 브루너가 그의 유명한 책 「중보자」에서 한 말이다. 그는 죄가 "하나님의 명예에 대한 공격" 이상이라고 썼다(p. 444). 즉 죄는 하

---

17) P. T. Forsyth, *Cruciality of the Cross*, pp. 137-138. 또한 그의 책, *Work of Christ*, pp. 122-129를 보라.
18) B. B. Warfield, *Person and Work*, p. 292.

나님의 도덕적 의지의 표현인 도덕적 세계 질서에 대한 공격이다.

세상의 모든 법과 질서의 근거가 되는 하나님의 신성한 존재의 법…발생하는 모든 일의 논리적이며 신뢰할 만한 성격, 모든 표준의 타당성, 모든 이지적 · 법적 · 도덕적 질서의 타당성, 법 그 자체는, 가장 심원한 의미에서, 신성한 반응을 요구한다. 이는 죄에 대한 하나님의 관심 그리고 이 반항과 질서 파괴에 대한 하나님의 저항을 요구한다.…이것이 참이 아니라면 이 세상에는 심각한 것이라고는 전혀 없을 것이다. 어떤 것에도 의미가 없을 것이며, 질서도 없고 고정된 것도 없을 것이다. 세상의 질서는 무너져 버릴 것이다. 혼돈과 황폐가 가득하게 될 것이다. 결국 세상의 모든 질서는 그분의(하나님의) 명예의 불가침성에 의존하며, 그분에게 저항하는 자는 반드시 형벌을 받으리라는 확실성에 근거한다(pp. 444-445).

뒤에 브루너는 자연법과 도덕법의 유사성을 이끌어내었고, 어느 것을 어기더라도 반드시 처벌을 받게 된다고 주장하였다. 속죄(atonement) 없는 용서는 "자연 법칙의 정지"보다도 더 심각하고 더 큰, 논리와 법과 질서의 모순을 초래할 것이다(p. 447). 그렇다면, "형벌이 하나님의 법과 질서의 표현이며, 하나님의 세계 질서의 불가침성의 표현이라면" 어떻게 사죄가 가능한가?(p. 449) 율법은 "수법자(Lawgiver)이신 인격적 하나님의 의지의 표현"이므로(p. 459), 만약 그 법이 깨진다면, 그것은 저절로 회복되지 않는다. 죄가 "세계 질서를 파괴"했는데, 그 결과로 너무나 뿌리 깊은 무질서가 야기되었으므로 보상 혹은 배상, 즉 "속죄"가 필요하다(p. 485).

### 하나님이 스스로를 만족시키심

그래서 신학자들은, 하나님이 죄인을 용서하실 수 있기 전에 먼저 필요하다고 생각되는 것을 다섯 가지로 표현했다. 어떤 사람은 마귀의 요구를 '만족시킴'으로써 마귀를 전복시킨다고 말하고, 또 다른 사람들은 하나님의 율법, 명예 혹은 공의를 '만족시키는 것'을 말하고, 마지막으로는 '세상의 도덕 질서'를 만족시키는 것을 말한다. 각각 정도는 다르지만 이 모든 공식화된 표현은 어느 정도는 참이다. 그러나 여기에는 그들이 공유하는 한계가 있다. 곧 그들이 그런 의견들을 매우 조심스럽게 진술하지 않는다면, 그들은 하나님을 마치 그분 자신 외의 더 높은 어떤 것에 종속되어서, 그분의 행동이 그것에 의하여 지배되고, 그분은 그것에 대하여 책임을 져야 하며, 그것으로부터 벗어나지 못하는 어떤 존재로 제시하게 된다는 점이다. 만족되어야 할 존재는 하나님 자신이지 그 외의 어떤 것이 아니라는 점을 우리가 인식한다면, '만족'이라는 단어는 적합한 단어다. 율법, 명예, 공의, 도덕 질서에 관하여 말하는 것은, 이것들이 하나님의 성격에 대한 표현으로 이해되는 한에서만 올바르다. 속죄가 "필요한" 이유는, 그것이 "하나님 자신 속에서 일어나는" 필요이기 때문이다.[19]

확실히 타락한 인간의 '자기 만족'은, 우리의 본능과 열정의 만족을 지칭하는 것이든 혹은 우리의 느긋한 만족감을 지칭하는 것이든, 특별히 불쾌한 현상인 것이 사실이다. 우리는 이기심으로 오염되고 뒤틀려 있으므로, "나는 나 자신을 만족시켜야 한다"고 말하

---

19) Ronald S. Wallace, *Atoning Death*, p. 113.

는 것은 자제력이 결핍된 것이고, "나는 나 자신에게 만족한다"고 말하는 것은 겸손이 결핍된 것이다. 하지만 하나님은 그분의 모든 생각과 요구가 완전하시기 때문에, 자제력이나 겸손의 결핍 같은 것이 없다. 그분이 "자신을 만족시키셔야 한다"는 말의 의미는, 그분은 그분 자신이셔야 하며, 또한 그분의 본성 혹은 '이름'의 완전성에 따라서 행동하셔야 한다는 의미다. 그러므로 하나님에게 '만족'의 필요성은, 그분 외부의 어떤 것에서 발견되는 것이 아니라 그분 자신 속에서, 그분의 변치 않는 성격 속에서 발견되는 것이다. 그것은 내재적인 혹은 본질적인 필연성이다. 하나님이 순응하셔야 하며, 하나님이 만족시키셔야 하는 법은, 그분 자신의 존재의 법칙이다. 소극적으로 말한다면, 그분은 "자기를 부인하실 수 없으며"(딤후 2:13), 자신과 모순되실 수 없다. "하나님은 거짓말을 하실 수 없다"(히 6:18)는 단순한 이유 때문에, 하나님은 "결코 거짓말을 하지 않으신다"(딛1:2, RSV: *apseudēs*, 거짓이 없다). 하나님은 결코 방자하거나, 예측이 불가능하거나, 변덕을 부리지 않으신다. 그분은 "나의 성실함도 폐하지 아니하며"라고 말씀하신다(시 89:33). 적극적으로 그분은 "진실무망하신 하나님"이시다(신 32:4). 즉, 자신에게 참되시며 언제나 변함없는 그분 자신이시다.

성경은 몇 가지 방식으로, 하나님의 일관성(self-consistency)에 주의를 집중시키는데, 특히 그분이 죄인을 심판하셔야만 하는 것은 자신에게 진실하시기 위함이라는 점을 강조할 때 그러하다.

그 첫 번째 실례가 **분노를 격발한다는 표현**이다. 여호와는 이스라엘의 우상 숭배로 인해 '격발되어' 분노나 질투, 혹은 그 모두를 갖게 되는 것으로 묘사된다(그리고 실제로 하나님도 자신을 그렇게 묘사하신다). 예를 들면 "그들이 다른 신으로 그의 질투를 일으키며 가증한 것으로 그의 진노를 격발하였도다."[20] 포로기의 선지자들은—예레미야와 에스겔 같은—계속 이 단어를 채택하였다.[21] 그들이 말한 바는, 여호와께서 안달을 하였다거나 감정이 격앙되었다거나, 혹은 이스라엘의 행위가 너무나 '도발적'이어서 인내가 한계에 부딪혔다는 의미가 아니다. 도리어 분노를 격발한다는 표현은 악에 대응할 수밖에 없는 하나님의 완전성을 표현하는 말이다. 이 말은 하나님 안에는, 우상숭배와 부도덕과 불의를 참지 못하는 거룩한 불관용이 있으며, 이런 일들이 일어날 때는 언제나 그것이 하나님의 진노나 분노를 일으키는 자극이 된다는 것이다. 하나님은 결코 이유 없이 자극을 받지 않으신다. 하나님의 노를 격발시키는 것은 오직 악이며, 또한 하나님은 하나님이셔야(또한 그렇게 행동하셔야) 하므로, 반드시 악에 대하여 진노를 발하셔야 한다. 만약 하나님이 악에 대해 진노를 격발하시지 **않는다면**, 그분은 우리의 존경을 상실할 것이다. 왜냐하면 그 때는 그분이 더 이상 하나님이 아니시기 때문이다.

둘째로, **불사른다는 표현**이 있다. 이 제목하에서는 하나님의 진노를 불로 묘사하면서, 그 불이 "불붙음", "활활 타오름", "다 태워 버림"에 관하여 이야기한 동사들을 언급할 수 있을 것이다. 인간에 대해서도 "분노로 불붙는다"는 말이 사용된 것이 사실이다[22](개역개정 성경에는 "심히 노한지라"고 되어 있다—역주). 하지만 이 어휘

---

20) 신 32:16, 21; 참고. 삿 2:12; 왕상 15:30; 21:22; 왕하 17:17; 22:17; 시 78:58.
21) 예를 들어, 렘 32:30-32; 겔 8:17; 호 12:14.
22) 예를 들어, 창 39:19; 출 32:19; 삼상 11:6; 삼하 12:5; 에 7:10.

는 구약 성경에서 훨씬 자주 여호와께 적용된다. 그분은 자기 백성이 율법에 불순종하고 그분과의 언약을 어기는 것을 볼 때마다 그들에 대하여 "분노로 불붙는다"[23](개역개정 성경에는 "진노하시니라"로 되어 있다—역주). 사실 성경이 하나님이 진노로 "불탄다"고 말하거나,[24] 혹은 그분의 분노가 "불같이 발하여 사르리니"[25]라고 말하는 것은, 바로 그분의 분노가 "격발되는" 때다. 결국 우리는 "그분의 분노의 불길" 혹은 "그분의 질투의 불길"이라는 말을 읽게 되는 것이다. 실로 하나님은 "나의 질투의 분노의 불길"이라고[26] 말씀하심으로써 그 불길과 자신을 연합시키신다. 여호와의 분노를 격발시킨다는 표현과, 그분의 분노의 불길이라는 표현에는 모두 어떤 필연성이 내포되어 있다. 팔레스틴 여름의 건조한 열기 속에서는 불이 쉽게 붙었다. 그런데 여호와의 분노가 그와 같았다. 하지만 그것은 변덕으로 말미암는 분노는 아니었다. 그분의 분노는 악에 대한 반응으로써만 격발되었으며, 결코 걷잡을 수 없이 무절제하지 않았다. 도리어 하나님은 이스라엘 국가의 초기에 "그 진노를 여러 번 돌이키시며 그 분을 다 발하지 아니하셨다."[27] 그러나 자기 백성의 완고한 반항을 "더 참으실 수 없었을" 때 여호와께서는 이렇게 말씀하셨다. "나 여호와가 말하였은즉 그 일이 이루어질지라. 내가 돌이키지도 아니하고 아끼지도 아니하며 뉘우치지도 아니하고 행하리니 그들이 네 모든 행위대로 너를 재판하리라. 주 여호와의 말씀이니라."[28]

---

23) 예를 들어, 수 7:1; 23:16; 삿 3:8; 삼하 24:1; 왕하 13:3; 22:13; 호 8:5.
24) 예를 들어, 신 29:27-28; 왕하 22:17; 시 79:5.
25) 예를 들어, 렘 4:4; 21:12.
26) 예를 들어, 겔 36:5-6; 38:19; 습 1:18; 3:8.
27) 시 78:38. 참고. 사 48:9; 애 3:22; 그리고 신약에서는 롬 2:4과 벧후 3:9.

팔레스틴의 건조한 기후에서는 불이 쉽사리 붙기도 하지만, 일단 붙은 불은 끄기도 어려웠다. 하나님의 진노도 마찬가지였다. 일단 그 진노가 정당하게 일어났으면, 그분은 "유다를 향하여 불타는 맹렬한 분노를 돌이키지 아니하셨다." 일단 불이 붙으면, 그것은 쉽사리 "꺼지지" 않았다.[29] 도리어 여호와의 진노가 그 백성에 대하여 "불붙으면", 그것은 그들을 "살라 버렸다." 환언하면, 마치 불이 파괴를 일으키듯이, 여호와의 분노는 심판을 가져다준다. 왜냐하면 여호와께서는 "소멸하는 불"이시기[30] 때문이다. 그분의 진노의 불길이 "그쳐서", "다하거나" 혹은 "분이 풀리는" 것은, 그 심판이 완성되었거나[31] 혹은 철저한 쇄신이 일어나서 사회적인 공의가 실현될 때뿐이었다.[32]

불의 이미지는 노를 격발한다는 말의 의미를 더욱 명확히 뒷받침해 준다. 도덕적 존재이신 하나님의 본질 속에는, 악에 의하여 '촉발되고' 또한 악에 의해서 '불이 붙는' 속성이 있으며, 그것은 그 악이 '소멸될' 때까지 계속 '불탄다.'

셋째로는, **만족이라는 어휘 그 자체다.** 일단의 단어들은, 하나님은 그분 자신이어야 한다는 진리, 하나님의 내재적 성품은 밖으로 표출되어야 한다는 진리 그리고 하나님의 본성과 성품에 의한 요구들은 그분 편에서의 적절한 행동으로써 만족되어야 한다는 진리를 확

---

28) 렘 44:22; 겔 24:13-14; 참고. 출 32:10.
29) 왕하 23:26; 22:17; 대하 34:25; 렘 21:12.
30) 히 12:29에 인용된 신 4:24. 하나님의 심판을 삼키는 불로 묘사한 몇몇 실례를 들자면 다음과 같다. 민 11:1; 신 6:15; 시 59:13; 사 10:17; 30:27; 애 2:3; 겔 22:31; 습 1:18.
31) 예를 들어, 수 7:26; 겔 5:13; 16:42; 21:17.
32) 예를 들어, 렘 4:4; 21:12.

증하는 것으로 보인다. 그 으뜸되는 단어가 '칼라'(*kalah*)인데, 에스겔은 특히 이 단어를 하나님의 진노와 관련해서 사용한다. 이 말은 '완성되다', '끝내다', '이루어지다', '성취되다', '다 소모되다'라는 의미를 가지고 있다. 구약에서 이 단어는 여러 다양한 문맥에서 등장하며, 어떤 것이 파괴되든지 아니면 다른 방식으로 완성되든지 간에 거의 언제나 '종국'을 의미한다. 시간, 활동, 생명—이 모든 것은 끝이 있다. 눈물은 울음으로 다 소모되고, 물은 다 써서 마르게 되며, 풀은 가뭄에 말라 버리고, 우리 육체의 힘도 소진된다. 이와 같이 에스겔을 통하여 여호와께서는, 유다를 향하여, 그들 "위에" 혹은 그들을 "대하여" 그분이 진노를 "성취"(AV) 혹은 "만족"(RSV) 혹은 "소모"(NIV)하려 하고 있다고 경고하신다.³³⁾ 그들은 여호와의 말씀 듣기를 거절하고, 우상 숭배를 계속 고집했다. 이제 마침내 "때가 이르렀고 날이 가까웠으니…이제 내가 속히 분을 네게 쏟고 내 진노를 네게 이루어서"(겔 7:7-8). "쏟고"와 "이루어서"가 함께 나타나는 것은 의미심장하다. 왜냐하면 쏟아진 것은 다시 모을 수 없으며, 소모된 것은 그대로 끝이기 때문이다. 예레미야애가 4:11에는 이와 동일한 두 개의 표상이 짝을 이루어서 나타난다. "여호와께서 그의 분을 내시며(*kalah*) 그의 맹렬한 진노를 쏟으심이여." 실로 여호와의 진노는 '소진'될 때에야 '끝이 난다.' 앞에서 말한 하나님의 내적인 필요성이라는 동일한 개념은 이러한 동사들에 의해 함축적인 의미를 지닌다. 여호와 안에 존재하는 것은 표현되어야 한다. 그리고 표현되는 그것은 완전히 '소진' 혹은 '만족되어야' 한다.

---

33) 겔 5:13; 6:12; 7:8; 13:15; 20:8, 21.

요약하면 하나님은 자기 백성의 죄악 때문에 그들에 대한 질투의 분노가 '격발된다.' 일단 불이 붙으면, 그 진노는 '활활 타오르며' 쉽사리 꺼지지 않는다. 그분은 그 진노를 '풀어 놓으시며', '쏟으시며', '소진시키신다.' 이 세 어휘는 하나님의 심판이 그분의 내부에서부터 또한 그분의 거룩한 품성으로부터 일어나는 것으로, 그리고 이 진노는 그분의 품성과 완전히 조화되며 따라서 필연적인 것으로 생생하게 묘사하고 있다.

그러나 지금까지는 한쪽에 치우친 묘사였던 것이 사실이다. 이스라엘의 배교의 역사 때문에, 선지자들은 여호와의 진노와 그에 따르는 심판에 관심을 집중했다. 하지만 국가의 파멸에 대한 이 위협이 그렇게도 통렬한 이유는, 그 저변에 이스라엘에 대한 하나님의 사랑과 택하심 그리고 그들과의 언약이라는 배경이 있기 때문이다. 이스라엘과의 이 특별한 관계, 곧 하나님이 주도권을 잡으시고 유지하셨으며, 또한 하나님이 갱신하겠다고 언약하신 그 특별한 관계 역시 그분의 성품에서 나온다. 하나님은 '자기 이름을 위하여' 행동하셨다. 하나님이 이스라엘 위에 자신의 사랑을 두신 것은, 오직 그들을 사랑하셨기 때문이다(신 7:7-8). 하나님이 그들을 사랑하셨다는 것 외에는, 그들을 향한 사랑의 이유를 설명할 방법이 없다.

그러므로 성경이 하나님의 자기 일관성을 강조하는 네 번째 방법이 있는데, 즉 **이름이라는 어휘**(language of the Name)를 사용하는 방식이다. 하나님은 언제나 '그분의 이름에 합당하게' 행하신다. 물론 이것이 하나님의 활동의 유일한 판단 기준은 아니다. 하나님은 또한 '우리의 행위에 합당하게' 우리를 다루신다. 하지만 결코 늘 그렇게만 하시는 것도 아니다. 만약 하나님이 실제로 우리의 행위에 합당하게 우리를 다루신다면 우리는 멸망하고 말 것이다. 그러므로 "그는 우리의 죄를 따라 처벌하지는 아니하시며 우리의 죄악을 따라 우리에게 그대로 갚지 아니하신" 것이다.[34] 왜냐하면 그분은 "자비롭고 은혜롭고 노하기를 더디하고 인자와 진실이 많은 하나님"이시기 때문이다(출 34:6). 비록 그분이 언제나 '우리의 행위에 따라서' 우리를 다루시지는 않는다 하더라도, 그분은 언제나 '그분의 이름에 합당하게' 즉 그분의 계시된 본성과 일관된 방식으로 행하신다.[35] 에스겔 20:44은 이 두 가지를 의도적으로 대조시킨다. "이스라엘 족속아, 내가 너희의 악한 길과 더러운 행위대로 하지 아니하고 내 이름을 위하여 행한 후에야 내가 여호와인 줄 너희가 알리라. 나 주 여호와의 말씀이니라."

예레미야 14장은, 여호와께서는 지금도 그러하시지만 앞으로도 그분의 이름, 즉 자기 자신에 충실하시리라는 인식을 매우 철저하게 표현한다. 그 시기는 비참한 가뭄의 상황이다. 우물에는 물이 없고, 땅은 갈라졌으며, 농부들은 당황하고, 동물들은 정처를 잃고 어쩔 줄 몰랐다(1-6절). 그런 극한 상황에서 이스라엘은 하나님께 부르짖었다. "여호와여, 우리의 죄악이 우리에게 대하여 증언할지라도 주는 주의 이름을 위하여 일하소서"(7절). 다른 말로 하면 다음과 같다. "비록 우리가 **우리**의 어떠함을 근거로 당신께 일하라고 호소할 수는 없지만, 우리는 **당신**의 어떠하심을 근거로 해서는 그렇

---

34) 시 103:10. 하나님의 찾으심, 그분의 진노를 거두심과 심판을 유예하심에 관해서는 또한 느 9:31; 애 3:22; 롬 2:4-16; 3:25; 벧후 3:9을 보라. 실례로, 겔 7:8-9, 27과 대조해 보라.

35) 예를 들어, 시 23:3; 143:11.

게 호소할 수 있나이다." 이스라엘은 그들이 하나님의 선민임을 기억했으며, 그리하여 하나님께 하나님의 은혜로운 언약과 변함없는 성품에 일관되는 방식으로 행하실 것을 애걸했다. 왜냐하면 "우리는 주의 이름으로 일컬음을 받는 자"이기 때문이라고 그들은 덧붙인다(8-9절). 심판은 없고 평화만 있다고 한쪽으로 치우친 메시지를 전하던 거짓 선지자들과는 달리(13-16절), 예레미야는 "칼, 기근 그리고 염병"(12절)을 예언하였다. 하지만 그는 또한 심판 이후의 회복을 보았으며, 여호와께서는 그에게 "주의 이름을 위하여" 행동하라고 말씀하셨다고 그들에게 확신을 주었다(21절).

이와 동일한 주제가 에스겔 36장에서 한층 더 발전되었다. 거기서 여호와께서는 심판 후에 그분의 백성이 회복될 것을 약속하셨지만, 그렇게 하는 이유들에 대해서는 당혹스러울 정도로 노골적이었다. "이스라엘 족속아, 내가 이렇게 행함은 너희를 위함이 아니요 너희가 들어간 그 여러 나라에서 더럽힌 나의 거룩한 이름을 위함이라"(22절). 그들은 여호와의 이름을 더럽혔으며, 여호와의 이름이 멸시를 받게 했으며, 심지어 이방 국가들에 의하여 그 이름이 모독을 받게 했다. 하지만 여호와께서는 자신의 크신 이름이 그렇게 된 것을 유감스럽게 여기셨으며, 다시 한 번 세상 앞에 그 이름의 거룩함과 유일함을 드러내신다. 그렇게 해야만 열방이 그분이 여호와시요 살아 계신 분임을 알 수 있게 되기 때문이다(21-23절). 하나님이 이렇게 '자기 이름을 위하여' 움직이신다는 것은, 단지 자기 이름이 오해되는 것을 막기만 한다는 것이 아니라 자기 이름에 참되게 행하기로 결심하셨음을 의미한다. 하나님은 자신의 명성보다는 자신의 일관성에 관심을 두신다.

하나님의 자기 일관성에 관한 성경의 이런 모든 자료에 비춰 볼 때, 그리스도께서 **우리에게** 하라고 명하신 것을 **하나님은** 하실 수 없는 이유를 이해할 수 있다. 그리스도는 우리에게 "우리 자신을 부인하라"고 말씀하셨지만, "하나님은 자기 자신을 부인하실 수 없다."[36] 그 이유가 무엇인가? 하나님이 우리에게는 하라고 명하신 그 일을 왜 자신은 하고자 하지 않으시며, 또한 실제로 할 수도 없으신가? 그 이유는 하나님은 하나님이시지 인간—타락한 인간은 말할 것도 없다—이 아니시기 때문이다. 우리는 우리 안에 있는 우리의 참된 인간성에 위배되는 모든 것을 부인하고 버려야 한다. 그러나 하나님께는 그분의 참된 신성에 상충되는 것이 아무것도 없으며, 따라서 부인하실 것이 전혀 없다. 우리가 자신을 부인해야 하는 것은, 참된 우리가 되기 위해서다. 하지만 하나님은 참된 자기 이외의 그 무엇도 결코 아니시므로, 자신을 부인하실 수도 없고 부인하려 하지도 않으시는 것이다. 하나님이 자신의 정당한 권리인 영광을 스스로 비우고 낮아져서 섬기는 자리에 처하실 수는 있다. 실로 그분이 그리스도 안에서 행하신 일이 바로 이것이다(빌 2:7-8). 하지만 그분은 자신의 어느 부분과도 절연하지 않으셨는데, 이는 그분이 완전하시기 때문이다.

하나님은 자기 자신과 모순될 수 없으시며, 이것이 바로 그분의 고결함이다. 하지만 우리 자신은 우리의 인간적인 비일관성을 끊임없이 의식하며, 이 비일관성은 다음과 같은 말에서 알 수 있다. "그것은 도무지 그답지 않군요" 혹은 "오늘 당신은 평소의 당신 같지

---

36) 막 8:34; 딤후 2:13, RSV.

않아요", "당신에게서 좀더 나은 것을 기대해 왔어요"라고 우리는 말한다. 하지만 하나님께 대하여, 혹은 하나님에 관하여 그런 말을 하는 것을 상상할 수 있는가? 하나님은 언제나 그 자신이시며, 결코 일관성을 잃지 않으신다. 만약 하나님이 단 한 번이라도 '하나님답지 않게' 행동하신다면, 자신의 성격과 어그러지게 행동하신다면 그분은 더 이상 하나님이 아닐 것이며, 또한 세상은 도덕적 혼란에 빠지고 말 것이다. 하지만 그런 일은 결코 있을 수 없다. 하나님은 하나님이실 뿐이다. 하나님은 아주 미세한 점에까지도 심지어는 머리카락 굵기만큼도 결코 자신에게서 어긋남이 없으시다.

### 하나님의 거룩한 사랑

그런데 이것이 속죄와 무슨 관계가 있는가? 그것은 바로, 하나님이 죄인들을 용서하시고 그들을 자신과 화목시키기 위한 방편으로 택하시는 방법이, 무엇보다도 먼저 그 자신의 성품과 완전히 일치되어야 한다는 것이다. 마귀에게 사로잡힌 자를 건지기 위하여 마귀를 격퇴시키고 그의 무장을 해제시키기만 하는 것이 아니다. 심지어 하나님의 율법, 명예, 공의, 혹은 도덕 질서를 만족시켜야 하는 것만도 아니다. 하나님은 자기 자신을 만족시키셔야 한다. 앞에서 살펴본 다른 설명 방식들은, 적어도 하나님의 한 가지 표현—그분의 율법이든 명예든 공의든 도덕 질서든—이 만족되어야 함을 주장한 점에서는 정당하다. 하지만 좀더 발전된 이 설명 방식의 우수함은 하나님의 공의와 사랑을 포함한 그분의 존재 **각각의 모든** 측면에서 하나님은 자신을 만족시키신다는 것을 주장한다는 점이다.

하지만 우리가 이렇게 하나님의 속성들을 구별하여, 어느 한 속성을 다른 속성과 대립시키며, 심지어 이런 갈등으로 인한 하나님의 '문제' 혹은 '딜레마'를 이야기한다는 것은 성경을 벗어나는 위험에 빠지는 것이 아닌가? "성경에는 하나님의 속성간의 분쟁이란 전혀 없다"고[37] 포사이스는 썼다. 그 말은 옳은가? 나는 그가 옳았다고 생각하지 않는다. 물론 하나님 내부의 '분쟁' 혹은 '갈등'에 관하여 말하는 것은 매우 신인동형적인 표현이다. 하지만 성경은 신인동형론적 표현을 두려워하지 않는다. 실제로, 모든 부모는 사랑에 필요한 희생을 알며, 서로 갈등하는 감정에 의하여 '찢기운다'는 것이 무엇을 의미하는지를, 특히 자녀를 징계할 필요가 있을 때 잘 알게 된다. 성경에서 하나님을 인간적인 모습으로 표현한 모든 것 가운데 가장 과감한 것은, 아마 호세아 11장에서 하나님이 부모의 고통을 느끼신다고 표현한 장면일 것이다. 하나님은 이스라엘을 가리켜서 그분의 "자식", "아들"(1절)이라고 불렀으며, 이스라엘에게 걸음마를 가르치고 팔로 안았으며(3절), 그들 앞에 먹을 것을 두었다고(4절) 말씀하신다. 하지만 아들은 방탕하게 되었으며, 아버지의 부드러운 사랑을 깨닫지 못했다. 이스라엘은 하나님께 반항하며 등을 돌리기로 작정했다(5-7절). 그러므로 그들은 형벌을 받아 마땅하지만, 아버지가 그들을 어떻게 처벌하실 수 있겠는가? 그래서 여호와께서는 이렇게 독백하신다.

에브라임이여, 내가 어찌 너를 놓겠느냐. 이스라엘이여, 내가 어찌 너를 버리겠느냐. 내가 어찌 너를 아드마 같이 놓겠느냐. 어찌 너를 스보임

---
37) P. T. Forsyth, *The Work of Christ*, p. 118.

같이 두겠느냐. 내 마음이 내 속에서 돌이키어 나의 긍휼이 온전히 불붙 듯 하도다. 내가 나의 맹렬한 진노를 나타내지 아니하며 내가 다시는 에브라임을 멸하지 아니하리니 이는 내가 하나님이요 사람이 아님이라. 네 가운데 있는 거룩한 이니 진노함으로 네게 임하지 아니하리라(호 11:8-9).

여기서 우리가 볼 수 있는 것은 분명히 하나님 내부의 감정의 갈등이며, 그 속성 사이의 분쟁이다. '내가 어찌'라는 말로 시작되는 네 개의 의문문은 여호와께서 그분의 의 때문에 **하셔야 하는** 일과, 그분의 사랑 때문에 **하실 수 없는** 일 사이의 갈등을 입증한다. 하나님 내부에서의 '마음의 변화'가 그분의 '긍휼'과 '불 같은 진노' 사이의 갈등이 아니면 그 무엇이겠는가?

성경에는, 하나님 내부의 이런 '이중성'(duality)을 다른 방식으로 표현하는 여러 구절이 있다. 그분은 "은혜롭고…인자가…많은 하나님이로다…그러나 형벌받을 자는 결단코 면죄하지 않고…", 그분 안에서 "긍휼과 진리가 같이 만나고 의와 화평이 서로 입맞추었으며", 그분은 자신을 "공의를 행하며 구원을 베푸는 하나님"이라고 선언하시고, 그분 외에는 다른 신이 없다고 하신다. 그리고 진노 중에라도 긍휼을 잊지 않으신다. 요한은 육신이 되신 말씀, 성부의 독생자를 가리켜서 "은혜와 진리가 충만하더라"고 묘사한다. 바울은 또한 유대인과 이방인에 대한 하나님의 처분을 묵상하면서 우리에게 "하나님의 인자와 위엄"을 생각하라고 권한다. 또한 바울은 십자가와 구원에 관하여 말하면서, 하나님은 "자기도 의로우시며 또한 예수 믿는 자를 의롭다" 하시려고 자기의 의로우심을 나타내신다고 썼다. 그리고 그는 하나님의 '진노'와 '사랑'에 관한 언급을 병립하는 것이 전혀 모순이 아님을 발견하였다. 한편 요한은 만약 우리가 우리 죄를 자백하면 하나님은 "미쁘시고 의로우사" 우리 죄를 용서하시리라고 우리를 확신시킨다.[38] 지금까지 우리는 하나님에 관한 두 가지 상보적인 진리가 함께 나타나는 구절 아홉 쌍을 살펴보았는데, 이러한 구절들은 마치 우리가 하나님의 어떤 한 가지 측면만을 이야기하면서 그와 대립되는 반대편 측면을 간과하는 일이 없도록 주의해야 한다는 것을 상기시켜 주려는 것처럼 보인다.

에밀 브루너는 「중보자」에서 하나님의 "이중적 성격"을 "기독교 계시의 중심적인 신비"라고 주저없이 썼다(p. 519). 왜냐하면 "하나님은 단순히 사랑이 아니시기 때문이다. 하나님의 본성은 한 단어만으로는 완전히 설명할 수가 없다"(pp. 281-282). 실로, 십자가와 관련된 법적 용어에 대한 현대의 반박은 주로 "하나님의 거룩이라는 사상이 하나님의 사랑이라는 사상에게 삼키운 사실에 기인한다. 이것은, 거룩과 사랑이라는 이중적 요소를 토대로 하나님을 이해하는 성경적 사상이 현대의 일방적이고 일원론적인 사상으로 대치되고 있음을 의미한다."(p. 467). 하지만 "거룩과 사랑,…자비와 진노의 이중성이 용해되어서 하나의 종합적인 개념으로 바뀌게 되면, 동시에 하나님에 대한 성경적인 지식의 심각성, 즉 계시와 대속의 실재와 신비가 반드시 파괴된다.…여기서 모든 참된 기독교 신학의 변증법(dialectic)이 생겨난다. 참된 기독교 신학은 단지 이런 이중성의 용해될 수 없는 성격을 사고의 견지에서 표현하고자 할 뿐이

---

38) 출 34:6-7; 시 85:10; 사 45:21; 합 3:2; 미 7:18; 요 1:14; 롬 11:22; 3:26; 엡 2:3-4; 요일 1:9.

다"(p. 519, 각주). 따라서 그리스도의 십자가는 "하나님이 하나의 사건 속에서 완전 무결한 방식으로, 자신의 거룩과 사랑을 동시에 알려 주신 사건이다"(p. 450). "십자가는, 사랑하고 용서하시는 자비의 하나님이, 그분의 거룩과 사랑이 똑같이 무한하다는 사실을 우리가 깨달을 수 있는 방식으로, 계시하신 유일한 곳이다"(p. 470). 실로 "속죄의 객관적인 측면은…다음과 같이 요약될 수 있다. 십자가는 형벌을 수반한 굽힐 수 없는 의와 무한한 사랑이 조합하여 구성된 것이다"(p. 520).

동시에 우리는 결코 하나님의 존재 내부의 이런 이중성을 화해될 수 없는 것으로 생각하지는 말아야 한다. 우리에게는 하나님이 자신과 싸우시는 것처럼 보일지라도, 실제로 하나님은 결코 그런 분이 아니시다. 그분은 '평강의 하나님'이시며, 혼란의 하나님이 아니라 내적인 평정의 하나님이시다. 사실 우리는 행악자를 징벌해야 하는 심판자로서의 하나님의 모습과, 그들을 용서할 길을 발견해야 하는 사랑하는 자로서의 하나님의 모습을 마음속에 동시에 간직하기가 어렵다는 것을 발견한다. 하지만 하나님은 그 두 가지 모두이시며, 그것도 동시에 그러하시다. 벌카우어(G. C. Berkouwer)는 "그리스도의 십자가 속에서 하나님의 공의와 사랑이 **동시에** 계시되었다"고[39] 했지만, 아우구스티누스를 반향하면서 칼뱅은 그보다도 더 과감하게 말했다. 그는 하나님에 대하여 "놀랍고도 신성한 방법으로, 그분은 우리를 미워하시던 그 때에도 우리를 사랑하셨다"고 했다.[40] 이 두 개념은 단순히 동시적인 것 이상이다. 그것은 동일한

---

39) G. C. Berkouwer, *Work of Christ*, p. 277.
40) *Institutes*, II. xvi. 4; 참고. II. xvii. 2.

것 혹은 적어도 같은 실재에 대한 다른 표현에 불과하다. 그 까닭에 대하여 "하나님에게서 돌이켜 등을 돌린 사람들이 경험하는 형태 속에서는 하나님의 진노가 곧 하나님의 사랑이기" 때문이라고 브루너는 과감한 문장으로 썼다.[41]

이 갈등을 놓고 고투한 신학자가 바로 포사이스인데, 그는 "하나님의 거룩한 사랑"이라는 새로운 표현을 만들어 냈다—혹은 적어도 유행시켰다.

> 기독교는(그가 이렇게 썼다) 다른 모든 것에 앞서서 하나님의 거룩에 관심을 쏟는데, 이 거룩은 결국 인간에게 사랑이 된다.…하나님의 사랑은 긍휼이나 자비 혹은 애착이 아니라 지고의 거룩함이라는 이 출발점이 복음과…신학적 자유주의 사이의 분수령이다.…나의 출발점은, 그리스도의 일차적인 관심과 계시는 단순히 하나님의 용서하시는 사랑이 아니라, 그런 사랑의 거룩이라는 것이다.

그는 다시 이렇게 썼다.

> 만약 우리가 하나님의 사랑에 관한 이야기는 좀 덜하고, 그분의 거룩과 심판에 관한 이야기를 더 한다면, 하나님의 사랑에 관해 말할 때 우리는 훨씬 더 많은 것을 이야기할 수 있을 것이다.[42]

그리고 그는 이렇게 썼다.

---

41) Emil Brunner, *Man in Revolt*, p. 187.
42) P. T. Forsyth, *Cruciality of the Cross*, pp. 5-6, 73.

거룩한 하나님이 없다면 속죄의 문제도 없었을 것이다. 속죄의 십자가를 필요하게 하는 것은 바로 하나님의 사랑의 거룩함이다….[43]

하나님의 거룩한 사랑에 대한 이해는, 우리로 하여금 하나님을 우습게 그리는 잘못에서 빠져 나오게 할 것이다. 우리는 하나님을 그릴 때, 우리를 구해서 버릇없이 만들어 놓기 위하여 자신의 거룩을 손상시키는 관용적인 하나님으로 그려서는 안 된다. 또 우리를 짓이겨 멸망시키기 위하여 자기의 사랑을 억누르는 거칠고 복수심에 불타는 하나님으로 그려서도 안 된다. 그렇다면 하나님은 어떻게 우리를 없애지 않으면서 그분의 거룩을 표현하시며, 우리의 죄를 묵과하지 않으면서 그분의 사랑을 표현하실 수 있겠는가? 하나님은 어떻게 그분의 거룩한 사랑을 만족시키시는가? 어떻게 하나님은 우리를 구원하시면서 동시에 자신을 만족시키실 수 있는가? 이 시점에서 우리가 대답할 수 있는 것은 단지, 그분이 우리를 위하여 자신을 희생─정말 대신하여─하셨다는 것이다. 이 말이 의미하는 바를 이해하는 것이 다음 장에서의 우리의 관심사다.

십자가 그늘 밑에
    나 쉬기 원하네─
이 광야 같은 세상에
    내 쉴 곳 찾았네….

---

43) P. T. Forsyth, *Work of Christ*, p. 80. 그는 또한 *The Justification of God*, 특히 pp. 124-131, 190-195에서 "거룩한 사랑"이라는 표현을 사용한다. William Temple은 *Christus Veritas*, 특히 pp. 257-260에서 이 표현을 거론한다.

오, 안전과 행복의 피난처!
  오, 확실하고 따뜻한 안식처!
오, 천상의 사랑과
  천상의 공의가 만나는 장소.


**토론 문제**

지난 장에서는 죄의 심각성과 하나님의 성품으로 인하여 하나님이 그저 우리를 용서하는 것이 불가능하다고 결론지었다. 이제 우리는 '만족시킴'이라는 개념과 "누가 만족될 필요가 있는 것인가?"라는 질문으로 눈을 돌리게 된다.

1. 초대교회의 많은 사람들은, 예수님의 죽음은 하나님이 마귀의 세력으로부터 인류의 자유를 확보하기 위하여 **마귀**에게 지불하지 않으면 안 되었던 보상이었다고 주장했다. 이 견해는 어떻게 생겨난 것인가?(p. 212이하) 이 견해는 무엇이 잘못되었는가?

2. 또 다른 견해는 이것이다. 즉 하나님은 다니엘서 6장(특히 13-17절을 보라)에서 다리오가 봉착했던 것과 유사한 갈등에 빠져 있어, 예수님의 죽음은 율법이 요구하는 형벌로부터 우리의 자유를 확보하기 위하여 필요했다는 것이다. 이 견해 역시 왜 부적절한가?(p. 215이하)

3. 그 후 세 가지 다른 설명이 제시되었다. 안셀무스는 죄로 인해 손상된 것은 **하나님의 명예**였기 때문에 그 명예가 만족되어야만 했다고 주장하였다(p. 221이하). 종교개혁자들은 칭의를 강조하였기 때문에, 구원의 길을 위해서는 **하나님의 공의**를 만족시킬 필요가 있었다고 강조하였다(pp. 226-228). 그로티우스는 하나님이 죄를 그저 용서할 수 없는 이유는 그분이 친히 통치하시는 세상의 **도덕 질서**를 만족시키셔야 하기 때문이라는 견해를 전개하였다(p. 228이하). 각 견해의 강점과 약점에 대해 토론해 보라. 이 모든 견해들이 공통적으로 갖는 한계는 무엇인가?(p. 232)

4. 하나님이 죄인을 심판하셔야만 하는 것은 그분이 자신에게 진실하시기 위해서다(p. 233). 저자는 성경이 이것을 묘사하는 네 가지 방식을 언급한다(p. 233이하). 다음 성경 구절들을 읽고, 이 구절들이 우리가 하나님의 분노와, 만족시킴을 받을 필요성을 이해하는 데 어떤 도움을 주는지 토의해 보라―사사기 2:12-13; 열왕기하 22:13, 17; 호세아 8:5; 에스겔 5:13; 20:44.

5. 저자는 다음과 같은 에밀 브루너의 글을 인용한다, "십자가는 사랑하고 용서하시는 자비의 하나님이, 그분의 거룩과 사랑이 똑같이 무한하다는 사실을 우리가 깨달을 수 있는 방식으로, 계시하신 유일한 곳이다"(p. 246). 하나님의 이 두 가지 성품 가운데 어느 하나라도 무시될 때는 어떤 왜곡된 이해가 발생하는가? 당신의 사고는 어떤 면에서 왜곡되었다고 생각하는가?

## 6 ∾ 하나님의 자기 희생 *The Self-Substitution of God*

우리는 용서의 문제를 죄의 심각성과 하나님의 존엄성 속에서, 즉 우리는 실제로 누구이며 하나님은 실제로 누구신가의 문제 속에서 다루어 왔다. 하나님의 거룩한 사랑이 어떻게 인간의 거룩하지 못한 매정함과 절충을 이룰 수 있는가? 만약 이 둘이 제휴하면 어떤 일이 일어날 것인가? 이것은 하나님의 외부에서 일어나는 문제가 아니다. 그것은 바로 하나님 존재 안에서 일어나는 문제다. 하나님은 결코 자기 자신과 모순되지 않으시므로, 그분의 성품의 완전성과 철저히 일관되게 행하심으로써 자기 자신을 '만족시키셔야' 한다. "기독교에 대한 해석자들을 복음주의적인 해석자들과 비복음주의적인 해석자들로, 신약 성경에 충실한 자들과 신약 성경을 소화하지 못하는 자들로 궁극적으로 분리하는 것은 이 신적인 필연성을 인식하느냐 인식하지 못하느냐에 있다"고 제임스 데니는 썼다.[1]

더욱이 지금까지 보았듯이, 이 내적인 필연성을 하나님이 자기 자신의 일부에 대해서만 진실해야 한다든지(그분의 율법, 명예, 거룩), 그분의 속성 중 어느 하나(사랑 혹은 거룩)를 표현하기 위하여 다른 쪽 속성을 희생해도 된다는 의미가 아니다. 오히려 그것은 그분이 충만한 도덕적 존재로서 언제나 변함없이 그분 자신이어야 한다는 의미다. 크로포드는 이 점을 강조하였다. "하나님이 어떤 때는 그분의 속성 중 한 가지에 따라서 행하고 다른 때는 또 다른 속성에 따라서 행하신다고 가정하는 것은…아주 잘못된 것이다. 하나님은 언제든지 동시에 그 모든 것에 합당하게 행동하신다.…특별히 하나님의 공의와 하나님의 자비에서, 그분의(그리스도의) 사역의 목표는 (마치 그것들이 서로 상충되거나 해 온 것처럼) 그 둘을 조화시키는 것이 아니라 죄인을 구속함으로써 그 둘을 함께 드러내어 영화롭게 하는 것이다. 십자가 위에서 현시된 것은 이 두 속성 사이의 **반작용**(counteraction)이 아니라 **결합된 행동**(combined action)의 실례다."[2]

하지만 어떻게 심판을 통한 그분의 거룩과, 용서를 통한 그분의 사랑을 동시에 나타내실 수 있는가? 그것은 오직 죄인을 위한 하나님의 대속물을 제공하여서 그 대속물이 심판을 받고, 죄인은 용서를 받게 하심으로써만 가능하다. 우리 죄인들은 당연히 죄의 개인적·심리적·사회적 결과로 인해 고통을 당해야 하지만, 하나님으로부터 유리되어 마땅히 받아야 할 형벌을 우리 대신 다른 사람이 받음으로써 그것을 면제받았다. 나는 크랜필드가 그의 「로마서 주

---

1) James Denney, *Atonement*, p. 82.
2) Thomas J. Crawford, *Doctrine of Holy Scripture*, pp. 453-454.

석」(*Romans*)에서 한 말보다도 더 조심스러운, 속죄의 대속적 성격에 관한 진술을 본 적이 없다. 그의 말은 이 장이 향하여 나아가는 바 결론을 요약하지만, 지금 이 장의 시작 부분에서 그 말을 인용함으로써 우리가 나아가는 방향을 미리 아는 것도 유익할 것이다. 이 인용문은 크랜필드 박사의 로마서 3:25 주석의 일부다. 그는 다음과 같이 쓴다.

> 하나님은, 그분의 자비로 죄 있는 사람들을 용서하기로 작정하셨으며, 또한 참으로 자비로우면서도 의로운 방식으로, 즉 어떻게 해서라도 그들의 죄를 묵과하지 않으면서 용서하고자 하셨다. 그래서 그 죄인들이 당연히 받아야 할 의로운 진노를 자신의 아들 안에서 자기 자신에게 쏟기로 작정하셨다(p. 217).

이제 우리가 정신을 집중해야 할 중대한 문제들은 다음과 같다. 이 '대속물'은 누구인가? 또한 그분이 우리를 위하여 자기 자신을 대속물로 내준다는 개념을 우리는 어떻게 이해하고 정당화할 것인가? 이런 문제들에 접근하는 가장 좋은 방법은 구약의 제사 제도를 살펴보는 것이다. 왜냐하면 그 제도 속에는 그리스도의 희생을 위해 하나님이 의도하신 준비가 있었기 때문이다.

### 구약의 희생 제도

"그리스도의 죽음을 하나의 희생으로 해석하는 것은, 신약에 나타나는 교훈의 모든 중요한 유형 속에 스며들어 있다."[39] 희생과 관계된 어휘와 관용어들은 널리 퍼져 있다. 그리스도께서 "우리를 위하여 자신을 버리사 향기로운 제물(*prosphora*)과 희생제물(*thysia*)로 하나님께 드리셨느니라"고 바울이 말한 때와 같이 어떤 때는 그 언급에 모호함이 없을 때도 있다(엡 5:2). 또한 어떤 때는 그 인유가 덜 직접적이어서, 단순히 그리스도께서 "자기 몸을 드리셨다"(예를 들면 갈 1:4) 혹은 "자신을 드렸다"(예를 들면 히 9:14)고만 되어 있기도 하지만, 그 사상의 배경 역시 구약의 제사 제도다. 특히 그 분이 "죄를 위하여" 혹은 "죄들을 위하여" 죽으셨다는 진술은 (예를 들면 롬 8:3과 벧전 3:18), '속죄 제물'을 헬라어로 번역한 말(*peri hamartias*)을 의식적으로 사용한다. 실제로 히브리서는 예수님의 희생을, 구약의 '그림자'를 완전히 성취한 것으로 묘사한다. 이는 그분이 자기 자신(동물이 아니라)을 단번에(반복적으로가 아니라) 드리심으로써, 우리를 위하여 의식적(儀式的)인 정결과 언약 공동체 속에서 누리는 은혜의 회복을 확보해 주셨을 뿐만 아니라, 우리의 양심의 정결과 살아 계신 하나님과의 교제의 회복 또한 확보해 주셨기 때문이다.

    그러면 구약의 제사는 무엇을 상징하는가? 또한 그것들은 대속의 의미를 가지는가? 이런 질문들에 대답하기 위하여, 우선 우리는 인류학적인 연구에 먼저 착수하는 실수를 범하지 말아야 한다. 제사장들, 제단들, 희생 제물들이 고대 세계에서 보편적인 현상으로 보이는 것은 분명한 사실이지만, 우리에게 히브리의 제사 제도와 이방인의 제사 제도가 동일했다고 가정할 권리는 없다. 그것들은 인류 초기의 우리 조상들에 대한 하나님의 계시를 공동의 기원으로

---

3) W. P. Paterson의 논문 "Sacrifice"의 p. 343에서.

삼은 것일 수 있다. 하지만 성경의 특별한 위치를 인정하고 볼 때, 이스라엘(그들의 타락에도 불구하고)의 제사 제도는 하나님의 원래 의도를 보존하고 있으며, 반면에 이방인의 제사는 그 타락한 형태라고 말하는 것이 옳다.

구약에서는 다양한 경우에 제사를 드렸다. 예를 들면, 구약의 제사는 회개, 절기, 국가적 필요, 언약의 갱신, 가족 축제 혹은 개인의 봉헌과 관계되었다. 제사의 이런 다양성은 그런 제사들에 단일한 의미 혹은 단순한 의미를 부여하는 것을 경고한다. 그럼에도 불구하고, 하나님의 구약 계시 속에는 제사에 대한 두 가지의 근본적이며 상보적인 개념이 있는 것 같다. 그리고 이 둘은 각각의 제물과 관계되어 있다. 첫 번째 개념은 인간 존재는 당연히 하나님께 속해 있다는 생각이며, 두 번째 개념은 인간은 그들의 죄와 죄책 때문에 하나님과 유리되었다는 생각이다. 첫 번째 개념의 특징으로는 '화목' 혹은 '교통'의 제물(이것은 자주 감사와 연결된다—레 7:12), 소제(이 제사에서는 모든 것을 불에 태운다)와 세 번에 걸친 연중 추수 축제가 있다(출 23:14-17). 두 번째 개념의 특징은 속죄제와 속건제인데, 여기서는 속죄의 필요성이 분명하게 인식된다. 이 두 종류의 제사가, 하나는 인간이 하나님께 접근하는 것을(하나님의 자비를 얻고자 하는 뇌물은 차치하고, 선물을 드리는 것으로), 다른 하나는 하나님이 인간에게 접근하시는 것을(용서와 화목을 제공하는 것으로) 상징한다고 구별하는 것은 잘못이다. 왜냐하면 그 두 가지 제사는 본질적으로 하나님의 은혜를 인식하고 그것에 의지하는 것이기 때문이다. 오히려 워필드가 분류했던 것처럼, 전자는 "단지 피조물로서의 인간"을 보고, 후자는 "죄인인 인간의 핍절한 상태"를 보는 것으로 구분하는 편이 좋을 것이다. 이 구분을 더 상세히 설명하면, 전자에서 인간은 "보호를 요구하는 피조물"이고, 후자에서 인간은 "용서를 갈구하는 죄인"이다.[4]

이런 제사들 속에서, 하나님은 한편으로는 인간이 육체적 생명을 위하여 의존해야 하는 바 창조주로 계시되고, 다른 한편으로는 심판을 요구하는 재판장인 동시에 속죄를 마련하는 구주로 계시된다. 이 두 가지 제사에 대해서는, 우리에게 재판장과의 화목이 창조주에 대한 예배에 선행되어야 한다는 의미에서, 후자가 전자의 기초라는 인식도 존재한다. 그러므로 히스기야가 성전을 정결하게 할 때 번제에 앞서서 "온 이스라엘의 속죄를 위하여" 속죄제를 먼저 드린 것은 신중한 의미가 담긴 일이다(대하 29:20-24). 또한 가인이 드린 제사와 아벨이 드린 제사가 모두 '민하'(*minha*, 선물 제공)라는 동일한 말로 불렸지만, 우리는 그들의 제사에서도 두 종류의 제물을 구분할 수 있다. 가인의 제물이 거부된 것은 그가 아벨처럼 하나님의 계시에 대하여 믿음으로 응답하지 않았기 때문이라고 성경은 말한다(히 11:4). 가인은 하나님의 계시된 뜻을 거슬러서, 속죄보다도 예배를 앞에 놓았든지, 아니면 땅의 소산을 바치기는 하되 그것을 창조주께서 주신 선물에 대한 감사의 표시가 아니라 자기가 드리는 선물인 것처럼 왜곡시켜서 드렸을 것이다.

대속의 개념은 한 사람이 다른 사람을 대신한다는 것, 특히 한 사람이 다른 사람의 고통을 대신 당함으로써 그를 그 고통에서 풀어 주기 위하여 대신한다는 것이다. 그런 행동은 보편적으로 고귀

---

4) *Biblical Doctrines*, pp. 401-435에 실린 B. B. Warfield의 논문 "Christ our Sacrifice", 특히 p. 411에서.

하게 여겨진다. 다른 사람의 고통을 덜어주는 것은 선한 일이다. 더욱이 자기가 그것을 담당하면서 그렇게 한다면 그것은 두 배로 선한 일이다. 자기의 이름이 여호와의 책에서 지워지더라도 그로 인하여 이스라엘이 용서만 받는다면 기꺼이 그렇게 되기를 원한 모세의 이타심을 우리는 존경한다(출 32:32). 우리는 또한 바울이 표현한 바 그와 거의 유사한 소망(롬 9:1-4)을 존경하며, 또한 빌레몬의 빚을 갚아 주겠다는 그의 약속을 존경한다(몬 18-19절). 이와 유사하게 우리 시대에서는, 아우슈비츠 포로 수용소에서 보인 폴란드 프란체스코회 신부 막시밀리안 콜베(Maximilian Kolbe)의 영웅적 행동에 감동하지 않을 수 없다. 몇몇 죄수의 처형이 결정되었을 때 그 중 한 사람이 자기는 자녀가 있는 기혼자라고 소리를 질렀고, 그 때 "콜베 신부가 앞으로 나서면서, 자기가 그 사람 대신 처벌될 수 없겠느냐고 요구했다. 관계 당국은 그의 제안을 받아들였고, 그는 지하 감옥에 감금되어 그곳에서 굶어 죽었다."[5]

그러므로 이렇게 보편적으로 알려져 있는 대속의 원리가 하나님 자신을 희생시키는 데 적용되었다고 해서 놀랄 것은 없다. 아브라함은 하나님이 마련하신 숫양을 "아들 대신 번제로 드렸다"(창 22:13). 모세가 만든 법에 의하면, 해결되지 않은 살인 사건에서, 그 마을의 장로들은 먼저 자신의 결백을 선언한 후에, 밝혀지지 않은 살인자 대신 어린 암소를 희생시켜야 했다(신 21:1-9). 미가는 이 대속의 원리를 잘 알고 있었음이 분명하다. 왜냐하면 어떻게 여호와 앞에 나아가야 할지에 관하여 독백하면서, 과연 자기가 번제나 동물이나

---

5) 이 이야기는 *Discretion and Valour*, p. 139에서 Trevor Beeson이 한 말이다.

강 같은 기름을 가지고 나아가야 할까, 혹은 심지어 "내 허물을 위하여 내 맏아들을, 내 영혼의 죄로 말미암아 내 몸의 열매를" 드릴까 하고 말하기 때문이다. 그가 자기 자신에게 제시한 대답이 종교 예식적인 것이 아니라 도덕적인 것이라는 사실, 특히 그가 아들을 자기 대신 희생시킨다는 끔찍한 생각을 떨쳐 버렸다는 사실 때문에, 미가가 구약의 제사 제도에 깊이 새겨진 대속의 원리를 거부했다고 할 수는 없다(미 6:6-8).

이 정교한 제도에 의하면 매일, 매주, 매달, 매년 그리고 특별한 경우에 드리는 제물이 있다. 여기에는 또한 다섯 가지 형태의 주요 제물이 규정되어 있다. 레위기의 처음 몇 장에 자세히 서술된 바에 의하면, 번제, 소제, 화목제, 속죄제, 속건제가 있다. 소제는 고기와 피가 아닌 곡식과 기름으로 되어 있어서 다른 것들과 형태가 다르므로, 이것은 주로 다른 제물들 중의 하나와 함께 드려진다. 나머지 네 개의 예물은 피의 희생이었으며, 비록 차이점이 있기는 하지만(예물을 드리는 적절한 상황 그리고 그 피와 고기가 사용되는 정확한 용도와 관련하여), 그 제사들은 예배자 그리고 제사장과 관련해서 동일한 기본 의식을 공유했다. 그 의식은 매우 생생했다. 예배자는 제물을 가지고 와서 그 위에 안수하고 죽였다. 그러면 제사장은 그 피를 바르고, 고기 중 일부는 태우며, 그 나머지를 어떻게 처분할 것인지를 가르쳐 주었다. 이것은 무의미한 마술이 아니라 의미심장한 상징이었다. 제물을 바치는 사람은 그 동물에게 안수함으로써, 분명하게 스스로를 그 동물과 동일시하였으며, "그 제물이 자기를 대신한다는 것"을 "엄숙하게" 표시하였다.[6] 어떤 학자들은 한 걸음 더 나아가서, 안수하는 것을 "예배자의 죄가 그 동물에게 전가됨을 상징적으로 표시하는 것"으로[7] 보았다. 이런 현상은 속죄양의 경우에서 분명하게 드러나는데, 이것은 뒤에 다시 살펴볼 것이다. 어쨌든 죄에 대한 형벌은 사망이라는 인식하에, 그 동물은 예배자를 대신해서 죽음을 당하고, 죽음이 이루어졌다는 상징으로 피를 뿌렸으며, 그 동물을 바친 자의 생명은 보존되었다.

하지만 구약의 의식에서 피의 희생 제사가 대속적 의미를 지닌다는 것과, 피 뿌림과 피흘림이 속죄에 필수적인 이유를 가장 명백하게 보여 주는 진술은, 피를 먹는 것을 금하는 이유를 설명하는 하나님의 말씀에서 발견할 수 있다.

> 육체의 생명은 피에 있음이라. 내가 이 피를 너희에게 주어 제단에 뿌려 너희의 생명을 위하여 속죄하게 하였나니 생명이 피에 있으므로 피가 죄를 속하느니라(레 17:11).

이 본문은 피에 대하여 세 가지 중요한 사실을 선언한다. 첫째, 피는 생명의 상징이다. '피는 생명이다'라는 이런 이해는 매우 오래된 생각인 것 같다. 이 생각은 적어도 노아에게까지 거슬러 올라가는데, 하나님은 노아에게 "생명의 피"가 여전히 남아 있는 고기를 먹지 말라고 금하셨으며(창 9:4), 이 금령은 뒤에 "피는 생명"(신 12:23)이라는 공식으로 반복된다. 하지만 여기서 강조하는 것은,

---

6) F. D. Kidner, *Sacrifice in the Old Testament*, p. 14. 또한 R. J. Thompson 과 R. T. Beckwith의 논문 "Sacrifice and Offering"을 보라. 또한 G. J. Wenham이 그의 *Commentary on Numbers*, pp. 202-205에서 말한 "Old Testament sacrifice"에 관한 부가 설명을 보라.

7) Leon Morris, *Atonement*, p. 47.

살아 있는 생명의 상징인 혈관 속을 흐르는 피가 아니라, 피를 흘리는 것 즉 대개 폭력적인 방법에 의하여 생명이 끝나는 것을 상징하는 피흘림이다.

둘째로, 피는 속죄를 이루는데, 그것이 대속이 되는 이유는 '생명'이라는 단어의 반복에서 발견된다. '피가 사람의 생명을 속하는 것'은 오직 '피조물의 생명이 피에 있기' 때문이다. 그것은 한 생명이 버림을 당하는 것, 즉 다른 생명이 대신 희생당하는 것이다. '단위에서' 죄가 속해지는 것은 대신하는 생명의 피를 흘림으로써다. 크로포드는 이것을 잘 표현하였다. "그러므로 이 본문은, 그 분명하고 뚜렷한 의미대로 희생 의식의 **대속적**(vicarious) 성격을 가르친다. **생명을 위하여 생명이 드려졌다.** 즉 예배자의 생명을 위하여 제물의 생명이 드려졌다." 실로 "죄 있는 예배자의 생명을 위하여 무죄한 제물의 생명이 바쳐진 것이다."[8]

셋째로, 이런 속죄의 목적을 위하여 하나님이 그 피를 주신 것이다. "내가 이 피를 너희에게 주어 단에 뿌려 너희의 생명을 위하여 속하게 하였나니"라고 하나님은 말씀하신다. 따라서 우리는 제사 제도를 인간이 만든 것이 아니라 하나님이 주신 것으로 생각해야 하며, 각각의 제사를 하나님을 달래기 위한 인간의 꾀로 여길 것이 아니라, 하나님 자신이 직접 내리신 속죄의 방편으로 간주해야 한다.

이러한 구약의 배경은 히브리서의 매우 중요한 두 구절을 이해하는 데 도움을 준다. 첫 번째는 "피흘림이 없은즉 사함이 없느니라"(9:22)는 구절이고, 두 번째는 "이는 황소와 염소의 피가 능히

---

8) T. J. Crawford, *Doctrine of Holy Scripture*, pp. 237, 241.

죄를 없이 하지 못함이라"(10:4)는 구절이다. 피가 없이는 사함이 없다는 말은, 대신하는 것이 없이는 속함이 없다는 의미이다. 즉 생명을 위한 생명, 혹은 피를 위한 피가 있어야 한다. 그러나 구약의 피의 제사는 단지 그림자일 뿐이고 그 실체는 그리스도다. 대속이 유효하기 위해서는 그것의 비중이 같아야 한다. 동물의 제사는 인간을 위하여 속할 수 없었는데, 이는 예수님이 말씀하신 것처럼, 인간이 "양보다 훨씬 더 귀하기" 때문이다(마 12:12). 오직 "그리스도의 보배로운 피"만이 충분한 가치를 갖는다(벧전 1:19).

### 유월절과 '죄를 담당함'

이제 우리는 구약이 피의 제사 전반에 관하여 말하는 내용에서 보이는 대속의 원리로부터, 그 원리의 구체적인 두 실례, 즉 유월절과 '죄를 담당함'의 개념으로 넘어가려고 한다.

유월절부터 논의를 시작하는 것은 두 가지 이유에서 정당하다. 첫 번째 이유는, 원래의 유월절이 이스라엘의 국가 생활의 시작이었다는 점이다. "이 달을 너희에게 달의 시작, 곧 해의 첫 달이 되게 하고"(출 12:2)라고 하나님은 말씀하셨다. 그 달을 달력의 시작으로 삼은 것은, 그 달에 하나님이 이스라엘을 오랜 애굽의 압제와 굴레에서 건지셨기 때문이며, 또한 그 탈출이 그들로 하여금 시내산에서 하나님과 언약을 갱신할 수 있게 하였기 때문이다. 하지만 출애굽과 언약에 앞서서 유월절이 있어야 했다. 그들은 그 날을 "기념하여 여호와의 절기를 삼아 영원한 규례로 대대로 지켜야" 했다(출 12:14, 17).

유월절부터 논의를 시작해야 하는 두 번째 이유는, 신약 성경이 분명하게 그리스도의 죽음을 유월절의 성취와 동일시하며, 그리스도의 구속을 받은 새로운 공동체의 출현을 새로운 출애굽과 동일시하기 때문이다. 이것은 단지 세례 요한이 예수님을 "세상 죄를 지고 가는 하나님의 어린양"(요 1:29, 36)으로 환호했기 때문은 아니며,[9] 또한 예수님의 생애의 마지막 부분에 대한 요한의 연대표에 따라서 볼 때, 예수님이 십자가에 달리신 시간이 정확하게 유월절 양이 죽음을 당하는 바로 그 시간이기 때문만도 아니다.[10] 심지어는 요한계시록에서 예수님이 그의 피로 인간들을 사서 하나님께 바친 죽임 당한 어린양으로 경배를 받기 때문만도 아니다.[11] 이것은 바울이 다음과 같이 단언적으로 선언했기 때문이다. "우리의 유월절 양 곧 그리스도께서 희생이 되셨느니라. 이러므로 우리가 명절을 지키되…"(고전 5:7-8).

그렇다면 최초의 유월절에 어떤 일이 발생하였는가? 또한 그 일은 우리의 유월절 양이신 그리스도에 관하여 무엇을 말해 주는가?

유월절 이야기(출 11-13장)는 이스라엘의 하나님이 세 가지 역할로서 자신을 드러내신 것이다. 첫째로 여호와께서는 자신을 심판자로 계시하셨다. 이 이야기의 배경은 마지막 재앙의 경고를 받던 때였다. 모세는 가장 엄숙한 말로 바로에게 경고하기를, 한밤중에

---

9) 세례 요한이 말한 "하나님의 어린양"이, 유월절 양, 매일의 제사에 쓰이는 양 (tamid), 이삭을 결박함(창 22장), 유대 묵시 문학의 뿔 달린 양을 가리키는 것인지, 혹은 이사야 53장의 고난당하는 종을 가리키는지에 관하여 학자들 사이에 논쟁이 계속되고 있다. 제4복음서 기자의 구약 사용 용례에 비추어서 그 논쟁들을 잘 요약한 글을 보려면, George L. Carey의 강의, "Lamb of God", pp. 97-122를 보라.
10) 예를 들어, 요 13:1; 18:28; 19:14, 31.
11) 계 5:6, 9, 12; 12:11. 요한계시록에서 예수님은 스물여덟 번에 걸쳐서 '어린양'과 동일시된다.

여호와께서 애굽을 지나가면서 모든 처음 난 것들을 처치하시리라고 하였다. 이 일에는 인간과 동물, 혹은 사회적 계층에 따른 차별이 없을 것이며, 모든 초태생은 죽을 것이다. 그리고 하나님이 고안하여 마련해 놓으신 단 하나의 피할 길이 있을 것이다.

둘째로, 여호와께서는 자신을 구원자로 계시하셨다. 그 달 제10일에 이스라엘의 각 집은 어린양(일 년 된 흠 없는 숫양) 한 마리를 택해서 그 달의 14일에 죽여야 했다. 그렇게 한 다음에는 그 양의 피를 취해서 우슬초를 그 피에 담구었다가 그 피를 현관의 좌우 설주와 안방에 뿌려야 했다. 또한 그들은 그 날 밤 동안 밖으로 나가서는 안 되었다. 피를 쏟고 뿌렸으므로 그들은 그 아래에서 피난해야 했다. 왜냐하면, 심판으로 애굽을 '통과'할[개역개정 성경에는 "두루 다니며"(출 12:12)] 의사를 이미 선언하신 여호와께서 이제 피의 표시가 있는 각 집을 '지나침'으로써[개역개정 성경에는 "넘어가리니"(출 12:13)] 그 집들을 위협적인 파멸로부터 지키겠다고 부언하셨기 때문이다.

셋째로, 여호와께서는 자신을 이스라엘의 언약의 하나님으로 계시하셨다. 그분은 그들을 건지셔서 자기 백성으로 삼으셨다. 그러므로 여호와께서 그들을 심판으로부터 건지셨을 때 그들은 그분의 선하심을 찬양하고 경축할 수밖에 없었다. 유월절 밤에 그들은 쓴 나물과 무교병과 함께 불에 구운 양고기를 먹되, 허리에 띠를 띠고 발에 신을 신고 손에 지팡이를 잡고, 즉 구원을 위한 만반의 준비를 갖추고 음식을 먹었다. 식사의 어떤 요소들은 그들의 이전 압제를 말해 주었고(쓴 나물) 또 다른 것들은 그들이 얻을 미래의 해방을 말해 주었다(그들의 옷차림). 그런 연후에 매년 그 절기가 오면 그 잔치를 7일 동안 계속하게 됐으며 또한 자녀들에게 그 전체 의식이 의미하는 바가 무엇인지 설명해 주어야 했다. "이는 여호와의 유월절 제사라. 여호와께서 애굽 사람에게 재앙을 내리실 때에 애굽에 있는 이스라엘 자손의 집을 넘으사 우리의 집을 구원하셨느니라." 온 가족이 참여하는 장자를 위한 특별한 의식이 마련되어 있었다. 유월절 양의 죽음으로 직접 구원을 얻은 사람이 바로 장자들이었다. 그렇게 구원을 얻었기에 그들은 특별히 피 값으로 그들을 사신 여호와께 속한 것이며, 여호와를 섬기는 일에 바쳐져야 했다.

그 메시지는 이스라엘 사람들에게 너무나 분명했다. 또한 그 메시지는 그리스도의 희생 속에서 유월절의 성취를 보는 우리에게도 동일하게 분명하다. 첫째로, 심판자와 구원자는 동일한 분이다. 초태생을 심판하기 위하여 애굽을 '통과하신' 그 하나님이 바로 이스라엘을 구원하기 위하여 그들의 집들을 '지나치신' 하나님이시다. 따라서 우리는 하나님을 심판자로 특징짓고, 아들을 구원자로 특징짓는 일을 결코 하지 말아야 한다. 그리스도를 통하여 우리를 자기 자신에게서 구원하시는 하나님은 동일한 한 분 하나님이시다. 둘째로, 구원은 대속에 의하여 이루어졌다(지금도 마찬가지다). 양이 대신하여 죽음을 당한 가족의 장자만이 살아남았다. 셋째로, 양이 피를 흘린 다음에는 그 피가 뿌려져야 했다. 즉 하나님이 마련하신 대책을 각 사람이 자기의 것으로 삼아야 한다는 것이다. 하나님은 "피를 보아야" 그 가족을 구원하셨다. 넷째로, 하나님이 구해 내신 각각의 가족은 그로 인하여 하나님이 값을 주고 사신 바가 되었으므로 이제 그들의 전 생애는 하나님께 속하게 된다. 우리의 생애도 그러하다. 그리고 봉헌은 잔치로 연결된다. 구속받은 자의 생활은 축제인데, 그리스도의 감사 축제인 성만찬 속에서 이것은 하나의 예식으로 표현된다. 제10장에서 이것을 좀더 충분히 검토할 것이다.

대속의 원리에 대한 두 번째 주된 예화는 '죄를 담당함'의 개념이다. 신약 성경에서 우리는 그리스도께서 "나무에 달려 그 몸으로 우리 죄를 담당하신"(벧전 2:24) 것과, 이와 유사하게 그분이 "많은 사람의 죄를 담당하시려고 단번에 드리신 바 되신"(히 9:28) 것을 볼 수 있다. 하지만 여기서 '죄를 담당한다'는 것은 무엇을 의미하는가? 그 말은 죄의 형벌을 담당한다는 것으로 이해해야 하는가, 아니면 다른 어떤 의미로 이해해야 하는가? 또한 '죄를 담당함'은 '대속'을 반드시 수반해야 하는가? 그렇다면, 당신은 어떤 종류의 대속을 생각하고 있는가? 이 말은, 범죄한 쪽의 죄책을 담당하고서 그를 대신하여 그 형벌을 담당하는, 하나님이 마련하신 무죄한 대속자만을 가리키는가? 아니면 다른 종류의 대속이 있을 수도 있는가?

지난 백 년 동안, '형벌의 대속'(penal substitution; 여기서 penal은 '형벌' 혹은 '징계'라는 의미의 *poena*에서 유래했다)을 거부하면서도 '대속'이라는 어휘를 계속 사용하려는 많은 기발한 시도들이 있었다. 이런 시도의 기원은 12세기에 있었던, 안셀무스에 대한 아벨라르의 공격에까지 거슬러 올라가며, 또한 16세기에 있었던, 개혁자들의 교리에 대한 파우스투스 소시누스(Faustus Socinus)의 냉소적인 반발에서도 볼 수 있다. 그의 책 「구세주 예수 그리스도에 대하여」(*De Jesu Christo Servatore*, 1578)에서 소시누스는 예수님의 신성뿐만 아니라, 그분의 죽음에서 '만족시킴'에 관한 모든 사상을 부인하였다. 그는 죄책이 한 사람에게서 다른 사람에게로 전가될 수 있다는 생각은[12] 이성과 공의에 동시에 상충된다고 주장했다.

그것은 불가능할 뿐만 아니라 불필요하다는 것이다. 왜냐하면 하나님은 대속 없이도 얼마든지 죄인을 용서하실 수 있기 때문이다. 하나님은 죄인을 회개로 이끄셔서 그들이 용서받을 만하게 되도록 만드신다는 것이다.

존 캠벨(John McLeod Campbell)의 「속죄의 본질」(*The Nature of the Atonement*, 1856)도 이와 동일한 일반적인 전통에 서 있다. 그는 말하기를, 그리스도께서는 하나님의 뜻을 행하러 오셨는데, 특히 인간의 죄를 담당하러 오셨다고 했다. 하지만 그 분이 그렇게 하시는 것은 전통적인 의미에서가 아니라 다른 두 가지 의미에서 그러하다. 첫째로, 하나님을 대신하여 인간을 대하시는 데 있어서, 그리스도의 고난은 "하나님의 공의의 요구를 만족시키기 위하여 감당하신 형벌적인 고통"이 아니라, "우리들의 죄에 대해 하나님의 사랑이 그 자체의 성격 때문에 당하는 고통"이라는 것이다(pp. 115-116). 둘째로, 인간을 대표하여 하나님과 관계를 맺는 데 있어서 하나님의 공의에 기인하는 그 '만족'은 "우리의 죄에 대한 완전한 고백"의 형태를 취한다는 것이다. 이런 방법으로 그리스도께서는 죄에 대한 하나님의 진노를 인정하셨으며, "또한 그 완전한 응답 속에서 그분은 그 진노를 받아들이셨다"(pp. 117-118)는 것이다. 그리스도께서는 "우리의 죄에 대한 성부의 의로운 정죄의 느낌으로 충만할" 만큼 성부와 하나셨으며, 또한 "그 정죄에 대하여 완전히 '아멘' 할

---

12) 칼뱅은 이렇게 썼다. "이것이 우리가 받은 면제다. 우리로 하여금 형벌을 받아야 하게 만들던 그 죄책이 하나님의 아들의 머리 위로 옮겨간 것이다(사 53:12). 무엇보다도 우리는, 삶 전체를 통하여 떨면서 근심 가운데 빠져 있지 않기 위하여" 즉 하나님의 심판에 대한 두려움 속에서 떨지 않기 위하여, "이 대속을 기억해야 한다"(*Institutes*, II. xvi. 5).

수" 있을 만큼 우리와 하나셨다(p. 127). 이런 방식에 의하여, '죄를 담당함'은 동정으로 용해되고, '만족시킴'은 죄를 슬퍼하는 마음으로 용해되며, '대속'은 대신 받는 형벌에서 대신하는 회개로 변한다.

그로부터 십 년 후에 미국 조합교회주의자인 부쉬넬(Horace Bushnell)은 「대속적 희생」(*The Vicarious Sacrifice*)을 출판했다.[13] 그도 캠벨과 마찬가지로 '형벌적' 대신함을 거부하였다. 예수님은 우리의 형벌을 대신하셨다기보다는 우리의 고통을 대신당하셨다는 의미에서 '대신하는' 즉 '대속하는' 인물이었다. 왜냐하면 "사랑은 그 자체가 본질적으로 대신하는 원리이기 때문이다"(p. 11). 결국 하나님의 사랑이 예수님의 성육신과 공생애를 통하여(그의 죽음뿐만 아니라), 우리의 슬픔과 고통 속으로 들어왔으며, 또한 그것들과 일체가 되어 고통과 슬픔을 부담으로 느꼈다는 의미에서 그것들을 '담당한' 것이다. "갈보리 위에 통나무가 보이기도 전에 하나님 안에는 십자가가 있었다"(p. 35). 그리스도 안에서의—그분의 탄생, 생애, 죽음 속에서 표현된—하나님의 이 사랑의 희생이 "구원에 이르는 하나님의 능력"이다. 이는 그것이 우리를 격려하는 그 영향력 때문에 그러하다. 이제 그리스도께서는 "우리를 우리의 죄에서 건져내실 수 있으며…또한 그 죄의 형벌에서도 건져내실" 수 있다(p. 7). 이렇게 해서 하나님의 어린양은 우리의 죄를 없이하

---

13) Horace Bushnell은 그의 후기 저서인 *Forgiveness and Law*에서 그의 견해를 조금 수정하였다. 여전히 전통적인 견해를 반박하면서도, 그는 십자가에는 하나님의 객관적인 화해가 있음을 승인하였으며, 또한 그분이 우리를 저주에서 건지기 위하여 "저주 속으로 성육신하셨다"고 주장하였다. 하지만 그는 그리스도께서 그분의 생애 전체를 통하여 우리의 죄의 저주 즉 우리의 죄의 수치를 의식적으로 당하셨다고 부언하였다.

신다. "속죄는…우리 안에서 일어나는 하나의 변화로서, 우리는 그 변화에 의하여 하나님과 화목된다"(p. 450). 하지만 "주관적인 속죄"(즉, 우리 속에서 일어나는 변화)가 먼저 오고 그 다음에야 비로소 "하나님이 객관적으로 노를 푸시는 것이다"(p. 448).

모벌리(R. C. Moberly)도 「속죄와 인격」(*Atonement and Personality*)에서 이와 유사한 생각을 발전시켰다. 그는 십자가와 관련된 모든 법적인 범주를 배격했으며, 특히 응보적인 형벌의 모든 사상을 배격하였다. 그는 회개(십자가에 달리신 이의 영에 의하여 우리 속에 일어난)가 먼저 우리를 "용서 받을 수 있게" 만들고 다음에는 거룩하게 만든다고 가르쳤다. 그리스도가 우리를 대신했다고 말할 수 있는 것은, 대신하는 형벌이라는 의미에서가 아니라 대신하는 회개라는 의미에서 그러하다.

'대속'과 '죄를 담당함'이라는 말의 의미는 바꾸면서도, 그 말만은 그냥 유지하려는 이런 신학자들의 시도는 실패라고 선언해야 한다. 그런 시도는 문제를 명료하게 하기보다 혼란만 가중시킨다. 그런 시도는 부주의한 사람들로부터, '회개 대속'(penitent substitution; 여기서는 대속자가 우리가 제공할 수 없는 것을 제공한다)과 '형벌 대속'(penal substitution; 여기서는 대속자가 우리가 담당할 수 없는 것을 담당한다) 사이의 근본적인 차이를 은폐한다. 다음은 형벌 대속에 대한 패커 박사의 정의다.

우리를 구원하기 위해 필요한 것은 무엇이든지 하기로 작정하신 사랑에 의해, 우리 주 예수 그리스도는 불가피하게 우리에게 주어진 하나님의 파괴적인 심판을 참으시고 그 기력이 다하기까지 담당하셨다. 그로 인해 우리에게 사죄와 양자됨과 영광을 주신다. 그러므로 형벌 대속을 인정하는 것은, 신자들이 특히 이 형벌에 있어서 그리스도께 빚진 자들이며 이 사실이 현재부터 영원까지 신자들의 모든 기쁨, 평화, 찬미의 샘이 되는 것이다.[14]

여기서 참으로 본질적인 문제는 성경 저자들이 '죄를 담당함'이라는 용어를 어떤 의미로 사용했느냐 하는 것이다.

구약의 용법에서 분명하게 드러나는 바에 의하면, '죄를 담당한다'는 말은 죄인을 동정한다는 의미가 아니며, 그들의 고통을 자기의 것으로 한다는 의미도 아니다. 또한 그들의 회개를 표현해 준다는 의미도 아니며, 혹은 인간의 죄악으로 인하여 대신 핍박을 당한다는(혹자의 주장처럼) 의미도 아니다. 또한 사적인 견지에서 혹은 사회적인 견지에서 죄의 결과로 인하여 고통을 당한다는 의미도 아니다. 도리어 그것은 특별히 죄의 결과인 형벌을 당한다는 의미다. 그 표현은 레위기와 민수기에 가장 많이 등장한다. 이 말은 하나님의 율법을 어김으로써 죄를 범한 사람들을 가리켜 그들이 "자기의 허물(혹은 죄)을 담당하리라"(AV와 RSV)고 말하는 데 사용된다. 다시 말하면 이 말은 그들이 "책임을 질 것이다" 혹은 "죄로 인해 벌받을 것이다"(NIV)라는 의미다. 어떤 때는 형벌이 구체적으로 명시됨으로써 이 문제에 대한 질문의 여지가 없는 경우도 있다. 범죄자는 "그 백성 중에서 끊어지게" 되며(예를 들면 출교), 신성 모독의 경우에는 죽임을 당하기도 한다.[15]

---

14) J. I. Packer, "What Did the Cross Achieve?", p. 25.

죄인의 악행에 대한 형벌을 다른 누군가가 대신 담당할 가능성이, 죄를 담당함에 관한 이런 맥락 속에서 어렴풋이 드러난다. 예를 들면 모세는 이스라엘 사람들에게 그들의 자녀들이 "너희의 죄악을 지고" 광야에서 유리할 것이라고 말했다(민 14:34). 만약 결혼한 남자가 아내의 어리석은 맹세 혹은 서약을 무효화시키지 못하면 "그녀의 잘못에 대한 책임을 그가 진다"(민 30:15, NIV). 더 단순하게 표현하면, "그가 아내의 죄를 담당할 것이다"(RSV). 또한 주전 586년의 예루살렘 멸망 후에, 만약 그들이 남아 있지 않았다면 완전히 황무지가 되었을 그 땅에 남아 있던 사람들이 이렇게 말했다. "우리의 조상들은 범죄하고 없어졌으며 우리는 그들의 죄악을 담당하였나이다"(애 5:7).

이런 것들은 타의에 의하여 죄를 대신 담당하는 경우의 예다. 각각의 경우를 보면, 무죄한 사람들은 자신이 다른 사람들의 죄책의 결과로 고통당한다는 것을 안다. 하지만 대신해서 죄를 담당한다는 뜻을 나타냈을 때도 동일한 어구를 사용했다. 이 때에는 의도적인 대속자가 소개되며, 하나님 자신이 그 대속자를 제공하시는 것으로 이야기된다. 하나님이 에스겔에게 누우라고 말씀하시고 극적인 상징법으로 "이스라엘 족속의 죄악을 당하라"고 말씀하시는 것이 바로 그런 경우다(겔 4:4-5). 속죄 제물도 죄를 담당한다는 견지에서 이야기된다. 모세는 아론의 아들들에게 이 사실에 관하여 다음과 같이 말했다. "이는 너희로 회중의 죄를 담당하여 그들을 위하여 여호와 앞에 속죄하게 하려고 너희에게 주신 것이니라"(레 10:17).

---

15) '죄를 담당한다'는 표현의 몇몇 실례로는, 출 28:43; 레 5:17; 19:8; 22:9; 24:15과 민 9:13; 14:34과 18:22 등이 있다.

일 년에 한 번 돌아오는 속죄일의 예식은 이 사실을 더욱 분명하게 가르쳐 준다. 대제사장은 이스라엘 회중 전체의 죄를 속하고자 "속죄 제물을 위하여 숫염소 둘"을 잡는다(레 16:5). 그 중 한 마리는 희생되어 통상적인 방식대로 그 피를 뿌리지만, 살아 있는 염소에 대해서는 대제사장이 그 머리 위에 양손을 얹고서 "이스라엘 자손의 모든 불의와 그 범한 모든 죄를 아뢰고 그 죄를 염소의 머리에 두었던"(21절) 것이다. 그렇게 하고 나서 그는 그 염소를 광야로 내보냈으며, 염소는 "그들의 모든 죄를 지고 무인지경"(22절)으로 나아갔다. 어떤 주석가들은 그 두 염소를 희생 염소(sacrificed goat)와 속죄 염소(scapegoat)로 나누는 오류를 범하는데, 이는 그 두 마리를 모두 "한 속죄 제물"(a sin offering)이라고 단수로 묘사한 사실을 간과한 것이다(5절). 크로포드가, 각각의 염소는 동일한 희생의 서로 다른 측면, 즉 "하나는 속죄의 수단을, 다른 하나는 속죄의 결과를 보여 준다"고 말한 것은 정당한 해석이었다.[16] 이 일에는 속죄일의 공적인 선언, 즉 화목은 오직 대속적인 죄의 담당을 통해서만 가능하다는 선언이 명백하게 나타난다. 또한 히브리서의 저자는 예수님을 "자비하고 충성된 대제사장"(2:17)으로 뿐만 아니라, 제사장이 그 피를 지성소로 가지고 들어가는 희생 염소(9:7, 12)와, 백성의 죄를 지고 떠나는 속죄 염소(9:28)로도 보는 것을 금하지 않는다.

속죄제와 속죄 염소가 서로 다른 각각의 방식으로 죄를 담당하는 역할을 수행하기는 했지만, 적어도 좀더 신령한 마음을 가지고 있던 이스라엘 사람들은, 동물은 인간을 위한 만족스러운 대속물이

---

16) T. J. Crawford, *Doctrine of Holy Scripture*, p. 225. Leon Morrqs의 *Atonement*, chapter 3, 'The Day of Atonement', pp. 68-87를 읽으라.

될 수 없음을 인식했음이 분명하다. 그런 연고로 이사야서 두 번째 부분의 유명한 '종의 노래'에서 이사야는 열방을 가슴에 품을 사명을 띤 한 사람, 그 일을 수행하기 위하여 수난을 당하고 죄를 담당하며 죽어야 할 한 사람을 그리기 시작했다. 마태는 그 종의 사역의 조용함과 부드러움에 대한 첫 번째 노래를 예수님께 적용했으며,[17] 베드로는 초기 설교에서 네 번에 걸쳐 예수님을 하나님의 "종" 혹은 "거룩한 종"으로 부른다.[18]

하지만 계속해서 예수님께 적용되는 구절은, 특히 그 종의 수난과 죽음을 묘사하는 이사야 53장이다. "구약의 구절들 중에서 이사야 53장만큼 교회에 중요한 구절은 없다"고 예레미아스는 썼다.[19] 신약의 저자들은 여덟 개의 특정한 구절이 예수님에게서 성취되었다고 말하면서 그 구절을 인용하였다. 요한은 1절("우리의 전한 것을 누가 믿었느냐")을 예수님께 적용했다(12:38). 마태는 4절("그는 실로 우리의 질고를 지고 우리의 슬픔을 당하였거늘")의 진술이 예수님의 병 고침의 사역에서 성취된 것으로 보았다(8:17). 우리는 양같이 제 길로 갔다는 것과 그분이 채찍에 맞음으로 우리가 나음을 입었다는 구절(5, 6절)이 베드로에 의하여 반복되며(벧전 2:22-25), 이 단락에는 또한 9절("그 입에 거짓이 없었으나")과 11절("그들의 죄악을 친히 담당하리로다")이 인유된다. 도살장에 끌려가는 양 같

---

17) 사 42:1-4; 참고. 마 12:17-21.
18) 행 3:13, 26; 4:27, 30.
19) Jeremias, *Eucharistic Words*, p. 228. 또한 그의 책 *Servant of God* 그리고 Jeremias와 Zimmerli에 의한 *pais theou*(servant of God)에 관한 논문, p. 712이하를 보라. Oscar Cullmann의 *Christology of the New Testament*의 3장 "Jesus the Suffering Servant of God"과 비교하라.

고, 공의와 생명을 빼앗긴 예수님을 묘사한 7-8절을 에티오피아의 내시가 읽고 있었는데, 이 모습을 본 빌립이 그에게 "예수를 가르쳐 복음을 전하였다"(행 8:30-35). 이와 같이 1, 4, 5, 6, 7, 8, 9, 11절 이—그 장에 있는 열두 개의 구절 중에서 여덟 개의 구절—매우 구체적으로 예수님께 적용되고 있다.

복음서를 자세히 연구해 본 사람이라면 예수님이 이사야 53장을 여러 번 언급하신 경우를 발견할 수 있을 것이다. 어떤 때는 그 장의 단어 하나를 인용하는 경우도 있었다. 예를 들면, "멸시를 당하리라",[20] "빼앗길",[21] "불법자의 동류로 여김을 받았다"[22] 등이다. 또한 그분은 예비적으로 기름을 바르는 절차도 없이 범죄자처럼 "묻힐" 것이었으므로(예수님이 설명하신 대로), 베다니의 마리아는 그분의 몸에 향유를 부어 "내[예수님의] 장사를 미리 준비한"[23] 것이다. 다른 인유로는, "재물을 나누는" 강한 자에 대한 그분의 묘사,[24] 재판장들 앞에서의 의도적인 침묵,[25] 범죄자들을 위한 중보[26] 그리고 다른 사람들을 위하여 자기의 생명을 버림[27] 등이 있다. 만약 이런 구절들까지도 받아들인다면, 이사야 53장에서 2절("고운 모양도 없고 풍채도 없은즉 우리의 보기에 흠모할 만한 아름다운 것이 없도다")을 제외한 모든 구절이, 어떤 때는 몇 번씩 반복해서, 전부

---

20) 막 9:12; 참고. 사 53:3.
21) 막 2:20; 참고. 사 53:8.
22) 눅 22:37; 참고. 사 53:12.
23) 막 14:8; 참고. 사 53:9.
24) 눅 11:22; 참고. 사 53:12.
25) 막 14:61; 15:5; 눅 23:9과 요 19:9; 참고. 사 53:7.
26) 눅 23:34; 참고. 사 53:12.
27) 요 10:11, 15, 17; 참고. 사 53:10.

신약에 인용된다. 실로 그분의 세례로부터 사역에 이르는, 그분의 수난과 죽음으로부터 부활과 승천에 이르는, 그분의 전체 공생애가 이사야 53장에서 예언된 그 유형의 성취라고 말할 수 있는 증거가 충분하다. 오스카 쿨만(Oscar Cullmann)은, 세례 시에 예수님은 자신이 와서 죄를 담당해야 할 그 사람들과 자기를 의도적으로 동일시하셨으며, "모든 의를 이루겠다"(마 3:15)는 그분의 결심은 자기가 죄를 담당하고 죽음으로써 "많은 사람을 의롭게 하는"(사 53:11) 하나님의 "의로운 종"이 되겠다는 결심이었다고 말한다. 또한 하늘에서 들린 천부의 목소리, 즉 하나님은 자기 아들을 "기뻐한다"는 그 목소리 또한 예수님이 종이시라는 것을 밝혀 주셨다고(사 42:1) 했다.[28] 이와 유사하게 빈센트 테일러(Vincent Taylor)도 사도행전 2장에 나타나는 최초의 사도의 설교에서 이미 "지배적인 개념은 죽음의 수욕을 당하고 높임을 받으신 종의 개념이다…"라고 지적했다.[29] 더욱 최근에 튀빙겐의 마틴 헹겔(Martin Hengel) 교수는 이와 동일한 결론을 내리면서, 이사야 53장은 예수님의 마음으로 돌아가 이해해야 할 것이라고 논증하였다.[30]

지금까지 이사야 53장과 관련하여 내가 보여 주고자 한 바는, 이 장이 예수님에 대한 신약 성경의 이해에 얼마나 근본적인 토대를 마련해 주는가 하는 것이었다. 나는 그분의 가장 중요한 두 가지 말씀을 맨 마지막으로 미뤄 왔는데, 그것은 바로 그분의 죽음은 죄를 담당하는 성격을 지닌 것이라는 말씀들이다. 첫 번째는 '대속물에

---

28) Oscar Cullmann, *Baptism in the New Testament*, p. 18.
29) Vincent Taylor, *Atonement*, p. 18.
30) Martin Hengel, *Atonement*, pp. 33-75.

대한 말씀'이다. "인자가 온 것은 섬김을 받으려 함이 아니라 도리어 섬기려 하고 자기 목숨을 많은 사람의 대속물로 주려 함이니라"(막 10:45). 여기서 예수님은 '인자' 예언과 '종' 예언이라는 서로 상이한 예언을 하나로 연결시키신다. 인자는 "하늘 구름을 타고 올" 것이며, 모든 백성이 그를 섬길 것이다(단 7:13-14). 반면에 종은 섬김을 받는 것이 아니라 섬길 것이며, 수난에 의하여, 특히 그의 생명을 많은 사람을 위한 대속물로 내어 놓음으로써 그의 섬김을 완성할 것이다. 그는 오직 섬김으로써만 섬김을 받을 것이며, 수난을 통해서만 영광에 들어갈 것이다. 두 번째 말씀은 주의 만찬을 제정하시던 때 하신 말씀으로서, 거기서 예수님은 자신의 피가 "많은 사람을 위하여 흘려질" 것이라고 말씀하셨다.[31] 이 말씀은 이사야 53:12의 "그가 자기 영혼을 버려 사망에 이르게 하며"라는 말씀을 반복하는 것이다.[32] 더욱이 이 두 본문에서 예수님은 그분이 "많은 사람을 위하여" 자기 생명을 주거나 버린다고 이야기하시는데, 이는 다시 이사야 53:12의 "그가 많은 사람의 죄를 지며"라는 말씀을 반복하는 것이다. 어떤 사람들은 제한적인 성격이 분명해 보이는 이 표현 때문에 당황한다. 하지만 예레미아스는 논하기를, 기독교 이전 시대의 유대적인 해석에 따르면, 이 구절의 "많은 사람"은 "유대인과 이방인들 중의 경건한 사람들"이라는 의미라고 했다. 그

---

31) 막 14:24; 참고. 마 26:28.
32) 그의 철저한 연구인 *Atonement*에서 Martin Hengel 교수는 납득이 가도록 논하기를, 그리스도께서 "우리 죄를 위하여 죽으셨다"(고전 15:3), 그리고 그리스도께서 "우리 범죄함을 위하여 내어 줌이 되었다"(롬 4:25)는 바울의 진술의 배후에는, 마가가 기록한(10:45; 14:22-25) 예수님의 '대속물의 말씀'(ransom-saying)과 '만찬의 말씀들'(supper-sayings)이 있으며, 또한 이런 말씀들 배후에는 이사야 53장과, 그것에 대한 예수님 자신의 이해가 있다고 논한다(pp. 33-75).

러므로 이 표현은 '배타적인'(모든 사람이 아니라 많은 사람이라는 의미에서) 표현이 아니라, 셈족의 어법에서 총괄적인(많은 사람들로 구성된 전체라는 의미로) 표현으로서, 이것은 "당시 랍비들의 사상에서는 들어 볼 수 없었던 [메시아적] 개념이었다."[33]

그러므로 예수님이 이사야 53장을 자신에게 적용시키셨다는 것과, 또한 그분이 자신의 죽음을 그 장에 비추어서 죄를 담당하는 죽음으로 이해하셨다는 데는 논란의 여지가 없는 것으로 보인다. 하나님의 "의로운 종"으로서 예수님은 "많은 사람을 의롭게" 하실 수 있었는데, 이는 그분이 "많은 사람의 죄를 담당할" 것이기 때문이다. 그 장 전체의 핵심은, 단순히 예수님이 멸시를 받고 버림을 당하며 압제와 고통을 당하고 도살자 앞에서 끌려가는 양 같으며 산 자의 땅에서 끊어진다는 것이 아니다. 특별히 그는 우리의 불법을 인하여 찔리며, 주 여호와께서는 우리 모두의 죄악을 그에게 감당시키실 것이고, 그는 죄인과 동류로 취급되며, 또한 그가 죄인들의 죄책을 담당하리라는 것이다. 훼일(J. S. Whale)은 이렇게 썼다. "이 노래는 그 종이 다른 사람들의 죄의 형벌로 고난을 받으리라는 사실을 열두 개의 분명하고도 명백한 진술로 표현한다. 4, 5, 6절의 분명한 의미는, 그것이 대신하는 고난일 뿐만 아니라, 형벌을 대신 받는다는 것이다."[34]

죄를 담당하는 성격을 지닌 예수님의 죽음에 관한 이런 증거에 비추어 볼 때 이제 우리는 "그가 우리를 위하여 죽으셨다"는 단순

---

[33] Joachim Jeremias, *Eucharistic Words*, pp. 228-229. 다른 곳에서 Jeremias는 예수님의 그 두 말씀을, "하나님의 심판 아래 놓여 있는 무수한 사람들을 위한 대속의 죽음"을 지칭하는 말로 해석한다. 그의 다른 책, *Central Message*, pp. 45-46를 보라.

[34] J. S. Whale, *Victor and Victim*, pp. 69-70.

한 진술을 어떻게 해석해야 할지를 알게 된다. 여기서 "위하여"라는 단어는 '휘페르'(*hyper*, 위하여)로 번역될 수도 있고, '안티'(*anti*, 대신하여)로 번역될 수도 있다. 대부분의 구절은 '휘페르'로 되어 있으며, 그 예로는 "우리가 아직 죄인 되었을 때에 그리스도께서 우리를 위하여 죽으심으로"(롬 5:8), 혹은 "한 사람이 모든 사람을 대신하여 죽었은즉"(고후 5:14) 등이 있다. '안티'가 사용된 구절은 오직 대속 구절(ransom verse)들, 즉 마가복음 10:45(직역하면 "그의 생명을 많은 사람을 대신해서 속전으로 주기 위하여")과, 디모데전서 2:6("그가 모든 사람을 위하여 자기를 속전으로 주셨으니": 여기서의 "위하여"는 역시 *hyper*이지만, 전치사 *anti*가 명사인 *antilytron* 속에 들어 있다)이다.

하지만 이 두 전치사가 언제나 사전적인 의미에 고착되지는 않는다. 좀더 넓은 의미인 '휘페르'(위하여)도 문맥상 '안티'(대신으로)라는 의미로 사용된 경우가 많다. 예를 들면 우리를 가리켜서 "그리스도의 사신"(고후 5:20)이라고 할 때, 혹은 바울이 오네시모를 그의 주인인 빌레몬을 "위하여" 즉 빌레몬 대신으로 로마에 머물면서 자기를 돕게 하기를 원한다고 했을 때(몬 13절) 등이다. 바울의 서신에서 그리스도의 죽음의 의미에 관한 가장 노골적인 두 진술에서도 이것이 분명하게 드러난다. 그 하나는, "하나님이 죄를 알지도 못하신 이를 우리를 대신하여 죄로 삼으셨다"(고후 5:21)는 것이고, 다른 하나는 그리스도께서 "우리를 위하여 저주를 받은 바 되사 율법의 저주에서 우리를 속량하셨다"(갈 3:13)는 것이다. 어떤 주석가들은 이 단언을 받아들이기 어려운 것이라고 생각한다. 칼 바르트(Karl Barth)는 이 첫 번째 단언을 "거의 견딜 수 없을 만

큰 가혹한"[35] 것이라고 했고, 블런트(A. W. F. Blunt))는 이 두 번째 구절을 "매우 충격적인" 것이라고 했다.[36] 이 두 경우에 바울이 말한 바 십자가 위에서 그리스도에게 일어난 일은("죄를 삼으심", "저주를 받은 바 되심") "우리를 위하여" 즉 우리의 유익 혹은 이익을 위하여 된 일임을 곧 알 수 있다. 그런데 십자가에서 일어난 일은 정확히 무엇인가? 그것은 무죄한 자가 "우리를 위하여 죄로 여김"을 당했는데, 이는 분명히 그분이 우리를 대신해서 우리 죄의 형벌을 담당하셨음을 의미한다. 또한 그분은 "우리를 위한 저주가 되심으로써" 율법의 저주에서 우리를 속량하셨는데, 이것은 불순종 때문에 우리 위에 놓인 율법의 저주가 그분께로 옮겨 감으로써 그분이 우리 대신 그 저주를 담당하셨다는 의미임이 분명하다.

이 두 구절은 이런 소극적인 진리(그리스도께서 우리의 죄와 저주를 담당하심으로써 우리를 구원하셨다는)를 넘어서서 이에 대응하는 적극적인 진리로 나아간다. 한편으로는 우리가 아브라함에게 약속된 축복을 상속할 수 있게 하기 위하여 그리스도께서 저주를 받으셨으며(갈 3:14) 다른 한편으로는 하나님이 죄 없는 그리스도를 우리를 위한 죄로 삼으심으로써 "우리로 하여금 그[그리스도] 안에서 하나님의 의가 되게 하려 하심이다"(고후 5:21). 그러므로 이 두 구절은, 우리가 그리스도와 연합할 때 일어나는 신비로운 변화를 보여 준다. 즉, 우리로 그분의 축복을 받게 하기 위해 그분이 우

---

35) Karl Barth, *Church Dogmatics*, vol. IV, "The Doctrine of Reconciliation", p. 165.
36) A. W. F. Blunt, *Galatians*, p. 96. 이 부분의 더 완전한 인용을 위해서는 마지막 장을 보라.

리의 저주를 담당하셨고, 우리로 그분의 의로움과 함께 의롭게 되게 하기 위해 우리의 죄와 함께 그분 자신이 죄가 되셨던 것이다. 바울은 다른 곳에서 이런 전이를 '전가'(imputation)라는 말로 나타낸다. 한편으로 하나님은 우리의 죄를 우리에게 "돌리지" 않으시려고, 즉 우리에게 그것을 '묻지' 않으려고 하시는데, 이는 하나님이 그것을 대신 그리스도에게 전가시키려 하시기 때문이다(고후 5:19). 그리고 다른 한편으로 하나님은 그리스도의 의를 우리에게 전가시켜 주신다.[37] 많은 사람들이 이 개념을 거부하는데, 그들은 그런 전이를 마련한다는 것이 하나님 편에서 볼 때 인위적이고 불의하다고 말한다. 하지만 이런 반론은 오해로 말미암은 것이다. 이 오해를 크로포드가 완전히 불식시켜 준다. 그의 말에 따르면 전가란 "한 사람의 도덕적 특성을 다른 사람에게 옮겨 준다는 의미가 결코 아니다." 그런 일은 불가능하다. 또한 그는 계속해서 다음과 같은 취지로 존 오웬(John Owen)의 말을 인용한다. "우리에게 전가된 그 어떤 것도 우리 자신이 한 것이 아니며 또한 그리스도께 전가된 그 어떤 것도 그분이 하신 것은 아니다." 크로포드는 계속해서, "우리 죄의 도덕적 간악함이 그리스도에게 전가되었다고 해서 그분이 개인적으로 죄 있게 되었으며 볼품이 없이 되었다고 생각하거나, 그분의 의의 도덕적 탁월함이 우리에게 전이되었다는 말을 우리가 개인적으로 바르고 칭찬할 만하게 되었다"고 생각한다면 그것은 도저히 불합리하고도 믿을 수 없는 일이라고 말한다. 그렇다. 그리스도에게 전가된 것은 도덕적 특성이 아니라 법적인 결과다. 그

---

37) 롬 4:6; 고전 1:30; 빌 3:9.

분은 자발적으로 우리의 죄에 대한 책임을 담당하신다. "죄로 삼다"라는 말과 "저주가 되었다"는 말의 의미는 바로 그것이다. 이와 유사하게 우리가 "그리스도 안에" 있을 때 "하나님의 의"가 된다는 의미는, 우리의 품성과 행동 면에서의 의를 말하는 것이 아니라(비록 품성과 행동이 성령의 활동에 의하여 우리 안에서 성장하기는 하지만), 하나님 앞에서 우리의 의로운 위치를 가리키는 것이다.[38]

이런 구약의 모든 자료(피흘림과 피 뿌림, 속죄제, 유월절, '죄를 담당함'의 의미, 속죄 염소와 이사야 53장)를 재검토하고 이것들이 신약에서 그리스도께 적용되는 것을 숙고해 보면 우리는 십자가를 대속적인 희생이라고 결론짓지 않을 수 없다. 그리스도께서는 우리를 위하여 죽으셨다. 그리스도께서는 우리를 대신하여 죽으셨다. 예레미아스가 지적하듯이, 이렇게 희생의 이미지를 사용한 것은, "예수님은 우리의 죄를 위한 대신으로 죄가 없으신데도 죽으셨다는 사실을 표현하려는 의도에서였다."[39]

### 누가 그 대속물인가?

이제 우리가 던져야 할 질문은 바로 이것이다. 정확하게 누가 우리의 대속자였는가? 누가 우리를 대신해서 우리의 죄를 담당하고, 우리의 저주가 되었으며, 우리의 형벌을 지고서, 우리의 죽음을 죽은 것인가? 분명히 "우리가 아직 죄인 되었을 때에 그리스도께서 우리를 위하여 죽으셨다"(롬 5:8). 이것이 간단한 표면적인 대답이 될 것이다. 그러나 이 그리스도는 누구였는가? 우리는 그를 어떻게

---

38) T. J. Crawford, *Doctrine of Holy Scripture*, pp. 444-445를 보라.
39) Joachim Jeremias, *Central Message*, p. 36.

생각해야 하는가?

그는 단순히 한 인간이었는가? 만약 그렇다면, 한 인간이 다른 인간들을 위해 대신 죽는다는 것이 어떻게 가능 혹은 정당하겠는가? 그게 아니라면 그는 단순히 하나님으로서, 인간처럼 보이기는 하지만 실은 인간이 아닌 하나님이란 말인가? 만약 그렇다면 그가 어떻게 인간을 대표할 수 있겠는가? 이런 문제들 외에도 질문은 더 있다. 그가 어떻게 죽을 수 있었는가? 그렇다면 우리는, 그리스도를 단순한 인간만도 아니고 단순한 하나님만도 아닌, 유일한 신인으로서 독특하게 구성된 그의 인격 때문에 하나님과 인간 사이를 중보할 수 있는 독특한 자격을 갖춘 존재로 생각해야 하지 않겠는가? 대속적인 속죄의 개념이 합리적이고 도덕적이며 있을 법하고 받아들일 만하며 다른 무엇보다도 성경적인가의 여부는 이런 질문들에 대한 우리의 대답에 달려 있다. 대속의 가능성은 대속자의 신분에 좌우된다. 그러므로 우리는 내가 앞에서 제시한 개요에 대한 세 가지 설명을 훨씬 깊이 조사할 필요가 있다.

첫 번째 제안은 그 대속자가 **인간 그리스도 예수**라는 것이다. 여기서는 그리스도가 한 인간으로 이해되며, 하나님도 아니고 우리도 아닌 제삼의 구별된 개인으로 조명된다. 이런 전제를 가지고 시작하는 사람들은 속죄를 크게 왜곡하여 이해하며, 그리하여 속죄의 진리를 형편없는 것으로 만들고 만다. 그들은 십자가의 주도권이 하나님께 있는가, 그리스도에게 있는가에 따라서 십자가를 다음 두 가지 방식 중 어느 한 가지로 제시하는 경향이 있다. 그 한 가지는 그리스도가 개입해서, 진노하시는 하나님의 노를 누그러뜨리고, 하나님이 별로 베풀고자 하시지 않는 구원을 억지로 빼앗아 오는 것으로 묘사한다. 다른 한 가지는 그 사태에 개입하는 주체를 하나님으로 그리며, 그리하여 하나님이 마땅히 형벌을 받아야 하는 우리 죄인들 대신 무죄한 그리스도를 형벌하신다. 이 두 경우에 하나님과 그리스도는 서로 분리된다. 그리스도가 하나님을 설득하든지 하님이 그리스도를 형벌하신다. 이런 두 가지 주장의 특징은 성부를 모독한다는 것이다. 하나님이 자신이 고통당하는 것을 꺼려서 그리스도를 대신 희생시키는 셈이 되든지, 혹은 용서하고 싶은 마음이 없는데도 그리스도 때문에 할 수 없이 용서하는 셈이 되는 것이다. 즉 하나님은 예수님의 자기 희생적 사랑 때문에 그 노를 누그러뜨려야 하며, 하고 싶지 않은 마음을 억지로 극복해야 하는 무자비한 괴물처럼 이해되는 것이다.

십자가에 대한 그런 조야한 해석은 복음에 대한 우리의 몇몇 예화들 가운데 여전히 나타나고 있다. 예를 들자면, 우리가 그리스도를, 하나님의 심판에서 우리를 건지기 위하여 오신 분으로 묘사하거나, 실제로 잘못을 범한 사람을 대신하여 벌을 받는 매맞아 주는 아이(whipping-boy: 왕자를 대신해서 벌을 받는 왕자의 학우—역주)로 묘사하거나, 치명적인 전류를 감당하는 피뢰침으로 묘사할 때 등이다. 심지어 오랫동안 불려 온 찬송가 중에서도 이런 견해를 드러내는 것들이 있다.

여호와께서 그 막대기를 드셨으니
오 그리스도여, 당신 위로 그것이 떨어졌나이다!
당신이 하나님께로부터 아픈 매를 맞으심으로
저는 매를 맞지 않게 되었습니다.

물론 이런 식의 해석을 정당화할 수 있는 내용이 성경에 있는 것은 사실이다. 그렇지 않았다면, 성경적이기를 원했으며 또 그러한 권리를 주장했던 그리스도인들은 결코 이 의견을 발전시키지 않았을 것이다.

그래서 사람들은 예수 그리스도에 대하여, 그리스도는 우리 죄를 위한 "화목 제물"(요일 2:2)이며, 아버지 앞에서 우리의 "대언자"라고 말한다. 언뜻 보기에 이 말들은 마치, 그리스도가 하나님의 노를 달래기 위하여 죽었으며, 또한 지금은 하나님을 설득해서 우리를 용서하게 하기 위하여 하나님께 탄원하고 있다고 말하는 것처럼 들린다. 하지만 성경의 다른 부분들은 화목 제물과 대언이라는 말을 그런 방식으로 해석하는 것을 금하며, 다음 장에서 우리는 이 점을 살펴볼 것이다. 동정심 많은 그리스도가, 별로 달가워하지 않는 하나님을 설득해서 우리를 위한 일을 하도록 한다는 식의 개념은 하나님은 사랑이시라는 사실에 의하여 여지없이 무너진다. 하나님께는 심경의 변화 같은 것은 없어서, 그리스도 때문에 하나님의 마음이나 심정이 변한다는 것은 있을 수 없는 일이다. 도리어 구원의 시작은 하나님 속에서 먼저 일어났다. 그리스도께서 오신 것은 "우리 하나님의 긍휼을 인함이며"(눅 1:78), "하나님이 우리를 사랑하신 그 큰 사랑을 인함이며",[40] "모든 사람에게 구원을 주시는 하나님의 은혜"(딛 2:11)를 인함이다.

또 다른 공식적인 해석(하나님이 우리 죄를 위하여 예수님을 형벌하셨다는)에 관하여 보자면, 이스라엘의 죄악이 그 속죄 염소에

---

40) 엡 2:4; 참고. 요 3:16; 요일 4:9-10.

게로 전가된 것과 여호와께서 우리의 모든 죄악을 "그에게" 즉 고난 당하는 종에게 담당시키신 것은 사실이다(사 53:6). "여호와께서 그로 상함을 받게 하시기를 원하셨고"(사 53:10), 또한 하나님이 "목자를 치시리라"는[41] 스가랴의 예언을 예수님이 자신에게 적용시키신 것도 사실이다. 신약 성경도, 하나님은 우리의 죄를 속하기 위하여 그분의 아들을 "보내셨으며"(요일 4:9-10), 우리를 위하여 그를 "내주셨다"고[42] 한다. 그리고 "그를 화목 제물로 세우셨으며"(롬 3:25), 그의 육신에 "죄를 정하셨고"(롬 8:3), "우리를 대신하여 그로 죄를 삼으셨다"(고후 5:21)고 했다. 이것은 충격적인 진술들이다. 하지만 우리는 이런 말들을 하나님이 자기가 하고 싶지 않은 일을 강제로 예수님께 떠넘기셨다든지, 혹은 예수님은 하나님의 무자비한 공의에 의하여 억지로 희생되었다는 의미라고 마음대로 해석할 수 없다. 예수 그리스도께서 실로 우리 죄의 형벌을 담당하신 것이 사실이지만, 예수님이 그 일을 하는 데는 하나님이 적극적으로 개입하셨으며, 또한 그리스도께서는 자신의 역할을 기꺼이 담당하셨다(예를 들면 히 10:5-10).

    그러므로 우리는 하나님이 예수님을 형벌하신다든지, 혹은 예수님이 하나님을 설득하신다고 말하지 말아야 한다. 왜냐하면 그렇게 말하는 것은 마치 하나님과 예수님이 서로 제각기 행동하며, 심지어는 서로 갈등 관계에 있기라도 한 것처럼 말하는 것이 되기 때문이다. 우리는 결코 그리스도를 하나님의 형벌 대상으로 만들거나 하나님을 그리스도의 설득 대상으로 만들지 말아야 한다. 왜냐하면

---

41) 슥 13:7; 막 14:27.
42) 행 2:23; 롬 8:32.

하나님과 그리스도는 모두 주체이지 객체가 아니시며, 죄인을 구원하기 위하여 함께 주도적으로 활동하시기 때문이다. '하나님의 버리심'(God-forsakenness)이라는 말로 표현될 수 있는 십자가상의 모든 일은, 속죄를 반드시 이루고자 하시는 거룩한 한 사랑 안에서 이 두 분이 자발적으로 수락하신 것이다. "하나님의 버림을 받은 이"는 "우리 인간의 본성을 입으신 하나님"이시다.[43] 만약 성부께서 "아들을 내주신" 것이라면, 아들이 또한 "자기 자신을 내준" 것이다. 만약 겟세마네의 그 "잔"이 하나님의 진노를 상징한다면, 그럼에도 불구하고 그것은 성부에 의하여 "주어진" 것이며(요 18:11), 아들은 그것을 자발적으로 '택한' 것이다. 만약 성부께서 성자를 '보내셨다면', 성자는 스스로 '온' 것이다. 성부께서는 성자가 꺼리는 시련을 그에게 강요하지 않으셨고, 성자는 성부께서 베풀기를 원치 않으시는 구원을 억지로 탈취한 것이 아니다. 신약 성경에는 성부와 성자 사이에 어떤 형태의 불화가 있었다는—"그것이, 성자가 성부로부터 억지로 구원을 빼앗아 낸다는 식의 불화가 되었든지, 성부께서 성자에게 내키지 않는 희생을 강요하는 식의 불화가 되었든지"—기미는 전혀 없다.[44] 어느 편에서도 내키지 않는 일을 억지로 하는 일 따위는 없었다. 오히려 성부와 성자의 뜻은 사랑에서 우러난 완전한 자기 희생 속에서 하나가 되었다.

그렇다면, 만약 하나님으로부터 독립한 제삼자로서의 그리스도가 우리의 유일한 대속자가 아니라면, **오직 하나님만이** 우리를 대신하여 우리의 죄를 지시고 우리의 죽음을 죽으신 것인가? 만약 우리

---

43) John Murray, *Redemption Accomplished*, p. 77.
44) I. H. Marshall, *Work of Christ*, p. 44.

가, 성부께서 실제적으로 하신 일을 무시해 버리지 않기 위해서 그리스도의 주도권을 높이 평가하지 말아야 한다면, 그 역할을 완전히 뒤집어서 그리스도를 배제하고 모든 주도권과 공로를 성부께만 돌려도 되는 것인가? 만약 우리의 구원을 위하여 필요한 모든 것을 하나님이 직접 이루셨다면, 결국 그리스도는 필요없는 것이 아닌가?

이렇게 모든 공로를 하나님께만 돌림으로써 문제를 해결하려는 시도는, 예수님을 제삼자로 이해할 때 발생하는 모든 억지를 피할 수 있으므로, 일견 신학적으로 매력이 있어 보인다. 앞 장에서도 보았듯이 거룩한 사랑인 자기를 만족시켜야 할 분은 바로 하나님 자신이시다. 하나님은 거룩을 희생시키고 사랑으로 행하고자 하지 않으시며, 혹은 사랑을 희생하고 거룩으로만 행하고자 하지 않으신다. 그러므로 우리는 하나님 자신이 죽어서, 죄인이 담당해야 할 심판을 담당함으로써 자신의 거룩한 사랑을 만족시키셨다고 말할 수 있다. 인간의 죄에 대한 형벌을 강요하는 이도 하나님이시요 그것을 당하는 이도 하나님이시다. 또한 하나님이 그렇게 하시는 이유는, "자기도 의로우시며 또한 예수 믿는 자를 의롭다 하려 하심이라"(롬 3:26)는 말씀에 나타난다. 그러므로 이제 성자에게 형벌을 내리는 성부나, 혹은 우리를 위하여 성부와 우리 사이에 끼어든 성자와 같은 문제는 없어진다. 이는 자신의 사랑 속에서 주도권을 취하고 죄의 형벌을 직접 담당하고 죽는 이가 바로 성부이시기 때문이다. 그러므로 가장 중요한 것은 "하나님에 대한 인간의 요구" 혹은 "인간에 대한 하나님의 요구"가 아니라, "하나님에 대한 하나님의 요구, 하나님이 자기 자신의 요구를 만족시키신다"는 것이다.[45]

상이한 여러 전통을 대표하는 과거와 현재의 많은 신학자들은,

하나님이 직접 십자가에 달리셨음을 강조해야 할 필요성을 발견했으며, 따라서 속죄에 대한 이해를 그런 견지에서 표현하였다. 7세기 혹은 8세기까지 거슬러 올라가는 옛 영시, "예수 십자가의 꿈"(The Dream of the Rood)에서 저자는 "그 가장 귀한 꿈 속에서" 그가 어떻게 "가장 이상한 나무들"을 보았는지 이야기한다.

> 공중에 높이 들려, 온통 빛으로 둘러싸여 있었지.
> 그 어떤 빛보다도 밝은 빛으로 황금빛에 흠뻑 적시우고,
> 그 밑둥은 아름다운 보석들이 장식하고 있어,
> 그 나무는 마치 타오르는 횃불처럼 서 있었다네.…

그런 연후에, 꿈 속에서 그 십자가는 스스로 자기 이야기를 한다. 그 나무는 숲에서 베인 후 그 언덕으로 운반되었으며, 거기서 자기 운명이 어떻게 될 것인가를 알았다.

> 온 인류의 왕이 황급히 나에게 나아와서는
> 용기있게, 열심히 나를 타고 올라가셨지.
>
> 그리고 강하고 굳건한 젊은 영웅—전능한 하나님이신—은
> 전투를 위하여 옷을 벗으셨어.
> 그분은 확고한 목적을 가지고, 많은 사람 곧 그분이 속해야 할 인류가
> 볼 수 있도록, 그 높은 형틀 위로 오르셨어.

---

45) P. T. Forsyth, *Justification of God*, p. 35.

시의 끝 부분에서, 이 꿈을 꾼 사람은 자기를 위하여 죽으시는 하나님을 보고서, "그 복된 빛"에게 기도하면서 그것을 신뢰하여 이렇게 선언한다. "나의 피난처는 그 십자가(Rood)로다."[46]

"인간을 위하여 죽으시는 하나님"이라고 포사이스는 썼다. "나는 이 말을 두려워하지 않는다. 인간을 위하여 죽으신 하나님, 더욱이 그렇게도 악의가 가득한 인간을 위하여 죽으신 하나님, 이 말 없이는 나는 아무것도 할 수 없다."[47] 또한 "하나님의 거룩은…심판 없이는 무의미해지므로" 인간의 반항에 직면해서 하나님은 결코 아무것도 하지 않고 가만히 계실 수는 없었다. "하나님은 형벌을 가하든지 아니면 자신이 떠맡으셔야 한다. 그래서 그분은 법을 존중하면서도 죄인을 구원하기 위한 방식으로 후자의 길을 택하신다. 하나님은 스스로 자신의 심판을 당하셨다."[48]

우리를 위하여 자기를 내어 주신 이는 "하나님 자신"이셨다. 칼 바르트는 이 말을 사용하기를 주저하지 않는다. 그러면서 그는 "십자가 위에서 하나님 자신의 마음이 고통을 당하셨다"고 부언하였다. "다른 누구도 아닌 하나님 자신의 독생자이며, 따라서 영원한 하나님이신 자신이…."[49] 스티븐 닐 주교 역시 이와 유사하게 이렇게 썼다. "그리스도인들이 지금까지 믿어 온 것처럼, 만약 예수님의 십자가가…어떤 방식으로든 하나님 자신이 죽으신 것이라면, 이

---

46) 이 인용문은 Helen Gardner의 번역을 사용한 것이다. 영어의 고어인 *rōd*에서 온 단어인 'rood'는 형틀을 가리키는 말로 사용되었으며, 특히 그리스도의 십자가를 표시하였다.
47) P. T. Forsyth, *Work of Christ*, p. 25.
48) P. T. Forsyth, *Cruciality of Cross*, pp. 205-206.
49) Karl Barth, *Church Dogmatics*, II. 1, p. 446이하 또한 pp. 396-403를 보라.

제…우리는 하나님이 어떤 분이신가를 이해할 수 있다."[50] 또한 대중 찬송들도 이런 생각을 반영한다. 이를 테면, 찰스 웨슬리(Charles Wesley)의 "그럴 수가 있을까"(And can it be)에는 다음과 같은 구절이 나온다.

놀라운 사랑! 어떻게 이런 일이 있을 수가 있을까?
나의 하나님, 당신이 나를 위하여 죽으시다니.

신학자나 평범한 그리스도인 모두, 자기들이 이런 말을 쓸 수 있다고 느끼는 이유는, 물론 성경이 그것을 용인하기 때문이다. 사도들이 십자가에 관하여 기록했을 때, 그들은 가끔 이야기체의 표현으로 십자가에서 죽으시고 십자가에 그런 효력을 부여하신 이가 누구인지를 명시하였다. 따라서 십자가에서 죽기까지 낮아지신 그분은 다름 아니라, 인간이 되어서 죽음을 당하기 위하여 스스로 아무 것도 아닌 존재가 되신, "하나님의 본체"시다(빌 2:6-8). 이 세대의 관원들이 십자가에 못박은 그분은 "영광의 주"였다(고전 2:8). 또한 구속받은 자들의 옷을 정결하게 씻는 그 피는 바로 하나님의 보좌의 중심에 함께 있는 어린양의 피다(계 5:6, 9; 7:9). 더욱이 히브리서는 우리에게 죽으신 이는 하나님이라고 말할 것을 요구한다. 그 논리는 "언약"과 "유언"의 유사성을 근거로 해서 전개된다. 유언의 내용은 유언자가 죽은 후에만 효력을 발휘한다. 따라서 유언장에 약속을 기록해 놓은 경우에는 그 사람이 죽어야만 유산이 상속될

---

50) S. C. Neill, *Christian Faith Today*, p. 159.

수 있다. 그런데 여기서 제기되는 것은 하나님의 언약이므로, 죽음 또한 하나님의 죽음이 되어야 한다(히 9:15-17).

우리가 간과하지 말아야 하는 구절이 또 하나 있다. 그 구절은 바울이 밀레도에서 에베소 교회의 장로들에게 행한 고별 연설에 나온다. 성령께서 그들에게 돌보도록 맡기신 그 양떼는 다름 아니라 "하나님이 자기 피로 사신 교회"라고 바울은 말한다(행 20:28). 이 본문이 다소 불확실한 것은 사실이며(어떤 사본은, '하나님의 교회'라는 표현 대신에, 그리스도를 지칭해서 '주의 교회'라는 표현을 사용한다), 번역 역시 다소 불명확한 것이 사실이다(이 말은 '그가 그 자신의 피로 사신 하나님의 교회'라고 번역될 수도 있다. 여기서 그는 그리스도를 가리킨다). 그럼에도 불구하고 이 문맥은 '하나님의 교회'와 '자기 자신의 피'로 읽도록 요구한다. 왜냐하면 바울의 목적은 그 장로들에게, 그들이 섬기도록 부름받은 그 교회가 얼마나 귀한지를 상기시키는 것이었기 때문이다. 그것은 하나님의 교회다. 하나님의 성령께서는 그들을 그런 교회 위에 장로로 세우셨는데, 그 교회를 사기 위하여 지불된 값은 바로 '하나님의 피'였다. 이것은 거의 충격적인 어구로서, 이그나티우스와 테르툴리아누스 같은 몇몇 교부들이 이 어구를 사용하였으며,[51] 또한 비록 자주 맹세

---

51) Ignatius는 에베소에 보낸 자기의 편지와(1장), 로마에 보낸 자기의 편지(6장)에 대한 각각의 간략한 설명에서, "하나님의 피"와 "나의 하나님의 수난"에 대하여 언급한다. Tertullian은 그의 책 *De Carne Christi*에서 더욱 노골적이다. "실제로 하나님이 십자가에 못박히지 않으셨는가?"라고 그는 묻는다. 실상 "십자가에 못박히신 하나님"(5장)이라는 놀라운 표현을 처음으로 사용한 사람이 바로 그였다. 또 다른 예로는 Gregory of Nazianzus를 들 수 있는데, 그는 "우리 하나님의 귀하고 당당한 피…"라고 썼다(*Orat.* xlv. 22).

의 형태로 사용되긴 했지만 중세의 교인들도 계속해서 이 어구를 사용하였다.

그러나 비록 성경에서 이런 해석의 정당성을 찾을 수 있다고 하더라도, 특별히 '하나님 자신'이 십자가에서 돌아가셨다고 구체적으로 선언하는 구절은 어디에도 없다. 성경은, 우리를 위하여 자신을 주신 이의 신성을 증거하기는 하지만, 그 표현들은 "하나님이 죽으셨다"고 결코 단언할 수 없는 선에서 그친다. 그 이유는 멀리까지 가서 찾을 것도 없다. 첫째로, 불사(immortality)는 하나님 존재의 본질에 속하며("오직 그에게만 죽지 아니함이 있고", 딤전 6:16), 따라서 하나님은 죽으실 수 없다. 그러므로 그분은 죽을 수 있는 존재가 되기 위하여 인간이 되신 것이다. "자녀들은 혈과 육에 함께 속하였으매 그도 또한 같은 모양으로 혈과 육을 함께 지니심은 죽음을 통하여 죽음의 세력을 잡은 자 곧 마귀를 멸하시며"(히 2:14). 이와 유사하게, 그분은 "하나님과 사람 사이의 한 분 중보"(딤전 2:5)가 되기 위하여 인간이 되셨다.

"하나님이 죽으셨다"고 말하는 것에 오해의 소지가 있는 두 번째 이유는, 신약 성경에서 '하나님'은 자주 '성부'를 가리키며(예를 들면, "하나님이 아들을 보내셨다"와 같이), 십자가에서 죽으신 이는 성부가 아니라 성자이기 때문이다. 주후 3세기 초의 어떤 사람들은 이것을 부인하였다. 그들은 삼위일체 교리 때문에 어려움에 처했으며 성부, 성자, 성령을 믿으면서도 어떻게 삼신론자(tritheist)가 되지 않을 수 있는지를 알 수 없었다. 그래서 그들은 먼저 하나님의 통일성을 강조하기 시작하였으며, 다음에는 성부, 성자, 성령을 한 하나님 안에서 영원히 구별되는 세 '인격'으로 이야기하지 않고 하나님이 계속적으로 자신을 계시하시는 세 가지 '양태'(mode)로 이야기했다. 그래서 그들은 '양태론자(Modalist)'로 불리게 되었다. 그들은 성부가 성자로 되고, 성자가 다시 성령이 된다고 가르쳤다. 그들은 또한 '사벨리안(Sabellian)'이라고 불렸는데, 이는 사벨리우스(Sabellius)가 그들의 지도자 중 하나였기 때문이다. 또 다른 사람은 프락세아스(Praxeas)로서, 그의 가르침은 테르툴리아누스의 강력한 반박으로 인하여 우리에게 알려졌다. 프락세아스는 가르치기를(혹은 테르툴리아누스에 의하면, 마귀가 그를 통하여 가르쳤다), "성부 자신이 동정녀 속으로 들어오셨으며, 그리하여 그분이 태어나셨고, 그분이 직접 고난을 당하셨고, 실로 그분이 바로 예수 그리스도셨다"고 했다. 프락세아스는 또한 몬타니스트들(Montanists) — 이들은 그저 그 시대의 은사주의자들(charismatics)이라고 대강 묘사된다 — 을 반대하였으므로, 테르툴리아누스는 계속해서 이렇게 말했다. "프락세아스는 로마에서 마귀를 위하여 두 가지로 봉사했다. 그는 예언을 축출하고 이단을 끌어들였으며, 보혜사를 쫓아 버리고 성부를 십자가에 못박았다."[52] 성부께서 십자가에 달리셨다는 우스운 생각 때문에, 프락세아스의 추종자들을 비난하는 사람들은 그들에게 '성부 수난론자들(Patripassians: 성부가 고난을 당했다고 가르치는 사람들)'이라는 별명을 붙여 주었다. 이 가르침에 대하여 테르툴리아누스는 이렇게 권고한다. "하나님의 아들이신 그리스도가 죽으셨다고 말하는 것으로 만족하자. 성경이 우리에게 그 정도만을 말하므로, **이것이면 족하다**."[53]

---

52) Tertullian, *Adversus Praxean*, ch. I.

이것과 다소 유사한 신학적 탈선이 6세기에 콘스탄티노플에서 발생했는데, 이것은 '신의 수난론(theopaschitism: 하나님이 고난을 당하셨다는 신념)'으로 알려지게 되었다. 이 신념의 추종자들은, 예수님은 비록 한 인격이지만 두 가지 본성을 가지심으로써 참 하나님이요 참 인간이라고 말하는 칼케돈 공의회(Council of Chalcedon, 주후 451년)의 결정을 거부하였다. 도리어 그들은 '단성론자들'(Monophysites)로서 그리스도는 단 하나의 합성된(composite) 본성(*physis*)을 가지고 있는데 그것은 본질적으로 신적인 것이라고 주장했다. 이렇게 예수님의 인성을 격하시킴으로써 그들은 자연히 그분 안에서, 그분을 통하여 하나님이 고난을 당하셨다고 강조하였다.

이런 논쟁들이 20세기의 우리에게는 대단히 먼 일처럼 보이지만, 우리는 그것들로부터 경고를 받을 필요가 있다. 십자가 위에서의 하나님의 수난을 지나치게 강조하다 보면, 우리는 양태론자들이나 성부 수난론자들처럼 성삼위의 인격을 혼동하면서 성자의 영원한 구별됨을 부인하는 데로 오도될 수 있으며, 혹은 단성론자들이나 신의 수난론자들처럼 그리스도의 본성을 혼동해서, 그분이 한 인격 속에 두 가지 본성을 가지고 계심을 부인할 수도 있다. 예수님은 하나님이시면서 또한 인간이셨으므로, 동정녀 마리아를 '테오토코스(*theotokos*, '하나님의 모친', 직역하면 '하나님을 낳은 자')라고 부르는 것이 정당하다고 에베소 공의회(Council of Ephesus, 주후 431년)에서 선언했던 것이 사실이다. 마찬가지 이유에서, 하

---

53) 앞의 책, ch. XXIV.

나님이 십자가에서 고난을 당하셨다고 이야기하는 것이 용인될 수도 있을 것이다. 왜냐하면, 만약 하나님이 탄생하실 수 있었다면, 그분이 또한 죽지 못하실 이유가 없지 않은가? 이런 표현의 이점은, 그것들이 예수님을 독립된 제삼자로 생각할 수 있는 가능성을 제거한다는 점이다. 그럼에도 불구하고, '하나님의 모친' 혹은 '신의 수난' 같은 표현들은 비록 기술적으로는 정당하다고 할지라도, 실제로는 오해를 야기한다. 왜냐하면, 그 말들은 태어났다가 죽으신 그 인물의 신성을 강조하면서, 그에 비교될 수 있는 그분의 인성에 대해서는 언급하지 않기 때문이다. 따라서 그런 말들보다는 차라리 신약 성경 저자들이 말한 대로 말하는 편이 더욱 지혜로울 것이다. 그것은 사도신경에 충실하게 반영되어 있다. 즉 "성령으로 잉태하사 동정녀 마리아에게 나시고 본디오 빌라도에게 고난을 받으사 십자가에 못박혀 죽으시고 장사되신" 이는 '하나님'이 아니라—성부가 아닌 것은 말할 것도 없고—"그 외아들 우리 주 예수그리스도"시다. 사도들은 또한 성부에 대한 성자의 자발적인 복종을 강조함으로써 이 점을 분명히 했다.[54]

### 그리스도 안의 하나님

그러므로 십자가 위에서 우리를 대신하고 우리의 죽음을 죽으신 우리의 대속자는 단지 그리스도도 아니고(만약 그리스도만이라고 한다면, 그리스도는 하나님과 우리 사이의 제삼자가 될 것이므로), 또한 단지 하나님도 아니다(만약 하나님만이라고 한다면, 그것은

---

54) 예를 들어, 롬 5:12-19; 갈 4:4; 빌 2:7-8; 히 5:8.

역사적인 성육신을 훼손시킬 것이므로). **그리스도 안의 하나님** 곧 참되고 완전한 의미에서 동시에 신이시면서 인간이신 분, 또한 그 이유 때문에 하나님과 인간을 모두 대표하면서 또한 하나님과 인간 사이를 중보하는 독특한 자격을 가지신 그분이다. 만약 우리가 고난당하고 죽으시는 그리스도에 관해서만 말한다면, 성부의 주도적 역할을 간과하게 된다. 또한 우리가 고난당하시고 죽으시는 하나님에 대해서만 말한다면, 성자의 중보를 간과하게 된다. 신약 성경의 저자들은 속죄를 그리스도에게만 돌림으로써 그를 성부로부터 분리시키거나, 혹은 속죄를 하나님께만 돌림으로써 그리스도를 희생시키는 일을 결코 하지 않았다. 그들은 도리어 하나님과 그리스도, 혹은 그리스도의 전적인 찬동하에 그리스도 안에서 그를 통하여 일하신 하나님께 속죄를 돌린다.

이 점에 대하여 신약 성경은 분명한 증거를 가지고 있다. 이 증거를 개괄하려면, 메시아 탄생에 대한 고지(告知)에서 논의를 시작하는 것이 논리적일 것이다. 메시아께 주어진 이름은 예수('하나님의 구원자' 혹은 '하나님이 구원하신다')와 임마누엘('하나님이 우리와 함께 계심')이었다. 왜냐하면, 그의 탄생 안에서, 그의 탄생을 통하여 하나님이 그분의 백성을 구하기 위하여 즉 그들을 그들 죄에서 구원하기 위하여 오셨기 때문이다(마 1:21-23). 또한 이와 유사하게 누가에 따르면, 태어나신 그리스도는 여호와의 그리스도 즉 여호와의 기름부음 받은 자—이것이 익숙한 표현이다—가 아니라, 실제로 "주 그리스도" 곧 그 자신이 메시아요 주님이셨다(눅 2:11).

예수님이 공생애를 시작하셨을 때, 그의 인격적인 자의식은 하나님이 그 안에서 그를 통하여 일하신다는 것을 확증하였다. 왜냐하면 비록 예수님이 아버지를 "기쁘시게 하는 것"(요 8:29)과 그분께 "순종하는 것"(요 15:10) 그리고 그분의 뜻을 행하며 그분의 일을 성취하는 것에 관하여 말씀하시긴 했지만,[55] 이런 복종은 전적으로 자발적이었으므로 예수님의 뜻과 성부의 뜻은 언제나 완전한 조화를 이루고 있었다.[56] 더욱이 요한에 따르면, 예수님은 상호 '내주' 즉 그분이 아버지 안에 계시고 아버지께서 그분 안에 계신 것, 심지어 성부와 성자 사이의 '연합'을 말씀하셨다.[57]

성부와 성자가 분리될 수 없다는 이 확신은—특히 성부께서 성자를 통하여 이루신 속죄에 관하여 생각할 때—화해에 관한 바울의 몇몇 위대한 진술에서 가장 충만하게 표현된다. 예를 들면, "모든 것(고후 5:17-18의 재창조의 일을 가리킴)이 하나님께로 났나니" 그분은 "그리스도로 말미암아 우리를 자기와 화목하게 하시고" 또한 "그리스도 안에 계시사 세상을 자기와 화목하게 하시는" 분이다(18-19절). 헬라어 원문을 번역하면서 "그리스도로 말미암아"와 "그리스도 안에 계시사"를 어디에 놓느냐는 것은 별로 큰 문제가 아닌 것으로 보인다. 실제로 중요한 것은, 하나님과 그리스도께서 화목을 성취시키는 일에서 함께 일하셨다는 것이며, 실로 하나님이 화목을 이루신 것은 그리스도 안에서 그리스도를 통하여 하신 일이라는 것이다.

바울 서신에 있는 다른 두 개의 중요한 구절은, 그리스도의 인격과 사역 사이의 분리할 수 없는 연결을 전면에 내세움으로써, 그리

---

55) 예를 들어, 요 4:34; 6:38-39; 17:4; 19:30.
56) 예를 들어, 요 10:18; 막 14:36; 히 10:7(시 40:7-8).
57) 예를 들어, 요 14:11; 17:21-23; 10:30.

스도께서 그런 사역을 이루실 수 있었던 것은 그분이 바로 그런 인물이었기 때문임을 말해 준다. 그 두 구절은 모두 그리스도 안에 거하시며 그를 통하여 일하시는 하나님의 충만에 관하여 말한다(골 1:19-20; 2:9). 이 일은 여러 가지로 묘사되지만, 그 모두는 그리스도 안에 거하는 하나님의 충만에 돌려지고 있다. 그 일은 만물을 그분과 화목시키는 것, 십자가의 피로 화평을 이루는 것, 우리를 그리스도와 함께 부활시키는 것, 우리의 모든 죄를 용서하는 것, 우리를 대적하는 기록된 의문(義文)을 폐하고 없이하여 십자가에 못박는 것, 정사와 권세의 무장을 해제시키는 것, "그것(십자가)에 의하여" 혹은 "그(그리스도) 안에서" 정사와 권세를 이기는 것 등이다.

인간이 법을 이행하지 않았으므로, 그 잘못을 배상해야 하는 이도 오직 **사람이어야 한다**는 안셀무스의 말은 정당하다. 또한 그 배상을 요구하시는 이가 하나님이시므로, 오직 **하나님**만이 필요한 배상을 **마련하실 수 있다**고 한 점에서도 그는 역시 옳다. 그러므로 예수 그리스도께서 유일한 구주시다. 왜냐하면 그분은 자기 속에서 '해야 한다'와 '할 수 있다'를 동시에 결합시키는 유일한 인물로서, 하나님이신 동시에 인간이기 때문이다. 안셀무스의 설명 방식이 지니는 약점은 아마 중세 봉건제라는 문화적 배경에서 주로 연유한 듯하다. 그는 그리스도의 인성을 지나치게 강조했다. 왜냐하면 죄인인 인간이 그가 진 그 빚을 갚아야 하며, 그가 야기한 손상을 복구해야 하기 때문이다. 그러나 신약 성경은 하나님의 주도적 행동에 더 강조점을 둔다. 그분은 바로 우리를 위하여 자기 아들을 "보낸" 혹은 "주신" 혹은 "내주신" 분이며,[58] 또한 그렇게 함으로써 아들의 고난 속에서 자신도 고난을 받으셨다.

조지 버트릭(George Buttrick)은 이탈리아의 한 교회에 걸려 있던 그림에 대하여 썼다. 비록 그가 그것을 그린 사람을 확인하지는 못했지만, 언뜻 보기에 그 그림은 다른 십자가상들과 별다른 것이 없어 보인다. 하지만 그 그림을 더욱 자세히 들여다보면 차이점을 발견할 수 있는데, 이는 "예수님의 모습 뒤에 거대하고 희미한, 또 한 인물의 모습이 있기 때문이다. 예수님의 손을 찌른 못은 또한 하나님의 손을 찌르고 있으며, 예수님의 옆구리를 찌른 그 창은 또한 하나님의 옆구리를 찌르고 있다."[59]

우리는 이 장의 서두에서, 하나님은 자신의 성품과 완전히 일치하는 방식으로 인간 반역의 현실에 대응하심으로써 '자기 자신을 만족시키셔야' 한다는 것을 보여 주는 것으로 논의를 시작하였다. 이 내적인 필연성이 우리의 확고한 출발점이었다. 그리고 그 결과 죄인인 우리 인간은 영원토록 하나님의 거룩한 사랑의 유일한 대상으로 남아 있을 수 없게 되었다. 그래서 두 번째 필요성, 곧 대속(substitution)이 생겨나게 된다. 하나님의 거룩한 사랑이 만족될 수 있는 유일한 길은, 그분의 사랑이 용서 속에서 우리에게 임하는 것이다. 대속자가 형벌을 담당함으로써 죄인인 우리가 용서를 받는다. 그렇다면 그 대속자는 누구인가? 만약 그리스도를 제삼자로 이해한다면, 그리스도께서는 그 대속자가 되시지 않는다. 서로 독립된 세 주인공—죄가 있는 자, 형벌을 내리는 재판자, 무죄한 희생자—이 그 역할을 담당한다는 식의 형벌 대속의 모든 개념을 우리

---

58) 예를 들어, 갈 4:4; 요일 4:14; 요 3:16; 롬 8:32.
59) George A. Buttrick, *Jesus Came Preaching*, p. 207.

는 가장 강하게 반대해야 할 것이다. 그런 개념은 그 자체로 정당하지 않을 뿐 아니라, 기독론상의 결함을 드러낸다. 왜냐하면 그리스도는 독립된 제삼자가 아니라 성부의 영원한 아들로서, 그 본질상 성부와 하나이신 분이기 때문이다.

그러므로 십자가의 드라마에서 우리는 세 명이 아니라 두 명의 등장 인물을 본다. 즉 한편에는 우리가 있고 다른 한편에는 하나님이 계신다. 여기의 하나님은 그 자체로서의 하나님(성부)이 아니라, 그리스도 안에서 인간이 되신 하나님(성자)이시다. 그럼에도 불구하고 그분은 여전히 하나님이시다. 그렇기 때문에 그리스도의 죽음을 하나님의 아들의 죽음으로 이야기하는 신약 성경의 구절들이 중요하다. 예를 들면, "하나님이 세상을 이처럼 사랑하사 독생자를 주셨으니", "자기 아들을 아끼지 아니하시고…내주신 이", "우리가…그의 아들의 죽으심으로 말미암아 하나님과 화목하게 되었은즉."[60] 왜냐하면 하나님은 그분의 아들을 주시면서 자기 자신을 주셨기 때문이다. 이렇게 되었기 때문에, 거룩한 사랑 속에서 무죄한 희생자의 역할을 감당한 것은 바로 그 재판장 자신이셨다. 이는 그분의 아들의 인격 속에서 그리고 그 인격을 통하여, 하나님께서 자신이 내리는 형벌을 스스로 담당하셨기 때문이다. 데일이 말한 것처럼, "성부와 성자의 신비한 연합이, 하나님으로 하여금 형벌의 고통을 내리면서 동시에 그것을 담당할 수 있게 하였다."[61] 이 속에는 무정한 불의도, 비원칙적인 사랑도, 기독론적인 이단도 없다. 단지 측량할 수 없는 자비가 있을 뿐이다. 자신을 만족시키는 방식으로 우리를

---

60) 요 3:16; 롬 8:32과 5:10.
61) R. W. Dale, *Atonement*, p. 393.

구원하기 위하여 하나님은 그리스도를 통하여 자신을 우리를 위한 대속으로 내주셨다. 하나님의 사랑이 하나님의 자기 희생에 의하여 하나님의 진노를 이기셨다. 십자가는 형벌과 특사(特赦), 가혹함과 은혜, 공의와 자비가 동시에 행해진 곳이다.

이렇게 볼 때, 대속적 속죄에 대한 반대는 그 자취를 감춘다. 여기에는 비도덕적인 것이라고는 조금도 없다. 왜냐하면, 불법자를 위한 대속자가 다름 아니라 신성한 입법자 자신이기 때문이다. 여기에는 또한 기계적인 처리도 없다. 왜냐하면, 사랑의 자기 희생은 모든 행동 중에서도 가장 인격적인 행동이기 때문이다. 또한 십자가를 통하여 성취된 것은 단순한 법적 신분의 외적인 변화가 아니다. 왜냐하면 십자가에서 하나님의 사랑을 본 사람들 그리고 그분의 성령에 의하여 그리스도에게 연합된 사람들은 그 관점과 성품이 근본적으로 변화되기 때문이다.

그러므로 우리는 '대속을 통한 만족'의 원리―하나님의 자기 대속을 통한 하나님의 자기 만족―를 비켜선 채 그리스도의 죽음을 설명하려는 모든 시도를 강하게 반대한다. 십자가는 마귀와의 상업적인 흥정이 아니었으며, 그를 속여서 함정에 빠뜨리는 것은 더욱 아니었다. 또한 명예의 법칙 혹은 율법의 전문적인 요소를 만족시키기 위한 엄밀한 응분의 보상(*quid pro quo*)도 아니었다. 또한 하나님이 달리 피하실 수 없었던 자기 위의 어떤 도덕적 권위에 대해 행하신 의무적인 복종도 아니었다. 십자가는 무자비하고 응보적인 성부께서 온유한 성자를 형벌하신 것이 아니었으며, 또한 사랑이 많은 그리스도께서 인색하게 마지못해 하는 성부로부터 구원을 획득하신 것도 아니었다. 또한 중보자로서의 성자를 무시한 성부의 행동도 아니었다. 오히려 십자가는, 의롭고 사랑이 많은 성부께서 자신의 성품을 타협하지 않으면서 우리를 구속하기 위하여, 그분의 독생자 속에서, 그를 통하여 자신을 낮추사 우리를 위하여 육신을 입으시고 죄와 저주가 되신 것이다. '만족'과 '대속'이라는 신학 용어는 주도 면밀하게 정의하고 수호해야 하며, 어떤 경우에도 포기해서는 안 된다. 성경의 속죄의 복음은 우리를 위해 자신을 대신 희생시킴으로써 자신을 만족시키는 하나님에 대한 이야기다.

그러므로 대속의 개념은 죄와 구원의 핵심을 차지한다고 말할 수 있다. 왜냐하면, 죄의 본질은 자기 자신으로 하나님을 대신한 인간에게 있으며, 구원의 본질은 인간을 위해 인간을 대신하신 하나님께 있기 때문이다. 인간은 하나님에 대항하여 자기를 주장하면서, 오직 하나님께만 해당되는 자리에 자기를 올려 놓는다. 그런데 하나님은 인간을 위하여 자신을 희생시키시고, 오직 인간이 있어야 할 자리에 자신을 두신다. 인간은 오직 하나님께만 속한 특권을 주장하고, 하나님은 오직 인간에게만 속한 형벌을 받으신다.

만약 속죄의 본질이 대속이라면, 여기에는 적어도 두 가지 추론이 뒤따른다. 그 한 가지는 신학적인 것이고, 다른 한 가지는 인격적인 것이다. 그 신학적인 추론은, 예수 그리스도를 유일하신 신인이요 중보자로 보는 역사적인 교리를 고수하지 않는다면 십자가에 관한 역사적인 교리를 유지할 수 없다는 것이다. 우리가 지금까지 살펴보았듯이 오직 인간으로서의 그리스도는 우리의 대속자가 되실 수 없고, 오직 하나님이신 성부도 우리의 대속자가 되실 수 없다. 오직 그리스도 안의 하나님만이, 인간이 되신 성부 하나님의 독생자이신 그분만이 우리를 대신하실 수 있다. 십자가를 변형된 형태로 묘사하는 모든 시도의 배후에는 왜곡된 기독론이 있다. 그리스도의 인격과 사역은 언제나 함께 있다. 만약 그리스도의 인격이 사도들이 말한 그대로가 아니라면, 그분은 사도들이 말하는 바 그분이 행하셨다는 그 일을 하실 수 없다. 속죄를 위하여 성육신은 필수불가결하다. 특히 성육신은, 성부의 사랑과 거룩과 뜻이 성자의 사랑과 거룩과 뜻이 일치한다는 것을 단언하는 데 필수적이다. 하나님은 그리스도 안에서 세상을 자기와 화목시키셨다.

칼 바르트보다 이것을 더 분명하게 이해하고, 그것을 더욱 힘있게 표현한 20세기의 신학자는 없을 것이다.[62] 그는 기독론이 화목교리의 열쇠라고 주장했다. 그리고 기독론은 중보자 예수 그리스도를 "신이요 인간이요 신인"으로 고백하는 것을 의미한다고 반복해서 이야기했다. 그러므로 속죄를 이해하기 위한 "세 가지 기독론적 측면" 혹은 "세 가지의 조망"이 있다. 첫째로, "그리스도 안에서 우리는 바로 하나님과 관계하고 있다는 사실이다. 하나님과 인간의 화목은 하나님 자신이 적극적으로 개입하심으로써 이루어진다"(p. 128). 둘째는, "예수 그리스도 안에서 우리는 참 인간과 관계한다.…그분은 전적으로 하나님이신 것과 똑같이 전적으로 인간이시다.…바로 이것이 그분이 어떻게 하나님과 사람 사이의 화해자이신지를 설명해 준다"(p. 130). 셋째로 비록 하나님이고 인간이시면서도, "예수 그리스도는 한 분이시다. 그분은 신인이시다"(p. 135). 예수 그리스도에 대한 성경의 이런 설명을 인정할 때만 그분의 속죄의 희생의 독특성을 이해할 수 있다. 주도권은 "영원하신 하나

---

62) Karl Barth, *Church Dogmatics*, IV. 1.

님께 있으며, 이 하나님은 그분의 아들 안에서 자신을 내주어 인간이 되게 하셨으며, 또한 인간으로서 스스로 이 인간의 수난을 담당하신 것이다.…이 수난 속에서 심판받아야 할 자를 대신하시고, 또한 이 수난 속에서 인간을 대신하여 스스로 심판을 받으신 이는 바로 그 심판자였다"(p. 246). "예수 그리스도의 수난은 하나님의 심판이었으며, 이것은 심판자 자신이 심판을 받는 그런 심판이다"(p. 254)

두 번째 추론은 인격적인 것이다. 대속의 교리는 하나의 사실(하나님이 그리스도 안에서 우리를 위하여 자신을 대속물로 삼으셨다)만을 단언하지 않고, 그 필연성(하나님의 거룩한 사랑이 만족되며 반항하는 인류가 구원을 얻을 수 있는 다른 길은 없다)까지도 단언한다. 그러므로 십자가 앞에 설 때 우리는 하나님과 우리에 대한 분명한 견해를—특별히 그 둘 사이의 관계에 대하여—얻기 시작한다. 우리가 당해야 할 심판을 우리에게 내리지 않고, 하나님이 그리스도 안에서 우리 대신 그것을 당하셨다. 이것 외의 유일한 대안은 지옥이다. 이 사실이 바로 십자가에 있는 '치욕', '스캔들', 십자가의 거침돌이다. 왜냐하면 우리의 교만한 마음은 그것에 반항하기 때문이다. 우리는 우리의 죄와 죄책의 심각성, 우리가 전적으로 십자가의 덕을 입고 있다는 사실을 인정하는 일을 견디지 못한다. "변화를 일으키기 위하여 우리가 할 수 있는 어떤 것, 최소한 우리가 기여할 수 있는 어떤 것이 분명히 있지 않을까?" 하고 우리는 말한다. 그리고 우리는 자주, 만약 그렇지 않다면, 하나님이 우리를 대신해서 그것을 담당하시는 것을 보는 수모를 당하느니 차라리 우리가 그 고통을 당하고 말겠다는 인상을 보인다.

인간의 미묘한 자존심에 대한 상당한 통찰력을 보여 주었던 버나드 쇼(George Bernard Shaw)는 「바바라 소령」(*Major Barbara*, 1905)이라는 제목의, 구세군에 관한 희극을 통해 인간의 자존심을 극으로 꾸몄다. "이십오 세 가량의 거친 녀석"인 빌 워커가 정월의 어느 추운 아침에, 술에 취한 채로 화가 잔뜩 나서 구세군의 웨스트 햄 숙소로 찾아왔다. 이유인즉 그의 여자 친구인 모그가 신앙을 받아들였을 뿐만 아니라 "다른 놈과 친해졌기" 때문이다. 빌의 연적은 토저 페어밀이었는데, 그는 캐닝 타운의 챔피온 음악당 레슬링 선수였으며 그 역시 기독교를 받아들였다. 빌은 젊은 구세군 처녀인 제니 힐이 자기 여자 친구를 자기에게 반항하도록 만들었다고 비난하면서 먼저 그녀의 머리채를 잡아당겨서 그녀로 하여금 비명을 지르게 하고는 주먹으로 얼굴을 때려서 입술을 터뜨렸다. 구경꾼들은 그의 비겁함을 비웃는다. 그들은 그가 처녀는 공격하지만, 토저 페어밀을 때릴 용기는 없다고 말한다. 빌의 양심과 자존심은 점점 그를 못 견디게 만들었으며 마침내 그는 그 모욕을 더 이상 견딜 수 없게 되었다. 그는 자기의 명예를 회복하고 잘못을 보상하기 위하여 무엇인가를 해야겠다고 결심한다. 그는 런던 사투리로 이렇게 말한다. "인제 나는 케닌탄으로 가서 토저 페어밀의 눈깔에 침을 뱉을 것이여. 나가 제니 힐의 면상을 갈겼응게 인자 나는 내 얼굴을 때릴 거여.…나가 그 놈을 치면 그도 나를 칠 것이고 그라문 공평하게 되는 것이제."

그러나 토저가 그에게 동조하지 않았으므로 빌은 멀쓱한 얼굴로 돌아왔다. "나는 나가 한다 한 일을 혔어. 그 눔의 눈깔에 침을 뱉었제. 그 눔이 하늘 치다보면서 하는 말 좀 들어 보소. '오, 복음 때문에 침 뱉음을 당한게 감지덕지제!'…그라고 모그는 '여엉광, 알렐루우야!' 그랬제."

제니 힐은 빌에게 잘못했다고 사과하며, 그가 실제로 자기에게 상처를 입히지 않았다고 말했는데, 이 말이 그를 더 화나게 만들었다. "나는 니뿐만 아니라 어떤 눔한테서도 용서를 받을 일 없어. 내가 한 일은 내가 갚을 것잉게. 니 기분 좋으라고 나가 스스로 내 턱을 분질러 버릴 텡께." 하지만 그는 이 일을 이루지 못했으므로 다른 계략을 꾸민다. 그는 자기 친구 중 하나가 막 범한 잘못에 대한 벌금을 대신 내주겠다고 제안하고서는 일 파운드짜리 금화를 내놓는다.

"요것이 돈이여. 가져. 그리고 인자 용서다 기도다 하지 말어. 내가 한 일은 다 갚았응께. 이제 다 끝난 일이여.…나는 그게 싫어. 너한테 말했어.…내가 한 일은 갚겠노라고. 난 더 이상은 못혀. 자, 여기 있응게 갖고 가든지 내버려두든지 맘대로 혀." 그러면서 그는 금화를 땅바닥에 집어던진다.

여기에 교만한 인간의 마음이 드러난다. 우리는 우리가 행한 일을 스스로 갚겠다고 고집한다. 우리는 우리의 파탄을 인정하고 다른 누군가가 우리를 위하여 지불해 주는 굴욕을 견디지 못한다. 그 다른 누군가가 바로 하나님이라는 생각은 받아들이기에 너무나 지나친 생각일 뿐이다. 우리는 회개를 하느니 멸망당하기를 원하며, 자신을 낮추느니 자신을 잃기를 원한다.

더욱이 오직 복음만이 그런 차마 볼 수 없는 자기 겸비를 요구한다. 왜냐하면, 복음만이 하나님의 대속을 유일한 구원의 방법으로 가르치기 때문이다. 다른 종교들은 다른 형태의 자기 구원을 가르친다. 예를 들면, 힌두교는 죄성을 인정하기를 거부하는 것을 자랑으로 여긴다. 1893년 시카고에서 열린 종교 의회(Parliament of Religions)에서 행한 강연에서 비베가난다(Swami Vivekananda)는 이렇게 말했다. "힌두교는 여러분을 죄인이라고 부르기를 거부합니다. 여러분은 하나님의 자녀로, 불멸의 행복에 참여한 사람들이며, 거룩하고 완전한 존재입니다. 땅 위의 신인 여러분이 죄인이라고요? 인간을 죄인이라고 부르는 것은 죄악입니다. 그것은 인간의 본성에 대한 변치 않는 모독입니다." 힌두교는 그 외에도 만약 인간이 범죄한다는 것이 인정되어야 한다면, 인간은 자기 스스로를 구원할 수 있다고 주장한다.[63]

브루너가 말했듯이, "다른 모든 형태의 종교는—철학은 말할 것도 없다—하나님의 개입을 떠나서 죄의 문제를 다루며, 따라서 '값싼' 결론에 도달한다. 그런 다른 종교들 속에서 인간은, 중보자가 자기를 대신해서 형벌을 담당해야 한다는 것을 깨달아 아는 최후의 모욕을 피할 수 있다. 인간은 이 멍에를 지지 않아도 되며, 완전히 발가벗겨지지는 않는 것이다."[64]

그러나 우리는 하나님 앞에서 완전히 발가벗은 채 서야만 하는 부끄러움을 모면할 수 없다. 동산에서의 아담과 하와처럼 자기를 가리려는 우리의 노력은 아무 소용이 없다. 자기를 합리화하려는 노력은 무화과 잎사귀처럼 쓸데없다. 우리는 발가벗었음을 인정하고, 하나님이 우리를 대신해서 그 더러운 누더기를 입으신 것을 보고, 그분이 그분의 의의 옷으로 우리에게 입혀 주시도록 해야 한

---

63) Swami Vivekananda의 *Speeches and Writings*, pp. 38-39에서; 참고. p. 125. 또한 S. C. Neill의 *Crises of Belief*, p. 100를 보라.
64) Emil Brunner, *Mediator*, p. 474.

다.[65] 불멸의 찬송 "만세 반석 열리니"(Rock of Ages)에서 토플라디(Augustus Toplady)가 한 것보다 그것을 더 잘 표현한 사람은 없다.

> 빈 손 들고 앞에 가
> 　십자가를 붙드네.
> 의가 없는 자라도
> 　도와주심 바라고
> 생명 샘에 나가니
> 　맘을 씻어 주소서.

## 토론 문제

우리는 인간의 죄 문제에 대한 해결책에는 하나님의 거룩에 대한 완벽한 대가 지불이 있어야 한다는 것을 살펴보았다. "하지만 어떻게 하나님은 심판을 통한 그분의 거룩과, 용서를 통한 그분의 사랑을 동시에 나타내실 수 있는가?"(p. 184) 그 대답은 우리를 대신한 하나님의 자기 희생에 있다.

1. 구약의 제사 제도는 그리스도의 희생을 위해 하나님이 의도하신 준비였다(p. 253). 구약의 제사 제도 배후에 있는 두 가지 근본적인

---

65) 참고. 계 3:17-18.

개념은 무엇인가?(p. 255) 대속(substitution)의 개념은 어떻게 표출되었는가?

2. 레위기 17:11을 읽으라. 이 구절은 피와 속죄에 관해 무엇을 가르쳐 주는가?(pp. 259-261)

3. 우리는 앞서 공부한 내용에서, 신약 성경 기자들이 그리스도('하나님의 양')의 죽음을 유월절의 성취로 보았다는 점을 살펴보았다. 출애굽기 11-13장에 나오는 유월절 이야기는 하나님에 관하여 그리고 인간의 죄를 취급하는 하나님의 방식에 관하여 무엇을 보여 주는가?(p. 261이하)

대속의 원리에 대한 또 다른 예화는 신약 성경에서 사용하는 '죄를 담당함'이라는 개념에서 보인다. 여기서 우리는 두 가지 중요한 질문에 직면한다. 첫째, '죄를 담당한다'는 것은 항상 죄의 **형벌**을 받는 것을 의미하는가? 둘째, '죄를 담당한다'는 것은 무죄한 자가 범죄한 자를 대신하여 그 형벌을 담당하는 것 곧 **대속**을 반드시 포함하는가?

4. 예수님이 십자가 죽음을 통하여 이룩한 것을 '형벌 대속'이란 개념으로 묘사하는 데 반대를 제기한 입장들은 어떤 것인가?(p. 265이하) 이러한 입장에 대해 응답하도록 성경은 어떻게 도와주는가?(p. 269이하)

5. 이사야 53장을 읽으라. 저자는 "구약의 구절들 중에서 이사야 53장만큼 교회에 중요한 구절은 없다"는 예레미아스의 글을 인용한다(p. 272). 그 이유는 무엇인가?(p. 272이하) 마가복음 10:45과 14:24을 보라. 이 구절들은 예수님이 자신의 죽음이 지니는 중요한 의미를 어떻게 이해하셨음을 보여 주는가?

6. 고린도후서 5:21과 갈라디아서 3:13-14을 읽으라. 이 구절들은 우리가 이미 살펴본 내용에 무엇을 덧붙여 주는가?(pp. 277-279)

또 하나의 의문은 "우리를 대신해서 우리의 죄를 담당하고, 우리의 저주가 되었으며, 우리의 형벌을 지고서, 우리의 죽음을 죽은"(p. 280) 그분을 우리가 어떻게 생각해야 하는가 하는 점이다. 여기에는 세 가지 가능성이 있다. (1) 예수님은 단지 한 인간이었을 뿐이다. (2) 예수님은 오직 하나님이었는데 단지 인간인 것처럼 보였을 뿐이다. (3) 예수님은 유일한 신인이었으며, 현재도 그러하다.

7. 우리가 십자가 위에서 죽으신 예수님을 단지 한 인간에 불과한 존재라고 생각할 때는 어떤 문제가 생기는가?(pp. 281-285)

8. "우리는 하나님이 예수님을 형벌하신다든지, 혹은 예수님이 하나님을 설득한다고 말하지 말아야 한다"(p. 284). 그 이유는 무엇인가? 그렇다면 우리는 십자가상에서의 예수님과 하나님의 관계를 어떻게 말해야 하는가?

9. 십자가상에서 돌아가신 예수님을 오직 하나님만으로 생각하는 데는 어떤 분명한 이점이 있는가?(p. 285이하)

10. 그러나 그러한 이점에도 불구하고, "하나님이 죽으셨다"고 말하는 것에는 오해의 소지가 있다(p. 291). 왜 그러한가?

11. 우리에게는 세 번째 대안이 남아 있다. 즉, "우리의 대속자는 단지 그리스도도 아니고(만약 그리스도만이라고 한다면, 그리스도는 하나님과 우리 사이의 제삼자가 될 것이므로), 또한 단지 하나님도 아니다(만약 하나님만이라고 한다면, 그것은 역사적인 성육신을 훼손시킬 것이므로). **그리스도 안의 하나님** 곧 참되고 완전한 의미에서 신이시면서 동시에 인간이신 분, 또한 그 이유 때문에 하나님과 인간을 모두 대표하면서 또한 하나님과 인간 사이를 중보하는 독특한 자격을 가지신 그분인 것이다"(p. 295). 이 진술을 뒷받침하는 성경의 증거 몇 가지를 들어 보라(pp. 295-297).

12. "십자가를 변형된 형태로 묘사하는 모든 시도의 배후에는 왜곡된 기독론(즉, 예수님이 누구인지에 대한 왜곡된 견해)이 있다"(p. 302). 왜 그러한가?

13. 만약 어떤 사람이 당신에게 "나는 천국에 이르기 위해 최선을 다하고 있어. 내가 저지르는 사소한 잘못쯤은 하나님이 눈감아 주시리라고 믿어"라고 말했다고 하자. 당신은 이 장의 내용에 기초하여, 그 사람에게 어떻게 대답하겠는가?

# 제3부 십자가의 성취

그리스도의 십자가는 '구원의' 사건일 뿐만 아니라
'계시의' 사건이기도 하다. 왜냐하면, 세상을 위하여 십자가에서
하신 일을 통하여 하나님은 또한 세상을 향하며 말씀하시기 때문이다.
또한 악에 의한 선의 패배같이 보이는 십자가는,
실은 더욱 확실한 선에 의한 악의 패배였다.

# 7 ∽ 죄인의 구원 *The Salvation of Sinners*

하나님은 자신의 거룩한 사랑의 완전함에 마음이 움직여서, 그리스도 안에서 우리 죄인을 위하여 자신을 대속물로 내주셨다. 이것이 그리스도의 십자가의 핵심이다. 이제 우리는 그 사건 자체로부터 그 사건의 결과로, 즉 십자가에서 벌어진 일로부터 그 결과 이루어진 성취로 눈을 돌린다. 하나님은 왜 우리를 대신하시고 우리의 죄를 담당하셨는가? 하나님이 자기 희생에 의하여, 자기를 대속물로 주심으로써 이루신 것은 무엇인가?

신약 성경은 이런 질문들에 세 가지 주된 답변을 제시하는데, 이것을 요약하면 '구원', '계시', '정복'이다. 하나님이 그리스도 안에서 십자가를 통하여 이루신 일은, 우리를 구하시고 악을 정복하신 것이다. 이 장에서는 십자가를 통한 구원에 초점을 맞추겠다.

하나님과 우리에게 있어서, 특히 하나님이 우리를 다루시는 것과, 우리가 하나님과 맺는 관계 면에서, 십자가로 말미암아 일어난 변화의 위대함은 아무리 강조해도 지나침이 없을 것이다. 그리스도께서 죽으시고 죽은 자 가운데서 부활하셨을 때, 참으로 새 날이 밝았고 새 시대가 시작되었다.

이 새 날은 "구원의 날"(고후 6:2)이며, "이같이 큰 구원"(히 2:3)은 너무나 풍성하고도 다양하므로 간단 명료하게 정의할 수 없다. 그 구원을 묘사하기 위해서는 몇 가지 그림이 필요하다. 성경에서 그리스도의 교회를 묘사할 때, 그의 신부와 그의 몸으로, 하나님의 양떼의 양과 그분의 포도나무 가지로, 그분의 새로운 인간으로, 그분의 권속 즉 가족으로 그리고 성령의 전과 진리의 기둥과 터로 나오듯이, 그리스도의 구원도 '화목', '구속', '화해'와 같은 생생한 상징적 용어들에 의하여—이 용어들이 이 장의 주제를 형성한다—예증된다. 더욱이 교회의 이미지들은 가시적으로는 양립될 수 없다(그리스도의 몸과 그리스도의 신부를 동시에 그려 볼 수는 없다). 하지만 그 모든 것의 배후에는 하나님이 자신을 위하여 한 백성을 불러내신다는 진리가 있듯이, 구원의 이미지들도 서로 양립할 수 없지만(칭의와 구속은 각각 법과 상업이라는 서로 다른 세계를 생각하게 한다), 그 모든 것의 배후에는 하나님이 그리스도 안에서 우리 죄를 담당하시고 우리 죽음을 죽으심으로써 우리를 죄와 죽음에서 건져내신다는 진리가 있다. 그런 이미지들은 인간이 교리를 이해하는 데 필수적인 도움이 된다. 그리고 그 이미지들이 전달하는 것은 하나님이 주신 것이므로 참되다. 하지만 그렇다고 해서, 이미지들을 이해하는 것이 그 교리의 의미를 완전히 이해하는 것이라고 추론해서는 안 된다. 왜냐하면, 구속의 이미지 저 너머에는 구속의 신비가 있는데, 내가 추측컨대 이것은 우리가 영원히 탐구해야 할 만큼 깊은 신비이기 때문이다.

구원(혹은 속죄)의 '이미지들'이라는 말은 '이론들'(theories)이라는 말보다 더 나은 용어이다. 왜냐하면 이론은 대개 추상적이고 사변적인 개념이지만, 그리스도의 구속 성취에 관한 성경의 이미지들은 구체적인 그림으로서, 계시의 자료에 속하기 때문이다. 그것들은 우리가 십자가를 설명할 때 선택할 수 있는 여러 가지 설명들 중의 하나가 아니라, 서로서로 상보적인 관계에서 나름대로 필수적인 위치를 가지고 전체 의미의 한 부분을 담당한다. 그것들이 우리 속에 심어 주는 심상을 보면, '화목'(propitiation)은 성전 의식을 보여 주고, '구속'(redemption)은 시장의 상거래를, '칭의'(justification)는 법정의 절차를 그리고 '화해'(reconciliation)는 가정 혹은 가족 속에서의 경험을 가리킨다. 나의 주장은 '대속'은 그런 다른 것들과 나란히 놓일 수 있는 진일보한 '이론' 혹은 '이미지'가 아니라 그 모든 것의 기초로서, 이것 없이는 모두가 설득력을 잃는다는 것이다. 만약 하나님이 그리스도 안에서 우리를 대신하여 죽지 않으셨다면 화해도, 구속도, 칭의도, 화목도 있을 수 없다. 더욱이 모든 이미지는 구약에서 그 생명이 시작되고 신약에서, 특히 그리스도와 그의 십자가에 직접 연결됨으로써, 더욱 정교하고 풍성해진다.

## 화목

초기 세대의 서구 그리스도인들은 그리스도의 죽음과 관계된 '화목'이라는 말을 매우 잘 알았다. 왜냐하면, 그들의 성장의 터전

이 되었던 흠정역(KJV) 성경은, 화목에 대한 바울과 요한의 명백한 세 가지 단언을 포함하고 있었기 때문이다.

> 바울 : 이 예수를 하나님이 그의 피로써 믿음으로 말미암는 화목 제물로 세우셨으니(롬 3:24-25).
>
> 요한 : 아버지 앞에서 우리에게 대언자가 있으니 곧 의로우신 예수 그리스도시라. 그는 우리 죄를 위한 화목 제물이니(요일 2:1-2).
> 사랑은 여기 있으니 우리가 하나님을 사랑한 것이 아니요 하나님이 우리를 사랑하사 우리 죄를 속하기 위하여 화목 제물로 그 아들을 보내셨음이라(요일 4:10).

비록 우리 선조들이 이 말을 잘 알고 있기는 했지만, 그렇다고 해서 그들이 반드시 이 말을 흔쾌히 사용했던 것은 아니다. 어떤 사람들은 '화목시킨다'는 말을, 하나님의 분노를 달랜다 혹은 진정시킨다는 의미로 사용했다. 그러면 하나님이 화를 내신다는 말인가? 만약 그렇다면 제물이나 예식이 그분의 노를 누그러뜨릴 수 있는가? 하나님이 뇌물을 받으시는가? 그런 개념들은 기독교적이라기보다는 오히려 이교적으로 들린다. 원시적인 정령 신앙을 가진 사람들이 하나님이나 정령들 혹은 조상의 분노를 달래는 일을 필수적인 것으로 여겼으리라는 것은 이해할 만한 일이지만, 그런 생각이 기독교의 하나님에게도 합당한 것일까? 우리는 그런 개념들로부터 탈피해야 하지 않겠는가? 특히, 예수님이 그의 죽으심으로 성부의 노를 진정시키고, 그분을 설득해서, 분노를 돌이키고, 그 대신 우리를 향하여 호의를 베풀도록 했다고 믿어야 하겠는가?

분노, 희생, 화목에 대한 조야한 개념들은 분명히 거부해야 한다. 그런 조야한 개념들은 신약적 기독교는 말할 것도 없고 구약적 신앙에도 없다. 하지만 이런 것들에 대한 성경적인 개념이 전혀 없다는 말은 아니다. 성경에서 우리에게 계시된 것은, 하나님의 거룩한 진노와 그리스도 안에 나타난 사랑의 자기 희생, 자기 자신의 진노를 돌이키려는 그분의 주도적인 행동에 대한 순수한 가르침(모든 비속한 이교 개념에서는 이 가르침이 말살되어 있다)이다. '진노'와 '화목'(진노를 달래는 것)은 언제나 함께인 것이 사실이다. 진노의 개념에서 비속한 생각들을 제거할 때에만, 화목이라는 개념도 정화된다. 그 반대 역시 성립한다. 화목이라는 개념을 거부하는 사람은, 하나님의 진노라는 개념을 이해할 수 없다. 그 실례로 한슨 교수가 있다. "만약 당신이 진노를 하나님의 태도로 생각한다면, 어떤 화목 이론은 피할 수가 없다. 그러나 신약 성경에는 화목되어야 할 진노에 대한 말은 없다. 왜냐하면 하나님이 진노하신다는 것은 하나님이 취하실 수 있는 태도라고 생각되지 않기 때문이다."[1]

진노와 화목의 교리에 관한 이런 불쾌함 때문에 어떤 신학자들은 성경의 어휘를 다시 조사하게 되었다. 그래서 그들은 흠정역에서 '화목'이라는 말로 번역된 일단의 단어군, 즉 명사 '힐라스모스'(*hilasmos*, 요일 2:2; 4:10), 형용사 '힐라스테리오스'(*hilastērios*, 롬 3:25; 여기서는 이 단어가 명사로 쓰일 수도 있다), 동사 '힐라스코마이'[*hilaskomai*, 히 2:17, 또한 수동형인 눅 18:13; 이 말은 "하나님이여, 죄인인 나를 향하여 노가 풀리소서(be propitiated 혹

---

1) A. T. Hanson, *Wrath of the Lamb*, p. 192.

은 be propitious)"로 번역될 수도 있다] 등에 특별히 주의를 집중했다. 여기서 핵심적인 문제는 속죄 행동의 대상이 하나님인가 아니면 사람인가 하는 것이다. 만약 하나님이 그 대상이라면 '화목'(propitiation: 하나님을 달램)이 정당한 단어다. 하지만 그 대상이 사람이라면, '속함'(expiation: 죄와 죄책을 처리함)이 정확한 단어다.

이런 재해석을 주도한 영국 신학자가 도드였다.[2] 다음은 로마서 3:25에 대한 그의 주석이다. "여기서 전달하는 의미는 화목이 아니라, 속함이다. 대부분의 번역자와 주석가는 이 점에서 틀렸다."[3] 그는 요한일서 2:2과 관련해서도 이와 유사한 견해를 피력하면서, "우리 죄를 위한 화목 제물"이라는 말은 "다른 곳에서와 마찬가지로 여기서도 불합리하다"고 말했다.[4] 도드가 NEB(신약은 1961년에 출간되었다)를 만든 위원회의 우두머리였으므로, 바로 앞에서 언급한 구절들의 번역에 그의 견해가 반영되었으리라는 것은 당연하다. 로마서 3:25은 "하나님은 자신의 희생적 죽음에 의해 자신이 죄를 속하는 수단이 되도록 계획하셨다"(God designed him to be the means of expiating sin by his sacrificial death)로 번역되었고, 요한일서 2:2과 4:10의 중심적인 어구들은 "그 자신이 우리의 죄에 대한 치료제이다"(he is himself the remedy for defilement of our

---

2) C. H. Dodd는 *Journal of Theological Studies*에 *hilaskesthai*에 관한 논문을 기고했으며, 이것은 뒤에 그의 책 *Bible and the Greeks*에 다시 실렸다. '화목'을 '속죄'로 다시 번역하려는 그의 동일한 노력은, 그의 Moffatt New Testament Commentaries의 *Roman*와 *Johannine Epistles*에서도 표현되고 있다.
3) C. H. Dodd, *Bible and the Greeks*, p. 94. 또한 그의 *Romans*, pp. 54-55를 보라.
4) C. H. Dodd, *Johannine Epistles*, p. 25.

sins)로 번역되었다. 그로부터 수년 전(1946년)에 출판된 RSV의 신약 성경에서는 그 세 구절에서 모두 'expiation'이 사용되었다.

도드가 늘 그렇듯이 그의 박학 다식과 함께 발전시킨 논의는 언어학적인 것이었다. 그는 이방 헬라어(고전 헬라어와 통용 헬라어)에서 '힐라스코마이'의 통상적인 의미가 성난 사람, 특히 성난 신을 '화목시키는' 즉 '노를 푸는' 것을 가리킨다고 인정하였다. 하지만 그는 칠십인 역(LXX)에서 입증되는 헬라화된 유대교에서는 이 단어가 그런 의미가 아니라고 했으며, 따라서 신약 성경에서도 이 단어는 그런 의미를 갖지 않는다고 했다. 그는 논증하기를, 칠십인 역의 '키페르'(*kipper*, '속하다'에 해당하는 히브리어 동사)는 '힐라스코마이' 외에 '정결케 하다' 혹은 '취소하다'라는 의미의 헬라어 단어들로 번역되었으며, 어떤 때는 '키페르' 이외의 다른 히브리어 단어들이 '힐라스코마이'로 번역되었고, 또한 '키페르'가 '힐라스코마이'로 번역될 때는 그 의미가 '속하다' 혹은 '더러움을 제거하다'라는 의미라고 했다. 그는 이것을 다음과 같이 요약한다. "칠십인 역에 나타난 바 헬라화된 유대교는 제사를 신의 불쾌감을 진정시키는 수단으로 여긴 것이 아니라, 인간을 죄에서 건지기 위한 수단으로 여겼다."[5] 사실, 고대 사람들은 일반적으로 "정해진 의식을 집행하는 것이…말하자면, 강력한 소독제의 가치를 가지고 있었다"고[6] 믿었다. 그러므로 신약 성경에 등장하는 '힐라스코마이' 단어군은 동일한 방식으로 해석해야 한다고 그는 결론짓는다. 예수님은 그분의 십자가에 의하여 죄를 속하신 것이지 하나님의 진노를

---

5) C. H. Dodd, *Bible and the Greeks*, p. 93.
6) C. H. Dodd, *Johannine Epistles*, pp. 25-26.

진정시킨 것(화목)이 아니라는 것이다.

많은 동시대인과 후계자가 도드 교수의 재구성을 받아들였다. 하지만, 가혹하게 비판하는 사람들도 있었다. 레온 모리스 박사와[7] 로저 니콜(Roger Nicole) 박사가[8] 그런 비판자들이었다. 이 두 사람은 도드 교수의 결론이 불완전한 증거 혹은 의심스러운 추론을 기초로 삼고 있음을 보여 주었다. 예를 들자면, 그들은 헬라화된 유대교에서의 '힐라스코마이' 어군의 의미를 평가하면서 도드는 (1) 마카비서들은 칠십인 역에 포함되며, 또한 거기에는 "전능자의 진노"가 돌이켜진 데 대한 몇 개의 구절이 들어 있음에도 불구하고 그것들이 참조되지 않았으며, (2) 프리드리히 뷔히젤(Friedrich Büchsel)이 보여 주었듯이, 요세푸스와 필로의 글에는 "노를 진정시킨다"는 의미가 우세하게 퍼져 있음에도 불구하고 그들의 글이 참조되지 않았다고 했다.[9] 뷔히젤은 지적하기를, 이 단어들에 관한 신약 성경의 이해에 있어서, 도드는 "클레멘스의 첫째 편지"(1세기 말)와 "헤르마스의 목자"(2세기 초)에서 '힐라스코마이'는 분명히 하나님을 화목시킨다는 의미로 사용되었음을 간과하고 있다고 했다. 따라서 칠십인 역과 신약 성경에 대한 도드의 견해가 정확하기

---

7) Leon Morris는 *The Expository Times*에 *hilaskesthai*에 관한 논문을 썼으며, 그러고 나서 그의 책 *Apostolic Preaching*에서 그의 주장을 확대시켰다. 또한 그는 그의 책 *Atonement*에서, 그것을 더 발전시켜서 단순화시킨 형태로 제시하였다.

8) "C. H. Dodd and the Doctrine of Propitiation"이라는 제목의 Roger R. Nicole 박사의 논문이, *Westminster Theological Journal*, xvii. 2(1955), pp. 117-157에 실렸다. 그것은 독립적인 연구였음에도 불구하고, 그는 자기가 Leon Morris에게서 도움을 받았다고 시인하고 있다.

9) Kittel의 *Theological Dictionary of the New Testament*, Vol. III, pp. 300-323에서, F. Büchsel과 J. Hermann의 *hilaskomai* 어군에 관한 논문을 보라.

위해서는, 그 말들이 "일종의 언어적인 섬을 형성해서, 이전 시대에도 그런 용례가 거의 없고, 당대에도 그런 용례에 대한 확증이 없으며, 이후에도 그렇게 사용된 일이 없다"고 주장해야만 했을 것이다.[10]

하지만 우리도 그의 주장이 틀렸다고 선언하지 않을 수 없다. 심지어 구약 정경 자체에도, '키페르'와 '힐라스코마이'가 인간의 분노를 돌이키거나(야곱이 선물을 가지고 에서의 노를 진정시키며, 지혜로운 자가 왕의 분노를 진정시킨다는 것과 같이)[11] 혹은 하나님의 진노를 돌이킨다는(하나님의 노를 이스라엘에서 돌이킨 아론과 비느하스의 경우처럼)[12] 의미로 사용된 경우가 여럿 있다. '죄를 속하다'로 번역하는 것이 자연스러운 구절들도 문맥상 자주 그리고 명백히 하나님의 진노를 언급하며, 이것은 바로 인간의 죄는 하나님이 진노를 돌이키셔야만 속해질 수 있음을 암시한다.[13] 로저 니콜은 지적하기를, "이런 경우들은 고전 헬라어와 코이네 헬라어, 요세푸스와 필로 그리고 교부 시대의 저자들과 마카비서의 지배적인 용법"과 일치한다고 한다.[14] 구약 성경에 관한 레온 모리스의 결론은, 비록 '힐라스코마이'가 "복잡한 단어"이긴 하지만, "이 단어의 의미의 견고한 하부 구조는 분노를 돌이킨다는 것이며, 여기서부터 모든 용례가 자연스럽게 설명될 수 있다"는 것이다.[15]

신약 성경에서 이 단어를 사용할 때도 마찬가지다. 우리의 죄와

---

10) Roger Nicole, "C. H. Dodd", p. 132.
11) 창 32:20; 잠 16:14.
12) 민 16:41-50과 25:11-13; 참고. 슥 7:2; 8:22; 말 1:9.
13) 예를 들어, 출 32:30(참고. 10절); 신 21:1-9; 삼상 3:14; 26:19.
14) R. Nicole, "C. H. Dodd", p. 134.
15) L. Morris, *Apostolic Preaching*, p. 155.

관련하여 예수님을 '힐라스모스'로 묘사한 것은(요일 2:2; 4:10), 그분이 죄를 면제시키셨다는 의미, 혹은 그분이 그것을 무효화시키셨다는 의미로 이해할 수도 있다. 하지만 예수님은 "아버지와 함께 있는 우리의 대언자"(2:1; 개역개정 성경에는 "아버지 앞에서 우리에게 대언자가 있으니"로 되어 있다—편집자 주)로 불리기도 하는데, 이 말은 예수님이 하나님이 불쾌함 앞에서 우리를 위하여 탄원해 주셔야 함을 암시한다. 로마서 3장의 단락에서는 그 문맥이 결정적이다. 우리가 25절의 '힐라스테리온'(*bilastērion*)을 '화목의 장소'(즉, 히 9:5에서와 같은 속죄소)로 번역하든지 혹은 '화목의 수단'(즉, 화목 제물)으로 번역하든지 간에, 그렇게 묘사된 예수님은, 바울이 두 장 반에 걸쳐서 설명한 하나님의 진노하에 있는 보편적인 인간 죄책을 위한 해결책으로 하나님이 제시하신 인물이다. 레온 모리스가 정당하게 논했듯이, "이 부분까지 이르는 논의에서 진노는 매우 중요한 위치를 차지하므로, 구원에 이르게 하는 과정 중에서 진노의 소멸을 나타내는 표현을 찾는 것은 정당하다."[16] 히브리서 2:17에서는 '힐라스코마이'가 "백성의 죄"를 목적어로 하는 타동사인 것이 사실이다. 그러므로 그 단어는 'expiate'(속하다, NEB) 혹은 'make atonement for'(속하다, NIV)로 번역될 수 있다. 하지만 이 의미가 의심의 여지 없이 명백한 것은 아니다. NIV의 난외 번역은 이것을, 백성의 죄를 "없애면서 그가 하나님의 진노를 돌

---

16) 앞의 책, p. 169. 그의 광범한 개괄인 *Cross in the New Testament*에서 Leon Morris는 다음과 같이 쓰고 있다. "헬라어 문헌 전체를 통하여, 성경 문헌과 그 외의 문헌을 불문하고, *bilasmos*는 공히 '화목'을 의미한다. 지금 우리는 이보다 더 좋은 다른 의미가 있다고 단언할 수가 없다"(p. 349).

리려고"라는 말로 번역한다.

 이제 도드의 언어학적 논증이 무너졌다고, 혹은 최소한 그의 입장이 '증명되지는 않았다'고 받아들이며, '힐라스코마이' 어군이 '속함'을 의미하지 않고 '화목'을 의미한다고 받아들이더라도, 우리는 여전히 하나님의 진노와 돌이킴을 어떻게 묘사해야 할지 결정해야 한다. 그것을 우스갯소리로 만들면서, 조소와 함께 무시해 버리기는 쉽다. 다음과 같은 글에서 윌리엄 닐(William Neil)이 바로 그렇게 했다.

> 그리스도는 하나님의 진노를 누그러뜨리기 위하여 희생되었다는, 혹은 십자가는 무죄한 희생자가 다른 사람들의 범죄에 대한 대가를 지불하는, 즉 엄격한 하나님을 위한 화목 제물이 되는 과정이었다는 생각에 빠져 있는 '불과 유황' 신학 학파는 바울에게서 아무런 지지도 얻지 못하고 있음을 주목하는 것이 유익하다. 이런 관념들은 중세 성직자들의 율법주의적 정신에 의하여 기독교 신학 안으로 유입된 것으로서, 성경적 기독교가 아니다.[17]

 하지만 이러한 생각은 물론 성경의 기독교도 아니고, 특별히 바울의 기독교도 아니다. 과연 닐의 견해와 같은 조야한 해석을 믿을 사람이 있을지 의심스럽다. 왜냐하면 이런 해석은 신의 분노를 진정시킨다는 이교적인 개념에다가 얄팍한 기독교의 외형을 입힌 것에 불과하기 때문이다. 우리가 참으로 성경적인 화목의 교리를 개

---

17) William Neil, *Apostle Extraordinary*, pp. 89-90.

발하기 위해서는, 왜 화목이 필요한가, 누가 그것을 이루는가 그리고 화목 제물이 무엇이었는가 하는 세 가지 핵심적인 문제에서, 이교적인 사상으로부터 바른 교리를 구분하는 것이 필요하다.

첫째로, 화목이 필요한 이유는 죄가 하나님의 진노를 불러일으키기 때문이다. 하지만 이것은 (정령 숭배자들이 두려워하는 것처럼) 하나님이 아주 사소한 일로도 벌컥 화를 내기 쉬운 분이라는 의미가 아니며, 분명한 이유도 없이 울화통을 터뜨리는 분이라는 의미는 더더욱 아니다. 왜냐하면 거룩하신 하나님께는 변덕이나 마구잡이 행동이 없기 때문이다. 또한 하나님은 결코 성마르거나 악의를 품거나 짓궂거나 보복할 기회를 노리시지 않는다. 하나님의 진노는 신비스럽거나 비합리적인 것이 아니다. 하나님의 진노는 결코 예측 불허한 것이 아니라 언제나 예측 가능하다. 왜냐하면 하나님의 진노는 악과 악한 자에 의해서 촉발되기 때문이다. 제4장에서 우리가 좀더 자세히 연구한 대로, 하나님의 진노는 그분이 악의 모든 형태와 악의 모든 드러남에 대하여 갖는 지속적이고, 가차 없고, 끈질기고, 타협 없는 적대감이다. 요컨대 하나님의 진노는 우리의 분노와는 정반대의 위치에 있다. 우리의 분노를 촉발시키는 것(상처 입은 허영심)이 하나님의 진노를 촉발시키는 일은 결코 없다. 또한 하나님의 진노를 촉발하는 것(악)이 우리의 분노를 촉발하는 일은 거의 없다.

둘째로, 누가 그 화목을 이루는가? 이교적인 배경에서 보자면, 의식을 꼼꼼하게 집행하거나 마술적인 주문을 외움으로써, 혹은 제물(식물이나 동물, 심지어 인간까지도)을 바침으로써 신의 노를 돌이키고자 하는 것은 언제나 인간이다. 그들은 그런 행위가 분노한

신을 진정시킬 것이라고 생각한다. 하지만 복음은 서두에서부터, 우리가 할 수 있는 어떤 것도, 말하자면 우리가 바치는 어떤 제물이나 헌물도 우리의 죄를 보상하지 못하며 하나님의 분노를 돌이킬 수 없다고 명백하게 단언한다. 하나님을 설득하거나, 감언 이설로 부추기거나, 혹은 뇌물을 써서 우리를 용서하시게 할 수는 없다. 왜냐하면 우리는 하나님에게서 심판밖에는 받을 것이 없기 때문이다. 또한 우리가 이미 보았듯이, 그리스도께서도 그의 희생으로 하나님을 설득해서 우리를 용서하게 하는 것이 아니다. 도리어 하나님이 자신의 순전한 자비와 은혜로 모든 것을 주도하신다.

이 사실은, 희생 제사가 인간의 일이 아닌 하나님의 선물로 인식된 구약 성경에서 이미 분명하게 드러난다. 제사가 하나님을 은혜롭게 만들지 않는다. 도리어 제사는 은혜로우신 하나님이 죄에 빠진 인간을 향하여 은혜롭게 행동하시기 위하여 스스로 마련하신 것이다. "내가 이 피를 너희에게 주어 제단에 뿌려 너희의 생명을 위하여 속죄하게 하였나니"(레 17:11)라고 하나님이 희생의 피에 관하여 말씀하셨다. 그리고 이 진리는 신약 성경에서 더욱 분명하게 인식되는데, 화목 제물에 대한 주요 문맥들에서는 말할 것도 없다. 하나님 자신이 예수 그리스도를 화목 제물로 "세우셨다"(롬 3:25, NIV에는 presented, RSV에는 put forward로 되어 있다). 우리가 하나님을 사랑한 것이 아니라 하나님이 우리를 사랑하셔서 자기 아들을 우리 죄를 위한 화목 제물로 보내셨다(요일 4:10). 하나님의 사랑은 속죄의 결과가 아니라 속죄의 원천이라는 사실은 아무리 강조해도 지나칠 수 없다. 포사이스가 표현했듯이, "속죄로써 은혜를 얻는 것이 아니라 은혜로부터 속죄가 흘러나온다."[18] 그리스도께서 우리를 위하여 죽으셨기 때문에 하나님이 우리를 사랑하시는 것이 아니라, 하나님이 우리를 사랑하셨기 때문에 그리스도께서 우리를 위하여 죽으셨다. 만약 하나님의 진노가 진정될 필요가 있었다면, 그것을 진정시킨 것은 하나님의 사랑이다. 화목 제물이 하나님을 '변화시켰다'고 하거나 그로 인해 하나님이 자기 자신을 변화시키셨다고 할 때, 하나님이 진노에서 사랑으로, 혹은 적대에서 은혜 쪽으로 바뀐 것이 아님을 분명히 알아야 한다. 왜냐하면 하나님의 성품은 불변하기 때문이다. 화목 제물이 변화시킨 것은 하나님이 우리를 다루시는 방식이다. 포사이스는 다음과 같이 썼다. "나는 당신이 감정의 변화와 태도의 변화 사이의 차이를 주목할 것을 요구한다.···우리를 향한 하나님의 감정은 결코 변화될 필요가 없다. 우리를 다루시는 하나님의 태도, 우리와 하나님의 실질적인 관계—이것은 바뀌어야 한다."[19] 하나님은 우리를 용서하셨고 따뜻하게 맞아들이신다.

셋째로, 무엇이 희생 제물이었는가? 그것은 동물도 식물도 광물도 아니었다. 그것은 어떤 물건이 아니라, 한 인격이었다. 그리고 하나님이 세우신 그 인격자는 다른 존재—그것이 인간이든, 천사든 혹은 하나님 이외의 존재로 인식된 그분의 아들이든—가 아니라 바로 하나님 자신이었다. 아들을 주심으로써 그분은 자신을 주신 것이다. 칼 바르트가 반복해서 썼듯이, "그것은 하나님의 아들, 곧 하

---

18) P. T. Forsyth, *Cruciality of the Cross*, p. 78. 칼뱅의 진술과 비교하라. "구속 사역은 하나님의 사랑에서 기인한다. 따라서 구속이 하나님의 사랑을 확보한 것은 아니었다"(*Institutes*, II. xvi. 4).
19) P. T. Forsyth, *The Work of Christ*, p. 105.

나님 자신이었다." 예를 들면, "골고다에서 우리를 대신하시고, 그렇게 하심으로써 우리를 하나님의 진노와 심판에서 벗어나게 하신 이가 하나님의 아들 곧 하나님 자신이라는 사실은, 우선 하나님의 진노, 그분의 정죄하며 징계하는 공의의 완전한 의미를 드러내 보여 준다." 또한 "그 수난의 금요일에 우리를 대신하신 이가 하나님의 아들 곧 하나님 자신이었으므로, 그 대속은 유효할 수 있었으며, 의로운 하나님과 우리가 화해를 이룰 수 있게 된다. 우리 주님이시요 창조주이신 하나님만이 우리를 보증하실 수 있었고, 우리를 대신하실 수 있었으며, 우리의 죄로 인한 영원한 죽음을 우리 대신 당하심으로써 마침내 그 죽음을 극복하실 수 있었다."[20] 또한 바르트는 이 모든 것이 하나님의 거룩과 의의 표현이었을 뿐만 아니라, "하나님의 사랑의 완전함", 실로 하나님의 "거룩한 사랑"의 표현이었음을 밝힌다.

따라서 하나님의 화목에 관한 이 세 가지 질문에 대한 우리 대답의 중심은 하나님 자신이다. 거룩한 진노 속에서 그 노가 진정되어야 하는 이는 하나님 자신이며, 또한 우리 죄를 위한 화목을 위하여 그 아들 속에서 죽으신 이도 하나님 자신이다. 따라서 하나님은 그분의 아들이 우리를 대신하여 우리를 위하여 죽으셨을 때, 그 아들 안에서 스스로 자신의 의로운 진노를 담당하심으로써, 자신의 노를 진정시키기 위한 사랑의 주도적 행동을 취하셨다. 여기에는 비웃음을 살 만한 불합리성이 전혀 없으며, 오직 우리의 경배를 불러일으키는 거룩한 사랑의 심오함이 있을 뿐이다.

---

20) Karl Barth, *Church Dogmatics*, Vol. II. Part 1, pp. 398, 403.

우리가 이와 같이 성경적인 화목 교리를 변호하고 회복시키려는 것은, 성경적인 속함의 교리를 부인하려는 의도 때문이 아니다. 우리는 화목을 속함으로 대치시키려는 모든 시도에는 저항해야 하지만, 구원 속에 그 둘이 함께 속해 있는 것으로 보려는 모든 시도는 환영한다. 그래서 뷔히젤은, "'힐라스모스'는…그 안에서 하나님이 노를 풀고 죄가 속해지는 행동이다"라고 썼다.[21] 데이비드 웰스(David Wells) 박사가 이것을 간명하게 잘 표현하였다.

> 바울의 생각에 의하면, 인간은 죄로 인해 하나님으로부터 소외되었고, 하나님은 진노로 인해 인간으로부터 소외되셨다. 죄가 극복되고 진노가 돌이켜지고 그리하여 하나님은 불쾌감 없이 인간을 바라보실 수 있고 인간은 두려움 없이 하나님을 바라볼 수 있게 된 것은, 그리스도의 대속적 죽음 속에서다. 죄는 속해졌고 하나님은 노가 풀리셨다.[22]

### 구속

이제 우리는 '화목'에서 '구속'으로 넘어간다. 십자가의 성취를 이해하려는 노력 속에서 이제 우리의 심상은 성전에서 시장으로, 예식의 영역에서 상업의 영역으로, 종교 의식에서 사업상의 거래로 넘어간다. 왜냐하면 '속한다'는 것은 가장 기본적인 개념에서 산다 혹은 다시 사들인다는—그것이 구입 행위가 되었든 속전을 지불하는 것이 되었든—의미를 갖기 때문이다. 그러므로 구속 이미지에서 강조점은 필연적으로, 하나님의 건져 주시는 행동을 필요하게 만드

---

21) F. Büchsel, "*hilaskomai*", p. 317.
22) David F. Wells, *Search for Salvation*, p. 29.

는 우리의 비참한 상태―바로 우리의 사로잡혀 있는 상태―가 된다. '화목'은 십자가에 의하여 진정되어야 하는 하나님의 진노에 초점을 맞춘다. 한편 '구속'은 십자가에 의하여 죄인이 속함을 받아야 하는 바, 죄인의 궁지에 초점을 맞춘다.

또한 '속전'이라는 단어는 정확하게 사용된 것이다. 헬라어 '뤼트로오'(*lytroō*, 대개 '속하다'로 번역됨)와 '아폴뤼트로시스'(*apolytrōsis*, 구속)는 '뤼트론'(*lytron*, 속전 혹은 해방의 값)에서 생겨났는데, 이 단어는 노예를 매매하거나 해방시켜 주는 일에 대해 고대 세계에서 사용되던 거의 기술적인 용어였다. "세속 저자들의 분명한 용법"에 비추어 볼 때, 즉 이 단어군이 "속전을 지불함으로써―어떤 때는 높은 값을 지불할 경우도 있다―해방시키는 절차"를[23] 가리킨다는 사실에 비추어 볼 때 우리 마음대로 그 의미를 희석시켜서 모호하게 만들거나, 심지어 값싼 구원으로 만들어 버릴 수 없다고 레온 모리스는 썼다. 우리는 단순히 그리스도에 의하여 '속함을 받거나'(redeemed) '건짐을 받은'(delivered) 것이 아니라, 그리스도께서 우리의 '속전을 지불하신'(ransomed) 것이다. 우리는 "죽어가는 단어를 침상에서 돌보고 있다. 가치 있는 것의 죽음을 목도하는 것은 슬픈 일이다. 설사 그것이 가치 있는 단어라 하더라도 마찬가지다. 그리고 귀한 단어라 할지라도―다른 모든 가치 있는 것과 마찬가지로―우리가 그것을 돌보지 않는다면 죽는다"고 지적한 워필드의 말은 적절하다. 게다가 더욱 슬픈 것은 "그 단어들이 대표하는 일들에 대한 사람들의 마음도 죽어가는 것이다."[24] 이

---

23) Leon Morris, *Apostolic Preaching*, p. 10. 또한 그의 책 *Atonement*, pp. 106-131, chapter 5, "Redemption"을 보라.

말은 우리의 속전을 지불하신 그분에 대한 감사를 상실해 가는 세대를 지칭한다.

구약 성경에 보면 재산, 동물, 사람, 국가가 모두 값을 지불함으로써 "속해졌다." "친족 기업 무를 자"의 역할을 수행하며 매각된 재산을 다시 사서 돌려주는 권리(어떤 의미에서는 의무) — 이것은 그 가족 혹은 지파가 재산을 계속 보유할 수 있게 하기 위해서다 — 는 보아스와 예레미야의 경우에서 예증되었다.[25] 동물에 관해서 보면, 모든 생축의 초태생은 당연히 여호와의 것이었다. 하지만 나귀와 부정한 동물은 소유자가 속할 수(즉 다시 사들일 수) 있었다.[26] 이스라엘 개개인의 경우, 국가적인 인구 조사 시에 각 사람은 "생명의 속전"을 내야 했다. 장자(이들은 첫 번째 유월절 이래로 하나님께 속하였다) 그리고 특별히 장자를 대신하는 레위인의 수에 대하여 초과되는 장자의 수만큼은 속해져야 했다. 사람을 받아 죽인 위험한 황소의 주인은, 합당한 벌금을 지불함으로써 자기의 생명을 속하지 않으면 그 자신이 죽임을 당해야 했다. 그리고 가난해서 자신을 노예로 팔 수밖에 없게 된 이스라엘 사람은 뒤에 자기가 자기를 속하든지, 아니면 친척이 그를 속해 줄 수 있었다.[27] 이런 모든 경우의 '대속'에는 언제나 비싼 값을 치르는 관여자가 있었다. 저당 잡힌 재산을 회복하거나, 도살자에게서 동물을 건져내거나, 혹은 사

---

24) *The Princeton Theological Review* (Vol. xiv. 1916)에 처음 발표되었고, 그의 책 *Person and Work*에 실린, B. B. Warfield의 논문 "Redemption", pp. 345, 347에서 인용함.
25) 레 25:25-28; 룻 3, 4장; 렘 32:6-8; 참고. 27장에, 특별한 맹세에 의하여 여호와께 봉헌되었던 땅을 속하는 문제가 기록되어 있음.
26) 출 13:13; 34:20; 민 18:14-17.
27) 출 30:12-16; 13:13; 34:20과 민 3:40-51; 출 21:28-32; 레 25:47-55.

람을 노예 상태나 심지어 죽음에서 구해 내기 위하여 누군가 필요한 값을 지불했다.

그러면 국가의 경우는 어떤가? 여호와께서 이스라엘을 애굽의 노예 상태와[28] 바벨론의 포로 상태에서[29] 건지신 것을 묘사하는 데 구속이라는 용어가 사용되었다. 하지만 이 경우에는 그 구속자가 인간이 아니라 하나님인데, 여기서도 여전히 '구속하기' 위해서 '속전이 지불되었다'고 주장할 수 있을까? 그러면 여호와께서는 자기 백성을 '구속하기' 위하여 어떤 값을 치르셨는가? 이 질문에 최초로 대답을 제공한 사람이 웨스트코트 주교였던 듯하다. "강한 힘을 행사했다는 사상, '구속'이 비싼 대가를 요구한다는 사상은 사방에서 나타난다."[30] 워필드는 이것을 확장시켰다. "애굽으로부터의 구속은 하나님께서 힘을 크게 사용하신 결과다. 그런 의미에서 비싼 대가가 치러진 것이라는 생각이 하나님의 힘에 대한 완곡한 언급에서 두드러지게 나타나며, 또한 여기서 전달하고자 하는 중심 사상인 것 같다."[31] 왜냐하면 하나님은 "편 팔"과 "능한 손"(개역개정 성경에는 "큰 재앙"으로 되어 있다—역주)으로 이스라엘을 구속하셨기 때문이다.[32] 그러므로 구속에는 **언제나** 값을 지불하는 일이 수반되며, 여호와께서 이스라엘을 구속하실 때도 예외가 아니라고 결론지을 수 있다. 워필드는 "값을 지불함이 없는 구속이라는 것은

---

28) 예를 들어, 출 6:6; 신 7:8; 15:15; 삼하 7:23.
29) 예를 들어, 사 43:1-4; 48:20; 51:11; 렘 31:11.
30) B. F. Westcott, *Epistle to the Hebrews*, p. 298.
31) B. B. Warfield, *Person and Work*, p. 448. Leon Morris도 그의 책 *Apostolic Preaching*, pp. 14-17, 19-20에서 이와 동일한 의견을 말하고 있다.
32) 예를 들어, 출 6:6; 신 9:26; 느 1:10; 시 77:15.

돈을 주고받지 않고서 물건을 판다고 말하는 것과 같은 모순이다"라고[33] 요약한다.

신약 성경으로 들어가서 구속에 대한 신약 성경의 가르침을 생각해 보면, 두 가지 변화가 확연하게 눈에 들어온다. 여기서도 여전히 구속을 필요로 하는 사람은 극심한 곤경에 처해 있다. 또한 그들은 오직 그 값을 치름으로써만 구속될 수 있지만 이제는 그 곤경의 성질이 물질적인 것이 아니라 도덕적인 것이며, 그것을 속하기 위한 값은 하나님의 아들의 대속적인 죽음이다. 이 정도의 진리는 이미 예수님의 유명한 '속전에 관한 말씀'에서 명백하게 드러난다. 그리고 이 말씀은 신약 성경의 구속 교리의 기초가 된다. "인자가 온 것은 섬김을 받으려 함이 아니라 도리어 섬기려 하고 자기 목숨을 많은 사람의 대속물로 주려 함이니라"(막 10:45). 이 이미지가 암시하는 것은, 우리는 포로 상태이며, 우리를 자유케 하려면 오직 속전이 지불되어야 하는데, 그 속전은 다름 아니라 메시아 자신의 생명이라는 것이다. 우리의 생명은 몰수된 상태며, 그러한 우리 생명 대신에 그분의 생명이 희생된다. 그 말은 "의심의 여지 없이 대속을 의미한다"는 뷔히젤의 말은 참으로 정확하다. 이 사실은 헬라어의 '안티뤼트론 휘페르 폴론'(*antilytron hyper pollōn*, 직역하면 '많은 사람을 대신하는 그리고 많은 사람을 위한 속전')이라는 표현에 두 형용사가 조합되어 나타난다는 사실에 의하여 분명해진다. "예수님의 죽으심이 의미하는 것은, 많은 사람에게 일어나야 할 일이 그분께 일어났다는 것이다. 따라서 그분이 많은 사람을 대신하신

---

33) B. B. Warfield, *Person and Work*, pp. 453-454.

다."³⁴⁾ 이와 병행되는 표현이(아마 그것의 반복일 것이다) 디모데전서 2:5-6에 나타난다. "그리스도 예수 그가…모든 사람을 위하여 자기를 속전으로 주셨으니."

유대 역사가 요세푸스가, 로마의 장군 크라수스(Crassus)가 성전을 약탈할 의도로 주전 54-53년에 예루살렘 성전을 방문한 사실을 서술하면서 이와 유사한 언어를 사용한 것은 시사하는 바가 있다. 성전 보물 수호자였던 엘르아살이라는 제사장이 그에게 '뤼트론 안티 판톤'(lytron anti pantōn) 즉 '모든 것을 대신하는 속전'으로 큰 황금 막대기(일만 세겔의 값에 해당)를 주었다. 그러니까 그 황금 막대기는 성전 보물 대신으로 그에게 주어졌던 셈이다.³⁵⁾

그렇다면 첫째로, 스스로의 힘으로는 벗어날 수 없으나 반드시 구속되어야 하는 인간의 곤경은 어떤 것인가? 구약 성경에서 우리는 빚, 포로, 노예, 유배 그리고 형벌과 같은 여러 가지 사회적 상황으로부터 사람들이 속함을 받을 수 있음을 보았다. 하지만 그리스도께서 우리를 위하여 속전을 지불하신 그 굴레는 도덕적인 굴레이다. 이 굴레가 어떤 때는 우리의 '불법' 혹은 '죄'로 묘사되고(왜냐하면 두 개의 핵심적인 구절에서 '구속'은 '죄사함'과 동의어이기 때문이다),³⁶⁾ 어떤 때는 율법의 저주로 묘사되며(즉 범법자들에게 율법이 선언하는 바 하나님의 심판으로)³⁷⁾ 그리고 어떤 때는 "너희 조상의 유전한 망령된 행실"로³⁸⁾ 묘사되기 때문이다. 하지만 이런

---

34) F. Büchsel, "hilaskomai", p. 343.
35) Josephus, Antiquities, xiv. 107.
36) 엡 1:7과 골 1:14; 참고. 히 9:15.
37) 갈 3:13; 4:5.

포로 상태에서 놓여나는 것이 우리의 구속의 완성은 아니다. 그 이상 이루어져야 할 일이 있다. 왜냐하면 그리스도께서는 타락의 모든 황폐로부터 우리를 해방시키기 위하여, "모든 불법에서 우리를 구속하시기 위하여 자신을 주셨기"[39] 때문이다. 우리는 이것을 아직 경험하지 못하고 있다. 마치 구약의 하나님 백성이 애굽과 바벨론의 속박에서는 벗어났을지라도 여전히 완전한 구속의 언약을 기다리며 "예루살렘의 구속을 바라고 있었던"[40] 것과 마찬가지로, 신약의 하나님 백성도 비록 죄책과 심판에서는 구속되었으나, 여전히 자신이 완전해지는 "구속의 날"을 기다린다. 거기에는 "우리 몸의 구속"도 포함될 것이다. 그 때에는 모든 신음하는 피조물들이 부패라는 굴레에서 해방될 것이며, 하나님의 자녀가 누리는 영광의 자유에 참여할 것이다. 그 일이 이루어질 때까지는 내주하는 성령께서 우리의 최후 구원의 날까지 인 치심과 보증 그리고 첫 열매가 되신다.[41] 그 때에야 비로소 그리스도께서는 우리(와 우주)를 모든 죄, 고통, 허무와 썩어짐으로부터 구속하여 놓으실 것이다.

둘째로, 지금까지 우리가 **그것으로부터** 구속되어야 하는 바 그 곤경을 살펴보았으므로, 이제 어떤 값이 **치러짐으로써** 우리가 구속되었는지를 살펴보아야 한다. 신약 성경의 이미지는 그 값이 누구에게 지불되었는지를 명시하는 데까지는 나아가지 않지만, 그 값이 무엇이었느냐 하는 점에서는 의심의 여지가 없다. 그 값은 바로 그

---

38) 벧전 1:18.
39) 딛 2:14. 그 명사는 *anomia* 즉 '무법'이다.
40) 눅 2:38; 참고. 1:68; 24:21.
41) 눅 21:28; 엡 1:14; 4:30; 롬 8:18-23.

리스도 자신이다. 우선 성육신에, 즉 우리에게 이르기 위하여 우리의 상황 속으로 들어오는 데 든 값이 있다. 분명히 성경은 우리에게 그분이 "율법 아래 나신 것은 율법 아래 있는 자들을 속량하기 위함"이라고 말한다(갈 4:4-5). 몸을 불사르게 내준다는 말이(고전 13:3) "노예의 표시를 찍히는" 것을 의미하는 듯이 보이는 것과 마찬가지로, 바울이 완곡하게 표현했던 것은 "노예를 구속하기 위하여 노예 상태로 들어가는 극적인 행동"이 아니었을까 하고 예레미아스는 생각했다.[42] 하지만 성육신 다음에는 속죄가 있다. 이 속죄를 이루기 위하여 그분은 "자기"(딤전 2:6; 딛 2:14), 즉 그분의 "목숨"(psychē, 막 10:45)을 주셨으며, 율법의 저주에서 우리를 구원하기 위하여 율법의 저주 아래에서 죽으셨다(갈 3:13).

하지만 그리스도께서 우리를 속하시려고 지불하신 비싼 값을 표현하기 위하여 신약 성경의 저자들이 가장 흔하게 사용하는 단어는 '그 자신'이나 그분의 '목숨'이 아니라, '피'다. 베드로는 "너희가…대속함을 받은 것은 은이나 금같이 없어질 것으로 된 것이 아니요 오직 흠 없고 점 없는 어린양 같은 그리스도의 보배로운 피로 된 것이라"고 썼다(벧전 1:18-19). 히브리서 저자는, 희생 제사의 이미지에 깊이 젖어서, 그리스도는 제사장이셨을 뿐만 아니라 제물이셨음을 강조하였다. 왜냐하면 그분은 "자기 피로…단번에 성소에 들어가셨기" 때문이다.[43]

그러면 그리스도의 '피'가 의미하는 것이 무엇일까? 모든 사람

---

42) Jeremias, *Central Message*, pp. 37-38; 참고. I Clem. lv.
43) 히 9:12. 또한 롬 3:24-25과 엡 1:7에서 우리의 구속과 관련하여 그리스도의 피를 언급한 부분을 보라.

은 그것이 그분의 죽음을 가리킨다는 데 동의한다. 하지만 그 의미는 무엇인가? 세 가지 단언, 곧 레위기 17:11-14의 "육체의 생명은 피에 있음이라" 혹은 "모든 생물은 그 피가 생명과 일체라"는 단언 그리고 신명기 12:23의 "피는 생명이다"라는 더욱 직접적인 진술을 근거로 해서, 지난 세기 말에 영국 신학자들이 이상하리만치 인기를 끈 이론을 발전시켰다. 그 이론인즉, 그리스도의 피는 그분의 죽음을 의미하는 것이 아니라, 그분의 죽음을 통하여 우리를 위한 것이 될 수 있도록 놓임을 받은 그리스도의 생명이라는 것이다. 이 사상을 발전시킨 사람들 가운데는 빈센트 테일러, 도드, 심지어 포사이스 등이 포함된다. 하지만 이 사상의 기원은 웨스트코트 주교의 「요한 서신 주석」(*Commentary on the Epistles of John*, 1883)까지 거슬러 올라가는데, 거기에서 그는 이렇게 썼다.

> 그 피를 쏟음으로써, 그분의 생명이 그분의 육신—이전에 그 생명이 생기를 불어넣어 주고 있던—에서 분리되기는 하였지만 파괴되지는 않았다.…따라서 제물의 희생에는 두 가지 구별되는 사상이 포함된다. 즉 피 흘림에 의한 제물의 죽음이 그 한 가지이고, 다른 하나는 그 제물에게 생명력을 제공하던 그 생명의 근원이 자유롭게 됨으로써 이 생명을 다른 목적에 사용할 수 있게 된 것이다.[44]

이와 같이 그리스도의 피도 처음에는 우리를 **위해서** 주어졌고 다음에는 우리**에게** 주어졌다.

---

[44] B. F. Westcott, *Epistles of John*. 요일 1:7에 관한 부가적 설명, "The Idea of Christ's Blood in the New Testament", p. 34이하.

그 뒤에 쓴 「히브리서 주석」(*The Epistle to the Hebrews*)에서도 웨스트코트는 여전히 동일한 개념을 가르친다. 피는 "여전히 살아 있는 것으로 간주되는" 생명이며, "쏟아진 피는 다른 사람들을 위하여 사용 가능하게 된 에너지"다.[45]

제임스 데니는 분명한 태도로 이런 주장을 배격한다. 그는 「그리스도의 죽음」에서 독자들에게, 그리스도의 피 속에서 그분의 죽음과 생명을 구분하고, 우리를 위하여 뿌려지고 바쳐진 그분의 피와, 인간을 위하여 내어 놓은 바 되고 놓임을 받은 그분의 생명을 구분한 "웨스트코트를 열광시킨 그 이상한 공상적 생각"을 결코 채택하지 말 것을 촉구했다. 그는 계속해서 "내가 감히 말하건대, 성경의 어떤 부분을 해석하면서 이렇게도 근거 없는 환상이 출몰해서 문제를 일으킨 예는 없었다"고 했다(p. 149).

그리고 나서 1948년에 알란 스팁스(Alan Stibbs)의 뛰어난 틴데일 연구 논문이 출판되었는데, "성경에 나오는 '피'라는 단어의 의미"라는 제목의 이 논문으로 그런 망령이 영원히 사장되었으면 좋을 뻔했다. 그는 구약 성경과 신약 성경에서 '피'라는 말이 등장하는 경우를 철저히 연구하며, 또한 그 말이 "죽음을 표시하는 상징어"라는 사실을 증명하는 데 아무 어려움도 느끼지 않는다. 그렇다. "피는 그 육체의 생명이다." 그러나 "이 말의 의미는, 만약 피가 육체로부터 분리되면—그것이 인간이든지 동물이든지—육체 속의 물리적 생명은 끝난다는 것이다. 그러므로 피흘림이라는 것은 생명이 육체의 짐에서 해방된다는 의미가 아니라 그 육체 속에서 종말

---

45) B. F. Westcott, *Epistles of Hebrews*. 히 9:9에 관한 부가적인 설명, p. 283이하.

을 고한다는 것을 의미한다. 피는 육체의 죽음을 증명하는 것이지, 영적 생존의 증거가 아니다." 그러므로 "그리스도의 피를 마신다"는 것은 "그분의 생명에 참여하는 것을 묘사하는 것이 아니라, 그분이 생명을 버리심으로써 우리가 얻게 된 유익을 자신의 것으로 삼는다는 것을 묘사하는 말이다."[46] 그는 키텔 사전(Kittel's Dictionary)의 '피'에 관한 요하네스 베엠(Johannes Behm)의 설명을 인용함으로써 자기의 견해를 결론짓는데, 우리도 그 이상은 할 수 없을 것이다. "'그리스도의 피'라는 말은('십자가'라는 말처럼) 그리스도의 죽음을 그 구원의 의미, 혹은 구속적 중요성의 측면에서 더욱 분명하게 나타낸 다른 표현에 불과하다."[47]

'구속' 이미지는 세 번째 강조점을 가지고 있다. 우리가 속함을 받아야 하는 그 곤경 그리고 이것에서 우리를 속하기 위하여 지불된 속전 외에도, 이 구속 이미지는, 속전을 지불하고 **사들인** 것에 대한 재산권을 소유한 인물에게로 주의를 집중시킨다. 이와 같이 교회와 그리스도인에 대한 우리 주님의 주되심은 그분이 자신의 피로 우리를 사셨다는 사실에서 기인한다. 예를 들면, 바울은 하나님이 그리스도 안에서 자신의 피로 교회를 사셨다는 사실을 근거로 감독

---

46) Alan M. Stibbs. *Meaning of the Word 'Blood' in Scripture*. pp. 10, 12, 16, 30. Leon Morris는 그의 책 *Apostolic Preaching* (pp. 108-124)에 "The Blood"라는 제목의 장을 포함시켰으며, *Cross in the New Testament*에서는 이렇게 쓰고 있다. "히브리인들은 '피'라는 말을 통상 '난폭한 죽음'이라는 의미로 이해했다"(p. 219). F. D. Kidner도 또한 그의 책 *Sacrifice in the Old Testament*에서 Westcott의 주장을 비판하고 있으며, 또한 피를 음식물로 사용하지 말라는 금령은 "그것을 고귀하게 여기는 사상과는 일치하지만, 그것이 잠재적 의미를 가졌다는 생각과는 거리가 멀다"(p. 24)고 지적하고 있다.
47) Johannes Behm, "*haima*", p. 173.

자들에게 삼가는 심정으로 교회를 돌아보라고 하였다(행 20:28). 만약 교회가 피로 살 만한 가치가 있는 것이라면 우리 역시 교회를 위해 수고할 값어치가 있지 않겠는가? 교회를 사기 위하여 지불된 값이 고귀하기 때문에, 교회를 섬기는 일은 특권이 된다. 바로 이것이 바울의 논조인 것 같다. 또한 하늘의 구속받은 무리는 어린양의 귀함을 노래하는 새 노래를 부른다.

> 두루마리를 가지시고 그 인봉을 떼기에 합당하시도다. 일찍이 죽임을 당하사 각 족속과 방언과 백성과 나라 가운데에서 사람들을 피로 사서 하나님께 드리시고.[48]

예수 그리스도께서 우리를 그분의 피로 사셨으며, 그리하여 우리가 그분께 속했다는 사실에 대한 기억이 감독자들에게 충실한 사역의 동기가 되고, 천상의 무리로 하여금 경배를 올리게 하는 동기가 되듯이, 우리 그리스도인 각자에게는 거룩을 향해 나아가게 하는 동기가 되어야 한다. 우리는 베드로가, 부끄러운 행위로써 "자기들을 사신 주를 부인하는"(벧후 2:1) 자들에 대해 말하는 어감 속에서 분노를 감지할 수 있다. 주께서 그들을 사셨으므로 그들은 주의 것이다. 그러므로 그들은 그분을 인정해야지 부인해서는 안 된다. 음행을 피하라는 바울의 엄격한 명령은 인간의 몸은 어떤 것이며, 그것을 소유한 자가 누구인가에 대한 교리에 근거해 있다. 한편으로 그는 "너희 몸은 너희가 하나님께로부터 받은 바 너희 가운데 계

---

48) 계 5:9; 참고. 1:5-6과 14:3-4.

신 성령의 전인 줄을 알지 못하느냐"는, 의심스럽다는 듯한 질문을 던진다. 또한 한편으로는, "너희는 너희 자신의 것이 아니라 값으로 산 것이 되었으니 그런즉 너희 몸으로 하나님께 영광을 돌리라"고 말한다.[49] 우리의 몸은 하나님에 의하여 창조되었고 미래에는 하나님에 의하여 다시 부활할 뿐만 아니라, 또한 그리스도의 피로 값 주고 사신 것이며 성령이 거하시는 전이다. 그러므로 우리의 몸은 세 번에 걸쳐서 즉 창조와 구속 그리고 내주하심에 의하여 하나님께 속한 것이다. 우리의 것이 아닌 이상, 어떻게 우리가 그것을 오용할 수 있겠는가? 도리어 순종과 자제에 의하여 우리의 몸으로 하나님을 영화롭게 하여야 한다. 그리스도께서 우리를 사셨으므로 이제는 다른 어떤 사람이나 어떤 것에도 종노릇 할 이유가 없다. 과거에 우리는 죄의 종이었다. 하지만 이제는 그리스도의 종이 되었으며, 그 분에 대한 봉사는 참된 자유다.

### 칭의

지금까지 우리가 생각해 왔던 두 개의 그림은 우리를 성전 경내(화목)와 시장(구속)으로 인도하였다. 하지만 이제 세 번째 이미지는 우리를 법정으로 인도할 것이다. 왜냐하면, 칭의는 정죄의 반대이며(예를 들면, 롬 5:18; 8:34), 이 두 가지는 모두 피고를 유죄 혹은 무죄로 선언하는 재판장의 선고이기 때문이다. 십자가의 성취를 묘사하는 이 위대한 단어를 개괄하는 순서에는 논리가 있다. 화목이 필연적으로 맨처음에 올 수밖에 없는데, 이는 하나님의 진노가

---

49) 고전 6:18-20; 참고. 7:23.

누그러질 때까지는(즉 그분의 사랑이 자신의 분노를 돌이킬 수 있는 길을 발견할 때까지는) 인간의 구원을 위한 여지가 전혀 없기 때문이다. 다음으로 우리가 구원의 의미를 이해할 준비가 되면, 우리는 소극적으로 구속을 먼저 이해하기 시작한다. 즉 죄와 죄책에 사로잡힌 무서운 상태로부터 그리스도의 피의 고귀한 값이 우리를 구원한다는 것을 먼저 이해하는 것이다. 구속이 구원의 소극적 측면이라면 칭의는 적극적 측면이다. 어떤 학자들이 이것을 부인해 온 것은 사실이다. 샌데이(Sanday)와 헤드람(Headlam)은, 칭의란 "단순한 죄의 용서, 값없이 주시는 용서"라고[50] 썼으며, 더 최근에 예레미아스는, "칭의란 사죄이지, 사죄 이외의 다른 아무것도 아니다"라고[51] 주장했다. 칭의와 사죄는 분명히 상보적인 개념이지만, 그렇다고 완전히 똑같지는 않다. 사죄는 우리의 부채를 탕감하며, 형벌을 받아야 하는 우리의 위험한 상태를 면제시켜 준다. 한편 칭의는 하나님 앞에서 의로운 위치를 우리에게 부여한다.

하나님이 빛을 비추셔서 '이신칭의'의 성경적 복음을 다시 발견하게 된 16세기의 개혁자들은 이 교리의 중심적 중요성을 확신했다. 루터는 이것을 가리켜서 "실로 참된 그리스도인을 만드는, 모든 기독교 교리의 중심 조항"이라고 불렀다.[52] 또한 크랜머는 이렇게 썼다.

이 신앙은 성경이 가르치는 것이다. 이것은 기독교 신앙의 강한 반석이

---

50) Sanday and Headlam, *Romans*, p. 36.
51) Jeremias, *Central Message*, p. 66.
52) Martin Luther, *Galatians*, p. 143(갈 2:16 주석); 참고. p. 101(갈 2:4-5 주석)

요 근거다. 이 교리는 교회의 모든 옛 저자들이 승인한 것이다. 이 교리는 참된 그리스도의 영광을 드러내며, 허황된 인간의 영광을 쳐서 넘어뜨린다. 이것을 부인하는 사람은 누구라도 참된 그리스도인으로 간주되지 못하고 도리어…그리스도의 적으로 간주된다…[53]

최근의 몇몇 성공회 복음주의파의 진술문을 첨가해서 소개하겠다.

모든 복음주의자와 마찬가지로 우리에게도 이신칭의는 하나님이 구원의 은혜를 베푸시는 모든 섭리의 핵심이요 주축이며, 패러다임이요 본질인 것으로 보인다. 이 교리는, 마치 아틀라스(Atlas)처럼 죄인들을 향한 그리스도 안에서의 하나님의 사랑에 대한 복음적인 지식 전체, 곧 하나의 세계를 그 어깨에 짊어지고 있다.[54]

하지만 이 진리의 탁월한 중요성에도 불구하고, 이에 대해 많은 반대가 제기되었다. 첫째로, 구원에 관한 모든 이야기에서 율법적 범주에 대하여 강한 반감을 느끼는 사람들이 있다. 그들이 그렇게 하는 근거는, 그런 범주들은 하나님을 아버지가 아니라 심판자와 왕으로 제시하며, 따라서 그분이 우리를 인격적으로 다루시는 방식이나 그분이 우리와 맺으시는 인격적인 관계를 바르게 그릴 수 없다는 것이다. 만약 칭의만이 유일한 구원의 이미지라면 이 반론은 지지를 얻을 수 있을 것이다. 하지만 이 이미지의 법률적인 느낌은

---

53) *First Book of Homilies*, pp. 25-26의 Cranmer의 "Sermon on Salvation"에서.
54) R. T. Beckwith, G. E. Duffield and J. I. Packer, *Across the Divide*, p. 58.

'화해'와 '양자됨'(여기서는 하나님이 심판자가 아니라 아버지시다)이라는 좀더 인격적인 이미지에 의해서 균형을 이루게 된다. 이에 대해서는 앞으로 논할 것이다.

둘째로, 다른 비판자들은 이 교리를 바울의 독특한 법적인 정신에서 기인한 그의 특정한 표현법으로 보고 무시해 버리려고 한다. 하지만 우리는 바울을 무시하려는 이런 태도를 주저 없이 무시해야 한다. 왜냐하면 바울의 말은 사도의 말이고 따라서 권위를 갖기 때문이다. 어쨌든 이 비판은 거짓이다. 칭의의 개념은 바울이 발명한 것이 아니었다. 이 개념은 바리새인이 아닌 세리가 "의롭다 하심을 받고 그의 집으로 내려갔느니라"(눅 18:14)고 비유로 말씀하신 예수님에게까지 거슬러 올라간다. 실제로 이 개념은 더욱 멀리는 구약까지 거슬러 올라간다. 구약에는 의롭고 고난당하는 하나님의 종이 "많은 사람을 의롭게 할" 것인데 이는 "그가 그들의 죄악을 친히 담당할" 것이기 때문이라고 했다(사 53:11).

셋째로, 우리는 종교개혁자들의 이신칭의 교리를 로마 가톨릭이 거부하는 이유들을 살펴볼 필요가 있다. 우리는 트렌트 공의회(Council of Trent)의 교리를 세 가지 제목 즉 칭의의 본질, 칭의에 선행하는 것과 그것을 가능하게 하는 것, 칭의에 뒤따르는 것이라는 제목으로 요약할 수 있다. 첫째로, 그 공의회는 칭의는 세례 시에 발생하며, 거기에는 사죄와 새롭게 됨이 포함된다고 가르쳤다. 세례를 받은 사람은 모든 원죄와 자범죄에서 깨끗게 되며, 또한 그에게는 동시에 새롭고도 초자연적인 의가 주입된다. 둘째로, 하나님의 사전 은혜(God's prevenient grace)는 사람들로 하여금 "그 은혜에 자유롭게 동의하고 협력함으로써 스스로 변화해서 그들 자신의 의에 이를 수 있도록" 사전에 인도한다. 셋째로, 세례 이후의 죄들은(만약 그것이 은혜를 상실하게 만드는 "죽음에 해당하는" 것이라면) 칭의의 범위 안에 들지 않는다. 그런 죄들은 참회, 고백과 고해성사에 의하여(또한 죽을 때까지 남아 있는 것이 있다면, 그것은 연옥에 의하여) 정결케 되어야 하므로, 이런 것들과 다른 착한 일들은 영생을 위한 "공로"라고 불릴 수 있다.[55]

개신교회들은 이런 가르침으로부터 충분히 혼란을 느낄 수 있다. 그렇기는 하나, 양편 중 어느 편도 상대의 이야기를 귀기울여 들으려고 하지 않았으며, 상대에 대하여 신랄하고도 논쟁적인 태도를 취했다. 오늘날에도 구원의 방법에 대한 근본적인 논쟁이 날카롭게 대립하고 있으며, 그 밖에도 많은 사안들이 위태롭게 남아 있다. 하지만 분위기가 변하고 있다. 또한 칼 바르트의 칭의 교리에 대한 한스 큉(Hans Küng)의 충격적인 소책자는 대화를 위한 신선한 가능성을 열어 준다.[56] 그리고 1960년 초의 제2차 바티칸 공의회(Second Vatican Council)도 그런 가능성을 열었다.[57]

한스 큉의 책은 두 부분으로 되어 있다. "칼 바르트의 칭의의 신학"을 상술한 첫 번째 부분에 관하여 바르트는 한스 큉에게 다음과

---

55) Council of Trent, Session VI. 그리고 원죄, 칭의, 참회에 관한 교령(敎領)을 보라.
56) Hans Küng, *Justification* (1957).
57) 최근의 로마 가톨릭의 사상에 대해, 동정적이긴 하지만 동시에 비판적인 개신교의 평가를 알고자 한다면 다음의 자료들을 보라. David F. Wells의 *Revolution in Rome*; R. T. Beckwith, G. E. Duffield, J. I. Packer의 *Across the Divide*; R. G. England의 *Justification Today: The Roman Catholic and Anglican Debate*; *Great Acquittal*에 기고한 George Carey의 "Justification by Faith in Recent Roman Catholic Theology"; 그리고 James Atkinson의 *Rome and Reformation Today*.

같이 썼다. "당신은 나의 견해를 내가 이해하는 그대로 완전하고도 정확하게 재생했습니다.…당신은 내가 실제로 말한 것을 내가 말했다고 했으며…즉 나는 당신이 내가 말했다고 한 바로 그런 의미로 말했던 것입니다"(p. xvii). "가톨릭적 응답의 시도"를 제시하고, 그 결론으로서 "가톨릭 신학과 개신교 신학 사이의 ― 엄밀하게 말하면 칭의 교리에서 ― 근본적 동의"(p. 271)를 선언하는 두 번째 부분에 관하여 바르트는 이렇게 썼다. "만약 이것이 로마 가톨릭 교회의 가르침이라면, 나는 칭의에 대한 나의 견해가 로마 가톨릭의 견해와 일치함을 인정해야 하는 것이 확실하다!" 그러고 나서 그는 이 일치가 어떻게 해서 "그렇게도 오랫동안, 그렇게도 많은 사람이 모르는 채로 있을 수 있었는가"라고 물으면서, 또한 한스 큉이 이것을 발견한 것이 그가 「교회 교의학」(Church Dogmatics)을 읽기 이전인지, 읽던 도중이었는지, 아니면 읽고 난 후였는지를 장난스럽게 묻는다!(pp. xvii-xviii)

한스 큉은 분명히 어느 정도 괄목할 만한 말을 했다. 비록 그의 논문이 그가 별로 공감하지 않는 루터와 트렌트 공의회의 일치점을 입증하기보다는, 바르트와의 일치점을 증명하려고 노력한 것이 애석한 일이긴 하지만 말이다. 27장에서 그는 성경에 따라서 은혜를 정의하기를 "은혜로움"(graciousness), 하나님의 "호의" 혹은 "관대한 자비"(generous kindness)라고 했다. "문제는 **내가** 은혜를 **소유하는 것**이 아니라 **그분이 은혜로운 분**이라는 사실이다"(pp. 189-190). 28장에서 그는 말하기를, 칭의는 "**법정에서 의롭다고 선언하는 것**으로 정의해야 하며", 따라서 신약 성경에서는 "법적 상황과의 연결이 언제나 나타난다"고 한다(p. 200). 또한 그것은 "하나의 법적인 사건", "놀랍도록 은혜로운 구원의 의"다(pp. 205-206). 그리고 나서 31장에서 한스 큉은 '솔라 피데'(오직 믿음에 의해서)의 진리를 강하게 주장한다. 또한 루터가 로마서 3:28의 본문에 '오직'이라는 단어를 첨가한 것은 전적으로 바르고 전통적인 것이라고 했는데, 이는 그것이 "루터의 발명이 아니라" 이미 다른 번역본에도 나타났기 때문이며, 또한 트렌트 공의회는 그것과 모순되는 결론을 내리려 하지 않았다고 말한다(p. 237). 따라서 "우리는 '솔라 피데' 공식에 관한 한 근본적인 일치를 인정해야 한다.…인간은 오직 믿음을 근거로 해서만 하나님에 의하여 의롭게 된다"(p. 246). 더욱이 "'오직 믿음'을 통한 칭의는, 인간은 어떻게 하더라도 절대로 스스로 의롭게 될 수는 없음을 나타낸다"(p. 301). "따라서 사람은 오직 하나님의 은혜를 통해서만 의롭게 된다. 인간은 아무것도 이루지 못한다. 인간의 활동은 전혀 없다. 오히려 인간은 단지 하나님의 칭의에 복종할 뿐이다. 인간이 할 일은 없다. 인간은 믿을 뿐이다"(p. 240).

하지만 큉 교수는 여기서 그치지 않는다. 하나님의 선포로서의 칭의의 법적인 성격에 대한 그의 강조에도 불구하고 그는 하나님의 말씀은 언제나 유효하므로 하나님이 선언하시는 것은 실재가 된다고 주장한다. 그러므로 하나님이 "너는 의롭다"고 말씀하시면 "그 죄인은 실제로, 참으로 외적으로, 내적으로, 전체적으로, 완전히 의롭다. 그의 죄는 **용서되고**, 그 마음은 의로운 것이다.… 요컨대 하나님의 의롭다는 **선언**은…그와 동시에, 그 선언 행위 속에서 **의롭게 만드는 것이다**"(p. 204). 칭의는 "의롭다고 선언하면서 동시에 의롭게 만드는 일회적 행동"이다(p. 210).

그러나 여기에는 위험한 모호성이 있다. 특히 의롭게 된 죄인이

"전적으로, 완전히 의롭다"고 한 수사적 문장에서 그러하다. 이 말은 무엇을 의미하는가?

만약 '의롭다'는 말이 '용서를 받고, 받아들여지며, 하나님과 정당한 관계를 갖는다'는 의미라면, 실제로 우리는 즉시, 전적으로 그리고 완전하게 하나님이 선언하시는 대로의 우리가 된다. 우리는 하나님이 우리에게 내리신 의로운 자로서의 지위를 누린다. 이것이 '칭의'의 참된 의미다.

'의롭다'는 말이 만약 '새롭게 되다, 살리심을 입다'는 의미를 나타내기 위하여 사용되었다면, 여기서도 하나님의 창조의 말씀은 즉시 우리를 그분이 선언하시는 그런 존재로 만든다. 하지만 이 경우에 '의롭다'는 말을 사용한다면 이것은 단어를 잘못 사용한 것이다. 왜냐하면 이 경우에 말하는 것은 칭의가 아니라 중생이기 때문이다.

'의롭다'는 말이 만약 '의로운 품성을 가지다' 혹은 '그리스도의 형상을 닮다'라는 의미라면, 여기서는 하나님의 선언이 그것을 즉시 확보하는 것이 아니라 단지 그것을 시작했을 뿐이다. 왜냐하면 이것은 칭의가 아니라 성화이며, 일생 동안 계속되는 과정이기 때문이다.

심지어 한스 큉이 설명을 위하여 첨가한 부록 II, "신약 성경에서의 칭의와 성화"도 하나님이 죄인을 "의롭게 만드신다"는 그의 말의 의미를 명확하게 드러내 보여 주지 못한다. 신약 성경에서 '성화'라는 말이 두 가지 구별되는 의미로 사용된다는 문제를 그도 인식하고 있다. 어떤 때는 그 말이 거의 칭의와 동의어로 사용된다. 이는 그 말이 우리의 품성의 거룩함이 아니라 우리 **위치**의 거룩함을 가리키기 때문이다. 이런 의미에서 우리는 칭의의 순간에 바로

"성도"가 된다. 왜냐하면 우리는 "그리스도 예수 안에서 성화"되었으며, 구별됨으로써 하나님의 거룩한 백성에 속하게 되기 때문이다.[58] 다른 곳에서는 '성화'를 거룩함 가운데 성장하면서 그리스도를 닮아 가는 과정으로 묘사한다.[59]

이 혼란이 발생한 것은, 한스 큉이 이 구별을 철저하게 지키지 못했기 때문인 것 같다. 그는 여기서는 칭의와 성화가 동시에 일어나는 것으로 이야기하고["하나님은 의롭게 하시는 동시에 성화시키신다"(p. 308)], 또 저기서는 그 두 가지를 함께 자랄 수 있는 것으로 이야기한다[트렌트 공의회는 "칭의의 필요성과 … 칭의에서의 성장"을 이야기했다(p. 228)]. 하지만 이것은 오해의 여지가 매우 많은 말이다. 칭의에 관한 토론에서는 성화라는 말을 '거룩함 속에서 성장한다'는 독특한 의미로만 사용하는 것이 지혜로울 것이다. 왜냐하면 그렇게 함으로써 우리는 칭의(하나님이 그 아들의 죽음을 통하여 우리를 의롭다고 선언하시는 것)에 어떤 정도가 있음을 인정하지 않고 그것을 즉각적이고 완전한 것으로 주장할 수 있기 때문이다. 또한 다른 한편으로 성화(하나님이 성령의 내주를 통하여 우리를 의롭게 만드시는 것)는 비록 우리가 의롭게 되는 그 순간부터 시작되긴 하지만 점진적이요 인생 전체를 통하여 불완전한 것이며, "그 영광의 정도를 달리하면서"(고후 3:18, RSV) 그리스도의 형상으로 변해 가는 과정이라고 주장할 수 있기 때문이다.

이 점이 더 분명해지기를 바란다고 해서, 이것이 한스 큉의 역작

---

58) 예를 들어, 행 20:32; 고전 1:2; 6:11; 히 10:29; 13:12.
59) 예를 들어, 롬 6:19; 고후 7:1; 살전 4:3, 7; 5:23; 히 12:14.

을 격하시키려는 것은 아니다. 동시에 그의 책이 출판된 지가 이미 사반세기 이상이 지났으며, 사람들은 오직 은혜로 말미암아 오직 믿음으로 얻는 칭의의 복음을 로마 가톨릭 교회가 널리 선포한다고는 느끼지 못한다.

지나친 단순화의 위험을 감수하고라도 혹자는, 복음주의자들과 로마 가톨릭주의자들이 함께, 하나님이 그분의 은혜에 의하여 죄인의 유일한 구주가 되시며, 인간의 자기 구원은 불가능하며, 따라서 대신하는 희생물로서의 예수 그리스도의 죽음이 칭의의 궁극적인 근거라고 가르친다고 말할 수 있을 것이다. 하지만 엄밀하게 칭의가 무엇인가, 그것이 구원의 다른 측면과 어떻게 관계되는가, 그것이 어떻게 발생하는가—이런 영역들에서는 계속적으로 근심스러운 논쟁이 진행되고 있다.

복음주의자들은 죄, 은혜 그리고 신앙과 행위에 대하여 로마 가톨릭주의자들에게 그 의미를 강조해야 할 필요를 느낀다. 한편 로마 가톨릭주의자들은 우리가 '전적 부패'(즉 인간의 모든 부분은 타락에 의하여 뒤틀려져 있다는)에 대하여 이야기하는 것을 불편하게 느낀다. 우리는 이 개념을 배경으로 해서 근본적인 구원과, 인간의 공로가 없는 은혜를 주장한다. 가톨릭주의자들은 이런 사상을, 인간의 상황에 대한 비관적인 견해라고 생각하며, 또한 거기에는 부적절한 창조 교리가 수반된다고 본다. 그들은 부언하기를, 인간은 자유 의지를 상실하지 않았으며, 따라서 은혜에 협력할 수 있고 구원에 자기의 힘을 보탤 수 있다고 한다. 하지만 우리는 구원에 관한 신약 성경의 정반대의 태도를 강조할 필요를 느낀다. "너희는 그 은혜에 의하여 믿음으로 말미암아 구원을 받았으니 이것이 너희에게서 난 것이 아니요 하나님의 선물이라. 행위에서 난 것이 아니니 이는 누구든지 자랑하지 못하게 함이라." "사람이 의롭게 되는 것은 율법의 행위로 말미암음이 아니요 오직 예수 그리스도를 믿음으로 말미암은 줄 알므로." 또한 "우리를 구원하시되 우리가 행한 바 의로운 행위로 말미암지 아니하고 오직 그의 긍휼하심을 따라…하셨나니."[60] 우리는 이런 본문들이 우리 앞에 제시하는 명백한 선택의 여지를 피할 수가 없다. 행위가 아닌 은혜, 율법이 아닌 믿음, 우리의 의로운 행위가 아닌 자비다. 여기에는 하나님과 우리 사이의 협동이 아니라 서로 배타적인 두 가지 방법, 즉 하나님의 방법과 우리의 방법 사이에 선택만 있을 따름이다. 또한 우리를 의롭게 만드는 믿음은 그것이 또 하나의 행위가 아님을 분명하게 강조해야 한다. 그렇다. "믿음에 의하여 의롭게 된다"는 말은 단지 "그리스도에 의하여 의롭게 된다"는 말의 다른 표현일 뿐이다. 믿음 그 자체는 결코 아무런 가치도 가지지 않는다. 믿음의 가치는 오직 그 믿음의 대상에서 기인한다. 믿음은 그리스도를 바라보는 눈이요, 그분을 붙잡는 손이며, 그분의 생명의 물을 마시는 입이다. 예수 그리스도의 신인의 인격과 죄를 담당하는 죽음의 절대적인 타당성을 더욱 분명하게 이해할수록, 우리가 무엇인가를 더할 수 있다는 생각이 얼마나 어울리지 않는 것인가가 더욱 뚜렷하게 드러난다. 크랜머의 말을 다시 인용하자면, 바로 이런 이유로 오직 믿음에 의한 칭의가 "그리스도의 참된 영광을 증진시키고 인간의 헛된 영광을 두드려 부수는 것이다."

---

60) 엡 2:8-9; 갈 2:16; 딛 3:5.

하지만 로마 가톨릭주의자들에게 우리의 이런 점들을 분명하게 보여 주려면, 그들이 우리에게 강조해서 말하고자 하는 것들에 대답해야 한다. 그들이 우리에게 지적하고자 하는 것은 주로 다음과 같은 일련의 질문이다. "당신들은 여전히 하나님이 죄인을 의롭게 하실 때 그분이 그 사실을 '선언'은 하지만 실제로 그렇게 '만드는' 것은 아니라고 주장하는가? 여전히 칭의는 법적인 선언이고 도덕적인 변혁이 아니라고 주장하는가? 의는 우리에게 '전가된' 것이지 우리 속에 '침투'하거나 우리에게 '나누어진' 것이 아니라고 주장하는가? 우리가 외투를 입듯이 그리스도의 의를 입음으로써 그것이 우리의 계속적인 죄성을 은폐시킨다고 주장하는가? 칭의는 우리의 위치를 변화시키기는 하지만 성품과 행위는 그대로 놓아둔다고 주장하는가? 개혁자들이 가르쳤듯이 의롭게 된 각각의 그리스도인은 '의로운 사람인 동시에 죄인'(simul justus et peccator)이라고 주장하는가? 만약 그렇다면 칭의란 법적인 허구, 아니 당신과는 관계없이 이루어지는 거대한 장난 혹은 엉터리 거래이며, 당신의 속 사람을 전혀 변화시키지 못하는 것이란 말인가? 당신은 실제로는 변하지 않았으면서 변했다고 선언하는 것이 아닌가? 당신의 '오직 믿음에 의한 칭의' 교리는 계속해서 죄를 짓기 위해 얄팍하게 가장된 면허증이 아닌가?"

이것은 엄중한 질문들이 아닐 수 없다. 나는 이런저런 방식으로 이 모든 질문을 받아 보았다. 또한 우리 복음주의자들은, 구원은 전적으로 거저 주어지는 것임을 강조하고자 하는 열심 때문에, 어떤 때는 용어를 부주의하게 사용하였으며 그리하여 선행은 별로 중요하지 않은 것 같은 인상을 주어 왔다는 데는 의심의 여지가 없다.

하지만 만약 그렇다면 사도 바울도 그 용어 사용에 다소 부주의했던 듯하다. 왜냐하면 그를 비난하는 자들은 그에 대해서도 바로 그와 같은 약점을 잡았으며 이에 대하여 사도 바울은 다음과 같이 외쳤기 때문이다. "그런즉 우리가 무슨 말을 하리요. 은혜를 더하게 하려고 죄에 거하겠느냐"(롬 6:1). 자신의 수사적 질문에 대한 그 자신의 재치 있는 즉각적 답변은 독자들에게 그들의 세례를 상기시켜 주었다. 그리스도 예수 안에서 세례를 받았을 때 그들이 그분의 죽음과 연합해서 세례를 받았음을 그들이 알지 못했는가? 이와 같이 그분과 함께 죄에 대하여 죽었을진대 어떻게 더 이상 죄와 함께 살 수 있겠는가?(2-3절)

이 대답 속에서 바울이 하는 일은, 칭의가 구원의 유일한 이미지가 아니라는 사실을 보여 주려는 것이었다. '구원과 칭의는 동일하다'는 식으로 그 둘을 동등시하는 것은 잘못이다. '구원'이란 단어는 포괄적인 단어로 거기에는 여러 가지 측면이 있어서 그 측면들은 서로 다른 여러 가지 그림에 의하여 예증되며, 칭의 또한 그 여러 가지 측면 중의 하나다. 우리가 이미 보았듯이 구속도 그 측면 중의 하나로서, 죄책뿐만 아니라 죄로부터의 철저한 건짐을 증거한다. 또 다른 측면에는 재창조가 있어서, "누구든지 그리스도 안에 있으면 새로운 피조물"이다(고후 5:17). 중생 혹은 신생도 그 측면 중의 하나로서, 이것은 성령의 내적인 사역이며, 중생 이후에 성령께서는 그 은혜로 신자 속에 거하면서 신자를 그리스도의 형상으로 변화시키는 성화의 과정을 진행하신다. 이 모든 것은 함께 발생한다. 중생이 칭의의 측면은 아니지만, 중생과 칭의는 구원의 측면이 되며, 둘 중 어느 하나는 이루어지면서 다른 하나는 이루어지지 않는 일은 없다. "그분이 우리를 구원하셨다"는 위대한 단언은 몇 개의 요소로 분해될 수 있다. 그 요소에서, 한편은 "중생의 씻음과 성령의 새롭게 하심"이고 다른 한편은 "그의 은혜를 힘입어 의롭다 하심을 얻음"이다(딛 3:5-7). 의롭게 하시는 성자의 일과 거듭나게 하시는 성령의 일은 서로 분리될 수 없다. 바로 이런 이유로 사랑의 선행이 칭의와 신생의 필연적인 증거로서 뒤따라온다. 왜냐하면 구원은 결코 '행위에 의한' 것은 아니지만, 언제나 '행위에 이르게' 하기 때문이다. 루터는 나무와 그 열매를 거론해서 일의 순서를 정확하게 예증하였다. "나무가 먼저고 그 다음이 열매다. 왜냐하면 사과가 나무를 만드는 것이 아니라 나무가 사과를 만들기 때문이다. 이와 같이 신앙이 먼저 사람을 만들고 다음에 그 사람이 행위를 표출하는 것이다."[61]

우리를 위한 성자의 사역과 우리 안에서의 성령의 사역, 즉 칭의와 중생이 분리될 수 없는 쌍둥이라는 사실을 굳게 잡는다면, 칭의를, 그로 말미암아 우리가 용서를 받고 복직되어서 하나님과 바른 관계를 맺게 되는 외적이고 법적인 선언이라고 계속해서 주장하더라도 무방할 것이다. 이것은 그 단어의 일상적인 용법에서도 분명하게 드러난다. 레온 모리스가 지적했듯이, "우리가 어떤 의견이나 행동을 정당화한다고 말할 때 이 말의 의미는 우리가 그 의견이나 행동을 변화시키거나 개선한다는 것이 아니다. 도리어 우리가 의미하는 것은 우리가 그것을 승인한다는 것, 그것을 옹호한다는 것이다."[62] 이와 유사하게, 예수님의 가르침을 듣고 각 사람이 "하나님

---

61) Martin Luther, *Epistle to the Galatians*, p. 247, 갈 3:10 주석.

을 의롭다 했다"고 한 누가의 말은 그들이 "하나님의 길이 바르다고 인정했다"는 의미다(눅 7:29).

구약 성경에서 칭의와 정죄에 대한 어휘는 빈번하게 등장한다. 모세는 이스라엘의 재판장을 향해 그들에게 제시된 소송 사건을 처리할 때 "무죄한 자를 석방하고(즉 의롭다고 하고) 유죄자를 정죄하라"고 지침을 내렸다(신 25:1, 개역개정 성경에는 "의인은 의롭다 하고 죄인은 정죄할 것이며"로 되어 있다). 모든 사람은 여호와께서 "악인을 의롭다 하지 아니한다"는 사실과 "악인을 의롭다 하며 의인을 악하다 하는 이 두 자는 다 여호와의 미워하심을 입는다"는 사실을 알았다(출 23:7; 잠 17:15). 선지자 이사야는 "뇌물로 말미암아 악인을 의롭다 하고 의인에게서 그 공의를 빼앗는" 관원들에게 불 같은 진노를 선포했다(사 5:23). 의인을 정죄하고 불의한 자를 의롭다고 하는 것은 공의의 시행을 그 꼭대기로부터 뒤엎는 일이 될 것이다. 이처럼 널리 알려진 용례들에 대한 배경 지식이 있었기 때문에, 바울이 "하나님이…경건하지 아니한 자를 의롭다 하신다"고 썼을 때 이것은 로마서를 읽는 사람들에게 충격을 주었을 것이다(롬 4:5). 어떻게 하나님이 그런 일을 하신다고 생각할 수 있겠는가? 신이신 재판장이 자기가 인간 재판장들에게 하지 말라고 금한—그것도 그와 동일한 헬라어로—그 일을 하신다는 것은 도대체 터무니없는 일이었다. 게다가 어떻게 의로운 하나님이 불의한 자를 의롭다고 선언하실 수 있다는 말인가? 그런 생각 자체가 모순이다.

하나님이 죄인을 의롭다고 하시는 것에 대한 바울의 변호를 요

---

62) L. Morris, *Cross in the New Testament*, P. 242.

약하기 위하여 나는 네 개의 핵심 어구를 선택하고자 하는데, 그 어구들은 차례로 칭의의 원천, 근거, 방법, 효과를 이야기한다. 첫째로, 우리의 칭의의 **원천**은, **그분의 은혜로 말미암아 의롭게 된다**는 즉 우리가 전혀 누릴 수 없는 그분의 호의로 말미암는다는 표현에서 제시된다(롬 3:24). "의인은 없나니 하나도 없는" 것이 확실하므로(롬 3:10), 마찬가지로 어떤 사람도 하나님 앞에서 자기를 의롭다고 선언할 수 없다는 것도 확실하다.[63] 자기를 스스로 의롭다고 하는 것은 전혀 불가능한 일이다(롬 3:20). 그러므로 "의롭다 하신 이는 하나님이시다"(롬 8:33). 오직 그분만이 그 일을 하실 수 있다. 또한 그분은 그 일을 "값 없이"(롬 3:24; *dōrean*, 거저 주시는 은사로, 무료로), 즉 우리의 어떤 행위 때문이 아니라 자신의 은혜 때문에 하신다. 톰 라이트(Tom Wright)의 명쾌한 경구가 이것을 잘 표현한다. "죄가 없으면 칭의가 필요 없다. 반면에 은혜가 없으면 칭의의 가능성이 없다."[64]

하지만 은혜와 의는 별개의 것이다. 그리고 칭의는 의와 관계된다. "은혜로 말미암아 의롭게 된다"고 말하는 것은 우리의 칭의의 원천에 대해서 말하는 것이지, 그것의 정당한 근거에 대하여—이 정당한 근거가 없다면 하나님은 자신의 의에 모순되게 행하시는 셈이 된다—말하는 것은 전혀 아니다. 따라서 칭의의 **근거**를 이야기하는 바울의 다른 핵심 표현은 **그의 피를 인하여 의롭다 하심을 얻음**(롬 5:9)이다. 칭의는 특별 사면의 동의어가 아니다. 왜냐하면, 특

---

63) 시 143:2; 참고. 시 51:4; 130:3; 욥 25:4.
64) *Great Acquittal*, p. 16의 그의 에세이 "Justification: The Biblical Basis and its Relevance for Contemporary Evangelicalism"에서 인용.

별 사면이란 엄밀하게 말해서 원칙이 없는 용서이며, 악행을 간과하고—아니 심지어 망각하고(*amnēstia*는 '건망증'이다)—의의 시행을 피하는 것이기 때문이다. 그러나 칭의는 결코 그런 것이 아니다. 칭의는 의의 행동, 곧 은혜로운 의의 행동이다. 그 말의 동의어는 "하나님의 의"다(롬 1:17; 3:21). 지금은 이 말을 하나님이 '불의한 자를 의롭게 하시는 방법'이라고 설명해 둘 수 있을 것이다. 패커 박사는 그것을 이렇게 정의한다. "하나님이 천상의 법정에서, 재판장으로서의 자신의 의를 손상시키지 않고 죄인을 석방하면서 정당화된 칭의를 죄인에게 부여해 주시는 하나님의 은혜로운 행동."[65] 하나님이 죄인을 의롭다고 하실 때 하나님이 하시는 일은, 악인을 선하다고 선언하거나 혹은 그들이 결국은 죄인이 아니라고 말하시는 것이 아니다. 하나님이 하시는 것은 죄인을 법적으로 의롭다고, 즉 그들의 불법에 대한 형벌을 자신이 아들 속에서 당하셨으므로 죄인들은 불법으로 인한 처벌에서 벗어났다고 선언하시는 것이다. 바로 이런 이유로 바울은 단 하나의 문장 속에서 칭의와 구속 그리고 화목의 개념을 함께 이야기할 수 있었다(롬 3:24-25). 우리가 "하나님의 은혜를 인하여 값없이 의롭게 되는" 것은 그리스도 예수께서 속전을 지불하셨고, 하나님이 그를 화목 제물로 세우셨기 때문이다. 다른 말로 하면, 우리는 "그의 피에 의하여 의롭게 된다." 속죄 없는 칭의는 있을 수 없다.

셋째로, 우리의 칭의의 **수단**은 바울이 즐겨 쓰는 표현인 **이신칭의**(justified by faith)라는 말로 표현된다.[66] 은혜와 믿음은 서로 불

---

65) *New Bible Dictionary*, p. 647에 그가 기고한 항목 "Justification"에서 인용.

가분적으로 함께 있다. 왜냐하면 믿음의 유일한 기능은 값없이 주는 것을 받는 것이기 때문이다. 그러므로 우리는 하나님의 은혜에 '의하여' 그리고 그리스도의 피에 '의하여' 의롭게 되는 것과 동일한 방식으로, 우리의 믿음에 '의하여' 의롭게 되는 것이 아니다. 하나님의 은혜는 칭의의 원천이고 그리스도의 피는 칭의의 근거다. 하지만 믿음은 우리가 그것을 통하여 그리스도께 연합되는 수단일 뿐이다. 리처드 후커(Richard Hooker)가 이 사실을 그의 특성을 살려 엄밀하게 잘 표현하였다. "하나님은 믿는 자를 의롭다고 하신다. 하지만 이것은 그의 믿음의 가치 때문이 아니라, 그가 믿는 신앙 대상의 고귀한 가치 때문이다."[67]

나아가서 만일 믿음만이 그 수단이라면, 믿음은 유일한 수단이다. 비록 '오직'이라는 말이 로마서 3:28의 헬라어 원문에는 들어 있지 않지만, 루터가 바울의 표현을 "우리는 사람이 율법의 준수가 아닌 오직 믿음에 의해서만 의롭게 된다고 주장한다"고 옮긴 것은 바른 직감이자 바른 번역이었다. "율법의 행위에 있지 않고 믿음으로 된다"는 그의 글의 요점은 율법의 행위를 완전히 배제하고 믿음만을 칭의를 얻기 위한 유일한 수단으로 남겨 놓으려는 것이었다. 그리고 바울은 그 앞 절에서 그 이유를 밝혔는데, 그 이유란 바로 자랑하지 못하게 하려는 것이다. 왜냐하면 만약 인간의 모든 일, 공로, 협력과 기여가 원척적으로 배제되지 않는다면 그리고 그리스도의 대속의 죽음이 칭의를 위한 유일한 근거로서의 독보적인 영광

---

66) 예를 들어, 롬 3:28; 5:1; 갈 2:16; 빌 3:9.
67) 1593년에 출판이 시작된 Hooker의 *Ecclesiastical Polity*의 Chapter xxxiii, "Definition of Justification"에서 인용.

속에서 인식되지 않는다면, 자랑 또한 배제될 수 없기 때문이다. 크랜머가 이 점을 분명하게 이해했다. "이 말, 즉 우리는 아무 값도 치르지 않고, 아무 하는 일도 없이, 오직 믿음으로만 의롭게 된다는 이 말은 우리의 어떤 행위도 하나님으로부터 칭의를 얻는 구실을 할 수 없음을 인정함으로써, 우리 행위의 모든 공로를 완전히 제거하려는 것이며,…또한 그렇게 함으로써 우리의 칭의의 공로와 공적을 오직 그리스도와 가장 귀한 그의 피흘림에 전적으로 돌리려는 것이다.…그리고 우리가 이런 말을 사용하는 것은 하나님 앞에서 우리 자신을 낮추며, 모든 영광을 받기에 합당하신 우리 주 그리스도에게 모든 영광을 돌리려는 것이다."[68]

넷째, 우리의 칭의가 가져다 주는 **효과**는 무엇인가? 나는 우리가 그 효과들을 바울의 다른 표현―이 표현은 가끔 무시되기도 한다―즉 우리가 **그리스도 안에서 의롭게 되었다**는 표현에서 추론해 낼 수 있다고 생각한다.[69] 우리가 '그리스도를 통해서' 의롭게 되었다고 말하는 것은 그리스도의 역사적 죽음을 가리킨다. 한편 우리가 '그리스도 안에서' 의롭게 되었다고 말하는 것은 우리가 지금 신앙에 의하여 향유하는 그리스도와의 인격적인 관계를 가리킨다. 이 단순한 사실은 우리로 하여금 칭의를 순전히 외적인 절차로 생각하지 못하게 한다. 즉, 칭의는 그리스도와 우리의 연합 그리고 이 연합이 가져다 주는 온갖 유익을 떠나서 별개로 생각될 수 없다. 그 첫 번째 유익은 예수님의 메시아 공동체의 일원이 되는 것이다. 만약 우

---

[68] *First Book of Homilies* p. 25, 29에 실린 Cranmer의 "Sermon Salvation"에서 인용.
[69] 갈 2:17; 참고. 롬 8:1; 고후 5:21; 엡 1:6.

리가 그리스도 안에 있어서 의롭게 되었다면, 우리는 또한 하나님의 자녀이며 참된(영적인) 아브라함의 후손이다. 나아가서 어떠한 인종적, 사회적, 성적(性的) 장벽도 우리 사이에 있을 수 없다. 이것이 갈라디아서 3:26-29의 주제다. "칭의는 개인주의자의 헌장이 아니라, 우리가 언약의 공동체에 속했다는 하나님의 선언이다"라고 강조한 톰 라이트의 말은 참으로 바른 지적이다.[70] 둘째로, 그리스도께서 만들기 위하여 십자가 위에서 자신을 내주신 바, 이 새 공동체는 "선한 일을 사모하며", 또한 그 구성원들은 선행에 힘을 쏟아야 한다.[71] 그러므로 바울과 야고보 사이에는 아무런 궁극적인 갈등도 없다. 그들은 '의롭게 되다'라는 단어를 서로 다른 의미로 사용했을 것이다. 그들은 분명히 서로 다른 이단에 대항하여 글을 쓰고 있었다. 즉 바울은 유대화주의자(Judaizer)의 자기 의를 주장하는 율법주의에 대항하여, 야고보는 지성주의자의 죽은 정통에 대항하여 글을 쓰고 있었다. 하지만 그 두 사람은 모두 참된 신앙의 행위에 대하여 가르친다. 바울은 행위를 일으키는 신앙을 강조하고 야고보는 신앙으로부터 나오는 행위를 강조하는 것이다.[72]

예수님의 새로운 공동체는 예수님이 개막을 알리신 새 시대에 이미 살고 있는 종말의 공동체다. 왜냐하면 칭의가 종말의 사건이기 때문이다. 칭의는 최후의 심판에 속하는 판결을 지금 제시한다. 바로 이런 이유로 교회는 소망의 공동체로서 겸손한 확신을 가지고 미래를 바라본다. 확실히 우리는 바울과 함께, 율법이 우리를 정죄

---

70) Tom Wright, "Justification: The Biblical Basis", *Great Acquittal* p. 36에서.
71) 딛 2:14; 3:8.
72) 예를 들어, 갈 5:6; 살전 1:3; 약 2:14-26.

한다고 말할 수 있다. 그러나 "그리스도 예수 안에 있는 자에게는 정죄함이 없다." 그 이유는 무엇인가? 바로 율법이 할 수 없는 것을 하나님이 우리를 위하여 하셨기 때문이다. 자기 아들을 우리의 죄 있는 품성의 모습으로 보내사 속죄제를 삼으심으로써, 하나님은 실제로 인간 예수 안에서 우리의 죄를 정죄하셨다. 우리가 의롭게 될 수 있었던 것은 오직 예수님이 정죄를 당하셨기 때문이다. 그렇다면 이제 우리가 무엇을 두려워할 것인가? "누가 능히 하나님의 택하신 자들을 송사하리요. 의롭다 하신 이는 하나님이시니 누가 정죄하리요. 죽으실 뿐 아니라 다시 살아나신 이는 그리스도 예수시니 그는 하나님의 우편에 계신 자요 우리를 위하여 간구하시는 자시니라." 바로 이런 이유로 우리가 한 번 의롭다 하심을 입으면 아무것도 우리를 우리 주 그리스도 예수 안에 있는 하나님의 사랑에서 끊을 수 없다.[73]

### 화해

십자가의 성취를 보여 주는, 구원의 네 번째 이미지는 '화해'다. 아마 이 이미지가 지금까지 이야기한 네 가지 중에서 우리에게 가장 친숙할 것이다. 이는 이것이 가장 인격적인 이미지이기 때문이다. 지금까지 우리는 성전 경내의 이미지, 노예 시장의 이미지, 법정의 이미지를 다루었다. 이제 그런 것들을 지나서 우리는 가족과 친구들이 있는 가정에 있다. 그렇다. 가정에도 분란이 있으며, 때로는 '적대감'이 존재하기도 한다. 그러나 화해한다는 것은 관계를 회

---

73) 롬 7:7-25; 8:1, 3, 33-34, 39.

복한다는 것, 우정을 새롭게 한다는 의미다. 그러므로 여기서 전제되는 것은 원래의 관계가 있었는데 그것이 파괴되었다가 그리스도에 의하여 다시 회복된다는 것이다.

사람들이 이 이미지에 편안함을 느끼는 또 다른 이유는, 오늘날 많은 사람이 스스로 '소외된 자'라고 말하는데, 이 이미지는 바로 소외의 반대이기 때문이다. 마르크스주의자들은 계속해서, 노동자가 그들의 노동의 산물에서 경제적으로 소외된다고 말한다. 또 다른 사람들은 정치적인 소외, 즉 사회의 변화에 대한 무력감에 대하여 말하기도 한다. 그러나 많은 사람은 그 이상의 '소외'가 현대의 분위기를 휩쓸고 있다고 느낀다. 그들은 서구 세계의 물질주의, 공허와 피상성 속에서는 편안함을 느끼지 못한다. 도리어 그들은 자신이 아무것도 성취하지 못하고, 방향이 잘못되어 있으며, 자기 자신이나 자기의 정체성이나 자유를 발견하지 못한다고 느낀다. 따라서 그들에게 화해에 대한 이야기는 참으로 기쁜 소식으로 들린다.

하지만 화해라는 성경적 복음을 전할 때 가장 먼저 이야기해야 하는 것은, 그 화해가 하나님과의 화해로부터 시작해서 그리스도 안에서의 화해된 공동체와 함께 계속된다는 사실이다. 화해라는 말은 '자기 자신과의 타협'을 나타내기 위하여 성경이 사용하는 단어가 아니다. 비록 성경이, 우리가 참으로 우리 자신을 발견하는 것은 하나님과 이웃에 대한 사랑 속에서 자기 자신을 잃어버릴 때라고 주장하기는 하지만 말이다.

그러므로 하나님과의 화해는 시작이다. 그리고 이것이 '속죄'의 의미다. 화해란 이전에 서로 소외되어 있던 하나님과 인간이 다시 '하나'가 되는 사건을 가리킨다. 이 단어는 흠정역 신약 성경에 그리스도를 통하여 "우리가 이제 속죄(즉 화해)를 얻었다"(롬 5:11)는 진술에서 단 한 번 등장한다. 신약 성경의 화해에 관한 네 개의 큰 단락 중의 하나인 로마서 5:9-11에서, 화해된다는 말과 의롭게 된다는 말이 병행구로 사용되었다는 점은 의미심장하다. "이제 우리가 그 피를 인하여 의롭다 하심을 얻었은즉"이라는 구절과, "우리가 아직 원수 되었을 때에 그 아들의 죽으심으로 말미암아 화목되었은즉"이라는 구절이 서로 균형을 이루는 것이다. 하지만 화해와 칭의라는 이 두 상태는 비록 십자가에 의하여 이루어지기는 하지만, 동일하지는 않다. 칭의는 법정에서 재판장 앞에 서 있는 우리의 법적인 지위다. 한편 화해는 가정에서 아버지와의 인격적인 관계다. 실로 후자는 전자의 결과요 그 열매다. 우리가 하나님과 화평을 누리는 것(롬 5:1), 즉 화해는 오직 믿음에 의하여 의롭게 되었을 때뿐이다.

신약 성경의 다른 두 개의 용어가 화해는 하나님과의 화평이라는 우리의 강조점을 뒷받침하는데, '양자됨'과 '받아들여짐'이 그 단어들이다. 양자됨에 관하여 말하자면, 예수님 자신이 언제나 하나님을 "아바, 아버지"라고 친근하게 부르셨으며, 또한 우리에게 하나님을 그와 같은 호칭으로 부르라고 허락하셨으며, 그리하여 우리로 하여금 그에게 나아갈 때 "하늘에 계신 우리 아버지"라고 부를 수 있게 하셨다. 사도들도 이 점을 자세히 이야기했다. 우리가 하나님의 자녀가 되는 것은 우리가 하나님에게서 탄생한 결과라고 말한 요한은, 하나님이 우리를 사랑하신 나머지 우리를 부르시고 그분의 자녀로 삼기까지 하셨다는 사실에 놀라움을 표현한다.[74] 한

---

74) 요 1:12-13; 요일 3:1-10.

편 바울은 하나님의 자녀로서의 우리의 위치를 신생보다는 양자됨에서 찾으면서, 우리가 노예가 아닌 아들이 됨으로써 가지는 특권, 곧 하나님의 후사가 된다는 사실을 강조한다.[75]

하나님께 '나아감'(prosagōgē)은 화해에서 또 하나의 축복이다. 이 말은 특별히 기도를 통한 하나님과의 적극적인 교통을 의미하는 듯하며, 이것은 화해가 이루어진 모든 자녀가 누리는 것이다. 바울은 두 번에 걸쳐서, '하나님께 나아감'과 '하나님과 화평을 누림'을 일괄해서 말하는데, 두 번 중에서 첫 번째 경우에는, 그것을 화해에서 기인하기보다는 칭의에서 기인하는 것으로 말한다(롬 5:1-2). 그리고 두 번째 경우에는 우리가 성령을 통하여 성자에 의하여 성부께 나아간다고 해서 그것을 삼위일체적인 체험으로 설명하며(엡 2:17-18), 또한 "우리가 담대함과 하나님께 당당히 나아감을 얻느니라"(3:12)고 설명한다. 베드로도 그와 같은 계통의 단어를 사용하면서, 그리스도께서 단번에 모든 사람을 위하여 죽으사 의인으로서 불의한 자를 대신하신 것은 우리를 하나님 앞으로 "인도하려"(prosagō) 하심이었다고 선언한다(벧전 3:18). 또한 히브리서 저자는 그리스도께서 그분의 희생과 제사장직에 의하여 우리로 하여금 하나님께 나아갈 수 있게 했다는 것을 표현하기 위하여 속죄일의 의식을 실례로 사용한다. 그는 "우리가 예수의 피를 힘입어 성소에 들어갈 담력을 얻었나니…참 마음과 온전한 믿음으로 하나님께 나아가자"(10:19-22)고 쓴다.

이와 같이 화해, 하나님과의 화평, 그분의 가족으로의 입양 그리

---

75) 예를 들어, 롬 8:14-17; 갈 3:26-29; 4:1-7.

고 하나님의 임재 앞에 나아감, 이 모든 것은 하나님이 우리와 더불어 맺으신 새로운 관계를 증거한다.

하지만 화해에는 수직적인 측면뿐만 아니라 수평적인 측면도 있다. 왜냐하면 하나님은 우리를 자신과 화목시키셨을 뿐만 아니라, 그분의 새로운 공동체 안에서 다른 사람들과도 화해시키셨기 때문이다. 두 번째의 위대한 신약 성경 구절(엡 2:11-22)은 이 점에 초점을 맞추며, 특별히 유대인과 이방인 사이의 갈라진 틈을 치료하는 일을 강조하므로, 어떤 때는 바울이 어떤 화해를 가리키는지 불확실할 때도 있다. 그는 이방인 독자들에게, 이전에 그들이 한편으로는 "이스라엘 나라 밖의 사람이라. 약속의 언약들에 대하여 외인이요", 다른 한편으로는 "그리스도 밖에 있었고…하나님도 없는 자"였음을 상기시킨다(엡 2:12). 따라서 그들은 하나님과 이스라엘에서 "멀리" 있었다. "그러나 이제는 전에 멀리 있던 너희가 그리스도 예수 안에서 그리스도의 피로 가까워졌느니라" ─ 하나님께도 가까워지고 이스라엘에게도 가까워졌다 ─ 고 그는 말한다(13절). 그리스도께서는 그들을 멀리 떼어놓았던 계명의 율법을 "도말"하시고, 그분 안에서 "둘로…한 새 사람을 지어 화평하게 하신다"(15절). 유대인과 이방인이 서로에게 느끼던 악한 감정과 냉소적 태도를 안다면, 이 화해는 하나님의 은혜와 능력으로 인한 기적임을 알 수 있을 것이다. 이 화해는 결과적으로 하나의 새롭고 통일된 인류를 탄생시켰다. 그 구성원들은 십자가를 통하여 하나님과 화해했고 서로 간에도 화해한 사람들이다. 이전에는 서로 적이었던 그들이 이제는 상호 간의 적대감을 없앴다. 그리하여 이제 그들은 하나님 나라의 동료 시민이며, 하나님의 가족 안에서 형제 자매들이요(19절), 그리스도의 몸의 동일한 지체이며, 메시아의 소망을 함께 나누는 자들이다(3:6). 이 새로운 공동체 안에서의 유대인과 이방인의 완전한 평등은 여러 세기 동안 감추어져 온 "비밀"이었지만, 이제는 하나님이 이 비밀을 사도들, 특히 이방인의 사도인 바울에게 알려 주셨다(3:4-6).

하지만 이것이 하나님이 그리스도 안에서 이루신 화해의 전부는 아니다. **골로새서**에서―이 서신은 **에베소서**의 자매 서신인데, 이는 이 두 서신이 많은 병행구를 포함하기 때문이다―바울은 그리스도의 사역에 우주적인 측면을 첨가한다. 이 위대한 기독론 구절(골 1:15-20)이 많은 학자의 주장처럼 초대교회의 찬송이었든지 아니면 바울의 글이었든지, 이 구절은 창조와 구속 그리고 우주와 교회에서의 그리스도의 절대적인 주권에 대한 장엄한 진술이다. 동시에 이 구절은 골로새의 이단들에 대한 적절한 지적이기도 하다. 이 이단들은 창조주와 물질 세계 사이를 연결하는 천사와 같은 어떤 존재들("보좌, 능력, 권세, 주권")을 가르친 듯하며, 아마 그리스도도 그런 존재의 하나라고 가르친 듯하다. 바울은 그런 가르침을 묵과하려고 하지 않았다. 그는 "만물"을 강조한다. 그는 이 표현을 다섯 번 사용하는데, 대개는 우주를 가리키지만, 여기서는 분명히 정사와 권세까지도 포함한다. 만물이 그리스도 "안에서", 그분을 "통하여" 그리고 그분을 "위하여" 하나님에 의하여 창조된 것이다(16절). 그리스도께서는 시간적으로나 지위로 보나, 만물보다 "먼저" 계시고 만물이 그분 "안에서" 유지되고 통합된다(17절). 만물이 그리스도 안에서, 그분을 통하여, 그분을 위하여 그리고 그분의 아래에 존재하므로, 그분은 그 권리에 있어서 최고의 주인이다. 더욱이 그분은 몸인 교회의 머리이시며, 죽은 자들 가운데서 먼저 나신 자로서,

이는 그분이 모든 것에서 으뜸이 되시려는 것이다(18절). 그리고 그리스도의 주권의 이 두 번째 영역은 하나님이 자신의 충만을 그의 안에 거하게 하기를 기뻐하시며, 그를 통하여 화해의 사역을 이루심으로써 십자가에서 흘리신 피를 통하여 화평을 이루시기를 기뻐하신 까닭이다(19절). 이번에도 화해를 이룬 것을 "만물"이라고 부르는데, 여기서는 한발 더 나아가서, "땅에 있는 것들이나 하늘에 있는 것들"이라고 묘사한다(20절).

여기서 바울이 가리키는 것이 무엇인지를 확실하게는 알 수 없다. 한 가지 가정할 수 있는 것은, 화해된 "만물"(20절)이 창조된 "만물"(16-17절)과 동일하다는 점이다. 하지만 만약 그리스도를 통하여 창조되었던 것이 뒤에 다시 그리스도를 통하여 화해되어야 한다면, 그 사이에서 무엇인가가 잘못되었음이 분명하다. 피터 오브리언(Peter O'Brien)이 그것을 다음과 같이 표현하였다. "여기서 전제되는 것은 우주의 통일과 조화가 상당한 정도의 혼란, 심지어 불화에 빠진 나머지 화해를 요구하고 있다는 것이다."[76] 만약 이것이 자연 질서를 가리킨다면, 그것의 '화해'는 아마 "썩어짐의 종노릇 하는 데서의 해방"(롬 8:21)—비록 이것이 미래의 사건이기는 하지만—과 동일한 것일 것이다. 반면에 이 말이 악한 우주적 지성 혹은 타락한 천사들을 지칭한다면, 신약 성경에는 그들이 구원에 이르도록 하나님과 화해하게 되었다는(혹은 될 것이라는) 것을 기대할 수 있는 근거는 아무것도 없다. 그러므로 정사와 권세가 '화해하게 되었다'고 하는 것은 그 다음 장에서 말하는 의미로, 즉 그것들

---

76) Peter T. O'Brien, *Colossians*, p. 53.

이 "정사와 권세를 벗어 버려 밝히 드러내시고 십자가로 승리하신"(골 2:15) 그리스도에 의하여 그 무장이 '해제되었다'는 의미로 보는 것이 타당할 것이다. 여기서 사용된 이 '화해하게 되었다'라는 단어는 그 용법이 이상한 것은 사실이지만, 바울은 이 말을 "화평을 이룬다"(골 1:20)는 의미로도 사용하므로, 여기서 바울이 생각하는 것이 "거역할 수 없는 능력 앞에서 자기들의 의지에 거스려서 어쩔 수 없이 복종하는" 우주적 존재들의 "진압"이라는 브루스(F. F. Bruce)의 말은 정당한 것 같다.[77] 지금 여기서 바울이 생각하는 상황은, 그가 다른 곳에서 묘사한, 모든 무릎을 예수님께 꿇으며 모든 방언이 그의 주되심을 인정하고(빌 2:9-11) 그것들이 "하나의 머리이신 그리스도 아래에서"(엡 1:10, 22) 통일되는 그 날까지 하나님에 의해서 그의 발 아래 놓이는 상황과 동일한 상황일 것이다.

지금까지 우리는 그리스도를 통한 하나님의 화해의 대상들을 살펴보았다. 하나님은 죄인을 자신과 화해시키시며, 이방인과 유대인을 서로 화해시키시고, 심지어 우주적 권세를 무장 해제시키고 진정시킨다는 의미에서 그것들까지도 화해시키신다. 이제 우리는 그 화해가 어떻게 일어났으며, 이 화해의 위대한 드라마에서 하나님과 그리스도와 우리가 각각 맡은 역할이 무엇인가를 살펴볼 필요가 있다. 이 문제에 대한 조명을 얻기 위하여 이제 우리는 네 번째의 위대한 화해의 구절인 고린도후서 5:18-21을 살펴보도록 하자.

모든 것이 하나님께로서 났으며 그가 그리스도로 말미암아 우리를 자

---

77) E. K. Simpson과 F. F. Bruce, *Ephesians and Colossians*, p. 210. 이 해석에 있어서 Peter O'Brien은 F. F. Bruce를 따르고 있다(*Colossians*, p. 56).

기와 화목하게 하시고 또 우리에게 화목하게 하는 직분을 주셨으니 곧 하나님께서 그리스도 안에 계시사 세상을 자기와 화목하게 하시며 그들의 죄를 그들에게 돌리지 아니하시고 화목하게 하는 말씀을 우리에게 부탁하셨느니라. 그러므로 우리가 그리스도를 대신하여 사신이 되어 하나님이 우리를 통하여 너희를 권면하시는 것 같이 그리스도를 대신하여 간청하노니 너희는 하나님과 화목하라. 하나님이 죄를 알지도 못하신 이를 우리를 대신하여 죄로 삼으신 것은 우리로 하여금 그 안에서 하나님의 의가 되게 하려 하심이라.

이 단락이 분명하게 밝히는 첫 번째 진리는 **하나님이 화해의 창시자**라는 사실이다. 실로 이것이 이 단락 전체의 주된 강조점이다. "모든 것(*ta panta*)이 하나님께로부터 났나니." 아마 이 "모든 것"은 앞 절의 마지막 부분에 나오는 새로운 피조물의 "새 것"을 회상하는 말일 것이다. 하나님은 창조주시다. 그래서 그 새로운 피조물은 하나님에게서 생겨난 것이다. 이 단락에는 하나님을 주어로 하는 여덟 개의 동사가 뒤따른다. 그 단어들은 하나님의 자비로운 주도적 행동—하나님이 화해를 이루심, 하나님이 주심, 하나님이 부탁하심, 하나님이 우리를 대신하여 그리스도를 죄로 삼으심—을 묘사한다. NEB가 18절에서 그 첫 번째 문장을 잘 번역하였다. "처음부터 끝까지 이것은 하나님의 일이었다."

그러므로 주도권을 하나님께 드리지 않고, 대신 우리 혹은 그리스도께 넘겨주는 모든 속죄에 대한 설명은 성경적이지 않다. 그 주도권은 분명히 우리 것이 아니다. 우리에게는 제공할 것도, 기여할 것도, 주장할 것도 없다. 이 점에 관하여 윌리엄 템플(William

Temple)이 한 말을 기억할 만하다. "모든 것은 하나님의 것이다. 나의 구속에 대하여 내가 기여할 수 있는 유일한 것은, 거기서부터 구원을 받아야 할 바 나의 죄다." 또한 그 일차적인 주도권이 그리스도의 것도 아니다. **주도권을 하나님에게서 빼앗는 방식을 취해서** 그것을 그리스도에게 주는 어떤 해석도 속죄에 대한 정당한 해석이 아니다. 실제로 그리스도께서 주도적인 행동을 취해서 이 땅에 오신 것이 사실이긴 하지만, 이것은 단지 그분이, "하나님이여,…하나님의 뜻을 행하러 왔나이다"(히 10:7)라고 말씀하실 수 있었던 의미에서 그러하다. 성자의 주도권은 성부의 주도권에 복종하는 것이었다. 성부 편에서는 아무런 거리낌이 없었다. 또한 그리스도 편에서는 제삼자로서의 간섭 같은 것이 결코 없었다. 참으로 그 화해는 하나님의 사랑 안에서 잉태되고 생겨났다. "하나님이 세상을 이처럼 사랑하사 외아들을 주셨으니."

여기서 우리가 주목하는 것은, 신약 성경에서 '화해하다'라는 동사가 등장할 때는, 하나님이 주어이든지(그분이 우리를 자신에게 화해시키신다), 아니면 그것이 수동형일 때는 우리가 그 주어가 된다(우리가 하나님께 화해된다)는 사실이다. 그러니까 하나님이 화해의 대상이 되시는 경우는 결코 없다. 절대로 "그리스도께서 하나님을 우리에게 화해시키셨다"고 말하지 않는다. 형식적으로 혹은 언어적으로는 이것이 사실이다. 하지만 우리는 이 말 위에 신학적으로 너무 많은 것을 건축하지 않도록 주의해야 한다. 왜냐하면, 만약 우리가 하나님이 그리스도를 통하여 자신의 진노를 누그러뜨리셨다고 말하는 것이 정당하다면, 분명히 그분이 그리스도를 통하여 자신을 우리에게 화해시키셨다고 말할 수 있기 때문이다. 만약 그분의 분노가 누그러뜨려져야 할 필요가 있다면, 동일하게 그분이 화해되셔야 할 필요가 있을 것이다. 다른 말로 하면, 화해의 일을 필요하게 만든, 하나님과 우리 사이의 장벽은 전적으로 우리 편에 있으므로, 우리는 화해되어야 할 필요가 있지만 하나님께는 그럴 필요가 없다고 생각하는 것은 잘못이라는 말이다. 실제로 우리는 "하나님의 원수"였으며, 마음으로 하나님께 적의를 품었다.[78] 하지만 이 적대감은 양편이 모두 가지고 있었다. 하나님과 우리 사이의 그 장벽은, 하나님에 대한 우리의 반항과, 이 반항으로 말미암은 하나님의 진노에 의하여 생겨났다. 이 주장을 뒷받침하는 세 가지 논거가 있다.

첫째로 그 **용어**다. '원수', '적대감', '적의'라는 말 자체가 상호성을 암시한다. 예를 들면, 로마서 11:28에서 "원수"라는 단어는, 그 다음에 나오는 수동형 단어인 "사랑을 입은"과 대조되므로, 수동형이어야 한다. 또한 에베소서 2:14에서의 "적대감" 역시 상호적인데, 이는 다른 "적대감"(하나님과 죄인 사이의)도 마찬가지로 상호적인 것이었음을 암시한다. 그러므로 뷔히젤은 말하기를, 우리는 원수라는 말을 해석할 때, 그것이 마치 "하나님께 대한 적대감"만을 의미하는 것처럼 "일방적인 의미로만" 해석할 것이 아니라, "하나님의 진노 아래 있다"는 의미를 포함해서 해석해야 한다고 말했다.[79] 두 번째의 논거는 **문맥**에 관한 것인데, 이 점에서는 각 구절의 문맥뿐만 아니라, 성경 전체의 문맥도 해당된다. 화해에 관한 각각의 주된 구절들은, 그 안에 하나님의 진노에 관한 언급을 포함하든지, 아니

---

78) 하나님을 향한 인간의 적대감을 이야기한 구절로는 다음의 구절들이 있다. 롬 5:10; 8:7; 엡 2:14, 16; 골 1:21; 약 4:4.
79) *allassō*와 *katallassō*에 대한 F. Büchsel의 글, p. 257.

면 그 주변에 하나님의 진노에 대한 언급을 포함한다. 이런 예가 가장 명확하게 눈에 띄는 곳이 로마서 5장이다. 여기에 보면, "진노하심에서 구원을 받을 것이니"(9절)라는 말 다음에 바로 "우리가 원수 되었을 때"(10절)라는 말이 뒤따라 나온다. 그 다음에는 더욱 넓은 성경적인 문맥을 생각할 수 있다. 레온 모리스가 특별히 이 점을 강조한다. "성경의 견해에 의하면, 하나님에게는 모든 악한 것에 대한 분명한 적대감이 있다.…그러므로 구체적인 구절들에 대한 해석을 떠나서라도, 하나님은 모든 악한 것에 대하여 분명한 대립의 자세를 취하신다는 강력하고도 일관된 가르침이 성경에 있다."[80] 세 번째 논거는 **신학**이다. 바울의 논리는, 화해의 메시지가 선포되기 **전에** 이미 하나님은 화해의 대상으로 활동하셨다는 것이다. 그러므로 전도자들이 전파한 그 "평안"은(엡 2:17) 우리의 적의가 이미 극복되었다는 것이 아니라(도리어 그들은 적의를 극복하기 위하여 전도했다), 하나님이 그리스도의 십자가 때문에 **자신의** 적의를 철회하셨다는 것이다. 그분이 우리에게 자신을 화해시키셨으므로, 이제는 우리가 그분께 화해되어야 한다.

에밀 브루너가 이 점을 직설적으로 잘 이야기했다.

> 화해란 두 당사자 간의 적대감을 전제로 한다. 이것을 더욱 자세히 말하면 이렇다. 화해, 참된 화해, 화해의 객관적 행위는 양편 사이의 적대감을 전제로 한다. 즉, 인간이 하나님의 적이며, 또한 하나님이 인간의 적이라는 것이다.[81]

---

80) L. Morris, *Apostolic Preaching*, p. 196. *Apostolic Preaching*, pp. 186-223와 *Atonement*, pp. 132-150의 'Reconciliation'에 관한 Morris 박사의 장들을 보라.

브루너는 계속해서, 하나님을 향한 우리의 적대감은 우리의 불안과 경솔에서부터 공개적인 거절과 하나님께 대한 미움으로 나타나는 한편, 우리를 향한 하나님의 적대감은 그분의 진노로 나타난다고 설명한다. 더욱이 "하나님은 그분의 진노 중에 나타나시며, 그것은 실로 **그분의** 진노다"(p. 517).

둘째로, 만약 하나님이 화해의 창시자시라면, **그리스도는 화해의 집행자시다**. 이 사실이 고린도후서 5:18-19에서 명확하게 드러난다. "그가(하나님이) 그리스도로 말미암아 우리를 자기와 화해하게 하시고" 또한 "하나님께서 그리스도 안에 계시사 세상을 자기와 화해하게 하시며"—이 두 진술은 모두 하나님이 화해를 위한 주도적인 행동을 취하심을 이야기하며, 또한 하나님이 그리스도 안에서 그 일을 하셨음을 말한다. 하지만 이 화해의 우주적인 범위를 보여 주기 위하여, 그 화해의 수혜자가 "우리"에서 "세상"으로 바뀌며, 하나님은 멀리서 그리스도를 자기의 대리자로 삼아서 일하시는 것이 아니라 그 일을 하실 때 실제로 그리스도 안에 계신다는 사실을 보여 주기 위하여 전치사가 "말미암아"에서 "안에서"로 바뀌고 있다.

이제 우리는 과거 시제, 특히 부정 과거(aorist)에("화해시키셨고", 18절; 개역개정 성경에는 "화목하게 하시고"로 되어 있다—편집자 주) 주목해야 한다. 그 두 단어는 하나님이 하시는 일, 실로 그리스도 안에서 이루신 어떤 일을 표시한다. 여기에 내포된 의미를 제임스 데니가 다음과 같이 추출하였다.

---

81) E. Brunner, *Mediator*, p. 516.

화해의 활동은, 신약 성경의 의미에서는 **끝이 난** 활동이며, 또한 우리도 그것이 **복음이 전파되기 전에 완료된** 일로 인식해야 한다.…화해는…지금 이루어지는 것이 아니다. 그것은 이미 이루어진 그 무엇이다. 그리스도께서 지금도 하고 계신 일이 있다는 사실에는 의심의 여지가 없지만, 그 그리스도의 일은 이미 이루어진 그분의 일을 기초로 한다. 그리스도께서 자신이 한 일을 가지고 우리에게 호소하시며, 우리로부터 응답을 얻어내시고, 그 응답 속에서 우리가 화해를 **얻게 되는** 것은 그리스도의 십자가에서 이미 절정에 이른 어떤 일 때문이다.[82]

그로부터 몇 년이 지난 후에 포사이스가 이와 동일한 진리를 날카롭게 표현하였다.

"하나님이 그리스도 안에서 화해시키고 계셨다." 실제로 화해시키고 계셨으며, 그 일을 끝마치셨다. 그것은 잠정적이거나 예비적인 일이 아니었다.…화해는 그리스도의 죽음 속에서 성취되었다. 바울은 점진적인 화해를 전파하지 않았다. 옛날의 목사들은 바울이 전파한 것을 가리켜서 이미 이루어진 일이라고 말하곤 했었다.… 바울이 전파한 것은 단번에 이루어진 것이었다—즉 각 영혼의 화해의 근거가 되는 화해를 전파한 것이지 단지 화해로의 초대만을 전파한 것이 아니다.[83]

그렇다면 하나님이 그리스도 안에서, 또한 그리스도를 통하여 하신, 혹은 이루신 일이 무엇인가? 바울은 상보적인 두 가지 방법,

---

82) James Denney, *Death of Christ*, pp. 85-86; 참고. 또한 p. 128.
83) P. T. Forsyth, *Work of Christ*, p. 86.

즉 소극적인 방법과 적극적인 방법으로 이 질문에 대답한다. 소극적으로는, 하나님은 우리의 허물을 우리에게 돌리지 않으려고 하신다(19절). 그 허물이 우리에게 돌려져야 한다는 것은 당연하다. 하지만 만약 그분이 우리의 죄대로 심판하시기로 하면 우리는 죽을 것이다. "여호와여, 주께서 죄악을 지켜보실진대 주여, 누가 서리이까"(시 130:3). 그러므로 하나님은 그분의 자비로, 우리의 죄를 우리에게 돌리지 않으려 하시며, 그 형벌을 우리에게 받으라고 하지 않으신다. 그러면 하나님은 그 죄악들을 어떻게 하셨는가? 우리가 이것을 질문해야 하는 이유는, 하나님이 그 죄악들을 용인하지 않으시기 때문이다. 그래서 그에 대한 적극적인 대응이 21절에 나온다. "하나님이 죄를 알지도 못하신 이를 우리를 대신하여 죄로 삼으신 것은 우리로 하여금 그 안에서 하나님의 의가 되게 하려 하심이라." 참으로 이것은 성경에서 가장 놀라운 진술 중의 하나다. 하지만 우리는 이것이 놀랍다는 이유로 그 의미를 회피해서는 안 된다. 제임스 데니가 이것에 관하여 다음과 같이 말한 것은 결코 과장이 아니었다. "비록 이것이 신비하고 두려운 생각이기는 하지만, 이것은 신약 성경 전체의 열쇠다."[84] 우리를 위하여 하나님은 죄 없으신 그리스도를 우리를 대신하여 죄로 삼으셨다. 우리의 죄를 우리에게 돌리기를 거절하신 하나님이 그 죄를 대신 그리스도에게 돌리셨다. 실로, 그 인격의 무죄성이 그에게, 우리 대신 우리 죄를 담당할 수 있는 독특한 자격을 준 것이다.

더욱이, "우리로 하여금 그의 안에서 하나님의 의가 되게 하려

---

84) James Denney, *Death of Christ*, p. 88.

고" 그리스도께서 우리를 위하여 죄가 되셨다. 다른 말로 하면, 우리 죄인들이 그리스도와 연합됨으로써, 하나님의 의 앞에 설 수 있는 특권을 거저 받게 하기 위하여 우리의 죄가 무죄한 그리스도에게 전가되었다. 수세기를 내려오면서 그리스도의 제자들은 무죄한 그리스도와 죄인 사이의 이런 자리바꿈을 묵상하고서, 그 사실에 놀라움을 금치 못했다. 그 첫 번째 실례가 아마 2세기의 "디오그네투스에게 보낸 편지"(*Epistle to Diognetus*) 9장일 것이다. "오, 얼마나 자비로운 교환인가! 오 얼마나 심오한 일인가! 모든 기대를 뛰어넘는 은혜여! 단 한 사람의 의인 속에 많은 사람의 악함이 감춰지고 한 사람의 의가 많은 범법자를 의롭게 하다니." 또한 다음의 구절은 루터가 한 수도사에게 자기의 죄에 관하여 쓴 글이다. "그리스도를 배우고 그분이 십자가에 못박히셨음을 배우시오. 그분께 찬송을 부르며, '주 예수여, 당신은 나의 의이고 나는 당신의 죄입니다. 당신은 내가 당해야 할 것을 당하셨나이다. 그리고 당신의 것을 나에게 입히셨나이다. 나로 하여금 원래 내가 아닌 존재가 되게 하시기 위하여, 원래의 당신이 아닌 존재가 되셨나이다'라고 말하는 것을 배우시오."[85]

그로부터 약 반세기 후에(1585년에) 리처드 후커는 하박국 1:4에 관한 설교에서 다음과 같이 말했다.

성부 하나님 앞에서의 우리가 이러하듯이, 성자 하나님 또한 성부 하나님이 보시기에 그러하시다. 사람들이 그것을 어리석다고 생각하든, 이

---

85) Luther, *Letters of Spiritual Counsel*, p. 110.

것에 대하여 격노하든, 흥분하든 내버려두자. 하지만 그것은 우리의 지혜이며, 우리의 위로다. 우리는 이 세상에서, 인간이 범죄했는데 하나님이 고통을 당하셨다는 것, 하나님이 스스로 인간의 죄가 되셨고 그리하여 인간이 하나님의 의가 되었다는 것에 대한 지식 외의 다른 어떤 지식에도 관심을 갖지 않는다.[86]

이 문제에 대한 금세기 학자들의 생각의 한 예로서 나는 에밀 브루너의 경구를 소개하겠다. "칭의란 바로 이 기적을 의미한다. 즉 그리스도께서 우리의 위치를 차지하시고 우리가 그분의 위치를 차지하는 것이다."[87]

우리가 지금 공부하는 단락[고후 5:18-21]을 뒤돌아볼 때, 그 단락의 첫 번째 문장과 마지막 문장이 보여 주는 역설을 반드시 주목해야 한다. 한편으로는 하나님이 그리스도 안에서 화해를 이루셨으며 다른 한편으로는 하나님이 그리스도를 우리를 위한 죄로 삼으셨다. 하나님이 그리스도를 죄로 삼으실 때 어떻게 하나님이 그리스도 안에 계셨느냐 하는 것이 속죄의 궁극적인 신비다. 하지만 우리는 이 두 개의 단언을 동시에 확고하게 주장해야 한다. 그리고 그 두 단언이 서로 모순되는 것처럼 설명하는 일이 결코 없어야 한다.

셋째로, 만약 하나님이 화해의 창시자시고, 그리스도가 그 실행자시라면, **우리는 화해의 사신이다.** 18절과 19절을 상고하면서 우리는 지금까지 각 문장의 앞 부분만을 겨우 살폈을 뿐이다. 이 두 구절은 또한 각각 두 부분으로 되어서, 앞 부분은 화해의 성취를 진술

---

86) Hooker's "Sermon on Habakkuk i. 4", pp. 490-491.
87) E. Brunner, *Mediator*, p. 524.

하고(하나님이 그리스도 안에서 세상을 자기와 화해시키셨다), 두 번째 부분에서는 그것을 선언한다(그분이 우리에게 화해의 사역과 메시지를 맡기셨다). 더욱이 이 화해의 사역은 그 자체가 두 단계로 되어 있다. 이 사역은, 하나님이 그리스도 안에서 화해를 이루고 계셨으며, 또한 그리스도를 우리를 대신해서 죄로 삼으셨다는 사실에 대한 선언으로 시작한다. 그러고 나서 이 사역은 계속해서, 사람들에게 "하나님과 화해하라"고, 즉 "하나님이 제시한 화해의 조건을 자기에게 적용시키라"고(참고. 마 5:24), 혹은 그저 "그것을 받으라"고(참고. 롬 5:11) 호소한다.[88] 우리는 이 일을 늘 구분해야 한다. 하나님은 십자가에서 이미 화해의 일을 이루셨다. 하지만 죄인이 회개하고 믿어서 '하나님과 화해되는' 것이 여전히 필요하다. 또한 '하나님과 화해해야 할' 필요가 있기는 하지만, 우리는 또한 하나님 편에서는 화해의 일이 이미 성취되었음을 인식해야 한다. 만약 이 두 가지가 언제나 구분되어야 한다면, 그것은 또한 모든 참된 복음 전파에서도 구분되어야 한다. 철저하게 정통적인 화해 교리를 강해한다고 하더라도, 만약 우리가 사람들에게 그리스도에게로 오라고 호소하지 않는다면, 이것은 충분하지 못하다. 또한 복음을 미리 강해하지는 않고 지루한 호소만 늘어놓는 설교 역시 올바르지 못하다. '선포가 없는 호소여서도 안 되고, 호소가 없는 선포여서도 안 된다'는 것을 언제나 명심하고 지켜야 한다.

이 호소를 사람들에게 한다는 점에서, "우리는…그리스도의 사신이다"(20절). 이것은 바울과 그의 동료 사도들에게 특별히 적용

---

[88] T. J. Crawford, *Doctrine of Holy Scripture*, p. 75.

된다. 그들은 예수 그리스도의 직접적인 사절이고 대리자들이었다. 하지만 이차적인 의미로는, 복음을 전파하는 모든 기독교의 증인들과 설교자들에게도 이 말이 적용된다. 우리는 바로 그리스도의 이름으로 말하며, 그분을 대표하여 말한다. 그러므로 우리가 우리의 호소를 발할 때 다른 음성이 그들에게 들리는 경우가 자주 있는데, 이는 마치 그것이 '하나님이 우리를 통하여 자신의 호소를 발하는 것'과 같기 때문이다. '그리스도를 통하여' 화해를 이루신 그 하나님이 이제 '우리를 통하여' 그것을 선포하신다는 사실은 놀라운 진리다.

우리는 지금까지 신약 성경에서 제시하는 네 가지 중심적인 구원의 이미지를, 성전의 이미지, 시장의 이미지, 법정의 이미지, 가정의 이미지라는 측면에서 조사하였다. 그 이미지들이 모두 그림 같기 때문에, 그것들을 산뜻하게 하나로 통합시키는 것은 불가능하다. 성전의 제사, 법적인 선고, 시장의 노예, 가정의 자녀는 분명히 서로 다른 세계에 속해 있다. 그럼에도 불구하고 그 네 가지 이미지 모두에서 어떤 주제들이 떠오른다.

첫째로, 각각의 이미지들은 인간의 필요의 서로 다른 여러 측면들을 밝히 드러낸다. 화목은 우리에 대한 하나님의 진노를 강조하고, 구속은 죄의 노예 상태에 있는 우리의 처지를 강조하며, 칭의는 우리의 죄책을 그리고 화해는 하나님에 대한 우리의 적대감과 하나님으로부터의 소외를 강조한다. 이 은유들은 우리에게 달콤한 말을 해주는 것이 아니라, 우리의 결핍이 얼마나 큰가를 폭로해 준다.

두 번째로, 이 네 가지 이미지는 구원의 주도적인 행동은 하나님이 그 사랑 안에서 행하신 것임을 강조한다. 자신의 진노를 누그러뜨리시고, 비참한 속박에서 우리를 속량하시고, 우리를 자신 앞에서 의로운 존재로 선언하시며, 또한 자신과 화목하게 하신 이는 바로 하나님 자신이시다. 관련 성구들은 이 점에 관하여 조금의 의혹도 남기지 않는다. "하나님이 우리를 사랑하사 우리 죄를 속하기 위하여 화목제로 그 아들을 보내셨음이라." "하나님이여, 그 백성을 돌보사 속량하시며." "의롭다 하신 이는 하나님이시니." "그가 그리스도로 말미암아 우리를 자기와 화해하게 하시고."[89]

셋째로, 이 네 가지 이미지는 모두 하나님의 구원의 일은 피흘림을 통하여, 즉 그리스도의 대속의 희생을 통하여 이루어졌음을 분명하게 가르친다. 그리스도의 피에 관해서도 성경 본문들은 전혀 모호하지 않다. "이 예수를 하나님이 그의 피로써 믿음으로 말미암는 화목제물로 세우셨으니." "우리가 그리스도 안에서…그의 피로 말미암아 속량 곧 죄 사함을 받았으니." "이제 우리가 그의 피로 말미암아 의롭다 하심을 받았으니." "이제는 전에 멀리 있던 너희가 그리스도 예수 안에서 그리스도의 피로 가까워졌느니라(즉, 화해되었다)."[90] 그리스도의 피는 난폭한 죽음을 당하면서 내놓으신 그분의 생명의 상징이므로, 그 네 개의 이미지 속에서 그리스도께서 우리를 대신하여 죽으셨다는 것이 분명하게 드러난다. 예수님의 죽음은 대속적 희생이었다. 예수님의 죽음 때문에 하나님이 그분의 진노를 우리에게서 돌리셨다. 또한 예수님의 죽음은 우리를 속량한 속전이 되었으며, 죄 있는 자를 의롭게 하기 위해 의인으로서 정죄

---

89) 요일 4:10, AV; 눅 1:68; 롬 8:33; 고후 5:18.
90) 롬 3:25; 엡 1:7; 롬 5:9; 엡 2:13(참고. 골 1:20).

가 되었고, 우리를 위하여 무죄한 자가 죄가 된 것이다.[91]

그러므로 대속은 하나의 '속죄 이론'이 아니다. 또한 그것은 다른 이론들과 나란히 있으면서, 속죄를 설명하는 하나의 대안이 될 수 있는 부가적인 이미지가 아니다. 도리어 대속은 각각의 이미지의 본질이며, 속죄 그 자체의 핵심이다. 이 네 개의 이미지는 대속이 없이는 성립될 수 없다. 물론 지금 내가 말하고자 하는 것은, 사람은 구원을 얻기 전에 먼저, 대속적인 속죄를 명확하게 말할 수 있어야 한다거나, 혹은 그것을 이해해야 한다고 말하는 것이 아니다. 그러나 기독교의 교사들이나 설교자들 그리고 다른 증인들의 책임은 그것을 분명하고도 확신 있게 강해할 수 있는 은혜를 구해야 하는 것이다. 왜냐하면, 사람들이 하나님의 대속의 영광을 더욱 잘 이해하면 할수록, 그들을 대속하신 그분을 더 쉽게 믿을 수 있을 것이기 때문이다.


### 토론 문제

십자가의 **핵심**은 하나님이 친히 우리의 위치를 대신하신 것이다. 제3부에서 우리는 이 자기 희생이 **성취**한 것을 구원, 계시, 정복이라는 표제 아래 생각해 보고자 한다. 이 장에서는 저자가 구원의 의미를 묘사하기 위하여, 성경이 사용하는 네 가지 상호 보완적인 단어들의 이미지를 논한다.

---

91) 롬 3:25; 벧전 1:18-19; 롬 8:3, 33; 고후 5:21.

1. 첫 번째 이미지는 **화목**의 이미지다. 그 의미는 무엇인가? 왜 어떤 사람들은 예수님의 죽음의 효과를 묘사하는 한 방법으로서 '화목'의 이미지를 사용하는 것을 불쾌하게 생각해 왔는가?(pp. 317-319) 그러한 반대에 대하여 당신은 어떻게 답변하겠는가?

2. 둘째로, **구속**의 이미지가 있다. 왜 '속전'(ransom)은 '건짐을 받음'(deliverance)보다 더 적절한 단어인가?(pp. 329-330)

3. 우리는 어떤 굴레에 사로잡혀 있는가?(p. 333) 왜 "이런 포로 상태에서 놓여나는 것이 우리의 구속의 완성은 아니라"는(p. 334) 사실을 단언하는 것이 중요한가?

4. 우리의 구속을 위하여 치러진 값은 무엇인가?(pp. 334-336) 그것은 무엇을 의미하는가?

5. 그 구속자는 자기가 속전을 지불하고 사들인 것에 대한 재산권을 소유한다는(pp. 338-340) 사실에 담긴 실제적인 의미는 무엇인가? 당신은 당신의 생활에서 이 사실을 얼마만큼이나 인정하는가?

6. **칭의**는 세 번째 이미지로서 법정을 연상시키는 단어다. 칭의와 사죄(용서)의 차이는 무엇인가?(p. 341) 왜 칭의는 "하나님의 구원의 은혜의 모든 경륜의 중심이요 주축이며, 패러다임이며 본질"인가?(p. 342)

7. 이 개념에 대해서 어떤 반대들이 있는가?(pp. 342-344)

8. 이신칭의에 관한 종교개혁자들의 가르침은 왜 로마 가톨릭 교회에 의해 거부당했는가?(pp. 343-344, 349-350)

9. '칭의', '중생', '성화'는 각각 무슨 의미인가?(pp. 347-348) 이 단어들을 분명하게 구별하는 것이 왜 중요한가?

10. "칭의란 우리가 실제로는 전혀 의롭지 않을 때 하나님이 우리를 의롭다고 선언하시는 '법적인 허구'에 불과하다"고 어떤 사람이 말한다면 당신은 어떻게 답변하겠는가?(pp. 351-352)

11. 저자는 칭의에 관한 바울의 가르침을 요약한다(p. 352이하). 다음과 같은 사실―우리의 칭의는 (1) 그 원천이 하나님의 은혜에 있고, (2) 그 근거는 그리스도의 피흘림에 있으며, (3) 그 수단은 믿음이며, (4) 그리스도와의 인격적 관계를 가져다 준다―을 견지하는 것이 왜 중요한가?

12. 네 번째 이미지는 **화해**다. 우리가 하나님과 화해된 결과들은 무엇인가?(pp. 362-367)

13. 고린도후서 5:18-21을 읽으라. 이 구절은 화해에 대해 무엇을 가르치는가?(p. 367이하)

14. 대속을 하나의 '속죄의 이론'으로 이야기하는 것은 왜 잘못된 것인가?(pp. 378-380)

# 8 ～ 하나님의 계시 *The Revelation of God*

그리스도의 십자가 성취는 구원뿐만 아니라 계시로도 이해되어야 한다. 요즘 유행하는 전문 용어를 빌려서 말하자면, 십자가는 '구원의' 사건일 뿐만 아니라 '계시의' 사건이기도 하다. 왜냐하면, 세상을 위하여 십자가에서 하신 일을 통하여 하나님은 또한 세상을 향하여 말씀하시기 때문이다. 인간이 행동 속에서 자기 성품을 드러내듯이, 하나님도 그분의 아들의 죽음 속에서 우리에게 자신을 보여 주신다. 이 장의 목적은 어떤 방식으로 십자가가 하나의 사역이 될 뿐만 아니라 말씀이 되기도 하는지를 살피며, 또한 그 말씀을 주의 깊게 들어 보는 것이다.

## 하나님의 영광

요한복음에 의하면, 예수님은 자신의 죽음을 가리켜서 하나의

'영화', 곧 그것을 통하여 그분과 그분의 아버지가 최고로 "영화롭게 되는", 혹은 분명하게 드러나는 사건이라고 말씀하셨다. 많은 사람에게 이것은 놀라운 사실이다. 구약에서는 하나님의 영광 혹은 그 장엄이 자연과 역사 속에서, 즉 피조된 우주와 구속받은 나라를 통해서 계시되었다. 한편으로는 하늘과 땅이 그분의 영광으로 충만하며, 거기에는 솔로몬의 모든 영광을 뛰어넘는, 갈릴리의 봄 꽃들도 포함되었다(예수님이 이것을 첨가하셨다).[1] 다른 한편으로 하나님은 이스라엘을 바벨론과 애굽의 포로 상태에서 건져내시고 또한 그들에게 공의와 자비의 품성을 계시하심으로써 자신의 영광을 나타내셨다.[2] 이와 같이 하나님은 그분의 세상과 백성 속에서 그 위엄을 드러내셨다.

신약 성경이 시작되면서 영광이 예수 그리스도와 연관된다는 것은 전혀 놀라운 일이 아니다. 캔터베리의 램지(Ramsey of Canterbury) 경이 쓴 것처럼, "'독사'(doxa)가 신성한 광채를 가리키는 한, 바로 예수 그리스도께서 그 광채이시다."[3] 하지만 공관 복음서에 따르면, 비록 예수님의 영광이 변화산의 사건에서 언뜻 보이기는 했지만, 그 영광이 충만히 드러나는 것은 재림과 그 때 절정에 이를 그분의 왕국이 드러날 때다.[4] 그것은 "권능과 영광"의 드러남이 될 것이다. 그런데 요한의 설명에서 충격적인 것은, 비록 그분의 영광이 그분의 이적, 혹은 "표적"[5] 속에서 능력 있게 드러나긴 했지

---

1) 시 19:1; 29:9; 사 6:3; 마 6:29.
2) 민 14:22; 시 97:2-6; 사 35:2; 40:5; 출 33:18-34:7.
3) A. M. Ramsey, *Glory of God*, p. 28.
4) 변화산의 영광에 대해서는 눅 9:32과 벧후 1:16을 보라. 그리고 재림에서의 영광에 대해서는 막 13:26, 최후의 왕국의 영광에 대해서는 막 10:37; 마 25:31을 보라.

만, 무엇보다도 그분의 영광은 현재의 연약함, 즉 성육신에 나타난 그분의 낮아지심에서 찾아야 한다는 것이다. "말씀이 육신이 되어 우리 가운데 거하시매 우리가 그의 영광을 보니 아버지의 독생자의 영광이요 은혜와 진리가 충만하더라"(요 1:14). 우리는 여기에 나타난 구약 인유를 놓쳐서는 안 된다. 광야에서 장막에 그 그림자를 드리우며, 거기에 충만히 임했던 그 하나님의 영광이 이제 우리 가운데 '잠시 사셨던'(*eskēnōsen*, 장막을 쳤던) 그분에게서 현시되었다. 여호와께서 모세에게 자신의 이름을 자비롭고 의로운 이름으로 선포하심으로써 그 영광을 보여 주셨듯이, 우리가 예수 그리스도 안에서 보는 영광도 "은혜와 진리가 충만했다." 하지만 더욱 중요한 것은 "육신"과 "영광"을 의도적으로 대비시킴으로써 "신성의 낮아지심으로 말미암는 영광의 근본적인 **역설**"을 보여 주는 것이다.[6]

성육신 속에서 시작된 하나님의 아들의 스스로 낮아지심은 그분의 죽으심에서 절정에 이르렀다. 하지만 바로 그 낮아지심 속에서 그분은 "들림받으셨는데", 이것은 단지 예수님이 육신적으로 십자가 위에 높이 달리셨다는 것을 의미할 뿐만 아니라, 영적으로도 온 세상이 보는 앞에서 높임받으셨다는 것을 의미한다.[7] 실로 그분은 "영광을 입으셨다." 겉으로 보기에는 '수치'였던 그 십자가가 실은 '영광'이었다. 공관 복음서에서는 수난이 장래의 영광에 이르는 길

---

5) 요 2:11; 11:4, 40.
6) F. Donald Coggan, *Glory of God*, p. 52.
7) 요한은 19장 이전에서는 '십자가에 달렸다'라는 동사를 사용하지 않고 있는데, 19장에서 이 단어가 열 번 등장한다. 이전에는 그가 '들림받다'라는 단어를 세 번 사용하는데, 이것은 의도적으로 **이중적 의미**를 나타내기 위함이다(3:14; 8:28; 12:32).

로 제시되는 반면에,[8] 요한에게 수난은 또한 영화(glorification)가 실제로 이루어지는 영역이기도 하다.[9] 서로 다른 세 번의 경우에 예수님은 임박한 죽음을 가리켜서 영화의 시간이라고 말씀하셨다. 첫 번째 경우로, 자신을 만나고자 하는 어떤 헬라 사람들에게 예수님은 "인자의 영광을 얻을 때가 왔도다"라고 말씀하시면서, 땅에 떨어진 밀알이라는 비유와 하나님이 자신의 이름을 영화롭게 하신다는 내용의 말씀과 관련시켜서 즉시 자신의 죽음을 말씀하셨다. 두 번째의 경우로, 유다가 다락방에서 나가 어둠 속으로 사라졌을 때 예수님은 "지금 인자가 영광을 받았고 하나님도 인자로 말미암아 영광을 받으셨도다"라고 말씀하셨다. 세 번째의 경우로, 예수님은 다락방에서 그들과 함께 지내신 그 밤을 마감하시면서, 다음과 같은 말로 그분의 위대한 기도를 시작하셨다. "아버지여, 때가 이르렀사오니 아들을 영화롭게 하사 아들로 아버지를 영화롭게 하게 하옵소서."[10] 이 세 문장에서 현저하게 눈에 띄는 것은 두 가지다. 첫 번째는 각각의 구절이 "지금" 혹은 "때가 왔다"라는 말로 시작됨으로써 그것이 의심의 여지 없이 십자가를 가리킨다는 것을 밝힌다는 점이며, 두 번째는 그 영광을 받는 일이 아버지와 아들에게 함께 일어나리라는 것이다.

이와 같이 아버지와 아들이 십자가에 의하여 계시된다. 하지만 여기서 성부와 성자는 자신들에 관하여 무엇을 계시하시는가? 자

---

8) 눅 24:26; 참고. 벧전 4:13; 5:1, 10과 롬 8:17-18.
9) 여기서 내가 '또한'이라는 말을 분명하게 사용한 것은, 요한은 그리스도께서 다른 방법들에 의해서도, 예를 들면 성령의 사역에 의하여(16:14), 교회 안에서(17:10), 그리고 하늘에서(17:5, 24) 영광을 받으신다고 생각하기 때문이다.
10) 요 12:20-28; 13:30-32; 17:1.

기를 낮추며 자기를 주는 사랑이 여기에 암시적으로 나타나는 것은 분명한 사실이다. 하지만 그 사랑의 거룩함에 대해서는 무엇이 계시되는가? 바로 이 거룩함 때문에 하나님의 어린양이 세상 죄를 지며, 선한 목자가 자기 양떼를 위하여 자기의 목숨을 내놓아야 하며, (가야바가 올바르게 예언했던 것처럼) "한 사람이 백성을 위하여 죽어서 온 민족이 망하지 않게 되는 것이" 더 유익하게 된 것이다.[11] 이런 진술들은 아버지와 아들로 하여금 영광을 얻게 하는 그 죽음에 대한 요한의 이해에서 필수적이었다. 십자가로부터 퍼져 나오는 그 영광은, 하나님이 모세에게 자비와 공의로 계시하셨으며, 또한 육신이 되신 그 말씀 속에서 우리가 "은혜와 진리"로 보는 바 신성한 성격들이 조화된 것이다.[12] 이것이 바로 하나님의 "선하심"으로서, 칼뱅은 십자가라는 "극장"에서 바로 이 선하심이 공연되는 것을 보았다.

왜냐하면 마치 장엄한 극장에서처럼 그리스도의 십자가 속에서, 비견할 수 없는 하나님의 선하심이 온 세상 앞에 드러났기 때문이다. 물론 하나님의 영광은 높고 낮은 모든 피조물 속에서 빛나지만, 십자가 속에서 빛난 것보다 더 찬란하게 빛났던 적은 없다.…

만약 누군가가 그리스도의 죽음보다 더 영광스럽지 못한 것은 있을 수 없다고 반론을 제기한다면…나는 그 죽음 속에서 우리는, 불경건한 자에게는 감추어진 무한한 영광을 본다고 대답하겠다.[13]

---

11) 요 1:29; 10:11; 11:49-52과 18:14.
12) 출 34:6; 요 1:14, 17.

이제 우리가 요한에게서 바울로 눈길을 돌리면, 하나님이 십자가 안에서와, 십자가를 통하여 자신을 계시하셨다는 개념이 더욱 선명하게 드러난다. 요한에게 하나님 영광의 드러남으로 이해되었던 그것이 바울에게는 공의와 사랑이라는 그분의 성품을 증거하며 심지어 주장하는 것으로 이해된다. 여기서는 우리가 두 개의 핵심 본문을 따로 공부하기에 앞서서 그 둘을 병행해서 공부하는 것이 유익할 것이다. 그 두 개의 핵심 본문은 모두 로마서에 나타난다.

> 이는(즉, 그리스도를 대속의 제물로 삼으심은) 하나님께서 길이 참으시는 중에 전에 지은 죄를 간과하심으로…자기의 의로우심을 나타내사 자기도 의로우시며 또한 예수 믿는 자를 의롭다 하려 하심이라(3:25-26).

> 우리가 아직 죄인 되었을 때에 그리스도께서 우리를 위하여 죽으심으로 하나님께서 우리에 대한 자기의 사랑을 확증하셨느니라(5:8).

3장과 5장에서 'demonstrate'로 각각 번역된 이 단어가 원어에서는 서로 다른 단어다(개역개정 성경은 3장에서는 이 단어를 "나타내다"로 그리고 5장에서는 "확증하다"로 번역하였다—역주). 하지만 원어가 서로 다름에도 불구하고 그 둘을 동일한 영어 단어로 번역한 NIV 번역자들의 직감은 바른 것이었다. 왜냐하면 그 두 언어는 같은 것을 의미하며, 또한 바울은 그리스도의 죽음 속에서 하나님은 우리에게 그분의 공의와 사랑에 대한 분명하고도 공개적인

---

13) 칼뱅의 *St. John*, p. 68(요 13:31 해석)과 p. 135(요 17:1 해설).

증거(demonstration)를 주셨다고 선언하기 때문이다. 우리는 이미 하나님이 그리스도 안에서 어떻게 스스로 우리의 죄와 정죄를 담당함으로써, 그분의 진노와 사랑을 '만족시키셨는지'를 살폈다. 이제 우리는 십자가에서 그런 하나님의 속성들을 만족시킴으로써 하나님이 어떻게 그것을 드러내고 입증하셨는지를 살피려고 한다.

### 하나님의 공의

도덕적으로 민감한 많은 사람들은 지금까지 하나님의 섭리가 공의롭지 못하게 보이는 사실 때문에 늘 당황해 왔다. 이것은 결코 현대에 와서 생긴 문제가 아니다. 하나님이 소돔과 고모라를 멸망시키면서 의로운 자와 불의한 자를 함께 멸망시키고자 하신다는 사실에 분을 품고서, "세상을 심판하시는 이가 정의를 행하실 것이 아니니이까"(창 18:25)라고 번민의 외침을 부르짖은 아브라함 이래로, 성경 속 인물들과 성경 저자들은 이 문제로 씨름했다. 이 문제는 지혜 문학에서 반복해서 나타나는 주제 중의 하나이며, 또한 욥기를 지배하는 주제다. 왜 악인이 융성하고 무죄한 자가 고통을 당하는가? '죄와 죽음', 인간의 범죄와 하나님의 심판. 이 둘은 거의 일괄해서, 혹은 심지어 함께 붙들어 매여 있는 것으로 다뤄짐에도 불구하고, 왜 우리는 악인이 실패하는 경우가 더 적다는 사실을 목도하는가? 도리어 악인들이 벌을 받지 않고 그냥 지나가는 경우를 자주 본다. 반면에 의인들은 자주 재앙에 의하여 고통을 당한다. 하나님은 그들을 보호해 주시지 않을 뿐만 아니라 그들의 기도에 응답하시지도 않으며 심지어 그들의 운명을 돌보시지 않는 것처럼 보인다. 그러므로 '변신론'(辯神論, theodicy) 즉 하나님의 공의를 변호하는 일, 불의하게 보이는 하나님의 길을 인간에게 정당한 것으로 설명해 주는 일이 분명히 필요해진다.

이 필요에 대하여 성경은 상보적인 두 가지 방식으로 대답한다. 첫째는 최후의 심판을 주목하는 것이며, 둘째는 (신약의 신자들의 시각으로) 십자가에서 실행된 결정적인 심판을 돌이켜보는 것이다. 첫 번째 방식의 답변에 관하여 말하자면, 이것은 전형적인 구약의 대답이었는데, 그 실례가 시편 73편이다. 이 시편에 보면, 악인은 번영한다. 그들은 건강하고 부유하다. 난폭함과 교만과, 하나님께 대한 대담한 반항에도 불구하고 그들은 잘 살고 있다. 하늘에서 그들 위에 벼락이 떨어지는 일도 없다. 그래서 시인은 그들이 죄를 마구 짓고도 고통을 당하지 않는 것을 질시한 나머지 거의 하나님께로부터 마음을 돌렸다고 시인한다. 왜냐하면 그의 생각은 경건한 이스라엘 사람의 생각이라기보다는 "이성 없는 짐승"의 마음이었기 때문이다. 그는 "하나님의 성소에 들어갈" 때까지 아무런 만족스러운 해답도 발견하지 못했다. 그러나 그러다가 그는 "저희의 결국"을 깨달았다. 그들이 그렇게도 자신 만만하게 서 있는 그 터는 그들이 깨닫는 것 이상으로 미끄러운 곳이며, 또한 미래에 언젠가 그들은 거기서 떨어져 하나님의 의로운 심판에 의하여 멸망당할 것이다.

불균등한 공의가 시정될, 궁극적인 심판의 이와 같은 확실성은 신약 성경에서도 몇 번 반복된다. 바울은 아덴의 철학자들에게, 하나님이 과거에 우상 숭배를 간과하신 것은 오직 "정하신 사람으로 하여금 공의로 심판할 날을 작정하셨기" 때문이라고 말하며, 또한 로마서는 그 독자들에게 그들에게 회개할 기회를 주시는 하나님의

"인자하심과 용납하심과 길이 참으심"의 풍성함을 멸시하지 말라고 경고한다. 베드로도 미래에 심판의 날이 임한다는 생각을 비웃는 "기롱자"들에게 동일한 메시지를 전한다. 그 날이 아직 이르지 않은 것은 하나님이 "오래 참으사 아무도 멸망치 않고 다 회개에 이르기를 원하셔서" 그 인내로써 기회의 문을 잠시 더 열어 놓고 계시기 때문이다.[14]

성경적인 변신론의 첫 번째 부분이 미래의 최후 심판을 경고한다면, 두 번째 부분은 하나님의 심판이 이미 십자가 위에서 일어났다고 선언한다. 바로 이것이 구약 시대에 죄가 처벌되지도 않고(처벌되어야 마땅함에도 불구하고), 용서되지도 않고(왜냐하면, "황소와 염소의 피가 능히 죄를 없이하지 못하기" 때문이다) 그대로 누적되도록 방치된 이유다. 그러나 이제 그리스도가 "첫 언약 때에 범한 죄를 속하려고 죽으셨다"고 히브리서 기자는 말한다.[15] 다시 말하면, 하나님이 이전에 죄를 보시면서도 아무런 행동도 취하지 않으신 이유는 그분의 도덕적 무관심 때문이 아니라, 그리스도가 오셔서 십자가에서 그것을 처리할 때까지 인격적으로 참으셨기 때문이다. 이 주제에 관한 고전적인 구절이 로마서 3:21-26인데, 이제 이 구절을 공부하기로 한다.

이제는 율법 외에 하나님의 한 의가 나타났으니 율법과 선지자들에게 증거를 받은 것이라. 곧 예수 그리스도를 믿음으로 말미암아 모든 믿는

---

14) 행 17:30-31; 롬 2:4; 벧후 3:3-9.
15) 히 10:4과 9:15.

자에게 미치는 하나님의 의니 차별이 없느니라. 모든 사람이 죄를 범하였으매 하나님의 영광에 이르지 못하더니 그리스도 예수 안에 있는 속량으로 말미암아 하나님의 은혜로 값 없이 의롭다 하심을 얻은 자 되었느니라. 이 예수를 하나님이 그의 피로써 믿음으로 말미암는 화목 제물로 세우셨으니 이는 하나님께서 길이 참으시는 중에 전에 지은 죄를 간과하심으로 자기의 의로우심을 나타내려 하심이니 곧 이 때에 자기의 의로우심을 나타내사 자기도 의로우시며 또한 예수 믿는 자를 의롭다 하려 하심이라.

찰스 크랜필드는 이 여섯 절을 로마서 전체의 "중심이요 핵"이라고 묘사했다. 이 구절들을 이해하기 위해서는 적어도 21절의 수수께끼 같은 구절에 대한 간단한 연구가 먼저 있어야 한다. "이제는… 하나님의 한 의가 나타났으니." 동사의 시제가 한 군데서는 과거이고 또 한 군데서는 현재라는 사실을 제외하고는, 이 구절의 어투는 거의 1:17("하나님의 의가 나타나서")과 같다. 여기서 "하나님의 의"가 무엇이든지 간에 그것은 복음 속에서 드러난다는 것이 분명하다. 복음이 처음에 형성될 때 그 속에서 의가 드러났으며, 또한 복음이 전파될 때는 언제나 의가 드러난다. 분명히 의의 계시가 바울이 언급한 유일한 계시는 아니다. 그는 이미 하나님의 능력과 신성이 피조물 속에 계시된다고 주장하여 왔으며(1:19-20), 특히 사회의 도덕적 붕괴 속에서, 하나님의 진노가 진리를 억누르는 사람들에게 하늘로부터 나타난다고 주장하고 있다(1:18). 하지만 피조물 속에 능력을 계시하고 사회 속에 진노를 계시하신 그 하나님이 복음 속에서 또한 자신의 의를 계시하셨다.

"하나님의 그(혹은 '한') 의"라는 말의 의미는 끝없는 논쟁거리가 되어 왔는데, 주로 세 가지 설명이 제시되었다. 첫째로, 중세의 전통에 따르면, 하나님이 의를 "나타내셨다"고 되어 있는 25절과 26절에서와 같이 그것을 하나님의 의 혹은 공의의 속성이라고 설명했다. 하지만 이 해석의 난점은, 하나님의 공의는 원래 심판을 가져오는 것으로서(예를 들면 계 19:11), 이것은 복음에 계시된 "좋은 소식"일 가능성이 희박하다는 것이다. 루터는 처음에 이 견해를 지지했는데, 이는 그를 거의 절망으로 몰고 갔다. 하지만 만약 하나님의 공의가 어떤 상황 속에서는 심판보다는 칭의를 가져다 주는 것으로 입증될 수 있다면, 그 때는 물론 문제가 달라질 것이다. 하지만 나는 이 견해를 믿지 않는다.

둘째로, 개혁자들에 따르면, 이 어구는 "하나님으로부터"(NIV는 이렇게 번역한다)라는 의미의 "하나님의"(소유격), 즉 하나님이 내려 주신 의로운 위치를 의미한다. 그것은 "율법 외"의 것이다. 왜냐하면, 이 하나님의 의가 구약의 가르침이었으므로 "율법과 선지자가 그것을 증거"하기는 하지만, 율법의 기능은 의롭게 하는 것이 아니고 정죄하는 것이기 때문이다. 우리 모두는 불의하며(3:10), 자신의 의를 확립할 수 없기 때문에(3:20; 10:3), 하나님의 의는 값없이 주시는 은사이며(5:17), 우리는 그것에 "복종"(10:3)하며, 그것을 "얻으며"(9:30), "가지며"(빌 3:9), 심지어 그 의가 "된다"(고후 5:21). "하나님의 의"는 오직 그리스도 안에서 믿음으로 받을 수 있는, 불의한 자에게 주시는 하나님의 선물이므로(22절), 실은 이것은 다름 아닌 칭의다.

셋째로, 최근에 와서 몇몇 학자들은 구약 성경의 어떤 구절들,

특히 "하나님의 의"와 "하나님의 구원"이 유사한 의미로 사용되는 시편과 이사야서의 구절들을 주목하고서, 자기 백성을 구하며 그들이 압제당할 때 그들을 옹호하기 위하여 주도적으로 찾아오시는 하나님의 행동을 지적한다.[16] 이 경우에 "하나님의 의"는 그분의 공의의 속성도 아니고 그분이 베푸시는 칭의의 위치도 아니며, 도리어 그분의 역동적인 구원의 활동이다. 이 해석에 대한 주된 반박은, 바울이 비록 율법과 선지자가 하나님의 의를 증언한다고 선언하기는 하지만, 그것을 뒷받침할 만한 적당한 구절을 전혀 인용하지 않았다는 점이다.

이 세 가지 중에서 두 번째 해석이 이 표현이 등장한 문맥에 가장 잘 어울리며, 따라서 거의 정확한 해석인 것 같다. 반면에, 그렇다고 하더라도 다른 두 가지 해석을 반드시 전적으로 거부해야만 하는 것은 아니다. 왜냐하면, 만약 하나님의 의가 하나님이 예수님을 믿는 자들에게 주시는 의로운 위치라면, 그런 은사가 주어지며 효력을 발휘할 수 있게 되는 것은 하나님의 역동적인 구원의 활동에 의함이며, 또한 이 전체 일은 하나님의 의와 전적으로 일치하기 때문이다. 그렇다면 이제 "하나님의 의"는 "불의한 자를 의롭게 하시는 하나님의 의로운 방법"이라고 정의될 수 있을 것이다. 그것은 하나님이 자신이 의롭다고 하신 죄인에게 내리시는 의로운 위치다. 더욱이 앞 장에서 보았듯이, 하나님이 죄인을 값없이 의롭다고 하시는 은혜의 행동은, "하나님이 화목 제물로 세우신(어떤 사람들은 이 말을 '의도하신'이라고 생각한다)"(25절) "그리스도 예수 안에

---

16) 예를 들어, 시 71:15; 98:2; 사 45:21('한 의의 하나님과 한 구원자'); 46:13; 51:5-6; 56:1. 그 실례로 C. H. Dodd의 *Romans*, pp. 10-13를 보라.

있는 구속으로 말미암는다"(24절). 만약 하나님이 십자가 위의 그리스도 안에서 우리의 속전을 지불하며, 죄에 대한 하나님 자신의 진노를 화목시키시지 않았다면 그분은 우리를 의롭다고 하실 수가 없었다.

그런데 이제 '그가 그렇게 하신', 즉 그리스도를 속죄의 제물로 삼으신 이유는 "자기의 의로우심을 나타내려" 하심이다. 이 하나님의 목적이 너무나 중요하기 때문에, 비록 각각의 경우에 다른 설명을 덧붙이기는 했지만, 사도는 거의 똑같은 말로 이것을 두 번 진술한다. 첫 번째 경우에서는 과거를 회상하면서, "하나님이 길이 참으시는 중에 전에 지은 죄를 간과하셨기 때문에" 하나님은 십자가 위에서 자신의 의를 나타내셨다고 말한다(25절). 두 번째 경우에 사도는 십자가에서 현재와 미래를 바라보면서, 하나님은 "이 때에 자기의 의로우심을 나타내사 자기도 의로우시며 또한 예수 믿는 자를 의롭다 하려고"(26절) 그분의 의를 나타내셨다고(실은 계속해서 나타내고 계시다) 말한다.

하나님은 과거에 죄인들을 처벌하지 않고 그냥 두심으로써 스스로 문제를 일으키셨다. 죄와 죄책 그리고 심판은 하나님의 도덕적인 세계에서 냉혹하게 서로 연결되어 있다. 그렇다면 왜 하나님은 과거에 죄인들을 죄에 따라서 심판하지 않으셨는가? 그러므로 그분의 의를 입증하기 위하여 변신론이 필요했다. 비록 하나님이 스스로 자제하셔서 심판을 연기하실 수는 있었지만, 인간의 죄가 무한히 누적되도록 계속 연기하실 수 없었으며, 그 심판을 완전히 취소시킨다는 것은 더더욱 어림없는 일이었다. 만약 하나님의 공의로 죄를 형벌하지 않는다면, 안셀무스의 말대로 하나님은 "자신에 대하여 불의하게" 되실 것이며, 혹은 데니의 말대로 "자신에게 의를 행하시는" 것이 아니라 도리어 "자신에게 불의를 행하시는" 것이 된다.[17] 실로 하나님은 자신과 우리를 모두 파멸시키시게 될 것이었다. 하나님은 더 이상 하나님이 아니며, 우리도 더 이상 완전히 인간이 아닌 상태가 될 것이다. 하나님은 의로운 수법자(授法者)와 재판장으로서의 신성한 성격에 모순되게 행함으로써 자신을 파멸시키시며, 또한 도덕적으로 책임을 지는 인간으로서 그분의 형상대로 지음받은 우리 인간의 존엄성에 모순되게 행함으로써 우리를 파멸시키셨을 것이다. 하지만 하나님이 이런 일을 하시리라는 것은 생각할 수 없다. 그래서, 비록 잠정적으로는 그분의 인내 속에서 하나님이 죄인을 형벌하지 않고 방치하셨지만, 이제는 그리스도 안에서 그들을 정죄함으로써 공의로 그들을 형벌하신다. 이렇게 해서 하나님은 그 공의를 실행하심으로써 자신의 의를 나타내셨다. 뿐만 아니라 그 일을 공개적으로 하셨는데(어떤 사람들은 "세우셨으니"라는 말이 공개한다는 의미를 강조한다고 생각한다), 이는 자신이 의롭기 위해서일 뿐만 아니라 의롭게 보이시기 위해서였다. 과거에 죄를 형벌하지 않은 까닭에 마치 불의한 것처럼 보였기 때문에, 이제 그리스도 안에서 그 형벌을 당하심으로써 하나님은 자신의 의에 대한 현재적이며 가시적인 증거를 보여 주신다.

이제 아무도 하나님이 죄를 용인한다는 이유로 하나님을 비난하지 못하며, 따라서 하나님이 도덕적으로 무관심하거나 불의하다고 비난하지 못한다. 십자가는 죄를 심판하실 때의 하나님의 의와, 죄

---

[17] Anselm, *Cur Deus Homo?*, I. xiii 그리고 James Denney, *Death of Christ*, p. 188.

인을 의롭게 하실 때의 하나님의 자비를 동시에 분명하게 나타낸다. 왜냐하면 이제는 그 아들의 대속적 죽음의 결과로 하나님은 '의로운' 분이신 동시에 그 아들을 믿는 자들을 '의롭게 하는' 분이 되실 수 있기 때문이다. 하나님은 자신의 의를 훼손하지 않고도 불의한 자에게 의로운 위치를 내려 주실 수 있게 되었다.

이제 우리는 십자가의 성취(앞 장에서 네 가지의 이미지 속에서 예증된)와 하나님의 계시의 관계를 더욱 분명히 보아야 한다. 우리 죄의 무서운 형벌을 그리스도 안에서 당하심으로써, 하나님은 진노를 푸시고 우리를 노예 상태에서 속전을 지불하고 사셨으며 그분 보시기에 우리를 의롭다 하시고 우리를 자신과 화목시키셨을 뿐 아니라, 그렇게 하심으로써 그분은 또한 자신을 의롭게 하셨다. 이것이 포사이스의 책 「하나님의 칭의」(*The Justification of God*)의 주제인데, 그는 1916년에 출판된 이 책의 부제를 '기독교 변신론에 관한 전시(戰時)를 위한 강의'라고 붙였다. 여기서 그는 다음과 같이 썼다. "십자가 신학 외의 다른 곳에서는 세상을 향한 변신론을 찾을 수가 없다. 유일한 최후의 변신론은 인간의 칭의에 근본적으로 필요한 하나님의 자기 정당화다. 이런 세상에서는 인간의 어떤 이성도 하나님을 정당화시킬 수가 없다. 오직 하나님이 직접 자신의 정당성을 입증해야 하는데, 하나님은 십자가 위에서 그 일을 하셨다."[18]

---

18) P. T. Forsyth, *Justification of God*, pp. 124-125. Barth도 인간의 칭의는 하나님의 자기 정당화라고 썼다(*Church Dogmatics*, V. 1, pp. 559-564).

### 하나님의 사랑

세상에 편만한 불의와 조화될 수 없는 것처럼 보이는 것은 하나님의 의만이 아니다. 하나님의 사랑도 마찬가지다. 개인적인 비극, 홍수와 지진, 수많은 사람의 생명을 앗아 가는 사고들, 전 세계적인 규모의 기아와 빈곤, 우주의 냉혹한 광막함, 자연의 사나움, 폭정과 고문, 질병과 죽음 그리고 역사를 통해 내려온 비극의 총합—이런 무서운 일들이 어떻게 하나님의 사랑과 조화될 수 있는가? 왜 하나님은 그것들을 허락하셨는가?

이런 번민스러운 문제들에 대하여 기독교는 입심 좋은 대답을 제공하지 않는다. 하지만 기독교는 하나님의 사랑의 증거를 제공하는데, 이는 하나님의 사랑을 부인하는 증거들만큼이나 역사적이고 객관적인 증거를 제공한다. 그리고 세상의 재난은 이 증거에 비추어서 이해해야 한다. 그 증거는 바로 십자가다. 요한일서에서 두 구절을 인용함으로써 이 논의를 시작하도록 하자.

첫 번째 구절은 "그가 우리를 위하여 목숨을 버리셨으니 우리가 이로써 사랑을 알고"(요일 3:16)이다. 대부분의 사람들은 별 어려움 없이 자기들이 생각하는 사랑을 우리에게 말하곤 한다. 그들은 서로 다른 종류의 사랑을 구분하기 위하여 쓰인 책들, 이를테면 나이그렌(Anders Nygren)의 『아가페와 에로스』(*Agape and Eros*, 1930)나 루이스의 『네 가지 사랑』(*The Four Loves*, 1960)을 알고 있을 수도 있다. 그럼에도 불구하고 그들은 사랑의 의미는 자명하다고 주장하기도 한다. 하지만 요한은 그들과 의견을 달리한다. 그는 감히 말하기를, 그리스도와 그분의 십자가가 없었다면 세상은 무엇이 참된 사랑인지를 결코 알지 못했을 것이라고 한다. 물론 모든 사람은, 정도와 특성의 차이는 있겠지만, 사랑을 체험한다. 그러나 요한은 어떠한 숨은 동기에 의해서도 더럽혀지지 않는 단 하나의 순수한 사랑의 행동이 세계 역사 속에서 이루어졌는데, 그것이 바로 자격이 없는 죄인을 위하여 십자가 위의 그리스도 안에서 하나님이 자신을 내주신 사랑이라고 말한다. 바로 이런 이유로, 우리는 사랑의 정의를 찾고자 할 때 사전이 아니라 갈보리를 바라보아야 한다.

요한의 두 번째 구절은 더욱 분명하다. "사랑은 여기 있으니 우리가 하나님을 사랑한 것이 아니요 하나님이 우리를 사랑하사 우리 죄를 속하기 위하여 화목 제물(*hilasmos*)로 그 아들을 보내셨음이라"(요일 4:10). 우리가 바로 앞에서 공부한 로마서 3장의 그 단락에서, 바울은 하나님의 의의 확증으로서 십자가의 대속적 성격(*hilastērion*)을 거론해서 이야기했다. 그런데 여기서 요한은 그것을 하나님의 사랑의 나타남으로 이야기한다. 이 둘은 결국 똑같은 것이다. 참된 사랑은 우리의 사랑이 아니라 하나님의 사랑이며, 또한 하나님은 그분의 독생자를 세상에 보내서 우리를 위하여 죽게 하시며, 우리를 그로 말미암아 살게 하심으로써 그 사랑을 보여 주신 것이다(9절). "살리려 하심"(9절)과 "화목 제물"(10절)이라는 두 단어는 매우 핍절한 우리의 상태를 암시한다. 우리는 죄인이었으므로 하나님의 의로운 진노 아래 죽어 마땅하였다. 하지만 하나님은 자신의 독생자를 보내셨는데, 그를 보내심으로써 하나님 자신이 오셔서 우리 대신 그 죽음을 죽으시고 그 진노를 담당하신다. 그것은 순전하고 정결하며 우리에게 과분한 사랑의 행위였다.

그러므로 우리가 요한에게서 배우는 것은, 비록 이 세상에서는 우리의 관심이 악과 고통의 문제에 계속해서 집중되며 그러한 문제들은 하나님의 사랑과 모순되는 것처럼 보이지만, 우리는 그러한 것들 때문에, 하나님의 사랑이 공개적이고도 가시적으로 드러난 십자가를 벗어나서 그런 문제들을 생각하지 않도록 지혜로워야 한다는 것이다. 만약 우리가 십자가를 하나의 '비극'이라고 부를 수 있다면, 그것은 다른 모든 비극에 빛을 비춰 주는 비극이다.

바울도 또한 로마서 5장의 전반부에서 하나님의 사랑에 대하여 쓴다. 그는 하나님의 사랑을 두 번 언급하며, 그렇게 함으로써 우리가 사랑의 실재를 확신할 수 있는 상보적인 두 가지 방법을 제공한다. 그 첫 번째는 "우리에게 주신 성령으로 말미암아 하나님의 사랑이 우리 마음에 부은 바 된다"(5절)는 것이다. 그리고 두 번째는 "우리가 아직 죄인 되었을 때에 그리스도께서 우리를 위하여 죽으심으로써 하나님께서 우리에 대한 자기의 사랑을 확증하셨다"(8절)는 것이다. 복음의 가장 만족스러운 측면 중의 하나는, 그것이 주관과 객관, 역사적인 것과 경험적인 것, 하나님의 아들의 일과 하나님의 성령의 일을 조합시키는 방식이다. 바울이 말하는 바는, 우리가 하나님의 사랑을 알 수 있는 것은 그분의 아들의 죽음을 통하여 하나님이 자신의 사랑을 입증하셨기 때문이며 또한 그분이 성령의 내주하심을 통하여 그 사랑을 계속해서 우리 마음속에 부어 주시기 때문이라는 것이다. 또한 바울이 하는 것처럼 우리도 십자가 위에서 객관적으로 드러난 하나님의 사랑에 관심을 집중시킬 것이지만, 더 나아가 우리는, 성령님이 우리가 사랑받고 있다는 깨달음을 우리 마음에 넘치게 하는 일을 통해 그 자신의 내적이며 인격적인 증거에 의하여 십자가 사랑의 역사적 증거를 확증해 주신다는 사실을 잊지 않을 것이다. 그것은 우리 영과 더불어 우리가 하나님의 아들임을 증거하는 성령님에 대한 우리의 경험과 유사하다. 이 증거는 우리가 기도할 때 성령님이 우리로 하여금 "아바, 아버지"라고 부를 수 있게 하시는 것인데, 이는 하나님을 그렇게 부를 수 있게 될 때 우리가 의롭게 되고, 화목되고, 구속되고, 사랑을 받는 하나님의 자녀임을 알기 때문이다(롬 8:15-16).

하지만 십자가 때문에 "하나님이 우리에 대한 자기의 사랑을 확증하셨다"(롬 5:8). 그 사랑은 바로 하나님 자신의 독특한 것(*sui generis*)이다. 왜냐하면 그런 사랑이 다른 데는 결코 없기 때문이다. 그 확증은 무엇으로 이루어지는가? 그것은 세 부분으로 되어 있는데, 그 세 부분이 합쳐져서 설득력이 강한 증거를 만들어 낸다.

첫째로, 하나님은 우리를 위하여 **그분의 아들**을 주셨다. 물론 8절에서 바울은 단지 "그리스도"께서 우리를 위하여 죽으셨다고만 단언하는 것이 사실이다. 그러나 그 문맥은 이 기름부음을 받은 자, 이 메시아가 누구였는지를 우리에게 이야기해 준다. 왜냐하면 10절에 따르면 그리스도의 죽음이 "그의 아들의 죽음"이었기 때문이다. 만약 하나님이 이스라엘에게 선지자를 보내셨듯이 우리에게 한 사람을 보내셨다면 우리는 하나님께 감사했을 것이다. 만약 하나님이 수태 고지를 할 때 마리아에게 하셨던 것처럼 우리에게 천사를 보내셨다면 우리는 그것을 큰 특권으로 여겼을 것이다. 하지만 앞의 두 경우에 하나님은 우리에게 제삼자를 보내신 셈이 된다. 사람과 천사는 하나님이 만드신 피조물이기 때문이다. 하지만 그 자신의 존재로부터 영원히 출생하는 자기 아들을 보냄으로써, 하나님은 피조물인 제삼자를 보내신 것이 아니라 그 자신을 주신다. 이것은 피할 수 없는 논리다. 만약 성부께서 다른 어떤 사람을 보내셨다면 어떻게 그분의 사랑이 확증될 수 있었겠는가? 결코 확증될 수 없었다. 왜냐하면 사랑은 본질상 자기를 주는 것이기 때문이다. 그러므로 만약 자기 아들을 주신 데서 하나님의 사랑이 드러났다면, 하나님이 자기 아들을 주신 것은 자기 자신을 주신 것임이 분명하다. "하나님이 세상을 이처럼 사랑하사 독생자를 주셨으니"(요 3:16). 또한 하나님은 "자기 아들을 아끼지 아니하시고 우리 모든 사람을 위하여 내주셨다"(롬 8:32). 포사이스가 다음과 같은 해설을 달았는데 이는 정확하다. "그가 자기 아들, 즉 자기 자신을 아끼지 아니하셨다."[19] 그리스도와 함께 하나님이 "모든 것을 우리에게 은사로 주신다"는 확신을 바울이 첨가한 것은, 바로 자기를 내주는 이 지고의 사랑 때문이다. 그것보다 못한 모든 은사는 그분의 아들이라는 "말할 수 없는 은사"(고후 9:15) 속에 포함된다.

둘째로, 하나님은 그분의 아들을 우리를 위하여 **죽게 하려고** 주셨다. 만약 하나님이 자기 아들을 주셔서―이것은 바로 자기 자신을 주신 것이다―우리를 위하여 육신이 되게 하며, 이 땅에서 우리를 위하여 살고 베풀고 섬기게만 하셨다 하더라도 놀라운 일이었을 것이다. 하지만 성육신은 그분이 자기를 주시는 일의 시작에 불과했다. 영광에 대하여 "자기를 비워" 종의 형체를 가지심으로써, 그리스도께서는 "자기를 낮추시고 죽기까지 복종하셨으니 곧 십자가에 죽으셨다"(빌 2:7-8). 이는 자신을 완전히 주시기 위한 것, 십자가의 고통을 당하며, 죄를 담당하고 하나님의 버림을 받는 두려운

---

19) P. T. Forsyth, *Justification*, p. 154.

자리에 이르기까지 자기를 주시기 위한 것이었다. "그리스도께서 우리를 위하여 죽으셨다." 우리가 지금까지 보았듯이 그리스도의 육신이 죽었으며, 또한 그 영혼은 하나님과의 분리라는 죽음을 당하셨다. 죄와 죽음은 서로 분리될 수 없다. 그러나 통상적으로는 죄를 범하는 자와 죽음을 당하는 자가 동일인임에도 불구하고 이 경우는 그렇지가 않다. 왜냐하면 죄를 범한 것은 **우리**였지만, 죽음을 당하는 것은 **그리스도**였기 때문이다. 바로 이것이 죄에 대한 형벌을 자신이 당함으로써 그 형벌을 집행한 거룩한 사랑이다. 무죄한 자가 죄가 되었고, 죽을 수 없는 이가 죽었으므로 우리는 그분의 경험에 수반된 두려움과 고통을 상상할 길이 없다.

셋째로, 하나님은 **우리를 위하여** 그분의 아들을 주셨는데, 이것은 곧 우리 같은 아무 자격도 없는 죄인을 위하여 그렇게 하셨다는 것이다. '죄인'이라는 말은 바울이, 과녁을 맞추지 못했으며 "하나님의 영광에 이르지 못한"(롬 3:23) 우리 같은 실패자를 가리키면서 가장 먼저 사용하는 단어다. 다음으로 우리는 "경건하지 않은 자"였다(5:6). 왜냐하면, 우리는 하나님의 이름에 합당한 영광을 그분께 돌리지 않았으며, 또한 우리 눈에는 하나님을 두려워하는 것이 없었기 때문이다(3:18). 바울이 우리를 묘사하기 위하여 사용하는 세 번째의 통칭은 "원수"라는 말이다(5:10). 즉 NIV가 설명하듯이 우리는 "하나님의 원수"였다. 왜냐하면 우리는 그분의 권위에 대항했고, 그분의 사랑을 거절했으며, 그분의 율법에 저항했기 때문이다(8:7). 바울이 우리를 묘사하기 위하여 사용한 마지막 네 번째 단어는 "연약하다"라는 말이다(5:6). 그리스도께서 우리를 위하여 죽으신 것은 "우리가 아직 연약할 때"였다. 우리에게는 자신을 구원할 능력이 없었으므로 우리는 절망적이었다. 이 네 단어는 보기 흉한 한 덩어리의 형용사다. 바울은 7절에서 논하기를, 비록 "선인"(따뜻하고 친절하며 매력적인 선을 가진 사람)을 위하여 용감히 죽는 자가 있기는 하지만, "의인"(그의 의가 싸늘하고, 준엄하며, 가까이 하기 어려운)을 위하여 죽으려는 사람은 거의 없다고 논한다. 하지만 하나님은 우리같이 죄가 있고 불경건하며 반항적이고 연약한 사람을 위하여 죽으셨다는 점에서 "하나님께서 우리에 대한 자기의 사랑―그분의 독특한 사랑―을 확증하셨다."

사랑의 선물의 가치는 그 선물을 주는 사람이 얼마만큼의 값을 지불해야 하며, 그것을 받는 사람이 어느 정도의 자격을 가지느냐에 의하여 평가된다. 예를 들면, 사랑에 빠진 젊은이는 연인에게, 자신을 바치는 사랑의 상징으로 힘에 부치는 비싼 선물을 주려고 하는데, 이는 그의 생각에 그녀는 그것을 받을 만하며 그 이상이라도 받을 만하다고 여겨지기 때문이다. 야곱은 라헬을 사랑했으므로 그녀를 위하여 칠 년을 봉사했다. 그러나 하나님이 자기 아들을 주신 것은 원수를 위하여 자기 목숨을 내주신 것이다. 하나님은 자기에게 아무런 가치도 없는 자들을 위하여 모든 것을 주셨다. "그리고 이것은 우리를 위한 하나님의 사랑에 대한 하나님 자신의 증거다"(롬 5:8, NEB).

캐논 반스톤(Canon William Vanstone)은 그의 책 「사랑의 수고, 사랑의 희생」(*Love's Endeavour, Love's Expense*)에 '사랑의 현상학'(The Phenomenology of Love)이라는 제목의 한 장을 포함시켰다(pp. 39-54). 그의 주장은, 모든 사람은 비록 그가 어렸을 때부터 사랑을 받지 못했다고 하더라도, 본능적으로 참된 사랑을 분별할 수 있다는 것이다. 그러고 나서 그는 주장한다. 우리가 참된 사랑의 형태를 묘사할 수 있다면, 오로지 하나님의 사랑을 묘사할 수 있을 뿐이라고 말이다(p. 42). 비록 이 생각이, 앞에서 내가 쓴 내용 곧 하나님의 사랑이 우리의 사랑을 밝혀 주는 것이지 우리의 사랑이 하나님의 사랑을 밝혀 주는 것이 아니라는 것과는 일치하지 않지만, 나는 그의 이 주장이 무엇을 뜻하는지를 알기에 그와 다투고 싶지는 않다. 그는 거짓된 사랑의 세 가지 표지를 열거하는데, 그 표지들에 의하여 거짓된 사랑의 거짓됨이 폭로된다. 그것은 제한이라는 표지(무엇인가가 억제됨), 지배라는 표지(사람을 조종함), 분리라는 표지(우리가 자만하고, 상처받거나 손상되지 않는 초연한 상태)다. 이와는 대조적으로 참된 사랑의 특징은 무한히 자신을 주는 것, 성공을 확신할 수 없어도 모험을 거는 것 그리고 쉽게 상처를 입을 수 있는 취약성이라는 것이다. 나는 이 장을 집필하는 동안에 우연히 캐논 반스톤의 책을 읽게 되었는데, 이 책을 읽고 나서 그가 제시한 참된 사랑의 세 가지 특징과 로마서 5:8에서 바울이 제시한 하나님의 사랑의 세 가지 특징 사이의 병행 관계를(비록 이것이 꼭 정확한 것은 아니지만) 주목하지 않을 수 없었다. 다음은 캐논 반스톤의 마지막 요약이다. 하나님의 사랑은 "남겨 두는 것이나 감춰 두는 것이 없이 자기를 내줌으로써 완전히 소진되는" 것이다. 즉 자기 아들을 주심으로써 하나님은 자신을 주셨다. 다음으로 하나님의 사랑은 "확실성이 없는 노력 속에서 소진되는, 즉 언제나 실패의 위험을 지닌 채로 발휘된다." 왜냐하면 하나님은 그분의 아들을 내주어서 죽게 하셨기 때문인데, 이는 자신에 대한 지배력을 포기하는 위험을 감수한 것이다. 세 번째로 하나님의 사랑은 "자신의 사랑의 대상이 어떤 반응을 보일지에 대하여 아무런 영향력도 끼치지 못하는 상태에서, 그의 반응의 여하에 따라서 자신의 사랑이 비극으로 끝날지, 아니면 승리를 거둘 수 있을지를 기다리는 것으로" 나타난다. 왜냐하면 죄인을 위하여 자기 아들을 죽게 내줄 때 하나님은 그들이 자기 아들을 박대하고 돌아설지도 모를 위험 앞에 서게 되기 때문이다.

몰트만(Jürgen Moltmann) 교수는 하나님이 어떻게 십자가 위에서 자기의 사랑을 나타내려 하셨는지를 설명하려고 시도하면서, 앞의 설명보다도 한 발 더 나아갔다. 그는 "십자가에 달리신 하나님"이라는 루터의 충격적인 표현을 취해서(루터는 중세 말기의 신학에서 이 표현을 취했다), 루터가 주장했던 것처럼, 십자가에 달린 이는 하나님 자신이며 따라서 우리는 십자가에서 하나님을 알게 된다고 주장했다. 그러므로 루터의 십자가 신학은 "신학의 하나의 장이 아니라, 모든 기독교 신학을 위한 열쇠와 같은 성격을 갖는다"는 것이다.[20] 십자가로부터 생겨나지 않거나 십자가에 초점을 맞추지 않는 어떤 신학도 참된 기독교 신학이 아니다. 특히 '십자가'라는 말은 몰트만 교수에게는 다른 무엇보다도 유기의 외침을 의미한다. 그는 쓰기를, 십자가는 예수님이 유대인으로부터는 신성 모독자로 버림을 당하고, 로마인들에 의해서는 반란자로 처벌당했을 뿐만 아니라, 실제로 그분의 아버지에 의하여 정죄당하고 버림을 받았다는 것을 보여 준다고 쓴다(pp. 149-152). 그러므로 십자가는 다음 질문을 제기한다. "하나님에 의하여 버림받은 그리스도의 십자가 속

---

20) Jürgen Moltmann, *Crucified God*, p. 72.

에서의 하나님은 누구인가?" "모든 기독교 신학과 모든 기독교적인 삶은 근본적으로, 예수님이 죽으면서 던지셨던 질문에 대한 답변이다"(p. 4). 바로 이런 이유로 신학은 "그리스도의 임종의 외침이 들리는 범위 내에서" 발전되어야 한다는 것이다(p. 201). 그러면, 십자가에 달리신 예수님을 보며 그분의 유기의 외침을 들을 때 우리는 하나님에 관하여 무엇을 이해하게 되는가? 우리가 거기서 분명하게 볼 수 있는 것은 하나님이 그 사랑 속에서, 버림받은 인간들과 자신을 동일시하기를 기뻐하신다는 사실이다. 왜냐하면, "교회 내에서의 십자가의 상징은, 제단의 두 촛대 사이에서 십자가에 달린 하나님을 가리키는 것이 아니라, 성문 밖의 버림받은 자의 처소인 해골이라는 곳에서 두 도적 사이에서 십자가에 달린 하나님을 가리키기" 때문이다(p. 40). "가장 심한 적대감과 구별 속에서 하나님을 하나님으로부터 분리시킨"(p. 152) 우리는 이 무서운 경험 속에서 성부와 성자께서, 비록 형태는 서로 다르지만, 그들의 양도(surrender)의 대가를 지불하고 그 고통을 당하신 것을 인식해야 한다. "성자께서는 죽임을 당하시고, 성부께서는 아들의 죽음의 고통을 맛보신다. 여기서 성부의 고통은 성자의 죽음만큼 중요하다. 아버지를 잃는 성자의 고통과 아들을 잃는 성부의 고통은 서로 비견된다"(p. 243). 이것은 우리의 눈길을 끄는 구절이 아닐 수 없다. 나의 생각을 고백하자면, 나는 몰트만 교수가, 예수님이 십자가에서 자기와 동일시하신 대상은 **사회적으로** 버림받은 자뿐만 아니라 **영적으로** 버림받은 자, 즉 단순히 범죄자뿐만 아니라 죄인이라는 사실을 더욱 강조했기를 바란다. 그런 연후에 그는 그 무서운 하나님의 버림받음의 성격과 원인을 더 분명하게 밝힐 수 있었을 것이다.

그럼에도 불구하고 그 유기가 실제적인 것이었으며, 그것은 또한 하나님의 사랑에 대한 가장 위대한 증거라는 사실을 그가 드러내놓고 시인한다는 점은 감동적이다.

### '도덕적 영향력' 이론

십자가가 하나님의 사랑을 보여 주는 그렇게도 명백한 현시이고 확증이기 때문에, 교회 역사의 서로 다른 시기에 속한 몇몇 신학자들은 십자가의 속죄의 가치를 하나님의 사랑에서 발견하려고 노력했다. 그들에게 십자가의 능력은 어떤 객관적이고 죄를 담당하는 절차에 있지 않고 그것의 주관적인 영감에 있었으며, 십자가의 법적인 유효함(하나님 앞에서의 우리의 위치를 변화시키는)에 있지 않고 도덕적 영향력(우리의 태도와 행동을 변화시키는)에 있었다.

이 견해의 가장 유명한 옹호자는 프랑스의 철학자요 신학자인 아벨라르(1079-1142)라는 것이 일반적인 주장이다. 그는 엘로이즈와의 열정적인 사랑으로 가장 잘 알려져 있는데(그는 엘로이즈가 자기 아들을 낳은 후에 그녀와 은밀하게 결혼하였다), 이 사랑은 두 사람 모두에게 매우 비극적인 결과를 가져다 주었다. 그러나 공적인 학문 생활에서는, 그의 재치가 번뜩이는 강의와 토론 때문에 많은 사람이 그의 청중이 되었다. 안셀무스와 동시대인이면서 그보다 젊었던 아벨라르는 그리스도의 죽음이 마귀에게 속전을 지불한 것이었다는 생각을 반박함에 있어 안셀무스와 같은 의견을 가지고 있었다. 하지만 그리스도의 죽음이 죄에 대하여 하나님을 만족시킨 것이라는 안셀무스의 견해에는 격렬하게 반대하였다. "다른 어떤 것에 대한 값으로 무죄한 사람의 피를 요구하는 사람이 있다면, 혹은 어떤 방식이 되었든지 무죄한 사람이 죽임을 당하는 것이 그를 기쁘게 한다면, 이것은 얼마나 잔인하고 사악한 일로 여겨지겠는 가? 하물며 하나님이 자기 아들의 죽음을 그렇게 마땅하게 여겨서, 그 죽음에 의하여 온 세상을 자기와 화목시킨다는 생각을 어떻게 할 수 있는가!"라고 그는 썼다.[21]

그 대신 아벨라르는 예수님을 일차적으로 우리의 스승이요 모범으로 그렸다. 비록 그가 "그리스도에 의하여 구속됨", "그의 피로 의롭게 됨", 혹은 "하나님과 화목됨" 등과 같은 전통적인 용어들을 사용하긴 하였지만, 그는 그리스도의 죽음의 효과를 오로지 주관적인 견지에서만 해석하였다. 하나님의 아들의 자발적인 자기 희생은 우리를 감동시켜서 감사에 넘친 사랑의 응답을 유도해 내며, 따라서 참회와 회개로 이끈다는 것이다.

구속은 그리스도의 수난에 의하여 우리 속에 불붙는 가장 위대한 사랑이다. 이 사랑은 우리를 죄의 속박에서 건져낼 뿐만 아니라 우리에게 자녀로서의 참된 자유를 가져다 준다. 그리고 그곳에서 두려움이 아닌 사랑이 지배 원리가 된다.[22]

자신의 주장을 뒷받침하기 위하여 아벨라르는 예수님의 말씀을 인용한다. "그의 많은 죄가 사하여졌도다. 이는 그의 사랑함이 많음이라"(눅 7:47). 그러나 그는 이 본문을 잘못 이해해서, 사죄의 결

---

21) Eugene Fairweather가 편집한 *A Scholastic Miscellany*, p. 283, 로마서 3:19-26에 대한 Abelard의 주석.
22) 앞의 책, p. 284; 참고. James Orr, *Progress of Dogma*, pp. 229-230.

과인 사랑을 사죄의 근거로 만들어 버렸다. 그에게 사죄는 그리스도의 죽음의 결과인 것이 사실이다. 하지만 이것은 간접적으로 그러했다. 즉 십자가가 그리스도에 대한 사랑을 일으키며, 그리하여 그리스도를 사랑할 때 우리는 용서를 받는다는 것이다. 아벨라르에게 '칭의'는 하나님 사랑의 부어짐이 되었다. 로버트 프랭크스(Robert Franks)가 지적했듯이, "그는 구속의 전 과정을 단 하나의 분명한 원리, 곧 하나님의 사랑이 그리스도 안에서 우리에게 확증되고 이 사랑이 다시 우리 속에서 사랑의 응답을 일으키는 것으로 환원시켰다."[23]

1159년에 파리의 주교가 되었고, 아벨라르의 제자라고 할 수 있는 페테르 롬바르는 그의 유명한 책 「격언집」(Book of Sentences)에서 다음과 같이 썼다.

우리에게 너무나 큰 사랑의 언약이 주어졌으므로, 우리는 우리를 위하여 그렇게도 큰 일을 하신 하나님의 사랑에 감동하여 하나님께 대한 사랑으로 불붙게 된다. 그리고 바로 이 사랑에 의하여 우리는 의롭게, 즉

---

[23] Robert S. Franks, *Work of Christ*, p. 146. 이 단락을 집필한 다음에 나의 관심은 Alister McGrath 박사의 통찰력 있는 논문, "The Moral Theory of the Atonement: An Historical and Theological Critique"에 쏠렸다. 그는 이렇게 주장한다. '도덕적 영향력' 이론을 '아벨라르적'이라고 부르는 것은 잘못이며, 이런 잘못이 생겨난 것은 "Abelard의 *Expositio in Epistolam ad Romanos*의 작은 한 부분만을 읽고서 그것이 마치 그의 전체 가르침을 대표하는 것처럼"(p. 208) 간주한 데서 생겨났으며, 그가 강조한 그리스도를 본받음은 우리의 구속의 수단이라기보다는 차라리 그 결과라고 주장한다. 그럼에도 불구하고, 로마서에 대한 그의 주석의 그 구절은 너무나 명확하므로, 나는 Abelard의 견해에서 이런 요소를 어떻게 무리 없이 제거할 수 있는지를 이해할 수 없다. 어쨌든, McGrath 박사가 보여 주고 있듯이, 독일 계몽주의의 지도자들은 분명히 '도덕적 영향력' 이론을 가르쳤다. 이것은 내가 곧 다루게 될 Hastings Rashdall의 경우도 마찬가지다.

우리의 죄악에서 풀려나서 의롭게 된다. 그러므로 그리스도의 죽음을 통하여 우리 마음속에 사랑이 불붙는 한, 그리스도의 사랑은 우리를 의롭게 한다.[24]

이와 같이 12세기 초에 막대한 중요성을 가진 신학적 논쟁이 분명한 모습을 드러내게 되었는데, 그 논쟁의 주요 대립자는 바로 안셀무스와 아벨라르였다. 안셀무스는 예수 그리스도의 죽음은 죄에 대한 객관적인 만족이라고 가르친 반면, 아벨라르는 그리스도의 죽음의 효과는 주로 그것이 우리에게 끼치는 도덕적 영향력이라는 주관적인 것이라고 가르쳤다. 하나님이 우리의 죄를 사하시는 근거가, 안셀무스에게는 그리스도의 대속적 죽음이었지만 아벨라르에게는 그리스도의 죽음을 명상할 때 우리 속에서 일어나는 사랑과 회개와 순종이었다.

금세기에 들어와서 '도덕적 영향력' 이론을 가장 기탄 없이 주창한 사람은 아마 헤이스팅스 라쉬돌(Hastings Rashdall) 박사일 것이다. 그의 1915년 뱀프톤 강연(Bampton Lecture)이 「기독교 신학에서의 속죄의 개념」(*The Idea of Atonement in Christian Theology*)이라는 제목으로 출판되었다. 그는 주장하기를, 우리는 구속에 대한 안셀무스의 객관적인 이해와 아벨라르의 주관적인 이해 사이에서 하나를 선택해야 하는데, 그의 생각에는 말할 것도 없이 아벨라르가 정당했다고 했다. 왜냐하면 예수님에 의하면, 구원의 유일한 조건은 회개이기 때문이라고 라쉬돌은 주장한다. "자기의 죄를

---

24) Peter Lombard의 *Book of Sentences*, iii, Dist. xix. 1(Rashdall, pp. 371, 438에 인용됨).

하나님께 고백하는, 참으로 회개하는 사람은 즉시 사죄를 받는다"(p. 26). "하나님은 참된 회개라는 유일한 근거에 의해서 죄를 용서하시려는, 사랑이 많으신 분이다." 그리고 예수 그리스도의 죽음은 "그 회개를 이끌어내기 위한 실제적인 도움을 제공하는 방식으로 작용한다"(p. 48). 나아가서 "하나님이 죄를 사하실 수 있는 것은, 오직 죄인을 개선시키고, 그리하여 형벌의 모든 요구를 제거함에 의해서다"(p. 359). 다른 말로 하면 하나님으로 하여금 우리를 용서하실 수 있게 하는 것은, 십자가를 명상할 때 우리 속에 일어나는 **우리의** 회개와 회심이라는 것이다. 십자가의 중요성은, 그것이 죄를 다룰 때 하나님의 사랑을 표현한다는 점에 있는 것이 아니라, 그것이 우리 속에 사랑을 일으키며, 그리하여 하나님이 처리할 죄를 없이한다는 점에 있다는 것이다. 따라서 사랑의 선행은 구원의 증거가 되는 것이 아니라, 우리에게 구원이 주어지는 근거가 된다.

적어도 성경을 심각하게 받아들이는 사람에게, '도덕적 영향력' 혹은 '모범' 이론이 도저히 받아들여질 수 없는 이유가 세 가지 있다. 첫째로는 이 이론을 지지하는 사람들 자신이 이 이론을 별로 심각하게 생각하지 않는다는 점이다. 라쉬돌은 자기의 이론에 부합하지 않는 모든 본문을 거절해 버렸다. 그는 대속에 관한 예수님의 말씀(막 10:45)을 "신학적으로 채색된 삽입구"라고 선언했고, 새 언약의 피와 사죄에 대한 예수님의 성만찬에서의 말씀까지도 이차적인 것이라고 주장했다. 도대체 무슨 근거에서 그렇게 하는가? 그 근거란 단지 "우리 주님은 그분의 죽음이 죄의 용서에 필요하다고 가르치신 적이 결코 없다"(p. 45)는 것인데, 이것은 자기가 입증하고자 하는 것을 억지로 우기는 순환 논리의 대표적인 예라고 하지 않을 수 없다. 그가, 성경의 영감에 대한 우리의 믿음 때문에 "죄는 대신하는 희생이 없이는 사해질 수 없다고…말하는 듯한 부분들을 과감하게 거부하지" 못하는 일이 있어서는 안 된다고 말하는 데 이르러서는 더욱 노골적이다(p. 207). 이것은 다시 말하면, 우선 당신의 속죄론을 만들고, 다음에는 다른 모든 반대로부터 그것을 변호하며, 하나님의 영감 같은 중요하지 않은 문제가 당신을 방해하는 일을 허용하지 말라는 식이다. 차라리 예수님의 순수한 메시지가, 이사야 53장을 근거로 하던 바울 이전의 기독교에 의하여 변질되었으며, 이 변질 과정이 바울에 의하여 완성되었다고 단순히 주장하라는 것이다.

둘째로, 우리는 아벨라르와 라쉬돌에 대항하여, "당신은 아직까지 죄의 심각성을 충분히 고려하지 않았다"라는 안셀무스의 말을 인용할 필요가 있다. '도덕적 영향력' 이론은 피상적인 치유책을 제공하는데, 이는 그것이 내리는 진단이 피상적이기 때문이다. 이 이론은 인간의 이성과 능력에 무한한 신뢰를 두기 때문에 계몽주의적 인간에게 호소력을 갖는다. 이 이론은 하나님을 향한 인간의 철저한 반항, 인간의 죄에 대한 분노에 찬 적대감으로서의 하나님의 진노, 하나님 자신의 의와 사랑의 성격을 만족시키기 위하여 죄를 만족시켜야만 하는 절대적인 필요성에 대한 심오한 성경적인 이해를 가지고 있지 못하다. 아벨라르의 "속죄에 대한 이해는 안셀무스가 강점을 가진 바로 그 점—즉 죄, 진노 그리고 만족에 대한 그의 분석에서 결함을 가지고 있다"는 제임스 오르(James Orr)의 판단은 정확하다.[25]

셋째로, 도덕적 영향력 이론은 그 자체의 중심적인 강조점에 치명적인 결점을 가지고 있다. 이 이론은 그리스도의 사랑에 초점을 맞추는데, 이 사랑은 십자가에서 빛을 발하면서 또한 우리의 사랑의 응답을 유도해 낸다. 우리는 이 양편의 진리를 동일하게 강조하고자 한다. 우리 역시, 그리스도께서 우리를 위하여 자신을 주신 것은 그분이 우리를 사랑하셨기 때문임을 안다.[26] 우리도 또한 그분의 사랑이 우리를 흔들어 깨우는 것을 안다. 요한의 말대로 "우리가 사랑함은 그가 먼저 우리를 사랑하셨음이라"(요일 4:19). 우리는 다음과 같은 데니의 말에 동감한다. "그리스도에게 빚을 지고 있다는 느낌은 신약 성경의 모든 감정 가운데서 가장 심오하며, 널리 퍼져 있는 감정이라고 주저없이 말하겠다."[27] 여기까지는 우리가 동의한다. 십자가는 그리스도의 사랑과 우리의 영감의 축도(epitome)다. 그러나 우리가 강하게 제기하고 싶은 질문은 이것이다. 도대체 **어떻게** 십자가가 그리스도의 사랑을 현시하고 확증하는가? 사랑을 드러내고 있는 십자가에는 도대체 무엇이 있는가? 참된 사랑은 자기를 주는 데 목적이 있다. 참된 사랑은 아무렇게나 무분별한 행동을 보이지 않는다. 만약 당신이 방파제의 끝에서 뛰어내리거나, 불타는 집에 뛰어들어가서 타 죽어도 당신의 희생이 아무도 구원하지 못한다면, 당신은 나에게 당신의 사랑이 아니라 어리석음을 확신시키게 될 것이다. 그러나 만약 내가 물에 빠져 있거나 혹은 불타는 건물 속에 갇혀 있을 때, 당신이 나를 구하기 위하여 생명을 잃어버렸다면, 나는 당신의 행동 속에서 어리석음이 아니라 사랑을 볼 것

---

25) James Orr, *Progress of Dogma*, p. 229.
26) 예를 들어, 갈 2:20; 엡 5:2, 25; 요일 3:16.
27) James Denney, *Death of Christ*, p. 158.

이다. 이와 똑같이 십자가에서의 그리스도의 죽음도 그 자체로서는 사랑의 확증으로 이해될 수 없다. 그분의 죽음이 사랑의 확증으로 이해될 수 있는 것은 오직 그분이 우리를 구하기 위하여 자기 생명을 내주셨을 때다. 그러므로 그분의 죽음이 호소력을 가질 수 있기에 앞서서, 그분의 죽음은 어떤 목적을 가진 것으로 이해되어야 한다. 바울과 요한이 십자가에서 사랑을 본 것은 그들이 그 죽음을 각각 죄인을 위한 죽음(롬 5:8)과 죄를 위한 화목제(요일 4:10)로 이해했기 때문이다. 달리 표현하자면, 십자가가 하나님의 사랑의 증거로 이해될 수 있는 것은 그것이 동시에 하나님의 공의의 증거로 이해될 때라는 말이다. 따라서 우리 마음속에 이 두 개의 확증을 동시에 유지해야 할 필요가 있게 되며, 이것을 벌카우어는 다음과 같이 주장했다. "그리스도의 십자가에서 하나님의 공의와 사랑이 **동시에** 계시되었으며, 따라서 우리는 십자가의 실재와 관련해서만 하나님의 사랑을 이야기할 수 있다."[28] 또한 "하나님의 은혜로우심과 공의는 오직 실제적인 대속 안에서, 근본적인 희생 속에서, 역할을 전도시킴 속에서만 계시된다"(p. 311). 이와 유사하게 바울은 고린도후서 5:14-15에서 다음과 같이 썼다.

> 그리스도의 사랑이 우리를 강권하시는도다(직역하면, '우리를 움켜쥐다' 라는 의미로서, 그리하여 우리에게 다른 선택의 여지를 주지 않는다는 것이다). 우리가 생각하건대 한 사람이 모든 사람을 대신하여 죽었은즉 모든 사람이 죽은 것이라. 그가 모든 사람을 대신하여 죽으심은 살

---

28) G. C. Berkouwer, *Work of Christ*, pp. 277-278.

아 있는 자들로 하여금 다시는 그들 자신을 위하여 살지 않고 오직 그들을 대신하여 죽었다가 다시 살아나신 이를 위하여 살게 하려 함이라.

그리스도의 사랑의 강권은 한 가지 확신을 그 기초로 하고 있다고 바울은 말한다. 그것은 바로 우리가 십자가의 목적과 거기서 지불된 값을 확신하기 때문이라는 것이다. 즉 우리의 생명은 그분의 죽음의 덕을 본 결과이며, 우리는 우리를 사로잡아서 그분을 위하여 사는 것 이외의 다른 선택의 여지를 생각할 수 없게 만드는 그분의 사랑을 느낀다는 것이다.

데일의 위대한 책인「속죄」는 십자가에서의 그리스도의 죽음은 그것이 주관적인 것이 되기에 앞서서 먼저 객관적이 되어야 하며, 또한 "그 위대한 희생이 객관적인 형태로 이해되지 않으면 그것의 주관적인 능력이 상실될 것이라"는(p. li) 사실을 증명하기 위하여 쓰였다. 십자가는 하나님의 사랑이 역사 속에서 지고의 형태로 계시된 것이다. 그러나 "그 구속이 본질적으로 계시를 구성하는 것이지, 그 계시가 구속을 구성하는 것은 아니다."[29]

그러므로 우리는 안셀무스와 아벨라르를 서로 대립하는 양극단에 놓지 말아야 한다. 개괄적으로 말해서 안셀무스는 십자가를 죄를 위한 만족으로 이해했다는 점에서 정당했지만, 하나님의 사랑을 더 강조했어야 했다. 아벨라르는 십자가를 사랑의 확증으로 본 점에서는 정당했지만 안셀무스가 주장한 것을 부인한 점에서는 잘못되었다. 안셀무스와 아벨라르는 서로 상대방의 적극적인 증거를 필

---

29) H. W. Robinson, *Suffering Human and Divine*.

요로 한다. 즉 한 사람에게는 하나님의 공의에 대한 증거가, 다른 한 사람에게는 하나님의 사랑에 대한 증거가 필요하다. 왜냐하면 죄를 위한 정당한 만족이 이루어지는 그곳에서 사랑의 확증이 이루어지기 때문이다.

하지만 이런 논란이 전개된 후에도 '도덕적 영향력' 이론의 옹호자들은 자기들에게 최후의 카드가 남아 있다고 생각한다. 그 카드는 바로 예수님 자신이 적어도 세 가지 비유에서 오직 회개만을 근거로 한, 속죄가 없는 용서를 가르쳤다는 것이다. 바리새인과 세리의 비유에서 세리가 "하나님이여, 불쌍히 여기소서. 나는 죄인이로소이다"라고 부르짖었고, 그리하여 즉시 "의롭다 하심"을 얻었다(눅 18:9-14). 무자비한 종의 비유에서는 왕이 아무 대가도 없이 그를 용서하였으며, 그 종이 빚을 갚아야 한다고 주장하지 않고 그의 빚을 탕감해 주었다(마 18:23-35). 또한 탕자의 비유에서는 아버지가 아들이 회개하면서 돌아오자 그를 집으로 맞아들여서 다시 아들로 받아 주었으며, 아무런 형벌도 집행하지 않았다(눅 15:11-24). 그들의 주장에 따르면, 이 세 비유는 모두 하나님의 사죄의 은혜를 예증하며, 속죄의 필요성에 대한 암시가 어디에도 없다는 것이다. 하지만 이런 주장에 대한 대답으로 세 가지를 지적할 수 있다.

첫째로, 여기서 문제가 된 그 비유들은 어디서도 그리스도를 암시하지 않는다. 그렇다면 우리는 이 사실로부터, 그리스도의 십자가뿐만 아니라 그리스도 자신까지도 우리의 사죄에 불필요하다는 결론을 이끌어낼 수 있는가? 결코 그렇지 않다. 비유는 알레고리가 아니다. 우리는 이야기와 그 메시지가 하나하나 정확하게 대응되기를 기대할 권리가 없다.

둘째로, 이 세 가지 비유에는 각기 교묘하게 대조되는 두 명의 배우가 등장한다. 성전의 두 예배자(자기를 의롭다고 하는 바리새인과 자기를 스스로 낮추는 세리), 왕궁의 두 종(왕에 의하여 값없이 용서를 받은 종과 동료 종으로부터 용서를 거절당한 종), 가정의 두 아들(불의했지만 회개한 아들과 의로웠지만 교만한 아들). 이러한 대조를 통하여 이 비유들이 선명하게 초점을 맞추는 것은 사죄의 조건이지 그것의 근거가 아니다. 이 비유들은 사죄를 위하여 우리가 무엇을 해야 하는지를 말해 주지만 하나님이 무엇을 하셨는지에 대해서는 아무것도 직접적으로 말하지 않는다.

셋째로, 그럼에도 불구하고 그리스도인들은 이 세 가지 비유 모두에서 십자가를 본다. 왜냐하면 겸손한 세리, 파산한 종, 탕자에게 보여진 그 사죄의 자비는, 죄인들이 사죄를 받을 수 있게 하기 위하여 죽으신 그리스도 안의 하나님의 사죄의 사랑 속에서 지고의 역사적인 표현을 얻기 때문이다.

이 세 비유 가운데서 많은 사람들에게 속죄가 없는 사죄의 '복음'을 가장 분명하게 가르치는 것으로 비치는 비유는 탕자의 비유다. 바로 이것이 앞에서 언급한 헤이스팅스 라쉬돌의 1915년 뱀프톤 강연에서의 주장이었다. 그는 말하기를, 예수님은 회개하는 모든 죄인을 용서하는 사랑의 하나님을 가르쳤다고 했다. 이것이 "탕자의 비유가 가르치는 하나님의 용서에 대한 단순한 가르침이며", 또한 초대교회가 이 가르침을 변질시키기 시작했다는 것이다(p. 27). 그로부터 몇 년 후에 더글라스 화이트(Douglas White)가 동일한 주제를 언급했다. "하나님은 우리를 사랑하시며, 우리가 그분과 화목되기를 간절히 원하신다고…예수님은 가르치셨다. 만약 예수님이 참으로 가르치신 것이 있다면, 그것은 바로 값없는 용서다.…거기에는 회개나 형벌의 문제가 없었다. 오직 사랑과 용서만이 있었을 뿐이다. 그것의 위대한 예증이 탕자였다.…이 가르침에 따르면, 회개의 정신 외에 하나님의 용서를 위한 선결 조건은 없다." 이 단순한 메시지를 왜곡시켜서, "불쾌한" 용어를 사용하고 십자가를 필요한 것으로 만들며, 그리하여서 "사죄를 베푸시는 하나님의 무조건적인 자유에 대한 예수님의 가르침을 모호하게 만든" 이가 바로 바울이었다는 것이다.[30]

케네스 베일리(Kenneth Bailey) 박사는, 그 비유에 대한 이런 해석이 이슬람 세계에서 어떻게 일반화되어 있는지를 설명했다.

이슬람교는 주장하기를 이 이야기에서 그 소년은 구원자 없이 구원을 얻었다고 한다. 탕자가 돌아오고, 아버지가 그를 용서한다. 거기에는 십자가도 없고, 수난도 없으며, 구원자도 없다. 만약 사람이 사죄를 구하면, 하나님은 자비하시므로 그를 용서하실 것이라고 이슬람교는 말한다. 성육신과 십자가와 부활은 전혀 불필요하다. 만약 하나님이 참으로 위대하시다면, 그분은 이런 것들이 없이도 용서하실 수 있다. 그들에게 탕자의 이야기는 그리스도인들이 슬프게도 그리스도의 메시지를 변질시킨 증거다.[31]

그래서 그의 책 「십자가와 탕자」(*The Cross and the Prodigal*)에서, 베이루트의 근동 신학교(Near East School of Theology)에

---

30) Douglas White, "Nature of Punishment", pp. 6-9.
31) Kenneth E. Bailey, *Cross and the Prodigal*, p. 56.

서 여러 해 동안 신약을 가르친 베일리 박사는 '중동 지방 농부의 눈으로' 누가복음 15장을 새롭게 보고 있다. 그는 다음과 같이 설명한다. 돌아오는 탕자가 수치스러운 존재라는 사실을 온 동네가 다 알기에, 그 아버지가 자기의 명예를 지키기 위해서는 어떤 형태의 형벌이 불가피하다. 그러나 아들에게 그 형벌을 내리지 않고 아버지가 대신 고통을 당한다는 것이다. "그만한 연령과 지위에 있는 사람은 **언제나** 천천히 위엄 있는 태도로 걷기 마련이며", 또한 "그가 40년 동안을 어떤 목적으로든지 간에 **아무 곳**에서도 뛴 적이 없었지만" 이제 그는 집으로 돌아오는 아들을 맞이하기 위하여 십대 소년처럼 그 길을 "달려" 내려간다. 이와 같이, 자기가 길가의 장난꾸러기와 같다는 비웃음을 살 위험을 감수하고, "그는 탕자로 말미암은 수치와 창피를 자신이 진다." 베일리 박사는 계속해서 말한다. "이 비유에서 우리는 자기 집의 안락함과 안정을 떠나서, 그 마을의 길가에서 수치스러운 모습 속에 자신을 노출시키는 아버지를 보게 된다. 아버지가 내려와서 이 소년에게 가는 것은 성육신을 암시한다. 마을 길가에서의 그 수치스러운 광경은 십자가의 의미를 암시한다"(p. 54-55). 이와 같이 "이 이야기에는 십자가와 성육신이 암시적이긴 하지만 극적으로 드러나는데" 이는 "십자가의 고통은 일차적으로 육체의 고통이 아니라 거절된 사랑으로 인한 번민이기 때문이다." 탕자의 화목을 위하여 필수적인 것은 "고난 속에서 자기를 비우는 사랑의 육체적인 확증이다.…이 이야기는 골고다에서 볼 수 있듯 하나님이 인간을 다루시는 방식이 아니겠는가?"(pp. 56-57)

그러므로 이제 우리는, 십자가는 하나님의 사랑의 비견할 데 없는 표현이며, 우리를 용서하고 회복시킬 수 있기 위하여 하나님이 우리의 죄책과 그에 따르는 고통을 담당함으로써 그분의 사랑을 증명하셨고, 또한 탕자의 비유는 이런 가르침과 모순되기는커녕 도리어 암시적으로 이것을 표현하고 있다는 결론에 이른다. 크로포드가 그것을 다음과 같은 방식으로 표현한 것은 정당했다고 생각한다. 즉 그리스도의 수난 속에서 우리를 위한 성부의 사랑의 증거를 볼 수 있으려면 우리는 먼저, "그것이 아니고는 얻을 수 없는 어떤 선이 그 수난으로 인하여 우리에게 주어지거나, 혹은 우리에게서 다른 방법으로는 제거되거나 치료될 수 없는 어떤 악이 그 수난에 의하여 우리에게서 떠나는 것을 체험해야 한다."[32] 이 "달리 피할 수 없는 악"은 바로 하나님의 심판에 대한 우리의 두려움이며, 또한 "달리 얻을 수 없는 선"은 바로 우리가 그분의 가족의 일원으로 입양되는 것이다(p. 375). 그런 큰 고난의 값을 지불하고 우리를 위해 그렇게 큰 축복을 마련하심으로써 하나님은 더할 나위 없이 그분의 사랑을 확증해 주셨다.

### 하나님의 지혜와 능력

바울은 로마서의 처음 열한 장에서 어떻게 하나님이 그리스도를 화목 제물로 세우셨으며, 그리스도에 대한 믿음을 통하여 죄인을 의롭게 하시고, 성령의 내적인 사역에 의하여 그들을 변화시키시며, 이방인들도 유대인과 똑같은 조건으로 들어올 수 있는 새로운 공동체를 만드셨는지에 대한 설명을 통해 복음을 당당하게 해설한 후에 열광적인 송영을 외친다. "깊도다. 하나님의 지혜와 지식의 풍

---

32) T. J. Crawford, *Doctrine of Holy Scripture*, p. 335.

성함이여, 그의 판단은 헤아리지 못할 것이며 그의 길은 찾지 못할 것이로다. 누가 주의 마음을 알았느냐. 누가 그의 모사가 되었느냐. 누가 주께 먼저 드려서 갚으심을 받겠느냐. 이는 만물이 주에게서 나오고 주로 말미암고 주에게로 돌아감이라. 그에게 영광이 세세에 있을지어다. 아멘"(11:33-36). 앞에서 사도는 하나님의 공의와 사랑에 대한 확증으로서의 그리스도의 속죄의 죽음을 보았다. 그런데 이제 그는 하나님의 지혜, 곧 우리의 필요에도 부응하며 하나님의 본성도 만족시키는 그렇게도 값진 구원의 계획을 마련한 그 지혜에 압도당하고 있다.

하나님의 지혜와 능력으로서의 십자가는 고린도전서 1:17-2:5의 주제인데, 특별히 세상의 지혜와 능력에 대조되는 의미에서 그러하다. 바울은 "복음"을 언급하면서 그 지혜와 능력에 대한 명상을 시작한다. 왜냐하면 그는 그것의 내용을 결정해야 할 시점에 서 있다는 것을 즉시 깨달았기 때문이다. 그가 내려야 할 결정이란 "말의 지혜"와 "그리스도의 십자가" 둘 사이에서 하나를 선택하는 것이었다. 만약 우리가 사람의 지혜를 선택한다면, 십자가는 "헛된 것"이 되고, 발가벗겨지며, 완전히 파괴될 것이다(1:17). 그래서 그는 "십자가의 도"를 선택하는데, 그는 이 도가 멸망하는 자들에게는 어리석은 것이 되지만, 동시에 구원을 얻는 자들에게는 하나님의 능력이 된다는 것을 알았다(1:18). 무능한 지혜인가, 아니면 어리석은 능력인가? 이것이 운명적인 선택이었다(그리고 이것은 지금도 그러하다). 여기서 대안이 될 수 없는 한 가지 조합은 세상의 지혜와 하나님의 능력을 합하는 것이다.

바울이 지혜를 버리고 능력을 선택한 것, 즉 세상의 지혜를 버리고 하나님의 능력을 선택한 것은 이미 구약 성경에서 하나님이 지혜로운 자의 지혜를 파괴하고 총명한 자의 총명을 좌절시키겠다는 그분의 의도를 밝히셨기 때문이다(1:19). 따라서 만약 하나님이 그들을 대적하신다면, 이 세상의 현자와 학자와 철학자들을 어디서 발견할 수 있겠는가? 하나님은 이미 그들의 지혜를 어리석게 함으로써 그들을 대적하고 계시지 않은가?(1:20) 하나님은 바로 그렇게 해 오셨다. 하나님은 자신의 지혜 속에서, 먼저 이 세상은 자기의 지혜를 통해서는 하나님을 알지 못하도록 작정하시고 다음에는 계시되고 전파된 복음의 어리석음을 통하여 믿는 자들이 구원을 얻게 되기를 기뻐하셨다(1:21). 따라서 능력(구원의 능력)은 이 세상의 지혜에 있지 않고 하나님의 어리석음, 즉 십자가에 달리신 그리스도의 복음에 있다는 것이 다시 분명해진다.

우리는 이 원리가 유대인과 그리스인의 복음화 과정에서 기능을 발휘하는 것을 볼 수 있다. 왜냐하면 그 두 그룹은 모두 복음이 그들에게 받아들여지기 위하여 필요한 조건을 규정했기 때문이다. "유대인은 표적을 구하고 그리스인은 지혜를 찾는다"(1:22). 환언하면, 그들은 각각 복음의 메시지가 자기들에게 능력과 지혜에 의하여 증명되어야 할 것을 주장한다. 그러나 그들의 요구와는 전혀 다르게, "우리는 십자가에 못박힌 그리스도를 전하는데"(1:23), 그리스도께서는 그들의 표준에는 애초부터 들어맞지 않는 분이시다. 그리하여 거꾸로 유대인들은 십자가를 "거리끼는 것"으로 이해하고 이방인들은 그것을 "어리석은 것"으로 이해한다. 이는 십자가가 그들에게 감동을 주기는커녕 그들을 화나게 만들었기 때문이다. 하지만 하나님의 부르심을 받은 자들에게는, 그가 유대인이든 그리스인이든 십자가는 정반대의 것이다. 비록 연약함 속에서 십자가에 못박히셨지만 그리스도께서는 하나님의 능력이시며, 비록 외관상으로는 어리석게 보이지만 하나님의 지혜이시다(1:24). 왜냐하면 사람들이 생각할 때 하나님의 어리석음으로 보이는 것도 사람들의 지혜보다 더 지혜로우며, 사람들이 하나님의 연약함으로 간주하는 것이라 하더라도 사람의 강함보다 더 강하기 때문이다(1:25). 요약하면, 하나님의 가치 체계와 인간의 가치 체계는 서로 전혀 다르다. 따라서 십자가는, 구원의 길로서는 가장 연약하고 어리석은 것처럼 보이지만, 실은 하나님의 지혜와 능력이 가장 위대하게 드러난 것이다.

이제 바울은 두 가지 예화로 자신의 논리를 마감한다. 그 첫 번째 예화는 고린도인들이 그들의 부르심과 회심에서 얻은 경험에서 취한 것이고(1:26-31), 다른 하나는 복음을 전하면서 얻은 바를 자신의 경험에서 취한 것이다(2:1-5). 고린도인들의 경우, 인간적인 기준으로 보자면 그들 중 많은 사람들이 지혜롭거나 힘이 있는 사람들이 아니었다. 사실 하나님이 지혜롭고 힘있는 자들을 부끄럽게 하기 위하여, 세상이 어리석고 연약하다고 간주하는 자들을 선택하신 것이다. 심지어 하나님은 천하고 멸시받으며 없는 것들을 택하여 있는 것을 폐하신다. 하나님이 이렇게 하시는 목적은 인간의 자랑을 제거하기 위해서다. 자랑이란 인간에게 전혀 어울리지 않는 일이다. 왜냐하면 그들을 그리스도께 연합시킨 분은 하나님이시며, 또한 그들의 지혜가 되시고(그들에게 하나님을 계시하셨다는 점에서) 그들의 힘이 되신(그들에게 칭의와 거룩과 최후의 구속의 언약을 가져다 주신 점에서) 분은 그리스도시기 때문이다. 그러므로 성경이 말하듯이, 누구든지 자랑하는 자는 자기 자신이나 다른 사람으로 자랑해서는 안 되고 오직 주 안에서만 자랑해야 한다.

전도자 바울의 경우, 그는 고린도에 올 때 사람의 지혜의 메시지를 가지고 오지 않았다. 또한 그는 자기 자신의 힘으로도 오지 않았다. 도리어 그는 십자가의 어리석고 계시된 도를 가지고 왔으며, 또한 그 자신은 연약함과 두렵고 떨리는 마음으로 성령의 능력이 그 말씀을 확증해 줄 것을 의지하고 왔다. 그가 그런 어리석음과 연약함을 가지고 그들에게 나아온 것은, 그들의 신앙이 사람의 지혜를 근거로 하지 않고 하나님의 능력 위에 확실히 서게 하기 위해서였다.

우리가 지금까지 이 단락에서 들은 것은 하나님의 지혜와 영광을 주제로 한 변주곡이다. 즉 인간의 어리석음을 통하여 그분의 지혜가 드러나고, 인간의 연약을 통하여 그분의 능력이 드러난다는 것이다. 십자가의 복음은 결코 인기 있는 메시지가 되지 못할 것이다. 왜냐하면, 이 복음은 우리의 교만한 지성과 성격을 낮추기 때문이다. 그러나 십자가에 달리신 그리스도는 하나님의 지혜이면서(1:24) 동시에 우리의 지혜다(1:30). 왜냐하면 십자가는 죄인을 구원함에 있어서 그분의 사랑과 공의를 만족시키기 위한 하나님의 방법이기 때문이다. 그러므로 십자가는 또한 하나님의 능력, 즉 "모든 믿는 자에게 구원을 주시는 하나님의 능력"(롬 1:16)이다.

그러므로 십자가를 볼 때 우리가 하나님의 공의와 사랑과 아울러 지혜와 능력 중에 어느 것이 가장 현저하게 계시되는지, 즉 죄를 심판하시는 하나님의 공의인지, 혹은 우리 대신 그 심판을 담당하시는 하나님의 사랑인지, 아니면 공의와 사랑을 완전하게 결합시키신 하나님의 지혜인지, 또는 믿는 자를 구원하시는 하나님의 능력인지를 결정하기는 쉬운 일이 아니다. 왜냐하면 십자가는 하나님의 공의, 사랑, 지혜, 능력의 동일한 행동이며, 그리하여 그것들을 동일하게 확증하기 때문이다. 십자가는 이 하나님이 우주 안의, 우주의 배후와 그 너머의 실재임을 우리에게 확신시킨다.

아이작 와츠(Isaac Watts)는 그의 위대한 찬송에서 창조와 십자가 속에서의 하나님의 자기 계시를 한데 묶었다. 자연 속에 드러난 하나님의 놀라운 솜씨를 이야기한 후에 그는 계속해서 다음과 같이 노래한다.

> 그러나 인간을 구원한 그 은혜 속에서
> > 그분의 가장 찬란한 영광이 빛나네.
> 여기 십자가 위에서, 보혈과 진홍빛 선으로
> > 그 영광이 가장 잘 그려졌네.
>
> 여기에 그분의 이름 모두가 완전히 드러나건만
> > 어느 이름이 가장 잘 쓰여졌는지는
> 지혜로도 깨닫지 못하고, 이성으로도 증명할 수 없다네.
> > 능력인지, 지혜인지, 아니면 사랑인지.

## 토론 문제

십자가는 우리를 대신하신 하나님의 결정적인 행위 수단인 동시에 우리의 구원을 확보하시는 수단이었다. 그것은 또한 하나님이 우리에게 자신을 드러내시는 사건이었는데, 이런 측면을 이 장에서 숙고하게 된다.

1. 당신은 '영광'이란 단어를 어떻게 이해하는가? 어떤 점에서 십자가는 하나님의 영광이 드러난 증거가 되는가?(p. 386이하)

2. '변신론'이란 무엇인가?(pp. 392-393) 당신은 언제 "불의하게 보이는 하나님의 길"을 경험했는가?

3. 사도행전 17:30-31을 읽으라. 이 구절은 질문 2에 대한 당신의 대답에 어떤 시각을 제공해 주는가?(p. 393)

4. 비록 하나님의 공의가 역사의 종말에 가서 완전히 드러날 것이지만, 이미 계시된 것이 사실이다. 로마서 3:21-26을 읽으라. 바울이 21절에서 말한 "하나님의 한 의"(a righteousness from God, NIV)에 대한 세 가지 주요 설명은 무엇인가?(p. 395이하) 당신은 어느 견해에 동의하는가?

5. 이 구절에 의하면, 왜 하나님이 예수님을 "속죄의 제물"로 삼으셨는가? 그 의미는 무엇이며, 변신론을 추구함에 있어서 이것은 도움

을 제공하는가?(p. 397이하)

6. 요한일서 3:16과 4:10을 읽으라. "우리는 사랑의 정의를 찾고자 할 때 사전이 아니라 갈보리를 바라보아야 한다"(p. 401). 어떤 면에서 십자가는 참된 사랑의 본질을 드러내 주는가?

7. 당신은 하나님이 **당신을** 사랑하시는 것을 어떻게 아는가? 로마서 5:5, 8을 읽으라. 이 구절들은 하나님의 진정한 사랑에 관해 우리에게 무엇을 말해 주는가?(p. 402이하)

8. 저자는 몰트만의 글을 인용한다. "성자께서는 죽임을 당하시고, 성부께서는 아들의 죽음의 고통을 맛보신다. 여기서 성부의 고통은 성자의 죽음만큼 중요하다. 아버지를 잃는 성자의 고통과 아들을 잃는 성부의 고통은 서로 비견된다"(p. 409). 이 글에 비추어 보아, 당신은 이 세상의 고통의 견지에서 보면 하나님의 사랑은 일종의 환상이라는 주장에 대해 어떻게 대답하겠는가?

9. 속죄에 대한 아벨라르의 견해를 요약해 보라(p. 410이하). 당신은 그의 견해에 어떻게 응답하겠는가?

10. 어떤 사람들은 예수님이 친히 "속죄 없는 용서"를 가르치셨다고 주장하면서 탕자의 비유를 그 예로 든다(p. 419이하). 이 견해는 정당화될 수 있는가?

11. 고린도전서 1:17-2:5을 읽으라. 어떤 점에서 십자가의 도는 "멸망하는 자에게는 어리석은 것"인가?(p. 424이하) 고린도 그리스도인들은 십자가가 "실은 하나님의 지혜와 능력이 가장 위대하게 드러난 것"(p. 426)임을 어떻게 알았는가?

12. 당신은 십자가의 도로 인해 당황한 적이 없는가? 왜 그러하다고 생각하는가? 이 문제에 대한 가능한 해결책을 서로 토론해 보라.

# 9 ∽ 악의 정복 *The Conquest of Evil*

우리는 신약 성경을 읽을 때, 거기에 가득 퍼져 있는 기쁨에 찬 확신의 분위기를 느끼며, 또한 그 분위기가 오늘날 기독교라는 이름으로 통용되는 무미 건조한 종교와는 다르다는 사실에 주목하지 않을 수 없다. 초기의 그리스도인들에게 패배주의 같은 것은 없었다. 도리어 그들은 승리를 이야기했다. 예를 들자면, "우리에게 승리를 주시는 하나님께 감사하노니…." "이 모든 일(즉 대적들과 위험들)에…넉넉히 이기느니라." "항상 우리를…이기게 하시[는]…하나님…." 그리고 아시아의 일곱 교회에 보내는 그리스도의 각각의 편지들은 "이기는 그에게" 주는 특별한 언약으로 끝을 맺는다.[1] 승리, 정복, 이김―이것이 바로 처음에 부활하신 주님을 따르던 사람들의

---

1) 고전 15:57; 롬 8:37; 고후 2:14; 계 2, 3장.

어휘였다. 왜냐하면 그들은 승리에 대하여 이야기할 때 그 승리가 승리하신 주님에 의한 것임을 알았기 때문이다. 내가 여기까지 부분적으로만 인용한 그 본문 전체에서 그들은 그렇게 말하고 있다. 바울이 실제로 한 말은 다음과 같다. "**우리 주 예수 그리스도로 말미암아** 우리에게 승리를 주시는 하나님." "**우리를 사랑하시는 이로 말미암아** 우리가 넉넉히 이기느니라." "우리를 **그리스도 안에서** 이기게 하시[는]…하나님…." 그분은 '승리하고', '정복하신' 분이며, 더욱이 '십자가에 의하여' 그렇게 하셨다.[2]

그리스도의 죽음을 목도한 당시의 사람들은, 그 십자가에 달린 이를 승리자라고 선언하는 말에 선뜻 신뢰가 가지 않았을 것이다. 그분은 바로 자기 백성에게서 버림을 받고, 자신의 제자들에게 배반당하고 부인당하고 버림받았으며, 로마 총독 관헌에 의하여 처형되지 않으셨던가? 모든 행동의 자유를 박탈당하고, 아무 힘도 없이 못박힌 채로 사지를 벌리고 십자가에 매달린 예수님을 보라. 그것은 완전한 패배로 보일 수밖에 없다. 만약 거기에 어떤 승리가 있다면, 자만과 편견과 시기와 증오와 비겁과 잔인성의 승리가 있을 뿐이다. 하지만 그리스도인은, 실제는 그렇게 눈에 보이는 것과 반대라고 주장한다. 악에 의한 선의 패배같이 보이는(아니 실제로 그러하다) 것이 실은 더욱 확실한 선에 의한 악의 패배라는 것이다. 그곳에서 정복당함으로써, 실은 그 자신이 정복하고 있었던 것이다. 로마의 무자비한 힘에 의하여 부수어지는 동안 실은 그분이 뱀의 머리를 부수고 계셨다(창 3:15). 희생자가 실은 승리자였으며, 그

---

2) 고전 15:57; 롬 8:37; 고후 2:14.

분은 여전히 그 십자가를 보좌로 하고 그 위에 앉아서 세상을 다스리신다.

그 옛날 참된 선지자의 노래 속에서
다윗의 입을 의탁하여 하나님이 말씀하신
이방인 왕에 대한 예언이 성취되었으니,
이는 하나님이 그 나무에서 다스림일세.

여기에 그리스도의 십자가가 이룬 성취의 또 다른 의미가 있다. 죄인의 구원(우리가 제7장에서 공부한 바 네 개의 이미지로 표현된)과 하나님의 계시(앞 장에서 공부한 그분의 거룩한 사랑의 계시) 외에 십자가는 악의 정복을 이루었다는 사실이다.

### 구스타프 아울렌과 「승리자 그리스도」

스웨덴의 신학자 구스타프 아울렌(Gustav Aulen)은 그의 영향력 있는 책, 「승리자 그리스도」(*Christus Victor*, 1930)를 통하여 지금까지 교회에서 무관심했던 이 진리를 상기시켜 주었다. 이 책의 스웨덴어 원제는 '기독교적인 구속 개념'이라는 의미다. 하지만 '크리스투스 빅토르'(*Christus Victor*)가 그의 강조점을 더 잘 나타낸다. 변증적 연구라기보다는 역사적 연구라고 할 수 있는 그 연구의 주제는, 구속론(救贖論)을 두 가지로 재구성하는 방법, 즉 안셀무스와 연결된 '객관적' 혹은 '법적' 견해(그리스도의 죽음이 성부의 노를 진정시킨다는)와, 아벨라르와 연결된 '주관적' 혹은 '도덕적' 견해(그리스도의 죽음이 우리를 권고하며 변화시킨다는)의 두 가지로 재구성하는 것은 잘못이라는 것이다. 왜냐하면, '극적이며' '고전적인' 견해라고 부를 수 있는 제삼의 견해가 있기 때문이다. 이 견해가 '극적인' 이유는, 구속을 하나님이 그리스도 안에서 악의 세력들과 싸워서 승리를 획득하는 우주적인 드라마로 보기 때문이다. 또한 이 견해가 '고전적인' 이유는, 그의 주장에 따르면, 이것이 "기독교 역사의 처음 천 년 동안에 지배적인 구속 개념"이었기 때문이다(pp. 22-23).

그래서 아울렌은, 죄와 죽음과 마귀에 대한 승리로서의 구속 개념이 신약 성경의 지배적인 견해였으며 2세기 후반의 이레니우스(Irenaeus)로부터 8세기 초반의 다마스쿠스의 요한(John of Damascus)에 이르기까지 모든 헬라 교부들이 이 견해를 지지했고, 따라서 오늘날 동방 정교의 교회들도 이 견해를 견지하며, 암브로시우스와 아우구스티누스, 교황 레오 1세(Leo the Great)와 그레고리우스 1세(Gregory the Great)를 포함한 지도적인 서방 교회의 교부들도 이 견해를 가지고 있었다고 한다(그들은 '객관적' 구속 개념을 함께 견지하기도 했다). 또한 아울렌은 이것이 중세 가톨릭의 스콜라주의에 의하여 상실되었다가 루터에 의해 회복되었으며, 그 이후 프로테스탄트 스콜라주의에 의하여 다시 상실되어서 결국은 안셀무스적인 만족의 개념으로 전도되고 말았다는 것을 증명하기 위하여 애썼다.

따라서 아울렌은 안셀무스의 '만족' 교리를 "라틴적"이며 "법률적"(juridical)이라고 부르면서, 그것에 대하여 매우 비판적인 입장을 취하였다. 그는 안셀무스의 견해를 "기독교 교리사에서 곁길로 빠진 것이 분명한" 것으로 취급하면서, 가소로운 것으로 무시했다

(p. 31). 즉 기독교 교리사에서의 일탈이라는 것이다. 하지만 안셀무스에 대한 아울렌의 비판이 완전히 공정하지는 않다. "고전적인" 견해에서 "구속의 일은 하나님이 수행하시는 것으로 간주되었으며", "구속 사역에서 처음부터 마지막까지 하나님 자신이 유효한 활동자이며"(p. 50), 실로 "무엇보다도 구속은 인간으로부터 하나님으로의 움직임이 아니라, 하나님으로부터 인간으로의 움직임이라는" 진리를 그가 강조한 것은 정당하다(p. 176). 하지만 그리스도의 죽음에 대한 안셀무스의 견해를 이런 전통적인 견해와 어긋나는 것으로, 곧 "인간으로서의 그리스도가 하나님께 바친 제물"로(p. 22) 혹은 "아래에서 위로"(p. 50) 혹은 "그리스도에 의하여 성취된, 인간이 하나님을 만족시킨 행위로"(p. 104) 보는 견해에서 안셀무스가 벗어났다고 말한 것은 정당하지 못하다. 왜냐하면, 제5장에서 보았듯이 안셀무스는 분명히, 비록 인간은 자기 죄에 대하여 자기가 하나님의 요구를 **만족시켜야 하지만**, 만족시켜야 하는 이유가 바로 자기의 죄 문제에 있기 때문에 스스로 그것을 **만족시킬 수가 없다**고 강조했기 때문이다. 실로 오직 하나님만이 그 일을 하실 수 있었고 그래서 하나님이 예수 그리스도를 통하여 그 일을 하신 것이다. 아울렌의 글과는 달리, 안셀무스의 가르침은, 유일한 신인이신 예수 그리스도의 사역을 통하여 만족시킨 자는 단순한 인간이 아니며 만족시키는 자가 되면서 동시에 만족하는 자가 된 것은 하나님 자신이라는 것이다.

그럼에도 불구하고, 교회로 하여금 승리로서의 십자가에 관심을 집중하게 하며, 예수님은 그분의 죽으심으로 우리를 죄와 죽음에서 건지셨을 뿐만 아니라, 죽음과 마귀로부터 나아가서 실로 모든 악의 세력으로부터 건지셨다는 사실을 보여 준 점에서는 구스타프 아울렌이 옳았다. 그의 주장은, 또한 두 차례의 세계대전에 의하여 찢겨진 시대와 악마의 힘을 느끼고 있던 유럽 문화에 필요 적절한 것이었다. 그는 또한 "초대교회의 가르침을 통하여 나팔 소리처럼 들리던 그 승리의 곡조"(p. 59)가 안셀무스의 「하나님은 왜 인간이 되셨는가?」의 차가운 논리 속에는 거의 없다는 사실을 지적한 점에서는 정당했다. 반면에 루터는 이 음조를 되살렸다. 그의 찬송들과 요리 문답들에는, 이전에 죄와 율법과 저주와 죽음 속에 우리를 사로잡아 놓았던 "괴물 같고", "폭군적이던" 마귀로부터 하나님이 우리를 건지셨다는 기쁨이 충만해 있다.

아울렌의 주장에 대한 또 다른 정당한 비판은, 그가 '만족'의 모티브와 '승리'의 모티브를 예리하게 대조시킨 나머지, 그 둘이 서로 양립할 수 없는 양자 택일의 성질을 갖는 것처럼 제시했다는 점이다. 그러나 신약 성경은 우리에게 그 둘 가운데 하나를 선택하라고 강요하지 않는다. 신약 성경은 그 둘을 모두 포함하기 때문이다. 이와 같이 하나님은 먼저 주도권을 쥐고 그리스도를 통하여 승리를 획득하셨으며, 우리를 압제에서 해방하셨는데, 그리스도께서 우리의 죄책을 위하여 죽으셨다고 안셀무스가 말했을 때의 그 죄책이 바로 그런 압제 가운데 하나다. 19세기 스코틀랜드의 주석가인 존 에디(John Eadie)에 의하여 이 둘을 조합시키려는 괄목할 만한 시도가 이루어졌다.

우리의 구속은 값을 지불하는 일인 동시에 능력 있는 일이다. 즉 보상을 하는 일이면서 정복하는 일이다. 십자가에서 거래가 이루어졌으며, 또한 승리가 획득되었다. 우리에 대한 사형 선고를 무효화시키는 피가 십

자가에서 흘려졌으며, 사탄의 나라에 치명타를 안긴 죽음 역시 거기서 이루어졌다.[3]

사실 그리스도의 죽음에 관한 이 중요한 세 가지 설명은 모두 성경적 진리를 포함하며 어느 정도는 서로 조화를 이룰 수 있다. 특히 그 세 가지의 중요한 차이점은 그리스도 안에서 이루어진 하나님의 일이 각 경우에 서로 다른 대상을 향한다는 것임을 우리가 인식할 때 그 조화가 가능하다. '객관적인' 견해에서는 하나님이 자신을 만족시키시며, '주관적인' 견해에서는 하나님이 우리를 세워 격려하시며, '고전적인' 견해에서는 하나님이 마귀를 정복하신다. 이와 같이 예수 그리스도는 차례로 구주와 교사 그리고 승리자가 되시는데, 이는 우리가 바로 죄 있고, 무정하며, 속박 아래에 있기 때문이다. 포사이스는 그의 책 「그리스도의 사역」 가운데 '세 겹의 밧줄'이라고 이름을 붙인 마지막 장에서 여기에 관심을 기울였다. 그는 그리스도의 사역에서 "만족시키는" 측면, "거듭나게 하는" 측면, "승리의" 측면을 언급하면서, 그리스도께서 우리를 위하여 "칭의, 거룩 그리고 구속"이 되셨다고 표현한 고린도전서 1:30에 이런 측면이 서로 얽혀 있다고 주장한다(pp. 119-200). 또한 비록 "어떤 사람들은…위대한 구원에, 어떤 사람들은 위대한 속죄에, 또 어떤 사람들은 위대한 중생에 마음이 더 끌리겠지만"(p. 223), 그 모든 것은 구주의 전체 업적 즉 "악을 멸함, 하나님을 만족시킴 그리고 인간을 성화시킴"의 부분들이다(p. 202).

---

3) T. J. Crawford가 그의 책 *Doctrine of Holy Scripture*, p. 127에 있는 John Eadie의 *Colossians*(p. 174)로부터 이 부분을 인용해 놓았음.

지금 우리는 '정복'이라는 주제에 주의를 집중하고 있으므로, 십자가 위에서의 그리스도의 역사적인 승리를 먼저 살피고, 그 다음에 그분의 승리로 말미암아 가능해진 그분의 백성의 승리를 살펴보는 것이 유익할 것이다.

## 그리스도의 승리

신약 성경이 아무것에도 구애받지 않고 단언하는 바에 따르면, 예수님은 십자가에서 마귀와 그의 휘하에 있는 모든 '정사와 권세'에 대하여 승리를 거두고 그것들을 무장 해제시키셨다. 1세기에 복음을 듣던 사람들은 이 사실을 받아들이는 데 아무 어려움도 없었을 것이다. 왜냐하면 "그리스도께서 오셨던 그 세계가 얼마나 간악한 세력의 지배하에 있었는지를 현대인들은 이해하기 어려울 것이기 때문이다."[4] 하지만 오늘날에도 많은 나라의 사람들은 악한 영들에 대한 두려움 속에서 산다. 또한 고도로 세련된 듯한 서구에서도 경계할 만한 신흥 사교(邪敎)들이 선풍을 일으키고 있으며, 이런 사실을 마이클 그린은 「나는 사탄의 멸망을 믿는다」(*I believe in Satan's Downfall*)에 잘 정리해서 소개해 놓았다. 또한 오늘날에는 인격적인 마귀, 그의 휘하에 있는 악한 영들에 대한 믿음을 미신적인 시대 착오로 조소하는 사람들도 많다. 다음과 같은 루돌프 불트만(Rudolf Bultmann)의 교조적인 말은 유명하다. "전깃불과 무선을 사용하고, 현대의 의술과 의학적 발견들을 사용하면서, 동시에 신약 성경 세계의 귀신들과 악령들을 믿는다는 것은 불가능하다."[5]

---

4) H. E. W. Turner, *Patristic Doctrine*, p. 47.

마이클 그린은 두 가지 정반대되는 태도가 동일하게 마귀를 즐겁게 하는 것이 된다고 주장함으로써, 호기심과 회의가 병존하는 이 이상한 현상을 요약하고 있다. "첫 번째는 그 악의 왕에게 지나치게 관심을 기울이는 것이다. 그리고 두 번째는 그의 존재에 대하여 지나치게 회의하는 것이다"(p. 16). 계속해서 마이클 그린은 자기가, 사탄 혹은 마귀라고 불리는, 그 막강한 힘을 가지고 있으며 악하고 교활한 존재의 실재를 믿는 일곱 가지 이유를 제시한다. 그 이유는 철학, 신학, 환경, 경험, 신비 종교, 성경 그리고 무엇보다도 예수님과 관계되어 있다. 그의 설명은 타당한 것으로, 나는 거기에 더 보탤 것이 없다.

그러면 하나님은 어떻게 그리스도를 통하여 마귀에 대한 승리를 획득하셨을까? 비록 사탄의 결정적인 패배는 십자가에서 이루어졌지만, 성경에서 마귀에 대한 하나님의 정복은 여섯 단계로 묘사된다. 그 첫 번째 단계는 **예언된 정복**이다. 첫 번째 예언은 하나님이 에덴 동산에서 뱀에 대한 심판의 일부로 주신 내용에 나타난다. "내가 너로 여자와 원수가 되게 하고 네 후손도 여자의 후손과 원수가 되게 하리니 여자의 후손은 네 머리를 상하게 할 것이요 너는 그의 발꿈치를 상하게 할 것이라"(창 3:15). 우리는 이 여인의 후손이 메시아이며, 그를 통하여 하나님의 의의 통치가 이루어지고, 악의 통치가 종식된다는 것을 안다. 바로 이런 이유로, 하나님의 현실적인 통치를 선언하는 구약 본문이든(예를 들면 "여호와여, 위대하심과 권능과…주권도 주께 속하였사오니…"), 혹은 미래의 열국에 대한 메시

---

5) Rudolf Bultmann, *Kerygma and Myth*, pp. 4-5.

아의 통치를 선언하는 구약의 본문이든(예를 들면 "모사라, 전능하신 하나님이라, 영존하시는 아버지라, 평강의 왕이라"), 모든 본문은 사탄의 궁극적인 파멸에 대한 또 다른 예언으로 이해할 수 있다.[6]

두 번째 단계는 예수님의 사역 속에서 **시작된 정복**이다. 예수님이 앞으로 자기를 정복할 자임을 안 사탄은 그분을 제거하려고 여러 가지로 노력하였다. 예를 들면, 헤롯의 베들레헴 영아 살해를 통하여, 십자가의 길을 피하게 하려는 광야 시험을 통하여, 그분을 정치적이요 군사적인 왕으로 삼으려는 군중의 결심을 통하여, 십자가의 필요성에 대한 베드로의 부인을 통하여("사탄아, 내 뒤로 물러가라"), 사탄이 실제로 그 안으로 "들어갔던" 유다의 배반을 통하여 그렇게 했다.[7] 그러나 예수님은 자기에 대하여 기록된 것을 이루기로 작정하셨다. 예수님은 자신을 통하여 하나님의 나라가 바로 그 세대에 임했으며, 자신이 행하는 능력의 일들이 그 나라가 임했다는 가시적인 증거라고 선언하셨다. 귀신들이 쫓겨나고 병이 치료되며, 무질서한 자연이 주님을 인정하는 일들 속에서, 그분의 나라가 전진하고 사탄이 그 앞에서 후퇴하는 것을 우리는 본다.[8] 더욱이 예수님은 제자들을 자신의 대표자로 파견하여 복음을 전하며 병을 고치도록 하셨는데, 제자들이 귀신들마저 그분의 이름으로 제자들 앞에 복종한 사실에 흥분하여 돌아왔을 때 예수님은 "사탄이 하늘로부터 번개 같이 떨어지는 것을" 보았다고 대답하셨다. 하지만 이 주제에 관한 예수님의 가장 충격적인 진술은 다음과 같다. "강한 자

---

6) 대상 29:11; 사 9:6-7.
7) 계 12:1이하; 마 2:1-18; 4:1-11; 요 6:15; 마 16:23, RSV; 요 13:27.
8) 예를 들어, 막 1:24(귀신들); 마 4:23(병); 막 4:39(자연).

가 무장을 하고 자기 집을 지킬 때에는 그 소유가 안전하되 더 강한 자가 와서 그를 굴복시킬(nikaō, 승리를 획득하다) 때에는 그가 믿던 무장을 빼앗고 그의 재물을 나누느니라." 이 이야기에서 우리는, 강한 자는 마귀를, "더 강한 자"는 예수 그리스도를 가리키며, 재물을 나누는 것(마가복음에는 그의 집을 늑탈한다고 되어 있다)은 그의 노예들을 해방하는 것임을 쉽게 알 수 있다.[9]

그러나 그 강한 자를 '제압하는 일' 혹은 '묶는 일'은 세 번째 결정적인 단계, 즉 십자가에서의 **성취된 정복** 때까지는 이루어지지 않았다. 요한에 의하면, 예수님은 세 번에 걸쳐서 사탄을 "이 세상 임금"이라고 지칭하셨으며, 그가 "올" 것이지만(즉, 그가 마지막 공격을 시작할 것이다), 그는 "추방되며", "정죄될" 것이라고 말씀하셨다.[10] 예수님은 분명히 자신이 죽을 때 최후의 결전이 벌어질 것을 예상하셨으며, 그 결전에서 악의 세력이 뿌리뽑힐 것을 기대하셨다. 그분은 죽음으로 말미암아 "죽음의 세력을 잡은 자 곧 마귀를 멸하시며"(히 2:14-15) 그에게 사로잡힌 자를 구하려 하셨다.

아마 그리스도의 승리가 제시된 가장 중요한 신약 성경 구절은 골로새서 2:13-15일 것이다.

우리의 모든 죄를 사하시고 우리를 거스르고 불리하게 하는 법조문으로 쓴 증서를 지우시고 제하여 버리사 십자가에 못박으시고 통치자들과 권세들을 무력화하여 드러내어 구경거리로 삼으시고 십자가로 그들을 이기셨느니라.

---

9) 눅 10:18; 11:21-22; 막 3:27.
10) 요 12:31; 14:30; 16:11.

바울은 여기서 그리스도의 십자가 구원 사건이 보여 주는 서로 다른 두 가지 측면, 즉 우리의 죄의 용서라는 측면과 우주적 세력인 정사와 권세의 정복이라는 측면을 함께 이야기한다.[11] 그는 빚을 탕감해 주는 고대의 관습을 예로 들어서, 하나님의 사죄는 그분이 값없이 은혜로 주시는 것임을(charizomai) 예증한다. "우리를 불리하게 하는 법조문으로 쓴 증서"는 그 자체로 율법을 가리키는 말이라고 보기는 어렵다. 왜냐하면, 바울은 율법을 "거룩하고 의로우며 선한"(롬 7:12) 것으로 간주하기 때문이다. 오히려 여기서 말하는 것은 깨어진 법으로서, 그렇기 때문에 그것의 심판과 함께 "우리를 불리하게 하는" 것이 된다. 여기서 바울이 "법조문으로 쓴 증서"라는 말을 표현하기 위하여 사용한 단어는 '케이로그라폰'(cheiro-

---

11) 제2차 세계대전을 전후한 이래로, 특히 Hendrik Berkhof의 *Christ and the Powers*와 G. B. Caird의 *Principalities and Powers*가 출판된 이후로, 바울에게 '정사와 권세'가 무엇을 의미하는지에 대한 활발한 논의가 전개되어 왔다. 이전에는 대부분의 사람들은, 바울이 그 말을 인격을 가진 영적인 활동자들을—천사와 귀신을 모두 포함한—의미했다는 데 동의했다. 그가 *archai*(지배자들)와 *exousiai*(권세자들)를 정치 권력과 관련하여 사용한 경우가 적지 않다는 이유로, 혹자는 주장하기를 바울이 직접 천사와 귀신의 개념을 '비신화화'하기 시작했으며, 그는 이 말을 가지고 지상적 존재와 권력의 구조, 특히 국가를 의미하고 있으며, 뿐만 아니라 전통, 관습, 법률, 경제와 심지어 종교까지도 의미하고 있다고 주장하고 있다. 하지만 비록 이런 재구성의 시도가 어떤 복음주의자(뿐만 아니라 자유주의자) 그룹들에서 인기를 끌고 있기는 하지만, 이 견해는 여전히 설득력을 얻지 못하고 있다. 에베소서의 여러 구절들에 "하늘에 있는"이라는 말이 첨가된 것이나, 엡 6:10의 "혈과 육"에 대한 대립의 표현만을 보더라도—범세계적으로 뻗어 있는 그 권세의 영향력은 차치하고—이 말은 초자연적인 존재의 개념에 훨씬 부합하는 것으로 보인다. 물론 그런 존재들이 개인뿐 아니라 조직까지도 그들의 사역의 도구로 사용할 수 있긴 하지만 말이다. 더 자세한 연구를 위해서는 *Ephesians*, pp. 267-275에서의 나의 논의와 *Satan's Downfall*, p. 84이하에서의 E. M. B. Green의 논의를 보라. 특히 "Principalities and Powers"라는 제목이 붙은 P. T. O'Brien의 글 pp. 110-150의 완전한 논의를 보라.

*graphon*)이다. 이는 "특별히 빚, 채무를 표시하는 자필로 된 문서" (AG) 혹은 "우리에 대하여 영원히 증거가 되는 서명된 채무의 고백서"[12]를 표시하는 말이다. 그러고 나서 사도는 하나님이 우리의 빚을 어떻게 처리하셨는지를 묘사하기 위하여 세 개의 동사를 사용한다. 하나님은 우리의 빚을 "지워 버림"(원어인 *exaleiphō*를 직역하면 이런 의미다)으로써 그 속박을 "제하셨고", 그 다음에는 "제하여 버리사 십자가에 못박으셨다." 예레미아스는 여기서 암시하는 것이 '티툴루스'(*titulus*), 즉 십자가에 달린 사람의 머리 위에 그의 죄명을 적어서 걸어 두는 명패라고 생각하며, 따라서 이 구절은, 예수님의 '티툴루스'에 기록된 것[자칭…왕]은 예수님의 죄가 아니라 우리의 죄임을 암시한다고 생각한다.[13] 어찌 되었든 하나님은 오직 그리스도의 십자가에서 우리의 빚을 갚아 주심으로써 파산으로부터 우리를 자유롭게 하신다. 하지만 이것이 전부가 아니다. 하나님은 "그 빚을 제해 버리셨을 뿐만 아니라, 그것이 기록되어 있던 문서까지도 없애 버리신다."[14]

이제 바울은 죄의 용서에서부터 악한 세력의 정복으로 옮겨가는데, 악한 세력들의 패배를 묘사하기 위하여 세 개의 생생한 동사를 사용한다. 그 첫 번째 단어의 의미는 하나님이 그리스도 안에서 마치 낡은 옷을 벗듯이 그 세력들을 "벗어 버렸다"(stripped)는 것이다. 왜냐하면 그 세력들은 그를 덮고 있으면서, 또한 그에게 달라붙어 있었기 때문에, 그가 그것을 "벗어 버렸다"(discarded)는 것이다

---

12) F. F. Bruce, *Colossians*, p. 238.
13) J. Jeremias, *Central Message*, p. 37.
14) Peter O'Brien, *Colossains*, p. 133; 참고. p. 124.

(NEB). 혹은 더 좋은 표현을 사용한다면, 이 말은 하나님이 그들의 무기를 "빼앗아서"(stripped) 그들을 "무장 해제시켰다"(disarmed)는 의미도 되고(NIV), "그들의 위엄과 힘"을 제거해서 그들을 격하시켰다는 의미도 된다.[15] 두 번째 단어는 그들이 지금은 "무능한 세력"이라는[16] 사실을 "공개적으로 알렸다"는 의미이며, 세 번째 단어는 "십자가에 의하여 그들을 이겼다"는 것인데, 이 말은 아마 포로들의 행렬을 통해 승리를 경축했던 것을 가리키는 말인 것 같다. 그러므로 십자가는 "어떻게 보면 하나님의 무대이고 또 다른 관점에서 보면 그의 당당한 병거"였다고 핸들리 모울(Handley Moule)은 설명했다.[17] 알렉산더 맥라렌(Alexander Maclaren)은 "적의 무기와 장식과 옷을 벗기고, 포로로 삼아서, 그들을 승리의 병거의 바퀴에 매달고서 행진하는 승리자"로, 그리스도의 통일된 모습을 제시한다.[18]

이 모든 것은 생생한 이미지다. 하지만 이 이미지들이 실제로 무엇을 의미하는가? 우리는 흑암의 세력이 십자가 위의 그리스도를 포위하고 공격하는 모습과 그 속에서 그리스도께서 그들을 무장 해제시키고 패배시켜서 수치스럽게 만드시는, 문자 그대로 우주적인 전투를 마음속에 그려 보아야 하는가? 만약 그 모습이 보이지 않는다면—분명히 그 모습은 보이지 않을 것이다—어떻게 그리스도께서는 그들을 "공개적인 구경거리"로 만드셨는가? 그러므로 그분의

---

15) 앞의 책, p. 127.
16) 앞의 책, p. 129.
17) H. C. G. Moule, *Collossian Studies*, p. 159. 그것은 "마치 수치로 가득 찬 십자가가 승리의 병거로 바뀐 것 같다!"고 칼뱅은 썼다(*Institutes*, II. xvi. 6).
18) Alexander Maclaren, *Colossians and Philemon*, p. 222.

승리가 비록 생생하고 객관적인 것이었다고 하더라도 우리는 그분의 승리를 다른 방식으로 이해해야 할 것 같다.

첫째로, 바울이 그리스도께서 '케이로그라폰'에 대해 하신 일(도말하고 제하심)을, 정사와 권세들에게 그분이 하신 일(무장 해제와 정복)과 함께 묶어 놓은 것은 참으로 의미심장하다. 그분은 그 속박을 십자가에 못박으시고 그 능력을 십자가로 이기셨다. 후자의 표현이 전자의 표현보다도 더 직설적이라고 주장할 필요는 없는 것 같다. 중요한 점은 그 둘이 함께 발생했다는 사실이다. 그리스도께서 우리의 빚을 갚아 주신 것은 그분이 그 능력들을 패배시키셨다는 의미가 아닌가? 그분이 우리를 빚으로부터 놓여나게 함으로써, 또한 그 세력들로부터 벗어나게 하신 것이다.

둘째로, 그리스도께서는 마귀의 유혹을 완전히 거부하심으로써 마귀를 정복하셨다. 십자가를 피하라는 유혹을 받으면서도 예수님은 순종의 길을 걸으셨으며, 그리하여 "죽기까지 복종하셨으니 곧 십자가에 죽으셨다"(빌 2:8). 순종은 구원 사역에 필수적이었다. "한 사람의 순종하지 아니함으로 많은 사람이 죄인 된 것 같이 한 사람이 순종하심으로 많은 사람이 의인이 되리라"(롬 5:19). 만약 예수님이 하나님의 뜻이라는 길에서 한 발자국이라도 벗어나서 불순종하셨다면, 마귀가 유리한 고지를 점령하고서 구원의 계획을 좌절시켰을 것이다. 그러나 예수님은 순종하셨고 마귀는 뿌리가 뽑혔다. 예수님은 자신이 굴복한 모욕과 고문 때문에 격분하셨지만, 그에 대한 보복을 절대적으로 거부하셨다. 다른 사람들을 위한 자기희생적 사랑으로써 예수님은 "선으로 악을" 이기셨다(롬 12:21). 또한 로마와 예루살렘의 연합 세력이 그분을 잡으러 왔을 때 예수님은 무력으로 무력을 대적하실 수 있었다. 왜냐하면 빌라도는 그분에 대하여 아무런 궁극적인 권세도 가지고 있지 못했으며, 만약 예수님이 명령을 내리시기만 하면 열두 군단도 더 되는 천사들이 그분을 구하러 올 수 있었기 때문이다. 또한 예수님은 사람들이 그분에게 그렇게 하라고 도전한 것과 같이 십자가에서 걸어 내려오실 수도 있었다.[19] 그러나 그분은 세상의 힘에 의존하는 어떤 방식도 거절하셨다. 하나님의 약함이 인간의 강함보다 더 강함에도 불구하고 그분은 "약하심으로 십자가에 못박히셨다." 이렇게 해서 예수님은 하나님께 불순종하지도 않으셨고, 자신의 원수를 미워하지도 않으셨으며, 힘을 사용하는 세상의 방식을 흉내내지도 않으셨다. 예수님은 그분의 순종, 사랑 그리고 온유에 의하여 악의 세력에 대하여 위대한 도덕적 승리를 거두셨다. 그분은 자유롭고, 때묻지 않으셨으며, 타협하지 않으셨다. 마귀는 그분을 전혀 제압하지 못했으며, 패배를 인정해야 했다.[20] 이것을 브루스는 다음과 같이 표현했다.

> 그분이 연약한 모습으로 손과 발이 나무에 묶인 채로 거기에 달리자, 그들은 자기들이 그분을 이겼다고 생각하며, 악의를 가지고 그분께 달려들었다.…그러나 그분은 그들과 싸워 이기셨다.[21]

이와 같이 타락 직후에 예언되고 그분의 공생애와 함께 시작된 그리스도의 승리는 십자가에서 결정적으로 성취되었다. 그 승리의

---

19) 요 19:11; 마 26:53; 막 15:30.
20) 고후 13:4; 고전 1:25; 요 14:30.
21) F. F. Bruce, *Colossians*, p. 239.

여섯 단계중 남은 것은 그것을 실행하는 것이었다.

넷째로, 부활은 **확인되고 선언된 정복**이었다. 우리는 십자가를 패배로 생각하고 부활만을 승리로 간주하지 않아야 한다. 도리어 십자가는 획득된 승리이고, 부활은 추인되고 선언되며 입증된 승리다. "죽음은 그분을 잡아 둘 수가 없었는데", 이는 죽음이 이미 패배했기 때문이다. 십자가에서 무기와 위엄을 박탈당한 악한 정사와 권세들은 이제 그분의 발 아래 정복되어서 그분께 복종하고 있다.[22]

다섯째로, 교회가 성령의 능력으로 십자가에 달리신 그리스도를 주님으로 선포하고 사람들을 불러서 회개시키며 그리스도를 믿게 하는 사명을 수행함으로써, **이 정복은 확장된다**. 참된 회심이 일어나는 곳에는 언제나, 죄로부터 돌이켜서 그리스도께로 돌아오는 것뿐만 아니라, "어둠에서 빛으로", "사탄의 권세에서 하나님께로", "우상을 섬기던 것에서 살아 계시고 참된 하나님을 섬기는 데로" 돌아오는 일이 수반된다. 또한 "흑암의 권세에서 건져내사 그의 사랑의 아들의 나라로" 옮겨지는 일이 있다.[23] 따라서 그리스도인으로의 회심이 일어나는 모든 경우에 힘의 접전이 있으며, 그 접전에서 마귀

---

22) 행 2:24; 엡 1:20-23; 벧전 3:22.
23) 행 26:18; 살전 1:9; 골 1:13. 요즘은 보통 '전통적인 종교가들'(traditional religionist)이라고 불리는 바, 귀신들을 무서워하면서 살고 있는 물활론자(animist)들 사이에서는 예수 그리스도와의 '힘의 접전'의 개념이 특히 중요하다. "한 사람이 참되고 살아 계신 하나님께 향한 봉사로 돌아서는 것은, 예수 그리스도에 관한 진리에 지적으로 동의한(인식적인) 결과라기보다는 대개의 경우 악한 영들을 제압하는 그리스도의 능력을 분명하고도 확실하게 입증한(경험적인) 것에 대한 반응이다"(*Christian Witness to Traditional Religionists of Asia and Oceania*, Lausanne Occasional Paper No. 16, p. 10). 라틴 아메리카와 카리브해 연안(No. 17) 그리고 아프리카(No. 18)에서의 유사한 민족들에 대한 기독교 전도를 이야기하는 Lausanne Occasional Papers를 보라.

는 어떤 사람의 일생에 대한 지배력을 상실하고 그 대신 그리스도의 우세한 능력이 입증되는 것이다. 그러하기 때문에, 일천 년 동안 용을 "결박하는" 것을, 십자가에서 일어난 바 강한 자를 "결박하는" 일로 해석하는 것은 정당할 것이다. 왜냐하면 사탄을 결박한 결과는 바로 그가 "만국을 미혹하지 못하게" 되는 것이기 때문이다. 이것은 또한 십자가의 위대한 승리와 그에 뒤이은 부활절과 오순절 이후에 시작된 만방에 대한 복음 전파를 가리키는 것 같다.[24]

여섯째로, 우리는 재림 시에 그 **절정에 이를 정복**을 기대하고 있다. 예수님의 초림과 재림 사이의 기간은 교회의 선교로 채워질 것이다. 주의 기름부은 자가 이미 통치하시지만, 그분은 또한 적들이 그분의 발등상이 되는 때를 기다리고 계신다. 그 날이 되면 모든 무릎은 그 앞에 꿇게 되고 모든 혀가 그분을 주로 고백할 것이다. 마귀는 불못에 던지우며, 죽음과 음부도 그와 함께 거기에 던지울 것이다. 이는 최후에 멸망당할 원수가 죽음이기 때문이다. 이렇게 모든 악한 지배력, 권세 그리고 세력이 멸망당한 후에는 아들이 그 나라를 아버지께 넘길 것이며, 그분은 모든 것 중의 모든 것이 되실 것이다.[25]

하지만 이렇게 그리스도의 승리를 그분의 죽음에 돌리는 것이 정당한가? 차라리 그분의 승리는 부활에 의하여 이루어졌다고 말해야 하지 않을까? 그분이 죽음을 이기신 것은 죽음에서 다시 살아나심으로써가 아닌가? 사실, 이 책의 전체 강조점은 지나치게 십자가에 편중되어 있으며, 부활에 대한 강조는 부족한 것이 아닌가?

---

24) 계 20:1-3; 마 28:18-20.
25) 시 110:1; 빌 2:9-11; 계 20:10, 14; 고전 15:24-28.

마이클 그린이 그의 책 「예수의 비어 있는 십자가」에서 힘있게 논증했듯이, 십자가와 부활이라는 두 개의 사건은 함께 붙어다니는 것이 아닌가? 이런 질문들에 대한 우리의 입장을 밝히는 것은 반드시 필요하다.

신약 성경에서 죽음과 부활이 언제나 함께 언급되며, 둘 중 어느 하나만 이야기되는 경우는 거의 없음은 의심의 여지가 없는 사실이다. 예수님도 마가가 기록한, 자신의 수난에 대한 연속된 세 번의 예언에서 매번 자신이 삼 일 후에 다시 살아날 것을 첨가해서 말씀하셨다.[26] 요한에 따르면 예수님은 또한, 자기 목숨을 "버린다"고 말씀하셨고, "다시 얻는다"고도 말씀하셨다.[27] 그 일은 그분이 말씀하신 대로 이루어졌다. "곧 살아 있는 자라. 내가 전에 죽었었노라. 볼지어다. 이제 세세토록 살아 있어"(계 1:18). 다음으로, 사도들이 언제나 그 둘을 함께 이야기했다는 사실 역시 동일하게 명백하다. 베드로에 따르면 가장 초기의 사도적 케리그마는 "그가 하나님의 정하신 뜻과 미리 아신 대로 내준 바 되었거늘 너희가…못박아 죽였으나…하나님께서…살리셨으니"라는 것이었으며, 한편 바울에 따르면, "그리스도께서 우리 죄를 위하여 죽으시고 장사 지낸 바 되셨다가…사흘 만에 다시 살아나사…보이셨나니"라는 것이었다.[28] 또한 바울의 편지들은 "우리가 예수의 죽으셨다가 다시 살아나심을 믿을진대", "살아 있는 자들로 하여금…오직 그들을 대신하여 죽었다가 다시 살아나신 이를 위하여 살게 하려 함이라" 등의 구절

---

26) 막 8:31; 9:31; 10:34.
27) 요 10:17-18; 참고. 2:19.
28) 행 2:23-24; 고전 15:1-8.

로 가득 차 있다.²⁹⁾ 더욱이 복음의 성례는 처음부터 그리스도의 죽음과 부활의 증거로 인식되었다. 왜냐하면, 세례 시에 세례 받는 사람은 상징적으로 그리스도와 함께 죽었다가 부활하는 것이며, 한편 성만찬에서는 그분의 죽으심을 이야기하는 바로 그 상징을 통하여 부활하신 주님 자신이 우리에게 알려지는 것이기 때문이다.³⁰⁾ 따라서 이 점은 논쟁거리가 되지 않는다. 아니, 되어서도 안 된다. 부활을 말하지 않고 십자가만을 전파하는 것이나(나는 안셀무스가 혹시 이렇게 한 것이 아닌가 하고 생각한다), 십자가 없는 부활만 전하는 것은(예수님을 대속의 구주로 제시하기보다는 살아 계신 주님으로 제시하는 사람들이 이렇게 한다) 모두 심각하게 균형을 잃은 것이다. 그러므로 죽음과 부활 사이의 불가분의 연결을 유지하는 것은 건전한 일이다.

그럼에도 불구하고 우리는 예수님의 죽음과 부활 사이에 있는 관계의 성격을 분명히 알아야 하며, 또한 구원의 능력을 그 둘에게 동일하게 돌리지 않도록 조심해야 한다. 마이클 그린은 이 함정을 피했다. 왜냐하면 그는 "예수님의 십자가가 바로 복음의 핵심이다"라고 강하게 단언하기 때문이다.³¹⁾ 참으로 그렇다. 제7장에서 우리가 구원의 네 가지 이미지를 조사했을 때, 죄에 대한 하나님의 진노가 진정된 것이 '예수님의 보혈에 의한' 것이라는 사실 그리고 바로 그 예수님의 피에 의하여 우리가 구속되고 의롭게 되며 하나님과 화목되었다는 사실이 분명해졌다. 왜냐하면 우리의 죄는 예수님의

---

29) 살전 4:14; 고후 5:15.
30) 롬 6:1-4; 눅 24:30-35.
31) E. M. B. Green, *Empty Cross*, p. 11.

부활이 아니라 그분의 죽음에 의해서 처리되었기 때문이다. 앞에서 인용한 가장 최초의 사도적 케리그마에서 바울은 "그리스도께서 우리 죄를 위하여 죽으셨다"고 쓰고 있다. 신약 성경의 어느 곳에도 "그리스도께서 우리 죄를 위하여 부활하셨다"라고는 기록되어 있지 않다. 하지만 그리스도께서 죽음을 정복하신 것은 그분의 부활에 의한 것이 아닌가? 그렇지 않다. 그리스도께서 죽음의 권세를 쥐고 있는 자를 멸하신 것은 그분의 죽음에 의해서였다(히 2:14).

예수님의 성육신이 그분의 죽음을 가능하게 했던 것과 마찬가지로, 그분의 부활은 그분의 죽음의 효과를 확증하는 데 필수적이었다. 그러나 우리가 주장해야 하는 것은, 죄를 담당하는 그리스도의 사역은 십자가에서 완료되었고, 마귀와 죄와 죽음에 대한 승리는 십자가에서 획득되었으며, 또한 부활의 역할은 사람들이 버린 그 예수님이 정당하셨음을 변호하며, 그분이 하나님의 아들이심을 능력으로 선언하여, 죄를 담당하는 그분의 죽음이 사죄의 능력이 있음을 공개적으로 확증한 것이었다는 사실이다. 만약 예수님이 다시 살아나시지 않았다면, 우리의 믿음과 전도는 헛된 것이 되었을 것이다. 왜냐하면 예수님의 인격과 사역이 하나님의 승인을 얻지 못한 것이 되었을 것이기 때문이다.[32] 로마서 4:25의 말씀은 바로 그 의미다. 이 구절의 "예수는 우리가 범죄한 것 때문에 내줌이 되고 또한 우리를 의롭다 하시기 위하여 살아나셨느니라"는 말씀은 언뜻 보기에 그리스도의 부활이 우리의 칭의의 수단이라고 가르치는 것 같다. 그러나 찰스 크랜필드는 다음과 같이 설명한다. "우리의

---

32) 예를 들어, 행 2:24; 5:31; 롬 1:4; 고전 15:12이하.

죄로 말미암아 필요하게 된 것은 무엇보다도 그리스도의 속죄의 죽음이었다. 하지만 만약 그분의 죽음 이후에 부활이 따라오지 않았다면, 그리스도의 죽음은 우리를 의롭게 하기 위한 하나님의 힘 있는 일이 되지 못했을 것이다."[33] 게다가 살아 계신 그리스도께서 그분이 십자가에서 우리를 위하여 얻으신 구원을 우리에게 내려 주시며, 성령에 의하여 우리를 그분의 죽으심의 공로에 참여하게 하실 뿐 아니라 그 부활의 능력 안에서 살게 하시며, 또한 마지막 날에 우리도 부활의 몸을 가지게 될 것이라고 약속하신 것은 바로 그리스도의 부활로 말미암은 것이다.

제임스 데니는 예수님의 죽으심과 부활의 관계를 다음과 같은 방식으로 표현한다.

> 살아 계신 구주가 없다면 죄로부터의 구원도 있을 수 없다. 이 말은 부활에 대한 사도(즉 바울)의 강조를 설명해 준다. 그리스도인은 살아 계신 주님을 믿는다. 만약 그렇지 않다면 그는 아무것도 믿을 수 없었을 것이다. 그러나 그는 속죄의 죽음을 죽으신 살아 계신 주님을 믿는데, 이는 다른 어떤 사람도 죄의 파멸 아래서는 영혼의 믿음을 유지할 수 없기 때문이다.[34]

요약하자면, 복음은 예수님의 죽으심과 부활을 모두 포함한다. 왜냐하면, 만약 예수님이 부활하시지 않았다면 그분의 죽음에 의하여 성취되는 것은 아무것도 없을 것이기 때문이다. 하지만 복음은

---

33) C. E. B. Cranfield, *Romans*, Vol. I, p. 252.
34) James Denney, *Death of Christ*, p. 73.

십자가를 강조한다. 왜냐하면 승리가 성취된 곳이 바로 십자가였기 때문이다. 부활은 죄와 죽음으로부터 우리를 구원하는 것이 아니라 그것에 대한 확신을 우리에게 심어 주는 것이다. 우리의 "믿음과 소망이 하나님께 있는 것은"(벧전 1:3, 21) 부활 때문이다.

### 그리스도의 승리 안으로 들어감

그리스도께 그러했던 것과 마찬가지로 그리스도인들에게도 삶은 투쟁을 의미한다. 그러므로 그리스도께 그러했던 것과 마찬가지로 그리스도인들에게도 삶은 또한 승리다. 승리하신 그리스도처럼 우리 역시 승리하게 되어 있다. 요한은 그가 돌보던 교회의 "청년들"에게 그들이 "악한 자를 이기었다"고 쓰지 않았는가? 이 점에서 예수님도 의도적으로 그분 자신과 우리 사이에 병행 관계를 설정하시고서 예수님이 승리하심으로써 아버지의 보좌에 동참한 것과 같이, 승리한 사람은 그분의 보좌에 참여할 권리를 얻으리라고 약속하지 않으셨는가?[35]

하지만 그리스도와 우리 사이의 이 병행 관계는 부분적으로만 사실이다. 우리의 힘만으로 마귀와 싸워서 이긴다는 것은 불가능하다. 우리에게는 그렇게 할 수 있는 재주도 없고 힘도 없다. 또한 우리가 그렇게 하려고 시도할 필요도 없다. 왜냐하면 그리스도께서 이미 그 일을 성취하셨기 때문이다. 그러므로 그리스도인의 승리는 그리스도의 승리 안으로 들어가서 그 승리의 유익을 즐기는 것이다. 우리는 "우리 주 예수 그리스도로 말미암아 우리에게 이김을 주

---

35) 요일 2:13; 계 3:21.

시는 하나님께 감사할" 수 있다. 우리는 죽음에서 부활하신 예수님이 지금 천상의 하나님 우편에 앉아 계심을 안다. 하지만 하나님은 "우리를 그리스도와 함께 살리셨고…또 함께 일으키사 그리스도 예수 안에서 함께 하늘에 앉히셨다." 다른 말로 하면 하나님의 은혜로운 능력에 의하여, 그리스도의 부활에 참여한 우리는 또한 그분의 보좌에 참여한다. 만약 하나님이 만물을 그리스도의 발 아래 두셨고, 우리가 그리스도 안에 있다면 만물은 또한 우리 아래 있어야 하는 것이다. 예수님 자신의 은유를 빌리자면, 이제 강한 자가 무장이 해제되고 묶였으므로, 우리가 그의 궁전을 노략하고 그의 물건들을 탈취할 때가 된 것이다.[36]

하지만 이것이 그렇게 간단하지만은 않다. 왜냐하면 비록 마귀가 패배하였지만, 아직 자기의 패배를 인정하지 않고 있기 때문이다. 비록 그가 타도되긴 했지만 아직 완전히 제거되지는 않았다. 사실 그는 아직도 계속해서 큰 능력을 행사하고 있다. 바로 이런 이유 때문에 우리는 신학과 생활에서 모두 긴장을 느끼는 것이다. 우리는 한편으로, 방금 살펴본 것처럼, 그리스도와 함께 살아서 좌정하고 다스리며, 악의 정사와 권세까지라도 하나님에 의하여 그리스도의(따라서 우리의) 발 아래 놓여 있다. 그러나 다른 한편으로는 이 동일한 영적인 힘이 우리를 대적하므로 만약 우리가 주님의 힘 속에서 강하며, 그분의 무기로 무장하고 있지 않으면 우리에게는 결코 그 힘을 대적할 힘이 없다고 경고를 받고 있다(에베소서에서도 그러하다).[37] 이 동일한 역설은 다음과 같은 말로 나타낼 수도 있을

---

36) 고전 15:57; 엡 1:20-23; 2:4-6; 막 3:27.
37) 엡 1:20-23; 6:10-17.

것이다. 한편으로는, 우리는 하나님에게서 났으므로 그리스도께서 우리를 지켜 주시며 "악한 자가 만지지도 못한다." 하지만 다른 한편으로는 바로 그 동일한 악한 자가 "우는 사자같이 두루 다니며 삼킬 자를 찾고" 있으므로 우리는 조심하라는 경고를 받는다.[38]

많은 그리스도인들은 이 두 입장 중의 어느 하나를 택하거나, 그 둘 사이를 계속해서 오간다. 어떤 사람들은 승리주의자가 되어서, 예수 그리스도의 결정적인 승리만을 보고 악의 힘에 대한 사도의 경고를 간과한다. 또 어떤 사람들은 패배주의자가 되어서, 악의 무서운 적의만을 보고, 그리스도께서 이미 거두신 승리를 간과한다. 이 긴장은 바로 '이미'(already)와 '아직'(not yet) 사이에 있는 그리스도인의 긴장의 일부다. 이미 하나님의 나라는 시작되어서 전진하고 있다. 하지만 아직 절정에 이르지는 못했다. 이미 새 시대(올 시대)가 왔으므로, 우리는 "내세의 능력을 맛보았다." 하지만 아직 옛 시대가 완전히 지나가지는 않았다. 우리는 이미 하나님의 아들딸이며 따라서 더 이상 노예가 아니다. 하지만 우리는 아직 "하나님의 자녀의 영광의 자유"에 들어가지는 못했다.[39] '이미'에 대한 지나친 강조는 승리주의로 이끌게 된다. 이것은 '아직' 임하지 않은 그 절정에 이른 나라에만 속한 완전—도덕적인 것(무죄함)이든 혹은 육체적인 것(완전한 건강)이든—을 현재 주장하는 것이다. 또한 '아직'에 대한 지나친 강조는 패배주의로 연결되어서, 그리스도의 승리가 드러내는 '이미'와는 병존할 수 없는 계속적인 악을 받아들이는 것이다.

---

38) 요일 5:18; 벧전 5:8.
39) 히 6:5; 요일 2:8; 롬 8:21.

이 긴장에 접근하는 또 다른 방법은 '카타르게오'(*katargeō*)라는 동사의 의미를 깊이 생각하는 것이다. 이 단어는 영어 성경에서 자주 '파멸시키다'(destroy)로 번역되지만 실은 그렇게까지 강한 의미를 가지고 있지는 않다. 도리어 그 단어는 '무력하게 혹은 무능력하게 만들다'라는 의미이며, 비옥하지 못한 땅과 열매를 맺지 못하는 나무를 가리키는 데 사용된다. 그것들은 여전히 거기에 있다. 그것들은 파괴되지는 않았지만 메말라 버렸다. 이 단어가 마귀와 우리의 타락한 품성 그리고 죽음에 대하여 사용될 때,[40] 우리는 그것들이 아직 완전히 '파괴된' 것이 아님을 알아야 한다. 왜냐하면 마귀는 여전히 매우 활동적이며, 우리의 타락한 품성은 여전히 그 힘을 발휘하고, 죽음은 그리스도께서 오시기까지 계속 자기의 권리를 주장할 것이기 때문이다. 그러므로, 이 말은 그것들이 더 이상 존재하지 않는다는 말이 아니라 그것들의 힘이 파괴되었다는 것이다. 그것들은 제거된 것이 아니라 타도된 것이다.

요한은 "하나님의 아들이 나타나신 것은 마귀의 일을 '멸하려'(혹은 '없애려') 하심이라"(요일 3:8)는 중요한 주장을 하였다. 하나님의 아들은 마귀를 대면해서 그를 패배시키려고 오셨다. 그러면 이 "마귀의 일", 그의 악독한 활동의 효과는 무엇인가? 예를 들면 루터는 그의 고전적인 「갈라디아서 주석」(*Galatians*)에서, 그 효과들을 몇 개로 제시하기를 좋아하였다. 한 곳에서 그는 "율법, 죄, 죽음, 마귀와 지옥"을 "인간의 모든 악과 비극"의 구성 요소로 이야기하였고(p. 162), 다른 곳에서는 "죄, 죽음 그리고 저주"를 "저 무적

---

40) 히 2:14(마귀): 롬 6:6('육신' 혹은 타락한 본성): 딤후 1:10(죽음).

의 강한 폭군"이라고 말하면서 오직 그리스도만이 우리를 그것들로부터 자유롭게 하실 수 있다고 하였다(p. 275). 앤더스 나이그렌은 그의 유명한 「로마서 주석」(Romans)에서 로마서 5장부터 8장까지는 믿음으로 의롭게 된 사람의 생활을 묘사한다고 주장한다. "5장은 그 생활이 **진노**로부터의 자유를 의미한다고 말한다. 6장은 그것이 **죄**로부터의 자유라고 말한다. 7장은 **율법**으로부터의 자유를 말한다. 그리고 8장에서는 우리가 **죽음**에서 벗어나 있다고 말한다"(p. 188). 여기서 내가 관심을 가진 것은 이 목록에는 '육신'(우리의 타락한 인간 본성)과 '세상'(하나님이 없는 사회)에 대해서 아무런 언급이 없다는 점이다. 하지만 교인들은 '세상, 육신, 마귀'라는 삼총사를 통하여 적어도 그 육신과 세상을 잘 알고 있다. 따라서 그리스도께서 우리를 거기서 건져 주셨고, 신약 성경 저자들이 집중하고 있는 네 가지 "마귀의 일"은 율법, 육신, 세상 그리고 죽음이다.

첫째로, 그리스도를 통하여 우리는 더 이상 **율법의 폭정** 아래 있지 않다. 자기 백성에 대한 하나님의 좋은 선물이며 그 자체로는 "거룩하고 의로우며 선한" 율법이 어떻게 해서 우리를 노예로 삼는 폭군이 되었는지에 많은 사람들은 놀라게 된다. 그렇지만 그렇게 되었다는 것이 바로 정확한 바울의 가르침이다. "믿음이 오기 전에 우리가 율법 아래 매인 바 되고 계시될 믿음의 때까지 갇혔느니라." 그 이유는 율법이 우리의 불신앙을 정죄하고, 그리하여 우리를 그 "저주" 혹은 심판 아래 두기 때문이다. 그러나 그리스도께서 우리를 위하여 저주가 되심으로써, 우리를 율법의 저주에서 구속하셨다. "그리스도께서 율법의 마침이 되시며", 우리가 더 이상 율법 "아래" 있지 않은 것은 바로 이런 이유 때문이다.[41] 하지만 이것은, 1960년

대의 '신도덕'(new morality)이 주장한 것처럼 사랑 외에는 아무런 절대적인 도덕이 없다거나, 혹은 반법주의자(antinomian)들이 가르치는 것처럼 우리는 하나님의 법을 지켜야 할 아무 의무도 없다는 것은 아니다. 결코 그런 의미가 아니다. 율법의 폭정은 율법의 저주이며, 우리가 그리스도에 의하여 자유를 얻은 것은 바로 이 정죄로부터의 자유이므로, 이제 우리는 더 이상 그 정죄 "아래" 있지 않다는 의미다. 이제 율법은 더 이상 그것의 정죄에 의하여 우리를 노예로 삼지 않는다. 우리가 앞에서 생각하였던 '케이로그라폰'은 말살되었다. 로마서 8장의 처음 네 절은 이 요소들을 한데 모아 놓고 있다. 그 절들을 보면, 그리스도 안에 있는 사람들에게는 "정죄함이 없나니"라고 되어 있으며(1절), 이는 하나님이 이미 우리의 죄를 예수 그리스도 안에서 정죄하였기 때문이고(3절), 또한 하나님이 그렇게 하신 것은 "우리에게 율법의 요구를 이루어지게 하려 하심"(4절)이라고 되어 있다. 따라서 우리를 율법의 정죄에서 벗어나게 해준 바로 그 그리스도의 십자가가 우리에게 율법에의 복종을 언명하는 것이다.

둘째로, 그리스도를 통하여 우리는 더 이상 **육신의 폭정** 아래 있지 않다. 바울의 "육신"(sarx)이라는 말이 의미하는 것은, 우리의 타락한 본성 혹은 구속되지 못한 인간성, 그리스도께서 우리를 새롭게 하시기 이전에, 우리가 출생과 유전 그리고 성장 과정에서 갖게 된 모든 것을 가리킨다. 우리의 "육신"은 아담 안에서의 우리의 '자아'이므로 그것의 성격은 자기 중심성이다. 바울은 이 자기 중심성

---

41) 갈 3:23과 13; 롬 6:14; 10:4; 갈 5:18.

의 가장 악하고 추한 결과 몇 가지를 제시하는데, 거기에는 성적 부도덕, 우상 숭배와 신비 종교(방향이 틀린 예배), 증오, 시기와 분노, 이기적 야망과 불화, 술 취함 등이 포함된다. 이런 삶을 사는 것은 "행락에 종노릇 하는" 것이다. 예수님도 직접 말씀하셨듯이 "죄를 범하는 자마다 죄의 종이다." 그러나 예수님은 곧 "아들이 너희를 자유롭게 하면 너희가 참으로 자유로우리라"고 부언하셨다. 또한 우리의 타락한 본성과 그 이기심으로부터의 해방은 십자가를 통하여 온다. "우리가 알거니와 우리의 옛 사람이 예수와 함께 십자가에 못박힌 것은 죄의 몸이 죽어 다시는 우리가 죄에게 종 노릇 하지 아니하려 함이니."[42] 그리스도는 그분의 십자가로써 율법에 대해서뿐만 아니라 육신에 대해서도 승리를 거두셨다.

셋째로, 그리스도를 통하여 우리는 더 이상 **세상의 폭정** 아래 있지 않다. 만약 육체가, 마귀가 우리 안에 가지고 있는 발판이라면, 세상은 마귀가 밖에서 우리에게 압력을 가하는 수단이다. 왜냐하면 이런 맥락에서의 '세상'은 하나님 없는 인간 사회를 가리키며, 교회에 대한 그 사회의 적대감은 어떤 때는 공개적인 조소와 박해에 의하여, 어떤 때는 교묘한 전복으로 즉 세상의 가치 체계와 표준들을 침투시키는 것으로 표현되기 때문이다. 요한은 세상에 대한 사랑과 아버지에 대한 사랑은 서로 배타적이라고 명확하게 선언한다. 왜냐하면 세상적이라는 말로 그가 의미하는 것은 "육신의 정욕과 안목의 정욕과 이생의 자랑"이기 때문이다. 여기 첫 번째 표현인 "육신"은 '사륵스'(sarx)를 번역한 것이다. "육신"과 "세상"은 필연적으로

---

[42] 갈 5:19-21; 딛 3:3; 요 8:34-36; 롬 6:6.

서로 연결되어 있는데, 이는 "세상"이 구속되지 못한 사람들, 곧 그들의 사고방식이 구속되지 못한 자신들의 본성에 의하여 지배를 받는 사람들의 공동체이기 때문이다. 그 세 가지 표현을 함께 놓고 보면, 요한이 강조하는 세상의 특징은 세상의 이기적인 욕망, 피상적인 판단(사물의 외적인 것 밖에 못 보는 눈) 그리고 세상의 교만한 물질주의인 것 같다. 그러나 예수님은 "내가 세상을 이기었노라"고 선언하셨다. 그분은 세상의 왜곡된 가치관을 철저히 거부하시고, 자신의 경건하고 더럽혀지지 않은 시각을 견지하셨다. 그래서 요한은 그리스도를 통하여 우리도 이길 수 있다고 부언했다.

> 무릇 하나님께로부터 난 자마다 세상을 이기느니라. 세상을 이기는 승리는 이것이니 우리의 믿음이니라. 예수께서 하나님의 아들이심을 믿는 자가 아니면 세상을 이기는 자가 누구냐.[43]

예수 그리스도를 믿을 때 우리의 가치관이 바뀐다. 우리는 더 이상 세상의 가치관에 순응하지 않으며, 도리어 하나님의 뜻을 파악하고 받아들이는 새로워진 마음에 의하여 우리가 변화된 것을 발견한다. 그리스도의 십자가만큼 우리를 세상에서 분리시켜 주는 것은 없다. 세상이 우리에 대하여 십자가에 못박히고 우리가 세상에 대하여 십자가에 못박혀서,[44] 우리가 세상의 폭정에서 벗어나게 되는 것은 바로 십자가를 통해서다.

넷째로, 그리스도를 통하여 우리는 더 이상 **죽음의 폭정** 아래 있

---

43) 요일 2:15-16; 요 16:33; 요일 5:4-5.
44) 롬 12:1-2; 갈 6:14.

지 않다. 사람들은 가끔 말하기를, 빅토리아 시대의 선조들은 죽음에 대한 병적인 열광을 가지고 있었지만 성에 대해서는 결코 말하지 않은 반면에, 오늘날의 세대는 성에 집착하고 있으면서 죽음에 대해서는 거의 언급하지 않는다고 한다. 죽음에 대한 공포는 실제로 보편적이다. 전하는 바에 따르면, 웰링턴 공작은 "결코 죽음을 두려워해 본 적이 없다고 자랑하는 사람은 겁쟁이거나 거짓말쟁이임이 분명하다"고 말했다고 한다. 또한 사무엘 존슨(Samuel Johnson) 박사는 "이성적인 사람이라면 어느 누구도 불안을 느끼지 않고 죽을 수는 없다"고 부언했다.[45] 그러나 예수 그리스도께서는, 일생 동안 "죽음에 대한 두려움에 노예가 되어 있던" 사람들을 자유롭게 하실 수 있다. 이는 자신의 죽음에 의하여 그분이 "사망의 세력을 잡은 자 곧 마귀를 없이" 하셨기(그 힘을 빼앗으셨기) 때문이다(히 2:14).

예수 그리스도께서는 마귀를 권좌에서 끌어내리셨을 뿐만 아니라 죄까지도 처리하셨다. 실제로 그분이 죽음을 처리하신 것은 죄를 처리하심에 의해서다. 왜냐하면 죄가 바로 사망의 "쏘는 것"이며, 바로 죄 때문에 죽음이 그렇게도 고통스러운 것이 되기 때문이다. 죽음을 가져오는 것은 죄이며, 또한 그 죄가 죽음 이후에 심판을 가져다 준다. 그러므로 우리는 그것을 두려워하는 것이다. 그러나 그리스도께서는 우리의 죄를 위하여 죽으심으로써 그것들을 제거하셨다. 그러므로 바울은 매우 경멸하는 태도로 죽음을 침이 제거된 전갈에 비유하며, 또한 세력을 잃은 장군에 비유하고 있다. 이

---

45) Boswell, *Life of Johnson*, Vol. II, p. 212.

제 우리는 용서를 받았으므로 죽음은 더 이상 우리에게 해를 끼칠 수 없다. 그래서 사도는 대담하게 외친다. "사망아, 너의 승리가 어디 있느냐. 사망아, 네가 쏘는 것이 어디 있느냐." 아무런 대답도 없다. 그래서 그는 이번에는 경멸하는 투가 아니라 승리의 어조로 다시 소리친다. "우리 주 예수 그리스도로 말미암아 우리에게 승리를 주시는 하나님께 감사하노니"(고전 15:55-57).

그러면 이제 죽음에 대한 그리스도인의 태도는 어떠해야 하는가? 죽음은 여전히 적이요 자연스럽지 못하며 불쾌하고 품위가 없는 것이다. 실로 그것은 '맨 나중에 멸망 받을 원수'다. 하지만 그것은 이미 패배한 원수다. 그리스도께서 이미 우리 죄를 없애셨으므로 죽음은 우리에게 해를 끼칠 힘을 잃었으며, 따라서 우리를 두렵게 하지도 못한다. 이것을 예수님은, 그분의 가장 위대한 단언의 하나인 다음 말씀에서 요약하셨다. "나는 부활이요 생명이니 나를 믿는 자는 죽어도 살겠고 무릇 살아서 나를 믿는 자는 영원히 죽지 아니하리니."[46] 즉, 예수님은 죽은 신자의 부활이시요 산 신자의 생명이시라는 것이다. 전자에 대한 그분의 약속, "네가 살겠고"는 단순히 네가 생존하리라는 의미가 아니라 네가 부활하리라는 의미다. 후자에 대한 그분의 약속, "네가 영원히 죽지 아니하리니"는 네가 죽음을 피하리라는 뜻이 아니라, 죽음이 그에게는 하나의 사소한 사건, 즉 충만한 생명을 향해 가는 하나의 여정에 불과한 것으로 판명되리라는 의미다.

그리스도께서 "죽음을 멸망시키셨다"는 기독교의 확신은(딤후

---

46) 고전 15:26; 요 11:25-26.

1:10) 어떤 신자들로 하여금, 그리스도께서는 질병까지도 멸망시키셨으며, 따라서 십자가로부터 우리는 사죄뿐만 아니라 치료까지도 주장해야 한다고 추론하게 만들었다. 이 주제에 대한 인기 있는 해석이 바로 캐나다인 맥크로산(T. J. McCrossan)이 쓴 「신체적 치유와 대속」(*Bodily Healing and Atonement*, 1930)인데, 이 책은 그 이후 오순절 교단인 레마 교회(Rhema Church)의 케네스 헤이긴(Kenneth E. Hagin)에 의하여 다시 편집되어서 재판되었다. 맥크로산은 다음과 같은 말로 자기의 해석을 주장한다. "모든 그리스도인은 바로 오늘 하나님이 그들의 몸을 고쳐 주실 것을 기대해야 한다. 왜냐하면 그리스도는 우리의 죄뿐만 아니라 질병까지도 속하기 위하여 죽으셨기 때문이다"(p. 10). 맥크로산은 자기 주장의 근거를 이사야 53:4에서 찾으면서 그 구절을 "참으로 그는 우리의 질병을 담당하시고 우리의 고통을 가져가셨다"라고 번역한다. 그는 특별히 히브리어 동사(*nasa'*)를 강조하면서 그 단어는 '어떤 것을 위하여 형벌을 당한다'는 의미에서 짊어진다는 의미를 가진다고 강조한다. 이 단어가 이사야 53:12에서도 사용되므로("그가 많은 사람의 죄를 담당하며"), "여기서 분명하게 가르치는 것은…그리스도께서는 우리의 죄를 지신 것과 똑같은 방식으로 우리의 질병을 지셨다는 것이다"라고 주장한다(p. 120).

하지만 이 해석을 받아들이는 데는 세 가지 어려움이 있다. 첫째로, 히브리어 동사인 '나사'(*nasa'*)는 다양한 구약 성경의 문맥에서 사용된다. 그 단어는 법궤와 성막의 다른 기구들을 나르는 데, 무기를 지니는 데 그리고 아이들을 데리고 가는 데도 쓰인다. 이사야 52:11에서는 "여호와의 기구를 메는" 사람들과 관련하여 사용된다.

따라서 그 동사 자체만으로는 '…의 형벌을 담당한다'는 의미를 갖지 않는다. 그러므로 우리는 죄가 목적어가 되었을 때만 그 단어를 그러한 의미로 번역할 수 있다. 그리스도께서 우리의 질병을 '담당하셨다'는 말은 전혀 다른 의미일 수가 있다(실제로 그것은 전혀 다른 말이다).

둘째로, 맥크로산이 제시한 개념은 의미가 없다. '죄의 형벌을 담당한다'는 말은 쉽게 이해된다. 왜냐하면 죄의 형벌은 죽음인데 그리스도께서 우리를 대신해서 우리의 죽음을 죽으셨기 때문이다. 그러나 질병의 형벌은 무엇인가? 그런 것은 있지도 않다. 질병은 그 자체가 죄의 형벌이지, 그것이 형벌을 야기시키는 악행은 아니다. 그러므로 그리스도께서 우리의 질병을 위하여 '대속하신다'고 말하는 것은 범주를 뒤섞어 놓는 말이다. 그러므로 그것은 의미가 있는 개념이 아니다.

셋째로, (구약 성경의 성취에 가장 마음을 집중한 복음서 기자인) 마태는 이사야 53:4을 예수님의 대속의 죽음에 적용하지 않고 그분의 치료 사역에 적용했다. 그는 예수님이 '병을 다 고치신 것은' 이사야를 통하여 말한 것을 성취하기 위해서였다고 쓴다. 그러므로 우리에게 그 구절을 다시 십자가에 적용시킬 자유는 없다. 베드로가 "그가 채찍에 맞음으로 너희는 나음을 얻었나니"라는 구절을 인용하는 것은 사실이지만, 이사야와 베드로가 그 말을 한 문맥을 살펴보면, 그 '나음'이라는 말을 가지고 그들이 생각한 것이 죄로부터의 구원임을 분명하게 알 수 있다.[47]

그러므로 우리는, 그리스도께서 죄를 위하여 죽으신 것과 똑같이 질병을 위하여 죽으셨으며, 따라서 '속죄 속에는 치료가 있다'거나 혹은 사죄와 마찬가지로 병의 치료도 모든 사람이 누릴 수 있는 혜택이라고 주장하는 일은 없어야 한다.

그러나 이 말은 우리 몸이 예수님의 죽음과 부활에 의하여 아무런 영향도 받지 않는다는 말이 아니다. 우리는 몸에 관한 바울의 다음과 같은 말을 당연히 진지하게 생각해야 한다.

> 우리가 항상 예수의 죽음을 몸에 짊어짐은 예수의 생명이 또한 우리 몸에 나타나게 하려 함이라. 우리 살아 있는 자가 항상 예수를 위하여 죽음에 넘겨짐은 예수의 생명이 또한 우리 죽을 육체에 나타나게 하려 함이라(고후 4:10-11).

사도는 여기서 우리 인간의 몸의 허약함과 죽을 수밖에 없는 성질을, 특히(그의 경우에서의) 육체적인 핍박과 연관지어 언급하고 있다. 그는 이것이 마치 우리 몸 속에서 예수님의 죽음(혹은 죽임을 당함)을 경험하는 것과 같으며, 이 일의 목적은 예수님의 생명이 우리 몸 속에서 계시되게 하려는 것이라고 말한다. 여기서 그가 몸의 부활을 말하고 있는 것 같지는 않다. 왜냐하면, 그는 뒤에 자기의 몸의 부활이라는 주제로 돌아오기 때문이다. 또한 그의 말은 물리적인 공격으로부터의 생존만을 가리키는 것 같지도 않다—그는 이것을 가리켜서 "거꾸러뜨림을 당하여도 망하지 아니하고"(9절)라고 했다. 아니, 그가 말하고 있는 것은, 지금 우리의 죽을 몸(반드시 죽게 되어 있는) 속에서 예수님의 "생명"(이 말이 두 번 반복된다)

---

47) 마 8:16-17; 사 53:5; 벧전 2:24.

이 "나타나고"(이 말도 두 번 반복된다) 있다는 것으로 보인다. 우리가 피곤과 아픔 그리고 통증을 느낄 때라도 우리 안에 살아 계신 예수님의 힘과 생동력을 경험한다는 것이다. 바울은 이와 동일한 생각을 16절에서 다음과 같이 표현한다. "겉사람은 낡아지나 우리의 속 사람은 날로 새로워지도다."

예수님의 생명이 계속해서 우리들의 몸에서 나타나야 한다는 것, 하나님이 사람의 몸 속에 질병과 싸우며 건강을 회복시키는 놀라운 치료의 과정을 넣어 주셨다는 것, 하나님은 기적적인 치료(아무 방편도 사용하지 않고 즉각적이며 영구적으로)를 하실 수 있으며 또한 가끔 그렇게 하신다는 것, 모든 치료는 하나님이 하시는 치료라는 것—이런 것들을 우리는 기꺼이 확신을 가지고 단언해야 할 것이다. 그러나 우리가 죄인의 용서를 기대하듯이 언제나 아픈 자의 병이 치료되고, 죽은 자가 살아날 것을 기대한다는 것은, '아직'을 무시하고 '이미'만을 강조하는 것이다. 왜냐하면 그런 일들은 부활을 미리 보여 주는 것이기 때문이다. 그 때까지는 우리의 몸이 질병과 죽음에서 완전히 벗어나지 못할 것이다.

이제 우리는 다시, 그리스도께서 싸워서 승리를 거두시고, 그리하여 그것들로부터 우리를 건지신 바, 네 가지의 폭군으로 돌아와야 한다. 그 네 폭군은 아담에 의하여 시작된 옛 '시대'(aeon)를 특징짓는다. 그 때에는 율법이 사람을 노예로 만들었고, 육신이 지배했으며, 세상이 현혹하였고, 죽음이 왕노릇 했다. 그러나 그리스도에 의하여 시작된 새로운 '시대'는 율법이 아니라 은혜가, 육신이 아니라 성령이, 세상의 풍속이 아니라 하나님의 뜻이, 죽음이 아니라 풍성한 생명이 그 특징을 이룬다. 바로 이것이 그리스도께서 우리로 하여금 들어갈 수 있게 해주신 그 승리다.

### 요한계시록

신약 성경의 책들 중에서 그리스도의 승리를 가장 명확하고 힘 있게 증거하는 책은, 우리가 '요한계시록'이라는 이름으로 알고 있는 기독교의 묵시다. '승리'를 표시하는 어군('이기다'라는 의미의 *nikaō*, 그리고 '승리'라는 의미의 *nikē*)의 절반 이상이 이 책에서 발견된다. 스웨테는, 이 책은 독자에게 의기 소침해져 가는 마음에 힘을 내고 용기를 가지고서 마지막까지 견딜 것을 권고하므로, 처음부터 끝까지 '수르숨 코르다'(*Sursum corda*, 용기를 불러일으키게 하는 것 ─ 편집자 주)라고 했다. 마이클 그린은 주장하기를, 해방의 노래인 "우리 승리하리라"(We shall overcome)는 "신약 성경의 주제곡"으로 기입되어야 할 것이라고 했다.[48] 이 신약 성경의 승리의 가락이 요한계시록 전체를 통하여 분명히 들린다.

고대 세계에서는 전장에서의 승리가 인간이 아닌 신들에 의하여 얻게 되는 것으로 여겨졌다. "오직 신만이 정복자요, 정복되지 않으며, 정복될 수도 없다."[49] 그렇기 때문에 여신인 '니케'(*Nikē*)가 그렇게 인기 있었던 것이다. 기념비에도 자주 묘사되는 이 여신을 기리기 위하여 파르테논 입구에 작고 아름다운 신전이 건립되었다. 나는, 요한계시록에서 예수님이 '호 니콘'(*ho Nikōn*) 즉 '승리자'라고 불리는 것이 '니케'와의 의식적인 대비가 아닌가 하고 생각하며, 또한 그리하여서 이 이름이 후대의 기독교의 승리자에게도 전해진

---

48) E. M. B. Green, *Satan's Downfall*, p. 220.
49) *nikaō* 어군에 관한 O. Bauernfeind의 논문.

것이 아닌가 생각한다.[50]

도미티아누스(Domitian) 황제의 치하(주후 81-96년)에서 쓰인 것이 확실한 이 책의 배경은, 교회에 대한 박해(이제는 간헐적이 아니라 조직적인)와 황제 숭배의 관행이 점점 극심해 가던 시기였으며, 황제 숭배를 거부함으로써 그리스도인들이 자주 새로운 박해에 직면해야 했던 때다. 요한계시록이 하고 있는 일은, 그 책의 묵시적 형식에 따라 우리 눈에 보이지 않는 영적인 실체를 감추고 있는 장막을 걷어서, 우리 눈에 보이는 장면의 배후에서 일어나는 일을 보여 주는 것이다. 여기서는 교회와 세상의 투쟁은 단지, 그리스도와 사탄, 어린양과 용 사이에서 벌어지는 눈에 보이지 않는 전쟁이 가시적인 세상의 무대에서 표현되는 것으로 설명한다. 오랜 세월에 걸친 이 전투는 일련의 극적인 환상으로 표현되는데, 이 환상은 어떤 사람들에 의해서는 그 시대의 역사적인 발전을 묘사하는 것으로 해석되고[과거주의(praeterist) 학파], 어떤 사람들에 의해서는 여러 세기에 걸쳐서 전개될 역사적 발전을 묘사한 것으로 해석되며[역사주의(historicist)], 또 다른 어떤 사람들에게는 종말의 서곡 [미래주의(futurist)]으로 해석되는 등 다양하게 해석되고 있다. 하지만 이것들 중의 어느 것도 완전히 만족스럽지는 않다. 이 환상은 연속적인 사건을 순서에 따라 묘사한 것이 될 수 없다. 최후의 심판과 승리가 여러 번에 걸쳐서 극적으로 소개되기 때문이다. 그러므로 이 책은 동일한 장면이 여러 번 겹치는 것으로 보는 것이 더 그럴듯하며, 그리스도의 초림(승리가 획득됨)과 재림(승리가 인정됨) 사이

---

50) *ho nikōn*을 위해서는 계 2:7, 17, 26; 3:5, 12, 21(두 번); 6:2; 21:7을 보라.

의 세계의 전 역사를 그 환상 속에서 여러 번 요약한 것으로, 또한 이미 역사 속에서 여러 번 드러났고 종말이 이르기 전에 더 많이 드러나게 될 어린양과 용 사이의 전투를 강조하는 것으로 보는 편이 더 그럴듯하다.

이 책은 예수 그리스도를 "죽은 자들 가운데서 먼저 나신 자", "땅의 임금들의 머리"(1:5), "처음이요 나중인 자", "산 자"(1:17-18)로 지칭하는 말로 시작되며, 또한 이런 명칭들을 정당화하기 위하여 그분을 부활하시고 승천하시고 영화되셔서 통치하시는 주님으로 묘사하는 말로 시작된다. 그 다음으로는 로마의 관할 아래 있는 아시아 지방에 있는 일곱 교회에게 보내는 편지가 등장하는데, 각각의 편지는 "이기는 그"에 대한 적절한 약속으로 끝난다. 그 다음에는 이야기의 초점이, 땅 위의 교회들을 순회하는 그리스도로부터 천상에서 하나님의 보좌에 함께 좌정하신 그리스도에게로 옮겨간다. 그래서 그 다음 네 장에서는(4-7장) 보좌가 중심이며, 모든 것을 그 보좌와의 관계로 묘사한다. 예수 그리스도는 사자와 어린양으로 묘사된다(이 결합된 이미지는 그분의 힘이 자기 희생으로 말미암은 것임을 보여 줄 것이다). "보좌의 한가운데에 서 있는" 그리스도가 보인다. 오직 그분만이 봉인된 두루마리(역사와 운명의 책)를 열기에 합당하신 이유는 그분이 "이기었기" 때문이다(5:5). 그리고 그분이 거둔 승리의 특징은 그분이 죽임을 당하셨으며, 그분의 피로써 하나님을 위하여 모든 나라에서 사람들을 사셨다는 것이다(5:9). 이 이야기는 우리에게, 인을 떼고 나팔을 부는 음침한 사건들(전쟁, 기근, 질병, 순교, 지진과 생태학적 재난)도 여전히 어린양의 지배하에 일어나는 사건들이며, 그 어린양은 이미 통치하고 있고 그의 완전한 나라가 곧 그 절정에 이를 것임을 알게 해준다(11:15-18).

하지만 나의 관심은 12장의 환상에 집중되는데, 이는 여러 가지 면에서 이 장이 이 책의 중심인 것으로 보이기 때문이다. 요한은 아이를 밴 한 여인을 보는데, 그 여인은 해를 옷처럼 입고 달을 발판으로 삼으며 열두 별을 면류관처럼 쓰고서, "만국을 다스릴" 운명을 지닌 한 아들을 낳으려는 순간에 있다(5절). 이 아이는 메시아임이 분명하고, 그 여인은 메시아를 낸 구약 교회임이 분명하다. 거대하고 이상하게 생긴 붉은 용이―9절에서 이 용은 "옛 뱀 곧 마귀라고도 하고 사탄이라고도 하는" 자로 밝혀진다―그 여인의 앞에 서서 "그가 해산하면 그 아이를 삼키고자" 한다. 그러나 아이는 "하나님 앞과 그 보좌 앞"으로 올려졌고, 여인은 하나님이 그 여자를 위하여 예비하신 광야의 처소로 도망했다(5-6절).

그 다음에는 하늘에서 전쟁이 일어나는데, 그 전쟁에서는 "용과 그의 사자들"이 패배를 당한다. 그리스도께서 땅에서 하늘로 들림 받으시자 그 용은 하늘에서 땅으로 내던져졌다. 그 승리는 십자가를 가리키는 것이 분명하다. 왜냐하면, 그리스도의 백성이 그 용을 이긴 것은 "어린양의 피를 인함"(11절)이었기 때문이다. 다른 어떤 무기도 그와 싸우기에 적합하지 않은데, 이는 "마귀가 자기의 때가 얼마 남지 않은 줄을 알므로 크게 분내어 너희에게 내려갔기" 때문이다(12절).

그러므로 바로 이것이 지금의 상황이다. 마귀는 패배해서 그 권좌에서 쫓겨났다. 하지만 이것이 그의 활동을 끝내지는 못한다. 자기의 임박한 종말을 알았기 때문에 그의 활동은 도리어 배가된다.

그에 대한 승리는 이미 획득되었지만 그와의 고통스러운 전투는 여전히 계속된다. 그리고 이 전투에서 그는 세 동맹자에게 의지하는데, 이 동맹자가 이제 (요한의 환상 속에서) 두 마리의 추한 괴물의 모습 그리고 추잡하고 번지르르하게 꾸민 음녀의 모습으로 나타난다. 비록 이것들이 로마의 서로 다른 세 가지 측면, 즉 박해자 로마, 속이는 자 로마, 유혹하는 자 로마를 나타내지만, 이 세 가지는 모두 로마 제국을 가리키는 상징임이 분명하다.

그 첫 번째 괴물—요한은 이 괴물이 바다에서 나오는 것을 본다—은 그 용과 똑같이 일곱 개의 머리와 열 개의 뿔을 가지고 있으며, 용이 그에게 자기의 능력과 보좌와 권세를 주었으므로 그를 따르는 자가 세상에 많다. 이것을 자세히 해석할(즉 어느 머리와 어느 뿔이 어느 황제를 상징한다는 식으로) 필요는 없을 것이다. 가장 중요한 것은 그 괴물이 하나님에 대하여 교만한 모독적인 말을 하며 (13:5), "성도들과 싸우며" 심지어 (잠정적으로) "이기는" 권세를 받았으며(7절), 어린양을 따르는 자 이외의 모든 자로부터 경배를 받는다(8절)는 사실이다. 이것이 로마 제국의 절대적인 권세다. 그러나 이 예언의 성취는 로마 제국에서 완성되는 것이 아니다. 그리스도를 반대하고 교회를 박해하며, 그 시민들로부터 무조건적인 칭송을 요구하는 모든 폭력적인 나라에서는 "바다에서 나온 무서운 괴물"이 다시 그 추한 머리와 공격적인 뿔을 쳐드는 것이다.

두 번째의 괴물은 "땅에서" 올라온다(11절). 그는 첫 번째 괴물의 추종자임이 분명하다. 왜냐하면 그는 첫 번째 괴물의 권세를 행사하고 그에 대한 경배를 더욱 진작시키며, 그 일을 위하여 기적적인 표적들을 행하기 때문이다. 첫 번째 괴물의 특징이 박해였다면,

이 두 번째 괴물의 특징은 기만이다(14절). 사람들은 첫 번째 괴물에게 경배(이것은 황제 숭배를 가리키는 말임이 분명하다)를 강요당하며, 짐승의 표를 받도록 강요당하는데, 이 표가 없이는 세상 일에 참여할 수가 없다. 이 두 번째 짐승은 뒤에 "거짓 선지자"(19:20)라고 불린다. 비록 요한의 시대에는 이 괴물이 황제 숭배를 강요하는 자로 상징화되었지만, 우리 시대에는 그것이 모든 거짓된 종교와 이데올로기, 즉 사람들의 경배를 '살아 계신 참 하나님' 외의 다른 존재에게로 유도하는 것을 상징한다.

용의 세 번째 동맹자는 그 후의 몇 장에서는 소개되지 않는데, 그 대신 어린양의 최후의 승리가 몇 번에 걸쳐서 확신 있게 예언되고 경축된다.[51] 세 번째 동맹자는 "큰 음녀"(17:1)라고 불린다. 여기서 다시 이 여자는 말할 것도 없이 로마를 가리킨다. 왜냐하면, 그녀는 "큰 성 바벨론"(14:8과 17:5), "땅의 임금들을 다스리는 큰 성"(17:18) 그리고 "일곱 산"(17:9) 위에 위치한 성이기 때문이다. 여기서 상징되는 것은 로마의 도덕적 타락이다. 그녀는 붉은 짐승을 타고, 자색 빛과 붉은 빛 옷을 입고 금과 보석과 진주로 꾸미고 있으며, "가증한 물건과 그의 음행의 더러운 것들이 가득한" 금잔을 손에 들고 있다(4절). 그녀의 유혹하는 힘은 "땅에 사는 자들도 그 음행의 포도주에 취하였다"고 말할 수 있을 정도다(2절). 이 음행이 성적인 부도덕을 말하는 것이든, 아니면 영적인 우상 숭배를 말하는 것이든 간에, 그녀의 죄는 이뿐만이 아니다. 우리는 뒤에 노예제도를 포함한 국제 교역의 결과로 그녀가 얻은(18:11-13) "도에 지

---

51) 예를 들어, 계 14:1-5; 15:1-4; 16:4-7.

나친 사치"(18:3), 여기에서 밝히지 않은 "죄악들"과 "위법 행위들"(5절) 그리고 그녀의 거만한 자랑(7절)에 대하여 읽게 된다. 그녀의 왕들이 어린양에 대항하여 전쟁을 일으킬 것이지만, "어린양은 만주의 주시요 만왕의 왕이시므로 그들을 이기실" 것이다(17:14). 그리고 18장과 19장에서는 "큰 성 바벨론"의 멸망이 그림같이 생생하게 묘사되었을 뿐만 아니라, 또한 필연적이고 정당한 일로 변호되고 있다. 승리자 그리스도는 백마를 탄 "공의로 심판하며 싸우는 자"로 나타난다(19:11-16). 그리고 마지막 세 장에서는 사탄과 죽음의 최후의 멸망, 새 하늘과 새 땅 그리고 새 예루살렘이 묘사되는데, 거기서는 하나님이 완전한 통치를 확립하시기 때문에 더 이상 눈물이나 죽음, 고통이나 밤이 없을 것이다.

마귀는 전략을 바꾸지 않았다. 비록 로마 제국은 이미 오래 전에 사라졌지만, 박해하고 속이고 타락시키는 다른 체제들이 그것을 대신하여 일어났다. 오늘날 힌두교 국가나 이슬람교 국가에서는 국제연합의 인권 선언이 무시된 채, 복음을 전파하고 회심을 공언하는 것이 투옥되거나 심지어 죽음에도 이를 수 있는 범죄로 간주되고 있다. 구소련에서는 감옥 대용으로 정신 병원이 사용되었다고 한다. 대부분의 마르크스주의 국가에서는 젊은이를 가르치는 것이 심하게 제한되며, 특별히 허가를 받은 건물 밖에서의 모든 종교 활동은 심한 제약을 받고 있다. 비기독교적인 문화가 우세한 모든 곳에서는 고등 교육의 기회와 발전의 전망이 제한되며, 완전한 시민권이 거부되고 있다. "땅에서 올라온 짐승" 혹은 "거짓 선지자"의 경우와 마찬가지로 마귀는 여전히 다른 종교, 새로운 신비 종파 그리고 세속적인 이데올로기를 통하여 활동하고 있다. 마이클 그린은 「나는 사탄의 멸망을 믿는다」에서, "신비 종교의 열광"과 "사이비 종교"에 관하여 두 장에 걸쳐서 잘 뒷받침된 정보를 제공한다. 나는 그 두 가지가 아직까지도 "사탄의 무장 중에서 가장 강한 무기"에 속한다는 사실에 대하여 그와 견해를 같이한다(p. 194). "큰 음녀"에 대하여 말하자면, 전통적인(즉 기독교적인) 도덕에 대한 공격이 이제는 교회의 방어선 안으로까지 파고 들어왔다. 인간 생명의 신성함에 관해서도(즉, 낙태와 태아에 대한 실험과 관련된) 교회는 모호한 태도를 취하는 경향이 있다. 무차별 살상 무기의 비도덕성에 대한 일치된 반대도 없다. 이혼이 점점 더 용인되고 있는데, 심지어 기독교 지도자들 사이에서도 그러하다. 이성간의 엄격한 일부일처 이외의 성적인 생활 방식이 정죄되지 않을 때도 있다. 또한 우리는 곤경에 처한 수백만의 궁핍에 대해서 무감각한 채 서구 사회의 풍요를 계속 즐기고 있다.

요한계시록의 메시지는, 예수 그리스도께서 사탄을 이기셨으며 앞으로 언젠가 그를 완전히 파멸시키시리라는 것이다. 우리가 그의 계속되는 악의에 찬 활동―그것이 물리적인 것이든(박해를 통한), 지적인 것이든(기만을 통한), 도덕적인 것이든(타락을 통한)―을 대할 때는 바로 이 확실성의 빛 안에서 그것에 대항해야 한다. 그러면 이제 우리는 어떻게 그리스도의 승리 안으로 들어가며 사탄의 세력을 이길 수 있는가? 어떻게 해서 우리는, 우리 자신의 생활에서뿐만 아니라 대적이 찬탈한 이 세상 속에서 그 대적을 전복시킬 것을 바랄 수 있는가?

첫째로, 우리는 **마귀를 대적하라**는 권고를 받는다. "너희는 믿음을 굳건하게 하여 그를 대적하라." 또한 "마귀를 대적하라. 그리하면 너희를 피하리라."⁵²⁾ 우리는 그를 두려워하지 말아야 한다. 그가 과시하는 힘 가운데 많은 것은 허풍인데, 이는 그가 십자가에서 전복되었기 때문이다. 따라서 우리에게는 그 힘의 과시를 허풍이라고 부를 수 있는 용기가 필요하다. 하나님의 전신갑주로 무장하면 그를 대항하여 굳게 설 수 있다(엡 6:10-17). 그를 피하여 달아날 필요가 없다. 도리어 그를 대항함으로써 그가 우리를 피하여 달아나게 해야 한다. 하지만 우리의 연약한 음성은 그를 무찌를 수 있을 만큼 충분히 권위 있지 않다. 우리는 예수님이 하신 것처럼 우리 자신의 이름으로 "사탄아, 물러가라"고 말할 수 없다. 그러나 우리는 예수 그리스도의 이름으로 그렇게 말할 수 있다. 우리는 십자가의 승리를 선언하여야 한다. "예수 그리스도의 이름으로, 승리자 그리스도(*Christus Victor*)의 이름으로, 너를 십자가에서 이기신 이의 이름으로 말하노니, 사탄아, 물러가라." 그러면 이 명령은 효력을 발생한다. 사탄은 그리스도께서 정복자이심을 안다. 그는 그리스도 앞에서 도망간다.

둘째로, 우리는 **예수 그리스도를 선포**해야 한다. 십자가를 전파하는 것이 하나님의 능력이다. 십자가에 달리시고 부활하신 그리스도를 선포함으로써 우리는 사람들을 "어둠에서 빛으로, 사탄의 권세에서 하나님께로"(행 26:18) 돌아오게 할 수 있으며, 또한 그렇게 되면 사탄의 나라는 하나님 나라의 전진 앞에서 피하여 움츠리게 될 것이다. 다른 어떤 메시지도 그와 동일한 내적인 힘을 가지고 있지 못하다. 다른 어떤 이름도 그와 동일한 방식으로 성령에 의하여

---

52) 벧전 5:8-9; 약 4:7.

옹호되고 칭송되지 않는다.

그러므로 우리 자신의 생활과 교회의 선교에서 오직 그리스도의 십자가만이 사탄을 이기며, 그를 억제할 수 있다. "우리 형제들이 어린양의 피와 자기들이 증언하는 말씀으로써 그를 이기었다"(계 12:11)는 것은 오늘날에도 여전히 사실이다. 그리스도에 대해 타협하지 않고 증거하는 것이 본질적으로 중요하다. 또한 그분을 위해서는 기꺼이 목숨이라도 내놓으려는 자세가 동일하게 중요하다. 그러나 이 두 가지 요소에 반드시 있어야 하는 것은, 우리의 신앙과 메시지의 내용, 즉 모든 악의 세력에 대한 어린양의 객관적이고 결정적인 승리다. 그리고 그분은 십자가에서 피를 흘리셨을 때 이 승리를 거두셨다.

**토론 문제**

기독교의 주장은, 그리스도의 십자가가 외견상으로는 완전한 패배로 보이는데도 불구하고 사실은 그리스도께서 "그 십자가를 보좌로 하고 그 위에 앉아서 세상을 다스리신다"는 것이다(p. 435). 이 장에서는 이러한 주장의 근거를 살펴보고 있다.

1. 아울렌의 구속론은 무엇인가? 왜 그는 그것을 (1) '극적'이며 (2) '고전적'(p. 436이하)이라고 부르는가? 그의 주장은 정당한가?

2. 하나님이 그리스도를 통하여 마귀에 대한 승리를 획득하신 여섯

단계는 무엇인가?(p. 441이하)

3. 골로새서 2:13-15을 읽으라. 바울은 십자가에서 그리스도에 의해 성취된 정복을 어떻게 묘사하는가?(p. 443이하)

4. "십자가를 패배로 생각하고 부활만을 승리로 간주하는 일"은 왜 잘못된 것인가?(p. 450이하) 예수님의 죽음과 부활 간의 올바른 상관성은 무엇인가?

5. 그리스도의 승리와 우리의 승리 사이의 병행 관계는 오직 부분적으로만 사실임을 말하는 것은 왜 중요한가?(p. 455이하)

6. "그리스도인의 승리는 그리스도의 승리 안으로 들어가서 그 승리의 유익을 즐기는 것이다"(p. 455). 이 말은 무슨 뜻인가?

7. 그리스도인의 승리와 관련하여 (1) 승리주의와 (2) 패배주의는 각각 왜 잘못된 것인가?(p. 457) 우리는 이 두 입장을 각각 어떻게 피할 수 있는가?

8. 저자는 그리스도께서 우리를 네 가지 폭군 즉 율법, 육신, 세상, 죽음으로부터 자유케 하셨다고 밝히고 있다. 그리스도인이 되면 이런 것들에 대한 태도가 어떻게 변화되는가?(p. 459이하)

9. "그리스도께서는 우리의 죄를 지신 것과 똑같은 방식으로 우리

의 질병을 지셨다"는 진술은 왜 잘못된 것인가?(p. 465이하) 그렇다면 그리스도의 죽음과 부활이 우리의 몸에 미친 영향은 무엇인가?(pp. 467-468)

10. "요한계시록이 하고 있는 일은…우리 눈에 보이지 않는 영적인 실체를 감추고 있는 장막을 걷어서, 우리 눈에 보이는 장면의 배후에서 일어나는 일을 보여 주는 것이다"(p. 470). 요한계시록 11:15-12:12을 읽음으로써 어린양의 승리의 맥락 가운데서 교회와 마귀 간의 계속되는 투쟁을 간파하는 시각을 배우라. 저자는 이 투쟁에서 마귀의 동맹들을 무엇이라고 밝히는가?(p. 473이하)

11. 당신은 이런 것들에 대항하여 어떻게 싸울 것인가? 그것들과 그 두목을 어떻게 이길 수 있는가?(pp. 476-478)

## 제4부
# 십자가 아래 사는 삶

예수님이 십자가에서 자신을 희생하신 목적은 단지
고립된 개개인을 구원해 주고 그럼으로써 그들을 영원토록
고독하게 하려는 것이 아니다. 오히려 그 목적은,
구성원들이 그분께 속하고, 서로 사랑하며,
열심히 세상에 봉사하는 새로운 공동체를 만들어 내는 것이었다.

# 10 ∞ 경축하는 공동체 *The Community of Celebration*

어쩌면 독자들은 지금까지 그리스도의 십자가에 대한 진술이 너무 개인주의적이라고 생각해 왔을 것이다. 만일 그렇다면 이번 장에서 그런 불균형을 시정해야겠다. 왜냐하면 "내가 그리스도와 함께 십자가에 못박혔나니…나를 사랑하사 나를 위하여 자기 자신을 버리신 하나님의 아들을 믿는 믿음 안에서 사는 것이라"는 말로 바울의 개인주의의 일면을 담고 있는 바로 그 신약 성경에서 또한 예수 그리스도께서 "자신을 주심은 모든 불법에서 우리를 속량하시고 우리를 깨끗하게 하사 선한 일을 열심히 하는 자기 백성이 되게" 하기 위해서라고 주장하기 때문이다.[1] 따라서 그분이 십자가에서 자신을 주신 목적은 단지 고립된 개개인을 구원해 주고 그럼으로써 그

---

1) 갈 2:20; 딛 2:14.

들을 영원토록 고독하게 하려는 것이 아니다. 오히려 그 목적은 새로운 공동체―그 구성원들이 그분께 속하고, 서로 사랑하며, 열심히 세상에 봉사하는―를 만들어 내는 것이었다. 이 그리스도의 공동체는 새롭게 되고 재결합된 인류이며, 두 번째 아담이신 그리스도께서 그 공동체의 머리가 되실 것이다. 그것은 유대인들과 이방인들을 대등하게 결합시킬 것이다. 사실, 거기에는 각 나라에서 온 대표들이 모두 포함될 것이다. 그리스도께서는 동족에게 거부당하고, 제자들에게 버림받아 비참하고 외롭게 죽으셨으나, 십자가에서 높이 들리셔서 모든 사람을 자신에게로 이끄실 것이다. 그리고 오순절 이래로, 그리스도께로 회심하는 것은 곧 그리스도의 공동체로 회심하는 것이라는 사실이―사람들이 자기 자신으로부터 그분께로, 그리고 "이 패역한 세대"로부터 그분이 모으시는 새로운 사회로 향함에 따라―분명해졌다. 개인이 충성을 바칠 대상이 바뀌는 것과 그가 소속할 공동체가 바뀌는 것은 서로 분리될 수 없다.[2]

    신약 성경은 이 새로운 속량된 사회―그것이 믿는 것과 가치 기준, 표준, 의무, 운명―를 묘사하는 데 많은 지면을 할애한다. 이번 장의 주제는 그리스도의 공동체가 곧 십자가의 공동체라는 것이다. 그것은 십자가에 의해 생겨났으므로, 계속해서 십자가에 의해 그리고 십자가 아래에서 살아간다. 이제 우리의 관점과 행동은 십자가에 좌우된다. 우리의 모든 관계는 십자가로 인해 철저하게 변화되었다. 십자가는 단지 우리의 신원을 밝혀 주는 표(表) 혹은 우리가 그 아래에서 행진하는 깃발에 그치지 않는다. 그것은 방향을

---

2) 엡 2:15; 롬 5:12-19; 엡 3:6; 계 7:9; 요 12:32(참고. 11:52); 행 2:40-47.

잃고 헤매는 이 세상에서 우리가 가야 할 방향을 가리켜 주는 나침반이기도 하다. 특별히 십자가는 하나님, 우리 자신, 기독교 공동체의 안팎에 있는 사람들 그리고 폭력 및 고난이라는 중대한 문제에 대한 우리의 태도에 대변혁을 일으킨다. 이제 이 네 관계를 각각 살펴보도록 하겠다.

### 하나님과의 새로운 관계

우리가 제7장에서 살펴본 바 구원의 네 가지 이미지는 모두 하나님과 우리의 새로운 관계를 입증해 준다. 이제 그분은 사랑으로 인해 진노를 가라앉히기로 결정하셨으므로 우리는 그분에 의해 의롭다 하심을 받고, 그분을 위해 속량되었으며, 그분과 화목되었다. 그리고 이 화목에는 '접근'과 '가까움'이라는 개념이 포함된다. 그것들은 하나님을 역동적으로 아는 것, 또는 "영생"(요 17:3)의 일면이다. 예전의 고통스럽던 소원함 대신 생겨난 하나님과의 친밀한 관계는 다음과 같은 몇 가지 특징을 가진다.

첫째로, 그것은 **담대함**이라는 특징을 띤다. 사도들이 그 말을 나타낼 때 즐겨 쓴 단어는 '파르레시아'(*parrēsia*)로서, 이는 세상을 향해 우리가 증거할 때 그리고 하나님께 기도할 때 "말의 거리낌 없음, 솔직함, 명백함"(AG)을 뜻한다. 그리스도를 통해 우리는 이제 "담대함(*parrēsia*)과 하나님께 당당히 나아감"을 얻는다. 우리는 그리스도의 대제사장 직분 때문에 하나님의 "은혜의 보좌"로 나아갈 담대함을 가지며, 그리스도의 피를 힘입어 하나님이 임재하신 "지성소에 들어갈" 담대함을 얻는다.³⁾ 이렇게 가까이 갈 수 있는 자유 그리고 기도 가운데 하나님께 거리낌없이 이야기하는 것은 겸손과 상반되지 않는다. 왜냐하면 그것은 우리의 공로가 아니라 전적으로 그리스도의 공로로 인한 것이기 때문이다. 그리스도의 피는 우리의 양심을 깨끗하게 했고(구약 시대에는 불가능했던 방법으로), 하나님은 우리 죄를 더 이상 기억하지 않겠다고 약속하셨다. 따라서 이제 우리는 두려움이 아니라 확신을 갖고 미래를 기대한다. 우리는 다음과 같은 바울의 논리가 가진 힘을 느낀다. 즉 우리가 하나님의 원수 되었을 때에 그리스도의 죽음을 통해 의롭다 하심을 얻고 화목되었은즉 마지막 날에는 "더욱" 그로 말미암아 하나님의 진노에서 구원을 얻으리라는 것이다. 이제 우리는 "그리스도 안에" 있으므로, "모든 것"이 합력하여 선을 이루며, 또한 아무것도 우리를 그분의 사랑에서 끊을 수 없음을 확신한다.[4]

　새로운 관계의 두 번째 특징은 **사랑**이다. 실로 "우리가 사랑함은 그가 먼저 우리를 사랑하셨음이라." 우리가 전에는 그분을 두려워했다. 그러나 이제 사랑이 두려움을 내어 쫓았다. 사랑은 사랑을 낳는다. 그리스도 안에 있는 하나님의 사랑, 어떤 의미에서 우리를 해방시킨 그 사랑은 또 어떤 의미에서는 우리를 에워싼다. 왜냐하면 그로 인해 우리에게는 남은 삶을 찬양과 감사로 섬기면서 그분을 위해 사는 것 외에 다른 대안이 없게 되기 때문이다.[5]

　**기쁨**은 십자가로 속량받은 사람들이 가진 세 번째 표지다. 바벨론 포로들이 예루살렘으로 돌아왔을 때, "입에는 웃음이 가득하고" "혀에는 찬양이 찼었도다." 예전의 소원함과 굴욕은 끝났다. 하나

---

3) 엡 3:12; 히 4:16; 10:19.
4) 히 9:14; 8:12과 10:17(참고. 렘 31:34); 롬 5:9-10; 8:28, 38-39.
5) 요일 4:18-19; 고후 5:14-15.

님은 그들을 구하시고 회복시켜 주셨다. 그들은 자기들의 유쾌한 기분을 추수의 기쁨에 비유했다. "눈물을 흘리며 씨를 뿌리는 자는 기쁨으로 거두리로다. 울며 씨를 뿌리러 나가는 자는 반드시 기쁨으로 그 곡식 단을 가지고 돌아오리로다." 그렇다면 훨씬 더 압제적인 노예 상태에서 속량된 우리는 얼마나 더 기뻐해야 하겠는가? 초대 그리스도인들은 감정을 억제할 수가 없었다. 그들은 "기쁨과 순전한 마음으로" 함께 음식을 나누었다.[6]

담대함, 사랑, 기쁨 등을 순전히 사적이고 내적인 체험으로만 생각해서는 안 된다. 그것들은 공적 예배에서도 특징이 되어야 한다. 우리가 주일에 함께 지내는 짧은 시간은 나머지 삶과 분리되는 것이 아니라 오히려 그것에 예리한 초점을 맞추려는 것이다. 겸손하게(죄인으로서) 그리고 담대하게(용서받은 죄인으로서), 우리는 자신의 사랑의 응답으로 하나님의 주도적 사랑에 반응하고, 악기를 치면서 그분을 예배할 뿐만 아니라, 찬양으로 기쁨을 분명히 표현하면서 그분의 임재로 빠져들어 간다. 클로우(W. M. Clow)가 우리로 하여금 기독교 예배의 독특한 특징을 이루는 찬양에, 그리고 찬양하는 이유에 주목하게 한 것은 옳다.

이 세상에서 또는 내세에서 그리스도의 십자가를 통하지 않는다면 용서란 없다. "이 사람을 힘입어 죄사함을 너희에게 전하는 이것이며." 이방 종교들은 용서란 말을 거의 알지 못했다.···불교도와 회교도는 열렬한 신앙만을 갖고 있지 화목의 필요성이나 은혜는 깨닫지 못하고 있다.

---

[6] 시 126편; 행 2:46, NEB(*agalliasis*는 '몹시 기뻐함'이라는 의미다).

이를 가장 잘 보여 주는 증거는 매우 간단하다. 그것은 기독교 예배의 찬송가에서 찾아볼 수 있다. 불교 사원에서는 찬양의 외침이 전혀 울려 퍼지지 않는다. 회교도 예배자들은 결코 노래를 부르지 않는다. 그들의 기도는 기껏해야 복종과 요구의 기도다. 그들은 감사라는 더 기쁜 선율에는 거의 도달하지 못한다. 그들은 결코 용서받은 자의 노래로 환호하지도 않는다.[7]

이와는 대조적으로, 그리스도인들이 함께 모일 때 무엇도 그들의 찬양을 멈추게 할 수가 없다. 기독교 공동체는 경축하는 공동체다.

바울은 가장 잘 알려진 유대인의 절기를 언급함으로 우리가 공통적으로 느끼는 바 기쁨에 찬 유쾌한 감정을 표현한다. "우리의 유월절 양 곧 그리스도께서 희생되셨느니라. 이러므로 우리가 명절을 지키되…"(고전 5:7). 엄밀히 말해서 "유월절"은, 니산월 십오 일 저녁 곧 그 날 오후 유월절 양을 죽인 직후(니산월 십사 일)에 먹었던 공동 식사를 말한다. 비록 그 뒤 일 주일 간 계속되는 누룩 없는 빵의 절기도 유월절이라고 부르게 되긴 했지만 말이다. 사람들의 기쁨의 근거는, 그들이 큰 희생을 치르고 애굽에서 구속받았다는 것이었다. 그런데 그것보다 더 큰 희생이 바로 십자가에서 예

---

7) W. M. Clow, *Cross in Christian Experience*, p. 278. 만일 누군가가 코란에서 알라(Allah)는 보통 "동정이 많은 분, 자비로운 분" 그리고 때로는 "용서하는 분"(예를 들어 *Sura* 40)으로 칭해진다고 반박을 한다면, 우리는 그럼에도 불구하고 알라의 용서는 노력해서 획득해야만 하는 것이지 결코 아무런 자격도 없는 자에게 거저 주는 선물은 아니라고 대답할 것이다. 따라서 회교도의 예배에는 기쁨에 넘친 경축의 태도가 없는 것이다.

수 그리스도께서 인간을 구속하기 위해 자신을 드리신 것이었다. 유월절 양이신 그분이 죽임을 당하셨기 때문에, 그리고 그분이 귀중한 생명의 피를 흘리심으로 우리가 자유로워졌기 때문에, 우리는 그 절기를 지키도록 권고받는다. 사실, 기독교 공동체의 전체 생활은 우리가 사랑과 기쁨과 담대함으로, 하나님이 그리스도를 통해 우리를 위해 행하신 것을 경축하는 축제로 생각되어야 한다. 이런 경축을 통해 우리는 하늘의 예배에 몰입하며, "천사들과 천사장들과 하늘에 있는 모든 무리"와 함께 하나님께 영광을 돌리게 된다. 또한 하나님을 예배하는 것은 본질적으로 그분의 가치를 인정하는 것이기 때문에, 우리는 하늘의 성가대와 함께 창조주이며 구속주이신 그분의 존귀하심을 찬양하게 된다.

우리 주 하나님이여, 영광과 존귀와 권능을 받으시는 것이 합당하오니 주께서 만물을 지으신지라. 만물이 주의 뜻대로 있었고 또 지으심을 받았나이다(계 4:11).

죽임을 당하신 어린양은 능력과 부와 지혜와 힘과 존귀와 영광과 찬송을 받으시기에 합당하도다(계 5:12).

유월절 양과 유월절에 대한 바울의 언급이 극도로 엄숙한 장─그가 고린도인의 도덕적 방종에 대해 책망할 필요가 있었던─의 한가운데에 나와 있는 것은 놀라운 일이다. 교인 중 한 명이 근친상간의 죄를 범하고 있었음에도 불구하고, 그들에게는 겸허하게 비통해하는 모습이나 회개의 기색이라고는 전혀 보이지 않는다.

바울은 그 범죄자를 출교시키라고 명하고, 그것을 뿌리뽑기 위해 단호한 조치를 취하지 않는다면 공동체 내에 그 죄가 퍼질 위험이 있다고 경고한다. "적은 누룩이 온 덩어리에 퍼지는 것을 알지 못하느냐"(고전 5:6)고 그는 묻는다. 바로 이 누룩에 대한 언급이 그에게 유월절과 무교절을 상기시킨다. 그리스도인들이 "명절을 지킬" 때 그들은 "묵은 누룩으로도 말고 악하고 악의에 찬 누룩으로도 말고 누룩이 없이 오직 순전함과 진실함의 떡"으로 그렇게 해야 한다(8절). 왜냐하면 기독교의 절기는 이교도의 절기, 곧 열광이 수반되고 종종 만취와 부도덕의 난장판으로 타락해 버리는 축제와는 철저하게 다르기 때문이다. 그리스도인의 경축은 거룩한 특색을 띠어야 한다. 왜냐하면 십자가를 통해 그리스도께서 이루고자 하시는 궁극적 목적은 "너희를 거룩하고 흠 없고 책망할 것이 없는 자로 그 앞에 세우고자"(골 1:22) 하시는 것이기 때문이다.

### 그리스도의 희생과 우리의 희생

비록 그리스도인의 삶이 계속적인 축제이긴 하지만, 성만찬은 특별히 기독교에서 유월절과 같은 것이다. 그러므로 그것은 교회의 경축 생활의 중심이다. 예수님은 유월절 동안에, 실로 유월절 식사를 하는 바로 그 자리에서 성만찬을 제정하셨다. 또 예수님은 조상들이 먹던 "고난의 떡이다"라는 의식문을 의도적으로 "이것은 너희를 위하여 주는 내 몸이라.…이것은 너희를 위하여 흘리는 내 피니라"는 말씀으로 바꾸셨다. 기독교 절기 때 먹고 마시는 빵과 포도주는 우리로 하여금 그리스도의 십자가를 되돌아보며, 그분이 거기에서 당하신 고난과 이루신 일을 감사함으로 회상하지 않을 수 없게 만든다.

개신교회는 전통적으로 세례와 성찬을 '복음의 성례전'(왜냐하면 그것들은 복음의 중심 진리들을 극적으로 표현하기 때문이다) 또는 '은혜의 성례전'(왜냐하면 그것들은 하나님의 자비로운 구원의 주도권을 눈에 보이게 설명해 주기 때문이다)이라고 불러 왔다. 두 가지 표현이 다 옳다. 복음의 성례전이 구현하는 기본적인 방향은, 인간에게서부터 하나님께로가 아니라 하나님께로부터 인간에게로 향하는 것이다. 세례에서 물은 죄로부터 깨끗함을 받는 것과 성령의 부으심을 받는 것[관수식(물을 위에서 붓는 것-역주)으로 집행된다면]이거나 아니면 그리스도의 죽음과 부활에 참여하는 것(침례로 집행된다면), 또는 양자를 모두 나타낸다. 우리는 자신에게 세례를 주지는 않는다. 우리는 세례를 받으며, 우리에게 가해진 행동은 그리스도의 구원 사역을 상징한다. 마찬가지로, 성만찬 시에 그 극적 사건의 본질은 떡을 취하여 축사하고 떼어서 주는 것과, 포도주를 취하여 축사하고 부어서 주는 것으로 되어 있다. 떡과 포도주를 우리가 스스로에게 주지는 않는다(주어서도 안 된다). 그것들은 우리에게 주어진다. 우리는 그것들을 받는다. 그리고 육체적으로 떡을 먹고 포도주를 마시는 것과 마찬가지로, 우리는 믿음으로 우리 마음속에서 십자가에서 죽으신 그리스도를 먹는다. 따라서 두 성례전 모두에서 우리는 다소 수동적으로, 주는 자가 아니라 받는 자이며, 시혜자가 아니라 수혜자이다.

동시에, 세례는 믿음을 고백하기에 적절한 기회이며, 성만찬은 감사를 드리기에 적절한 기회다. 이에 따라 점차 성만찬의 명칭으로 '성찬'(*eucharistia*, 감사)이라는 말이 널리 퍼지게 된다. 그리고 '제사'란 '드린다'는 말의 다른 표현이므로 '성찬식 제사'란 말이 고안된 것도 놀라운 일은 아니다. 하지만 그것은 옳은 것인가? 그것은 무엇을 뜻하는가?

우선 첫째로, 우리는 모두 우리가 성만찬 때 행하는 것이 그리스도께서 십자가에서 보이신 자기 희생과 다음 다섯 가지 면에서 관련된다는 점에 동의할 수 있어야 한다. 첫째로, 우리는 그리스도의 희생을 **기념한다**. "이것을 행하여 나를 기념하라"고 그분은 말씀하셨다(고전 11:24-25). 실제로 떡과 포도주를 갖고 행하는 정해진 의식들은 그 기념을 생생하고 극적인 것으로 만든다. 둘째로, 우리는 그 유익에 **참여한다**. 그 의식의 목적은 '기념하는 것'(commemoration)을 넘어서 '친교'(*koinōnia*)로 나아간다. "우리가 축복하는 바 축복의 잔은 그리스도의 피에 참여함이 아니며 우리가 떼는 떡은 그리스도의 몸에 참여함이 아니냐"(고전 10:16). 이런 이유로 해서 성만찬이 '거룩한 친교'(Holy Communion; 왜냐하면 그것을 통해 우리는 그리스도를 함께 나눌 수 있기 때문이다) 또는 '주님의 만찬'(Lord's Supper; 왜냐하면 그것을 통해 우리는 그리스도를 먹고, 심지어 느낄 수 있기 때문이다)이라고 불리는 것은 옳다. 셋째로, 우리는 그리스도의 희생을 **전한다**. "너희가 이 떡을 먹으며 이 잔을 마실 때마다 주의 죽으심을 그가 오실 때까지 전하는 것이니라"(고전 11:26). 비록 그분의 죽음은 수십 세기 전에 일어났지만, 그 죽음을 전하는 일은 오늘날에도 계속된다. 그러나 성만찬은 일시적인 규정이다. 그것은 주님의 죽음을 회고하는 것과 마찬가지로 주님이 오실 것을 기다린다. 그것은 그리스도께서 십자가에 못박혀 죽으신 것을 기념하는 잔치일 뿐 아니라 그분의 하늘 잔치를 미리 맛보는 것이다. 따라서 그것은 그분의 초림과 재림 사이의 기간 내내 행해진다. 넷째로, 우리는 **우리의 연합을** 그분의 **희생의 공로로 돌린다**. 왜냐하면 우리는 결코 방 안에서 혼자 성만찬에 참여하지는 않기 때문이다. 그렇다. 우리는 기념하기 위해서 "함께 모인다"(고전 11:20). 그리고 우리가 그리스도의 희생이 주는 유익을 공동으로 나눠 가졌다는 것으로 인해 서로 연합됨을 인식한다. "떡이 하나요 많은 우리가 한 몸이니 이는 우리가 다 한 떡에 참여함이라"(고전 10:17). 다섯째로, 우리는 그분의 희생에 **감사를 드린다**. 감사의 표로서 우리 자신, 곧 우리 영혼과 육체를 그분을 섬기는 "산 제사"로 드린다(롬 12:1).

그렇다면 우리는 성만찬을 나눌 때마다 십자가에서의 그분의 희생을 기념하고, 참여하며, 전하고, 우리의 연합의 근거로서 인정하고, 감사의 예배로 응답해야만 한다. 그러나 남아 있는 문제는, 십자가에서 드리신 예수님의 제사와 우리가 성찬식 때 드리는 감사의 제사 사이에 곧 그분의 '죽음의' 제사와 우리의 '산' 제사 사이에 어떤 더 밀접한 관계가 있는가의 여부다. 16세기 이래로 기독교계를 분열시켜 왔으며, 오늘날도 전 교회적으로 격렬한 논란이 되는 것이 바로 이것이다. 우리는 성찬식의 본질을 더욱 깊이 탐구해 보지 않고는 '경축하는 공동체'로서의 교회에 대하여 이야기할 수 없다.

이미 사도 시대가 끝난 직후에 초대교회 교부들은 성만찬과 관련해서 제사 용어를 사용하기 시작하였다. 그들은 그 안에서 말라기 1:11이 성취된 것을 보았다. "만군의 여호와가 이르노라.…각처에서 내 이름을 위하여 분향하며 깨끗한 제물을 드리니 이는 내 이름이 이방 민족 중에서 크게 될 것임이니라."[8] 그러나 원래 제사 때 드리는 "깨끗한 제물"인 빵과 포도주는 창조물을 상징하는 것으로서 사람들의 감사 표시였다. 고대의 저자들은 사람들의 기도와 찬양, 가난한 자를 위한 자선 같은 것도 하나님께 드리는 제물로 간주하였다. 3세기 중반 카르타고의 감독인 키프리아누스에 이르러서야 비로소 성만찬 자체가 참된 제사로 불렸다. 즉 주님의 수난이 사제들—그들이 제사에서 수행한 역할은 구약 제사장들의 역할과 유사했다—에 의해 하나님께 드려지는 것으로 본 것이다. 여기서부터 중세 가톨릭의 성체성사 교리가 발전되어 나왔다. 즉, 사제들은 떡과 포도주의 형태로 현존하는 그리스도를 산 자와 죽은 자의 죄를 위하여 하나님께 화목 제물로 드렸다는 것이다. 그리고 종교개혁가들은 바로 이것을 강력하게 반대했다.

루터와 칼뱅의 성찬식 교리가 서로 다르기는 하지만, 모든 종교개혁가는 미사 때 드리는 제사를 거부한다는 점에서 하나였으며 십자가와 성례전, 우리를 위해 드리신 그리스도의 제사와 우리가 그분을 통해 드리는 제사를 분명히 구분하는 데 관심을 가졌다. 크랜머는 그 차이점을 다음과 같이 명쾌하게 표현한다.

어떤 종류의 제사가 있는데, 그것은 화목제 또는 자비제, 즉 하나님의 진노와 분노를 가라앉히고 우리의 모든 죄에 대한 자비와 용서를 구하

---

8) 말 1:11은 *Didache* xiv. 1에 인용되어 있다. 그것은 또한 Irenaeus, Tertullian, Jerome, Eusebius 등도 사용한다. Daniel Waterland의 *Review of the Doctrine of the Eucharist*, pp. 347-388에 나오는 제사에 대한 교부들의 언급을 개관한 것을 보라. 또한 Michael Green의 논문, "Eucharistic Sacrifice", 특히 pp. 71-78를 보라.

는 제사라는 것이다.…그리고 비록 구약에 그런 이름으로 불리는 특정한 제사들이 있긴 하지만, 실제로 우리의 죄가 용서받고, 하나님의 자비와 은혜를 얻을 수 있는 제사는 단 하나밖에 없으며, 그것은 하나님의 아들이신 우리 주님 예수 그리스도의 죽음이다. 다른 화목 제사는 이전에도 없었고, 앞으로도 결코 없을 것이다. 이는 동반자도 후계자도 허용하지 않는 우리의 대제사장 되신 그리스도의 영예와 영광이다.…

또 다른 종류의 제사가 있는데, 이는 우리를 하나님과 화목시키지는 못하나 그리스도에 의해 화목된 사람들이(즉, 그들에 의해) 하나님께 대한 우리의 의무를 입증하기 위해, 그리고 우리가 그분께 감사하고 있음을 보이기 위해 행하는 것이다. 그러므로 그것들은 찬미와 찬양과 감사의 제사라고 불린다.

첫 번째 종류의 제사는 그리스도께서 우리를 위해 하나님께 드리셨다. 두 번째 종류의 제사는 우리 자신이 그리스도에 의해(즉, 그리스도를 통해) 하나님께 드린다."[9]

일단 이런 중대한 구분을 하고 나서, 크랜머는 그것을 일관성 있게 적용하기로 결정했다. 안수 받은 목사는 여전히 '제사장'이라고 불릴 수 있다. 왜냐하면 이 제사장(priest)이라는 말은 단지 '장로'(presbyter: elder)라는 말의 약어일 뿐이기 때문이다. 하지만 '제단'이라는 말은 영국 국교회의 공식 기도서에서 모두 삭제되고 '대'(臺), '거룩한 대', '주님의 대' 또는 '성찬대'로 대체되었다. 왜냐하면 크랜머는 성찬식이 제사장에 의해 제단에서 드려지는 제

---

9) Cranmer, *On the Lord's Supper*, p. 235.

사가 아니라, 목사에 의해 성찬대에서 드려지는 만찬임을 분명히 알았기 때문이다. 그가 마지막으로 행한 성찬식의 형태 역시 그런 구분을 보여 준다. 왜냐하면 사람들이 감사함으로 자신을 드리는 것은 봉헌 기도(중세 미사에서 그리스도 자신의 제사를 대신하는 것으로 그분의 첫 번째 성찬식에서 있었던)에서 취한 것으로, 현명하게도 축사한 떡과 포도주를 받은 뒤에 행해졌다. 이런 식으로, 전혀 오해의 가능성 없이, 사람들의 제사는 그리스도—그분이 주는 유익을 그들이 믿음으로 다시 받은—의 제사에 대해 감사의 응답으로 드려지는 찬양의 제사로 여겨졌다.

성경은 그리스도의 제사가 갖는 독특성을 보장하는 점에서나, 우리의 제사를 하나님의 은총을 구하려는 것이 아니라 감사를 표현하는 것으로 정의하는 점에서 크랜머의 교리를 뒷받침해 준다. 그리스도께서 십자가에서 드리신 제사가 유일하게 궁극적인 것이라는 점은 '하팍스'(*hapax*, 단번에) 또는 '에파팍스'(*ephapax*, 단번에)라는 부사에 암시된다. 이 말은 히브리서에서 다섯 번에 걸쳐 그런 뜻으로 사용된다. 예를 들면 다음과 같은 것이 있다. "그는 저 대제사장들이 먼저 자기 죄를 위하고 다음에 백성의 죄를 위하여 날마다 제사 드리는 것과 같이 할 필요가 없으니 이는 그가 단번에 자기를 드려 이루셨음이라." "이제 자기를 단번에 제물로 드려 죄를 없이 하시려고 세상 끝에 나타나셨느니라."[10] 바로 그 때문에 똑같은 제사를 되풀이해서 드리면서 성전 임무를 수행하기 위해 서 있었던 구약의 제사장들과는 달리, 예수 그리스도께서는 "죄를

---

10) 히 7:27; 9:26; 참고. 히 9:12, 28;10:10; 또한 롬 6:10과 벧전 3:18.

위하여 한 번의 영원한 제사"를 드리시고 하나님 우편에 앉으사 자신의 완성된 일로부터 안식을 누리고 계시다(히 10:11-12).

비록 예수님의 속죄 사역은 완수되었지만 그분은 여전히 계속해서 하늘의 사역을 하고 계신다. 그러나 이는 예수님의 제사를 하나님께 '드리기' 위한 것이 아니다. 그것은 십자가상에서 단번에 드려졌다. 또한 그 제사가 받아들여지도록 간청하면서 그것을 하나님 아버지께 '바치기' 위한 것도 아니다. 그것이 받아들여졌다는 사실은 부활에 의해 공공연하게 드러났기 때문이다. 그리스도께서 여전히 계속해서 하늘의 사역을 하고 계신 것은, 오히려 우리의 변호자로서 그 제사에 근거하여 죄인들을 위해 '중보'하시기 위해서다. 그분의 '영원한 제사 직분'은 바로 이 때문에 존재한다. 왜냐하면 중보는 제사와 마찬가지로 제사장의 사역이기 때문이다. "그가 항상 살아서 저희를 위하여 간구하심이니라."[11]

그렇다면 그리스도의 제사가 유일하다는 것은 우리가 드릴 제사가 없다는 뜻이 아니라, 그 제사의 특성과 목적이 서로 다르다는 뜻이다. 그것들은 물질적인 것이 아니라 영적인 것이다. 그리고 그 목적은 화목적인 것이 아니라 감사의 응답을 표현하는 성만찬적인 것이다. 이는 크랜머의 입장을 뒷받침해 주는 두 번째의 성경적 증거다. 신약에서는 교회가 제사장적 공동체로서 "거룩한 제사장"이자 "왕 같은 제사장"이며, 그 안에서 모든 하나님의 백성은 똑같이 "제사장들"이라고 묘사된다.[12] 이것이 종교개혁가들이 매우 강조했던 유명한 '만인 제사장설'이다. 이 보편적 제사장설의 결과

---

11) 히 7:23-25; 요일 2:1-2.
12) 벧전 2:5, 9; 계 1:6.

로, '제사장'(*hiereus*)이라는 말은 신약에서 결코 안수 받은 목사를 가리키는 데 쓰인 적이 없다. 왜냐하면 목사 역시 다른 사람들이 드리는 제사를 함께 드릴 뿐이며, 그들이 드리는 제사라고 해서 다른 사람들이 드리는 것과 별다르지 않기 때문이다.

그렇다면 하나님의 백성은 "거룩한 제사장"으로서 어떠한 영적 제사를 그분께 드리는가? 성경은 여덟 가지를 언급한다. 첫째로, 우리는 우리 몸을 그분을 섬기기 위한 "산 제사"로 그분께 드려야 한다. 이는 마치 물질적 제사를 말하는 것처럼 들린다. 하지만 그것은 우리의 "영적 예배"라고 불린다(롬 12:1). 아마도 그것이 마음의 예배를 표현할 때만 하나님을 기쁘시게 하기 때문인 듯하다. 둘째로, 우리는 하나님께 찬양과 예배와 감사, "그 이름을 증거하는 입술의 열매"를 드린다.[13] 우리의 세 번째 제사는 기도로서, 이는 향연과도 같이 하나님께로 올라간다. 네 번째 제사는 하나님이 받으시고 결코 멸시치 아니하시는 "상하고 통회하는 마음"의 제사다.[14] 다섯 번째로, 믿음은 "제물과 봉사"라고 불린다. 여섯 번째로, 우리가 드리는 선물과 선행 역시 '제물과 봉사'다. "왜냐하면 그러한 희생은 하나님을 기쁘시게 하기 때문이다."[15] 일곱 번째로, 제사는 하나님을 섬기는 일에 관제처럼 우리 삶을 죽음에 이르기까지 쏟아붓는 것이며, 여덟 번째는 복음 전도자의 특별한 제사인데 복음 전도자는 그의 회심자들을 "하나님이 받으심직한 제물"로 드릴 수 있기 때문에 그의 복음 전파는 "제사장 직무"라고 불린다.[16]

---

13) 히 13:15; 참고. 시 50:14, 23; 69:30-31; 116:17.
14) 계 5:8; 8:3-4; 참고. 말 1:11; 시 51:17; 참고. 호 14:1-2.
15) 빌 2:17; 4:18; 히 13:16; 참고. 행 10:4.

이 여덟 가지는 모두, 다니엘 워터랜드(Daniel Waterland)의 말을 빌리면 "참되고 복음적인 제사"다. 왜냐하면 그것들은 율법이 아니라 복음에 속하며, 그리스도 안에서 하나님이 보이신 은혜에 대한 감사의 반응이기 때문이다.[17] 그것들은 영적이며, 또한 "선한 생각이든, 선한 말이든, 아니면 선한 방법이든 모두 마음으로부터 나온" 것으로서 "고유한" 것이다.[18] 그리고 그는 계속해서, 성찬식은 오직 그리스도의 제사를 기념하고 또한 우리가 그에 반응하는 포괄적인 제사를 드리는 기회라는 점에 의해서만 '제사'라고 불릴 수 있다고 말한다.

### 가톨릭의 반(反)종교개혁

그리스도의 제사와 우리의 제사를 조심스럽게 구분한 개신교의 종교개혁은 트렌트 공의회(1545-1564)에서 로마 가톨릭 교회의 비난을 받았다. 그 공의회는 제22회기(1562)에 미사 때 드리는 제사에 초점을 맞추었다.

> 미사에서 거행되는 이 신성한 제사에는 이전에 피흘림으로 십자가의 제단에서 자신을 드리셨던 바로 그 그리스도께서 피흘림 없는 제물로 바쳐져 있으므로, 거룩한 공의회는 이것이 참으로 화목적인 것이라고 가르친다.···왜냐하면, 이 제사로 인해 진노를 가라앉힌 주께서 은혜와 회개의 선물을 주시며, 가장 중대한 범죄와 죄들이라도 용서해 주시기

---

16) 빌 2:17; 딤후 4:6; 롬 15:16.
17) Daniel Waterland, *Review of the Doctrine of the Eucharist*, pp. 344-345.
18) 앞의 책, p. 601.

때문이다. 당시 십자가에서 자신을 드리셨던 분과 지금 제사장들의 사역에 의해 드려지는 제물은 동일한 분이시며 단지 제사의 방법이 다를 뿐이다.[19]

만일 미사에서 참되고 실재하는 제사가 하나님께 드려지지 않는다고 말하는 사람이 있다면…그를 파문시키라(교회법 1).

만일 "이것을 행하여 나를 기념하라"고 하신 말씀에 의해 그리스도께서 사도 제사장들을 임명하지 않았다고 말하는 사람도 있다면, 또는 그들과 다른 제사장들에게 그분 자신의 몸과 피를 드리도록 명하시지 않았다고 말하는 사람이 있다면 그를 파문시키라(교회법 2).

만일 미사의 제사가 단지 찬양과 감사만을 드리기 위한 것이라거나, 그것은 단지 십자가에서 완성된 제사를 기념하는 것일 뿐이며 화목적인 것이 아니라고 말하는 사람이 있다면 그를 파문시키라(교회법 3).

트렌트 공의회의 교회법은 현재에도 로마 가톨릭 교회가 제시하는 공식 가르침의 일부다. 예를 들면 그것들의 실체는 지난 반세기 동안 두 개의 로마 교황 회칙에서 확증되었다. 피오 11세(Pius XI)는 「가톨릭 사제직에 관하여」(*Ad Catholici Sacerdotii*, 1935)에서 미사를 그 자체로서 "실제 효능을 갖고 있는…실제 제사"라고 묘사한다. 더구나 "인간 제사장의 이루 형언할 수 없는 위대함

---

19) H. J. Schroeder(ed.), *Canons and Decrees*, Session 22, chapter 2.

이 찬란하게 빛을 발한다." 왜냐하면 그는 "예수 그리스도의 바로 그 몸에 대한 권세를 갖고 있기" 때문이다. 그는 먼저 "그 몸을 우리의 제단 위에 놓고" 그 다음에는 "그리스도의 이름으로 그는 무한히 하나님을 기쁘시게 하는 제물인 그 몸을 제단에 드린다"(pp. 8-9). 「신의 중재자」(*Mediator Dei*, 1947)에서 피오 12세(Pius XII)는 성찬식의 제사는 십자가의 제사를 "나타내고", "다시 제정하며", "새롭게 하고", "공포한다"고 단언했다. 동시에 그는 그 자체가 "참으로, 또한 정당하게 제사를 드리는 것"이라고 묘사하며(72항), "우리의 제단 위에서 그분(그리스도)은 날마다 우리의 구속을 위해 자신을 드리신다"고 말한다(77항). 또 미사는 "결코 십자가에서 드려진 제사의 존엄성을 훼손하지 않는다"고 덧붙인다. 왜냐하면 그것은 "우리에게 우리 주 예수 그리스도의 십자가 외에는 구원이 없다는 것을 상기시켜 주기" 때문이다(88항). 하지만 이러한 주장에도 불구하고, 성찬식을 그리스도께서 '날마다 제물이 되시는 것'과 똑같은 것으로 본다면 그것은 불가피하게 십자가의 역사적 궁극성과 영원한 충족성을 훼손시킨다.

트렌트 공의회의 진술과 그 후의 교황 회칙들에는 분명히 해야 할 특별히 불쾌한 세 가지 요소가 있다. 곧 미사의 제사는 날마다 드리는 그러나 피 없는 그리스도의 제물로서 (1) 십자가에서 드리신 그분의 "피 있는" 제사와는 다르며 그것을 보충하는 것으로 (2) 인간 제사장에 의해 드려지고 (3) "참으로 화목적"이라는 것이다. 이와 대조적으로 종교개혁가들은 그리스도의 제사가 (1) 십자가에서 단번에 일어났으며(그래서 어떤 식으로든 다시 제정되거나 추가될 수 없다) (2) 그분 자신에 의해 만들어졌고(그래서 인간이 그것을 만들거나 만드는 일을 분담할 수 없다) (3) 죄에 대한 완전히 만족스러운 해결책이었다(그래서 추가적인 화목 제사에 대한 언급은 어떤 것이건 그것을 중대하게 손상시키게 된다).

그러나 좀더 최근의 가톨릭 신학자들은 다른 전통을 가진 일부 학자들과 함께 좀더 온건한 입장들을 제의해 왔다. 그들은 우리의 제사를 그리스도의 제사와 연결시켜 주는 성찬식 제사의 개념을 보유하기 원하면서도, 동시에 그리스도의 유일한 제사가 어떤 식으로든 되풀이되거나 보충될 수 있다거나, 우리가 그리스도를 바칠 수 있다는 것 또는 성찬식이 화목적이라는 것을 부인했다. 어떤 사람은 이 세 가지를 모두 부인했다.

연대적 순서에서 약간 벗어나긴 하지만 제2차 바티칸 공의회(1962-1965)에서 시작하는 것이 적절한 듯하다. 한편으로, 감독들은 사백 년 전에 트렌트 공의회에서 판결한 것을 인용하고 지지했다. 예를 들면 그리스도께서는 "미사 때 드리는 제사에 임재하시며… '이전에 십자가에서 자신을 드렸던 분과 지금 제사장들의 사역을 통해 드리는 분은 동일 인물'"이라는[20] 것이다. 조잡한 진술도 나타난다. 제사장들이 신실한 자들에게 "미사 때 드리는 제사에서 하나님 아버지께 신적 제물을 드리라"고 명령하라는 말이 그러하다.[21] 다른 한편, 새로이 강조된 것이 두 가지 있다. 첫째로 성찬식은 십자가를 반복하는 것이 아니라 영속화하는 것이라는 점과, 둘째로 성찬식의 제사는 제사장이 드리는 것이 아니라 그리스도와 그분의 백성 전체가 함께 드리는 것이라는 점이다. 예를 들어

---

20) *Constitution on the Sacred Liturgy*, I. 1. 7.
21) *Decree on the Ministry and Life of Priests*, II. 5.

그들은, 그리스도께서는 "그분이 다시 오실 때까지 십자가의 제사를 영속적으로 기념하도록 하기 위해…성찬식 제사를 제정하셨다"고[22] 말하며, 따라서 제사장의 역할에 대해서는 다음과 같이 말한다. "그리스도의 역할을 맡아 하면서 (그들은) 신실한 자들이 그들의 머리 되신 그리스도께 드리는 제사에 함께 참여한다. 주님이 오실 때까지…그들은 미사의 제사에서, 신약의 한 가지 제사 곧 하나님 아버지께 흠 없는 제물로 단번에 자신을 드리신 그리스도의 제사를 다시 표현하고 그것을 적용한다."[23]

사람들은 이러한 진술 곧 그것들이 말하는 것과 말하지 않은 채 남겨 놓은 것 모두에서 트렌트의 미숙함을 극복하고자 하는 몸부림을 감지한다. 그러나 두 가지 새로운 강조점은 여전히 받아들일 수 없다. 왜냐하면 십자가의 제사를 '영속시킬' 수도 없고, 우리의 제사를 그리스도의 제사에 '합병시킬' 수도 없기 때문이다. ARCIC (Anglican Roman Catholic International Commision : 영국 로마 가톨릭 국제 위원회)가 만든 "성찬식에 대한 합의 성명"(Agreed Statement on the Eucharist)은 트렌트에서 훨씬 멀어진 듯이 보인다. 그들은 성찬식을 '화목적'이라고 부르기를 거절할 뿐만 아니라 십자가의 절대적인 궁극성을 강력하게 주장한다. "십자가상에서의 그리스도의 죽음은…이 세상의 죄에 대한 단 하나의 완전하고 충분한 제사다. 그 때 그리스도에 의해 단번에 이루어진 것은 결코 반복될 수 없고 무엇이 추가될 수도 없다. 그리스도의 제사와 성찬식의 연결 관계를 표현하려는 어떠한 시도도 이 기독교 신앙

---

22) *Constitution on the Sacred Liturgy*, II. 47.
23) *Dogmatic Constitution on the Church*, III. 28.

의 기본적 사실을 희미하게 해서는 안 된다."[24]

### 십자가와 성찬식

그렇다면 십자가와 성찬식에는 어떤 연결 관계가 있는가? 최근 들어 두 가지 주요 개념이 강조되어 왔다. 그것은 예수님의 영원한 천상 사역, 그리고 그리스도의 몸으로서의 교회와 그리스도가 이루는 연합이다.

전자에 따르면, 그리스도의 제사는 "연장된"(제2차 바티칸 공의회에 의하면 "영속화된") 것으로 생각되며, 따라서 그는 계속해서 자신을 하나님 아버지께 드리는 것으로 간주된다. 예를 들어 돔 그레고리 딕스(Dom Gregory Dix)는 「성찬식의 형태」(*The Shape of the Liturgy*)에서 이런 개념을 전개했다. 그는 예수님의 죽음이 곧 "그분이 제사를 드리신 순간"이었다는 견해를 거부한다. 이와 반대로, 그는 "그분의 제사는 그분이 인성을 입으심과 함께 시작되어서 하늘에서 영원히 계속되고 있는 그 무엇이다"(pp. 242-243)라고 주장했다. 코테스(R. J. Coates)는 이러한 개념이 그것을 지지하는 사람들에게 갖는 중요성을 설명했다. 즉, 교회는 그리스도께서 계속해서 자신을 드리는 일(self-offering)에 어떻게든 참여하지만, 만일 예수 그리스도께서 하늘 제단에서 자신을 드리고 계시지 않다면 교회 역시 지상의 제단에서 그리스도를 드릴 수 없다는 것이다.[25] 그러나 신약에서는 그리스도께서 영원히 자신을 하나님 아

---

24) ARCIC의 *Final Report* p. 13. 또한 '영국 복음주의 협의회 교회'(Church of England Evangelical Council)를 위해 발행된 *Evangelical Anglicans and the ARCIC Final Report*라는 제목의 복음주의적 평가나 비판을 보라.

버지께 드리시는 것으로 묘사하지 않는다. 분명, 성부와 성자와 성령께서는 영원히 사랑 안에서 서로에게 자신을 주신다. 그러나 그것은 상호 보완적이며, 여하튼 그리스도께서 죄를 위해 특별히 자신을 드리신 역사적 제사와는 다르다. 성육신이 제사를 포함하는 것 역시 사실이다. 육체가 됨으로써 성자께서는 "자기를 비우고", "자기를 낮추셨기" 때문이다(빌 2:7-8). 그리고 공생애 기간 내내 그분은, 자신이 "섬김을 받으려 함이 아니라 도리어 섬기려" 왔음을 보여 주셨다. 그분과 사도들의 가르침에 따르면, 예수님의 성육신과 사역의 절정은 많은 사람의 대속물로 십자가에서 자신을 주신 것이다(막 10:45). 성경에서 그분이 드리신 바 죄를 담당하는 제사라고 부른 것, 그리고 단번에 완성된 것은 바로 이 역사적 사건—우리 죄를 위한 그분의 죽음을 포함하는—이다. 그것은 되풀이될 수 없을 뿐만 아니라 확대되거나 연장될 수도 없다. 그분은 "다 이루었다"고 외치셨다. 바로 그 때문에 그리스도는 하늘에 그분의 제단이 아니라 보좌만을 두고 계시다. 그분은 거기에 앉아서 다스리시며 속죄 사역을 이루어 가시고, 이미 행하고 완수하신 일에 근거해서 우리를 위해 중보하신다. 리처드 코테스가 우리에게 "갈보리 제사의 고독한 탁월성"을 보존하도록 촉구한 것은 옳았다.[26]

이것이 간과되어 온 알란 스팁스(Alan Stibbs)의 소책자 「그리스도의 완수된 사역」(*The Finished Work of Christ*, 1954)의 주제다. 그는 마이클 램지의 논증을 인용하여, 그리스도께서는 영원히

---

25) R. J. Coates. "Doctrine of Eucharistic Sacrifice", p. 135.
26) 앞의 책. p. 143.

제사장이시며, "제사 직분이란 곧 제사를 드리는 것을 의미한다"고 주장했다. 따라서 그리스도 안에 "갈보리 제사가 우리의 죄와 사망이 지배하는 세상에 독특하게 드러낸 바 자신을 드리는 정신이 영원히 있다"(p. 5)는 것이다. 마찬가지로 도날드 베일리(Donald Baillie)는, 하나님이 죄를 담당하시는 것은 어느 한 순간에 국한되지 않으며 "하나님의 존재와 삶 그 자체에 영원한 구속"이 있는데, 십자가는 그것이 구체화된 부분이라고 했다(p. 6). 그런 견해들에 비하여 알란 스팁스는 우리의 구원을 위하여 그리스도께서 자신을 드리신 것은 "오직 지상적이고 역사적인 것으로, 성육신의 목적으로 인간의 몸을 입고, 시간과 공간 내에서, 본디오 빌라도하에서 성취된 것으로 성경에 의심할 여지없이 분명하게 표현되어" 있으며, "이 단번에 완성된 사건에 의해 필요하고도 원래 의도된 속죄 사역은 완전히 성취되었다"(p. 80)는 것을 보여 준다. 그런데 그리스도께서는 그분이 지상에서 단번에 드린 제사를 하늘에서 계속해서 드리실 수는 없을까? 사실 히브리서에서 그분은 "영원한 제사장"이라고 불리는데 이것을 확인할 필요는 없는가? 그렇다. 영원한 제사장 직분이 반드시 영원한 제사를 필요로 하지는 않는다. 스팁스는 계속해서 제사장의 직분과 어머니의 직분 간에 유용한 유추를 한다.

> 명백히 그리스도께서 제사장이 되시려면 제사의 행위가 필요했다.…마치 여자가 어머니가 되려면 아기를 출산하는 일이 필요한 것과 마찬가지다. 하지만 그렇다고 해서 어머니의 경우, 이제부터는 어머니인 그녀에게 의지하는 자녀들에게 있어서 그녀가 항상 그들을 낳고 있다는 뜻

은 아니다. 그녀가 아이를 낳는 행위는 그들에게 없어서는 안 되는 일일 뿐 아니라 이미 이루어진 일이다. 그들이 지금 누리는 것은 아이를 낳는 일 이후에 있는 어머니로서의 여러 가지 다른 보충적인 일들이다. 그리스도의 제사장 직분에서도 마찬가지로 그분의 화목 제사는 없어서는 안 될 뿐 아니라 이미 이루어진 일이다.…(그러나, 이제) 어머니로서의 직분과 마찬가지로 제사장 직분의 기본적인 기능을 이렇게 성공적으로 이행한 이후에는 은혜의 보좌에서 행해지는 다른 보충 사역들이 있으며, 이는 그 제사장께서 이미 화목된 그분의 백성을 위해 수행하시는 것이다(특별히, 그분의 하늘에서의 중보, pp. 30-31).

내가 좀더 '온건한' 입장이라고 부른 견해의 두 번째 강조점은, 교회는 그 머리와 연합해서 살아가는 그리스도의 몸이라고 하는 철저하게 성경적인 가르침과 관련된다. 하지만 이 성경적 교리는 비성경적 방법으로 발전되었다. 즉 그리스도의 몸은 그 머리 안에서 머리와 함께 하나님께 자신을 드린다는 것이다. 이런 개념은 널리 인정되고 있다. 1951년에 가브리엘 허버트(Gabriel Hebert)는 그 견해를 알기 쉽게 해설했다. 그것은 1958년 람베스 총회(Lambeth Conference)에 모인 영국 국교회의 감독들에게 영향을 주었다.

논쟁에서 폭풍의 눈과 같은, 성찬식 제사는 오늘날 '가톨릭' 측으로부터 참으로 복음적인 표현을 발견하고 있다. 즉, 제사적 행동이란 그리스도께서 다시 제물이 되신다거나 또는 그분의 단 한 번의 제사에 추가하는 다른 제사를 의미하는 것이 아니라, 그분의 제사에 참여하는 것이라는 주장이다. 참된 사제는 대제사장인 그리스도이시며, 그리스도인들은 그분의 몸의 지체로서 하나님 앞에 그분의 제사를 드리고, 그분과 자신의 연합을 통해 제사 안에서 자기 자신이 드려지도록 하기 위해 모이는 것이다.[27]

이를 지지하면서 람베스에 모인 감독들은 그들의 성명을 거기에 덧붙였다. 이는 "우리는 그리스도의 신비한 몸에 합병되었으므로 우리 자신이 바로 우리가 드리는 제사다. 우리와 함께하시는 그리스도께서는 그분 자신 안에서 우리를 하나님께 드리신다"는[28] 것이다. 윌리엄 템플은 그 전에 거의 똑같은 말을 쓴 바 있다. "우리 안에 계신 그리스도께서는 우리를 자신과 함께 하나님 아버지께 드리시며 우리는 그분 안에서 그렇게 드려지도록 우리 자신을 내드렸다."[29]

이 마지막 진술에서 중요한 것은 그리스도의 제사가 되풀이되는 것에 대해서나 우리가 그분을 드리는 것에 대해서는 의문의 여지가 없다는 점이다. 그 대신에 그의 몸을 자신과 함께 하나님 아버지께 드리는 것은 머리 되신 그리스도시다. ARCIC 합의 성명은 이와 유사한 사항을 말하고 있다. 즉, 성찬식 안에서 "우리는 그리스도께서 자신을 드리신 그 행동에 참여한다"(pp. 14, 20). 또는 그리스도 자신에 의해 그 안으로 이끌려 들어간다. 널리 존경받는 현대의 영국 가톨릭 신학자인 로완 윌리엄스(Rowan Williams) 교수는 "우리가 그리스도 안에서 그리고 그리스도에 의해 '드려진다'

---

27) G. Hebert, *Ways of Worship* (ed. P. Edwall, E. Hayman and W. D. Maxwell) 에서. 1958 Lambeth Conference Papers, Part 2, pp. 84, 85에 인용됨.
28) Lambeth 1958, Part 2, p. 84.

는 것은 '성찬식의 기본적 사실'"이라는 견해를 표명한 바 있다.[30]

다른 수정안들은 제사가 아니라 순종이나 중보를 그리스도의 그것과 뒤섞으려 한다. 예를 들어 모울(C. F. D. Moule)은 "코이노니아" 곧 그로 인해 우리가 그리스도와 연합하여 "그리스도 안에" 있게 되는 그것을 강조하면서, "두 개의 순종 곧 그리스도의 순종과 우리의 순종, 우리 안에 있는 그리스도의 순종과 그리스도 안에 있는 우리의 순종은 함께 하나님께 드려진다"고 썼다.[31] 다른 한편, 오십 년 간 이루어진 에큐메니컬 논쟁의 열매이며, '중요한 신학적 수렴'이라고 주장되는 소위 "리마 문서"(Lima Text, 1982)인 『세례, 성찬식, 사역』(*Baptism, Eucharist and Ministry*)은 순종보다는 중보에 초점을 맞춘다. 그 문서는 그리스도 사건(즉, 그분의 출생과 죽음과 부활)은 "유일한 것이며 되풀이될 수도, 연장될 수도 없다"고 선포하면서, 그럼에도 불구하고 "감사와 중보 가운데 교회는 위대한 대제사장이며 중보자이신 성자와 연합되고,"[32] 또한 "그리스도께서는 신실한 자들을 자신과 연합시키며 그들의 기도를 자신의 중보에 포함시켜서 그들이 거룩해지고 그들의 기도가 받아들여지도록 하신다"고 단언한다(II. 4).

이와 같은 진술들에서 어떤 것에 이의를 제기할 수 있는가 물을

---

29) William Temple, *Christus Veritas*, p. 242.
30) Rowan Williams, *Essays on Eucharistic Sacrifice*, ed. Colin Buchanan, p. 34에서.
31) C. F. D. Moule, *Sacrifice of Christ*, p. 52.
32) *Baptism, Eucharist and Ministry*, II. 8. 또한 Tony Price가 '영국 복음주의 협의회 교회'를 위해 초안을 작성한 평가서이자 비판서인 *Evangelical Anglicans and the Lima Text*를 보라.

수도 있다. 그들은 내가 앞서 언급한 바 전통적인 로마 가톨릭 문서에 있는 세 가지 '불쾌한 요소들'을 의도적으로 피한다. 일단 그리스도의 자기 희생이 되풀이될 수 없고, 성찬식은 화목적인 것이 아니며, 우리가 드리는 제사는 공로가 될 수 없다는 것을 확고하게 확립했는데도 갈보리와 성찬식을 여전히 따로 구분지어야만 하는가? 결국 신약에서는 우리를 제사장이라 부르며, 우리로 하여금 여덟 가지의 '영적 제사'를 하나님께 드리라고 권고한다. 그것은 또한 그리스도께서 자신을 주신 사랑과 순종을 우리가 열망해야 할 모델로서 우리 앞에 제시한다. 그렇다면 우리가 자신을 드리는 방법으로 그분이 자신을 드리는 일에 참여하는 것보다 더 좋고 더 건전한 것이 어디 있겠는가? 그분의 완전함이 우리의 불완전함을 보상해 주지 않겠는가? 그보다도 제2차 바티칸 공의회에서 말하듯이, "신실한 자들의 영적 제사"는 "그리스도의 희생과 연합하여 완전해지지" 않겠는가?[33] 이것은 적절하고도 합리적인 것이 아닌가? 반대하는 것은 심술궂고 완고한 것이 아닐까?

 그러나 유감스럽게도 실제로 심각한 반대가 존재한다. 첫째는 사실상 신약 저자들도 우리의 제사가 그리스도의 제사와 연합된다는 개념을 표현한 적은 전혀 없다는 것이다. 그들은 우리에게 세 가지 방법을 통해 사랑에서 나온 순종으로 우리 자신을 (제사로) 하나님께 드리라고 권고할 뿐이다. 첫째로 그리스도 "같이"(like) 드려야 한다. "그리스도께서 너희를 사랑하신 것 같이 너희도 사랑 가운데서 행하라. 그는 우리를 위하여 자신을 버리사 향기로운 제

---

33) *Decree on the Ministry and Life of Priests*, I. 2.

물과 희생제물로 하나님께 드리셨느니라"(엡 5:2). 그분이 자신을 드리신 것은 우리의 모델이 되어야만 한다. 둘째로, 우리가 하나님께 드리는 영적 제사는 우리의 구세주요 중보자이신 그리스도로 "말미암아"(through, 벧전 2:5) 드려져야 한다. 제사들은 모두 자기 중심성으로 오염되어 있으므로, 그리스도를 통해서 드려지는 것만이 하나님이 받으실 만한 것이 된다. 셋째로, 우리는 그리스도께서 우리에게 주신 바 죽음으로부터 건진 새로운 삶을, 그분만을 위해 살도록 하는 그분의 사랑으로 강권함을 받아 제사 안에서 우리 자신을 그리스도"께로" 또는 그리스도를 "위하여" 드려야 한다(고후 5:14-15). 이처럼 우리는 그리스도 "같이", 그리스도로 "말미암아", 그리스도를 "위하여" 우리 자신을 드려야 한다. 이것들이 신약이 사용하는 전치사들이다. 신약은 우리의 제사가 그리스도 '안에서' 또는 그리스도와 '함께' 드려질 수 있다고는 전혀 시사하지 않는다. 그리고 우리가 자신을 드리는 것이 그리스도께서 자신을 드리신 것과 동일하다고 보는 것이 중요하다면 신약에서 전혀 그렇게 말하지 않는 것은 이상한 일이다. 분명 우리가 의롭다 함을 받고, 용서받으며, 양자가 되고, 새로운 피조물로 되는 것은 "그리스도 안에서"다. 하지만 우리가 그리스도 '안에서', 그분과 연합하여, 우리의 찬양을 그분의 찬양과 합하여 하나님을 예배한다고는 결코 말하지 않는다. 심지어 하늘의 무리와 함께 예배드릴 그 때, 우리가 자신을 드리는 일에서 마침내 모든 불완전성이 제거될 그 때마저도 우리의 찬양이 그리스도의 찬양과 연합된다고는 말하지 않는다. 그렇다. 그리스도께서는 계속해서 우리 예배의 대상으로 남으실 것이다. 그분이 우리의 동료 예배자가 되시거나, 우리가 그분의 동료 예배자가 되지는 않을 것이다(계 4-7장을 보라).

이는 나를 두 번째 반대로 이끌고 간다. 그것은 분명 신약이 우리의 예배를 그리스도 '안에서 그리고 그분과 함께' 드리는 것으로 묘사하지 못하도록 하는 이유다. 구속주가 자신을 드리는 것과 구속받은 자가 자신을 드리는 것은 질적으로 너무나 다르기 때문에 그 둘을 혼합하려는 것은 변칙적인 일이 되리라는 것이 너무나 명백하다. 우리는 크랜머가 구분한 두 가지 제사, 곧 '화목적인'(죄를 속하는) 것과—비록 그는 이 단어를 사용하지는 않았지만—'성찬식적'(찬양과 경의를 표현하는) 제사를 다시 회상해 보아야만 한다. 그리스도의 제사는 두 가지를 다 포함하는 데 반해 우리의 제사는 단지 '성찬식적'일 뿐이라는 사실을 기억하는 것은 매우 중요하다. 예수님의 죽음은 아벨라르가 강조했듯이 그분이 하나님 아버지의 뜻에 순종하여 자신을 아버지께 드리신, 자기를 주는 사랑의 완벽한 모범에 그치지 않는다. 예수님은 또한 우리 대신에 우리가 죽을 죽음을 죽으심으로 자신을 우리를 위한 대속물로 주셨다. 그러므로 그분은 우리의 대리자로 죽으심으로써, 그렇지 않았다면 우리가 경험했어야 할 죽음을 겪지 않게 해주셨으며, 우리의 대표 또는 본보기로 죽으심으로써 우리가 무엇을 해야 하는지를 우리에게 보여 주신다. 십자가가 단지 후자에만 속했다면 서로 차이가 있긴 하지만 우리가 자신을 드리는 것과 그리스도께서 자신을 드리신 것을 좀더 밀접하게 관련시킬 수 있었을 것이다. 예수님이 하나님을 '아버지'라고 부르시면서, 우리에게도 그렇게 부르도록 허용하신 것과 같이 말이다. 하지만 십자가는 무엇보다도 화목적인 것이었으며 그런 의미에서 유일 무이하다. 우리는 십자가의 두 가지 의미를 풀어내는 데 훨씬 더 분명해야 한다. 그래서 다니엘 워터랜드가 종종 "십자가의 숭고한 희생"이며[34] "신인이신 그리스도의 엄청나게 고귀한 희생"(p. 33)이라고 부르는 것의 독특성을 볼 수 있어야 한다. 그럴 때 우리는, 우리의 제사를 그분의 제사와 관련시키는 것, 심지어 그분으로 하여금 우리의 제사를 그분의 제사로 이끌도록 요청하려고 생각하는 것마저도 변칙적일 뿐만 아니라 실제로 불가능하다고 결론을 내릴 것이다. 그 둘 사이에 있는 유일하게 적절한 관계는 우리의 제사가 그분의 제사에 대하여 겸손하게 경배하는 감사의 표현이라는 것이다.

이러한 복음주의의 강조에 대해서는 고려해 볼 만한 중요한 비판이 있다. 사람들은, 우리의 회심을 생각해 볼 때 우리의 제사는 실로 십자가에 대해 회개하는 마음으로 드리는 하찮은 반응으로 나타날 뿐이라고들 한다. 하지만 우리가 일단 그리스도께로 오고 환영을 받았다면 상황은 변하지 않는가? 이제는 우리가 그리스도께서 드리신 것에 합병될 수 있는, 무언가 드릴 것을 갖게 되지 않겠는가? 이것이 로완 윌리엄스 교수가 말한 요점이다. 그는 "그리스도께서 드린 제사의 결과는 정확하게 우리를 '예배하는' 존재, 즉 그리스도 안에서 우리 자신과 찬양과 상징적인 선물을 받으실 것임을 아는 그 하나님께 드릴 수 있는 존재로 만드는 것"이라는[35] 개념을 회복하고자 한다. 또한 "그리스도의 드리심의 결과는 우리를 드릴 수 있는 존재로 만드는 것, 우리를 제사장으로 세워 섬기기에 합당한 존재로 여기는 것이다"(p. 30). 그렇다면 예배는 우리

---

34) Daniel Waterland, *Review of the Doctrine of the Eucharist*, p. 343.
35) Rowan Williams, *Eucharistic Sacrifice*, p. 27.

에게 회심하지 않은 불신자의 배역을 맡겨 우리의 구원을 재현하도록 구성되어야 하는 것인가? 그것은 오히려 우리를 이미 그리스도 안에 있다고, 이미 하나님의 자녀로 간주하고, 그리고 나서 하나님 아버지께 대한 우리의 감사를 그리스도께서 십자가에서 자신을 드리신 것과 연합시키고 있지 않은가?(pp. 26-27) 이 질문들은 호소력이 있다. 그것들은 실재하는 문제들을 말한다. 그럼에도 불구하고, 나는 그것들에 대해 부정적인 대답을 해야만 한다고 생각한다. 왜냐하면 우리가 드리는 제사는 여전히 죄로 오염되어 있고 그리스도 '안에서' 그리고 그리스도와 '함께' 드려지기보다는 그리스도를 '통해서' 드려져야 하기 때문이다. 게다가 그리스도의 제사는 질적인 면에서만 우리의 제사보다 뛰어난 것이 아니다. 특성의 면에서도 우리의 제사와 다르다. 그러므로 그 두 가지를 한데 섞어 놓는 것은 타당하지 않다. 그것은 안전하지도 않다. 우리 마음의 교만은 너무 깊이 배어 있고 미처 알지 못하는 사이에 너무나 교묘하게 깊어지기 때문에, 우리 자신이 하나님께 드릴 무엇인가를 갖고 있다는 생각을 품기 쉽다. 로완 윌리엄스가 그렇게 생각하고 있다는 것은 아니다. 그는 우리가 받기 전에는 우리에게는 드릴 것이 아무것도 없다는 사실을 매우 분명히 한다. 그렇기 때문에, 그리고 우리 인간의 무익한 자만심을 인정한다면 이 진리는 성찬식 때 명백히 진술되어야 하는 것이 아닌가? 나는 로완 윌리엄스가 인용한 로저 벡위드와 콜린 부캐넌(Collin Buchnan)의 다음과 같은 말에 동의한다. "그리스도인의 삶에서 모든 진보는 그가 하나님을 받아들인 것을 생생하게 재현하는 데 달려 있다"(p. 26). 예배는 우리에게 이것을 상기시켜 주어야 하며, 우리가 그것을 잊도록 내버려두어서는 안 된다.

마이클 그린은 1967년 킬(Keele)에서 열린 전국 복음주의 앵글리칸 대회(National Evangelical Anglican Congress)를 준비하면서 이 점을 바르게 이해했다.

> 우리는 우리가 여전히 죄인으로서, 받을 자격이 없는 자들에게 날마다 내려 주시는 하나님의 은혜에 전적으로 의존하고 있다는 사실에서 결코 벗어나지 못한다. 우리는 무엇을 드리러 오는 것이 아니다. 우선 받으러 온다. 성찬식의 특성 자체가 바로 이것을 선포한다. 우리는 먹으러 오는 굶주린 자들이다. 우리는 자격이 없는 자로서 주님의 만찬에서 값없이 환영을 받는다.[36]

이 '성찬식 제사'에 대한 논의의 결론으로서 그리스도의 제사와 우리의 제사의 관계에 대해 무엇을 말할 수 있는가? 나는, 그것들은 적절히 관련을 지으려 하기에는 너무나 다르다고 주장해야 한다고 생각한다. 그리스도께서는 우리가 아직 죄인이고 원수였을 때 우리를 위해서 죽으셨다. 자신을 주는 그분의 사랑은 우리 역시 그 같은 사랑을 하도록 환기시키고 고취시킨다. 그러므로 우리의 사랑은 언제나 이차적이고, 그분의 사랑에 대한 반응으로 나타난다. 그것들을 한데 묶으려 하는 것은 일차적인 것과 이차적인 것을, 수원지와 수류를, 주도적인 것과 그에 대한 반응을, 은혜와 믿음의 구분을 흐리는 것이다. 죄를 위한 그리스도의 제사가 지닌 독

---

36) E. M. B. Green, *Guidelines*, p. 116에 나와 있는, 성찬을 십자가와 관련시킨 장인 "Christ's Sacrifice and Ours"에서.

특성을 적절하고 빈틈없이 이해할 때 우리는 그것으로부터 빗나가게 될 만한 모든 명료한 진술을 피하게 될 것이다.

나는 다시 이번 장 초두에서 말하던 것으로 돌아왔다. 기독교 공동체는 십자가의 공동체다. 왜냐하면 그것은 십자가에 의해 생겨났으며, 그 예배의 초점은 이전에 죽임을 당하셨으나 지금은 영광을 받으신 어린양이기 때문이다. 그러므로 십자가의 공동체는 그리스도를 통해 하나님께 우리의 찬양과 감사의 제사를 끊임없이 드리는, 경축하는 공동체, 성찬식의 공동체다. 그리스도인의 삶은 끝없는 축제다. 그리고 이제 우리의 유월절 양이 우리를 위하여 희생을 당하셨으므로 우리가 지키는 절기는 그 어린양의 희생을 그것에 따르는 영적 축제와 함께 기쁘게 기념한다. 이 기념하는 축제에 우리 모두 참여하는 것이다. 여기서 우리가 나누는 것은 무엇인가? 그것은 그리스도께서 드리시는 제사도 아니고, 심지어 그 제사 행위도 아니다. 오직 그것에 의해 그분이 이루신 유익을 나눌 뿐이다. 이 큰 희생으로 인해, 그리고 그것이 우리에게 얻어 준 귀중한 축복으로 인해 우리는 심지어 영원한 세계에 가서까지도 어린양을 공경하고 찬양하는 일을 결코 그치지 않을 것이다.


**토론 문제**

예수님이 십자가에서 자신을 희생하신 목적은 "단지 고립된 개개인을 구원해 주고 그럼으로써 그들을 영원토록 고독하게 하려는 것이 아니다. 오히려 그 목적은 새로운 공동체—그 구성원들이 그분께 속하고, 서로 사랑하며, 열심히 세상에 봉사하는—를 만들어 내는 것이었다"(p. 484). 이제 우리는 십자가와 기독교 공동체의 관계를 고찰하기에 이르렀다.

1. 그리스도인이 하나님과 맺는 친밀한 관계의 특징들은 무엇인가?(pp. 485-487)

2. "그리스도인들이 함께 모일 때 무엇도 그들의 찬양을 멈추게 할 수가 없다"(p. 488). 왜 그러한가?

3. 왜 성만찬은 "교회의 경축 생활의 중심"인가?(p. 490)

성만찬을 '제사'라고 부를 수 있다는 말이 지닌 의미에 대한 서로 다른 이해가 "16세기 이래로 기독교계를 분열시켜 왔으며, 오늘날도 전 교회적으로 격렬한 논란이 되고 있다"(p. 493).

4. 왜 16세기 종교개혁가들은 "미사 때 드리는 제사"를 거부했는가?(pp. 494-496)

5. 그리스도인들은 어떤 "영적 제사"를 드리는가?(pp. 498-499)

6. 가톨릭의 반종교개혁은 종교개혁가들이 강조한 것에 어떻게 반발했는가?(p. 499이하) 그 이유는 무엇이었는가?

7. 최근의 가톨릭 신학자들이 제의하는 좀더 온건한 입장 가운데 하나는 "성찬식은 십자가를 반복하는 것이 아니라 영속화하는 것"이라는 입장이다(p. 502). 이 말의 의미는 무엇인가? 이것은 어느 정도 신약의 가르침에 부합하는가?(p. 502이하)

8. 또 다른 가톨릭 신학자들은 성찬식이 제사인 이유를, 우리가 자신을 하나님께 산 제사로 드릴 때 우리는 그리스도께서 십자가에서 하신 일에 참여하기 때문이라고 말한다(p. 507이하). 이 입장은 어느 정도 신약의 가르침에 부합하는가?(p. 508이하)

9. 로완 윌리엄스는 "그리스도의 드리심의 결과는 우리를 드릴 수 있는 존재로 만드는 것, 우리를 제사장으로 세워 섬기기에 합당한 존재로 여기는 것이다"(p. 513)라고 말했다. 그럼에도 불구하고, 십자가상의 그리스도의 제사와 성찬식 때 일어나는 것 사이에 분명한 구별을 유지하는 것은 왜 중요한가?

# 11 ∽ 자기 이해와 자기 희생 *Self-Understanding and Self-Giving*

십자가는 하나님께 대한 태도뿐 아니라 우리 자신에 대한 태도 역시 근본적으로 바꾸어 놓는다. 따라서 십자가의 공동체는 경축하는 공동체일 뿐 아니라 자기 이해의 공동체이기도 하다. 이는 마치 개인주의로 되돌아가는 것처럼 들릴지도 모른다. 하지만 그렇게 되어서는 안 된다. 왜냐하면 여기서 자기 이해란 자기를 주기 위한 것이기 때문이다. 자신이 갖고 있는지 알지도 못하는 것을 어떻게 줄 수 있겠는가? 바로 그 때문에 자신의 정체성을 알려는 노력은 매우 중요하다.

그렇다면 우리는 누구인가? 우리는 우리 자신을 어떻게 생각해야 하는가? 우리 자신에 대해 우리는 어떤 태도를 가져야 하는가? 이 질문들은 십자가와 관련짓지 않고는 만족스러운 대답을 얻을 수 없다.

오늘날에는 낮은 자아상이 비교적 널리 퍼져 있는 듯하다. 많은 사람들이 열등감으로 인한 무력감에 빠져 있다. 때로 그 열등감의 기원은 풍족하지 못했던 어린 시절에 있기도 하고, 때로는 좀더 최근에 필요 없는 존재 또는 사랑받지 못하는 존재가 된 비극적 사건에 있기도 하다. 경쟁 사회가 가하는 압력은 사태를 더 악화시킨다. 그리고 현대의 다른 영향력들은 이것을 더욱더 악화시킨다. 정치적으로 또는 경제적으로 억압받는 곳에서 사람들은 자신의 품위가 떨어진 것처럼 느낀다. 인종 차별이나 성적 차별 그리고 '불필요한' 존재로 취급받을 때 입는 마음의 상처들은 사람들의 자신감을 침식시켜 버린다. 기술 공학은 한때 아놀드 토인비(Arnold Toynbee)가 말했듯이, 인간을 "컴퓨터 내부를 여행하도록 고안된 카드에 찍힌 일련 번호들"로 전락시켜 버린다. 한편 데스몬드 모리스(Desmond Morris) 같은 동물 행동학자들은 우리가 단지 동물에 지나지 않는다고 말하며, 스키너 같은 행동주의 심리학자들은 우리가 외부의 자극에 자동적으로 반응을 하도록 프로그램이 짜여 있는 기계에 불과하다고 말한다. 따라서 오늘날 많은 사람이 스스로를 무가치하고 보잘것없는 존재라고 느끼는 것은 놀랄 만한 일이 아니다.

이러한 일련의 영향들에 대한 과잉 반응으로 나타난 것이, 반대되는 방향에서 사람들의 큰 호응을 받고 있는 '인간 잠재력' 운동이다. 이 운동은 "너 자신이 되라. 너 자신을 표현하라. 너 자신을 성취하라!"고 부르짖는다. 이 운동은 '할 수 있다는 사고' 및 '적극적인 정신 자세'의 필요와 함께 '적극적인 사고의 능력'을 강조한다. 자부심을 도야하고자 하는 바람은 칭찬할 만하지만, 그것은 우리가 개발할 수 있는 잠재 가능성이 사실상 무한하다는 인상을 준다. 이러한 개념과 관련된 많은 저술들이 나타났는데, 그 개념은 폴 비츠(Paul Vitz) 박사가 쓴 책 「종교로서의 심리학: 자기 숭배의 종교」(*Psychology as Religion: The Cult of Self-Worship*)에 잘 묘사되어 있다. 그는 다음과 같이 쓴다. "심리학은 하나의 종교가 되었다. 그것은 특별히 자신을 예배하는 세속적 인본주의 형태의 종교다"(p. 9). 그는 먼저 "네 명의 유명한 자아 이론가" 즉 에리히 프롬(Erich Fromm), 칼 로저스(Carl Rogers), 아브라함 머슬로우(Abraham Maslow), 롤로 메이(Rollo May)에 대해 분석한다. 그들은 서로 다른 뉘앙스로 인간 성품은 천성적으로 선하며 따라서 무조건적으로 자신을 존중하고 자신을 인식하며 자신의 잠재 능력을 최고로 실현해야 한다고 가르친다. 이런 자아 이론들은 '의사 거래 분석'(transactional analysis; "난 괜찮아. 너도 괜찮아"), 그리고 비츠가 "놀라울 만큼 문자 그대로 자기 신격화"(p. 31이하)라고 정확하게 통찰한 EST(Erhard Seminar Training)에 의하여 보급되었다. 비츠는 "오늘의 심리학"(*Psychology Today*)에 나온 광고를 "이기주의자의 횡설수설"의 실례로 인용한다. "나는 나를 사랑해. 우쭐대는 것이 아냐. 나는 단지 나 자신에게 좋은 친구일 뿐이야. 그리고 나는 나를 기분 좋게 만드는 것이라면 무엇이든지 하고 싶어…"(p. 62). 이러한 자기 도취는 다음 5행시에 잘 나타나 있다.

옛날에 나르시수스라는 님프가 있었다.
    그는 자기가 매우 아름답다고 생각했다.

그래서 그는 마치 바보처럼

연못에 비친 자기 얼굴을 빤히 바라보았다.

그리고 오늘 우리에게도 여전히 그와 같은 어리석음이 남아 있다.[1]

불행히도, 많은 그리스도인들이 예수님도 지지하신 모세의 계명, 곧 이웃을 자신처럼 사랑하라는 계명을 자신을 이웃처럼 사랑하라는 계명으로 잘못 생각하여 이러한 동향에 빠져들도록 내버려두었던 것 같다. 하지만 이 계명은 그런 뜻이 아니다. 이에 대해 세 가지 논증을 제시할 수 있다.

첫째로, 문법적으로 예수님은 "첫 번째 계명은 주 너의 하나님을 사랑하는 것이고, 두 번째 계명은 너희 이웃을 사랑하는 것이며, 세 번째 계명은 네 자신을 사랑하는 것이다"라고 말씀하지 않으셨다. 그분은 단지 첫 번째 큰계명을 말씀하시고, 앞에 나온 것과 같은 두 번째 계명을 말씀하셨을 뿐이다. "네 몸과 같이"라는 말을 덧붙인 것은, 이웃 사랑에 대한 개략적이며 편리하고도 실제적인 지침을 제공하려는 것이다. 왜냐하면 "누구든지…자기 육체를 미워하지 않기"(엡 5:29) 때문이다. 이 점에서 이 계명은 "무엇이든지 남에게 대접을 받고자 하는 대로 너희도 남을 대접하라"(마 7:12)는 황금률과 같다. 우리는 대부분 정말로 자신을 사랑한다. 우리가 어떻게 대접을 받았으면 좋을지 알고 있으며, 이것은 우리가 다른 사람을 어떻게 대접해야 할지를 가르쳐 줄 것이다. 자기 사랑은 칭찬받을 만한 미덕이 아니라 인식해야 할 사실이고, 사용

---

[1] *Christianity Today*에 나와 있는 "Is Self-love biblical?"이라는 제목의 1977년 논문에서 John Piper(Bethel College, Minneapolis)가 인용.

해야 할 규칙이다.

둘째로, 언어학적으로 그 동사는 '아가파오'(*agapaō*)인데, '아가페'(*agapē*) 사랑이란 다른 사람을 섬기는 자기 희생을 의미한다. 그러므로 그것은 자기를 향할 수가 없다. 자신을 섬기기 위해 자신을 희생한다는 생각은 이치에 맞지 않는다.

셋째로, 신학적으로 성경에서는 죄를 자기 사랑으로 이해한다. 죄는 자신에게로 굽는 성향이다(루터가 말했던 대로). "말세"의 징조 중 하나는 사람들이 "하나님을 사랑하는" 대신 "자기를 사랑하는" 것이다(딤후 3:1-5). 그들의 사랑은 하나님과 이웃에서부터 자기 자신에게로 방향을 잘못 돌리게 될 것이다.

그렇다면 우리 자신을 어떻게 보아야 하는가? 어떻게 하면 우리는 자기 혐오와 자기 사랑이라는 두 극단을 피하면서, 우리 자신을 경멸하지 않으면서 우쭐거리지도 않을 수 있을까? 어떻게 하면 너무 낮거나 너무 높은 자기 평가를 피하고 그 대신에 "지혜롭게 생각하라"(롬 12:3)는 바울의 훈계에 순종할 수 있을까? 그리스도의 십자가가 그 대답을 준다. 왜냐하면 십자가는 자기를 부인하는 동시에 자기를 긍정하라고 요청하기 때문이다. 하지만 이 상호 보충되는 권고를 고찰해 보기도 전에, 십자가는 우리에게 우리는 그리스도와 함께 죽었다가 다시 살아났기 때문에 이미 새로운 백성이라고 말한다.

바로 이 점에서 예수님의 죽음은 '대속적'일 뿐만 아니라 '대표적'이라고 불릴 수 있다.

'대속자'란 다른 사람을 대신하여 행동함으로써 그 사람이 행동할 필요가 없도록 하는 사람이다.

'대표자'란 다른 사람을 위해 행동함으로써 다른 사람을 그의 행동에 포함시키는 사람이다.

그래서 예전에 징병된 사람 대신 (돈을 받고) 군대에서 복무하는 사람이 '대속자'였다. 부상을 당한 다른 사람 대신 시합에 나가는 축구 선수 역시 '대속자'다. 징병된 사람과 부상당한 선수는 이제 아무것도 하지 않아도 된다. 다른 사람이 그들을 대신했다.

그러나 자기 회사의 '대표자'로 일하는 대리인은 그 회사를 위해서 활동하도록 대표로 임명된 것이다. 그는 회사 대신 말하는 것이 아니라 회사를 위해서 말한다. 그 회사는 그가 말하고 행동하는 것에 좌우된다.

바로 이와 같이, 그리스도께서는 대속자로서 우리 스스로는 결코 할 수 없는 일을 우리를 위해 하셨다. 그분은 우리 죄와 심판을 담당하셨다. 하지만 우리 역시 우리의 대표자로서 그분이 행하신 일을 그분과 연합됨으로 행했다. 다시 말해 우리는 그분과 함께 죽었다가 다시 산 것이다.

이상하지만 놀라운 이 주제에 대한 바울의 가장 포괄적인 해설이 로마서 6장 초두에 나온다.[2] 그것은 죄가 더할 때 은혜가 더욱 넘치므로 은혜를 훨씬 더 많이 받을 수 있도록 계속해서 죄를 짓는 편이 낫다는 악한 제안에 대한 답변으로 전개되었다(5:20-6:1). 바울은 단호하게 그러한 생각을 거부한다. 단지 우리는 "죄에 대하여 죽었고" 따라서 더 이상 죄 안에서 살 수 없다는 이유 때문이다(6:2). 그 죽음은 언제 일어났는가? 우리가 세례 받을 때다. "무릇

---

2) 롬 6:1-14; 참고. 골 2:20과 3:1-14; 고후 5:14-15.

그리스도 예수와 합하여 세례를 받은 우리는 그의 죽으심과 합하여 세례 받은 줄을 알지 못하느냐. 그러므로 우리가 그의 죽으심과 합하여 세례를 받음으로 그와 함께 장사되었나니 이는 아버지의 영광으로 말미암아 그리스도를 죽은 자 가운데서 살리심과 같이 우리로 또한 새 생명 가운데서 행하게 하려 함이라"(6:3-4). 그렇다면 세례는 우리가 예수님의 죽음과 부활에 참여한 것을 가시적으로 생생하게 표현해 준다. 바로 그러한 이유로 해서 우리는 "죄에 대하여 죽었으며" 더 이상 그 안에서 살아서는 안 된다고 말할 수 있다.

문제를 해결해 주는 핵심은 바로 그리스도의 죽음(우리가 내적으로는 믿음으로, 또 외적으로는 세례로서 참여한)이 죄에 대한 죽음이었다는 사실이다. "그가 죽으심은 죄에 대하여 단번에 죽으심이요 그가 살아 계심은 하나님께 대하여 살아 계심이니"(10절). 오직 한 가지 의미로만 예수님이 "죄에 대하여 죽으셨다"고 말할 수 있다. 그것은 그분이 죄의 형벌인 죽음을 담당하셨다는 것이다. 왜냐하면 "죄의 삯은 사망"(23절)이기 때문이다. 죽으심으로 죄의 삯을 지불하시고(또는 그 형벌을 담당하시고) 나서, 그분은 새 생명으로 부활하셨다. 우리도 그분과 연합함으로 그렇게 되었다. 우리 역시 죄에 대하여 죽었다. 죄의 형벌을 개인적으로 담당했다는 의미에서가 아니라(그리스도께서 우리 대신 그것을 담당하셨다) 그분의 죽음이 가져오는 유익을 함께 누린다는 의미에서 그렇다. 죄의 대가는 이미 치러졌고 빚은 지불되었으므로, 우리는 죄책과 정죄의 두려운 짐으로부터 자유롭게 되었다. 우리는 죄 문제를 이미 처리하고 그리스도와 함께 새 생명으로 부활했다. 그렇다면 어떻게 우리가 그것에 대해 죽은 그 죄 안에서 계속해서 거할 수 있단 말인가? 그것은 불가능한 일은 아니다. 왜냐하면 우리는 아직도 죄가 우리 안에서 왕노릇 하지 못하도록 조심할 필요가 있기 때문이다(12-14절). 하지만 그것은 상상도 할 수 없는 일이다. 그것은 우리가 예수님과 함께 죽었다가 부활했다는 사실과 양립할 수 없기 때문이다. 우리를 옛 생활로부터 끊어 버린 것은 죽음과 부활이다. 그렇다면 우리가 어떻게 다시 그것으로 돌아가는 것을 생각이라도 할 수 있단 말인가? 바로 그 때문에 우리는 자신을 "죄에 대하여는 죽은 자요 그리스도 예수 안에서 하나님께 대하여는 살아 있는 자"로 "여겨야" 한다(11절). 이것은 자신이 그렇지 못하다는 것을 잘 알면서도 죄에 대하여 죽고 하나님에 대하여 산 것인 양 보이게 하라는 뜻이 아니다. 그와 반대로 우리는 그리스도와 연합함으로 그분의 죽음과 부활에 참여했으며, 그래서 우리 자신이 죄에 대하여 죽었고 하나님에 대하여 살았다는 것을 안다. 그러므로 계속해서 이 사실을 기억하고 그와 모순되지 않는 삶을 살아야만 한다. 윌리엄 틴데일은 그의 저서 「로마서 강해」(*Romans*)의 머리말 끝 부분에서 그것을 다음과 같이 특유의 생생한 용어로 표현했다.

이제 독자들이여, 바울의 저술을 그대로 읽으라. 그리고 행하라.…기억하라. 그리스도께서는 그대들이 다시 하나님을 진노하게 하도록 하기 위해 이 속죄 사역을 행하신 것이 아니다. 또한 그분은 그대들이 여전히 죄 가운데 살도록 하기 위해 그대들의 죄를 위해 죽으신 것도 아니다. 그분은 그대들이 돼지처럼 다시 진흙 구덩이로 돌아가도록 하기 위해 그대들을 깨끗하게 하신 것도 아니다. 오직 그대들이 새로운 피조물이 되도록, 그래서 육체의 뜻이 아니라 하나님의 뜻을 따라 새로운 삶을 살도록 하기 위해서 그렇게 하셨다.[3]

바르트는 이 가르침이 얼마나 혁명적인지를 파악했으며, 이것을 그가 쓴 책의 칭의에 대한 부분에서 다음과 같이 언급한다. "예수님의 죽음 안에서 신적 심판으로서 시행된 판결은…나는 죄인이며, 이 죄인 곧 나 자신은 십자가에 못박혀서 죽었으므로(내 대신 예수 그리스도께서 행하신 희생과 순종 안에서), 나는 멸망했고 다른 존재로 대신되었다는 것이다…." 이것은 칭의의 소극적 측면이다. 하지만 "하나님이 우리를 죄인으로서 책망하시고 정죄하셔서 우리로 하여금 죽음에 이르도록 한 바로 그 똑같은 판결문에서 그분은 우리를 용서하시고 우리로 하여금 그분 앞에서 그리고 그분과 함께 새로운 생명을 갖게 하셨다." "우리의 참된 죽음과 죽음을 넘어선 우리의 참된 생명", 죽음에 의한 멸망과 부활에 의한 회복, 똑같은 사람에 대한 하나님의 예와 아니오, 이 두 가지는 함께 공존한다.[4]

그리스도 안에 있는 모든 사람에 대한 이 기본적인 사실, 곧 우리가 그리스도와 함께 죽었다가 다시 살았으며, 따라서 죄와 죄책과 수치의 옛 삶은 끝났고 거룩함과 용서와 자유라는 전적으로 새로운 삶이 시작되었다는 기본적 사실을 인정한다면, 새로운 자아에 대한 우리의 태도는 어떠해야 하는가? 우리의 새로운 자아는 비록 구속되긴 했지만 여전히 타락한 상태이기 때문에 이중적 태

---

3) William Tyndale, *Doctrinal Treatises*, p. 510.
4) K. Barth, *Church Dogmatics*, IV. 1, pp. 515-516, 543.

도가 필요할 것이다. 즉 십자가의 조명을 받은 자기 부인과 역시 십자가의 조명을 받은 자기 긍정이 그것이다.

### 자기 부인

첫째로, 자기 부인에 대한 요구다. 예수님의 요구는 명료하다. "누구든지 나를 따라오려거든 자기를 부인하고 자기 십자가를 지고 나를 따를 것이니라"(막 8:34). 예수님은 이제 막 처음으로 그분의 고난과 죽음을 분명하게 예고하셨다. 그분은 그 일이 "일어나야 할 것"이라고 말씀하셨다(31절). 이제 그분은 제자들에게도 그들이 "해야 할 것"을 암암리에 말씀하신다. 그분은 십자가로 가셔야만 한다. 제자들도 자신의 십자가를 지고 그분을 따라야만 한다. 실로 그들은 "날마다" 그렇게 해야 한다. 그리고 반대로 말해 만일 어떤 사람이 자기 십자가를 지고 그분을 좇지 않으면 그분께 합당하지 않으며 그분의 제자가 될 수 없다.[5] 이런 식으로 모든 그리스도인은 구레네의 시몬이며 동시에 바라바라고 말할 수 있다. 바라바처럼 우리는 그리스도께서 우리 대신 죽으셨기 때문에 십자가를 모면할 수 있다. 구레네의 시몬처럼 우리는 십자가를 진다. 왜냐하면 그리스도께서 우리에게 그것을 지고 그분을 따르라고 명하시기 때문이다(막 15:21).

로마의 모든 식민지에서 십자가형은 흔히 볼 수 있는 광경이었다. 팔레스틴 역시 예외가 아니었다. 십자가형을 선고받은 모든 반역자는 자기의 십자가 또는 적어도 '파티불룸'(*patibulum*, 십자가

---

5) 눅 9:23; 마 10:38; 눅 14:27.

형에 쓰이는 가로대)을 지고 형을 집행하는 장소까지 가야만 했다. 플루타크(Plutarch)는 "사형 선고를 받은 모든 죄인은 등에 자기 십자가를 진다"고 썼다.[6] 이처럼 요한은 예수님에 대해 "자기의 십자가를 지시고 해골이라 하는 곳에 나가시니"(19:17)라고 썼다. 그러므로 십자가를 지고 예수님을 따르는 것은 "자신을 형장으로 가는 사형 선고 받은 사람의 입장에 놓는 것이다."[7] 왜냐하면 만일 어깨에 십자가를 메고 그리스도를 따르고 있다면, 우리가 가는 곳은 오로지 한 군데—십자가 처형장—밖에 없기 때문이다. 본회퍼(Bonhoeffer)가 말하였듯이 "그리스도께서 어떤 사람을 부르실 때, 그 사람에게 와서 죽으라고 명하신다."[8] 그렇다면, 우리의 '십자가'는 화를 잘 내는 남편이나 성미 고약한 아내가 아니다. 그것은 자아에 대한 죽음의 상징이다.

비록 예수님은 순교의 가능성을 염두에 두셨을지 모르지만 그분의 부르심("아무든지…")의 보편적인 성격은 좀더 광범위하게 적용될 수 있다. 생생한 묘사를 통해 예수님이 나타내고 계신 것은 분명히 자기 부인이다. 우리 자신을 부인하는 것은, 마치 베드로가 예수님을 세 번 부인했을 때 예수님에 대해서 행동한 것처럼 우리 자신에 대해 행동하는 것이다. 동사는 두 경우 모두 같다(*aparneomai*). 그는 예수님과의 관계를 부인하고, 그분을 거부했으며, 그분에게서 등을 돌렸다. 자기 부인은 우리 자신에게 초콜릿이나 케이크, 담배, 칵테일 같은 사치품들을 금하는 것이 아니다(비록 이

---

6) Martin Hengel이 *Crucifixion*, p. 77에서 인용.
7) H. B. Swete, *St. Mark*, p. 172.
8) Dietrich Bonhoeffer, *Cost of Discipleship*, p. 79.

것들을 포함할지는 몰라도). 그것은 사실상 우리 자신이 가고 싶은 길을 가는 당연한 권리를 포기하고 우리 자신을 부인하는, 또는 거부하는 것이다. "자신을 부인하는 것은…자기 중심성이라는 우상숭배에서 등을 돌리는 것이다."[9] 바울이 그리스도께 속한 사람들은 "육체와 함께 그 정욕과 탐심을 십자가에 못박았느니라"(갈 5:24)고 말했을 때 그는 똑같은 것을 언급하고 있었을 것이다. 어떤 묘사도 그보다 더 생생하지 않다. 실제로 망치를 집어 들어서 우리의 불안정한 타락한 성품을 십자가에 고정시키고, 그럼으로써 그것을 죽이기 위해 못을 박는 것이다. 이를 나타내는 전통적 단어는 '고행'이다. 그것은 성령님의 능력으로 "육체의 나쁜 행실을 죽이도록" 그래서 이 죽음을 통해 우리가 하나님과 교제를 나누는 가운데 살도록 지속적으로 결심하는 것이다.[10]

사실 바울은 그의 서신서에서 세 가지 서로 다른 죽음과 부활에 대해 쓴다. 이것들은 그리스도인의 체험의 본질적인 부분이다. 우리가 그것들을 잘 구분하지 못할 때 많은 혼란이 야기된다. 첫 번째(우리가 이미 고찰해 본)는 죄에 대한 죽음과 그 이후에 하나님에 대하여 사는 삶이다. 이것은 우리가 그리스도의 죽음과 부활 안에서 그분과 연합한 덕분에 모든 그리스도인에게 일어나는 일이다. 그로 인해 우리는 그리스도의 죽음이 주는 유익(죄사함)과 그분의 부활이 주는 유익(능력)을 둘 다 공유하게 된다. 이것은 우리의 회심/세례 시에만 일어난다.

두 번째는 자아에 대한 죽음으로서, 이는 십자가를 지는 것, 부

---

9) C. E. B. Cranfield의 *Mark*, p. 281에서.
10) 롬 8:13; 참고. 골 3:5; 벧전 2:24.

인하는 것, 십자가에 못박히는 것, 고행하는 것 등으로 다양하게 불린다. 그 결과 우리는 하나님과 교제를 누리는 삶을 살게 된다. 이 죽음은 우리에게 일어난 그 무엇, 또 우리가 이제 '…으로 여기거나' 또는 기억하도록 명령받는 그 무엇이 아니라, 비록 성령의 능력에 의해서긴 하지만 우리 옛 성품을 죽이면서 의도적으로 행해야 하는 그 무엇이다. 실로 모든 그리스도인은 그것을 이미 행했다. 그것이 우리가 처음에 행한, 또 계속적으로 행하는 회개의 본질적인 측면이고 그것 없이는 그리스도의 제자가 될 수 없다는 의미에서 그렇다. 하지만 우리는 계속해서 이러한 태도, 즉 날마다 십자가를 지는 태도를 유지해야 한다.

세 번째 종류의 죽음과 부활에 대해서는 제9장에서 이미 언급했다. 그것은 우리 몸에 예수 죽인 것을 짊어져서 그분의 생명이 우리 몸에 나타나도록 하는 것이다(고후 4:9-10). 분명 이것이 일어나는 무대는 우리의 육체다. 그것은 그 육체의 허약성, 박해, 필멸성 등을 언급한다. 바로 이러한 맥락에서 바울은 "나는 날마다 죽노라"(고전 15:30-31) 그리고 "우리가 종일…죽임을 당하게 되며"(롬 8:36)라는 말을 할 수 있었던 것이다. 왜냐하면 그것은 끊임없는 육체적 연약함이기 때문이다. 그러나 그 때 "부활", 곧 우리 안에 계신 예수님의 생명으로부터 오는 내적 활력 또는 갱신 역시 지속된다(고후 4:16).

요약하면, 첫 번째 죽음은 **법적인** 것이다. 그것은 죄에 대한 그리스도의 죽음(죄의 형벌로 인한 죽음) 안에서 그분과 연합함으로 죄에 대해 죽는 것이며, 그 결과 생겨나는 그분과의 부활은 의롭다 함을 받은 죄인들이 향유하는 새로운 자유의 삶으로 이끈다. 두 번째 죽음은 **도덕적인** 것이다. 그것은 우리가 옛 성품과 그것의 악한 소욕을 죽임으로써 자아에 대해 죽는 것이며, 그 뒤에 따르는 부활은 하나님과 교제를 누리는 의로운 삶으로 이끈다. 세 번째 죽음은 **육체적인** 것이다. 그것은 무사 안일에 대한 죽음, '예수를 위하여 죽음에 넘기우는 것'이며, 그에 상응하는 부활은 우리의 연약함 안에서 완전해지는 예수님의 능력이다. 법적인 죽음은 '단번에 죄에 대하여 죽는 것'이지만, 도덕적·육체적 죽음은 그리스도인 제자들이 날마다, 심지어 매순간 끊임없이 겪는 것이다.

나는 독자들이 지금까지 내가 한 말에 어떻게 반응을 보여 왔는지—특별히 자아에 대해 죽는 것 혹은 그보다는 자아를 십자가에 못박음으로 또는 고행을 함으로 그것을 죽이는 것에 대해—궁금하다. 나는 여러분이 그것에 대해 불편함을 느꼈으리라고 생각한다(그리고 그러기를 바란다). 내가 자아에 대해 너무나도 부정적인 태도를 표명했기 때문에 인간을 천하게 만든다는 점에서 관료주의자들이나 기술주의 신봉자(technocrat), 동물 행동학자들과 행동주의 심리학자들에게 거의 동조하는 것처럼 보였을 것이다. 내가 쓴 것이 진실이 아니라는 것이 아니라(왜냐하면 우리 십자가를 지고 죽기까지 그분을 따르라고 말씀하신 것은 예수님이셨으므로) 그것은 진리의 한 측면일 뿐이라는 것이다. 그것은 우리의 자아가 전적으로 나쁘다고 암시하며, 그 때문에 전적으로 거부되어야 한다고, 실로 '십자가에 못박혀야' 한다고 암시한다.

### 자기 긍정

하지만 우리는 성경에 나오는 또 다른 요소를 간과해서는 안 된다. 자기를 부인하라는 예수님의 명시적인 명령 곁에는 자기를 긍정하라는(이는 이기적인 자기 사랑과는 전혀 다르다) 암시적인 명령이 있다. 복음서를 전체적으로 읽는다면 예수님이 인간 존재 자체에 부정적인 태도를 가지셨다는, 또는 다른 사람에게 그런 태도를 가지도록 고취하셨다는 인상을 받을 수는 없을 것이다. 오히려 그와는 반대다.

첫째로, 사람들에 대한 예수님의 **가르침**을 생각해 보라. 그분이 인간의 마음에서 나오는 악하고 추한 것들에 주의를 집중시키신 것은 사실이다(막 7:21-23). 그러나 예수님은 또한 하나님 보시기에 인간 존재가 가진 '가치'에 대해서도 말씀하셨다. 인간은 새나 짐승들보다 "훨씬 더 귀하다"고 그분은 말씀하셨다.[11] 이 가치 판단의 기준은 무엇인가? 그것은 예수님이 구약에서 이어받은 창조의 교리, 즉 인간은 하나님의 창조 활동의 극치이며, 하나님이 남자와 여자를 자신의 형상으로 만드셨다는 교리였을 것이다. 우리에게 독특한 가치를 부여하는 것은 우리가 지닌 하나님의 형상이다. 안토니 후크마(Anthony Hoekema) 박사는 탁월한 소책자인 「성경이 말하는 적극적 신앙이란?」(*The Christian Looks at Himself*)에서 백인들이 가르친 열등감에 저항하여 자기 방에 다음과 같은 표어를 걸어 놓은 미국의 한 젊은 흑인에 대해 언급한다. "나는 나고 나는 선하다. 왜냐하면 하나님은 폐물을 만드시지는 않기 때문이다"(I'm me and I'm good, 'cause God don't make junk, p. 15). 문법은 엉망일지 모르지만 그 신학은 매우 훌륭하다.

---

11) 마 6:26; 12:12.

둘째로, 사람들에 대한 예수님의 **태도**를 보라. 그분은 아무도 경멸하지 않고 아무도 거부하지 않으셨다. 오히려 일부러 세상이 존경하지 않는 사람들을 존경하셨고 세상이 거부한 사람들을 받아들이셨다. 그분은 대중 앞에서 여자에게 공손하게 말씀하셨다. 어린아이들을 그분께 오도록 초청하셨다. 사마리아인들과 이방인들에게 소망을 주는 말씀을 하셨다. 문둥병자들이 그분께 가까이 오도록, 또 창녀가 그분께 기름을 붓고 그분의 발에 입을 맞추도록 허용하셨다. 사회의 버림받은 사람들을 친구로 삼고 가난하고 굶주린 자들을 도와주셨다. 이 모든 각양 각색의 사역에서 그분이 동정에 가득 차서 인간을 존중하시는 모습이 빛난다. 그분은 그들의 가치를 인정하고 사랑하셨으며, 그들을 사랑함으로 그들의 가치를 더욱 크게 하셨다.

셋째로, 특별히 우리는 인간을 위한 예수님의 **사명과 죽음**을 기억해야 한다. 그분은 섬김을 받으려 함이 아니라 섬기러 오셨다고, 자기 목숨을 많은 사람 대신 대속물로 주러 오셨다고 말씀하셨다. 예수님이 인간을 위해 고난받고 죽기로 결심하신 것보다 인간에 대해 그분이 부여하신 높은 가치를 더 분명하게 나타내는 것은 없다. 그분은 단 한 마리 잃어버린 양을 찾아 구원하려고 역경에 맞서고 위험을 감수하는, 광야에 오신 선한 목자다. 실로 그분은 양을 위해 자기 목숨을 버리셨다. 우리는 십자가를 바라볼 때만 인간의 참된 가치를 깨닫는다. 윌리엄 템플이 표현했듯이, "나의 가치는 내가 하나님께 얼마나 가치 있는 존재인가에 좌우된다. 그리고 하나님께 나는 놀라울 만큼 가치 있다. 왜냐하면 그리스도께서 나를 위해 죽으셨기 때문이다."[12]

지금까지는 그리스도의 십자가가 인간 자아의 가치를 증명해 주는 동시에 어떻게 그 자아를 부인하거나 또는 십자가에 못박게 하는지를 살펴보았다. 이 성경적 역설을 어떻게 이해할 것인가? 우리 자신을 존중하면서 동시에 부인하는 일이 어떻게 가능한가?

이러한 질문은 우리가 지금 말하는 '자아'에 대한 정의를 내리기 전에, 우리 자신에 대한 서로 다른 태도를 논의하고 전개시켰기 때문에 야기된다. 우리의 '자아'는 전적으로 선하거나 전적으로 악한 단순한 실재가 아니며, 따라서 전적으로 존중되어야 하거나 전적으로 부인되어야 하는 그런 것이 아니다. 그 대신 우리의 '자아'는 선과 악, 영광과 수치가 혼합된 복합적 실재이며, 그 때문에 우리 자신에 대해 좀더 미묘한 태도를 개발할 것을 요구한다.

우리가 어떤 존재(우리의 자아 또는 개인의 정체성)인지는 부분적으로는 창조의 결과(하나님의 형상)이며 부분적으로는 타락의 결과(손상된 형상)다. 우리가 부인하고 포기하며 십자가에 못박아야 하는 자아는 타락한 자아, 곧 우리 안에 있는 바 예수 그리스도와 양립할 수 없는 모든 것이다(이런 점에서, "**자기를 부인하고**"는 "**나를 좇을 것이니라**"는 그분의 명령 다음 나온다). 우리가 긍정하고 존중해야 할 자아는 창조된 자아, 곧 우리 안에 있는 바 예수 그리스도와 양립할 수 있는 모든 것이다(여기에서, 만일 우리가 자기를 부인함으로 자기를 잃으면 자기를 찾으리라는 그분의 진술이 나온다). 참된 자기 부인(타락한 자아의 부인)은 자멸의 길이 아니라 자기 발견의 길이다.

---

12) William Temple, *Citizen and Churchman*, p. 74.

그렇다면 우리는 창조에 의해 우리에게 주어진 것은 무엇이든 긍정해야 한다. 우리의 이성, 도덕적 의무감, 성별(남성이건 여성이건), 가정 생활, 심미적 감상력과 예술적 창조력의 은사, 비옥한 땅에 대한 청지기 직분, 사랑과 공동체 생활에 대한 갈망, 하나님의 초월적 위엄에 대한 인식, 그분 앞에 엎드려 경배하고자 하는 타고난 충동 등이 그것이다. 이 모든 것(과 그 이상의 것)은 창조된 인간성의 일부다. 그것이 죄에 의해 오염되고 왜곡된 것은 사실이다. 그러나 예수님은 그것을 파괴하기 위해서가 아니라 구속하기 위해서 오셨다. 그러므로 우리는 감사함으로, 또 적극적으로 그것을 긍정해야 한다.

그러나 우리는 타락에 의해 생긴 것은 무엇이나 부인하거나 거부해야 한다. 분별 없음, 도덕적 악함, 성적 구별을 흐리게 하고 성적으로 자제하지 못하는 것, 가정 생활을 망쳐 놓는 이기심, 추한 것에 끌리는 것, 하나님의 은사를 개발하는 일을 게을리하는 것, 환경을 오염시키고 약탈하는 것, 참된 공동체를 억누르는 반사회적 경향, 교만한 자율성, 살아 계시고 참되신 하나님께 예배하기를 거부하는 우상 숭배적 성향 등이 그것이다. 이 모든 것(과 그 이상의 것)은 타락한 인간성의 일부다. 그리스도께서는 그것을 구속하러 오신 것이 아니라 멸망시키러 오셨다. 그러므로 우리는 열심히 그것을 부인하고 거부해야 한다.

지금까지 나는 우리의 창조됨과 타락 사이의 대조를 의도적으로 지나치게 단순화했다. 그 묘사를 이제 두 가지 방법으로 수정—실제로는 확대—해야겠다. 이것들을 확대할 수 있는 것은 모두 인간 세상에 그리스도의 구속이 도입된 것에 기인한다. 그리스도인들은 더 이상 자기 자신을 단지 '창조되고 타락한' 존재로만 생각할 수 없으며 그보다는 '창조되고 타락했으며 구속된' 존재들로 생각해야 한다. 그리고 이 새로운 요소의 도입은 우리에게 더 많은 것을 긍정하고 더 많은 것을 부정하게 해준다.

첫째로, 우리에게는 긍정해야 할 더 많은 것이 있다. 왜냐하면 우리는 하나님의 형상으로 창조되었을 뿐 아니라 그 안에서 재창조되었기 때문이다. 우리 안에서 일하시는 하나님의 은혜로운 역사—신약에서 '중생', '부활', '구속' 등 여러 가지 말로 묘사된—는 본질적으로 재창조다. 우리의 새로운 자아는 "하나님을 따라 의와 진리와 거룩함으로 지으심"을 받았으며, 또한 "자기를 창조하신 자의 형상을 좇아 지식에까지 새롭게 하심"을 받았다. 실로 그리스도 안에 있는 사람은 누구나 "새로운 피조물"이다.[13] 이것은 우리의 지성, 우리의 성품, 우리의 관계들이 모두 새로워졌다는 의미다. 우리는 하나님의 자녀요 그리스도의 제자이며 성령의 전이다. 성령께서는 그분의 열매와 은사로 우리를 풍요롭게 하신다. 그리고 우리는 확신을 가지고 어느 날 나타날 영광을 고대하는 하나님의 후사다. 그리스도인이 되는 것은 완전히 변화되는 체험이다. 우리를 변화시킴으로써 그것은 또한 우리의 자아상을 변화시킨다. 우리는 이제 긍정할 것을 더 많이 갖게 되었다. 자랑하는 믿음에서가 아니라 감사하는 마음에서 긍정하는 것이다. 후크마 박사가 「성경이 말하는 적극적 신앙이란?」에서 이것을 주로 강조한 것은 옳다. 그는 "십자가 그늘 밑에"(Beneath the Cross of Jesus)라는 찬송가

---

13) 엡 4:24; 골 3:10; 고후 5:17.

를 인용하는데, 여러 가지 면에서 멋지고도 감동적이다. 하지만 한 절의 끝부분만은 그렇지 않은데 그것은 다음과 같이 되어 있다.

> 괴로운 마음으로 눈물 흘리며
>    두 가지 놀라운 일 나 고백하네.
> 그분의 영광스러운 사랑의 놀라움과
>    나 자신의 무가치함을.

"아니다. 그렇지 않다"고 후크마 박사는 거부한다. 우리는 그렇게 노래할 수는 없다. "나의 하찮음"이라는 표현은 사실을 나타내겠지만 "나 자신의 무가치함"이라는 말은 그렇지 않다(p. 16). 어떻게 예수 그리스도께서 "가치 있다"고 선포하신 것을 우리가 "무가치하다"고 선포할 수 있는가? 하나님의 자녀가 되는 것이, 그리스도의 지체가 되는 것이, 하늘 나라의 후사가 되는 것이 "무가치한가"? 우리의 자기 긍정—사실은 우리의 창조주요 구속주이신 하나님의 은혜에 대한 긍정—의 중요한 부분은 그리스도 안에서 새로 빚어진 우리의 모습에 대한 긍정이다. "우리의 긍정적인 자아상의 궁극적 근거는 하나님이 그리스도 안에서 우리를 받아들이셨다는 것이다"(p. 102).

둘째로, 그리스도인들에게는 긍정할 것과 마찬가지로 부정할 것도 많다. 지금까지 나는 부정해야 하는 것에 우리의 타락성만을 포함시켰다. 그러나 때때로 하나님은 우리에게 비록 그 자체가 잘못되거나 타락에 기인한 것은 아닐지라도 우리를 향하신 그분의 뜻을 행하는 데 방해가 되는 것들을 부정하라고 요구하신다. 바로 그 때문에 완전하고 타락하지 않은 인성을 지니신 예수님 역시 자신을 부인하셔야 했던 것이다. 그분은 "하나님과 동등됨을 취할 것으로 여기지 아니하셨다"고, 즉 이기적으로 즐기지 아니하셨다고 한다(빌 2:6). 그 권리는 이미 그분의 것이었다. 예수님은 그분을 비난하는 자들이 불평했던 것처럼 "자기를 하나님과 동등으로" 삼지 않으셨다(요 5:18). 예수님은 영원히 하나님과 동등하시며, 그래서 그분과 아버지는 "하나"이시다(요 10:30). 그러나 예수님은 이러한 신분이 주는 특권에 집착하지 않으셨다. 그 대신 그분은 "자신을 비워" 영광을 버리셨다. 그분이 그것을 버리신 이유는 그것이 그분의 것이 아니기 때문이 아니라, 그것을 가지면서 동시에 하나님의 메시아와 중보자가 되는 운명을 수행하실 수 없었기 때문이다. 그분은 자기를 부인함으로 십자가로 가셨다. 물론 그것은 그분이 마땅히 죽어야 할 어떤 행동을 하셨기 때문이 아니다. 성경에 따르면 이것이 예수님을 향한 하나님 아버지의 뜻이었고, 그 뜻에 예수님이 자발적으로 굴복하셨기 때문이다. 전 생애를 통해 예수님은 십자가를 피하려는 유혹에 저항하셨다. 막스 워렌(Max Warren)의 간절한 말을 빌리면 "그리스도의 삶 전체는 하나의 죽음이었다."[14] 예수님은 우리를 위하여 자신을 주시기 위해 자기를 부인하셨다.

그와 똑같은 원리가 그리스도를 따르는 자들에게도 적용될 수 있다. "너희 안에 이 마음을 품으라"고 바울은 썼다. 왜냐하면 그는 사도로서의 경험을 통해 자기 부인의 명령을 잘 알고 있었기 때

---

14) M. A. C. Warren, *Interpreting the Cross*, p. 81.

문이다. 그는 이를테면 결혼을 하거나 재정적 원조를 받을 만한 정당한 권리를 갖고 있었으나, 의도적으로 그것을 자제했다. 왜냐하면 그렇게 하는 것이 자신을 향한 하나님의 뜻이라고 믿었기 때문이다. 그는 또한 성숙한 그리스도인들은 미성숙한 형제 자매들이 죄를 짓지 않도록 하기 위해 기꺼이 자신의 권리를 포기하고 자신의 자유를 제한해야 한다고 썼다. 오늘날에도 일부 그리스도인들은 결혼 생활이나 세속적인 직업, 직장에서의 승진 또는 공기 맑은 교외에 있는 안락한 집 같은 것을 포기하도록 부름받는다. 이것들 자체가 나쁘기 때문이 아니라, 그것들이 해외로 나가거나 빈민촌에 살거나 또는 세계의 가난하고 굶주린 사람들과 좀더 밀접하게 동일시하라는 하나님의 특별한 부르심과 양립할 수 없기 때문이다.

그러므로 우리의 자기 이해에는 대단한 분별력이 필요하다. 나는 누구인가? 나의 '자아'는 무엇인가? 그 대답은 내가 지킬 박사와 하이드, 즉 하나님의 형상으로 창조되었고 그분의 형상으로 재창조되었기 때문에 가지는 존엄성과, 여전히 타락하고 반항적인 성품을 갖고 있기 때문에 가지는 부패함을 동시에 갖고 있는 혼합된 존재라는 것이다. 나는 고상하기도 하고 동시에 비천하기도 하며, 아름답기도 하고 추하기도 하며, 선하기도 하고 악하기도 하며, 올바르기도 하고 비뚤어져 있기도 하며, 하나님의 자녀요 하나님의 형상이면서도 때로는 그리스도께서 우리를 그 손아귀로부터 구원해 주신 바로 그 마귀에게 아부하며 충성을 맹세한다. 나의 참된 자아는 창조에 의해 형성된 나로서 그리스도께서 구속하러 오신 것이요 부르심에 의해 이루어진 것이다. 나의 그릇된 자아는 타락에 의해 왜곡된 나로서 그리스도께서 멸망시키러 오신 것이다.

우리 안에 있는 것이 무엇인지 구별한 다음에야 우리는 그 각각에 대해 어떤 태도를 취해야 할지를 알게 될 것이다. 우리는 참된 자아에는 충실해야 하고 그릇된 자아에는 충실하지 않아야 한다. 우리는 창조와 구속과 부르심에 의해 형성된 모든 것은 두려움 없이 긍정해야 하고, 타락에 의해 왜곡된 모든 것은 냉혹하게 거부해야 한다.

그리스도의 십자가는 이 두 가지 태도를 모두 우리에게 가르친다. 한편으로 십자가는 우리의 참된 자아의 가치를 측정하도록 하나님이 주신 척도다. 왜냐하면 그리스도께서 우리를 사랑하셔서 우리를 위해 죽으셨기 때문이다. 다른 한편으로, 그것은 우리의 그릇된 자아를 부인하는 것에 대해 하나님이 주신 본보기다. 왜냐하면 우리는 그것을 십자가에 못박고 그럼으로써 죽여야 하기 때문이다. 아니면 좀더 간단히 말해서, 십자가 앞에 설 때 우리는 우리의 가치와 무가치함을 동시에 보게 된다. 왜냐하면 우리는 죽기까지 하신 그분의 크신 사랑과, 그분을 죽음에까지 이르게 한 우리의 큰 죄를 모두 깨닫기 때문이다.

### 자기를 희생하는 사랑

자기 부인(우리 죄를 거부하는 것)이나 자기 긍정(하나님의 선물을 감사하는 것)은 결코 자기 도취라는 막다른 골목에 이르게 하는 것이 아니다. 그와 반대로, 이 둘은 모두 자기 희생의 수단이다. 자기 이해는 자기를 주는 것으로 이끌어야 한다. 십자가의 공동체는 본질적으로 하나님을 예배하는 것(앞 장의 주제)과 다른 사람을 섬기는 것(이번 장 끝 부분의 주제) 안에서 나타나는 바,

자신을 주는 사랑의 공동체다. 십자가는 시종일관 집요하게 바로 이것으로 우리를 부른다.

십자가의 기준과 세상의 기준이 다른 어느 곳에서보다 가장 극적으로 대비되어 진술된 곳은 야고보와 요한의 요청 및 그에 대한 예수님의 대답이다.

> 세베대의 아들 야고보와 요한이 주께 나아와 여짜오되 선생님이여, 무엇이든지 우리가 구하는 바를 우리에게 하여 주시기를 원하옵나이다. 이르시되 너희에게 무엇을 하여 주기를 원하느냐. 여짜오되 주의 영광 중에서 우리를 하나는 주의 우편에, 하나는 좌편에 앉게 하여 주옵소서. 예수께서 이르시되 너희는 너희가 구하는 것을 알지 못하는도다. 내가 마시는 잔을 너희가 마실 수 있으며 내가 받는 세례를 너희가 받을 수 있느냐. 그들이 말하되 할 수 있나이다. 예수께서 이르시되 너희는 내가 마시는 잔을 마시며 내가 받는 세례를 받으려니와 내 좌우편에 앉는 것은 내가 줄 것이 아니라. 누구를 위하여 준비되었든지 그들이 얻을 것이라. 열 제자가 듣고 야고보와 요한에 대하여 화를 내거늘 예수께서 불러다가 이르시되 이방인의 집권자들이 그들을 임의로 주관하고 그 고관들이 그들에게 권세를 부리는 줄을 너희가 알거니와 너희 중에는 그렇지 않을지니 너희 중에 누구든지 크고자 하는 자는 너희를 섬기는 자가 되고 너희 중에 누구든지 으뜸이 되고자 하는 자는 모든 사람의 종이 되어야 하리라. 인자가 온 것은 섬김을 받으려 함이 아니라 도리어 섬기려 하고 자기 목숨을 많은 사람의 대속물로 주려 함이라(막 10:35-45).

35절 "무엇이든지 우리가 구하는 바를 우리에게 하여 주시기를 원하옵나이다")과 45절("인자가 온 것은…섬기려 하고…주려 함이니라")에서, 전자는 이 이야기의 서론이고 후자는 결론이다. 이는 세베대의 아들들과 인자가 융합할 수 없는 의견의 불일치를 갖고 있음을 보여 준다. 그들은 서로 다른 언어를 말하고, 서로 다른 정신을 표명하며, 서로 다른 야망을 표현한다. 야고보와 요한은 권력과 영광의 보좌에 앉기를 원했다. 예수님은 연약함과 수치 가운데 자신이 십자가에 달리셔야 할 것을 아셨다. 그것은 완전히 대조되는 것이다.

첫째로, **이기적인 야심과 희생 사이의** 선택이 있었다. "무엇이든지 우리가 구하는 바를 우리에게 하여 주시기를 원하옵나이다"라는 이 형제의 말은 분명 이제까지 드려진 기도 중에서 최악의, 가장 뻔뻔스럽게 자기 중심적인 기도라고 볼 수 있다. 그들은 하나님 나라에서 가장 영예로운 자리를 두고 거룩하지 못한 자리다툼이 있을 것이라고 지레짐작했던 듯하다. 그래서 그들은 미리 예약을 해놓는 것이 현명한 일이라고 판단했다. 예수님과 함께 "공직에 앉게"(sit in state, NEB) 해 달라는 그들의 요청은 "인간의 허영심을 나타내는 투명한 거울"일[15] 뿐이다. 그것은 참된 기도자, 곧 결코 하나님의 뜻을 우리의 뜻에 굴복시키는 것을 목적으로 삼지 않고 항상 우리의 뜻을 그분의 뜻에 굴복시키는 것을 목적으로 삼는 사람과는 정반대였다. 그러나 세상은(심지어 교회까지도) 야고보와 요한과 같은 사람들, 정치꾼과 지위를 추구하는 자들, 명예와 위신에 굶주린 자들, 삶의 업적으로 평가하는 사람들, 끊임없이 성공을 꿈꾸

---

15) Calvin, *Commentary on a Harmony of the Evangelists*, Vol. II, p. 417.

는 자들로 가득 차 있다. 그들은 자신을 위한 큰 야심을 품고 있다.

이런 전반적인 사고방식은 십자가의 길과 양립할 수 없다. "인자가 온 것은 섬김을 받으려 함이 아니라 도리어 섬기려 하고…주려 함이라." 예수님은 하늘의 권세와 영광을 버리고 자신을 낮추어 종이 되셨다. 그분은 거리낌 없이 그리고 두려움 없이, 경멸당하고 무시당하던 사회 계층의 사람들에게 자신을 주셨다. 그분에게서 떠나지 않았던 생각은 하나님의 영광 및 하나님의 형상을 지닌 인간의 유익이었다. 이것을 증진시키기 위해 그분은 심지어 십자가의 수치까지도 기꺼이 참으셨다. 이제 그분은 우리에게 그분을 따르라고, 우리 자신을 위해 큰 것을 찾지 말고 먼저 하나님의 규범과 하나님의 의를 추구하라고 명하신다.[16]

두 번째 선택은 **권세와 섬김 사이의** 선택이다. 야고보와 요한이 영예와 함께 권세를 원한 것은 분명한 듯하다. 예수님의 영광 중에서 예수님의 양편에 "앉게" 해 달라고 구한 것으로 보아 우리는 그들이 마루나 쿠션 위 혹은 등받이가 없는 의자나 팔걸이가 있는 의자가 아니라 왕의 보좌를 꿈꾼 것을 분명히 알 수 있다. 좀더 정확히 말하면 그들은 자신들이 각각 보좌 하나씩 차지하는 것을 마음에 그렸다. 우리는 그들이 유복한 집안 출신이라는 것을 안다. 왜냐하면 그들의 아버지 세베대는 호숫가에서 고기 잡는 일을 하면서 고용인들을 두고 있었기 때문이다. 아마도 그들은 하인들이 그들의 시중을 들어 주지 않는 것을 불편하게 생각했겠지만 결국에 가서 보좌로 보상을 받는다면 기꺼이 그런 호사쯤은 잠깐 동안 포

---

16) 렘 45:5; 마 6:33.

기하려 했을 것이다. 세상은 권세를 사랑한다. 예수님은 "이방인의 집권자들이 그들을 임의로 주관하고 그 고관들이 그들에게 권세를 부리는 줄을 너희가 알거니와"라고 말씀하셨다(42절). 그분은, 동전에다 '경배 받기에 합당한 분'이라는 말과 함께 자신의 머리를 그려 넣어 주조하는 로마의 황제들을 생각하고 계셨을까? 아니면 꼭두각시 왕에 불과했으면서도 폭군과 같이 다스린 헤롯 일가를 생각하고 계셨을까? 권력에 대한 열망은 우리가 타락으로 인해 갖는 고유한 것이다.

그것은 또한 섬김의 결과를 초래하는 십자가의 길과 양립할 수 없다. "인자가 온 것은 섬김을 받으려 함이 아니라 도리어 섬기려"는 것이라는 예수님의 단언은 깜짝 놀랄 만큼 참신한 것이었다. 왜냐하면 다니엘의 환상에 나타나는 인자는 모든 나라가 그를 섬기게 할 수 있는 권세를 부여받았기 때문이다(7:13-14). 예수님은 똑같은 인자라는 칭호를 사용하셨으나 그 역할을 바꾸어 버리셨다. 그분은 섬김을 받으러 온 것이 아니라 오히려 '종의 노래'에 나오는 "여호와의 종"이 되기 위해 오셨다. 그분은 두 가지 모습을 한데 합쳐 버리셨다. 그분은 영광스러운 인자이시기도 하고 동시에 고난받는 종이시기도 하다. 그분은 고난에 의해서만 영광으로 들어가실 것이다. 또한 그분은 우리에게 그분을 따르라고 명하신다. 세속 사회의 통치자들은 계속해서 자기의 지위를 이용해서 다른 사람들을 조종하고 착취하며 폭정을 편다. 그러나 "너희 중에는 그렇지 않을지니"(43절)라고 예수님은 단호하게 말씀하신다. 그분의 새로운 공동체는 다른 원리에 의해, 그리고 다른 모범 곧 압제적인 권세가 아니라 겸손한 섬김을 따라 조직되어야만 한다. 지도력

(leadership)과 지배권(lordship)은 구별되는 두 개념이다. 진정한 기독교적 지도력의 상징은 제왕이 입는 자주색 옷이 아니라 노예가 걸치는 거친 천으로 만든 앞치마다. 그것은 상아와 황금의 보좌가 아니라 발을 씻을 한 동이의 물이다.

세 번째 선택은 **안락과 고난 사이의** 선택으로 그것은 지금도 해야 하는 선택이다. 영광 중의 보좌를 달라고 함으로써 야고보와 요한은 명예와 권세에 더하여 편안한 안정을 원하고 있었다. 예수님을 따름으로 그들은 떠돌이 방랑자가 되었다. 그들은 쾌적한 집이 없는 것을 불편하게 생각한 것일까? 예수님이 그들의 질문에 대해, 그분의 잔과 세례에 참여할 수 있겠느냐고 반문하셨을 때 그들은 재빨리 입심 좋게 "할 수 있나이다"라고 응수했다(38-39절). 하지만 분명 그들은 이해하지 못했다. 그들은 헤롯이 좋아했다고 하는, 연회 전에 먼저 사치스러운 목욕을 하는 그런 메시아 연회의 유리 술잔을 꿈꾸고 있었다. 그러나 예수님은 그분의 고난을 말씀하고 계셨다. 그분은 그들이 그 의미를 제대로 알지도 못할 때 그분의 잔과 세례를 실제로 함께 나눌 것이라고 말씀하셨다. 왜냐하면 야고보는 헤롯 안디바의 손에 죽임을 당하고 요한은 고독한 유배 생활을 하게 될 것이었기 때문이다.

야고보와 요한의 정신은 여전히 남아 있다. 특별히 풍요함으로 뒤덮여 있는 우리에게는 더욱 그렇다. 인플레와 실업이 많은 사람들에게 불안정이라는 새로운 체험을 하게 한 것은 사실이다. 그러나 우리는 여전히 안정을 우리의 타고난 권리로 그리고 '안전 제일'을 사려 깊은 모토로 여긴다. 모험 정신, 혜택받지 못한 사람들과의 비타산적인 결속감은 어디 있는가? 안정보다 봉사를, 안락보다 동정을, 안이함보다 역경을 앞에 놓는 그리스도인들은 어디 있는가? 수없이 많은 과제가 우리 그리스도인들을 기다리고 있다. 그것들은 우리의 자기 만족에 도전을 가하며, 모험을 가져온다.

안전을 주장하는 것은 십자가의 길과 양립할 수 없다. 성육신과 속죄는 얼마나 대담한 모험이었던가! 전능하신 하나님이 인간의 육체를 입고 인간의 죄를 지기 위해 자신의 특권을 버리신 것은 얼마나 관습과 예절을 깨뜨린 것인가! 예수님은 아버지 안에서가 아닌 다른 곳에서는 안정을 누리지 못하셨다. 그러므로 예수님을 따르는 것은 아버지를 위해 항상 적어도 일정한 만큼의 불안정과 위험 그리고 거부를 받아들이는 것이다.

이처럼 야고보와 요한이 영예와 권세 그리고 안락한 안정을 턱없이 탐냈던 반면, 예수님의 전 생애는 희생과 섬김과 고난으로 점철되었다. 점차 역사가인 동시에 신학자-복음 전도자로 인정되고 있는 마가는 야고보와 요한의 요청을 십자가에 대한 명백한 두 언급 사이에 끼워 넣는다. 그들의 이기적 야심을 폭로하는 것은 그리스도의 십자가의 영광이다. 그 야심은 천박하고 초라하며 빈약했기 때문이다. 그것은 또한 각 세대의 그리스도인 공동체가 직면하는 바 군중의 길과 십자가의 길 사이의 선택을 강조한다.

**섬김의 영역**

그리스도의 공동체가 십자가의 공동체라면, 또한 그렇기 때문에 희생과 섬김과 고난으로 특징지어진다면, 이는 가정, 교회, 세상이라는 세 영역에서 어떻게 성취될 것인가?

그리스도인의 가정 생활은 어떤 경우에든 자연적인 인간의 사랑이라는 특징을 띠어야 하며, 그것은 초자연적인 신적 사랑, 즉 십자가의 사랑에 의해 더욱더 풍성해져야만 한다. 그것은 모든 그리스도인의 가족 관계―남편과 아내, 부모와 자녀, 형제 자매 간의―의 특징이 되어야 한다. 왜냐하면 우리는 "그리스도를 경외함으로 피차 복종해야" 하기 때문이다(엡 5:21). 그리스도는 겸손하고 순종적인 사랑으로 십자가에까지 이끌림을 받으신 분이다. 그러나 특별히 남편들에게 명령하신다. "남편들아, 아내 사랑하기를 그리스도께서 교회를 사랑하시고 그 교회를 위하여 자신을 주심 같이 하라. 이는 곧…거룩하게 하시고 자기 앞에 영광스러운 교회로 세우사…"(25-27절). 이 본문은 보통 아내들에게 매우 냉혹한 것으로 간주된다. 왜냐하면 그들은 하나님이 자기 남편에게 주신 "머리 됨"을 인정하고 그것에 굴복해야 하기 때문이다. 그러나 남편들에게 요구되는 바 자신을 주는 사랑의 특성은 훨씬 더 강력한 것이라는 점을 논의해 볼 수 있다. 왜냐하면 그들은 그리스도께서 그분의 신부인 교회를 사랑하셨던 것과 같은 사랑으로 자기 아내를 사랑해야 하기 때문이다. 이것이 갈보리의 사랑이다. 그것은 자기 희생적이며(그분은 "교회를…위하여 자신을 주셨다", 25절) 동시에 건설적이다("거룩하게…하려" 하시며, 영광스럽게 교회의 잠재 가능성을 충분히 개발하도록 하는 것이다, 26-27절). 그것은 또한 돌보며 보호하는 것이다. "남편들도 자기 아내 사랑하기를 자기 자신과 같이 할지니", "누구든지 언제나 자기 육체를 미워하지 않고 오직 양육하여 보호하기를 그리스도께서 교회에게 함과 같이 하나니"(28-29절). 일반적으로 그리스도인 가정은, 특별히 그리스도인의 부부 관계는 그것이 십자가의 특징을 띠면 더욱더 안정되고 만족스러울 것이다.

이제 가정으로부터 교회로 주의를 돌려 목사로부터 시작해 보자. 우리는 예수님의 공동체에는 권위와 징계가 개입할 여지가 있다는 것을 이미 살펴보았다. 그럼에도 불구하고, 예수님이 강조하신 것은 이런 것들이 아니라 그분이 도입한 새로운 유형의 지도력, 겸손과 봉사로 구분되는 그런 지도력이었다. 바울 자신도 긴장을 느꼈다. 사도로서 그는 그리스도로부터 특별한 권위를 부여받았다. 그는 감당하기 어려운 고린도 교회에 "매를 가지고" 나아갔으며 만일 반드시 그래야만 한다면 "모든 복종치 않는 것을 벌하려고 예비하는 중에" 있었다. 그러나 그는 그의 권세를 "엄하게" 사용하려 하지 않았다. 그 권세는 주 예수님이, 그들을 파하려는 것이 아니라 세우려고 그에게 주신 것이었다. 그는 자신의 사랑하는 자녀를 방문하는 아버지와 같이 나아가기를 훨씬 더 좋아했을 것이다. 그것은 예수님의 죽음과 부활 간의, 연약함과 권세 간의 긴장이었다. 그는 권세를 행사할 수 있었다. 왜냐하면 그리스도께서는 "하나님의 능력으로 사셨기" 때문이다. 하지만 "그리스도께서 약하심으로 십자가에 못박히셨으므로", 바울이 가장 나타내 보이고 싶어했던 것은 "그리스도의 온유와 관용"이었다.[17] 만일 목사들이 약함으로 십자가에 못박히신 그리스도에 더 가깝게 밀착한다면, 그리고 권세를 행사할 것을 주장하기보다는 약함이 가져오는 굴욕을 받아들일 준비가 되어 있다면, 교회에서는 불화가 훨씬 줄어들고 서로 조화하는 모습이 훨씬 많아질 것이다.

---

17) 고전 4:21; 고후 10:6-18; 13:10; 고전 4:13-14; 고후 13:10과 10:1.

그러나 십자가는 단지 목사와 신도들의 관계뿐만 아니라 그리스도의 공동체 내에 있는 우리의 모든 관계를 특징짓는 것이 되어야 한다. 요한은 그의 첫 번째 편지에서 "서로 사랑해야" 한다고 말한다. 하나님이 곧 사랑이시기 때문에, 그리고 그분의 아들을 우리를 위해 죽도록 보내심으로써 그 사랑을 보이셨기 때문에 그렇게 해야 한다는 것이다. 그리고 이 사랑은 항상 이타성으로 표현된다. 우리는 "아무 일에든지 다툼(이기적인 야망)이나 허영으로 하지 말고 오직 겸손한 마음으로 각각 자기보다 남을 낫게" 여겨야 한다. 그리고 적극적으로 각각 자기 일을 돌아볼 뿐 아니라 "다른 사람들의 일"을 돌아보아야 한다. 왜 그런가? 왜 이렇게 이기적 야망을 포기하고 다른 사람에 대한 이타적 관심을 계발해야 하는가? 왜냐하면 바로 이것이 자기 자신의 권리를 버리고 자신을 낮춰 다른 사람을 섬기신 그리스도의 태도이기 때문이다. 사실 십자가는 교회 내에서 우리의 모든 관계를 유쾌하게 해준다. 우리는 동료 그리스도인이 "그리스도께서 위하여 죽으신 형제(자매)"라는 것을 꼭 기억하기만 하면 된다. 그러면 그들의 가장 참된 최고의 복지를 결코 등한히 하지 않고, 항상 그것을 충족시키려 애쓸 것이다. 그들에게 죄를 짓는 것은 곧 "그리스도에게 죄를 짓는 것"이다.[18]

만일 십자가가 가정과 교회에서 그리스도인의 생활을 특징지어야만 한다면, 세상에서의 삶에서는 더욱더 그러해야 한다. 교회는 바깥에 궁핍한 세계가 기다리고 있는 동안에 사소하고 편협하며 하찮은 일에 사로잡혀서 자신의 일에만 너무 몰두하는 경향이 있

---

18) 요일 4:7-12; 빌 2:3-4; 고전 8:11-13.

다. 그래서 하나님 아버지께서 그 아들을 세상에 보내신 것처럼 아들은 우리를 세상에 보내신다. 우리는 예수님의 탄생과 죽음과 부활을 볼 때 우리가 해야 할 사명이 무엇인지 알게 된다. 그분의 탄생은 그분이 우리의 인성과 동일시된 것으로, 우리에게 이와 유사하게 큰 희생을 치르고 사람들과 동일시될 것을 명하신다. 그분의 죽음은 교회 성장에 고난이 핵심이라는 것을—왜냐하면 씨가 죽어야만 열매를 맺기 때문에—상기시켜 준다. 그리고 그분의 부활은 그분께 이제 "모든 권세"가 그분의 것이라고 주장할 수 있도록 하는, 또 모든 족속으로 제자를 삼도록 그분의 교회를 보낼 수 있도록 하는 우주적 주권을 부여했다.[19]

이론적으로 우리는 고난이 영광에 이르는 길이며, 죽음이 생명에, 연약함이 권능의 비밀에 이르는 길이라는 역설적 원리를 매우 잘 안다. 예수님께도 그러했고, 오늘날 그분을 따르는 자들에게도 여전히 그러하다. 하지만 우리는 성경에서 하듯이 그 원리를 선교에 적용시키는 것은 꺼려한다. 이사야서의 고난받는 종이 나타내고 있는 희미한 영상에서는 고난이 열방에 빛과 정의를 가져다 주는 데 성공할 수 있는 관건이었다. 더글라스 웹스터가 썼듯이, "선교는 조만간에 수난으로 이끈다. 성경적 범주에서…종은 반드시 고난을 받아야 한다.…모든 형태의 선교는 특정한 형태의 십자가로 이끈다. 선교의 형태 자체가 십자가 모양이다. 우리는 십자가라는 견지에서만 선교를 이해할 수 있다…."[20]

고난받는 섬김이라는 이 성경적 비전은 오늘날 비성경적인 '번

---

19) 요 17:18; 20:21; 12:24; 마 28:18-20.
20) Douglas Webster, *Yes to Mission*, pp. 101-102.

영의 복음'(개인적 성공을 보장하는)과 선교를 의기 양양한 승리로만 보는 개념(고난받는 종의 이미지에 적절하게 들어맞지 않는 군사적 비유를 사용하는)에 의해 대부분 가려져 왔다. 이와 대조적으로 바울은 고린도 사람들에게 담대하게 이렇게 썼다. "그런즉 사망은 우리 안에서 역사하고 생명은 너희 안에서 역사하느니라"(고후 4:12). 선교의 가장 중심부에는 십자가가 놓여 있다. 타문화권 선교사에게 이것은 개인 및 가족의 값비싼 희생, 경제적 안정과 직장에서의 승진의 포기, 가난하고 궁핍한 자들과의 결속, 문화적 우월감에 대한 교만과 편견을 회개하는 일, 피선교국의 주권을 존중하면서 섬기는 겸허함(때로는 좌절) 등을 뜻할지도 모른다. 이것들 각각은 일종의 죽음이 될 수 있다. 하지만 그것은 다른 사람들에게 생명을 가져오는 죽음이다.

모든 복음 전도에는 또한 메워야 할 문화적 간격이 있다. 이것은 그리스도인들이 복음의 사자가 되기 위해 한 나라 또는 한 대륙에서 다른 나라 또는 다른 대륙으로 건너갈 때 분명히 나타난다. 하지만 비록 조국에 남아 있는다 해도, 그리스도인들과 비그리스도인들은 종종 서로 다른 가치관과 신념, 도덕적 기준뿐만 아니라 사회적 하부 문화와 생활 양식에 의해서 심하게 분리되어 있다. 오직 육화되는 것만이 이런 분열을 메울 수 있다. 육화란 다른 사람들의 세계로, 곧 그들의 사고 세계 및 소외와 고독과 고통의 세계로 들어가는 것을 뜻하기 때문이다. 게다가 육화는 십자가로 이끈다. 예수님은 먼저 우리와 같은 육체를 입으시고, 그 다음에는 우리의 죄를 지셨다. 이것은 사람들에게 도달하려는 우리의 작은 시도들이 서툴고 피상적인 데 비하여 그분이 우리에게 이르기 위해 우리가 사는 세계로 얼마나 깊이 침투하셨는지를 보여 준다. 십자가는 우리에게 대부분의 교회들이 이제 막 고찰하기 시작하는 것—그들이 경험한 것은 고사하고—보다 훨씬 더 철저하고 큰 희생을 요하는 복음 전도를 명한다.

십자가는 우리에게 또한 사회적 행동을 명한다. 왜냐하면 그것은 우리에게 그리스도를 본받도록 요구하기 때문이다.

> 그가 우리를 위하여 목숨을 버리셨으니 우리가 이로써 사랑을 알고 우리도 형제들을 위하여 목숨을 버리는 것이 마땅하니라. 누가 이 세상의 재물을 가지고 형제의 궁핍함을 보고도 도와 줄 마음을 닫으면 하나님의 사랑이 어찌 그 속에 거하겠느냐. 자녀들아, 우리가 말과 혀로만 사랑하지 말고 행함과 진실함으로 하자(요일 3:16-18).

여기 나온 요한의 가르침에 따르면, 사랑은 본질적으로 자신을 주는 것이다. 그리고 우리가 가진 가장 값진 소유물은 목숨이므로, 가장 큰 사랑은 다른 사람을 위해 목숨을 버리는 것에서 나타난다. 증오의 진수가 살인이듯이(가인의 경우와 같이), 사랑의 진수는 자기 희생이다(그리스도의 경우와 같이). 살인은 다른 사람의 목숨을 취하고, 자기 희생은 자신의 목숨을 버린다. 그러나 하나님은 십자가에서 최고의 사랑의 본보기를 보여 주는 것 이상을 행하셨다. 그분은 그분의 사랑을 우리 안에 넣어 주셨다. 우리에게 나타나고 또한 우리 안에 거하는 하나님의 사랑으로 인해 우리는 사랑으로 우리 자신을 다른 사람에게 주어야 하는, 이중적이고도 피할 수 없는 동기를 갖는 것이다. 더구나 요한은 다른 사람을 위해 목숨을 버리는 것이 자신을 주는 것의 최고 형태이긴 하지만, 그것만이 전부는 아님을 분명히 한다. 만일 누군가 재물을 "가지고" 있으면서, 그것을 필요로 하는 다른 사람을 "보고도", 그가 가진 것을 그가 "보는" 것과 관련시키는 일을 실제로 행동에 옮기지 않는다면 그는 자기 안에 하나님의 사랑이 있다고 주장할 수 없다. 그러므로 사랑은 배고픈 자에게 먹을 것을, 집 없는 자에게 안식처를, 궁핍한 자에게 도움을, 외로운 자에게 우정을, 슬픈 자에게 위안을 주는 것이다. 물론 항상 이러한 선물들이 자신을 주는 것의 표시라면 말이다. 왜냐하면 음식과 돈, 시간과 정력을 주면서도 여전히 자기 자신을 주는 것은 보류할 수도 있기 때문이다. 하지만 그리스도께서는 자기 자신을 주셨다. 그분은 부요하셨지만 우리를 부요하게 하시기 위해 스스로 가난해지셨다. 우리는 그분의 이러한 은혜를 알며, 그것을 본받아야만 한다고 바울은 쓴다. 자비는 그리스도를 따르는 사람들에게 필수 불가결하다. 십자가에서 보이신 그리스도의 사랑에는 거의 앞뒤를 헤아리지 않을 만큼 무모한 듯한 모습이 있다. 그것은 우리의 차갑고 계산적인 사랑에 도전을 가한다.

그러나 이 책 전체를 통해서 내내 되풀이해서 살펴보았던 것처럼, 십자가는 하나님의 사랑뿐만 아니라 그분의 공의를 나타낸다. 바로 그 때문에 십자가의 공동체는 사랑에 찬 자선 사업뿐 아니라 사회 정의에도 관심을 가져야만 한다. 불의한 상황 자체를 변화시키기 위해 아무 일도 하지 않는다면, 불의의 희생자들을 불쌍히 여기는 것만으로는 부족하다. 공격받고 강도당한 사람을 도와주기 위해 선한 사마리아인은 언제나 필요할 것이다. 그러나 예루살렘에서 여리고로 가는 길에서 산적을 없애면 훨씬 더 좋을 것이다.

이처럼 구제와 원조라는 점에서 자선 사업은 필요하지만 장기간의 발전이 더 낫다. 그리고 우리는 발전을 저해하는 구조들을 변화시키는 데 참여해야 하는 정치적 책임을 회피할 수 없다. 그리스도인들은 하나님이 창조하신 세계를 망치고 그 창조물들의 품위를 떨어뜨리는 불의를 냉정히 앉아서 지켜볼 수 없다. 불의는 분명 십자가에서 그분의 공의가 밝게 타올랐던 그 하나님께 고통을 가져다 줄 것이며, 마찬가지로 하나님의 백성에게도 고통을 가져다 주고 말 것이다. 현대의 불의는 여러 가지 형태를 띤다. 그것들은 국제적이거나(외국 영토에 대한 침범과 합병), 정치적이고(소수 민족의 정복), 법적이거나(재판을 받지 않고 형을 선고받지 않은 시민을 처벌함), 인종적이거나(인종 또는 피부색에 따라 사람들을 굴욕적으로 차별하는 것), 경제적이거나(엄청난 남북간의 불평등 및 빈곤과 실업의 상처를 묵인하는 것), 성적이거나(여자를 억압하는 것), 교육적이거나(모든 사람에게 평등한 기회를 부여하지 않는 것), 종교적(복음을 만국에 전하지 않는 것)이다. 사랑과 정의는 이 모든 상황에 대항하기 위해 함께 연합한다. 만일 우리가 사람들을 사랑한다면 인간으로서 그들이 누릴 기본권을 지키는 데 관심을 가질 것이며, 이는 또한 정의에서 나온 관심이다. 십자가의 메시지에 참으로 몰두하는 십자가의 공동체는 항상 정의와 사랑의 요구를 따라 행동하게 될 것이다.

　기독교 공동체가 어떻게 하면 십자가에 의해 포괄적으로 자극을 받을 수 있는지를 보여 주는 실례로서, 니콜라우스 폰 진젠도르프(Nikolaus von Zinzendorf, 1700-1760) 백작에 의해 설립된 모라비아 형제단에 대해 말하고자 한다. 1722년에 그는 모라비아와

보헤미아에서 온 몇몇 경건한 그리스도인 피난민을 작센에 있는 그의 사유지에 받아들여서 그들이 '헤른후트'(Herrnhut)라는 이름으로 기독교 공동체를 형성하도록 도왔다. 모라비아 교도의 강조점은 십자가와 마음의 종교로서의 기독교에 있었다. 그들은 그리스도인을 "죽임을 당하신 어린양과 뗄 수 없는 우정"을 갖고 있는 사람이라고 정의했다.[21] 그들의 문장(紋章)에는 라틴어로 "우리의 어린양은 승리하셨다. 그분을 따르자"라고 새겨져 있고, 그들의 배에 단 기장에는 핏빛 바탕에 양 한 마리가 깃발을 들고 왼쪽을 향해 오른발을 치켜들고 있었다(p. 97). 그들은 그리스도인들의 연합에 깊은 관심을 가졌고, 어린양이 그 연합의 근거라고 믿었다. 왜냐하면 "하나님의 어린양으로서의 예수님을 신봉하는" 사람은 모두 하나이기 때문이다(p. 106). 실제로, 진젠도르프는 "죽임당한 어린양"은 처음부터 그들의 교회가 세워진 터였다고 선포했다(p. 70).

우선, 그들은 분명히 경축하는 공동체였다. 그들은 노래를 매우 잘했는데, '헤른후트'에서 그들이 드린 예배의 초점은 십자가에 못 박혀 돌아가신 그리스도였다.

> 그들의 거처 예수의 피 안에서
> 그들은 완전한 만족 속에 헤엄치고 몸을 담근다(p. 70).

분명 그들은 예수님의 상처와 피에 몰두해 있었다. 동시에 그들

---

21) A. J. Lewis, *Zinzendorf*, p. 107.

은 부활을 결코 잊지 않았다. 그들은 때로 "부활절 사람들"이라 불렸는데, 그들이 찬양한 대상이 부활하신 어린양이었기 때문이었다(p. 74).

자기 이해의 면에서, 경건주의라는 그들의 특별한 칭호로 인해 그들은 자기 자신을 더 잘 이해할 수 있었던 것 같다. 십자가에 대한 그들의 강조는 참된 겸손과 회개를 하게 하였다. 그것은 또한 그들에게 구원에 대한 강력한 확신과 하나님에 대한 고요한 신뢰를 주었다. "우리는 구세주의 행복한 백성이다"라고 진젠도르프는 말했다(p. 73). 존 웨슬리로 하여금 죄를 자각하게 하고 결국에 가서 회심으로 이끈 것은 실로 그들의 배가 대서양의 폭풍우 속에 가라앉고 있을 때 죽음에 직면해서 그들이 보여 준 두려움 없는 태도와 기쁨이었다.

하지만 모라비아 교도는 선교 운동으로 가장 잘 알려져 있다. 아직 학생일 때 진젠도르프는 '겨자씨 수도회'(the Order of the Grain of Mustard Seed)를 설립했으며, 선교적 열심을 결코 잃지 않았다. 또한 그와 그의 추종자들을 자극하여 이렇게 자신을 주는 사랑을 표현하게 한 것은 바로 십자가였다. 1732년과 1736년 사이에 모라비아 선교회가 카리브해, 그린랜드, 랩랜드, 남북 아메리카, 남아프리카 등지에 세워졌으며, 후에 그들은 래브라도에서, 오스트레일리아 토착민 사이에서, 티벳 변방에서 선교 사역을 시작했다. 진젠도르프는 이교도들이 하나님이 있다는 것을 알긴 하지만 그들을 위해 죽으신 구세주에 대해 알 필요가 있다고 가르쳤다. "더 이상 그들에게 말할 수 없을 때까지 그들에게 하나님의 어린양에 대해 말하라"고 그는 촉구했다(p. 91).

십자가에 대한 이러한 건전한 강조는 주로 진젠도르프 자신의 회심의 체험에서부터 생겨났다. 19세의 젊은이로 교육 과정을 마치기 위해 유럽의 주요 도시들을 방문하던 어느 날 그는 뒤셀도르프의 화랑에 가게 되었다. 그는 도메니코 페티(Domenico Feti)의 '에케 호모'(*Ecce Homo*, 인자를 보라) 앞에 서 있었는데, 그리스도께서 가시 면류관을 쓰신 모습이 그려진 밑에는 "이 모든 것을 나는 너를 위해 했노라. 너는 나를 위해 무엇을 하느냐?"라고 써 있었다. 진젠도르프는 깊은 양심의 가책과 도전을 받았다. A. J. 루이스(Lewis)는 "바로 거기서 그 때 그 젊은 백작은 십자가에 못박히신 그리스도께 '그분의 고난을 함께 나누도록' 해 달라고, 그리고 그분을 섬기는 삶을 살게 해 달라고 요청했다"(p. 28)고 쓰고 있다. 그는 이 헌신을 결코 버리지 않았다. 그와 그의 공동체는 "하나님의 어린양을 숭배하는" 데 열정적으로 관심을 가졌다.

**토론 문제**

그리스도의 십자가에 대한 참된 깨달음은 하나님에 대한 우리의 태도를 혁명적으로 변혁시킨다. 그것은 또한 우리 자신을 보는 방식 역시 철저하게 변화시키는데, 이 장에서는 이 주제를 자세하게 탐구한다.

1. 어떤 요인들이 사람들로 하여금 저급한 자아상을 갖게 만드는가? 이에 대해 오늘날의 세계는 어떻게 반응해 왔는가?(p. 520이하)

2. 예수님은 우리에게 이웃을 우리 자신같이 사랑하라고 말씀하셨다. 이 말씀을 "너 자신을 사랑하라"는 의미로 해석하는 것은 어떤 면에서 잘못인가?(p. 522이하)

3. 십자가는 우리 자신에 대한 새로운 태도를 가져다 주는데, 그 이유는 우리가 그리스도 안에 있음으로 해서 새로운 백성이 되었음을 말해 주기 때문이다. 이것은 그리스도께서 우리의 대표자로서 죽으시고 다시 살아나셨기 때문이다. 이 말의 의미는 무엇인가?(p. 523-524)

4. 로마서 6:1-14을 읽으라. 바울은 대속적일 뿐 아니라 대표적인 성격을 지닌 예수님의 죽음의 실제적인 결과들을 이끌어내고 있다. 그것들은 무엇인가? 그것들은 당신에게 어떻게 적용되는가?(p. 524이하)

5. 이제 우리는 예수님의 죽음과 부활을 통해 얻은 새로운 자아에 대해 지닐 태도를 묻게 된다. 저자는 무엇을 제안하는가?(p. 527) 그 이유는?

6. "자기 부인은 우리 자신에게 초콜릿이나 케이크, 담배, 칵테일 같은 사치품들을 금하는 것이 아니다"(p. 529). 그렇다면 자기 부인은 무엇인가?

7. 바울의 글에는 세 가지 서로 다른 종류의 죽음과 부활이 발견된

다. 그것들은 무엇이며, 그 차이를 구별하는 것은 왜 중요한가?(p. 530이하)

8. 자기 긍정과 자기 사랑의 차이는 무엇인가?(pp. 533-534) 우리는 무엇을 근거로 자신에 대해 긍정적인 태도를 가질 수 있는가?(p. 533이하)

9. 자신을 존중하면서 동시에 자신을 부인해야 하는 성경적인 긴장은 어떻게 해결할 수 있는가?(pp. 535-536)

10. 그리스도에 의한 우리의 구속(救贖)은 우리에게 자신에 대해 "더 많은 것을 긍정하고 더 많은 것을 부정하게 해준다"(p. 537). 저자가 의미하는 바는 무엇인가?(p. 537이하) 어떻게 이 말을 당신에게 실제적으로 적용할 수 있겠는가?

11. "자기 이해는 자기를 주는 것으로 이끌어야 한다.…십자가는 시종일관 집요하게 바로 이것으로 우리를 부른다"(p. 541). 마가복음 10:35-45을 읽으라. 십자가의 길과 반대되는 길을 택한 야고보와 요한이 어떻게 나타나는가?(p. 542이하) 당신이 그들과 공유하는 점은 무엇인가?

12. 십자가의 길은 (1)그리스도인의 가정 생활에서 (2)교회에서 실제적으로 어떻게 드러나야 하는가?(pp. 547-550) 이것은 당신의 가정과 교회에서 어떻게 성취되고 있는가?

13. "만일 십자가가 가정과 교회에서 그리스도인의 생활을 특징지어야만 한다면, 세상에서의 삶에서는 더욱더 그러해야 한다"(p. 550). 어떤 방식으로 그러한 사실이 드러나야 하는가?(p. 550이하)

14. "십자가에서 보이신 그리스도의 사랑에는 거의 앞뒤를 헤아리지 않을 만큼 무모한 듯한 모습이 있다. 그것은 우리의 차갑고 계산적인 사랑에 도전을 가한다"(p. 554). 이것은 어떤 면에서 사실인가?

# 12 ∽ 원수를 사랑하는 것 *Loving Our Enemies*

'십자가 아래 사는 것'은 기독교 공동체 생활의 모든 측면이 십자가에 의해 모양이 지어지고 특색이 부여된다는 뜻이다. 십자가는 우리의 예배를 이끌어내고(그래서 우리가 계속적으로 성찬식의 경축을 즐기도록 하고), 또 균형잡힌 자아상을 계발할 수 있도록(그래서 우리가 자신을 이해하며 동시에 우리 자신을 주는 법을 배우도록) 할 뿐만 아니라, 또한 다른 사람—원수를 포함해서—과 관련된 우리의 행동을 지도해 준다. 우리는 "사랑을 받는 자녀같이…하나님을 본받는 자"가 되어야 하며, "그리스도께서 너희를 사랑하신 것같이 너희도 사랑 가운데서 행하여야" 한다. 왜냐하면 "그는 우리를 위하여 자신을 버리셨기" 때문이다(엡 5:1-2). 그뿐 아니라 우리가 맺는 관계들을 통하여 십자가에서의 하나님의 지혜를 특징짓는 그 사랑과 공의의 결합을 나타내야 한다.

### 화목과 징계

실제로 사랑과 정의, 자비와 엄격함을 어떻게 결합시켜서 십자가의 길로 행하느냐는 종종 결정하기가 어려우며 행하기는 더욱 어려운 일이다. '화목' 또는 '화평케 하는 것'을 예로 들어 보자. 그리스도인들은 "화평케 하는 자"가 되도록(마 5:9), 그리고 "화평을 구하여 이를 좇도록"(벧전 3:11) 부르심을 받는다. 동시에, 화평케 하는 것은 결코 일방적일 수 없음도 부인할 수 없다. "모든 사람과 더불어 화목하라"는 명령은 "할 수 있거든"과 "너희로서는"이라는 조건절의 한정을 받는다(롬 12:18). 그렇다면 어떤 사람이 우리와 화평하게 지내지 않으려 하기 때문에 그와 화평하게 지내기가 불가능한 경우에 어떻게 해야 하는가? 우리의 대답은 이미 인용한 바 있는 팔복에서부터 시작해야 한다. 거기에서 화평케 하는 자는 "복이 있다"고 단언하시면서 예수님은 "그들이 하나님의 아들(딸)이라 일컬음을 받을 것임이요"라고 말씀하시기 때문이다.[1] 이 말씀은 분명 화평케 하는 일이 너무나도 특이한 신적 행위라서 그 일에 종사하는 사람은 그 일을 통해 자신의 정체를 드러내고 자신이 진정 하나님의 자녀임을 보여 준다는 뜻이었을 것이다.

그러나 화평케 하는 일이 하나님 아버지의 본을 따라 되어야 하는 것이라면, 우리는 즉시 그것이 화를 가라앉히는 것과는 매우 다르다는 결론을 내리게 된다. 왜냐하면 하나님이 보장해 주시는 화평은 결코 값싸지 않은, 항상 값비싼 화평이기 때문이다. 그분은 실로 이 세상을 화평케 하는 탁월한 분이시지만, 그분께 대항해 반항

---

1) 마 5:9; 참고. 5:48과 눅 6:36.

하는 "원수들"인 우리와 화목하기로 결심하셨을 때 그분은 그리스도의 십자가의 피로 "화평을 이루셨다"(골 1:20). 하나님 자신을 우리와, 또 우리를 그분 자신과, 그리고 유대인, 이방인, 다른 적대적 집단들을 서로 화목하게 하기 위해서 그분은 바로 십자가의 고통스러운 수치를 당하셔야만 했다. 그러므로 우리는 우리 자신이 감정을 상하게 하였거나 또는 감정이 상한 당사자로서 논쟁에 참여하든지, 아니면 원수가 된 사람들을 다시 친구가 되게 돕고 싶어하는 제삼자로서 참여하든지 간에 우리 편에서 아무런 대가도 지불하지 않고 화목의 일에 참여할 수 있으리라고 기대할 권리가 없다.

그 대가는 어떤 형태인가? 종종 그것은 수고를 아끼지 않고 양편의 이야기를 지속적으로 듣는 것, 양측의 비통함과 서로에 대한 비난을 목격하는 고통, 각각의 입장을 공감하려는 분투, 의사 소통의 파괴를 야기한 오해를 풀어 보려는 노력 등으로 시작될 것이다. 솔직하게 듣다 보면 뜻밖의 잘못들이 드러나고 그러면 체면을 세우고자 핑계를 대지 않고 그것을 인정해야 할 것이다. 만일 우리가 비난을 받아야 한다면 사과를 하는 굴욕, 가능할 경우 손해 배상을 하는 더 큰 굴욕 그리고 무엇보다도 가장 굴욕스러운 것으로 우리 자신이 야기한 상처들이 치료되려면 시간이 걸릴 것이며 속 편하게 잊혀지지는 않으리라는 것을 고백하는 일이 있을 것이다. 다른 한편 만일 잘못이 우리에게 있지 않다면, 우리는 상대방을 야단치거나 책망하는 거북함을 겪을 것이고, 그럼으로써 우정을 잃는 위험을 각오해야 할 것이다. 비록 예수님을 따르는 자는 복수하는 것은 고사하고 용서하기를 거부할 권리조차 없긴 하지만, 회개하지 않았는데도 너무 서둘러 용서해 주어서 용서를 값싸게 만들어서는 안 된다. 예수님은 "만일 네 형제가 죄를 범하거든 경고하고" 그러고 나서야 "회개하거든 용서하라"고 말씀하셨다(눅 17:3).

화평케 하는 것의 동기는 사랑이다. 하지만 그것은 정의가 무시되면 언제나 화를 누그러뜨리는 것으로 전락해 버리고 만다. 용서하고 용서를 구하는 것은 둘 다 큰 희생을 요하는 훈련이다. 모든 진정한 기독교적 화목은 사랑과 정의를—그럼으로써 십자가의 고통을—드러낸다.

일반적인 사회 관계로부터 특별히 가정 생활로 주의를 돌려 보자. 그리스도인 부모는 자녀들을 대하는 자신들의 태도가 십자가의 특징을 띠기를 원할 것이다. 사랑은 어린아이가 정서적으로 성숙하게 자라나는 데 필수 불가결한 환경이다. 그러나 그것은 어린아이를 망쳐 놓는 부드럽기만 하고 아무 원칙도 없는 사랑이 아니라, 대가가 어떠하든지 간에 자녀들의 최상의 안녕을 추구하는 '거룩한 사랑'이다. 실로 인간의 부성(父性)이라는 개념 자체가 하나님의 영원한 부성으로부터 유래했으므로(엡 3:14-15), 그리스도인 부모는 자연히 하나님의 사랑을 모방하게 될 것이다. 따라서 참된 부모의 사랑은 징계를 배제하지 않는다. "주께서 그 사랑하시는 자를 징계하시기" 때문이다. 실로 하나님이 우리를 그분의 자녀로 취급하시는 것은 바로 우리를 징계하실 그 때다. 만일 그분이 우리를 징계하지 않으신다면 그것은 우리가 그분의 참 아들이 아니라 사생아임을 보여 주는 셈이다(히 12:5-8). 참된 사랑은 또한 분노한다. 곧 자녀들 안에 있는 바 그들의 최고 선에 해로운 모든 것에 대적한다. 자비 없는 정의는 너무 가혹하고, 정의 없는 자비는 너무 관대하다. 더구나 자녀들은 이것을 본능적으로 안다. 그들은 양자에 대한 타고난 감각을 갖고 있다. 만일 그들이 자신이 잘못으로 알고 있는 어떤 일을 행한다면, 또한 자신이 벌을 받아 마땅하다는 것도 알면 그 벌을 기대하고 또 받고 싶어한다. 또한 그 벌이 사랑 없이 행해지거나 정의에 어긋나게 시행되면 즉시 그것을 알아차린다. 어린아이가 부르짖는 가장 가슴에 사무치는 외침은 "아무도 날 사랑하지 않아"라는 것과 "그건 공정하지 않아"라는 것이다. 사랑과 정의에 대한 그들의 감각은 하나님, 곧 그들을 그분의 형상으로 만드시고 십자가에서 자신을 거룩한 사랑으로 드러내 보이신 그분께로부터 온다.

일반 가정의 경우에 적용되는 원리가 교회 가족에게도 똑같이 적용된다. 이 두 종류의 가정 모두 똑같은 이유로 징계를 필요로 한다. 하지만 오늘날 교회의 징계는 매우 드물며 또 징계를 행한다 해도 종종 매우 서툴게 시행한다. 교회는 가장 사소한 범죄로 인해 교인을 출교하는 극도의 가혹함과, 죄를 범한 자들을 타이르지도 않는 극도의 해이함 사이에서 갈팡질팡하는 경향이 있다. 그러나 신약 성경은 징계에 대해 분명한 교훈을 준다. 한편으로 그것이 교회의 거룩함을 위해 필요하다는 것과, 다른 한편으로 그것은 건설적인 목적, 즉 가능하다면 범죄한 교인을 '얻고' '바로잡기' 위한 목적을 갖고 있다는 것이다. 예수님 자신도 징계의 목적은 당사자를 소원하게 만들거나 굴욕을 주기 위한 것이 아니라 오히려 그를 선도하는 데 있음을 매우 분명하게 말씀하셨다. 그분은 단계별로 행할 수 있는 절차를 규정하셨다. 첫 번째 단계는 죄를 범한 사람과 사적으로 일대일 대면을 하는 것이다. 그 동안에 그가 들으면 그를 얻게 될 것이다. 만일 그가 거부하면 두 번째 단계는 책망한 사실을 입증하기 위해 다른 여러 사람을 데리고 가는 것이다. 그래도 그가 듣지 않으면 교회에 말해서 그가 세 번째로 회개할 기회를 갖도록 해야 한다. 만일 그가 여전히 완강하게 들으려 하지 않거든 그 때 가서야 그를 출교시켜야 한다(마 18:15-17). 바울의 가르침도 비슷했다. 어떤 교인이 "범죄한 일이 드러나면" 그를 온유하고 겸손한 마음으로 "바로잡아야" 한다. 이것은 서로의 짐을 져서 그리스도의 법을 성취하는 하나의 예가 될 것이다(갈 6:1-2). 심지어 "사탄에게 내준 것"—아마도 이 말로써 바울은 극악한 범죄자를 출교시킨 것을 말하는 듯하다—도 긍정적인 목적이 있는데, 그것은 그가 "모독하지" 못하게 하거나(딤전 1:20), 적어도 "영은 주 예수의 날에 구원을 받게"(고전 5:5) 하기 위해서다. 따라서 모든 징계 행위는 십자가의 사랑과 정의를 보여 주기 위한 것이었다.

이같은 개인이나 가정, 교회 생활의 예보다 더욱 난해한 문제는 국가가 정의를 시행하는 것이다. 하나님이 십자가상에서 계시하신 것은 이 영역에도 적용될 수 있는 것인가? 좀더 특별한 경우를 들어 말하자면, 국가는 폭력을 사용할 수 있는가? 아니면 이것은 십자가와 양립할 수 없는가? 물론 십자가는 그 자체가 정의에 대한 엄청난 침해와 잔인한 사형 집행을 포함하는 현저한 폭력 행위였다. 그러나 그것은 부당하게 유죄를 선고받고, 고문당하며, 보복하기는커녕 아무 저항 없이 처형당하신 예수님에 의해 행해진, 마찬가지로 현저한 비폭력 행위였다. 더구나 그분의 행동은 신약 성경에서 우리의 본보기라고 설명되어 있다. "그러나 선을 행함으로 고난을 받고 참으면 이는 하나님 앞에 아름다우니라. 이를 위하여 너희가 부르심을 받았으니 그리스도도 너희를 위하여 고난을 받으사 너희에게 본을 끼쳐 그 자취를 따라오게 하려 하셨느니라" (벧전 2:20-21). 그러나 이 본문은 많은 질문을 불러일으킨다. 십자가 때문에 우리는 모든 폭력을 비폭력적으로 받아들여야만 하는가? 십자가는 형사 재판 과정과 소위 말하는 '의로운 전쟁'(just war)을 무효로 만드는가? 그것은 모든 종류의 폭력의 사용을 금하는가? 그래서 그리스도인은 군인이나 정치가 혹은 치안 판사나 감옥의 관리가 될 수 없는 것인가?

**악에 대한 그리스도인의 태도**

이러한 질문들에 대한 대답을 찾는 가장 좋은 방법은 로마서 12장과 13장을 주의 깊게 살펴보는 것이다. 그것은 바울이 그의 그리스도인 독자들에게 '하나님의 자비하심'에 적절히 반응하도록 탄원하는 내용의 일부다. 열한 장에 걸쳐서, 바울은 하나님이 우리를 위해 자기 아들을 죽음에 내주신 것과, 우리에게 그리스도께서 획득하신 구원을 온전히 내려 주시는 것을 통해서 나타난 하나님의 자비를 펼쳐 보였다. 우리는 이러한 하나님의 자비에 어떻게 반응해야 하는가? (1) 우리 몸을 **하나님**께 산 제사로 드리며 마음을 새롭게 함으로 그분의 뜻을 분별하고 행하여야 한다(12:1-2). (2) 우쭐해하거나 자신을 멸시하지 말고 냉정한 판단력으로 **우리 자신**을 생각해야 한다(3절). (3) 우리의 은사를 서로 섬기는 데 사용하면서, 조화와 겸손 가운데 함께 살아가며 **서로** 사랑해야 한다(4-13, 15-16절). (4) 우리를 핍박하는 자를 축복하고 **원수들**에게 선을 행해야 한다(14, 17-21절). 다시 말해서 하나님의 자비하심이 우리를 붙잡을 때, 우리의 모든 관계는 철저하게 변한다. 우리는 하나님께 순종하고, 우리 자신을 이해하며, 서로 사랑하고, 원수를 섬긴다.

이제 특별히 네 번째 관계에 관심을 기울여 보도록 하겠다. 여기서는 불신자들의 반대를 가정하고 있다. 십자가라는 거침돌(값없이 공로 없이 구원을 선물로 주는 것), 십자가의 사랑과 정결(인간의 이기심을 부끄럽게 하는 것), 하나님과 이웃을 사랑하라는 우선적인 명령(자기 사랑의 여지를 남겨 놓지 않는 것), 십자가를 지라는 부르심(너무나 두려운 것). 이것들은 사람들로 하여금 우리에게 반대하게끔 만든다. 왜냐하면 이것들은 우리 주님과 그분의 복음을 반대하도록 만들기 때문이다. 그렇다면 이것이 바로 우리가 앞으로 살펴볼 로마서 12장 연구의 배경이다. 사람들 중에는 우리를 "박해하는" 사람들(14절), 우리에게 "악을" 행하는 사람들(17절), 심지어 우리의 "원수"라고 묘사할 수 있는 사람들(20절)이 있다. 우리는 우리를 박해하는 사람들과 원수들에게 어떻게 반응해야 하는가? 하나님의 자비하심은 우리에게 무엇을 요구하는가? 하나님의 자비하심이 가장 밝게 빛나는 십자가는 우리의 행동에 어떤 영향을 끼쳐야 하는가? 아래 나오는 로마서 12장과 13장 부분에서 선과 악에 대한 바울의 네 가지 언급은 특별히 교훈적이다.

사랑에는 거짓이 없나니 악을 미워하고 선에 속하라.… 너희를 박해하는 자를 축복하라. 축복하고 저주하지 말라. 즐거워하는 자들과 함께 즐거워하고 우는 자들과 함께 울라. 서로 마음을 같이하며 높은 데 마음을 두지 말고 도리어 낮은 데 처하며 스스로 지혜 있는 체하지 말라. 아무에게도 악을 악으로 갚지 말고 모든 사람 앞에서 선한 일을 도모하라. 할 수 있거든 너희로서는 모든 사람과 더불어 화목하라. 내 사랑하는 자들아, 너희가 친히 원수를 갚지 말고 하나님의 진노하심에 맡기라. 기록되었으되 원수 갚는 것이 내게 있으니 내가 갚으리라고 주께서 말씀하시니라. 네 원수가 주리거든 먹이고 목마르거든 마시게 하라. 그리함으로 네가 숯불을 그 머리에 쌓아 놓으리라. 악에게 지지 말고 선으로 악을 이기라. 각 사람은 위에 있는 권세들에게 복종하라. 권세는 하나님으로부터 나지 않음이 없나니 모든 권세는 다 하나님께서 정하신 바라. 그러므로 권세를 거스르는 자는 하나님의 명을 거스름이니 거스르는 자들은 심판을 자취하리라. 다스리는 자들은 선한 일에 대하여 두려움이 되지 않고 악한 일에 대하여 되나니 네가 권세를 두려워하지 아니하려느냐. 선을 행하라. 그리하면 그에게 칭찬을 받으리라. 그는 하나님의 사역자가 되어 네게 선을 베푸는 자니라. 그러나 네가 악을 행하거든 두려워하라. 그가 공연히 칼을 가지지 아니하였으니 곧 하나님의 사역자가 되어 악을 행하는 자에게 진노하심을 따라 보응하는 자니라. 그러므로 복종하지 아니할 수 없으니 진노 때문에 할 것이 아니라 양심을 따라 할 것이라. 너희가 조세를 바치는 것도 이로 말미암음이라. 그들이 하나님의 일꾼이 되어 바로 이 일에 항상 힘쓰느니라. 모든 자에게 줄 것을 주되 조세를 받을 자에게 조세를 바치고 관세를 받을 자에게 관세를 바치고 두려워할 자를 두려워하며 존경할 자를 존경하라(롬 12:9, 14-13:7).

이 본문은 선과 악이라는 주제에 대한 자기 의식적인 묵상처럼 보인다. 여기에 사도 바울의 네 가지 암시가 있다.

악을 미워하고 선에 속하라(12:9).

아무에게도 악으로 악을 갚지 말고 모든 사람 앞에서 선한 일을 도모하라(12:17).

악에게 지지 말고 선으로 악을 이기라(12:21).

그는 하나님의 사역자가 되어 네게 선을 베푸는 자니라.···곧 하나님의 사역자가 되어 악을 행하는 자에게 진노하심을 따라 보응하는 자니라(13:4).

특별히 이 구절들은 악에 대한 그리스도인들의 태도가 어떠해야 하는지를 규정해 준다.

첫째, **악을 미워해야 한다.** "사랑에는 거짓이 없나니 악을 미워하고 선에 속하라"(12:9). 사랑과 미움을 이렇게 나란히 놓은 것은 어울리지 않는 것처럼 보인다. 보통 우리는 이들을 상호 배타적인 것으로 여긴다. 사랑은 미움을 쫓아 버리고 미움은 사랑을 쫓아 버린다. 하지만 진리는 그렇게 간단하지가 않다. 사랑에 '거짓이 없을'때(문자적으로는 '위선이 없을' 때)는 언제나 도덕적으로 분별력이 있다. 그것은 결코 악을 어떤 다른 것인 체 가장하거나 눈감아 주지 않는다. 악과 타협하는 것은 사랑과 양립할 수 없다. 사랑은 다른 사람들의 최고의 유익을 추구하며 따라서 그것을 망치는 악을 미워한다. 하나님은 그분의 사랑이 거룩한 사랑이기 때문에 악을 미워하신다. 그러므로 우리 역시 악을 미워해야만 한다.

둘째, **악을 되갚아서는 안 된다.** "아무에게도 악을 악으로 갚지 말고···내 사랑하는 자들아, 너희가 친히 원수를 갚지 말고"(롬

12:17, 19). 원수 갚는 일과 보복은 하나님의 백성에게 절대적으로 금지되어 있다. 악을 악으로 갚는 것은 한 가지 악에다 다른 악을 더하는 것이기 때문이다. 우리가 악을 미워한다면 어떻게 거기에 또 다른 악을 더할 수 있단 말인가? 산상수훈은 여기에 나와 있는 말을 분명하게 반영한다. 예수님은 "악한 자를 대적지 말라"고 말씀하셨다. 즉 전후 문맥을 보아 분명히 알 수 있는 것처럼 그것은 "보복하지 말라"는 말씀이다. 그리고 십자가에서 예수님은 자신의 가르침에 대한 완벽한 본보기를 보여 주셨다. "욕을 당하시되 맞대어 욕하지 아니하시고 고난을 당하시되 위협하지 아니하셨기" 때문이다(벧전 2:23). 대신에 우리는 "선한 일을 도모"(12:17)해야 하며 "모든 사람과 더불어 화목"(12:18)해야 한다. 즉 악이 아니라 선, 폭력이 아니라 평화가 우리 삶의 특징이 되어야만 한다.

셋째, **악을 이겨야 한다**. 악을 미워하는 것과 악을 갚기를 거절하는 것은 별개다. 훨씬 더 좋은 것은 그 악을 정복하거나 이기는 것이다. "악에게 지지 말고 선으로 악을 이기라"(12:21). 어떻게 이렇게 하는가에 대해서는 바울이 앞 구절들에서 간단히 말하는데, 이는 산상수훈에 나온 좀더 자세한 말을 반영한다고 할 수 있다. 예수님은 이렇게 말씀하셨다. "너희 원수를 사랑하며 너희를 미워하는 자를 선대하며 너희를 저주하는 자를 위하여 축복하며 너희를 모욕하는 자를 위하여 기도하라."[2] 이제 바울은 이렇게 쓴다. "너희를 박해하는 자를 축복하라"(12:14). 또한 "네 원수가 주리거든 먹이고"(12:20). 우리는 사람들을 축복함으로써 그들의 유

---

2) 눅 6:27-28; 참고. 마 5:44.

익을 바라야 하고, 섬김으로써 그들을 선대해야 한다. 예수님의 새로운 공동체에서는 저주는 축복으로, 원한은 기도로, 복수는 섬김으로 대체되어야 한다. 사실 기도는 원한에 찬 마음을 깨끗하게 한다. 축복하는 입술은 동시에 저주를 할 수 없다. 그리고 섬김에 전념하는 손은 복수를 할 수 없다. 원수의 머리 위에 "숯불을 쌓는" 것은 그를 사랑하는 것과는 양립할 수 없는 적의에 찬 행동인 것처럼 보인다. 하지만 그것은 대단한 수치심을 불러일으키는 것에 대한 비유적 표현이다. 그에게 상처를 입히거나 창피를 주기 위해서가 아니라 그가 회개하여 "선으로 악을 이기도록" 하기 위해서다. 악을 악으로 갚는 것의 비극은 그럼으로써 우리가 악에 악을 더하여 이 세상의 악의 총계를 **증가시킨다**는 것이다. 그것은 마틴 루터 킹(Martin Luther King)이 말한 '악의 연쇄 반응'을 유발한다. 왜냐하면 '멸망의 하강 노선' 안에서 미움은 미움을 증대시키고 악은 악을 증대시키기 때문이다.[3] 그러나 우리의 원수를 사랑하고 섬기는 것의 영광은 그로 인해 우리가 이 세상의 악의 총계를 **감소시킨다**는 것이다. 그것을 가장 잘 보여 주는 예는 십자가다. 그리스도께서는 인간들의 조소와 하나님의 진노를 기꺼이 담당하심으로 말미암아 수많은 사람들에게 구원을 가져다주셨다. 십자가는 악을 선으로 바꾸는 유일한 비법이다.

**넷째, 악은 처벌되어야 한다.** 만일 우리가 악에 대한 앞의 세 가지 태도들에서 멈춘다면, 우리는 성경을 매우 취사 선택하여 사용하며 따라서 균형을 잃는 죄를 범하게 될 것이다. 왜냐하면 바울은

---

3) Martin Luther King, *Strength to Love*, p. 51.

계속해서 국가가 악을 처벌할 것에 대해 말하기 때문이다. 이 장들을 주의 깊게 읽는 모든 독자는 그것들이 담고 있는 대조—심지어 명백한 모순—를 알아차릴 것이다. 우리는 직접 원수를 갚지 말라는 말과, 하나님이 원수를 갚으시리라는 말을 듣게 된다(12:19). 또한 우리는 아무에게도 악을 악으로 갚지 말라는 말과, 하나님이 갚아 주시리라는 말을 듣게 된다(12:17, 19). 따라서 복수와 원수 갚는 일은 먼저 우리에게는 금지되고 다음에 하나님께 돌려진다. 앞뒤가 안 맞는 말이 아닌가? 그렇지 않다. 이런 것들을 우리에게 금지하시는 이유는 악이 처벌받을 만한 것이 아니기 때문이 아니라(그것은 처벌받을 만한 것이며 또 처벌받아야만 한다) 처벌이 우리의 특권이 아니라 **하나님의** 특권이기 때문이다.

그렇다면 하나님은 악을 어떻게 처벌하시는가? 악을 행하는 자들에 대한 그분의 진노는 어떻게 표현되는가? 즉시 마음에 떠오르는 것은 "마지막 심판"이라는 대답인데, 그것은 물론 옳다. 회개하지 않는 자는 "진노의 날 곧 하나님의 의로우신 심판이 나타나는 그 날에 임할 진노"를 자신에게 "쌓는다"(롬 2:5). 하지만 우리는 그 때까지 기다려야만 하는가? 악에 대한 하나님의 진노가 지금 나타나는 다른 방도는 없는가? 바울에 따르면 그런 방도는 있다. 첫 번째는 신앙심 없는 사회가 점진적으로 타락하는 것을 통해서다. 그로써 하나님은, 하나님과 선에 대한 자기들의 지식을 의도적으로 묵살해 버리는 자들의 마음과 행동을 통제되지 않은 타락에 "내버려두셨다"(롬 1:18-32). 그것은 하나님의 진노의 결과다. 두 번째는 국가의 재판 과정을 통해서다. 왜냐하면 법을 시행하는 관리는 "하나님의 사역자가 되어 악을 행하는 자에게 진노하심을 따라 보응하는 자"이기 때문이다(13:4). 이런 의미에서 크랜필드 박사는 국가는 "죄에 대한 하나님의 진노를 부분적으로, 미리 앞질러, 일시적으로 나타내는 것이다"라고[4] 쓴다.

바울이 로마서 12장 끝과 13장 초두에서 같은 어휘를 사용함을 주목하는 것은 중요하다. "진노"(orgē)라는 단어와 "복수/처벌"(ekdikēsis와 ekdikos)이라는 단어가 양쪽에서 모두 나타난다. 복수는 일반적으로 하나님의 백성에게는 금지되지만, 특별히 하나님의 "사역자들" 즉 국가의 관리들에게 부과된다. 많은 그리스도인들은 여기서 그들이 깨닫는 것이 윤리적 '이원론'이라는 점에 대해 대단한 어려움을 느낀다.[5] 이 문제를 분명히 해 보고자 한다.

첫째, 바울은 루터의 유명한 두 왕국 교리, 곧 하나님의 오른손 왕국(교회)은 복음의 능력을 통해 행사되는 영적 책임을 갖고 그분의 왼손 왕국(국가)은 검의 능력을 통해 행사되는 정치적 또는 세속적 책임을 갖고 있다는 교리처럼, 교회와 국가라는 **두 가지 실재** 사이를 구별하지 않는다. 장 라세르(Jean Lasserre)는 이를 '전통적 교리'라고 부르고(왜냐하면 칼뱅 역시 다른 말로 표현하긴 했지만 그 교리를 신봉했기 때문이다) 다음과 같이 요약한다.

하나님은 교회에게는 복음을 전파할 의무를 주셨고 국가에게는 정치적

---

4) C. E. B. Cranfield, Commentary on *Romans*, vol. II, p. 666.
5) 이러한 '이원론'에 대한 논의는 Jean Lasserre의 *War and the Gospel*, p. 23이하, p. 128이하, p. 180이하에서; David Atkinson의 *Peace in Our Time?*, pp. 102-107, 154-157에서; *Peace and War*로 간행된 Ronald Sider와 Oliver O'Donovan 간의 논쟁 pp. 7-11, 15에서; 그리고 어느 정도는 나의 책 *Message of the Sermon on the Mount*, pp. 103-124에서 그 예를 찾아볼 수 있다.

질서를 지킬 의무를 주셨다. 그리스도인은 교회의 구성원이면서 동시에 국가의 시민이다. 전자로서 그는 복음의 윤리에 따름으로써 하나님께 순종해야만 한다.…후자로서 그는 국가가 판단하는 정치적 윤리에 따름으로써 하나님께 순종해야만 한다.[6]

하나님이 교회와 국가에 서로 다른 책임을 주신 것은 사실이다. 비록 그것들이 서로 중복되며, 서로 다른 윤리들에 의해 지배되는 것이 아니라 둘 다 그리스도의 주권하에 있다는 것을 강조할 필요가 있긴 하지만 말이다. 하지만 이것은 참으로 로마서 12장과 13장에 나타난 문제의 핵심이 아니다.

둘째, 바울은 그리스도인 행동의 **두 가지 영역**, 곧 사적인 영역과 공적인 영역 간을 구분하여 (대충 말한다면) 우리가 사적으로는 원수를 사랑해야 하지만 공적으로는 그들을 미워할 수 있다고 말하는 것이 아니다. 사적인 것과 공적인 것이라는 이중적인 도덕 기준 개념은 단호히 거부해야 한다. 기독교 도덕은 오직 하나가 있을 뿐이다.

셋째, 바울이 구분하는 것은 사적인 것과 공적인 것이라는 **두 가지 역할** 사이의 구분이다. 그리스도인은 언제나 그리스도인으로서(교회에서나 국가에서나, 공적으로나 사적으로나) 그리스도의 동일한 도덕적 권위하에 있지만, 서로 다른 역할들(가정에서, 일터에서, 사회에서)을 부여받는데, 이로 인해 각 역할에 따라 서로 다른 행동을 하는 것이 타당하게 된다. 예를 들어, 경찰 역할을 하는

---

6) Jean Lasserre, *War and the Gospel*, p. 132.

그리스도인은 범인을 체포하기 위하여 폭력을 사용할 수 있지만 개인적 시민의 자격으로는 그것을 사용할 수 없다. 그리스도인은 재판관으로서 죄수에게 형을 선고할 수는 있지만, 반면에 예수님은 제자들에게 "비판하지 말라. 그리하면 너희가 비판을 받지 않을 것이요"라고 말씀하셨다. 그리고 그리스도인은 사형 집행자로서(어떤 상황에서는 사형이 정당화될 수 있다고 가정한다면)—비록 살인을 행하는 것이 그에게 금지되어 있기는 하지만—사형수를 죽일 수 있다(모세 율법에는 사형과 살인에 대한 금지 규정이 함께 나와 있다). 이는 범인 체포와 재판과 사형 집행 그 자체가 나쁘다고 말하는 것이 아니라(그러면 공적인 생활과 사적인 생활에 대해 서로 다른 도덕을 설정하게 될 것이다) 그것들은 범죄 행위에 대한 올바른 반응이지만 하나님이 국가의 특정한 관리들에게 맡기신 일이라는 것이다.

그러므로 바울은 로마서 12장과 13장에서 악을 갚지 않는 것과 악을 처벌하는 것을 이런 식으로 구분하고 있다. 12장 끝에 나온 금지는 심판의 날까지 악을 처벌하지 않은 채 남겨 두어야 한다는 뜻이 아니라, 처벌은 국가(하나님의 진노의 대행자로서)에 의해 시행되어야 하며 일반 시민들이 법을 스스로 시행하는 것은 적절하지 않다는 뜻이다. 그리스도인 평화주의자들이 받아들이기 어려워하는 것이 바로 이러한 구분이다. 그들은 원수 갚는 것이 본질적으로 잘못이라고 생각하여 보복하지 말라는 예수님의 가르침과 본보기를 기초로 그들의 주장을 펼치는 경향이 있다. 그러나 보복은 잘못된 것이 아니다. 왜냐하면 악은 처벌되어 마땅하고 반드시 처벌되어야 하며, 또한 실상 처벌될 것이기 때문이다. 예수님 자신은 "인자가…각 사람이 행한 대로 갚으리라"(마 16:27; 여기에 나온 동사는 롬 12:19에 나온 것과 유사하다)고 말씀하셨다. 이러한 진리는 심지어 예수님 자신이 원수를 갚지 않으신 것에 대한 베드로의 설명에서도 나타난다. 예수님은 모욕당할 때 대꾸하지 않으셨다. 그분은 고난당할 때 위협하지 않으셨다. 하지만 이것으로부터 그분이 악을 눈감아 주신다는 결론을 이끌어내서는 안 된다. 그분이 원수 갚는 일 대신에 하신 행동이 무엇이었는가? "오직 공의로 심판하시는 이에게 부탁하셨다"(벧전 2:23). 바울의 말로 하면 예수님은 그것을 하나님의 진노에 맡기셨다. 따라서 심지어 예수님이 자신을 처형하는 자들을 용서해 달라고 기도하실 때나, 우리의 구원을 위해 거룩한 사랑으로 그분 자신을 주실 때도 악에 대한 하나님의 심판의 필요성이 예수님의 마음속에 없었던 것은 아니다. 실제로 예수님은 바로 그 순간에 오직 정당한 처벌을 그분 자신이 감당하심으로써 악을 이기고 계셨다.

### 국가의 권위

이것은 우리에게 십자가를 악의 문제와 관련시키려 할 때 또 하나의 복잡한 문제, 곧 그리스도인은 국가와 그 권위를 어떻게 생각해야 하는가의 문제를 불러일으킨다. 로마서 13장을 주의 깊게 연구해 보면 국가를 신성시하는 것(국가가 항상 옳다고 단언함으로써)과 국가를 악마화하는 것(국가가 항상 틀렸다고 단언함으로써)의 두 극단을 피하는 데 도움이 될 것이다. 국가에 대한 그리스도인의 자세는 다소 비판적인 존경의 태도가 되어야 한다. 여기에 나온 국가의 권위에 대한 바울의 가르침을 그 **기원**, 그것이 주어진

**목적**, 그것이 시행되어야 하는 **수단** 그리고 그것이 받아야 하는 **승인** 등의 네 가지 항목으로 나누어 요약해 보겠다.

첫째, 국가의 권위의 **기원**은 하나님이시다. "각 사람은 위에 있는 권세들에게 복종하라. 권세는 하나님으로부터 나지 않음이 없나니"(1절 상). "모든 권세는 다 하나님께서 정하신 바라"(1절 하). "그러므로 권세를 거스르는 자는 하나님의 명을 거스름이니"(2절). 이러한 관점은 이미 구약에서 분명하게 나타나 있다.[7] 그러나 우리는 국가의 기능을 오직 '권위'라는 면에서만 생각해서는 안 되고, '봉사'라는 면에서도 생각해야 한다. 왜냐하면 "다스리는 자"(이는 정치가로부터 재판관에 이르기까지 국가의 모든 관리를 포함하는 총칭인 듯하다)은 "하나님의 사역자가 되어 네게 선을 베푸는 자"(4절 상)이기 때문이다. 또한 그는 "하나님의 사역자가 되어 악을 행하는 자에게 진노하심을 따라 보응하는 자"(4절 하)다. 그리고 우리가 조세를 바쳐야 하는 이유는 당국이 "하나님의 일꾼이 되어 바로 이 일에 항상 힘쓰기"(6절) 때문이다.

나는 바울이 국가의 '권위'와 '봉사' 양자에 대해 쓴 것에 대단히 깊은 인상을 받았음을 고백한다. 그는 세 번에 걸쳐 국가의 권위는 하나님의 권위라고 단언한다. 그리고 세 차례에 걸쳐 국가와 관원들을 하나님의 사자로서 묘사하는데, 다른 곳에서 그가 사도와 복음 전도자로서의 자신의 사역, 심지어는 그리스도의 사역에 적용한 두 단어(*diakonos*와 *leitourgos*)를 사용하여 묘사한다.[8] 나는 이 점을 부인할 방도―예를 들어 그 단락을 정치적 권세의 실재

---

7) 예를 들어, 렘 27:5-6; 단 2:21; 4:17, 25, 32; 5:21; 7:27.

를 마지못해 묵인하는 것으로 해석함으로써ー가 있다고는 생각지 않는다. 그렇다. 자기 자신이 개인적으로 잘 알았던 로마 정부의 결함에도 불구하고, 바울은 그 권위와 봉사가 하나님의 것이라고 힘주어 선포했다. 그리스도인이 국가의 권위에 순종하는 것이 "양심"이 되는 이유는 그 기원이 하나님으로부터 왔기 때문이다(5절).

그럼에도 불구하고 국가의 권위가 하나님에 의해 국가에 위임되었다는 사실, 따라서 본래 갖고 있는 것이 아니라 유래된 것이라는 사실은 그것이 결코 절대화되어서는 안 된다는 것을 뜻한다. 경배는 하나님 한 분께만, 그리고 모든 정사와 권세의 주이시며(엡 1:21-22) "땅의 임금들의 머리"(계 1:5; 참고. 19:16)이신 그리스도께만 돌려져야 한다. 국가는 신적 제도로서 존중되어야 한다. 하지만 국가에 대해 맹목적이고 무조건적인 충성을 바치는 일은 우상 숭배가 될 것이다. 초대 그리스도인들은 가이사를 '주'라 부르기를 거절했다. 그 호칭은 예수님 한 분께만 속했다.

둘째, 하나님이 국가에 권위를 주신 **목적**은 선을 보상하고(그럼으로써 그것을 증진하고) 악을 처벌하기(그럼으로써 그것을 억제하기) 위해서다. 그렇다면 한편으로 국가는 선을 행하는 자들을 "칭찬"(그것을 인정한다는 표현)하며(3절)ー국가가 그 뛰어난 국민에게 부여하는 영예에 의해ー"네게 선을 베풀기" 위해 존재한다(4절). 이 문구는 따로 설명되지 않았지만, 그것은 분명 선한 정부가 주는 모든 사회적 유익, 곧 평화를 수호하는 것, 법률과 질서를 유

---

8) *diakonos*가 그리스도께 적용된 것에 대해서는 롬 15:8, 바울에게 적용된 것으로는 고후 6:4을 보라. *leitourgos*가 그리스도께 적용된 것으로는 히 8:2, 바울에게 적용된 것으로는 롬 15:16을 보라.

지하는 것, 인권을 보호하는 것, 정의를 증진하고 궁핍한 자를 돌보는 것 등을 포함한다. 다른 한편으로 국가는 하나님의 사자로서 그리고 그분의 진노의 대행자로서 악을 행하는 자들을 법에 비추어 처벌한다(4절). 현대의 국가들은 전자보다 후자를 더 잘하는 경향이 있다. 법률을 시행하기 위한 국가들의 구조는, 공적 봉사와 자선 행위를 보상함으로써 훌륭한 국민이 될 것을 적극적으로 격려하기 위한 구조보다 더욱 정교하다. 그러나 처벌과 보상은 공존한다. 사도 베드로가 아마도 로마서 13장을 반영하여 그리고 분명 그리스도인들이 로마에서 핍박을 받기 시작한 후에 글을 쓰면서, 국가의 동일한 신적 기원과 그 건설 목적을 "혹은 *그가 악행하는 자를 징벌하고 선행하는 자를 포상하기 위하여 보낸*"(벧전 2:14) 것이라고 단언할 때, 그 역시 이런 것들을 일괄하여 다루는 것이다.

그럼에도 불구하고, 국가의 이중 기능은 고도의 분별력을 요구한다. 선한 것만이 보상을 받고 악한 것만이 처벌을 받아야 한다. 이 점에서 호의와 형벌을 제멋대로 분배해 줄 권한은 없다. 이는 특히 법률 시행과 관련해서 더욱 그렇다. 평화 시에는 무죄한 사람들을 반드시 보호해야 하며, 전시에는 비전투원들(종군 의사, 목사 등—역주)은 병역 면제를 보장받아야만 한다. 경찰 활동은 분별 있는 활동이며, 성경에서는 무죄한 피를 흘리는 것에 대해 시종일관 혐오감을 표명한다. '의로운 전쟁' 이론에서도 이와 똑같은 분별의 원리가 필수적이다. 모든 무차별 무기(원자력 무기, 생물학 무기, 화학 무기)의 사용과 모든 재래 무기들의 무차별적 사용(예를 들어 민간인 도시에 집중 포격을 가하는 것)이 이 본문에 의해 금지되고 그리스도인의 양심에 깊이 거슬리는 것은 바로 이 때문이다.

셋째, 국가의 권위가 시행되는 **수단**은 그 목적이 차별성 있는 것과 마찬가지로 반드시 통제되어야만 한다. 무죄한 사람들을 보호하고 죄 있는 사람들을 처벌하기 위하여 분명 때로는 강제력을 사용할 필요가 있다. 권위는 힘을 의미한다. 비록 우리가 폭력(통제되지 않고 원칙이 무시된 힘의 사용)과 강제력(악행하는 자를 체포하고 구속하며 재판하고, 유죄가 선고되면 그들에게 형벌을 가하기 위해 사용하는 통제되고 원리에 입각한 힘의 사용)을 구별해야 하지만 말이다. 국가의 권위는 심지어 재판에 의해 생명을 취하는 것에까지 확장될 수 있다. 왜냐하면 대부분의 주석가들은 국가가 가지고 있는 "칼"(4절)을, 처벌할 수 있는 국가의 일반적 권위뿐 아니라 사형을 행하거나 전쟁을 하거나 아니면 이 두 가지 모두를 할 수 있는 특별한 권위의 상징으로 해석하기 때문이다.[9] 루터와 칼뱅은 이 문구에 '의로운 전쟁'이라는 말을 삽입하는 것이 타당하다고 주장하였다. 왜냐하면 국가가 처벌할 권위를 가지는 '악을 행하는 자'들은 국가를 내부로부터 위협하는 범죄자들은 물론 외부로부터 위협하는 침략자들이 될 수가 있기 때문이다.

물론 한편으로 범인에게 형을 선고하고 형에 처하는 일과, 다른 한편으로 전쟁을 선포하고 일으키는 일 사이에는 명백한 차이가 있다. 특별히 전쟁에서는 법정도 재판관도 없다. 전쟁을 선포함으로 국가는 스스로의 재판에서 재판관의 역할을 한다. 왜냐하면 아

---

9) *machaira*, 곧 바울이 여기서 국가의 '칼'이라는 말로 사용한 단어는 '단도' 또는 '작은 칼'로 번역되는 경우도 가끔 있다. 그러나 그것은 신약에서 서너 번 처형되어 죽는 것, 또는 전쟁에서 죽는 것을 상징하기 위해 사용되었다(예를 들어, 마 10:34; 눅 21:24; 행 12:2; 롬 8:35; 히 11:37).

직 국제 분쟁을 중재할 독립적인 단체가 존재하지 않기 때문이다. 그리고 법정의 틀에 박힌 절차와 차갑고 냉정한 분위기는 전쟁터와는 전혀 다른 상황이다. 그럼에도 불구하고 올리버 오도노반(Oliver O'Donovan) 교수가 보여 주었듯이 '의로운 전쟁' 이론의 발전은, "전쟁 행위를 민간 정부의 행위에서 유추하여 해석하려는 체계적인 시도를 나타내며"[10] 그럼으로써 그것을 "정의를 시행한다는 맥락"에 속한 것으로, 또한 "정의를 집행하는 데 제한 기준"에 종속되는 것으로 본다.[11] 사실상 갈등을 정의 추구라는 견지에서 설명하면 할수록, 정당성을 부여하려는 상황은 더욱 강해질 것이다.

국가의 폭력 사용은 그것이 주어진 특별한 목적에만 엄격하게 제한되는데, 똑같이 엄격하게 특정한 사람, 예를 들어 범죄자를 재판하는 것 등에만 제한되어야 한다. 로마서 13장에서는 경찰 국가가 억압적 수단을 사용하는 것을 합리화해 주는 구실을 찾아볼 수 없다. 모든 문명국에서는 경찰과 군대는 둘 다 '최소한의 필요한 폭력'―그 임무를 수행하는 데만 충분한―을 사용하도록 명령받고 있다. 전쟁 시에 폭력은 차별될 뿐만 아니라 통제되어야만 한다. 그리스도인의 양심은 현재 비축된 핵무기가 갖고 있는 가공할 만한 살상력에 항의한다.

넷째, 국가의 권위에 대한 올바른 **승인**을 해야 한다. 국민은 통치 당국을 하나님이 제정하셨기 때문에 그 권위에 "복종"해야 한다(1절). 따라서 그것에 대항해서 "거스르는' 자는 하나님을 거스르는 것이며, 그분의 심판을 초래한다(2절). 그러나 단지 처벌을 피

---

10) Oliver O'Donovan, *Pursuit of a Christian View of War*, p. 13.
11) 앞의 책, p. 14.

하기 위해서뿐만 아니라 선한 양심을 유지하기 위해서도 "복종"할 필요가 있다(5절). 그렇다면 우리의 "복종"에는 무엇이 포함되는가? 분명 우리는 법에 순종하고(벧전 2:13) 세금을 내야 한다(6절). 또한 통치자들을 위해 기도해야 한다(딤전 2:1-2). 본을 보이는 것, 납세, 기도는 국가가 하나님이 주신 책임을 다하도록 격려하는 세 가지 방법이다. 우리가 여기서 더 나아가 마땅한 '순종'이 국가에 협력하는 것 또는 심지어 국가의 일에 참여하는 것을 포함한다고 주장하느냐 안 하느냐 하는 것은 우리가 루터파인지 개혁파인지 재침례파인지에 따라 좌우될 것이다. 나는 국가의 권위와 사역이 하나님의 것이므로 하나님이 정하신 국가에의 봉사를 피해야 할 이유를 전혀 발견할 수 없고, 오히려 그것에 적극적으로 참여해야 한다고 생각한다.

그럼에도 불구하고 우리의 순종에는 한계가 있어야만 한다. 비록(이론상, 하나님의 목적에 따라) "다스리는 자들은 선한 일에 대하여 두려움이 되지 않고 악한 일에 대하여 되지만"(3절), 바울은 로마의 한 행정관이 예수님께 사형을 선고했으며 자기 자신도 이따금 로마의 불의의 희생자가 되었던 것을 알았다. 그렇다면 만약 국가가 하나님의 사자가 되지 않고 마귀의 사자가 되고, 교회를 보호하는 대신 교회를 핍박한다면, 하나님께로부터가 아니라 용에게서 유래한 악한 권위를 행사한다면(계 13장) 어떻게 할 것인가? 그 때는 어떻게 해야 하는가? 그리스도인들은 자녀들이 악한 부모를 존경해야 하는 것처럼 여전히 국가를 존경해야 하지만 굴종적인 순종은 할 필요가 없다고 대답할 수 있다. 사도 바울은 전체주의적 통치를 결코 고무하지 않는다. 우리는 비판하고 저항하며, 정치 운동을 하고 시위를 하며, 심지어 (극한 상황에서는) 법률을 어기는 시점에 이르기까지 불순종할 의무가 있다. 사실상 시민 불복종은 구약에서는 다니엘과 그의 친구들이, 그리고 신약에서는 베드로와 요한이 특별히 존중한 성경적 개념이다.[12] 그 원리는 분명하다. 국가의 권위는 하나님에 의해 국가에 주어졌으므로, 우리는 국가에 순종하는 것이 곧 하나님께 대한 불순종이 되는 바로 그 시점까지 국가에 복종해야 한다. 그 점에서 만일 국가가 하나님이 금하신 것을 명하든가 아니면 하나님이 명하신 것을 금한다면 우리는 하나님께 순종하기 위해서 국가에 불순종해야만 한다. 사도들이 공회에 말했듯이 "사람보다 하나님께 순종하는 것이 마땅하다."[13]

만일 극단적인 상황에서 불순종이 허용될 수 있다면 반란도 허용될 수 있는가? 분명 '의로운 전쟁'이라는 기독교적 전통은 때때로 '의로운 혁명'을 포함하는 데까지 확장되었다. 하지만 전쟁의 경우와 마찬가지로 무장 혁명의 경우에도 똑같이 엄격한 조건들이 규정되어 있다. 이것들은 정의(명백하게 악한 압제를 뒤엎을 필요성), 자제(다른 모든 수단을 다 강구하고 난 후에 오직 최후의 수단으로서), 분별과 통제(폭력의 사용에서), 균형(그로 인해 야기된 고통이 그냥 참고 견딜 때보다 반드시 적어야 하는 것) 그리고 확신(성공에 대한 합리적인 기대)과 관련이 있다. 이 원리들을 양심적으로 적용한다면 반란이라는 비상 단계는 매우 드물게 일어날 것이다.

---

12) 국가에 불복종한 예로서 출 1:15-21; 단 3:1-18과 6:1-14; 행 4:13-20을 보라.
13) 행 5:29; 참고. 4:19.

국가의 권위가 갖고 있는 측면들과 그에 상응하는 제한들을 요약해 보도록 하자. 그 권위는 하나님께로부터 위임받았기 때문에 우리는 그것을 존중해야 하지만 숭배해서는 안 된다. 그 권위의 목적은 악을 처벌하고 선을 증진시키는 것이기 때문에 전체적인 국가가 존재할 구실은 없다. 이 목적을 달성하기 위해 국가는 강제력을 사용할 수도 있다. 하지만 무차별적 폭력이 아니라 최소한도로 필요한 강제력이다. 우리는 국가와 관리들에게 무비판적인 비굴함이 아니라 분별력 있는 순종을 하면서 그들을 존중해야 한다.

### 선으로 악을 이김

로마서 12장과 13장에 대한 연구를 통해, 악을 갚지 않고 그것을 정복함으로써 악을 미워하는 것에서 악을 처벌하는 것으로 옮겨 온 우리에게는 이제 이것을 어떻게 조화시킬 것인가의 문제가 남는다. 우리는 악을 갚아서는 안 되지만 또한 갚아야 한다는 것을—누가 그것을 갚느냐에 따라서—살펴보았다. 그러나 어떻게 동시에 악을 "이기고"(12:21) 악에 "보응"(13:4)할 수 있는가? 이것은 좀더 어려운 문제로, 그리스도인 평화론자들과 '의로운 전쟁' 이론가들 간의 논쟁의 핵심이다. 그리스도인의 마음은 즉시 그리스도의 십자가로 가야 한다. 왜냐하면 거기서 이런 문제들이 화해되었기 때문이다. 하나님은 오직 우리의 악을 먼저 그리스도 안에서 정죄하셨기 때문에 우리를 의롭다 하셨고, 또 오직 그리스도께서 먼저 속전을 지불하셨기 때문에 우리를 구속하셨다. 그리고 그럼으로써 우리의 악을 이기셨다. 하나님은 악을 처벌하는 일을 거절하심으로써가 아니라 그분 자신이 그 처벌을 받으심으로써 악을 이기셨다. 십자가에서 인간의 악은 처벌되고 극복되며 하나님의 자비와 정의가 모두 만족되었다.

그렇다면 이 두 가지는 오늘날 악에 대한 우리의 태도 안에서 어떻게 화해되었는가? 십자가에 비추어, 그리스도인은 악을 이기려는 시도로 인해 그 처벌을 회피하려고 한다든지 아니면 그것을 이기려고 애서 보지도 않고 그것을 처벌하려고 하는 어떤 태도에도 동조할 수 없다. 분명 하나님의 진노의 대행자로서 국가는 악을 행하는 자를 처벌함으로 그분의 정의를 증거해야만 한다. 하지만 그리스도인은 또한 하나님의 자비를 증거하기를 원한다. 각 개인들은 사랑에 의해 지시를 받고 국가는 정의에 의해 지시를 받는다고 말하는 것은 지나치게 단순한 것이다. 왜냐하면 개인의 사랑은 정의에 무관심해서는 안 되고, 국가의 정의로운 통치 역시 율법의 완성인 이웃 사랑을 간과해서는 안 되기 때문이다. 더구나 국가는 정의를 추구할 때 법률이 허용하는 한 최고의 형벌을 요구할 의무를 갖고 있지는 않다. '생명에는 생명으로'라는 원리를 규정하신 하나님 자신이 첫 번째 살인자의 생명을 보호하셨다(창 4:15). 정상을 참작할 수 있는 상황인 경우에는 법의 존엄성을 자비로써 누그러뜨릴 수 있다. 보복(악을 행하는 자를 처벌하는 것)과 교정(그를 선도하고 복귀시키는 것)을 서로 병행해야 한다. 그 때에만 악이 처벌되는 동시에 극복되기 때문이다.

개인보다는 국가들이 관련된 전쟁에서 그런 화해를 생각하기는 상당히 어렵다. 그러나 적어도 그리스도인은 그러한 딜레마와 싸워야만 하며, 그것을 양극화시키지 않기 위해 애써야 한다. '의로운 전쟁' 이론가들은 악에 저항하고 악을 처벌할 필요성에 집중하며, 악을 이기라는 성경의 다른 명령들은 간과하는 경향이 있다. 다른 한편 평화론자들은 선으로 악을 이기는 것에 집중하고, 성경에 따라 악은 처벌받아야 마땅하다는 것을 잊는 경향이 있다. 이 두 성경적 강조점은 서로 조화될 수 있는가? 그리스도인은 적어도 국가의 원수가 패배하고 항복하는 것을 넘어서 그 원수가 회개하고 회복되는 것을 기대해야 한다고 강조할 것이다. 최근에 하든 윌머(Haddon Willmer)가 전개한 이른바 '용서의 정치'는[14] 이 점에서 적절하다. 데이비드 앳킨슨은 이 강조점을 잘 요약했다.

> 용서는 변화의 역동적 개념이다. 그것은 숙명론적인 결정론이라는 올가미에 걸리는 것을 거부한다. 용서는 악, 불법, 불의의 실재를 인정한다. 하지만 새로운 가능성이라는 창조적인 방법으로 불법에 반응하고자 애쓴다. 용서는 어떤 희생을 치르고라도 평화를 얻겠다는 생각이나 잘못한 자를 멸망시키려는 파괴적인 의도에서가 아니라, 가능한 한 가장 창조적인 방법으로 잘못에 비추어 미래를 고쳐 가고자 기꺼이 애쓰는 접근 신호다.[15]

십자가에서 죄의 형벌을 요구하고 또 그것을 짐으로써, 그리하여 동시에 악을 처벌하고 이김으로써 하나님은 그분의 거룩한 사랑을 나타내 보이셨다. 그러므로 오늘날 악을 행하는 자들에 대한 우리의 반응은 십자가의 거룩한 사랑을 반영해야만 한다.

---

14) Haddon Willmer, *Third Way* (May, 1979)에서.
15) David Atkinson, *Peace in our Time?*, p. 167.

## 토론 문제

"'십자가 아래 사는 것'은 기독교 공동체 생활의 모든 측면이 십자가에 의해 형성되고 특징지어진다는 뜻이다"(p. 563). 그것은 이 장의 주제인, 원수에 대한 우리의 행동을 포함한다.

1. 화평케 하는 일과 화를 가라앉히는 것과는 서로 어떻게 다른가?(pp. 564-565) 후자에 대하여 불만족스러운 점은 무엇인가?

2. "자비 없는 정의는 너무 가혹하고, 정의 없는 자비는 너무 관대하다"(p. 566). 이것을 (1) 기독교 가정에서와 (2) 교회에서 어떻게 적용해야 하는가? **당신의 가정과 교회**에서는 어떻게 실천하고 있는가?

3. 이제 우리는 국가에 의한 정의의 시행에도 눈을 돌린다. 문제는 국가에 의한 무력 사용은 십자가와 양립할 수 있느냐는 것이다. 로마서 12:9을 읽고 나서 12:14-13:7을 읽으면서 바울이 선과 악에 대해 언급한 네 가지를 찾아보자.

4. 바울은, 하나님이 마지막 심판 때 악을 처벌하실 것임에도 불구하고, 악에 대한 그분의 진노는 현재에도 나타나고 있음을 분명히 말한다. 이것은 어떤 면에서 사실인가?(p. 575이하)

5. "보복은 잘못된 것이 아니다"(p. 578). 그 이유는 무엇인가?

6. 저자는 바울의 가르침을 네 가지 항목으로 요약한다(p. 580이하). 그것들은 무엇인가? 국가의 권위에 부과되는 한계는 무엇인가?

7. 어떤 상황에서 법에 불순종하는 것이 정당한가?(pp. 585-586)

8. "하나님은 악을 처벌하는 일을 거절하심으로써가 아니라 그분 자신이 그 처벌을 받으심으로써 악을 이기셨다"(p. 588). 이것은 우리가 우리의 원수를 대하는 방식에 어떤 영향을 미쳐야 하겠는가?

# 13 ∽ 고난과 영광 *Suffering and Glory*

고난이 있다는 사실은 분명 기독교 신앙에 가장 큰 도전이며, 이 사실은 모든 세대마다 늘 그러했다. 고난이 누구에게 닥치는가, 또 그 정도가 어느 만큼인가 하는 것은 전적으로 종잡을 수 없으며 따라서 불공평한 듯하다. 민감한 마음을 가진 사람이라면 그것이 과연 하나님의 정의 및 사랑을 충족시킬 수 있는지 물을 것이다.

1755년 11월 1일에 리스본은 지진으로 황폐해졌다. 그 날은 모든 성인의 날(All Saints' Day: 11월 1일, 모든 성인을 기념하는 날—역주)이었으므로 교회는 꽉 차 있었는데, 그 중 서른 교회가 파괴되었다. 한 시간 동안에 일만 오천 명이 죽고 또 일만 오천 명이 죽어가고 있었다. 그 소식으로 어안이 벙벙했던 많은 사람들 중에 프랑스의 철학가이며 작가인 볼테르(Voltaire)가 있었다. 몇 달 동안 그는 편지에 그것을 격렬한 전율이라는 말로 언급했다. 이제 누가 하나님의 자비와 전능하심을 믿을 수 있겠는가? 그는 알렉산더 포프(Alexander Pope)의 "인간에 대하여"(*Essay on Man*)에 나오는 시구들을 조소했다. 그것들은 튀켄함의 안전하고 편안한 대별장에서 쓰였다.

그리고 교만에도 불구하고, 틀린 이성에도 불구하고,
한 가지 진리는 분명하다. 존재하는 것은 무엇이든지 옳다는 것이다.

볼테르는 항상 이러한 낙관주의 철학에 반감을 가졌다. 포프가 만일 리스본에 있었더라도 그와 같은 구변 좋은 시구를 반복했을까? 그 시구들은 볼테르에게는 비논리적이고(악을 선으로 해석하는), 불손하며(악을 신의 섭리의 탓으로 돌리는), 해로운(건설적 행동 대신에 체념할 것을 마음에 심어 주는) 것으로 보였다. 그는 먼저 "리스본의 재난에 대한 시"(*Poem on the Disaster of Lisbon*)에서 그 반감을 표현했는데, 거기서는 하나님이 자유롭고 정의로우며 인정이 많으시다면 왜 우리가 그분의 통치하에서 고난을 받는지를 묻는다. 그것은 하나님이 선하시지 않거나 아니면 전능하시지 않거나 둘 중 하나라는 오래된 난제다. 그분은 고난을 멈추게 하기를 원하지만 그렇게 하실 수 없거나 아니면 그렇게 할 수 있지만 하려 하시지 않거나 둘 중 하나다. 어느 쪽이든 간에 우리가 그런 하나님을 어떻게 경배할 수 있겠는가? 볼테르의 두 번째 항변은 풍자적인 소설 「깡디드」(*Candide*)를 쓰는 것이었다. 그것은 천진난만한 젊은이의 이야기인데, 순진한 낙관주의자인 그의 선생 팽글로스(Pangloss) 박사는 그들에게 연이어 닥치는 불행을 무시하면서, 그에게 "모든 것이 최선을 위한 것이다"라고 계속 부드럽게 안심시킨다. 그들이 탄 배가 리스본 근처에서 난파되었을 때 깡디드는 지진으로 거의 죽을 뻔하고, 팽글로스는 종교 재판으로 사형당한다. 볼테르는 이렇게 쓰고 있다. "깡디드는 겁에 질리고, 말문이 막히고, 피를 흘리며, 가슴을 떨면서 이렇게 중얼거린다. '이것이 최선이라면 그 나머지는 도대체 어떤 것일까?'"[1]

그러나 고난의 문제는 결코 철학자의 관심사만은 아니다. 우리 모두는 개인적으로 그 문제에 부딪치며 산다. 전적으로 아무 상처 없이 삶을 마치는 사람은 거의 없다. 그 상처는 일생에 걸친 정서적 혼란으로 귀착되는 어린 시절의 상실일 수도 있고 선천적인 마음이나 육체의 불구일 수도 있다. 아니면 갑자기 예고도 없이 우리는 고통스러운 질병, 실직, 빈곤 또는 사별을 당하게 된다. 또는, 아마도 우리는 본의 아닌 독신 생활, 깨어진 연애 관계, 불행한 결혼, 이혼, 의기 소침, 외로움 등으로 시달리고 있을지도 모른다. 고난은 환영받지 못하는 여러 형태로 오며, 때로 우리는 하나님께 "왜?", "왜 내게?"라는 고통스러운 질문을 던질 뿐만 아니라 심지어 욥처럼 그분의 불의와 무관심을 비난하면서 그분에게 크게 분노하고 싶어지기까지 한다. 1874년부터 자신이 죽은 해인 1902년까지 시티 템플(City Temple)의 목사였던 죠셉 파커(Joseph Parker)는 자신의 분노를 가장 단도직입적으로 털어놓은 기독교 지도자 가운데 하나다. 그는 자서전에서, 68세가 되기까지 결코 종교적 회의를 가져 본 적이 없다고 말한다. 그런데 아내가 죽자 그

---

1) S. G. Tallentyre, *Life of Voltaire*, Vol. II, pp. 25-27와 Colonel Hamley, *Voltaire*, pp. 168-177를 보라.

의 믿음은 무너져 버렸다. 그는 이렇게 썼다. "그 암울했던 시기에 나는 거의 무신론자가 되었다. 왜냐하면 하나님은 나의 기도를 짓밟으셨고, 나의 간구를 멸시하셨기 때문이다. 만일 내가 나와 같은 고뇌를 갖고 있는 한 마리 개를 보았더라면 나는 그 말 못 하는 짐승을 불쌍히 여기고 도와주었을 것이다. 하지만 하나님은 나를 마치 범죄자처럼 모욕하고 내쫓으셨다. 황량한 광야와 별조차 없는 밤의 어둠으로."[2]

성경은 악의 문제에 대해—'자연적' 악이든 아니면 '도덕적' 악이든, 곧 고난의 형태로 오는 악이든 죄의 형태로 오는 악이든—완전한 해결책을 전혀 제공하지 않는다는 것을 즉시 말할 필요가 있다. 성경의 목적은 철학적이기보다는 실제적이다. 따라서 실제로 성경은 각 장마다 죄와 고통에 대해 언급하지만, 그 관심사는 죄의 기원을 설명하려는 것이 아니라 우리로 하여금 그것을 극복하도록 돕는 것이다.

이번 장에서 나의 목적은 그리스도의 십자가와 우리의 고난 간에 어떤 관계가 있을 수 있는지를 탐구하는 것이다. 그러므로 나는 교과서에나 나와 있는 고난에 대한 다른 표준적 논증들을 상세히 설명하지는 않고, 단지 그것을 개론적으로 언급하겠다.

첫째, 성경에 따르면 고난은 하나님의 선한 세계에 이방 세력이 침입한 것이며 하나님의 새 우주에서는 설 자리가 없을 것이다. 그것은 창조주에 대한 사탄적이고 파괴적인 맹공격이다. 욥기는 그것을 분명히 보여 준다. 예수님이 쇠약한 여인을 "사탄에게 매인

---

[2] Leslie J. Tizard가 *Preaching*, p. 28에서 인용.

바 된" 것으로 묘사하신 것, 그분이 마귀를 꾸짖으신 것처럼 질병을 "꾸짖으신" 것, 바울이 그의 "육체의 가시"를 "사탄의 사자"라고 언급한 것, 베드로가 예수님의 사역에 대하여 "마귀에게 눌린 모든 사람을 고치셨다"고 묘사하는 것 등도 마찬가지다.[3] 그러므로 하나님이 후에 고난으로부터 가져오실 수 있는 '선'에 대하여 무엇이든 말할 수는 있겠지만, 우리는 그것이 악에서부터 나온 선임을 잊어서는 안 된다.

둘째, 고난은 종종 죄로 인한 것이다. 물론 원래 질병과 사망은 죄를 통해 세상에 들어왔다. 하지만 나는 지금 현재의 죄를 생각하는 것이다. 때로 고난은 다른 사람들의 죄로 인해 생겨난다. 사랑이 없는 또는 무책임한 부모들로 인해 자녀들이 고난을 당하고, 불의한 경제로 인해 가난하고 굶주린 자들이, 전쟁의 잔인함으로 인해 피난민들이 고난을 당한다. 음주 운전자로 인한 교통사고 같은 것도 그러한 경우에 속한다. 또 때로 고난은 우리 자신이 지은 죄(우리의 자유를 무모하게 사용한 것)의 결과, 또는 심지어 그 형벌일 수도 있다. 우리는 질병을 하나님의 처벌로 돌리는 성경 구절들을 간과해서는 안 된다.[4] 그러나 동시에 모든 고난을 이생이나 전생에서 지은 잘못의 탓으로 돌리는 힌두교의 무서운 '카르마'(*karma*) 교리, 또한 이와 거의 비슷하게 무서운 이른바 욥의 위로자들의 교리를 단호하게 거부해야 한다. 그들은 모든 개인의 고난은 개인의 죄에 기인한다고 하는 그들의 전통적인 정설을 자랑스

---

3) 눅 13:16과 4:35, 39; 고후 12:7; 행 10:38.
4) 예를 들어, 신 28:15이하; 왕하 5:27; 시 32:3-5; 38:1-8; 눅 1:20; 요 5:14; 고전 11:30.

럽게 꺼내 보이는데, 욥기의 주된 목적 중 하나는 널리 알려진, 그러나 잘못된 바로 그 개념에 반박하려는 것이다. 예수님 역시 그것을 절대적으로 거부하셨다.[5]

셋째, 고난은 고통에 대한 우리의 인간적 감수성에 기인한다. 불행은 우리가 느끼는 상처(육체적 또는 정서적)에 의해 더 악화된다. 하지만 중추 신경계의 고통 감지 장치는 개인과 사회가 살아남기 위해 필요한 귀중한 경고 신호를 보내 준다. 아마도 이것을 가장 잘 설명해 주는 것은 폴 브랜드(Paul Brand) 박사가 남부 인도의 벨로어 기독 병원에서 발견한 사실, 곧 나병은 신체 말단부의 감각을 마비시켜서 감각 상실로 인해 궤양과 감염이 뒤따른다는 사실일 것이다. 만일 우리가 우리 자신을 보호하려면 신경 반응이 고통을 주어야 한다. 필립 얀시(Philip Yancey)는 "고통을 고안해 내신 하나님께 감사드린다"라고 썼다. "나는 하나님이 이 이상 더 멋진 일을 해 내실 수는 없었으리라고 생각한다. 고통은 아름답다."[6]

넷째, 고난은 하나님이 우리를 처하게 하신 환경에 기인한다. 비록 대부분의 고난이 죄에 의해 야기되기는 하지만[C. S. 루이스는 고난 중에서 5분의 4가 죄로 인한 것이라고 생각했고 휴 실베스터(Hugh Silvester)는 20분의 19 곧 95퍼센트가 그렇다고 생각했다[7]] 홍수나 태풍, 지진과 가뭄 같은 것은 그렇지 않다. 참으로 하나님은 지구의 '살기 부적당한' 곳에 인간이 거주하도록―생태학적인 무책임으로 그것이 증가되는 것은 말할 것도 없고―의도하

---

5) 예를 들어, 눅 13:1-5; 요 9:1-3.
6) Philip Yancey, *Where is God when it hurts?*, p. 23.
7) C. S. Lewis, *Problem of Pain*, p. 77; Hugh Silvester, *Arguing with God*, p. 32.

지 않으셨다고 주장할 수 있다.[8] 하지만 대부분의 사람들은 태어난 곳에서 계속 살면서 이동할 기회를 갖지 못한다. 그렇다면 폭풍우 속에서 죄 없는 사람들을 가차없이 압도하는 소위 자연의 '법칙'에 대해서는 무엇이라고 말할 수 있는가? 루이스는 "심지어 전능자라 할지라도 비교적 독립적이고 또 '냉혹한' 자연이 없이 자유로운 영혼들로만 이루어진 사회를 창조할 수는 없었다"고까지 말한다.[9] 루이스는 계속해서 말하기를 "인간 사회를 위해 우리에게 필요한 것은 바로 우리가 갖고 있는 것—중립적인 어떤 것", 안정되고 우리가 그 안에서 서로에게 그리고 하나님께 자유롭게 행동할 수 있는 활동 장소로서의 "그 나름대로 고정된 자연"을 가지는 것이라고 한다.[10] 만일 우리가 하나님이 알렉산더 살킨드(Alexander Salkind)의 영화에 등장하는 슈퍼맨처럼 어떤 악도 일어나지 않도록 막으시는 세계에서 살고 있다면 자유롭고 책임 있는 행동은 불가능하였을 것이다.

고난은 무의미하며 고난에는 아무런 목적도 없다고 주장하는 사람들은 항상 있었다. 고대 세계에서 그런 사람들 중에는 스토아 학파(Stoics: 자연의 냉혹한 법칙을 꿋꿋하게 감수할 필요성을 가르쳤다)와 에피쿠로스 학파(Epicureans: 제멋대로인 세상으로부터 탈출할 수 있는 가장 좋은 방법은 쾌락에 탐닉하는 것이라고 가르쳤다)가 있었다. 그리고 현대 세계에서 세속적인 실존주의자들은 삶과 고난과 죽음을 포함한 모든 것이 무의미하며 따라서 부조

---

8) Hugh Silvester, *Arguing with God*, p. 80.
9) C. S. Lewis, *Problem of Pain*, p. 17.
10) 앞의 책, p. 19.

리하다고 믿는다. 하지만 그리스도인들은 그들을 따라 그 막다른 골목을 내려갈 수도 없다. 왜냐하면 예수님은 고난을 "하나님의 영광을 위한" 것, 곧 하나님의 아들이 그것을 통해 영광을 얻을 수 있는 것으로, 또 "하나님이 하시는 일을 나타내고자" 하는 것으로 말씀하시기 때문이다.[11] 이는 어떤 식으로든지 간에(이것은 아직도 더 연구되어야 하는데) 하나님이 그리스도의 고난을 통해 그러셨던 것처럼(좀 다르기는 하지만) 고난 속에서 그리고 고난을 통해 그분의 영광을 나타내 보이며 일하고 계심을 뜻하는 것 같다. 그렇다면 그리스도의 고난과 우리의 고난 간의 관계는 무엇인가? 십자가는 우리가 고통 중에 있을 때 우리에게 무어라 말하는가? 나는 성경에서 이 질문들에 대해 가능한 대답 여섯 가지를 제시하고자 하는데, 그것들은 가장 간단한 것에서부터 가장 웅장한 것으로 점차 옮겨지는 듯 보인다.

### 참을성 있는 인내

첫째, 그리스도의 십자가는 **참을성 있는 인내를 고무한다**. 비록 고난이 악하고 따라서 저항해야 하는 것으로 인정한다 해도, 그것을 실제적으로 받아들여야만 하는 때가 온다. 신약에서 예수님의 본보기는 바로 그런 때 격려가 된다. 베드로는 독자들이 이 사실에 주의를 돌리도록 했다. 특히 그들이 네로의 박해 기간 동안에 무자비한 주인 밑에 있는 그리스도인 노예라면 더 그러했다. 만일 그들이 죄가 있어 참으면 아무런 특별한 칭찬도 받지 못할 것이다. 하

---

11) 요 11:4과 9:3.

지만 선을 행함으로 고난을 받고 참으면 이는 하나님 앞에 아름답다. 왜 그런가? 왜냐하면 그리스도 자신이 그들을 위하여 고난을 받으사 본을 끼쳐 그 자취를 따라오게 하셨으므로, 부당한 고난을 받는 것은 그들이 그리스도인으로 부르심받은 것의 일부이기 때문이다. 그분은 죄가 없으셨으나 욕을 받으시되 대신 욕하지 아니하셨다(벧전 2:18-23). 예수님은 복수하지 않는 것에 대해서뿐 아니라 인내에 대한 모범도 보여 주셨다. 이는 우리가 그리스도인의 경주에서 인내할 것을 격려한다. 우리는 "예수를 바라보아야" 한다. 왜냐하면 그분은 "십자가를 참으사 부끄러움을 개의치 아니하셨기" 때문이다. 그러므로 "너희가 피곤하여 낙심하지 않기 위하여 죄인들이 이같이 자기에게 거역한 일을 참으신 이를 생각하라"(히 12:1-3).

비록 두 가지 예가 모두 반대나 핍박과 특별히 관련되지만, 그것을 좀더 넓게 적용하는 것이 타당한 듯하다. 모든 시대의 그리스도인들은 십자가에서 절정에 이른 예수님의 고난을 보면서 부당한 고통을 불평하거나 되받아치는 일 없이 참을성 있게 견디어 나가도록 격려를 받아 왔다. 참으로 세상에는 그리스도께서 겪지 않으셨던 수많은 종류의 고난들이 있다. 그러나 그분의 고난은 두드러지게 대표적이었다. 조니 이렉슨(Joni Eareckson)을 예로 들어 보자. 1967년 그녀는 아름답고 원기 왕성한 십 대였을 때 체서픽 만에서 무서운 다이빙 사고를 당했고, 그로 인해 사지가 마비되었다. 그녀는, 비통함과 분노와 반항과 절망을 느꼈던 때를 포함하여 어떻게 해서 점차 가족과 친구들의 사랑을 통해 주권적인 하나님을 믿게 되었으며 하나님의 놀라운 은혜 아래 입으로 그림을 그리고 대중 앞에서 말하는 새 삶을 건설하게 되었는가를 감동적으로 솔직하게 말한 바 있다. 그녀가 사고를 당한 지 3년쯤 된 후의 어느 날 밤, 가장 친한 친구 중 하나인 신디가 그녀의 침대 곁에 앉아 예수님에 대해 이야기하면서 이렇게 말했다. "저어, 예수님도 몸이 마비되셨었단다." 그 때 비로소 그녀는 예수님도 십자가에서 자신과 비슷한 고통, 곧 움직일 수 없어 사실상 마비된 고통을 당하셨다는 사실이 떠올랐다. 그녀는 이것으로 깊은 위로를 받았다.[12]

### 성숙한 거룩

둘째, 그리스도의 십자가는 **성숙한 거룩으로 이끄는 길이다.** 이상하게 들릴지 모르지만 "그것은 그분을 위한 것이었고, 그것은 우리를 위한 것이었다"고 덧붙일 수 있다. 우리는 히브리서에서 다소 소홀히 여겨졌던 두 구절의 의미를 곰곰이 생각해 볼 필요가 있다.

> …많은 아들들을 이끌어 영광에 들어가게 하시는 일에 그들의 구원의 창시자를 고난을 통하여 온전하게 하심이 합당하도다(2:10).

> 그가 아들이시면서도 받으신 고난으로 순종함을 배워서 온전하게 되셨은즉 자기에게 순종하는 모든 자에게 영원한 구원의 근원이 되시고(5:8-9; 참고. 7:28).

---

12) Joni Eareckson과 Joe Musser, *Joni*, p. 96. 또한 그녀의 두 번째 책 *A Step Further*를 보라. 그 책에서 그녀는 하나님의 주권과 그분의 영원한 목적에 대해 더 많이 쓰고 있다.

두 구절은 모두 예수님이 "온전하게 되신" 과정에 대해 말하면서 완전케 되는 과정을 그분의 "고난"의 덕으로 돌린다. 물론 그분이 어떤 잘못을 저질렀다는 의미에서 불완전하셨던 적이 있었다는 것은 아니다. 히브리서는 그분의 죄 없음을 강조하기 때문이다.[13] 따라서 그보다는 그분이 '텔레이오스'(teleios) 곧 '성숙하게' 되시기 위해서 더 깊은 경험과 기회가 필요했다는 뜻이다. 특별히 그분은 "받으신 고난으로 순종함을 배우셨다." 그분은 결코 불순종하지는 않으셨다. 하지만 그분의 고난은 그분의 순종이 성숙하게 되는 시험대였다.

만일 고난이 죄 없는 그리스도를 성숙시키는 수단이었다면 죄 많은 우리에게는 그것이 얼마나 더 절실히 필요하겠는가. 주목할 만하게도 야고보는 그리스도인들과 관련해서 '온전함' 또는 '성숙함'이라는 똑같은 단어를 사용한다. 그리스도에게 고난이 순종을 통해 성숙으로 이끌었던 것과 마찬가지로, 우리에게 그것은 인내를 통해 성숙으로 이끈다.

> 내 형제들아, 너희가 여러 가지 시험을 당하거든 온전히 기쁘게 여기라. 이는 너희 믿음의 시련이 인내를 만들어 내는 줄 너희가 앎이라. 인내를 온전히 이루라. 이는 너희로 온전하고(teleioi) 구비하여 조금도 부족함이 없게 하려 함이라(약 1:2-4; 참고. 롬 5:3-5).

성경에서는 하나님이 우리를 거룩하게, 다시 말해 그리스도와

---

13) 예를 들어, 히 4:15; 7:26.

비슷하게 만들려는 그분의 목적을 이행할 때 고난을 어떻게 사용하시는지 설명하기 위해 세 가지 생생한 묘사를 전개한다. 이 묘사들은 자기 자녀를 훈계하는 아버지, 은과 금을 단련하는 금속 세공사, 포도나무 가지를 쳐내는 정원사 등이다. 아버지와 아들의 묘사는 이미 신명기에서 나타나는데, 거기서 모세는 이렇게 말한다. "너는 사람이 그 아들을 징계함같이 네 하나님 여호와께서 너를 징계하시는 줄 마음에 생각하고." 이 비유는 잠언서에서 다시 언급되는데, 거기서는 아버지의 징계가 자기 자녀에 대한 사랑의 표현임을 강조한다. 그리고 그 잠언의 구절들은 히브리서에 인용되고, 또한 라오디게아 교회에게 향하신 예수님의 메시지에 되풀이된다.[14] 히브리서에 나온 본문이 가장 길다. 그것은 아버지의 징계가 참 아들을 사생자와 구분지어 준다고 가르친다. 곧 하나님은 우리를 오직 "우리의 유익을 위하여" 즉 "그의 거룩하심에 참여하게 하시기" 위해 징계하시며, 당시에는 징계가 즐거워 보이지 않고 슬퍼 보이나 후에 "의와 평강의 열매"를 맺는데 실로 모든 사람이 그런 것이 아니라(왜냐하면 어떤 사람들은 징계에 반역하기 때문에), 그것에 순종하여 "그로 말미암아 연단 받은" 자만 그렇게 된다는 것이다.

하나님에 대한 두 번째 묘사, 곧 은과 금을 단련하는 자로서의 묘사는 구약에서 세 번 나타나는데, 거기에서 이스라엘을 위한 단련의 장소는 "고난의 풀무"였음이 분명히 드러나며, 베드로는 그것을 "여러 가지 시험"으로 우리의 기독교 신앙을 시험받는 것에 적

---

14) 신 8:5; 잠 3:11-12; 히 12:5-11; 계 3:19.

용한다. 그 과정은 고통스럽겠지만 그것을 통해 우리의 신앙("금보다 더 귀한")이 순전한 것으로 입증되며 또한 예수 그리스도께 영광을 돌리는 결과가 될 것이다.[15]

세 번째 묘사는 예수님 자신이 포도나무 비유에서 전개하셨는데, 거기서 가지가 열매를 잘 맺는 것은(이는 거의 틀림없이 그리스도인의 성품을 상징한다) 가지가 포도나무에 붙어 있는가에 좌우될 뿐 아니라 또한 포도나무 가꾸는 사람이 그 가지를 쳐 내는 것에 의해서도 좌우된다. 가지치기는 가지를 쳐 내어 관목이 들쭉날쭉하고 거의 벌거벗은 채 있게 될 때처럼 종종 잔인하게 보이는 철저한 과정이다. 하지만 다시 봄이 오고 여름이 올 때, 거기에는 많은 열매가 맺힌다.[16]

이 세 비유는 모두 부정적인 과정 곧 자녀를 훈계하는 것, 금속을 단련하는 것, 포도나무의 가지를 치는 것을 묘사한다. 하지만 세 가지는 모두 긍정적인 결과―자녀의 유익, 금속의 순도, 포도나무의 많은 결실―를 강조한다. 그렇다면 우리는 하나님이 고난이 '은혜의 수단'이 되도록 계획하신다고 주저없이 말해야 한다. 그분의 많은 자녀들은 시편 기자의 다음과 같은 진술을 되풀이할 수 있다. "고난당하기 전에는 내가 그릇 행하였더니 이제는 주의 말씀을 지키나이다"(시 119:67). 왜냐하면 만일 하나님의 사랑이 거룩한 사랑이라면―실제로 거룩한 사랑이다―그것은 거룩함으로 행동하는 것(그리스도의 십자가에서처럼)뿐만 아니라 거룩함을 촉

---

15) 시 66:10; 사 48:10; 슥 13:9; 벧전 1:6-7.
16) 요 15:1-8; 참고. '열매'가 의롭고 그리스도를 닮은 성품을 뜻한다는 증거로 사 5:1-7, 특별히 7절과 갈 5:22-23.

진시키는 데(하나님의 백성에게서)도 관심을 갖기 때문이다. 우리가 이미 살펴보았듯이 고난은 인내를 증진시키며 믿음을 단련시킨다. 그것은 또한 바울의 육체의 가시가 그를 '자만하지 않게' 해 준 경우에서처럼 겸손함을 길러 준다. 그리고 그것은 호세아가 고멜에 대한 대가 없는 사랑의 고통을 통해 이스라엘에 대한 여호와의 사랑의 신실함과 인내를 알게 되었듯이, 통찰력을 심화시킨다.[17] 또한 우리는 다른 사람들의 삶에 동참할 수 있는 유익, 이를테면 병든 사람, 노쇠한 사람, 불구자 등을 돌보는 훌륭한 이타심 그리고 사하라 사막 이남의 아프리카 제국에 있는 굶주린 사람들에 대해 자발적으로 자비심이 솟구쳐 오르는 것 등과 같은 유익을 간과해서는 안 된다.

로마 가톨릭 교회는 전통적으로 '구속적 고난'에 대해 말해 왔다. 그 공식적인 가르침은 심지어 우리의 지은 죄가 사함을 받은 후에라도 그에 상응하는 처벌은 여전히 이생에서나 아니면 연옥(이는 '고난을 받는 교회'다)에서 완성되어야 한다는 것이다. 이처럼 죄사함을 받았다고 해서 고행이 면제되지는 않는다. 용서에 처벌이 추가되어야 하기 때문이다. 더구나 최선의 고행은 교회가 정한 것이 아니라 하나님 자신이 보내셔서 우리 죄를 속하는 것들―'십자가, 질병, 고통'―이다. 사실 "죄를 위한 고난에는 두 가지가 있다. 첫째는 하나님께 대한 속죄이고, 둘째는 우리 영혼을 개조하는 것이다." 왜냐하면 고난은 우리의 육신적 욕망을 누그러뜨리고 우리를 깨끗하게 하며 회복시켜 주기 때문이다.[18]

---

17) 고후 12:7-10과 호 1-3장.

이런 종류의 가르침이 개신교도들의 마음과 양심에는 하나님이 그리스도를 통해 우리를 구속하시고 죄 용서하신 것의 완전성을 격하시키며, 또한 속죄의 효력을 우리의 고난의 덕택으로 돌리는 것처럼 들려 매우 거슬린다. 그러나 어떤 로마 가톨릭 교도들은 단지 고난이—비록 어떤 사람들을 괴롭게 하지만—어떤 사람들은 변화시킨다는 것을 지적하기 위해서 '구속적 고난'이라는 말을 사용한다. 메리 크레이그(Mary Craig)는 이러한 의미에서 '고난의 구속적 능력'에 대하여 쓴다. 그녀는 어떻게 네 아들 중 둘이 심한 불구로 태어났는지 묘사한다. 그녀의 둘째 아들 폴은 기형과 정신박약을 가져오는 휠러 증후군(Höhler's syndrome)을 갖고 있었고, 넷째 아들 니콜라스는 다운 증후군(Down's syndrome)을 갖고 있었다. 그녀는 자신의 영적 투쟁에 대한 이야기를 자기 연민이나 통속극적인 요소 없이 말하고 있다. 그 책의 마지막 장은 의미심장하게도 **축복**이라는 제목이 붙어 있는데, 그녀는 거기서 고난의 의미에 대해 묵상하면서 비로소 '구속적인'이라는 말을 도입한다. 그녀는 이렇게 쓴다. "그런 증거가 있음에도 불구하고 나는 고난이 궁극적으로 부조리하거나 무의미하다고는 생각지 않는다." 비록 이것을 "계속해서 확신하는 일이 종종 어렵긴 하지만" 말이다. 처음에 우리는 믿지 않으려는 마음과 분노, 절망으로 반응한다. 하지만 "고난의 가치는 그것이 주는 고통 자체에 있지 않고…고난이 만들어내는 것에 있다.…바로 슬픔 안에서 우리는 정말로 중요한 것을 발견하게 된다. 즉 슬픔 안에서 우리는 우리 자신을 발견한다"(pp.

---

18) George D. Smith(ed), *Teaching of the Catholic Church*, pp. 1141-1146.

133-144).

예수 그리스도는 단 한 분의 구속주이시며, 또 신약에서는 구속이라는 말을 결코 이와 같은 의미에서 사용하지 않으므로, '구속적 고난'에 대해 이야기하지 않는 편이 현명하리라 생각된다. 폴 투르니에(Paul Tournier)의 마지막 책을 통해 알려진 용어인 '창조적 고통'(Creative suffering)이라는 말이 더 나을 것이다. 고난이 실제로 어떤 것을 창조한다는 생각을 갖게 하지만 않는다면 말이다. 하지만 고난은 진정 '창조성'을 자극한다. 이것이 바로 그가 의미하는 요점이다. 그는 처음에 제네바의 피에르 렌취니크(Pierre Rentchnick) 박사가 1975년에 쓴 "고아가 세계를 주도한다"라는 제목의 논문을 언급한다. 역사상 가장 영향력 있었던 정치가들의 생애에 대한 이야기에서 그는 그들 중 삼백 명에 가까운 사람들―알렉산더 대왕과 율리우스 카이사르로부터 찰스 5세와 루이 14세를 거쳐 조지 워싱턴, 나폴레옹 그리고 (유감스럽게도) 레닌, 히틀러, 스탈린, 카스트로에 이르기까지―이 고아였다는 깜짝 놀랄 사실을 발견했다. 이것은 자연히 투르니에 박사에게 깊은 인상을 주었다. 왜냐하면 그는 오랫동안 아버지와 어머니가 그들의 역할을 균형 있게 수행해 내는 것이 자녀의 발달에 중요하다고 강의해 왔기 때문이다. 그러나 이것은 바로 가장 영향력 있는 정치가들이 결코 가져 보지 못했던 것이었다! 렌취니크 박사는 "정서적 상실의 결과로 일어나는 불안정은 이 어린아이들 안에 이례적인 권력에의 의지를 불러일으켰음이 틀림없다"는 이론을 전개했다. 종교적 지도자들의 경우도 분명 마찬가지였다. 예를 들어 모세, 부처, 공자, 모하메드 역시 모두 고아였다.[19] 정신 분석학자인 앙드레 에이

날(André Haynal) 교수는 이 이론을 더 전개시켰고, 모종의 '상실'(단지 고아가 되는 것뿐 아니라)이 '창조성'(그가 '권력에의 의지'라고 칭하는)의 배후에 있다고 제안했다. 마지막으로 투르니에 박사는 자신의 임상적 경험으로 그 이론을 확증했다. 50년 동안 환자들은 자신의 고통과 갈등을 그에게 털어놓았다. "나는 그들이 고난을 통해 변화되는 것을 보아 왔다"고 그는 말한다(p. 15). 고난(그것은 곧 악이다)이 성장의 **원인**이라는 것이 아니다. 그러나 성장의 **기회**라는 것이다(p. 29). 그렇다면 왜 어떤 사람들은 장애를 통해 성장하는 반면 다른 사람들은 그렇지 못한가? 그는 그들의 반응이 "유전적 성향보다는 그들이 다른 사람들로부터 받는 도움에 더 많이 좌우되며"(p. 32), 특별히 그것은 사랑에 의해 좌우된다고 생각한다. "사랑이 없는 상실은 결과적으로 재앙이 되는" 반면에 "상실이 열매를 맺도록 하는 결정적 요인은 사랑이다"(p. 34). 그러므로 사람을 성숙하게 하는 것은 고난이라기보다는 그들이 고난에 반응하는 방법이다(p. 37). "고난은 그 자체로는 창조적이 아닐지 모르지만…우리는 고난 없이는 창조적이기가 거의 불가능하다.…또한 우리는 사람으로 하여금 성장하게 하는 것은 고난이 아니지만 고난 없이는 사람이 성장하지 않는다고 말할 수 있을 것이다"(p. 110).

이처럼 성경의 가르침과 개인의 경험이 연합해서 고난은 거룩 또는 성숙에 이르는 길임을 가르쳐 준다. 고난을 받은 사람들에게는 언제나 설명하기 어려운 무엇인가가 있게 마련이다. 그들에게는

---

19) Paul Tournier, *Creative Suffering*, pp. 1-5. 「고통보다 깊은」(IVP).

다른 사람들에게는 없는 향기가 있다. 그들은 그리스도의 온유함과 겸손함을 나타내 보인다. 베드로의 첫 번째 편지에서 가장 주목할 만한 진술은 "육체의 고난을 받은 자는 죄를 그쳤음이니"(4:1)라는 것이다. 그는 육체적 고난이 실제로 우리가 죄짓는 일을 그만두도록 하는 효과를 갖고 있다고 말하는 듯하다. 그렇기 때문에 나는 때로 우리가 얼마나 거룩함을 열망하는가를 시험하는 참된 기준은 어떤 고난이든지 그것으로써 하나님이 우리를 거룩하게 하시기만 한다면 그것을 기꺼이 경험하려는 마음이 아닌가 하고 생각해 본다.

### 고난의 섬김

셋째, 그리스도의 십자가는 **고난의 섬김을 상징**한다. 우리는 이사야서에 나오는 바 함께 모여 "여호와의 고난을 받는 종"의 묘사를 구성하는 다섯 편의 "종의 노래" 중 네 개를 알고 있으며,[20] 마지막 장에서 고난과 영광의 연결을 검토하기 시작했다. 그는 성품과 행동이 온유하고(외치지 아니하며 목소리를 높이지 아니하고), 다른 사람을 대할 때 부드러우며(상한 갈대를 꺾지 아니하며 꺼져가는 등불을 끄지 아니하고), 그럼에도 불구하고 그는 태어나기 전부터 성령의 충만함을 받고 말씀을 잘 수용하여 이스라엘을 여호와께로 돌아오게 하고 이방의 빛이 되도록 할 목적으로 여호와께 부름받았다. 이 과업을 수행할 때 그는 비록 등에 매를 맞고, 수염을 뽑히며, 얼굴을 손바닥으로 맞으며, 그 자신은 많은 무리의 죄

---

20) 사 42:1-4; 아마도 44:1-5; 49:1-6; 50:4-9; 52:13-53:12.

악을 담당하고 도살장으로 끌려가는 어린양 같았지만 그의 얼굴을 부싯돌같이 굳게 하여 끝까지 견디었다. 그럼에도 불구하고 그가 죽은 결과로 많은 사람이 의롭다 하심을 얻고, 열방이 복을 받을 것이다. 이 복합적인 묘사에서 특별히 주목할 만한 것은 고난과 섬김, 수난과 선교가 함께 어울려 있다는 것이다. 우리는 **탁월한** 고난받는 종이신 예수님 앞에서 이것을 분명하게 본다. 하지만 우리는 열방에 빛을 가져오는 그 종의 사명이 또한 교회에 의해서도 이루어져야 한다는 것을 기억해야 한다(행 13:47). 그러므로 구세주의 경우와 마찬가지로 교회의 경우에도 고난과 섬김이 함께한다.

또 단순히 고난은 섬김에 속한 것만이 아니다. 고난은 풍성하고 효과적인 섬김에 필수 불가결하다. 이것이 예수님의 말씀이 갖는 피할 수 없는 의미다.

> 인자가 영광을 얻을 때가 왔도다. 내가 진실로 진실로 너희에게 이르노니 한 알의 밀이 땅에 떨어져 죽지 아니하면 한 알 그대로 있고 죽으면 많은 열매를 맺느니라. 자기의 생명을 사랑하는 자는 잃어버릴 것이요 이 세상에서 자기의 생명을 미워하는 자는 영생하도록 보전하리라. 사람이 나를 섬기려면 나를 따르라. 나 있는 곳에 나를 섬기는 자도 거기 있으리니 사람이 나를 섬기면 내 아버지께서 저를 귀히 여기시리라.
>
> 내가 땅에서 들리면 모든 사람을 내게로 이끌겠노라 하시니 이렇게 말씀하심은 자기가 어떠한 죽음으로 죽을 것을 보이심이러라(요 12:23-26, 32-33).

농작물의 수확에서 끌어낸 이 교훈을 받아들이기는 어렵다. 죽음은 생명에 이르는 길 이상의 것이다. 그것은 많은 결실을 맺게 하는 신비다. 밀알이 땅에 떨어져 죽지 않으면 씨앗으로 남는다. 만일 그것이 살아 있는 채로 있으면 그것은 하나인 채로 있다. 하지만 밀알이 죽으면 그것은 번식한다. 무엇보다도 먼저 예수님은 자기 자신을 언급하셨다. 몇몇 그리스인이 그분을 보기를 원했는가? 그분은 이제 막 죽음 안에서 "영광을 얻을" 참이었다. 곧 그분은 모든 나라의 사람을 그분께로 이끌기 위해 십자가에서 들릴 것이었다. 지상 사역 동안 그분은 자신의 사역을 대부분 "이스라엘 집의 잃어버린 양'에게로 제한하셨다. 하지만 그분은 죽음과 부활 이후에 우주적인 권위와 우주적인 힘을 갖게 되실 것이었다.

그러나 예수님은 단지 자기 자신에 대해서만 말씀하신 것이 아니었다. 그분은 일반적인 진리를 말씀하셨으며 계속해서 그분을 따르고 그분과 같이 생명을 잃어야만 하는—반드시 순교를 해야만 하는 것은 아니지만 적어도 자신을 주고 고난으로 섬기는 것을 통해—제자들에게 그것을 적용하신다(25-26절). 그분의 경우와 마찬가지로 우리도, 씨가 번식하려면 반드시 죽어야만 한다.

바울은 이 원리에 대한 가장 주목할 만한 예다. 서로 다른 서신 세 군데에서 뽑아 낸 다음 본문들을 살펴보라.

이러므로 그리스도 예수의 일로 너희 이방인을 위하여 갇힌 자 된 나 바울이…그러므로 너희에게 구하노니 너희를 위한 나의 여러 환난에 대하여 낙심하지 말라. 이는 너희의 영광이니라(엡 3:1, 13).

나는 이제 너희를 위하여 받는 괴로움을 기뻐하고 그리스도의 남은 고난을 그의 몸된 교회를 위하여 내 육체에 채우노라(골 1:24).

복음으로 말미암아 내가…고난을 받았으나…그러므로 내가 택함 받은 자들을 위하여 모든 것을 참음은 그들도 그리스도 예수 안에 있는 구원을 영원한 영광과 함께 받게 하려 함이라(딤후 2:9-10).

바울은 세 본문 모두에서 "이방인을 위하여", "그리스도의 몸을 위하여", "택함 받은 자들을 위하여" 고난을 참고 있다고 말한다. 그는 그들을 위해 그것을 하므로, 그들이 자신의 고난으로부터 얼마간의 유익을 얻을 것이라고 생각한다. 그것은 무엇인가? 골로새서 본문에서 그는 자신의 고난이 그리스도의 남은 고난을 채우는 것이라고 말한다. 우리는 바울이 자신의 고난에 어떤 속죄의 효력도 부여하고 있지 않다는 것을 확신할 수 있다. 부분적으로는 그가 그리스도의 속죄 사역이 십자가에서 완성되었다는 것을 알기 때문이고, 부분적으로는 그가 자신의 핍박을 나타내는 "고난"(*thlipseis*)이라는 특별한 단어를 사용하기 때문이다. 그 고난은 아직 끝나지 않았다. 왜냐하면 그는 계속해서 교회 안에서 핍박을 당하고 있었기 때문이다. 그렇다면 바울은 그의 고난을 통해 사람들이 무슨 유익을 얻으리라고 생각했는가? 앞의 세 본문 중 두 개는 "고난"을 "영광"이라는 말과 연결하고 있다. "나의 여러 환난…이는 너희의 영광이니라"고 그는 에베소 교회에 말한다. 또한 바울이 참는 고난 때문에 택하신 자는 "구원을 영원한 영광과 함께" 얻을 것이다(딤후 2:8-10). 이것은 터무니없는 말인 듯 보인다. 바울은 정말 그의 고난이 그들로 하여금 영광을 얻게 해줄 것이라고 생각하는가? 그렇다. 그는 그렇게 생각한다. 그러나 마치 그의 고난이 그리스도의 고난처럼 구원하는 효력이 있어서 직접적으로 그들에게 구원과 영광을 얻게 해주는 것이 아니라 간접적으로 그렇게 해준다는 것이다. 왜냐하면 그는 그들이 구원받기 위해서는 반드시 듣고 받아들여야만 하는 그 복음을 위해 고난받고 있었기 때문이다. 다시 한 번 고난과 섬김이 한데 묶여 다루어지며, 사도 바울의 고난은 그들의 구원을 이루기 위해 필수 불가결한 연결 고리다.

섬김에서 고난이 차지하는 자리와 선교에서 수난이 차지하는 자리는 오늘날 거의 가르쳐지지 않고 있다. 하지만 복음 전도 또는 선교의 효율성에 있어 가장 커다란 단 하나의 비밀은 기꺼이 고난받고 죽으려는 마음이다. 그것은 인기에 대한 죽음일 수도 있고(인기 없는 성경의 복음을 충실히 전파함으로써), 또는 자존심에 대한(성령을 의지하여 겸손한 방법을 사용함으로), 인종적·국가적 편견에 대한(다른 문화에 동일시됨으로), 물질적 안락에 대한(검소한 생활 방식을 채택함으로) 죽음일 수도 있다. 하지만 종은 열방에 빛을 가져오려면 반드시 고난받아야 하며, 씨는 번식하려면 반드시 죽어야만 한다.

### 영광의 소망

넷째, 그리스도의 십자가는 **궁극적인 영광의 소망**이다. 예수님은 분명 자신의 죽음을 넘어서 부활을, 고난을 넘어서 영광을 바라보셨고, 실제로 시련 중에서 "그 앞에 있는 기쁨"에 격려를 받으셨다(히 12:2). 마찬가지로 그분이 자신을 따르는 자들도 이러한 시각을 공유하기를 기대하셨다는 사실 역시 분명하다. 고난의 불가피성은 사도 바울과 다른 사도들의 가르침에 일상적으로 나타나는 주제다. 만일 세상이 예수님을 미워하고 박해했다면 그분의 제자들 역시 미워하고 박해할 것이다. 사실 고난은 하나님의 모든 백성에게 주신 그분의 '선물'이며, 그들의 소명의 일부다. 그러므로 그들은 이상한 일을 당하는 것같이 고난으로 인해 놀라서는 안 된다. 그것은 예상된 일일 뿐이다. "무릇 그리스도 예수 안에서 경건하게 살고자 하는 자는 박해를 받으리라"는 바울의 주장보다 더 단도직입적인 것은 없을 것이다.[21] 게다가 그리스도**처럼** 고난을 받음에 있어 그들은 그리스도**와 함께** 고난받았다. 그들은 이제 그분의 고난을 단지 구경하는 사람 이상이었고, 목격자 이상이었으며, 심지어 본받는 자 이상이었다. 그들은 그분의 "잔"과 "세례"를 나누며 그 고난에 실제로 참여했다.[22] 그들이 그의 고난을 나누었으므로 영광도 함께 나눌 것이다. 고난의 필수 불가결함은 세상의 적대심에 기인할 뿐만 아니라 또한 필요한 준비로서 보아야 한다. "우리가 하나님 나라에 들어가려면 많은 환난을 겪어야 할 것이라"고 사도들은 갈라디아의 새로운 회심자들에게 경고했다. 그러므로 요한이 하나님의 보좌 앞에서 본 큰 무리가 큰 환난(이는 앞뒤 문맥을 보면 분명 그리스도인의 삶과 동의어다)에서 나오는 것으로, 또한 "어린양의 피에 그 옷을 씻어 희게" 한 것으로 묘사된 것은 이해할 만하다.[23]

---

21) 예를 들어, 마 5:10-12; 요 15:18-21; 빌 1:30; 살전 3:3; 벧전 2:21; 4:12; 딤후 3:12.
22) 예를 들어, 마 10:38; 고후 1:5; 빌 3:10; 벧전 4:13; 5:1.

그렇다면 고난을 견딜 만한 것으로 만드는 것은 영광의 소망이다. 우리는 우리를 거룩하게 또는 그리스도를 닮도록 만들려는 하나님의 영원한 목적에 대한 관점을 필수적으로 개발해야만 한다. 우리는 과거와 미래의 영원성을 한눈에 보게 해주는 위대한 신약 본문들을 자주 묵상해야만 한다. 왜냐하면 하나님이 "창세 전에 그리스도 안에서 우리를 택하사 우리로 사랑 안에서 그 앞에 거룩하고 흠이 없게 하시려고" 했기 때문이다. 그분의 목적은 우리를 "그 영광 앞에 흠이 없이 기쁨으로 서게" 하시는 것이다. "현재의 고난은 장차 우리에게 나타날 영광과 족히 비교할 수 없다"는 것을 생각할 때 이러한 것들이 우리 눈 앞에 보이게 된다. 왜냐하면 "우리의 잠시 받는 환난의 경한 것이 지극히 크고 영원한 영광의 중한 것을 우리에게 이루려" 하기 때문이다. 그런데 이 "영광", 이 궁극적 운명, 하나님이 그것을 향해 모든 것—우리의 고난을 포함해서—이 협력하여 선을 이루도록 하시는 그것은 무엇인가? 그것은 우리가 "그 아들의 형상을 본받게" 되리라는 것이다. 그렇다면 고난을 견딜 만한 것으로 만들어 주는 미래의 기대는 '상'의 형태로 주어지는 보상, "고통 없이 승리 없다" 또는 "십자가 없이 왕관 없다"는 말에 나타난 그런 보상이 아니라 헤아릴 수 없을 정도로 값진 유일한 보상, 곧 그리스도의 영광, 그분 자신의 형상이 우리 안에서 온전히 재창조되는 것이다. "우리가 그와 같을 줄을 아는 것은 그의 참모습 그대로 볼 것이기 때문이니."[24]

---

23) 예를 들어, 행 14:22(RSV); 롬 8:17; 딤후 2:11-12; 벧전 4:13; 5:1, 9-10; 계 7:9, 14.
24) 엡 1:4; 유 24절; 롬 8:18; 고후 4:17; 롬 8:28-29; 요일 3:2.

이것은 캐나다의 찬송가 작사자이며 여류 작가인 마가렛 클락슨(Margaret Clarkson)의 책 「영광을 받을 운명」(*Destined For Glory*)의 주요 주제다. "사랑 없는 불행한" 가정에서 자란 그녀에게 고난이 일생 동안의 동반자였다. 초기에 그녀는 고통에 대한 인간의 갖가지 반응을 모두 경험했다. "분노와 좌절과 절망" 그리고 심지어 자살하고 싶은 유혹까지 포함해서 말이다(p. vii이하). 하지만 점차 그녀는 하나님의 주권, 곧 하나님이 "그분의 영원한 목적을 수행해 내는 것을 돕기 위해 악이 본래 갖고 있는 바로 그 고난을 이용함으로 악에 대한 그분의 주권을 보이신다"(p. 37)는 것을 믿게 되었다. 이러한 과정에서 하나님은 값어치 없는 금속으로 금을 만들려고 애쓰는 이 땅의 화학자들이 추구하는 것보다 더 위대한 연금술을 개발하셨다. 왜냐하면 "유일하게 참된 연금술사는 하나님뿐이시기" 때문이다. 그분은 심지어 "악을 선으로 변성시키는" 데도 성공하신다(p. 103). 우리는 "영광을 받을 운명"인데 "그 영광을 위해 하나님은 우리를 창조하셨다—우리를 그의 아들과 닮게 만들기 위해"(p. 125). 그것은 마가렛 클락슨이 지은 찬송 중 한 행에 요약되어 있다(p. xii).

오 하나님 아버지, 당신은 주권자,
    인간의 고통의 주인.
지상의 슬픔을
    하늘의 유익이라는 금으로 바꾸시네.
모든 악을 제압하시네.
    정복자만이 할 수 있듯이

당신의 사랑은

　　우리 영혼의 영원한 유익을 추구하시네.

물론 우리가 하나님은 우리를 변화시키기를 원치 않으신다고 반응하는 것이 당연하다. 특히 그분이 사용하시는 필수 수단이 고통이라면 더욱 그렇다. C. S. 루이스는 이렇게 썼다. "우리는 정말 우리가 하나님께 매우 가치 없는 존재여서 하나님이 우리를 자연적 충동에 따르도록 내버려두시기를—그분이 우리를 우리의 천성적 자아와는 너무나 다른 어떤 것으로 훈련시키는 일을 그만두시기를—바랄지도 모른다. 하지만 다시 한 번 우리는 더 많은 사랑이 아니라 더 적은 사랑을 요청하고 있는 것이다.…하나님의 사랑이 현재 그대로의 우리에게 만족하시기를 요청하는 것은 하나님이 하나님 되심을 그만두시도록 요청하는 것이다…."[25]

이렇게 고난을 하나님의 백성이 영광에 이르게 하는 길로 보는 것은 분명 성경적이다. 그러나 그 원리를 보편화시켜서 모든 고통에 예외 없이 적용시키려는 것은 성경적이라고 할 수 없다. 예를 들어 1983년 벤쿠버에서 열린 제6회 세계교회협의회(World Council of Churches)의 준비로 간행된 공식 책자 중 하나를 살펴보자. 그 제목은 "예수 그리스도, 세상의 생명"(Jesus Christ, the Life of the World)으로 알려져 있다. 이 책은 존 포울턴(John Poulton)이 쓰긴 했지만 25명의 대표적인 신학자들이 모여 토의를 통해 만든 것으로 그가 그들의 견해를 한데 모은 것이다. 그 책의 주요 주제 중

---

25) C. S. Lewis, *Problem of Pain*, pp. 32, 36.

하나는 한편으로 예수 그리스도의 죽음과 부활 간에, 다른 한편으로 현대 세계의 고난과 승리 간에 유사성이 있다는 것이다. 이런 식으로 인간 삶 전체는 성찬식으로 묘사된다. 존 포울턴은 이렇게 묻는다. "우리는 고난과 기쁨이, 죽음과 생명이 결합되는 곳이면 어디든지 **성찬식이 있다**고 말할 수 있지 않을까?"[26] 이런 해석의 기초는 "자기 희생과 새로운 시작의 유형은 교회의 구성원들만 경험하고 살아 내는 것이 아니라, 교회 외의 다른 사람들 역시 그것을 반영하는 듯이—때로는 매우 두드러지게—보인다"(p. 66)는 사실이다. 존 포울턴은 계속해서 실제로 고통과 기쁨, 고난과 안정, 배신과 사랑의 교차는 일상 생활 어디에서나 분간해 낼 수 있다고 말한다. 그것은 겨울과 봄, 수난일과 부활절을 나타낸다. 그러므로 구식 복음 전도는 더 이상 필요하지 않다. 새로운 복음 전도는 "이미 인간의 경험 속에서 얼핏 보였던 형태에 예수 그리스도 안에서 초점을 맞추는" 성령님의 역사가 될 것이다(p. 66).

그러나 이것은 신약에서 말하는 복음이 아니다. 성경은 인간의 모든 고통이 영광으로 이른다고 주장할 수 있는 자유를 우리에게 주지 않는다. 예수님이 전쟁과 지진과 기근을 새 세계를 알리는 "재난의 시작"이라고 말씀하셨고, 바울 역시 자연의 좌절과 쇠퇴와 탄식을 "고통하는 것"에 비유한 것은 사실이다.[27] 그러나 이것들은 사회와 자연 양자에 대한 우주적 갱신의 약속을 언급한 것이다. 그것들은 성경에서 각 개인이나 민족의 구원에 적용되지는 않는다.

---

26) John Poulton, *Feast of Life*, p. 52.
27) 막 13:8; 롬 8:22.

또 다른 예는 1933년 영국으로 피한 독일계 유대 그리스도인인 울리히 지몬(Ulrich Simon) 박사의 감동적인 시도다. 그의 아버지와 형을 비롯한 다른 친척들은 나치의 강제 수용소에서 죽었는데, 그는 죽음-부활, 고난-영광의 원리를 유대인 대학살에 적용시키고자 했다. 그의 책 「아우슈비츠의 신학」(*A Theology of Auschwitz*, 1967)에서 그는 "아우슈비츠의 배후에 있는 현실처럼, 모든 고뇌를 요약해 주는 그리스도의 희생의 유형을 보여 주려" 애쓴다(pp. 13-14). 왜냐하면 대학살(물론 이것은 "번제"를 뜻하는데)은 "다름 아닌 성경" 곧 여호와의 고난받는 종에 "예시되어 있는 제사"이기 때문이다(pp. 83-84). 이런 식으로 "살인 기술은 하나님께로 향한 봉헌으로 변화되며" 가스실에서 자신의 생명을 내준 사람은 "유추의 방식으로 최고의 희생 제물이신 그리스도"와 동일시되었다(p. 84). 그들은 심지어 독일 민족의 죄를 지고 가는 속죄양이었다(p. 86). 하지만 이제 "아우슈비츠에서 죽은 자들이 흙으로부터 일어났다"(p. 91). 그리고 그들의 부활은 이스라엘이 그들의 땅에 돌아온 것에서, "아우슈비츠로 끌고 갔으며 동시에 거기서 구속된"(p. 93) 반유대주의자들의 정복에서 그리고 현재 유대인들이 인간 생명의 신성함과 모든 사람에 대한 사랑에 찬 우애를 세상에 증거하는 것에서 볼 수 있다(p. 95). 밀알이 땅에 떨어졌기 때문에 이 열매를 맺었다. 따라서 아우슈비츠의 고난은 "창조와 구속의 유형 안에"(p. 102) 속해 있다고 울리히 지몬은 주장한다. 특별히 대학살을 "고난받는 그리스도에 비추어" 해석함으로, 그리고 그 결과를 "십자가에 못박히신 그분의 승리에 반영된" 것으로 봄으로써 "무의미한 것에 영적 의미"를 부여하는 것이 가능했다(p. 104). "우리는 승천하신 그리스도의 영광을 독가스로 죽은 수백만의 사람들에게 과감히 돌린다"(p. 105).

이런 재구성을 시도한 것에 감동받지 않을 사람은 없을 것이다. 그리고 우리는 지몬 박사가 그리스도의 사역에 대한 "영원하고 보편적이며 우주적인 개념"(p. 110)을 개발하고자 한 이유를 충분히 이해한다. 하지만 나는 이런 종류의 '아우슈비츠의 신학'이 성경적이기보다는 사변적이라고 생각한다. 나는 십자가를 아우슈비츠와 관련시키는 좀더 낫고 성경적인 방법이 있다고 믿으며 곧이어 그것을 살펴볼 것이다. 한편 하나님이 자비로 구속하신 사람들의 공동체 안에서는 "하나님의 영광을 바라고 기뻐하기" 때문에 "우리가 환난 중에도 기뻐한다"는 바울의 확언을 우리도 되풀이할 수 있다(롬 5:2-3).

지금까지 그리스도의 고난과 우리의 고난의 관계를 구별하기 위해 노력하면서—그분의 본보기가 미치는 감화와는 별도로—우리는 고난(예수님에게와 마찬가지로 우리에게도)은 성화(성숙한 거룩), 증식(열매 맺는 봉사), 영광(우리의 궁극적인 운명)에 이르는 하나님의 정하신 길이라는 점을 살펴보았다. 나는 그것이 입으로만 떠드는 것처럼 들리지 않기를 바란다. 이론화하기는 쉽다는 것을 안다. 하지만 우리의 시야가 막혀 버릴 때, 거대한 어둠의 공포가 우리를 빨아들일 때, 고난이 여전히 생산적인 것이 될 수 있다고 우리를 안심시킬 만한 희미한 빛도 비추지 않을 때는 만사가 다르게 보인다. 그럴 때 우리는 오직 십자가, 곧 그리스도 자신께서 복은 고난을 통해서 온다는 것을 보여 주신 그곳에 매달릴 수 있을 뿐이다.

### 믿음과 용기

다섯째, 그리스도의 십자가는 **합리적인 신앙의 기초**다. 육체적이고 정서적인 이 모든 고난은 우리의 믿음을 극렬하게 시험한다. 재앙이 우리를 압도할 때 하나님을 계속해서 신뢰하는 것이 어떻게 합리적일 수 있을까? 이 질문에 대한 가장 좋은 대답은 욥기에 나와 있다. 따라서 욥기의 주제를 명백히 밝혀 보는 것은 가치 있는 일일 것이다.

욥은 "온전하고 정직하여 하나님을 경외하며 악에서 떠난" 자라고 소개된다. 하지만 그 때(독자들에게 하늘의 회의실에서 어떤 논의가 있었는지를 얼핏 보여 준 후에), 욥에게는 개인적인 비극적 사건들이 연달아 덮친다. 그는 가족들, 종들, 자녀들과 건강을 잇달아 빼앗긴다. 그를 덮친 재앙의 규모를 과장할 수는 없을 것이다. 그 책의 나머지 부분에서 욥과 소위 그의 "위로자들", 젊은 사람 엘리후, 마지막으로 하나님 자신 간에 전개된 대화 가운데 고난에 대해 가능한 모든 반응이 총망라되어 낱낱이 이야기되고 있다. 그 네 그룹은 각각 서로 다른 태도를 표명하는데, 각자에게 특별히 주목할 만한 것은 그들이 자아에 부여하는 위치다.

욥 자신의 태도는 **자기 연민**과 **자기 주장**이 혼합된 것이다. "하나님을 욕하고 죽으라"는 아내의 충고를 따를 것을 거부하지만 그럼에도 불구하고 그는 그가 난 날을 저주하기 시작하며 곤고함으로 죽을 날을 고대한다. 그는 세 친구들의 비난을 전적으로 거부하는 대신 그 자신은 하나님을 대항하여 비난한다. 하나님은 그에게 너무나도 잔인하시며 심지어 무자비하시기까지 하다. 게다가 설상가상으로 하나님은 욥의 의를 완전히 부인하신다(27:2). 그들간의 논쟁은 매우 부당하다. 논쟁자들이 서로 너무나 입장이 다르기 때문이다. 그들 사이를 중재해 줄 중보자가 있기만 하다면! 그 자신이 하나님을 찾을 수만—개인적으로 그분께 비난을 퍼붓기 위해—있다면! 한편으로 욥은 자신의 결백함을 열렬히 주장했고 언젠가 그의 정당함이 입증되리라고 확신했다.

이와는 대조적으로 욥의 친구들이 권한 태도는 **자책**(self-accusation)이라는 말로 가장 잘 묘사할 수 있을 것이다. 욥은 죄를 지었기 때문에 고난을 받고 있다. 그의 고난은 그가 행한 범죄에 대한 하나님의 형벌이다. 이것은 그들이 싫증이 날 정도로 되풀이하는, 악한 자에 대한 통례적인 정설이다. "악인은 그의 일평생에 고통을 당하며"라고 엘리바스가 말한다(15:20). "악인의 빛은 꺼지고"라고 빌닷이 덧붙인다(18:5). 한편 소발의 말은 "경건하지 못한 자의 즐거움도 잠깐이니라"는 것이다(20:5). 이런 기본적 전제에서 그들은 욥이 그의 사악함 때문에 고난을 받고 있다는 필연적인 추론을 끌어낸다. "네 악이 크지 아니하냐. 네 죄악이 끝이 없느니라"(22:5). 하지만 욥은 결코 그렇지 않았다. 그의 친구들은 "쓸모 없는 의원"(13:4)이며 "재난을 주는 위로자"(16:2)로, "헛되고" 심지어 "거짓"만을 말한다(21:34). 그리고 하나님은 후에 욥의 판결이 옳음을 확증하신다. 하나님은 그들의 "우매함"을 말씀하시고, 그들이 그분의 종 욥이 했던 것처럼 "옳은" 말을 하지 않는다고 말씀하신다(42:7-8).

다음에 엘리후가 등장한다. 비록 그는 "욥이 하나님보다 자기가 의롭다"고 했기 때문에 노를 발했지만(32:2), 나이가 어리기 때문에 말하는 데 자신이 없어한다. 엘리후가 말을 할 때 취하는 입장을 욥의 세 위로자들의 입장과 구분하는 일은 결코 쉽지 않다. 왜냐하면 때로는 그도 옛 정설을 되풀이하기 때문이다. 그는 또한 창조에 대한 여호와의 말씀을 기대한다. 그러나 엘리후가 권하는 태도를 **자기 단련**이라고 부르는 것이 옳을 듯하다. 왜냐하면 그의 독특한 강조점은 하나님이 "사람에게 그의 행실을 버리게 하려 하심이며 사람의 교만을 막으려" 하시므로 여러 가지 방법으로(고난을 포함해서) 말씀하신다는 것이기 때문이다(33:14, 17). 그러므로 하나님은 "교훈을 듣게" 하도록, 사람을 만드셨고 "학대 당할 즈음에 그의 귀를 여신다"(36:10, 15). 실로 "누가 그같이 교훈을 베풀겠느냐?"(22절) 그분의 교훈은 심지어 일종의 "간청"[wooing (16절), NIV를 참고하라—역주]으로서, 그분은 사람들에게 회개하라고 탄원하여 그들을 그들이 처한 비탄으로부터 구하고자 애쓰신다.

마침내 욥과 그의 위로자들과 엘리후가 철저히 논쟁을 하고 났을 때, 여호와께서 나타나셔서 말씀하신다. 욥의 반응으로 미루어 보아 이제 권고되는 태도는 **자기 포기**라고 부를 수 있을 듯하다. 하나님은 욥의 세 친구가 비난한 것에 결코 동조하지 않으시고, 욥이 자신의 결백을 주장한 것에 대해 그를 책망하지도 않으신다(42:8). 그분은 욥의 불평을 진지하게 들으시고 그에 따라 응답하신다. 그러나 욥은 "지식 없는 말"을 했다. 왜냐하면 하나님을 "바로잡는" (40:2, NIV를 참고하라—역주) 것은 말할 것도 없고 그분을 비난하고 책망하는 것이 결코 옳지 않기 때문이다. "네가 내 공의를 부인하려느냐"고 하나님은 물으신다(40:8). 그리고 욥은 이렇게 대답한다. "내가 주께 대하여 귀로 듣기만 하였사오나 이제는 눈으로 주를 뵈옵나이다. 그러므로 내가 스스로 거두어들이고 티끌과 재 가운데에서 회개하나이다"(42:5-6). 이전에 그는 자신을 변호하고 불쌍히 여기고 옹호했으며, 하나님을 비난했다. 이제 그는 스스로 낮추고 하나님을 경배한다. 그가 "본" 것—그로 하여금 자기 주장에서 자기 포기로 변화시킨—은 무엇이었는가?

욥은 창조 세계를 새로이 보도록 초대받았고, 창조주의 영광을 얼핏 보게 되었다. 하나님은 그에게 질문을 퍼부으셨다. 땅과 바다가 만들어질 때 그는 어디에 있었는가? 그가 눈과 폭우와 별을 마음대로 조절할 수 있는가? 그가 동물 세계—사자와 산 염소, 들나귀와 들소, 타조와 말, 매와 독수리—를 감독하고 유지할 전문가적 지식을 갖고 있는가? 무엇보다도 욥은 하마와 악어의 힘의 신비를 이해하고 그것을 정복할 수 있는가? 하나님이 욥에게 주신 것은 자연의 경이에 대한 포괄적인 소개였고, 그에 의한 그분의 창조적 권능에 대한 계시였다. 그로 인해 욥의 비난은 잠잠해졌고 그는—계속되는 사별과 고난과 고통 속에서마저—자신을 낮추고, 반항한 것을 회개하며, 하나님을 다시 신뢰하게 되었다.

욥에게 창조 세계의 지혜와 권능을 계시하신 하나님을 믿는 것이 온당한 것이었다면, 우리가 사랑과 정의를 십자가에서 계시하신 그 하나님을 믿는 것은 얼마나 온당한 것인가? 어떤 대상을 신뢰하는 것이 온당한지의 여부는 그것이 과연 믿을 만한 것으로 알려져 있는지에 달려 있다. 그리고 십자가의 하나님보다 더 믿을 만한 분은 아무도 없다. 십자가는 우리에게 지금이나 마지막 날에나 정의가 실패하거나 사랑이 좌절될 가능성이 없다는 것을 확신시켜 준다. "자기 아들을 아끼지 아니하시고 우리 모든 사람을 위하여 내주신 이가 어찌 그 아들과 함께 모든 것을 우리에게 주시지 아니하겠느냐"(롬 8:32). 하나님이 우리가 필요로 하는 것은 어떤 것도 허락하지 않으신 것이 없으며, 또 어떤 것도 그분의 사랑에서 우리를 끊을 수 없도록 하실 것이라고 확신시켜 주는 것은 바로 자기 아들을 주신 데서 나타난 하나님의 자기 헌신이다(35-39절). 그러므로 하나님의 사랑과 정의가 분명하게 드러나기 시작하는 십자가와 그것들이 완전하게 드러날 심판 날 동안 그분을 믿는 것은 매우 온당하다.

우리는 갈보리라고 불리는 산을 올라가는 법과 그 유리한 위치에서 모든 인생의 비극을 조망해 보는 법을 배웠다. 십자가는 고난의 문제를 해결해 주지는 않는다. 하지만 고난을 바라보는 데 필수 불가결한 관점을 제공해 준다. 하나님은 하나의 역사적 사건(십자가)에서 그분의 거룩한 사랑과 사랑에 찬 정의를 보여 주셨기 때문에, 다른 어떤 역사적 사건(개인적인 것이건 세계적인 것이건)도 그것을 압도하거나 논박할 수 없다. 분명 바로 이 때문에 두루마리(역사와 운명이 적힌 책)가 이제 죽임당한 어린양의 손에 있고, 그분만이 그 인을 떼시고, 그 내용을 드러내시며 미래의 흐름을 통제하실 수 있다.

### 하나님의 고통

그리스도의 고난을 우리의 고난과 관련짓는 여섯 번째 방법이 있다. 그것은 가장 중요한 것이다. 그것은 그리스도의 십자가가 **하나님의 연대적 사랑**(solidary love)**의 증거**, 곧 우리의 고통 안에서 그분이 개인적이고 사랑에 찬 연대감을 갖는다는 증거라는 것이다. 왜냐하면 고난이 주는 진정한 아픔은 불행 자체가 아니고 또는 심지어 그것이 주는 고통이나 그것의 불의마저 아니고, 그로 인해 하나님께 버림받은 것처럼 보이는 것이기 때문이다. 고통은 참을 수 있다. 하지만 하나님이 무관심한 듯이 보이는 것은 도저히 견딜 수 없다. 때로 우리는 수백만의 사람들이 기아로 죽어가는 동안 하나님은 하늘의 의자에 앉아 아마도 꾸벅꾸벅 졸면서 빈둥거리고 계신 것으로 상상한다. 우리는 하나님이 세상의 고난에 거의 고소한 듯이 싱글거리며 그것으로부터 자신이 격리된 것을 즐기면서 안락 의자에 앉아 구경하시는 분으로 생각한다. 필립 얀시는 한 걸음 더 나아가 우리가 생각은 할 수 있겠지만 감히 입 밖에 내어 말하려고는 하지 않는, 차마 말할 수 없는 사실을 말한 바 있다. "만일 하나님이 정말로 어떻게든 세상의 모든 고난과 결부되어 있는 책임자이시라면, 왜 그분은 그렇게 변덕스럽고 불공평하신가? 그분은 우리가 몸부림치는 것을 지켜보며 기쁨을 느끼는 우주의 새디스트이신가?"[28] 욥도 이와 비슷한 말을 했다. 하나님이 "무죄한 자의 절망도…비웃으시리라"(욥 9:23).

 십자가는 하나님에 대한 이런 지독한 풍자를 산산조각으로 부서뜨린다. 우리는 그분이 안락 의자에 앉으신 모습이 아니라 십자가상에 계신 것을 상상해야 한다. 우리로 하여금 고난받도록 허용하시는 하나님 자신이 이전에 그리스도 안에서 고난받으셨고, 오늘날에도 우리와 함께 우리를 위해서 계속해서 고난받으신다. 십자가는 단번에 이루어진 역사적 사건으로 그 안에서 하나님은 그

---

28) P. Yancey, *Where is God when it hurts?*, p. 63.

분의 사랑과 정의로 인해 우리의 죄를 지고 우리가 죽을 죽음을 대신 죽으셨기 때문에, 우리는 그것이 하나님의 마음속에서 영원히 죄를 담당하시는 것을 표현한다고 생각해서는 안 된다. 성경에서 우리가 말할 수 있는 것은 하나님의 거룩한 사랑—십자가의 희생에서 독특하게 보여진—이 그것을 요구하는 모든 상황에서 계속해서 우리와 함께 고난받는다는 것이다. 하지만 고난받으시는 하나님에 대해 말하는 것이 타당한가? 하나님은 고통을 느끼시지 않는다는 전통적인 교리가 그렇게 말하는 것을 방해하고 있지는 않은가? 라틴어 형용사 '임파시빌리스'(*impassibilis*)는 '고통을 느낄 수 없는' 따라서 '감정이 전혀 없는'이라는 뜻이다. 그에 해당하는 헬라어 '아파테스'(*apathēs*)는 철학자들이 하나님에게 적용한 단어인데, 그들은 하나님이 기쁨과 쾌락을 초월하신 분이라고 선포했다. 왜냐하면 그것들은 그분의 평온함을 방해할 것이기 때문이다.

초대 헬라의 교부들은 이런 개념을 다소 무비판적으로 이어받았다. 따라서 하나님에 대한 그들의 가르침은 때로 히브리적이기보다는 헬라적인 것에 더 가까운 듯이 보인다. 그것은 또한 반대 감정이 함께 있는 이중적인 의미였다. 그들이 성육신하신 하나님의 아들 예수 그리스도께서 고난받으신 것을 알았던 것은 사실이지만 그분이 하나님 자신이라는 것은 몰랐다. 예를 들어 이그나티우스는 폴리갑에게 "고난받을 수 없으나 우리를 위해 그리스도 안에서 고난을 받아들이신" 하나님에 대해 쓴다.[29] 마찬가지로 이레

---

29) Ignatius, *Ad Polycarp* 3; 참고. 그의 *Ad Eph*. vii 2.

니우스는 성육신 때문에 "보이지 않는 것이 보이고, 이해할 수 없는 것이 이해될 수 있게 되며, 무감각한 것이 감수성이 강하게 되었다"고 주장한다.[30] 또한 그들이 구약 저자들은 하나님의 사랑과 동정, 분노와 슬픔, 질투 등을 거리낌없이 솔직하게 썼다는 것을 알았던 것도 사실이다. 하지만 그들은 이것들이 문자적으로 받아들여서는 안 되는 신인 동형론적 표현이라고 덧붙인다. 왜냐하면 신의 성품은 어떤 정서에도 요지부동 움직이지 않기 때문이라는 것이다.[31] 3세기 그레고리우스 타우마터구스(Gregory Thaumaturgus)는 심지어 "그분의 고난 속에서 하나님은 그분의 무감동함을 보여 주신다"고까지 썼다.

우리는 이러저러한 고대 교부들을 이해할 만하다. 그들은 무엇보다도 하나님이 완전하시다는(그래서 어떤 것도 그분께 덧붙이거나 그분에게서 제할 수 없다는) 진리와, 하나님은 불변하시다는 (그래서 어떤 것도 그분을 어지럽힐 수 없다는) 진리를 수호하고 싶어했다.[32] 우리는 오늘날에도 여전히 이러한 진리들을 유지하기를 원해야 한다. 하나님은 외부에서건 내부에서건 그분의 의지에 거슬리는 어떤 영향도 받으실 수 없다. 그분은 외부로부터 그분께 영향을 끼치는 행동이나 내부로부터 그분의 마음을 어지럽히는 감정에 본의 아니게 희생되는 일이 결코 없으시다. 윌리엄 템플이

---

30) Irenaeus, *Adversus Haereses*, iii. 16. 6.
31) 예를 들어, Clement of Alexandria의 *Stromateis* v. 11과 Origen의 *Ezek. Hom.* vi. 6을 보라. 교부들의 인용문들과 언급들에 대한 유용한 개관은 J. K. Mozley의 *Impassibility of God*에 나와 있다. 또한 B. R. Brasnett의 *Suffering of the Impassible God*을 보라.
32) 하나님이 그분의 마음, 정의, 동정심을 바꾸지 않으신다는 진술은 민 23:19; 삼상 15:29; 겔 18:25 그리고 말 3:6 등에서 찾을 수 있다.

말했듯이 "그리스도께서 하나님을 나타내 보여 주셨듯이 하나님은 격렬한 감정을 갖고 있지 않으시다는 말에는 고도의 기술적인 의미가 있다. 왜냐하면 그분은 창조주요 탁월한 분이시며, 그분의 승인 없이는 어떤 일도 그분께 일어날 수 없다는 의미에서 결코 '수동적'이지 않으시기 때문이다. 또한 그분은 불변하시고, 그분을 이리저리로 이끌고 다니는 감정의 격발로부터 자유로우시다." 그럼에도 불구하고 템플은 계속해서 "대부분의 신학자들이 사용하는 '무감각한'이라는 용어는 정말은 '고난을 받을 수 없는'이라는 뜻이며, 그렇다면 그런 의미에서 하나님에 대해 그렇게 서술하는 것은 거의 전적으로 잘못이다"라고 말하는데 이 말은 옳다.[33]

구약의 언어는 우리 인간의 이해 수준에 맞게 조정되어 있으며, 하나님은 인간과 같은 감정을 겪으시는 것으로 묘사되는 것은 사실이다. 그러나 그분의 감정이 **인간적**이지 않다고 인정하는 것이 곧 그것들이 **실존하는** 것을 부인하는 것은 아니다. 그것들이 단지 비유적일 뿐이라면 "하나님이 우리에게 남겨 놓으신 것은 단지 형이상학의 무한한 빙산뿐일 것이다."[34] 이와 대조적으로 우리는 유대인 학자인 아브라함 헷셀(Abraham Heschel)에게 감사할 수 있을 것이다. 그는 그의 책 「예언자들」(*The Prophets*)에서 그들의 "애상적인 신학"을 언급하는데, 그들이 감정을 가진 하나님을 묘사하고 있기 때문이다. 그는 구약에 종종 나오는 '신인 동감론'(anthropopathisms: 하나님도 인간처럼 고통을 느끼신다는 표현법)을 잔인하거나 원시적인 것으로 거부해서는 안 되며, 오히려 우

---

33) William Temple, *Christus Veritas*, p. 269.
34) Vincent Tymms, J. K. Mozley가 *Impassibility of God*, p. 146에서 인용.

리가 하나님을 이해하는 데 매우 중요한 개념으로 환영해야만 한다고 쓴다. "하나님께 적용되는 가장 숭고한 개념은 무한한 지혜나 무한한 권능이 아니라 무한한 관심이다"(p. 241). 따라서 홍수 전에 여호와께서는 사람을 지으신 것을 "한탄하셨고" "마음에 근심하셨으며", 사사 시대 동안 그분의 백성이 이방의 압제를 당할 때 여호와께서는 "이스라엘의 곤고로 말미암아 마음에 근심하셨다."[35] 무엇보다 가장 주목할 만한 것은 선지자들을 통해 하나님이 그분의 백성에 대한 '측은함'과 '긍휼'을 표현하고 이스라엘에게 직접 말씀하실 때다. "내가 영원한 사랑으로 너를 사랑하기에…여인이 어찌 그 젖 먹는 자식을 잊겠으며…그들은 혹시 잊을지라도 나는 너를 잊지 아니할 것이라.…에브라임이여, 내가 어찌 너를 놓겠느냐. 이스라엘이여, 내가 어찌 너를 버리겠느냐.…내 마음이 내 속에서 돌이키어 나의 긍휼이 온전히 불붙듯 하도다."[36]

더구나 하나님의 완전하고도 최종적인 자기 계시가 예수님 안에서 주어졌다면 예수님의 감정과 고난은 하나님 자신의 감정과 고난을 진정으로 반영한다. 복음서 저자들은 그분이 인간의 갖가지 감정들을 사랑과 동정으로부터 분노와 화, 슬픔과 기쁨에 이르기까지 모두 가지고 계셨다고 묘사한다. 인간 마음의 완악함은 그분을 근심하시고 노하시게 만들었다. 나사로의 무덤 밖에서 죽음에 직면하여 그분은 슬픔으로 "눈물을 흘리시고" 또 분노로 "비통히 여기셨다." 그분은 다시 예루살렘을 보고 우셨고 그 무지함과 완고함으로 인해 애도하셨다. 그리고 오늘날에도 여전히 그분은

---

35) 창 6:6-7; 삿 10:16.
36) 렘 31:20; 31:3; 사 49:15; 호 11:8.

"우리의 연약함을 동정하실" 수 있다. 그 연약함 안에서 우리와 함께 느끼시면서 말이다.[37]

그러나 하나님이 무감각한 분이시라는 전통적 견해에 맞서는 가장 좋은 방법은 "사랑하는 사람을 위해 큰 희생을 치르지 않는 사랑이 어떤 의미가 있을 수 있는가?"라고 질문하는 것이다.[38] 만일 사랑이 자기를 주는 것이라면 불가피하게 그것은 고통의 상처를 받기 쉽게 된다. 왜냐하면 그것은 거부당하고 모욕당할 가능성에 노출되기 때문이다. 몰트만은 이렇게 쓴다. "원칙적으로 하나님에 관한 아리스토텔레스의 교리(즉 무감각한 자로서의 하나님)의 마력을 깨뜨린 것은 하나님이 사랑이시라는 기본적인 기독교의 주장이다." "하나님이 고난받으실 수 없었다면…그분은 또한 사랑할 수 없으셨을 것이다." 한편 "사랑할 수 있는 사람은 또한 고난받을 수 있다. 왜냐하면 그는 또한 사랑에 연루된 고난에 자신을 열어 놓기 때문이다."[39] 분명 바로 그 때문에 본회퍼는 그가 처형당하기 아홉 달 전에 감옥에서 친구 에버하르트 베트게(Eberhard Bethge)에게 편지를 썼다. "고난받는 하나님만이 도우실 수 있다."[40]

하나님이 무감각하시다는 그릇된 견해에 대한 대담한 반대자로서 특별히 언급할 만한 사람은 일본인 루터교 학자인 가조 기타모리(Kazoh Kitamori)다. 그는 1945년 첫 번째 원자탄이 히로시마

---

37) 막 3:5; 요 11:35, 38; 눅 13:34-35; 19:41-44; 히 4:15. 또한 *The Person and Work of Christ*, ed. Samuel G. Craig. pp. 93-145의 *Biblical and Theological Studies* (Scribners. 1912)에서 발췌 인쇄된 B. B. Warfield의 논문, "The Emotional Life of our Lord"를 보라.
38) H. Wheeler Robinson, *Suffering Human and Divine*, p. 176.
39) Jürgen Moltmann, *Crucified God*, pp. 222-230 전체를 보라.
40) Dietrich Bonhoeffer, *Letters and Papers*, p. 361.

와 나가사키에 떨어진 지 얼마 되지 않았을 때 주목할 만한 책인 「하나님의 아픔의 신학」(*Theology of the Pain of God*)을 썼다. 그는 그 책이 예레미야 31:20에 영감을 받아 쓰였다고 말한다. 그 구절에서 하나님은 그분의 마음이 에브라임을 위하여 "측은하다"고, 고통을 받고 심지어 "깨어졌다"고 묘사하신다. "복음의 핵심은 내게는 '하나님의 고통'으로 보인다"고 그는 말한다(p. 19). 우선 죄에 대한 하나님의 분노는 그분께 고통을 준다. "하나님의 진노는 절대적이고 확고하다. 우리는 하나님의 진노를 인식하는 것이 지혜의 시작이라고 말할 수도 있다." 하지만 하나님은 진노의 대상인 바로 그 사람들을 사랑하신다. 그래서 "하나님의 '고통'은 그분의 진노의 대상을 사랑하려는 그분의 의지를 반영한다." 사랑과 진노가 서로 어우러져서 그분께 고통을 준다. 왜냐하면 루터의 흥미로운 표현을 빌리자면 "하나님과 겨루는 하나님"이 있기 때문이다. "이 싸우는 하나님이 서로 다른 두 신이 아니라 동일한 하나님이라는 사실이 그분께 고통을 불러일으킨다"(p. 21). 하나님의 고통은 "그분의 진노와 사랑의 통합"(p. 26)이며 "그분의 진수"(p. 47)다. 그것은 십자가에서 완전히 계시되었다. 왜냐하면 "'하나님의 고통'은 우리에게 향한 그분의 진노를 차단하여 막아 버리는 그분, 자신이 그분의 진노에 의해 벌을 받는 바로 그분의 사랑에서 기인한 것"이기 때문이다(p. 123). 이것은 놀랄 만큼 대담한 말이다. 그것은 우리로 하여금 하나님의 진노와 사랑, 그분의 정서와 자비가 오늘날 긴장 상태를 이룰 때마다 어떻게 하나님의 고통이 계속되는지를 이해하도록 도와준다.

금세기 후반부에 세상을 바라보면 아마 인간 고뇌에 대해 두 가지 현저하게 눈에 띄는 예를 볼 수 있을 것이다. 첫째는 전 세계적인 규모의 기아와 빈곤이고, 둘째는 나치가 육백만 명의 유대인을 대학살한 것이다. 십자가는 이런 악에 대해 어떻게 말하는가?

오늘날 십억의 사람들이 기본적인 생활 필수품이 없기 때문에 '극빈자'라고 불린다. 그들 중 많은 사람들은 아프리카와 아시아의 빈민촌과 판자촌, 스페인령 라틴 아메리카의 빈민가와 브라질의 빈민가에서 비참한 생존을 겨우 유지해 나가고 있다. 사람들의 빈궁, 그들의 곧 쓰러질 듯한 은신처의 혼잡함, 기본 위생 설비의 부족, 사실상 벌거숭이인 어린아이들의 모습, 기아, 질병, 실직, 교육의 부재. 이 모든 것은 결국 인간적인 필요가 무엇인지를 명백하게 보여 준다. 그런 빈민가들이 비통함과 원한의 온상이라는 것은 놀라운 일이 아니다. 오히려 이 모든 비인간성과 불의가 훨씬 더 극심한 분노를 일으키지 않는 것이 더 놀라운 일이다. 롤프 이탈리안더(Rolf Italiander)는 리오데자네이루의 빈민가에서 온 한 가난한 사람을 상상한다. 그는 리오 위에 우뚝 솟아 있는 70미터 높이의 거대한 그리스도 상인 "코르코바도의 그리스도"에 열심히 기어오른다. 그 가난한 사람은 동상에게 말한다.

> 저는 저 아래 있는 더럽고 비좁은 숙소에서 그리스도 당신께로 기어올라 왔습니다.…당신 앞에 매우 정중하게 이런 생각을 말씀드리려구요. 저 아래 저 호화로운 도시의 빈민가에는 우리 같은 사람이 구십만 명이나 있어요.…그런데 그리스도 당신은…당신은 여기 코르코바도에서 신적 영광에 둘러싸인 채 계시단 말입니까? 저 밑에 빈민가로 내려가세요. 저와 함께 빈민가로 가서 거기서 우리와 함께 살아요. 우리로부터

멀리 떨어져 있지 마세요. 우리 가운데 살면서 당신과 하나님 아버지께 대한 새로운 믿음을 주세요. 아멘.[41]

그런 간청에 대해 그리스도께서는 무엇이라고 대답하시겠는가? 그분은 "나는 진정 너희 가운데 살려고 내려왔다. 그리고 여전히 너희 가운데 살고 있다"고 말씀하시지 않겠는가?

사실 어떤 라틴 아메리카의 신학자들은 오늘날 그리스도를 이렇게 진술한다. 예를 들어 엘살바도르의 욘 소브리노(Jon Sobrino) 교수는 그의 책 「기로에 선 기독론」(*Christology at the Crossroads*)에서, 적절한 행동을 취하지 못하는 순전히 학구적인 신학과, 지나치게 수동적이고 개인주의적인, 십자가에 대한 전통적이고 음울한 "신비성" 양자에 대해 항변한다. 대신에 그는 십자가를 현대 세계와 사회 정의에 관련시키고자 애쓴다. 그는 하나님 자신은 "본질적으로 영향을 받지 않으시는 분이기 때문에 역사적인 십자가도 그분께 손대지 못하는가?"라고 묻는다. 그러나 그렇지 않다. 결코 그렇지 않다. "하나님 자신, 곧 성부께서는 예수님의 십자가 위에 있었다." 게다가 "하나님은 억압받는 자들의 십자가 위에서도 발견되어야 한다"(p. 201). 소브리노 교수가 십자가의 기본적인 속죄의 목적을 부인하는 것이 아니라면 나는 그가 단언하는 것에 반대해서는 안 된다고 생각한다. 그가 말한 요지는 이것이다. "예수님의 십자가 위에서 하나님 자신이 십자가에 못박히셨다. 성부께서는 성자의 죽음을 경험하셨으며, 자기 자신이 역사의 고통

---

41) Walbert Bühlmann, *Coming of the Third Church*, p. 125에서 인용.

과 고난을 지셨다." 그리고 이렇게 인간과의 궁극적인 연대 안에서 하나님은 "자신을 사랑의 하나님으로 계시하신다"(pp. 224, 371).

그렇다면 유대인 대학살에 대해서는 어떻게 말할 수 있는가? 리처드 루빈스타인(Richard Rubinstein)은 이렇게 말한다. "아우슈비츠 이후에 하나님을 믿는 것은 불가능하다." 어느 주일 오후에 부헨발트의 한 지하 수용소에서 한 무리의 유식한 유대인들이 하나님을 자신이 선택한 백성을 소홀히 한 죄로 재판에 회부하기로 결정했다. 검찰측과 변호인측에서 모두 증거를 제출했다. 그러나 검찰측의 진술이 압도적이었다. 재판관들은 랍비들이었다. 그들은 피고인이 유죄라고 판정하고 그것을 엄숙히 선고했다.[42] 그것은 이해할 만한 일이다. 수용소와 가스실의 끔찍한 야수성과, 하나님이 그들이 자주 또 열렬히 드린 기도에도 불구하고 예전부터 그분의 백성이었던 그들을 위해 간섭하시지 않는 것이 많은 사람들의 믿음을 흔들어 놓았다. 나는 아우슈비츠와 그 여파에 대한 해석이 죽음과 부활이라는 관점에서 이루어질 수 있다고는 생각지 않는다고 이미 말했다. 그렇다면 다른 방법이 있는가? 나는 엘리제르 비셀(Eliezer Wiesel)의 말이 도움이 될 수 있다고 생각한다. 헝가리에서 유대인으로 태어나 현재 세계적인 갈채를 받는 작가인 그는, 자신의 책 「엘리제르의 고백」(Night)에서 소년 시절에 부나와 부헨발트의 아우슈비츠 수용소의 죽음 속에서 겪은 매우 감

---

[42] Rabbi Hugo Gryn은 Buchenwald에서 살아남은 그의 형으로부터 처음 이야기를 들었다. 그것은 몇몇 유대 저술가들이 말한 바 있는데, 또한 Gerald Priestland가 Case Against God, p. 13에서도 말했다.

동적인 사건을 이야기하고 있다. 그는 1944년 봄 게슈타포가 시게트(Sighet)로부터 모든 유대인을 추방하려고 도착했을 때 열다섯 살도 채 안 되었다. 그들은 기차의 가축 화차 하나에 각각 팔십 명씩 타고서 사흘 간 여행했다. 아우슈비츠에 도착하자마자 남자와 여자는 격리되었고 엘리는 어머니나 누이를 다시는 보지 못했다. "나는 그 수용소에서의 첫날 밤을 결코 잊지 못할 것이다. 그곳은 나의 삶을 저주에 가득 찬, 결코 다시 생각하고 싶지 않은 기나긴 한 밤으로 바꾸어 놓았다. 나는 그 연기(화장터의)를 결코 잊지 못할 것이다.…나의 신앙을 영원히 소멸시켜 버린 그 불길을 결코 잊지 못할 것이다.…나의 하나님과 나의 영혼을 죽이고, 나의 꿈을 잿더미로 만들어 버린 그 순간들을 결코 잊지 못할 것이다…"(p. 45). 잠시 후에 그는 이렇게 썼다. "어떤 사람이 하나님에 대해, 그분의 신비한 방법들에 대해, 유대 민족의 죄에 대해 그리고 그들이 미래에 구원될 것에 대해 말했다. 그러나 나는 기도를 중단해 버렸다. 욥에게 얼마나 공감을 했는지! 나는 하나님의 존재를 부인하지는 않았지만 그분의 절대적인 정의를 의심하고 있었다"(p. 57).

아마도 모든 것 중 가장 소름끼치는 경험은 친위병이 가장 먼저 어린 소년 하나를 고문하고 나서 목매달아 죽일 때였을 것이다. 그는 "섬세하고 아름다운 얼굴"에 "슬픈 눈을 한 천사"였다. 그가 목매달리기 직전에 엘리는 누군가가 그의 뒤에서 속삭이는 소리를 들었다. "하나님은 어디 계시는가?" "그분은 어디 계시는가 말이다." 수천 명의 포로들은 그 교수형을 지켜보고 나서(소년이 죽는 데는 30분이 걸렸다) 아이 얼굴을 정면으로 보면서 그 곁을 지나가도록 강요당했다. 그의 뒤에서 엘리는 똑같은 목소리가 묻는 것을 들었다. "지금 하나님은 어디 계시는가?" "그리고 나는 내 안에서 그에게 대답하는 목소리를 들었다. '그분이 어디에 계시냐구? 그분은 여기에 계시다. 그분은 여기 이 교수대에 매달려 죽어가고 계시다…'"(pp. 75-77). 그 목소리는 그가 아는 것보다 더 진실했다. 왜냐하면 그는 그리스도인이 아니었기 때문이다. 실로, 그의 세포 하나하나가 모두, 사람들이 고문당하고 학살당하고 가스에 죽고 불에 타 버리게 내버려둔 것에 대해 하나님께 반항했다. "나는 혼자였다. 하나님도 없고 사람도 없는 세상에서 무서울 정도로 혼자였다. 사랑도 자비도 없이"(p. 79). 그가 만일 예수님 안에서 교수대 위에 있는 하나님을 보았다면 그렇게 말했을까?

하나님이 그리스도 안에서 고난받으셨을 뿐만 아니라, 그리스도 안에서 그분의 백성과 함께 여전히 고난받으신다는 것에 대한 좋은 성경적 증거가 있다. 이스라엘이 애굽에서 비참한 노예 생활을 하던 초기에 하나님은 단지 그들의 곤경을 보고 "그들의 고통 소리를 들으시는" 것만이 아니라 "그들의 모든 환난에 동참"하셨다고 쓰여 있지 않은가? 예수님은 다소의 사울에게 왜 자신을 핍박하느냐고 물어 보심으로써 그분과 그분의 교회의 하나됨을 밝히지 않으셨는가? 우리가 그리스도의 고난에 동참하는 것은 놀라운 일이다. 그러나 그분이 우리의 고난에 여전히 동참하고 계시다는 것은 더욱 놀라운 일이다. 참으로 그분의 이름은 "임마누엘" 곧 "하나님이 우리와 함께 계시다"이다. 하지만 그분의 '동정'은 그분의 언약 백성과 나누는 고난에 국한되지 않는다. 예수님은 우리가 주린 자와 목마른 자, 나그네와 헐벗은 자, 병든 자와 갇힌 자를 돌아봄으로써 그분을 돌아본 것이라고—그분이 모든 궁핍하고 고난받는 사람들과 자신을 동일시하신다는 것을 나타내시면서 ― 말씀하지 않으셨는가?[43]

만일 십자가가 없다면 나는 나 자신이 하나님을 믿는다고 결코 말할 수 없을 것이다. 내가 믿는 유일한 하나님은 니체가 "십자가 상의 하나님"이라고 조소한 바로 그분이다. 고통으로 가득 찬 현실 세상에서 어떻게 그 고통으로부터 면제된 하나님을 경배할 수 있을 것인가? 나는 아시아의 여러 나라에서 많은 불교 사원에 들어가서는 부처의 상 앞에 공손하게 서 보았다. 부처는 다리를 꼬고, 팔짱을 끼고, 눈을 감고, 입가에는 보일 듯 말 듯한 미소를 머금고, 얼굴에는 희미한 표정을 짓고, 세상의 고뇌에서 동떨어져 있었다. 하지만 매번 잠시 후면 나는 그 앞에서 물러 나와야만 했다. 그리고 상상 속에서 나는 그 대신에 십자가상에 있는 외롭고 일그러지고 고문당한 인물, 손과 발에는 못이 박히고 등은 찢기고 손발은 비틀리고 이마에서는 가시에 찔린 자국에서 피가 흐르고 입은 마르고 견딜 수 없이 목이 마른 채 하나님께 버림받아 암흑에 빠져 있는 그 인물을 의지한다. 그분이 바로 나를 위한 하나님이시다! 그분은 고통으로부터 면제되는 것을 포기하셨다. 그분은 혈과 육과 눈물과 죽음으로 된 우리의 세계에 들어오셨다. 그분은 우리를 위해 고난받으셨다. 우리의 고난은 그분의 고난에 비추어 볼 때 좀 더 다루기 쉬워진다. 인간의 고뇌에 대해서는 아직 이해할 수 없는 부분이 있다. 하지만 그 위에 우리는 신적 고난을 상징하는 십자가를 담대하게 그려 넣는다. "그리스도의 십자가는…" 우리가 사는

---

43) 출 2:24; 사 63:9; 행 9:4; 마 1:23; 25:34-40.

"이 세상에서 하나님의 정당성을 나타내 주는 유일한 수단이다."[44]

"기나긴 침묵"(The Long Scilence)이라는 제목의 촌극이 그것을 모두 말해 준다.

세상의 마지막 날, 수십 억의 사람들이 하나님의 보좌 앞에 있는 거대한 평원에 뿔뿔이 흩어졌다.

대부분의 사람들은 그들 앞에 비취는 눈부신 빛으로부터 몸을 움츠렸다. 하지만 맨 앞부분 가까이에 있는 몇몇 집단은 격하게 이야기했다. 수치에 움츠러든 것이 아니라 호전적인 태도로.

"하나님이 우리를 심판할 수 있어? 그가 고난에 대해 어떻게 안단 말이야?" 피부가 거무스름한 건방진 젊은 여자가 눈에 불을 켰다. 그녀는 나치의 강제 수용소에서 문신으로 새겨진 번호를 보여 주기 위해 옷 소매를 잡아 뜯었다. "우리는 공포…구타…고문…죽음을 참고 견뎠어!"

다른 집단에서는 한 흑인 소년이 옷깃을 내렸다. "이건 어때요?" 그는 흉한 실 모양의 화상 자국을 보이면서 물었다. "린치를 당했어요… 아무 죄도 없이 다만 흑인이라는 이유로 말이예요!"

다른 무리에서는 우울한 눈빛의 임신한 여학생이 있었다. "왜 내가 고통을 받아야 해요. 그건 내 잘못이 아니예요." 그녀는 투덜거리며 중얼거렸다.

평원 건너편 저 멀리에는 그런 집단들이 수없이 많았다. 각각은 하나님께 그분이 이 세상에 허용하신 악과 고난에 대해 불평했다. 하나님

---

44) P. T. Forsyth, *Justification of God*, p. 32.

이 달콤함과 빛만 있는 곳, 눈물이나 두려움이 없고 배고픔이나 증오가 없는 하늘에서 사시는 것은 얼마나 행운인가. 도대체 하나님은 이 세상에서 인간들이 견뎌 내야만 하는 모든 것에 대해 알고 있기나 할까? 하나님은 상당히 보호된 삶을 살고 계시니 말이야하고 그들은 말했다.

그래서 이 집단들은 각각 그들의 지도자들을 파견했는데 그들은 가장 많이 고난을 받았다는 이유로 뽑힌 사람들이었다. 그들은 유대인 한 명, 흑인 한 명, 히로시마에서 온 사람, 지독하게 불구가 된 관절염 환자, 탈리도마이드로 인한 기형아(thalidomide child: 임산부가 진정제·수면제의 일종인 탈리도마이드를 복용하여 태어난 기형아—편집자 주) 등이었다. 평원 한가운데서 그들은 서로의 의견을 들었다. 마침내 그들의 제안을 제시할 준비가 되었다. 그것은 다소 재치 있는 것이었다.

하나님이 그들의 심판관으로서의 자격을 부여받기 전에 그분은 그들이 견뎠던 것을 견디셔야 했다. 그들의 결정은 하나님이 이 세상에서—한 인간으로—살아야 한다고 선고를 내려야 한다는 것이었다!

"그를 유대인으로 태어나게 하자. 그의 출생의 합법성이 의심을 받게 하자. 그에게 굉장히 어려운 일을 주어서 그가 그 일을 하려 할 때 가족들조차 그를 미쳤다고 생각하게 하자. 가장 친한 친구에게 배반을 당하도록 하자. 잘못된 비난을 받고, 편견에 찬 배심원들에게 재판을 받고, 비겁한 재판관에게 선고를 받게 하자. 그가 고난을 당하게 하자."

"마지막에 혼자라는 것이 무엇을 뜻하는지 그가 무섭게 맛보도록 하자. 그 다음에 그를 죽게 하자. 그가 죽었다는 사실에 도저히 의문의 여지가 있을 수 없게 하자. 그것을 입증해 줄 많은 무리의 목격자들이 있게 하자."

각 지도자들이 자기 몫의 판결을 발표할 때, 모인 사람들의 무리로부터 찬성의 술렁거림이 올라왔다.

그리고 마지막 사람이 판결을 발표하는 것을 마쳤을 때 기나긴 침묵이 흘렀다. 아무도 다른 말은 한마디도 하지 않았다. 아무도 움직이지 않았다. 왜냐하면 갑자기 우리 모두는 하나님이 이미 그 형벌을 다 당하셨음을 알게 되었기 때문이다.

제1차 세계대전의 대학살로 인해 모든 희망이 깨진 에드워드 실리토(Edward Shillito)는 예수님께서 자신이 십자가에 못박히신 상처를 그분의 제자들에게 보일 수 있다는 사실에서 위안을 찾았다. 그것은 그에게 영감을 불어넣어 "상처 난 예수"(Jesus of the Scars)라는 시를 쓰게 만들었다.

만일 우리가 지금까지 결코 찾지 않았다면 우리는 지금 당신을 찾습니다.
　당신 눈은 어둠을 뚫고 빛나는 우리의 단 하나의 별,
우리는 당신 이마에 있는 가시에 찔린 자국을 보는 눈을 가져야 합니다.
　우리는 당신이 있어야만 합니다. 오, 상처받은 예수여.
하늘은 우리를 무섭게 합니다. 그것은 너무 고요합니다.
　이 모든 우주 안에 우리가 설 곳은 없습니다.
우리의 상처는 우리를 아프게 합니다. 상처를 아물게 하는 약은 어디에
　있습니까?
　주 예수여, 당신의 상처를 보고 우리는 당신의 은혜를 깨닫습니다.

만일 문이 닫혀 있을 때, 당신이 가장 가까이로 다가오신다면

당신의 손과 옆구리를 보이기만 하소서.
우리는 오늘날 어떤 상처가 있는지 알지만 두려워하지 않습니다.
우리에게 당신의 상처들을 보여 주소서. 우리는 그 암호를 압니다.

다른 신들은 강했습니다. 하지만 당신은 약했습니다.
그들은 고통을 주었지만, 당신은 비틀거리며 왕좌로 가셨습니다.
하지만 우리의 상처에 대해서는 하나님의 상처만이 말할 수 있습니다.
그리고 어떤 신도 받지 않은 상처를 당신만이 받으셨습니다.[45]

## 토론 문제

"고난이 있다는 사실은 분명 기독교 신앙에 가장 큰 도전을 가하며"(p. 593). 성경은 지적인 면에서 고난의 문제에 대한 대답을 암시하긴 하지만(p. 596이하를 보라), 성경의 주 관심사는 우리로 하여금 고난을 극복하도록 돕는 실제적인 면에 있다. 이 장의 목적은 이 문제에서 십자가가 어떻게 우리를 도와주는지 숙고하는 것이다.

1. 베드로전서 2:18-23을 읽으라. 이 구절은 우리의 고난과 그리스도의 고난의 관계에 대해 무엇을 가르쳐 주는가?(pp. 600-601)

---

45) 제1차 세계대전 이후에 간행되었으며, William Temple이 그의 *Readings in St John's Gospel*, pp. 384-385에서 인용한 Edward Shillito, *Jesus of the Scars*.

2. 히브리서 2:10과 5:8-9을 읽으라. 어떤 면에서 예수님은 "온전케" 되실 필요가 있었는가?(pp. 603-604) 야고보서 1:2-4을 읽으라. 고난은 어떤 긍정적인 유익을 만들 수 있는가? 당신은 이것이 사실임을 어떻게 경험한 적이 있는가?

3. 성경에서는 하나님이 우리 삶 가운데 고난을 어떻게 사용하시는지를 세 가지 비유로 설명한다. 그 비유들은 무엇이며, 우리에게 가르치는 바는 무엇인가?(p. 604이하)

4. "또 단순히 고난이 섬김에 속해 있는 것만이 아니다. 고난은 풍성하고 효과적인 섬김에서 필수 불가결하다"(p. 611). 그 이유는 무엇인가? 당신은 이 원리가 실제로 타당한 것임을 어떻게 알게 되었는가?

5. 히브리서 12:2을 읽으라. 이 구절은 예수님이 고난 가운데 어떻게 자신을 지탱하실 수 있었는지에 대해 무엇을 말해 주는가?(p. 615이하)

6. "우리는 우리를 거룩하게 또는 그리스도를 닮도록 만들려는 하나님의 영원한 목적에 대한 관점을 필수적으로 개발해야만 한다"(p. 616). 당신은 이러한 관점에서 고난을 보는가?

7. 인간의 **모든** 고통은 영광에 이르게 하는 것인가? 이 질문에 대한 신약의 관점은 무엇인가?(p. 619이하)

8. 우리는 명백한 이유 없이 재난에 의해 함몰되었던 인물인 욥의 이야기로 눈을 돌린다. 욥은 자신의 고난에 대해 어떤 태도를 가졌는가?(p. 623) 욥의 친구들은 그를 돕기 위해 어떻게 애썼는가?

9. 그들의 이야기가 끝났을 때 비로소 하나님이 말씀하신다. 욥기 40:1-9을 읽으라. 욥은 무엇을 근거로 해서 하나님을 신뢰했어야 옳았는가?(pp. 624-625) 로마서 8:32을 읽으라. 우리는 또한 어떤 이유들 때문에 고난 가운데서도 하나님을 계속 신뢰해야 하는가?

10. "고난이 주는 진정한 아픔은…하나님께 버림받은 것처럼 보이는 것이기 때문이다"(p. 627). 십자가는 이 점과 관련하여 우리를 어떻게 도와주는가?

11. 초기 그리스도인들 중 어떤 사람들은 하나님이 친히 고통을 느낄 수 있다는 것을 왜 믿기 어려워했는가?(p. 628이하) 성경은 무엇을 말하고 있는가?

12. 그렇다면 십자가는 전 세계적인 기아와 나치의 대학살과 같은 악에 대해 무엇을 말하고 있는가?(p. 634이하)

# 결론 ∽ 십자가의 편만한 영향력 *The Pervasive Influence of the Cross*

제일 첫 장에서 나는 그리스도의 마음 안에서, 성경 안에서 그리고 역사 안에서 십자가가 그 중심이라는 것을 입증하고자 노력했다. 이제 마지막 장에서 우리는 십자가의 영향력이 어떻게 그 중심으로부터 외부로 확장되어 마침내 그리스도인의 신앙과 생활 전체에 온통 퍼지는지를 살펴볼 것이다.

그러나 이 주제를 전개하기 전에 우리가 지금까지 지나온 영역을 개관해 보는 것이 유익할 것이다.

"왜 그리스도께서 죽으셨는가?"라는 질문에 대하여 우리는 비록 유다가 그리스도를 제사장들에게 넘겨주었고, 제사장들은 빌라도에게, 빌라도는 군병들에게 그를 넘겨주었지만, 신약은 하나님이 '그를 포기하셨고' 또 예수님이 우리를 위해 '자신을 포기하셨다'는 것을 모두 암시한다는 것을 생각해 보았다. 우리는 당시 일어나고 있었던 일의 심층을 살펴보고, 또 다락방에서 하신 예수님의 말씀과 겟세마네 동산과 유기의 외침이 의미하는 바를 조사했다.

그리스도의 죽음이 우리의 죄와 관련이 있다는 것은 이미 명백해졌으므로, 제2부에서 우리는 십자가의 핵심으로 바로 접근했다. 우리는 처음에 하나님의 존엄과 죄의 흉악함 간의 갈등으로 구성된 용서의 문제로 시작했다. 그리고 비록 우리가 다른 '만족시킴'이라는 이론들을 거부하긴 했지만, 우리는 제5장에서 하나님이 '자신을 만족시키셔야' 한다고 결론을 내렸다. 즉 그분은 모순된 말씀을 하실 수 없으며 거룩한 사랑이라는 그분의 온전한 성품을 나타내는 방식으로 행동하셔야 한다. 하지만 그분이 어떻게 이것을 하실 수 있었을까? 우리의 대답은(제6장에서) 자기 자신을 만족시키기 위해 그분이 그리스도 안에서 우리를 대속하셨다는 것이었다. 우리는 십자가의 본질이 '자기 대속에 의한 자기 만족'이라고 감히 주장했다.

제3부에서는 십자가 자체를 넘어서 십자가의 결과, 즉 그 성취된 것을 세 가지 영역에서 살펴보았다. 죄인들의 구원, 하나님의 계시, 악의 정복이 그것이다. 구원에 관해서는 '화목', '구속', '칭의', '화해'라는 네 단어를 연구했다. 이것들은 신약의 '이미지들', 즉 하나님이 그리스도의 죽음 안에서 그리고 그 죽음을 통해 이루신 것에 대한 비유들이다. 그러나 '대속'은 또 다른 이미지가 아니다. 대속은 그것들 모두의 배후에 놓여 있는 실재다. 그 다음에 우리는(제8장에서) 하나님께서 그분의 사랑과 정의를 십자가에서 발휘함으로 그것을 충분히 또 최종적으로 계시하셨다는 것을 보았

다. 대속을 부인할 때 하나님의 자기 계시는 희미해진다. 하지만 그것을 확언할 때 그분의 영광은 밝게 내비친다. 지금까지 객관적인 성취(죄로부터의 구원)와 주관적인 영향(거룩한 사랑의 계시를 통한) 양자로서의 십자가에 집중하고 난 후 우리는 '크리스투스 빅토르'(Christus Victor)가 세 번째 성경적 주제로서 악과 율법, 육체와 세상과 죽음에 대한 그리스도의 승리 및 그분을 통한 우리의 승리를 묘사하는 것이라는 데 동의했다(제9장).

제4부에는 '십자가 아래 사는 삶'이라는 제목을 붙였는데, 그것은 기독교 공동체가 본질적으로 십자가의 공동체이기 때문이다. 실로 십자가는 우리의 모든 관계를 철저하게 바꾸어 놓았다. 우리는 이제 계속적인 성찬식으로 하나님을 예배하고(제10장), 우리 자신을 이해하고 다른 사람을 섬기기 위해 우리 자신을 주며(제11장), 선으로 악을 이기고자 애쓰면서 우리 원수를 사랑하고(제12장), 십자가에 비추어 고난이라는 복잡한 문제에 직면한다(제13장).

### 갈라디아서에 나오는 일곱 가지 주장

결론적으로 십자가의 편만한 영향력, 즉 우리는 우리의 사고나 삶의 어떤 영역에서도 그 영향력을 제거할 수는 없다는 점을 강조하기 위해, 바울이 갈라디아 교회에 보낸 편지를 훑어볼 것이다. 이 본문을 선택한 데는 두 가지 중요한 이유가 있다. 첫째, 그것은 논란의 여지가 있긴 하지만 그의 첫 번째 서신서다. 여기서 '남부 갈라디아'와 '북부 갈라디아' 이론에 대해 찬반을 운운할 자리는 아니다. 내용이 로마서와 유사한 점으로 보아 후대에 쓰였다고 볼 수도 있으나, 갈라디아서에 전제된 상황은 사도행전의 연대기에 더 잘 맞고 더 이른 시기에 쓰였다고 보는 쪽을 강력히 지지한다. 이 경우 그 서신서는 주후 48년경 예수님이 죽으셨다가 부활하신 후 15년 이내에 쓰였다. 둘째, 바울의 갈라디아서(그가 자신의 사도적 권위가 인간이 아니라 하나님에게서 온 것임을 변호하는)는 십자가에 초점을 맞춘다. 실제로 그 서신서는 예수님의 죽음에 대한 일곱 개의 주목할 만한 주장들을 담고 있는데, 그것들은 각각 그 죽음의 서로 다른 국면을 비추어 준다. 그것들을 한데 묶어 놓을 때 우리는 십자가의 편만한 영향력에 대해 놀라울 만큼 포괄적으로 파악하게 된다.

### 1. 십자가와 구원(1:3-5)

우리 하나님 아버지와 주 예수 그리스도로부터 은혜와 평강이 있기를 원하노라. 그리스도께서 하나님 곧 우리 아버지의 뜻을 따라 이 악한 세대에서 우리를 건지시려고 우리 죄를 대속하기 위하여 자기 몸을 주셨으니 영광이 그에게 세세토록 있을지어다. 아멘.

이 말들은 바울의 서론적 인사말의 일부다. 보통 그런 서간문의 인사말은 무심코 던지는 말이나 틀에 박힌 말이기 마련이다. 하지만 바울은 그 인사말을 사용해서 십자가에 대해 주의 깊게 균형잡힌 신학적 진술을 하는데, 이는 이 서신서에서 앞으로 그의 관심사가 어떤 것이 될 것인지를 나타낸다.

**첫째, 예수님의 죽음은 자발적인 동시에 결정된 것이었다.** 한편으로 그분은 자유롭게 또 자발적으로 "우리 죄를 대속하기 위하여 자기 몸을 주셨다." 다른 한편으로 그분이 자신을 드리신 것은 "하나님 곧 우리 아버지의 뜻을 따른"것이었다. 하나님 아버지께서는 그 아들의 죽음을 결심하시고 정하셔서 그것을 구약 성경에서 예언하셨다. 그러나 예수님은 이 목적을 자발적으로 받아들이셨다. 그분은 아버지의 뜻을 행하는 것을 자신의 뜻으로 결정하셨다.

둘째, **예수님의 죽음은 우리 죄를 위한 것이었다.** 우리가 살펴보았듯이 죄와 죽음은 성경 전체를 통해 원인과 결과로서 절대적으로 관련되어 있다. 보통 죄를 짓는 사람과 죽는 사람은 동일한 인물이다. 그러나 여기서는 죄는 우리가 지었는데 죽은 것은 그리스도시다. 그분이 우리 죄를 위해 우리 대신 죄의 형벌을 담당하고 죽으셨다.

셋째, **예수님의 죽음의 목적은 우리를 구조하기 위한 것이었다.** 구원은 너무나 절망적인 곤경에 빠져 있어서 스스로를 구원할 수 없는 사람을 위하여 행해지는 구조 작전이다. 특별히 그분은 "이 악한 세대에서" 우리를 구조하기 위하여 죽으셨다. 그리스도께서 새로운 시대를 시작하셨으므로, 지금은 두 시대가 중복된다. 하지만 그분은 우리를 옛 시대에서부터 구조하여 새 시대로 옮기기 위해, 그래서 우리가 다가올 시대의 삶을 앞당겨 살도록 하기 위하여 죽으셨다.

넷째, **예수님의 죽음의 현재적인 결과는 은혜와 평강이다.** "은혜"는 값없이 공로 없이 주시는 그분의 은총이며, "평강"은 은혜가 이룩한 것으로 하나님과 또 각자와 서로 화해하는 것이다. 다가올 시대의 삶은 은혜와 평강의 삶이다. 바울은 계속해서 다음에 나오는 구절들에서 그것을 언급한다. 거기서 그는 갈라디아인들이 "그리스도의 은혜로" 그들을 부르신 자를 그렇게 속히 떠나는 것에 대해 놀라움을 표현한다(6절). 왜냐하면 하나님의 부르심은 은혜의 부르심이며, 하나님의 복음은 은혜의 복음이기 때문이다.

다섯째, **예수님의 죽음의 영원한 결과는 하나님이 영원히 영광을 받으시는 것이다.** 3-5절에 동일한 문장의 일부로서 나오는 은혜와 영광에 대한 언급은 놀라울 것이다. 은혜는 하나님께로부터 온다. 반면에 영광은 하나님께 돌려야 한다. 기독교 신학 전체는 이 표현 안에 다 들어 있다.

그렇다면 여기 하나의 함축된 문장은 갈라디아서에서 바울이 처음으로 말한 십자가에 대한 진술이다. 비록 그것은 하나님의 뜻에 의해 영원히 결정되었지만, 예수님은 우리를 위해 자발적으로 자신을 주셨다. 예수님의 죽음의 본질은 우리 죄를 위한 것이었다. 그리고 그 목적은 우리를 옛 시대에서 구조해서 우리가 현재의 은혜와 평강을 누리는 그리고 하나님이 영원히 영광을 받으시는 새 시대로 우리를 옮겨 놓는 것이다.

### 2. 십자가와 체험(2:19-21)

내가 율법으로 말미암아 율법에 대하여 죽었나니 이는 하나님에 대하여 살려 함이라. 내가 그리스도와 함께 십자가에 못박혔나니 그런즉 이제는 내가 사는 것이 아니요 오직 내 안에 그리스도께서 사시는 것이라. 이제 내가 육체 가운데 사는 것은 나를 사랑하사 나를 위하여 자기 자신을 버리신 하나님의 아들을 믿는 믿음 안에서 사는 것이라. 내가 하나님의 은혜를 폐하지 아니하노니 만일 의롭게 되는 것이 율법으로 말미암으면 그리스도께서 헛되이 죽으셨느니라.

만일 우리가 이미 20절을 잘 알고 있지 않았더라면 이 본문은 매우 이상한 말로 우리에게 충격을 주었을 것이다. 예수 그리스도께서 본디오 빌라도에게 십자가형을 당해 죽으셨다는 것은 확증된 역사적 사실이다. 하지만 바울이 **그가** 그리스도와 함께 못박혔다고 말한 것은 도대체 무슨 의미일까? 물리적 사실로 볼 때는 그것은 분명 맞지 않는 말이었으며, 영적인 사실로 볼 때는 그것은 이해하기가 어려웠다.

우리는 전후 문맥을 검토해 보아야만 한다. 15-21절은 일반적으로 칭의에 관한 것, 즉 어떻게 의로운 하나님이 불의한 자들을 의롭다고 선포하실 수 있는가에 대한 것이다. 하지만 특별히 이 구절들은 죄인이 율법에 의해서 의롭다 함을 받는 것이 아니라(바로 이것은 일곱 번 언급되어 있다) 믿음을 통해 하나님의 은혜로 의롭다 함을 받는다는 것을 주장한다. 16절에서 세 번이나 사도 바울은 아무도 율법으로 의롭다 함을 받을 수 없다고 주장한다. 스스로 자신을 의롭다 하는 것, 곧 율법을 준수함으로 하나님의 용납을 받는 것의 불가능성에 대해 이보다 더 강력하게 진술하기는 어렵다. 왜 그런가? 왜냐하면 율법은 유죄를 판정하고 그 형벌로 죽음을 선고하기 때문이다. 따라서 율법의 기능은 의롭다 함을 선포하는 것이 아니라 죄를 선고하는 것이다.

율법이 나를 율법을 어긴 자로 죽이라고 요구하는데 내가 어떻게 율법을 통해 의롭다 함을 받을 수 있는가? 오직 율법의 요구 사항을 충족시켜 그것이 요구하는 죽음을 죽는 것에 의해서만 가능하다. 그러나 나 자신이 이렇게 해야 한다면 그것은 나에게 종말일 것이다. 그래서 하나님은 다른 방법을 주셨다. 그리스도께서 내가 율법을 어긴 것에 대한 형벌을 담당하셨고 내가 그분과 연합했기 때문에 그분이 하신 일의 축복은 나의 것이 되었다. 나는 그리스도와 하나이기 때문에 "내가…율법에 대하여 죽었나니"(19절)라고 말할 수 있다. 나는 율법의 요구를 만족시켰다. 왜냐하면 "내가 그리스도와 함께 십자가에 못박혔고" 그분이 지금 내 안에 사시기 때문이다(20절).

로마서 6장에서와 같이 갈라디아서 2장에서도 우리가 그리스도와 함께 죽었다가 부활했다는 주장이 도덕률 폐기론(antinomianism)에 대한 바울의 대답이다. 당연히 아무도 율법을 지킴으로써 의롭게 될 수는 없다. 하지만 그렇다고 해서 내가 율법을 마음대로 어겨도 좋다는 뜻은 아니다. 반대로 내가 계속 죄에 거하는 것은 생각할 수도 없다. 왜 그런가? 나는 죽었기 때문이다. 나는 그리스도와 함께 십자가에 못박혔다. 나의 죄된 옛 생명은 응분의 정죄를 받았다. 따라서 나(악하고 죄된 옛날의 나)는 더 이상 살아 있지 않다. 그러나 그리스도께서 내 안에 살아 계시다. 아니면 분명 나는 여전히 살아 있으므로, 내가 현재 사는 삶은 전적으로 다른 삶이라고 말할 수 있다. 더 이상 살아 있지 않은 것은 옛날의 '나'(죄되고, 반항적이며, 악한)다. 나를 사랑하사 나를 위하여 자기 목숨을 버리신 하나님의 아들 안에 믿음으로 살아 있는 것은 새로운 '나'(의롭다 함을 받고 정죄함으로부터 해방된)다.

바울이 그리스도의 죽음과 부활 그리고 그분과 연합을 통한 우리의 죽음과 부활을 언급하고 있다는 사실을 이해하는 것이 중요하다. 그는 똑같은 진리를 두 가지 방법으로 말한다. 우리 옛 삶의 **죽음**에 대해서 그는 그리스도께서 "나를 사랑하사 나를 위하여 자기 자신을 버리셨다"고 말할 수 있으며 동시에 "내가…죽었나니… 내가 그리스도와 함께 십자가에 못박혔나니"라고 말할 수 있다. 새로운 삶으로의 **부활**에 관해서는 그는 "내 안에 그리스도께서 사시는 것이라"고, 동시에 내가 "하나님에 대하여 살았다"고(19절) 말할 수 있으며 또는 내가 "하나님의 아들을 믿는 믿음 안에서 사는 것이라"(20절)고 말할 수 있다.

요약하자면 그리스도께서는 나를 위해 죽으셨으며 나는 그분과 함께 죽어서 율법의 요구를 만족시키고 죄에 대한 적정한 형벌을 갚았다. 그리고 나서 그리스도께서는 다시 살아나 현재 살아 계시며 나는 그분을 통해 살아서 그분의 부활의 생명에 참여한다. 그렇다면 믿음으로 의롭다 함을 받는 것은 하나님의 은혜를 폐하지 않는다(21절). 또한 그것은(로마서 6장에서처럼) "죄가 더한 곳에 은혜가 더욱 넘쳤나니"라고 말하면서 그것을 이용하려 들지 않는다. 그렇다. 믿음으로 의롭다 함을 받는 것은 그것이 오직 하나님의 은혜만으로 된 것이라고 선포하면서 그분의 은혜를 찬미한다. 하나님의 은혜를 폐하는 것은 율법으로 의롭다 함을 받는다는 개념이다. 왜냐하면 율법을 준수함으로 하나님 앞에서의 의로운 지위를 획득할 수 있다면, 그리스도의 죽음은 필요 없기 때문이다.

### 3. 십자가와 전파(3:1-3)

어리석도다. 갈라디아 사람들아, 예수 그리스도께서 십자가에 못박히신 것이 너희 눈 앞에 밝히 보이거늘 누가 너희를 꾀더냐. 내가 너희에게서 다만 이것을 알려 하노니 너희가 성령을 받은 것이 율법의 행위로냐, 듣고 믿음으로냐. 너희가 이같이 어리석으냐. 성령으로 시작하였다가 이제는 육체로 마치겠느냐.

바울은 방금(2:11-14에서) 그가 안디옥에서 베드로와 공개적으로 대결한 것을 기술했다. 왜냐하면 베드로가 이방인 그리스도인들과 식사 교제를 나누다가 물러감으로 인해 사실상 하나님이 은혜로 그들을 값없이 받아들이신 것을 부인하였기 때문이다. 그는 계속해서 그가 믿음으로 의롭다 함을 받는 교리를 증명하기 위해 베드로에게 사용했던 논증을 되풀이해서 말한다. 이제 그는 갑자기 놀랄 만한 분노를 표명한다. 그는 갈라디아 교인들을 어리석다고 비난한다. 두 번에 걸쳐 그는 '무분별한'(*anoētos*)이라는 단어를 쓴다. 이는 '누스'(*nous*) 곧 지성이 결여된 것이다. 그들의 어리석음은 너무나 어처구니없고 너무나 용납할 수 없는 것이어서 그는 누가 그들을 "꾀더냐"고 묻는다. 그는 비록 분명 거짓된 인간 교사들을 통해서긴 하지만 거짓말쟁이의 우두머리인 사탄에 의해 그들이 마법에 씌웠다는 것을 암시한다. 왜냐하면 그들이 현재 복음을 곡해하는 것은 그들이 바울과 바나바로부터 들은 것과 전적으로 양립할 수 없기 때문이다. 그러므로 그는 그들에게 그들과 함께 있을 때 했던 설교를 상기시킨다. 그는 그들의 눈 앞에 그들을 위해 십자가에 못박히신 예수 그리스도께서 "밝히 보이거늘"이라고 한다. 그런데 그들은 십자가에 못박히신 그리스도를 믿는 믿음에 의해 그리스도인의 삶을 시작했으면서 어떻게 그들 자신의 공로에 의해 그 삶을 계속해 나가야 한다고 생각할 수 있는가?

이 본문에는 복음을 전파하는 것에 대해 배울 것이 매우 많다.

첫째, **복음 전파는 십자가를 선포한다**. 부활이 덧붙여져야 하는 것은 사실이다(1:1; 2:19-20). 예수님이 한 여자에게서 율법 아래 나신 것도 보태야 한다(4:4). 하지만 복음은 본질적으로 십자가에 못박히신 그리스도에 대한 좋은 소식이다.

둘째, **복음 전파는 십자가를 눈에 보이게 선포한다**. 바울은 '프로그라포'(prographō)라는 주목할 만한 단어를 사용한다. 보통 그것은 '미리 쓰다'라는 뜻이다. 예를 들어 "내가 먼저…기록함과 같으니"(엡 3:3)의 경우다. 하지만 '그라포'(graphō)는 때때로 쓰는 것보다는 펜이나 물감으로 그림을 그리는 것을 뜻할 수 있고, '프로'(pro)는 시간(사전에)보다는 공간적으로(우리 눈앞에서) '앞에'라는 뜻일 수 있다. 그러므로 여기서 바울은 자신의 복음 전파를 거대한 화폭에 그린 그림 또는 고지 사항이나 광고를 공개적으로 표시한 플래카드에 비유한다. 그의 그림 또는 플래카드의 주제는 십자가상의 예수 그리스도였다. 물론 그것은 문자 그대로 그림은 아니었다. 그 그림은 너무나 시각적이고 너무나 생생하게 말로 만들어져 있었다. 그러나 그것은 그들의 상상력에 호소해서 바로 "너희 눈 앞에" 존재하고 있었다. 복음 전파에서 가장 위대한 예술 또는 은사 중 하나는 사람들의 귀를 눈으로 바꾸는 것, 그리고 그것을 통해 우리가 이야기하는 것을 **보도록** 하는 것이다.

셋째, **복음 전파는 십자가를 시각적으로 현재의 실재로서 선포한다**. 예수 그리스도께서는 적어도 바울이 그 글을 쓰기 15년 전에 그리고 우리보다는 약 이천 년 전에 십자가에 못박히셨다. 바울이 전파할 때 한 일은(그리고 우리가 전파할 때 해야 하는 일은) 그 사건을 과거로부터 현재로 가지고 오는 것이다. 말씀과 성례전 사역은 이것을 가능케 한다. 그것은 시간의 장벽을 극복하고 과거의 사건을 사람들이 그에 반응해야만 하도록 현재의 실재로 만든다. 거의 분명히 바울의 독자들 중 그 누구도 예수님이 십자가에 못박히셨을 때 그 자리에 있었던 사람은 없었다. 그러나 바울의 전파는 그것을 그들의 눈 앞에 가져와 그것을 보도록 했고, 그들의 실존적 체험으로 녹여내 그들이 그것을 받아들이거나 아니면 거부해야만 하도록 만들었다.

**넷째, 복음 전파는 십자가를 시각적이고 현재적이며 영원한 실재로서 선포한다.** 왜냐하면 우리가(바울처럼) 사람들의 눈 앞에 플래카드를 붙여야 하는 것은 단지 '크리스토스 스타우로테이스'(*Christos staurōtheis*; 부정과거)가 아니라 '크리스토스 에스타우로메노스'(*Christos estaurōmenos*; 완료)이기 때문이다. 이 동사의 시제는 십자가가 과거의 역사적 사건이었다는 것보다는 그것의 효력, 권능, 유익은 영원하다는 것을 강조한다. 십자가는 믿는 자들에게 구원을 주시는 하나님의 능력이 되는 일을 결코 중단하지 않을 것이다.

**다섯째, 복음 전파는 또한 개인적인 믿음의 대상으로서의 십자가를 선포한다.** 바울은 십자가에 못박히신 그리스도를 그들이 단지 무심코 바라보고 응시하도록 하기 위해 그들 눈 앞에 보여 주는 것이 아니다. 그의 목적은 그들에게 와서 그들의 십자가에 못박힌 구세주이신 그분을 믿으라고 설득하는 것이었다. 그리고 그들은 바로 그렇게 했다. 바울이 놀란 이유는 의롭다 함을 받고 믿음으로 성령을 받고 난 후에도 그들이 자신의 공로에 의해 그리스도인의 삶을 계속해 나갈 수 있다고 생각했다는 점이다. 그것은 바울이 그들 눈 앞에 보여 준 것과 모순되는 것이었다.

## 4. 십자가와 대속(3:10-14)

무릇 율법 행위에 속한 자들은 저주 아래에 있나니 기록된 바 누구든지 율법 책에 기록된 대로 모든 일을 항상 행하지 아니하는 자는 저주 아래에 있는 자라 하였음이라. 또 하나님 앞에서 아무도 율법으로 말미암아 의롭게 되지 못할 것이 분명하니 이는 의인은 믿음으로 살리라 하였음이라. 율법은 믿음에서 난 것이 아니니 율법을 행하는 자는 그 가운데서 살리라 하였느니라. 그리스도께서 우리를 위하여 저주를 받은 바 되사 율법의 저주에서 우리를 속량하셨으니 기록된 바 나무에 달린 자마다 저주 아래에 있는 자라 하였음이라. 이는 그리스도 예수 안에서 아브라함의 복이 이방인에게 미치게 하고 또 우리로 하여금 믿음으로 말미암아 성령의 약속을 받게 하려 함이라.

이 구절들은 십자가의 필요성, 그 의미와 결과에 대한 가장 명확한 해설 중 하나다. 바울은 너무나 강한 용어로 자신의 생각을 표현하기 때문에 어떤 주석가들은 그가 그리스도께서 우리를 위해 "저주"를 "받은 바 되셨다"(became)고 쓴 것을 받아들일 수 없었다. 예를 들어 블런트는 그의 주석에서 이렇게 썼다. "여기에 나온 말은 놀랄 만한 말로 거의 충격적이다. 우리는 감히 그 말을 사용해서는 안 된다."[1] 예레미아스 역시 그것을 "충격적인 구절"이라고 부르고 그것이 "원래 갖고 있는 무엄함"에 대해 말한다.[2] 그럼에도 불구하고 사도 바울은 이 말을 사용했으며, 블런트가 "바울은 그 말을 정확하게 그 말이 원래 갖고 있는 의미로 사용했다"고

---
1) A. W. F. Blunt, *Galatians*, p. 96.
2) Joachim Jeremias, *Central Message*, p. 35.

덧붙인 것은 분명 옳다. 그러므로 우리는 그 말을 받아들여야 한다.

그것을 좀 약화시키려는 시도가 몇 가지 있었다. 첫째로, 바울은 '저주'를 "율법의 저주"라고 부름으로써 그것을 의도적으로 비인격화했다는 주장이다. 하지만 신명기 21:23에는 "하나님의 저주"라고 표현되어 있다. 따라서 우리는 바울이 성경을 부인한다고는 진정 생각할 수 없다. 둘째로, 그분이 저주가 "되신" 것은 그들의 심판을 객관적으로 받아들이신 것이 아니라 그리스도께서 율법을 어긴 자들에 대한 공감을 표하신다는 표현이라는 주장이다. 블런트는 그것을 이렇게 해석한다. "그리스도께서 우리 죄를 지신 것은 법정의 의제(forensic fiction)로 인한 것이 아니라, 진정한 동료 의식에서 나온 행동으로 인한 것이었다. 마치 타락한 아들을 둔 어머니가 "그의 죄를 마치 자기가 지은 죄인 것처럼 느끼는" 것과 마찬가지다.[3] 하지만 이것은 교묘하게 둘러대는 것이다. 그것은 바울의 말을 제대로 평가하는 것이 아니다. 예레미아스가 말했듯이 "되었다"는 것은 "하나님의 행동을 완곡하게 표현한 것"이다.

셋째, 그리스도께서 우리를 위하여 "저주"를 받은 바 되셨다(Christ became 'a curse' for us)는 것은 그분이 실제로 '저주받았다'(he was actually 'cursed')는 말에는 미치지 못한다고 한다. 그러나 예레미아스에 따르면, "저주"는 "'저주받은 자'를 환유한 것"이며 따라서 우리는 그 구절을 "하나님이 우리를 위하여 그리스도를 저주받은 자로 만드셨다"고 해석해야 한다. 그렇다면 그것은 "하나님이 죄를 알지도 못하신 이를 우리를 대신하여 죄로 삼으신"

---

3) A. W. F. Blunt, *Galatians*, p. 97.

(고후 5:21)이라는 말과 유사하다. 또 우리는 그 두 구절을 받아들이고, 진정 그 구절들이 나타내는 진리로 인해 하나님을 경배할 수 있을 것이다. 왜냐하면 하나님은 그분이 그리스도를 죄와 저주로 만드신 동안에도 "하나님께서 그리스도 안에 계시사…화해하게" (고후 5:19) 하시기 때문이다.

루터는 바울이 의미하는 것을 매우 명확하게 파악했으며, 그것의 의미를 특유의 직설적인 말로 다음과 같이 표현한다.

> 우리의 지극히 자비로우신 하나님 아버지께서는 우리가 율법의 저주로 인해 억압받고 압도당하고, 그 아래 묶여 있어서 우리 자신의 힘으로는 거기서 결코 해방될 수 없음을 보시고는 자신의 독생자를 세상에 보내 모든 인간의 죄를 그에게 지우시고 이렇게 말씀하셨다. 너는 부인하는 자 베드로가 되어라. 핍박자, 신성 모독자, 잔인한 압제자 바울이 되어라. 간음하는 자 다윗이 되어라. 낙원에서 선악과를 따먹은 죄인이 되어라. 십자가에 매달린 강도가 되어라. 그리고 간단히 말해 너는 모든 인간의 죄를 범한 사람이 되어라. 그래서 네가 그 죄값들을 갚고 치르는 것을 보아라.[4]

우리는 바울의 가르침이 갖는 논리를 생각해 보아야만 한다. 첫째, **율법에 의지하는 자는 모두 저주 아래 있다.** 10절 초두에서 바울은 그가 2:16에서 세 번 사용한 표현, 곧 "율법 행위에 속한 자들"이라는 표현을 다시 사용한다. NIV에는 그것이 "율법을 준수하는

---

4) Martin Luther, *Epistle to the Galatians*, p. 272.

것에 의지하는 모든 자들"이라고 좀더 상세하게 표현되어 있다. 바울이 그런 자들을 "저주 아래" 있다고 선포할 수 있는 이유는 성경이 그렇게 말하기 때문이다. "기록된 바 누구든지 율법책에 기록된 대로 모든 일을 항상 행하지 아니하는 자는 저주 아래에 있는 자라"(참고. 신 27:26) 어떤 사람도 율법이 요구하는 "모든 일"을 "항상" 행하지는 못했다. 그런 지속적이고도 포괄적인 순종은 예수님에게만 가능했다. 그러므로 "분명히"(11절) 아무도 "하나님 앞에서…율법으로 말미암아 의롭게 되지 못한다." 왜냐하면 아무도 율법을 지키지 않았기 때문이다. 게다가 성경은 또한 "의인은 그의 믿음으로 말미암아 살리라"고(합 2:4), "믿음으로" 사는 것과 "율법으로" 사는 것은 두 개의 완전히 다른 상태라고(12절) 말한다. 결론은 불가피하다. 비록 이론적으로는 율법을 지키는 자들은 살 것이지만 실제적으로는 우리 중 아무도 살지 못할 것이다. 왜냐하면 우리 중 아무도 그것을 지키지 못했기 때문이다. 그러므로 이 방법으로 구원을 얻을 수는 없다. 반대로 구원을 얻기는커녕 우리는 율법에 의해 저주를 받는다. 하나님의 심판이라는 저주, 하나님의 율법이 율법을 어기는 자에게 선포하는 그 저주가 우리에게 지워져 있다. 이것은 길 잃은 인류가 처한 무서운 곤경이다.

**둘째, 그리스도께서는 우리를 위하여 저주를 받은 바 되심으로 우리를 율법의 저주에서 구속하셨다.** 이것은 아마 신약에 나오는 대속에 대한 가장 분명한 진술일 것이다. 율법을 어긴 데 대한 저주가 우리에게 놓여 있었다. 그리스도께서는 우리 대신 저주받은 바 되심으로 그것으로부터 우리를 구속하셨다. 그분은 그것을 떠맡으심으로, 우리가 거기에서 피하도록 하셨다. 그리고 그분이 우리의 저주를 지셨다는 증거는 그분이 나무에 달리신 것이다. 왜냐하면 신명기 21:23에서 나무에 달린 사람은 저주를 받은 것이라고 선포하기 때문이다(13절).

셋째, **그리스도께서는 그 안에서 믿음으로 아브라함의 복이 이방인에게 미치게 하기 위해서(14절) 이것을 행하셨다.** 사도 바울은 의도적으로 저주의 말에서 축복의 말로 옮겨 간다. 그리스도께서는 하나님의 저주에서 우리를 구속하기 위해서뿐만 아니라 또한 우리에게 하나님의 복을 보증해 주기 위해 우리를 위해서 죽으셨다. 하나님은 수십 세기 전에 아브라함과 그의 후손들을 통해 이방 나라들을 복 주시겠다고 약속하셨다. 그리고 이 약속된 복을 바울은 여기서 "의로 정하실 것"(8절)과 "성령"(14절)이라고 해석한다. 그리스도 안에 있는 모든 자들은 이처럼 풍성한 복을 받는다.

요컨대 우리는 불순종 때문에 율법의 저주 아래 있었다. 그리스도께서는 우리 대신 저주를 지심으로 그 저주에서 우리를 구속하셨다. 그 결과는 저항할 수 없는 것이다. 그것은, 하나님이 그리스도 안에서 우리를 위한 그분의 거룩하신 사랑으로 그렇게까지 하셨으며, 우리가 오늘날 누리는 복은 그분이 십자가에서 우리를 위하여 지신 저주로 인한 것이라는 사실을 인정하고 고백하는 우리의 겸손한 경배를 고무시킨다.

### 5. 십자가와 박해(5:11; 6:12)

형제들아, 내가 지금까지 할례를 전한다면 어찌하여 지금까지 박해를 받으리요 그리하였으면 십자가의 걸림돌이 제거되었으리니.

무릇 육체의 모양을 내려 하는 자들이 억지로 너희에게 할례를 받게 함은 그들이 그리스도의 십자가로 말미암아 박해를 면하려 함뿐이라.

이 두 구절 모두에 그리스도의 십자가가 언급되는데 5:11에서 그것은 "걸림돌"(skandalon)이라고 불린다. 이 두 구절 모두에 또한 박해에 대한 언급이 있다. 5:11에 따르면 바울은 십자가를 전하기 때문에 박해받는다. 6:12에 따르면 거짓 교사들은 십자가 대신 할례를 전함으로써 박해를 면한다. 그러므로 그리스도인 복음 전도자, 목사, 교사들은 할례나 십자가 중 어느 한 가지만 전할 수 있을 뿐이다.

'할례를 전하는 것'은 율법, 즉 인간의 공로에 의한 구원을 전하는 것이다. 그런 메시지는 십자가의 거침돌, 즉 우리가 우리의 구원을 스스로 얻을 수 없다는 사실을 제거해 버린다. 그러므로 그것은 우리에게 박해를 면하게 해준다.

'십자가를 전하는 것'(3:1에서처럼)은 하나님의 은혜로써만 구원을 받는다는 사실을 전하는 것이다. 그런 메시지는 거리끼는 것(고전 1:23)이다. 왜냐하면 그것은 인간의 교만에 심하게 거슬리기 때문이다. 그렇기 때문에 그것은 우리로 하여금 박해받게 한다.

물론 오늘날의 세상에는 할례의 필요성을 전하는 유대주의자들은 없다. 하지만 교회 내외에 선행에 의한 구원이라는 거짓된 복음(그것은 복음이 아니다, 1:7)을 전하는 거짓 교사들은 매우 많다. 선행에 의한 구원을 전하는 것은 사람들에게 아첨하는 것이며 따라서 반대를 피하게 된다. 은혜에 의한 구원을 전하는 것은 사람들의 비위를 거스르며 따라서 박해를 초래한다. 이것은 어떤 사람들에게는 양자 택일의 문제를 너무나 강하게 제기하는 것으로 보일지 모른다. 하지만 나는 그렇게 생각하지 않는다. 모든 그리스도인 설교자는 이 문제에 직면해야 한다. 우리는, 인간이 하나님께 대항하는 반항자이며 그분의 의로운 심판하에 있고 (만일 그들을 내버려두면) 길을 잃으며, 그들의 죄와 저주를 담당하시고 십자가에 못 박히신 그리스도는 유일하게 효력 있는 구세주라는 것을 전하든지, 아니면 인간의 잠재력과 능력을 강조하고 그리스도에 대한 것은 단지 그것을 격려하기 위해서만 이야기하며, 십자가는 하나님의 사랑을 보여 주고 그로 인해 우리로 하여금 더 열심히 노력하도록 고취시키기 위해서만 필요하다고 말하든지 둘 중 하나만 할 수 있다.

전자는 신실하게 되는 길이고, 후자는 인기 있게 되는 것이다. 신실하면서 동시에 인기 있는 것은 가능하지 않다. 우리는 예수님의 경고를 다시 들어 보아야 한다. "모든 사람이 너희를 칭찬하면 화가 있도다"(눅 6:26). 이와는 대조적으로 만일 우리가 십자가를 전하면 우리 자신이 십자가 때문에 끈질긴 괴롭힘을 당하는 것을 알게 될지도 모른다. 에라스무스가 그의 논문 "설교에 대하여"에서 썼던 것처럼, "복음을 신실하게 전하는 사람들에게는 결코 십자가가 끊이지 않으리라는 것을 그(설교자)는 명심해야 한다. 항상 헤롯이나 아나니아, 가야바, 서기관과 바리새인 같은 사람들은 있게 마련이다."[5]

---

5) Roland H. Bainton이 *Erasmus of Christendom*, p. 323에서 인용.

## 6. 십자가와 거룩(5:24)

그리스도 예수의 사람들은 육체와 함께 그 정욕과 탐심을 십자가에 못 박았느니라.

이 본문을(모든 본문과 마찬가지로) 전후 문맥에 비추어 보는 것은 매우 중요하다. 바울은 갈라디아서 5장에서 도덕적 자유의 의미에 관심을 갖는다. 그는 그것이 방종이 아니라 절제이며, 우리 자신을 섬기는 것이 아니라 사랑으로 다른 사람을 섬기는 것이라고 선포한다(13절). 이 양자 택일의 배후에는 모든 그리스도인이 의식하는 내적 갈등이 놓여 있다. 사도 바울은 그 주인공들을 "육체"(우리가 지니고 태어난 타락한 본성)와 "성령"(우리가 중생했을 때 우리 안에 거하시는 성령)이라고 부른다. 16-18절에서 그는 그 둘 사이의 다툼을 묘사한다. 육체의 소욕과 성령의 소욕은 서로 반대되기 때문이다.

육체의 행위(19-21절)에는 성적 부도덕, 종교적 배교(우상 숭배와 술수), 사회적 파괴(증오, 불화, 시기, 분냄, 이기적 야심, 당 짓는 것) 그리고 제어되지 않은 육체적 욕망(술 취함, 방탕) 등이 포함된다. 그러나 성령의 열매(22-23절)는 성령께서 성령 충만한 사람들 안에 성숙하도록 하시는 은혜들─사랑, 희락, 화평(특별히 하나님과 관련해서), 오래 참음, 자비, 양선(서로에 관해서), 충성, 온유, 절제(우리 자신에 관해서)를 포함해서─이다.

그렇다면 우리는 어떻게 성령의 소욕이 육체의 소욕을 능가하도록 할 수 있는가? 바울은 그것이 우리가 각각에 대하여 취하는 태도에 달려 있다고 대답한다. 24절에 따르면 우리는 육체와 함께 그 정욕과 탐심을 "십자가에 못박아야" 한다. 25절에 따르면 우리는 성령으로 "살고" 성령으로 "행해야" 한다.

이번 장에서 나의 관심사는 24절에 대한 것이다. 왜냐하면 그리스도께 속한 사람들은 그들의 육체 또는 죄된 성품을 "십자가에 못박았다"는 주장 때문이다. 그것은 깜짝 놀랄 만한 비유다. 왜냐하면 십자가에 못박히는 것은 무시무시하고 잔인한 처형 방법이었기 때문이다. 그러나 그것은 타락한 본성에 대한 우리의 태도가 어떠해야 하는지를 생생하게 보여 준다. 우리는 응석을 받아 주거나 그것을 다정히 껴안아 주어서는 안 된다. 그것을 충분히 만족시키거나 우쭐거리게 해서는 안 된다. 그것을 조금이라도 격려해서는 안 되며 심지어 묵인해서도 안 된다. 대신에 우리는 그 욕심과 함께 그것을 냉혹할 정도로 단호하게 거부해야만 한다. 바울은 "십자가를 지고" 자신을 따르는 것에 대한 예수님의 가르침을 한층 상세하게 풀어낸다. 그는 우리가 처형장에 도착했을 때 무슨 일이 일어나는지를 말해 준다. 실제로 십자가에 못박히는 일이 일어난다. 루터는 그리스도의 사람들은 자기 육체를 십자가에 못박아서 "비록 육체가 아직 살아 있긴 하지만 양손과 발이 묶이고 십자가에 못박힌 채 단단히 고정되어서 그것이 하고자 하는 일을 할 수 없도록 한다"고[6] 썼다. 그리고 만일 이렇게 단호하게 우리 자신을 십자가에 못박을 준비가 되어 있지 않으면 우리는 곧 그 대신에 우리가 "하나님의 아들을 다시 십자가에 못박는" 것을 발견할 것이다. 배교의 본질은 "십자가에 못박힌 예수님의 편에서 십자가에

---

6) Martin Luther, *Epistle to the Galatians*, p. 527.

못박는 자들의 편으로 변하는 것"이다.[7]

갈라디아서 2:20과 5:24에 나오는 십자가에 못박는다는 표현은 앞 장에서 언급했던 것과 마찬가지로 두 개의 서로 매우 다른 것을 언급한다. 첫 번째는 우리가 그리스도와 함께 못박혔다고 말하며(그것은 우리가 그리스도와 연합한 결과로 우리에게 일어난 일이다), 두 번째는 그리스도의 사람이 스스로 자신의 옛 성품을 십자가에 못박기 위해 행동을 취했다고 말한다. 첫 번째는 그리스도께서 십자가에 못박히신 것에 참여함으로 우리가 율법의 정죄로부터 자유로워졌다는 것에 대해, 그리고 두 번째는 육체가 십자가에 못박히도록 함으로 우리가 육체의 권세에서 자유로워졌다는 것에 대해 말한다. 이 두 가지, 곧 그리스도와 함께 십자가에 못박힌 것(수동적)과 육체를 십자가에 못박은 것(능동적)을 혼동해서는 안 된다.

### 7. 십자가와 자랑(6:14)

그러나 내게는 우리 주 예수 그리스도의 십자가 외에 결코 자랑할 것이 없으니 그리스도로 말미암아 세상이 나를 대하여 십자가에 못박히고 내가 또한 세상을 대하여 그러하니라.

영어에는 '카우카오마이'(*kauchaomai*)에 꼭 들어맞는 동의어가 없다. 그것은 '자랑하다, 영광을 구하다, 믿다, 기뻐하다, 즐기다, 위해서 살다' 등의 뜻을 갖는다. 자랑 또는 '자만'의 대상은 우

---

[7] 히 6:4-6; 10:26-27; 참고. C. F. D. Moule, *Sacrifice of Christ*, p. 30.

리의 시야를 가득 채우고, 우리의 주의를 모조리 거기에 쏠리게 하며, 우리의 시간과 정력을 빼앗는다. 한마디로 우리의 '영광'은 우리가 사로잡혀 있는 어떤 것이다.

어떤 사람들은 자기 자신과 자신의 돈, 명예, 권력에 사로잡혀 있다. 갈라디아서에 나오는 거짓 교사들은 그들이 회심시킨 자의 숫자에 사로잡혀 있는 승리주의자들이다(13절). 하지만 바울은 그리스도와 그분의 십자가에 사로잡혀 있었다. 평범한 로마인에게는 수치와 불명예, 심지어 혐오의 대상으로 여겨졌던 것이 바울에게는 자랑이요 영광이었다. 더구나 우리는 이것을 바울의 개인적 특징이라고 제쳐놓을 수 없다. 왜냐하면 우리가 살펴보았듯이 십자가는 그리스도의 마음에 중심되는 것이었으며 항상 교회의 신앙에 중심이 되어 왔기 때문이다.

첫째, 십자가를 자랑하는 것은 그것을 **하나님께 받아들여지는 방법**으로 보는 것이다. 모든 질문 중에 가장 중요한 것은 길을 잃고 죄에 가득 찬 죄인인 우리가 어떻게 의롭고 거룩하신 하나님 앞에 설 수 있느냐는 것이다. 바울이 유대주의자들과의 열정적인 격론 가운데 갈라디아서를 단숨에 쓴 것은 바로 이 질문에 큰 소리로 분명하게 대답하기 위해서였다. 그들과 마찬가지로 오늘날에도 일부 사람들은 여전히 자신의 공로를 신뢰한다. 하지만 하나님은 우리가 그리스도를 빼놓고는 자랑하는 것을 금하신다. 십자가는 모든 다른 종류의 자랑을 배제해 버린다(롬 3:27).

둘째, 십자가를 자랑하는 것은 그것을 **우리의 자기 부인의 모형**으로 보는 것이다. 비록 바울이 단 하나의 십자가 "우리 주 예수 그리스도의 십자가"에 대해서만 썼지만, 그는 두 개의―심지어 세 개의—십자가에 못박힘에 대해 언급한다. 우리 주 예수 그리스도 자신이 못박히신 그 똑같은 십자가 위에서 "세상이 나를 대하여 십자가에 못박히고 내가 또한 세상을 대하여 십자가에 못박힌다." 이렇게 십자가에 못박힌(거부된) "세상"은 물론 세상의 사람들을 뜻하는 것이 아니라(왜냐하면 우리는 사람들을 사랑하고 섬기도록 부르심받았기 때문에), 세상의 가치관, 무신론적 물질주의, 허영심과 위선을 뜻한다(왜냐하면 우리는 세상을 사랑하지 말고 그것을 거부하라고 명령받기 때문이다). "육체"는 이미 십자가에 못박혔다(5:24). 이제 "세상"이 십자가에서 그것과 함께 못박힌다. 우리는 6:14에 나와 있는 바 두 가지 주된 십자가에 못박힘—그리스도의 못박힘과 우리의 못박힘—을 계속 밀접하게 관련시켜야 한다. 왜냐하면 그것들은 둘이 아니라 하나이기 때문이다. 우리가 기꺼이 심지어는 열망하는 마음으로 우리의 십자가를 지는 것은 그리스도의 십자가를 바라볼 때뿐이다. 그럴 때만 바울의 말을 따라 우리가 십자가 외에는 자랑하지 않는다고 정직하게 말할 수 있을 것이다.

우리는 이제 갈라디아서에서 바울이 말한 십자가에 대한 일곱 가지 위대한 주장들을 숙고해 보았고, 그것들을 서신서에 배열된 순서대로 살펴보았다. 결론적으로 그리스도인의 삶의 모든 영역에는 십자가가 중심이며 편만해 있다는 것을 좀더 확고하게 파악하기 위해서 그것을 순서대로보다는 신학적으로 재정리하여 분류하는 것이 도움이 될 것이다.

첫째, 십자가는 **우리가 의롭다 함을 받는 근거**다. 그리스도께서는 우리를 현재의 악한 세대에서 건지셨고(1:4) 율법의 저주에서 속량하셨다(3:13). 그리고 그분이 우리를 이 이중적 속박에서 해방하신 이유는 우리가 그분의 성령으로 의롭다고 선포되고 성령의 거하심을 받아 하나님 앞에 그분의 아들딸로서 담대하게 서도록 하시기 위해서다.

둘째, 십자가는 **우리가 성화되는 수단**이다. 바로 이 면에서 세 개의 십자가에 못박히는 것이 각각 일익을 담당한다. 우리는 그리스도와 함께 십자가에 못박혔다(2:20). 우리는 우리의 타락한 본성을 십자가에 못박았다(5:24). 그리고 세상은 우리를 대하여 십자가에 못박히고 우리 또한 세상을 대하여 그러하다(6:14). 그러므로 십자가는 예수님이 십자가에 못박히신 것 이상을 의미한다. 그것은 우리가 십자가에 못박힌 것, 우리의 육체와 세상이 십자가에 못박힌 것을 포함한다.

셋째, 십자가는 **우리가 증거할 주제**다. 우리는 십자가에 못박히신 그리스도를 사람들의 눈 앞에 밝히 보여서 그들이 보고 믿도록 해야 한다(3:1). 그렇게 할 때 우리는 복음을 함부로 삭제하거나 정정하여 인간의 자만심을 꺾는 것을 빼 버려서는 안 된다. 그렇다. 어떤 대가를 치르더라도 우리는 할례(인간의 공로)가 아니라 십자가(그리스도의 공로)를 전한다. 그것이 유일한 구원의 길이다(5:11; 6:12).

넷째, 십자가는 **우리가 자랑할 대상**이다. 하나님은 십자가 외에 다른 어떤 것으로 자랑하는 것을 금하신다(6:14). 바울의 세계는 온통 십자가 주변을 선회하고 있었다. 그것은 그의 시야를 가득 채웠고 그의 삶을 비추어 주었으며, 그의 영을 뜨겁게 했다. 그는 그 안에서 "자랑했다." 그것은 그에게 다른 어떤 것보다 중요했다. 우리의 시각도 그와 같아야 한다.

만일 우리에게 십자가가 이 네 영역에서 중심이 아니라면 우리는 모든 묘사 중 가장 무시무시한 진술인 "그리스도의 십자가의 원수"(빌 3:18)라는 말을 우리 자신에게 적용시켜 마땅하다. 십자가의 원수가 되는 것은 그 목적에 대항하는 것이다. 자기 의(의롭다 함을 받기 위해 십자가를 바라보는 대신), 방종(그리스도를 따르기 위해 십자가를 지는 대신), 자기 선전(십자가에 못박히신 그리스도를 전하는 대신), 자기 찬양(십자가를 자랑하는 대신)—이것들은 우리를 그리스도의 십자가의 "원수"로 만드는 왜곡된 것들이다.

다른 한편 바울은 십자가의 충실한 친구였다. 그는 자신을 십자가와 너무나 밀접하게 동일시했기 때문에 그것을 위해 육체적 핍박을 받았다. "내가 내 몸에 예수의 흔적을 지녔노라"(갈 6:17). 그는 자신이 그리스도를 선포함으로 받았던 상처와 흉터들, 그를 그리스도의 진정한 종으로 낙인찍은 "흔적"(*stigmata*)에 대해 썼다.

예수님의 흔적은, 육체가 아니라면 영 속에, 모든 그리스도인 제자에게 그리고 특히 모든 그리스도인 증인에게 그들의 진정함을 입증하는 표지로 남아 있다. 캠벨 모르간(Campbell Morgan)은 그것을 다음과 같이 잘 표현했다.

십자가를 전할 수 있는 자는 십자가에 못박힌 사람이다. 도마는 "내가 그 손의 못 자국을 보며…넣어 보지 않고는 믿지 아니하겠노라"고 말했다. 런던의 파커(Parker) 박사는 도마가 그리스도에 대해 말한 것을 세상은 지금 교회에 대해 말하고 있다고 했다. 그리고 세상은 모든 전파자에게도 역시 말하고 있다. 당신 손에서 못 자국을 보지 않고는 믿지 않겠노라. 그것은 맞는 말이다. 그리스도의 십자가를 전할 수 있는 사람은…그리스도와 함께 죽은…그런 사람이다.[8]

## 토론 문제

저자의 결론적인 주장은 "우리는 우리의 사고나 삶의 어떤 영역에서도 그(십자가의) 영향력을 제거할 수는 없다"는 것이다(p. 649). 이 점을 강조하기 위해, 저자는 바울이 갈라디아 교회에 보낸 편지에 나오는 일곱 가지 주장을 고찰한다.

1. **십자가와 구원**. 갈라디아서 1:3-5을 읽으라. 이 구절은 그리스도의 십자가에 관해 무엇을 가르치는가?(pp. 650-652)

2. **십자가와 체험**. 갈라디아서 2:19-21을 읽으라. 바울은 "내가 그리스도와 함께 십자가에 못박혔다"고 주장하는데 그 정확한 의미는 무엇인가?(pp. 652-655) 당신도 바울과 같이 고백할 수 있는가?

3. **십자가와 전파**. 갈라디아서 3:1-3을 읽으라. 이 구절은 복음 전파에서 십자가가 차지하는 위치를 어떻게 말하는가?(pp. 655-658)

---

8) G. Campbell Morgan, *Evangelism*, pp. 59-60.

4. **십자가와 대속**. 갈라디아서 3:10-14을 읽으라. 이 구절은 왜 놀랄 만하고, 거의 충격적이기까지 한가? 그 의미는 무엇인가?(pp. 659-663)

5. **십자가와 박해**. 갈라디아서 5:11과 6:12을 읽으라. "신실하면서 동시에 인기 있게 되는 것은 가능하지 않다"(p. 665). 왜 그러한가? 당신은 다른 사람에게 복음을 전할 때 십자가의 도를 얼버무리고 싶은 유혹을 얼마나 받는가?

6. **십자가와 거룩**. 갈라디아서 5:19-26을 읽으라. "우리는 어떻게 성령의 소욕이 육체의 소욕을 능가하도록 할 수 있는가?"(p. 666)

7. **십자가와 자랑**. 갈라디아서 6:14을 읽으라. "…바울은 그리스도와 그분의 십자가에 사로잡혀 있었다"(p. 669). 그 이유는 무엇이었는가? 당신은 얼마만큼 바울의 태도를 공유하는가?

8. "…세상은 모든 전파자에게도 역시 말한다. 당신 손에서 못 자국을 보지 않고는 믿지 않겠노라"(p. 673). 그 의미는 무엇인가? 그것은 당신에게 어떻게 적용되는가?

해설

# 십자가에 대한 가장 설득력 있는 복음주의적 이해

알리스터 맥그래스
옥스퍼드 대학 역사 신학 교수

출간 20년이 지난 지금 존 스토트의 「그리스도의 십자가」는, 가장 중요한 주제 가운데 하나인 십자가에 관해 쓰인 가장 존경받고 권위 있는 복음주의 저서로 자리잡았다. 이 책은 위대한 주제들을 다룬 책의 표준이 되는 저서로서, 여전히 많은 독자들에게 영감을 주고, 도전하고, 격려하고, 가르친다. 내 생각에 이 책은 존 스토트의 저작 중 가장 위대하고 훌륭한 책으로, 그의 이력이 절정에 오른 65세 때 쓴 것이다. 책의 면면을 보면 이 위대한 저자의 마음과 생각을 다른 어떤 책에서보다 더 많이 만날 수 있다. 마치 그가 평생에 걸친 신학적 정확성, 목회적 지혜, 수사학적 은사들을 추출해 낼 수 있도록, 그처럼 위대한 주제에 대해 글을 쓸 준비가 되었다고 느낄 때까지 기다리기라도 한 것 같다. 만일 그렇다면, 분명 기다릴 만한 가치가 있었다.

왜 이 책이 그토록 중요한가? 한 가지 면에서 보면, 이 책의 중요성은 20세기의 가장 위대한 그리스도인 저술가, 강사, 사상가, 지도자 중 한 명으로 널리 인정받는 그리스도인의 걸작이라는 점에 있다. 존 스토트는 1921년에 할리 가(Harley Street)의 탁월한 의사였던 아놀드 스토트 경(Sir Arnold Stott)의 아들로 태어났다. 아놀드 스토트는 의료적 기술만큼이나 불가지론자로도 유명한 사람이었다. 존 스토트는 럭비 학교(Rugby School)에서 교육을 받았으며, 그곳의 수석 학생이 되었다. 그는 영적으로 탐구심이 많았지만, 처음에는 신앙과 삶 사이에 어떤 의미 있는 연관도 발견할 수가 없었다. 후에 그는 이렇게 회상한다.

> 전형적인 사춘기 소년이었던 나는 나 자신에 대해 두 가지를 알았다. 분명 당시에는 그것을 이런 말로 명확히 표현할 수는 없었겠지만 말이다. 첫째, 하나님이 계시다면 나는 그분과 소원한 관계에 있다. 나는 그분을 찾으려 애썼으나, 그분은 내가 뚫고 나갈 수 없는 안개 속에 싸여 있는 듯이 보였다. 둘째, 나는 좌절했다. 나는 내가 어떠한 사람인지 알고 있었으며, 또한 내가 어떠한 사람이 되기를 간절히 원하는지 알고 있었다. 이상과 현실 사이에는 큰 간격이 놓여 있었다. 나는 이상은 높았으나 의지는 박약했다.[1]

하지만 이같이 영적으로 안식을 누릴 수 없었던 시절은 1938년 2월 럭비 학교 기독교 연맹(Christian Union)에서 에릭 내쉬(Eric

---

1) Timothy Dudley-Smith, *John Stott: The Making of a Leader*, vol. 1(Leicester, U. K. Downers Grove, Ill.: Inter-Varsity Press, 1999), p. 89. 「존 스토트」(IVP).

Nash)의 강연을 들은 후 마침내 종지부를 찍었다. 스토트의 회상에 따르면, "나를 그리스도께로 데려간 것은 이러한 좌절감 및 소외감, 그리고 역사적 그리스도가 내가 의식하고 있는 바로 그 필요를 채우겠다고 하셨다는 놀라운 소식이었다." 그는 후에 자신의 회심에 대해 이렇게 회상한다.

> 그 날 밤 내 침대 옆에서 나는 믿음의 실험을 했으며, 그리스도께 "문을 열었다." 나는 빛이 번쩍이는 것은 전혀 보지 못했다.…사실상 나는 아무런 감정적 체험도 하지 못했다. 그저 침대로 기어들어가 잠을 잤을 뿐이다. 몇 주 후, 심지어 몇 달 후에도 나는 내게 일어난 일에 대해 확신할 수가 없었다. 하지만 당시 내가 쓰던 일기에 분명히 나타나듯이, 나는 점차 예수 그리스도의 구원과 주권에 대해 더 분명히 이해하고 더 굳게 확신하게 되었다.[2]

존 스토트는 케임브리지 대학에 진학하여 현대 언어 과목에서 우등상을 받았으며, 그 후 영국 국교회에서 사역 훈련을 받을 때에는 신학 과목에서 우등상을 받았다. 1945년에 그는 지금 그의 이름 및 사역과 확고하게 연관되어 있는 런던의 한 교회의 부목사가 되었다. 랭햄 플레이스의 올 소울즈(All Souls) 교회였다. 이 기간 동안 올 소울즈 교회는 존 스토트의 역동적인 사역의 중심지가 되었다. 거기에는 손님초청 예배, 학생 선교대회 등의 개척 사역 및 전 세계를 무대로 행해진 빡빡한 스케줄 등이 포함되었다.

---

2) 앞의 책, pp. 93, 94.

이런 사명을 감당할 수 있도록 에너지를 준 것은 무엇이었는가? 어떠한 자원이 존 스토트를 이런 사역으로 몰아가 처음부터 끝까지 유지시켜 주었는가? 이 책을 읽으면 그 대답을 발견하게 된다. 존 스토트는 특별히 어둡고 힘든 시기에 제자의 삶을 유지해 주는 십자가의 지적·영적 풍요로움을 발견했으며, 그의 독자들도 발견할 수 있게 해준다. 십자가의 의미에 대한 존 스토트의 주의 깊은 분석은 "십자가가 모든 것을 변혁시킨다는 것…우리로 하여금 새롭게 하나님을 예배하게 하고, 자신에 대하여 새롭고 균형잡힌 이해를 하게 해주며, 선교에 대한 자극, 원수를 향한 새로운 사랑, 고통의 난국을 직면할 수 있는 새로운 용기를 준다"[3]는 것을 인식할 수 있게 해준다. 매순간 이 책의 독자들은 왜, 어떻게 십자가가 존 스토트의 믿음과 사역의 중심에 있었는지 깨닫게 될 것이다.

하지만 존 스토트는 이 책의 중요성이 궁극적으로는 그 주제 자체에 있다고 주장할 것이다. 그리스도인 지도자에게는 교회를 위해 그리고 세상을 위해 십자가의 의미를 설명하는 것보다 더 위대한 일, 더 해 볼 만한 일은 없다. 존 스토트의 대가다운 고찰은 네 가지 주요 부분으로 나뉜다. "십자가를 향하여", "십자가의 핵심", "십자가의 성취", "십자가 아래 사는 삶"이 그것이다. 첫 번째 부분은 기독교 역사를 개관하면서 어떻게 십자가가 놀라운 방식으로 기독교 신앙의 중심 주제이며 토대가 되는 이미지가 되었는지 살펴본다.

하지만 많은 독자들을 복음의 핵심으로 데려가는 것은 이 책의 두 번째와 세 번째 부분이다. 존 스토트는 인간의 상태를 담대하지

---

3) 「그리스도의 십자가」, p. 22.

만 주의 깊게 연구하면서 우리가 우리 자신의 상황을 바꿀 능력이 없음을 보여 준다. 우리는 죄인이다. 그리고 어떻게 그런 죄인들이 거룩하고 의로우신 하나님 존전에 서 있기를 기대할 수 있단 말인가? 우리의 본성에 대한 모든 것이 우리 앞을 가로막고 있는 듯이 보이는데 어떻게 우리가 그런 하나님께 다가가기를 기대할 수 있는가? 존 스토트의 대답은 본질적으로 고전적이며, 영감을 주는 점에서도 고전적이다. 즉 인간이 처한 상황에 하나님의 구원을 가져다 줄 수 있는 신적 구세주가 필요하다는 것이다. "오직 인간으로서의 그리스도는 우리의 대속자가 되실 수 없고, 오직 하나님이신 성부도 우리의 대속자가 되실 수 없다. 오직 그리스도 안의 하나님만이, 인간이 되신 성부 하나님의 독생자이신 그분만이 우리를 대신하실 수 있는 것이다."[4] 십자가는 하나님이 죄된 인간들에게 자신의 구원과 계시를 가져다주는 장소다. 존 스토트의 탐구는 그 어느 누구도 감히 도달하기를 바랄 수 없을 만한 명확한 성경 해설과 정확한 신학적 분석이 특징이다. 그것은 지난 20년 간 그러했듯이, 현재도 십자가의 의미에 대한 모범적인 복음주의적 이해를 보여 주는 최고의, 가장 설득력 있는 글이다.

 이 책 마지막 부분에서는 십자가와, 교회 및 세상에서 그리스도인의 제자도 간의 관계를 탐구한다. 우리는 "우리가 갖고 있다고 추정하는 바 우리 마음대로 할 권리"를 버리도록, 그리고 십자가에 달리신 그리스도의 권위 아래 오도록 부르심받는다.

---

4) 앞의 책, p. 302.

우리 자신을 부인한다는 것은 베드로가 예수님을 세 번 부인했을 때처럼 우리 자신을 부인한다는 것이다. 똑같은 동사(아파르네오마이, *aparneomai*)가 사용된다. 베드로는 예수님과 관계를 끊었다. 그분을 부인했다. 그분께 등을 돌렸다. 자기 부인이란 초콜렛, 케이크, 담배, 칵테일 같은 사치품들을 부인하는 것이 아니다(그런 것들을 포함할지는 모르지만). 그것은 실제로 자신을 부인하는 것, 자신과의 관계를 끊는 것, 우리 마음대로 할 수 있는 권리라고 여겨지는 것을 포기하는 것이다.[5]

우리가 생각하는 방식과 행동하는 방식은 십자가에 의해 형성되어야 한다. 이 책은 속죄 이론들을 철두철미하게 다루고 있지만, 존 스토트는 이러한 전통적인 지평을 훨씬 넘어 십자가와 현대와의 관계를 탐구하면서, 그것이 기독교 제자도, 성례, 믿음의 수수께끼들에 의미하는 바를 살펴본다. 그의 글은 십자가와 영적 관심사들 간의 연관을 탐구할 때 가장 빛난다. 어떻게 그리스도인들이 그리스도의 십자가를 통해 고난의 짐을 질 수 있게 되는가를 탐구할 때야말로 가장 그럴 것이다.

약점이 없는 책은 없다. 어떤 약점들은 본질적으로 내재하는 것이고, 어떤 것들은 시간이 흐름에 따라 생겨나는 것들이다. 예를 들어, 존 스토트는 성경 학문에서 다루는 몇 가지 주제들에 대한 판단을 내리는데, 그것은 지난 20년 간 이 분야에서 출판된 책들에 비추어 볼 때 재고할 만하다. 마찬가지로, 신학 학문 분야에서도 새로운

---

5) 앞의 책, pp. 529-530.

연구들이 나와 특정한 문제들에 대한 논의를 일으켰다. 나 개인적으로 생각하기엔 존 스토트는 그런 발전에 대한 그 자신의 평가에 비추어 자신의 주요 결론들을 특별히 바꿀 필요가 있다고 생각하지는 않을 것이다. 그럼에도 불구하고, 이러한 학문적 변화들에 대한 그의 반응과 그 변화들의 의의에 대한 그의 평가를 알아보는 것도 도움이 될 것이다. 다른 점에서 보면, 이 책이 처음 쓰인 이래 급격한 문화적 변화들로 인해서 이 책 마지막 몇 부분이 아마 처음보다는 설득력이 줄었을 것이다. 하지만 이렇게 20년이라는 시간이 지났음에도, 존 스토트의 판단은 여전히 인상적일 정도로 정확하다.

그렇다면 이 책은 충분히 연구해 볼 만한 가치가 있는 책이다. 출간된 지 20년이 지난 후에도 그것이 갖는 강한 영향력과 적실성은 이 책이 고전이 될 만한 가치가 충분히 있다는 것, 즉 한 세대 안에서 그리고 한 세대를 위해 쓰인 책이었으나 그 이후 세대들에게도 진리를 조명하는 중요한 책으로 남게 될 것을 시사한다.

# 참고 도서

본 참고 도서 목록에는 본서에서 언급된 저자들만을 포함시켰다. 몇몇 예외를 제외하고는, 비(非)영어 저작들은 가능한 쉽게 대할 수 있는 영어 번역본들로 소개해 놓았다(한국의 독자들을 위해 번역된 책들에 한해 한글 제목과 출판사 이름을 밝혀 두었다—편집자 주).

Abelard, P. Fairweather, E.(ed.), *A Scholastic Miscellany*를 보라.

Anderson, J. N. D., *Morality, Law and Grace*(Tyndale Press, 1972).

Anglican Roman Catholic International Commission(ARCIC), *Final Report* (Catholic Truth Society and SPCK, 1982).

Anselm, *Cur Deus Homo?* (1098), tr. Edward S. Prout(Religious Tract Society, 1880). 「인간이 되신 하나님」(한들).

Atkinson, David, *Peace in Our Time?* (IVP, 1985). 「평화의 신학」(나

눔사).

Atkinson, James, *Rome and Reformation Today*. Latimer Studies no. 12(Latimer House, 1982).

Aulen, Gustav, *Christus Victor* (1930; SPCK, 1931). 「구속론 연구」(대한기독교서회).

Bailey, Kenneth, *The Cross and the Prodigal* (Concordia, 1973).

Bainton, Roland H., *Erasmus of Christendom* (1969; Collins, 1970).

*Baptism, Eucharist and Ministry*. Faith and Order Paper no. 111 (World Council of Churches, 1982).

Barclay, O. R., *Whatever Happened to the Jesus Lane Lot?* (IVP, 1977).

Barclay, William, *Crucified and Crowned* (SCM, 1961).

Barraclough, Geoffrey(ed.), *The Christian World*: A social and cultural history of Christianity(Thames & Hudson, 1981).

Barth, Karl, *Church Dogmatics*, ed. G. W. Bromiley and T. F. Torrance, tr. G. W. Bromiley(T. & T. Clark, 1956-1957). 「교회교의학」(대한기독교서회).

Bauernfeind, O., "*nikao*", in *Theological Dictionary of the New Testament*, vol. IV(Eerdmans, 1967), pp. 942-945.

Baxter, Richard, *The Saints' Everlasting Rest* (1650), in *Practical Works*, vol. xxiii, ed. William Orme(James Duncan, 1830). 「성도의 영원한 안식」(크리스챤다이제스트).

Beckwith, R. T., Duffield, G. E. and Packer, J. I., *Across the Divide* (Marcham Manor Press, 1977).

Beeson, Trevor, *Discretion and Valour*: Religious Conditions in Russia and Eastern Europe(Collins, 1974).

Behm, Johannes, "*haima*", in *Theological Dictionary of the New*

Testament, vol. I(Eerdmans, 1964), pp. 172-177.
Berkhof, Hendrik, *Christ and the Powers*, tr. John Howard Yoder(Herald Press, 1962).
Berkouwer, G. C., *The Work of Christ* (Eerdmans, 1965).
Blunt, A. W. F., *The Epistle of Paul to the Galatians*. *The Clarendon Bible*(OUP, 1925).
Bonhoeffer, Dietrich, *The Cost of Discipleship*, tr. R. H. Fuller(1937; SCM, 1964). 「나를 따르라」(대한기독교서회).
──── *Letters and Papers from Prison*(1953; SCM, 1971). 「옥중 서간」(대한기독교서회).
Boswell, James, *Life of Johnson*. 2 vols. (Dutton, 1927).
Brasnett, B. R., *The Suffering of the Impassible God*(SPCK, 1928).
Bruce, F. F., *Colossians*. Simpson, E. K. and Bruce, F. F를 보라.
Brunner, Emil, *Man in Revolt*: A Christian anthropology, tr. Olive Wyon (1937; Lutterworth, 1939).
──── *The Mediator*, tr. Oliver Wyon(1927; Westminster Press, 1947).
Buchanan, Colin(ed.), *Essays on Eucharistic Sacrifice in the Early Church*. Grove Liturgical Study no. 40(Grove Books, 1984).
Büchsel, F., *"allassō and katallassō"*, in *Theological Dictionary of the New Testament*, vol. I(Eerdmans, 1964), pp. 251-259.
──── and Hermann, J., *"hilaskomai"*, in *Theological Dictionary of the New Testament*, vol. III(Eerdmans, 1965), pp. 300-323.
Bühlmann, Walbert, *The Coming of the Third Church* (1974; Orbis, 1978).
Bultmann, Rudolf, *Kerygma and Myth*, ed. Hans Werner Bartsch, tr. R. H. Fuller, 2 vols. (1948; SPCK, 1953). 「케리그마와 신화」(전망사).

Bushnell, Horace, *Forgiveness and Law*, grounded in principles interpreted by human analogies(Scribner, Armstrong & Co, 1874).

─── *The Vicarious Sacrifice*, grounded in principles of universal obligation(Alexander Strahan, 1866).

Buttrick, George A., *Jesus Came Preaching*. The 1931 Yale Lectures (Scribner, 1931).

Caird, G. B., *Principalities and Powers*: A Study in Pauline Theology (Clarendon Press, 1956).

Calvin, John, *Commentary on a Harmony of the Evangelists Matthew, Mark and Luke*, tr. W. Pringle. 3 vols. (Eerdmans, 1965).「존 칼빈 성경 주석」(성서원).

─── *Commentary on the Gospel According to St John*, tr. T. H. L. Parker. 2 vols. (Oliver & Boyd, 1961).

─── *Institutes of the Christian Religion* (1559), in the *Library of Christian Classics*, vols. XX and XXI, ed. John T. McNeill, tr. Ford Lewis Battles (Westminster Press, 1960).「기독교 강요」.

Campbell, John McLeod, *The Nature of the Atonement*, and its relation to remission of sins and eternal life(1856; Macmillan, 4th ed. 1873).

Carey, George L., "Justification by Faith in Recent Roman Catholic Thoelogy", in *The Great Acquittal*, ed. Gavin Reid(Collins, 1980).

─── "The Lamb of God and Atonement Theories", *Tyndale Bulletin* 32 (1983), pp. 97-122.

*Christian Witness to Traditional Religionists of Asia and Oceania*. Lausanne Occasional Paper no. 16(Lausanne Committee for World Evangelization, 1980).

Church of England Evangelical Council, *Evangelical Anglicans and* the ARCIC Final Report (Grove Books, 1982).

Cicero, *Against Verres*, tr. L. H. G. Greenwood, *The Verrine Orations*. 2 vols. (Heinemann, 1928-1935).

―――― *In Defense of Rabirius*, tr. H. G. Hodge, *The Speeches of Cicero* (Heinemann, 1927), pp. 452-491.

Clarkson, Margaret, *Destined for Glory*: the meaning of suffering(Eerdmans and Marshalls, 1983).

Clement of Alexandria, *Stromateis* (Miscellanies), in *The Ante-Nicene Fathers*, vol. II, ed. A. Roberts and J. Donaldson(1885 ; Eerdmans, 1975), pp. 299-567.

Clow, W. M., *The Cross in Christian Experience* (Hodder & Stoughton, 1910).

Coates, R. J., "The Doctrine of Eucharistic Sacrifice in Modern Times", in *Eucharistic Sacrifice*, ed. J. I. Packer(Church Book Room Press, 1962), pp. 127-153.

Coggan, F. Donald(ed.), *Christ and the Colleges*: a history of the Inter-Varsity Fellowship of Evangelical Unions(IVFEU, 1934).

―――― *The Glory of God*: Four studies in a ruling biblical concept (SCM, 1950).

Council of Trent. Schroeder, H. J., *Canons and Decrees*를 보라.

Cox, Harvey G., *On Not Leaving it to the Snake* (1964 ; SCM, 1968). 「뱀이 하는 대로 내버려두지 말라」(근역서제).

Craig, Mary, *Blessings*: an autobiographical fragment(Hodder & Stoughton, 1979).

Cranfield, C. E. B., *The Epistle to the Romans. International Critical Commentary*. 2 vols. (T. & T. Clark, 1975-1979). 「로마서 주석」(로고스).

―――― *The Gospel According to St Mark. Cambridge Greek New*

Testament Commentary series(CUP, 1959).

Cranmer, Thomas, *On the Lord's Supper* (1550); reprinted from *The Remains of Thomas Cranmer*, ed. H. Jenkyns(1833; Thynne, 1907).

──── *First Book of Homilies* (1547; SPCK, 1914).

Crawford, Thomas J., *The Doctrine of Holy Scripture Respecting the Atonement* (Wm Blackwood, 1871; 5th ed. 1888).

Cullmann, Oscar, *Baptism in the New Testament*, tr. J. K. L. Reid(1950; SCM, 1951).

──── *The Christology of the New Testament*, tr. S. C. Guthrie and C. A. M. Hall(1957; SCM, 1959). 「신약의 기독론」(나단출판사).

Cyprian, *Ad Thibaritanos* and *De Lapsis*, in *The Ante-Nicene Fathers*, vol. V, trans. Ernest Wallis(Eerdmans, 1981).

Dale, R. W., *The Atonement* (Congregational Union, 1894).

Denney, James, "Anger", in *A Dictionary of Christ and the Gospels*, ed. James Hastings, vol. I(T. & T. Clark, 1906), pp. 60-62.

──── *The Atonement and the Modern Mind* (Hodder & Stoughton, 1903).

──── *The Death of Christ*, ed. R. V. G. Tasker(1902; Tyndale Press, 1951).

*Didache*, in *Early Christian Fathers*, vol. I, tr. and ed. Cyril C. Richardson (SCM, 1953), pp. 161-179. 「디다케」(분도).

Dimock, Nathaniel, *The Doctrine of the Death of Christ*: in relation to the sin of man, the condemnation of the law, and the dominion of Satan (Elliot Stock, 1890).

Dix, Gregory(ed.), *The Apostolic Tradition of St Hippolytus of Rome* (SPCK, 1937).

─────── *The Shape of the Liturgy* (Dacre Press, 1945).

Dodd, C. H., *The Bible and the Greeks* (Hodder & Stoughton, 1935).

─────── *The Epistle of Paul to the Romans. The Moffatt New Testament Commentary* (Hodder & Stoughton, 1932).

─────── "*hilaskesthai*, Its Cognates, Derivatives and Synonyms, in the Septuagint", *Journal of Theological Studies* 32(1931), pp. 352-360.

─────── *The Johannine Epistles. The Moffatt New Testament Commentary* (Hodder & Stoughton, 1946).

Dunstone, A. S., *The Atonement in Gregory of Nyssa* (Tyndale Press, 1964).

Eareckson, Joni, *Joni* (Zondervan, 1976). 「조니」(보이스사).

─────── *A Step Further* (Zondervan, 1978).

Edwall, P., Hayman, E. and Maxwell, W. D.(eds.), *Ways of Worship* (SCM, 1951).

England, R. G., *Justification Today: The Roman Catholic and Anglican Debate*. Latimer Studies no. 4(Latimer House, 1979).

*Epistle to Diognetus*, in *The Ante-Nicene Fathers*, vol. I, ed. A. Roberts and J. Donaldson(1885 ; Eerdmans, 1981), pp. 23-30.

Fairweather, Eugene(ed.), *A Scholastic Miscellany: Anselm to Ockham. Library of Christian Classics*, vol. X (Macmillan, 1970).

Fichtner, Johannes, "*orgē*", in *Theological Dictionary of the New Testament*, vol. V(Eerdmans, 1967), pp. 394-408.

Forsyth. P. T., *The Cruciality of the Cross* (Hodder & Stoughton, 1909).

─────── *The Justification of God* (Duckworth, 1916).

────── *The Work of Christ* (Hodder & Stoughton, 1910).

Foxe, John, *Book of Martyrs* (1554; Religious Tract Society, 1926).

Franks, Robert S., *A History of the Doctrine of the Work of Christ*, in its ecclesiastical development (Hodder & Stoughton, 1918).

────── *The Work of Christ*: A historical study of Christian doctrine (1918; Thomas Nelson, 1962).

Gandhi, Mahatma, *An Autobiography* (1948; Jonathan Cape, 1966). 「간디 자서전」(한길사).

Glasser, William, *Reality Therapy*: a new approach to psychiatry (Harper & Row, 1965). 「현실 요법」(중앙적성출판부).

Glover, T. R., *The Jesus of History* (SCM, 1917; 2nd ed. 1920).

Gough, Michael, *The Origins of Christian Art* (Thames & Hudson, 1973).

Green, E. M. B., "Christ's Sacrifice and Ours", in *Guidelines*: Anglican Evangelicals Face the Future, ed. J. I. Packer (Falcon, 1967), pp. 89-117.

────── *The Empty Cross of Jesus* (Hodder & Stoughton, 1984). 「예수의 비어 있는 십자가」(요단출판사).

────── "Eucharistic Sacrifice in the New Testament and the Early Fathers", in *Eucharistic Sacrifice*, ed. J. I. Packer (Church Book Room Press, 1962), pp. 58-83.

────── *I Believe in Satan's Downfall* (1981; Hodder & Stoughton, 1984). 「나는 사탄의 멸망을 믿는다」(장신대출판부)

Green, Peter, *Watchers by the Cross*: thoughts on the seven last words (Longmans Green, 1934).

Gregory of Nazianzus, *Orations*, in *Nicene and Post-Nicene Fathers*, vol. III, ed. Philip Schaff and Henry Wace, tr. C. G. Browne and J.

E. Swallow (1893; Eerdmans, 1981), pp. 203-434.

Gregory of Nyssa, *The Catechetical Oration*, in *Nicene and Post-Nicene Fathers*, vol. V, ed. Philip Schaff and Henry Wace, tr. W. Moore and H. A. Wilson(1892; Eerdmans, 1979), pp. 473-509.

Grotius, Hugo, *A Defence of the Catholic Faith concerning the Satisfaction of Christ against Faustus Socinus* (1617), tr. F. H. Foster (W. F. Draper, 1889).

Grubb, Norman P., *Once Caught, No Escape: My Life Story* (Lutterworth, 1969).

Guillebaud, H. E., *Why the Cross?* (IVF, 1937).

Hamley, Colonel(Edward Bruce), *Voltaire* (W. Blackwood & Sons, 1877).

Hanson, A. T., *The Wrath of the Lamb* (SPCK, 1959).

Hardy, Alister, *The Divine Flame* (Collins, 1966).

Hart, H. L. A., *Punishment and Responsibility* (OUP, 1968).

Hebert, G. Edwall, P. *et al.*, *Ways of Worship*을 보라.

Heiler, Friedrich, *The Gospel of Sadhu Sundar Singh* (1924; George Allen & Unwin, 1927).

Hengel, Martin, *The Atonement*: The origin of the doctrine in the New Testament, tr. John Bowden(1980; SCM, 1981). 「신약성서의 속죄론」(대한기독교서회).

─── *Crucifixion*, tr. John Bowden(1976; SCM and Fortress Press, 1977); originally *Mors turpissima crucis*. 「십자가 처형」(대한기독교서회).

Heschel, Abraham, *The Prophets* (Harper & Row, 1962), 「예언자들」 (삼인).

Hoekema, Anthony A., *The Christian Looks at Himself* (Eerdmans,

1975). 「성경이 말하는 적극적 신앙이란?」(총신대출판부).

Hooker, Richard, *Of the Laws of Ecclesiastical Polity* (1593-97), in *The Works of Richard Hooker*, ed. John Keble. 3 vols. (OUP, 3rd ed. 1845).

"Sermon on Habakkuk i. 4"(1585), in *The Works of Richard Hooker*, ed. John Keble, vol. III(OUP, 3rd ed. 1845), pp. 483-547.

Ignatius, *Ad Ephesios*, in *The Ante-Nicene Fathers*, vol. I, ed. A. Roberts and J. Donaldson(1885 ; Eerdmans, 1981), pp. 49-58.

─────── *Ad Polycarp*, in *The Ante-Nicene Fathers*, vol. I, ed. A. Roberts and J. Donaldson (1885 ; Eerdmans, 1981), pp. 99-100.

Imbert, Jean, *Le Proces de Jesus* (Presses Universitaires de France, 1980).

Irenaeus, *Adversus Haereses*, in *The Ante-Nicene Fathers*, vol. I, ed. A. Roberts and J. Donaldson(1885 ; Eerdmans, 1981), pp. 315-567.

Jeeves, Malcolm A., Berry, R. J. and Atkinson, David, *Free to Be Different* (Marshalls, 1984).

Jeremias, Joachim, *The Central Message of the New Testament* (1955 ; SCM, 1966). 「신앙의 중심 메시지」(무설).

─────── *The Eucharistic Words of Jesus*, tr. N. Perrin(OUP, 1955).

─────── and Zimmerli, W., *"pais Theou"*, in *Theological Dictionary of the New Testament*, vol.V (Eerdmans, 1967), pp. 654-717.

─────── *"polloi"*, in *Theological Dictionary of the New Testament*, vol. VI (Eerdmans, 1968).

─────── and Zimmerli, W., *The Servant of God* (1952 ; SCM, 1957).

Josephus, *Jewish Antiquities*, tr. H. St J. Thackeray, Ralph Marcus *et al.* 6 vols. (Heinemann, 1930-1965). 「요세푸스」(생명의말씀사).

────── *Jewish War*, tr. H. St J. Thackeray. 2 vols. (Heinemann, 1927-1928).

Justin Martyr, *Dialogue with Trypho a Jew*, in *The Ante-Nicene Fathers*, vol. I, ed. A. Roberts and J. Donaldson(1885; Eerdmans, 1981), pp. 194-270.

────── *First Apology*, in *The Ante-Nicene Fathers*, vol. I, ed. A. Roberts and J. Donaldson(1885; Eerdmans, 1981), pp. 163-187.

Kinder, F. D., *Sacrifice in the Old Testament*(Tyndale Press, 1952).

King, Martin Luther, *Strength to Love* (1963; Hodder & Stoughton, 1964). 「사랑의 힘」(예찬사).

Kitamori, Kazoh, *Theology of the Pain of God*(1946; SCM, 1966). 「하나님의 아픔의 신학」(양서각).

*Koran, The*, tr. N. J. Dawood (Penguin, 3rd revised ed. 1958).

Küng, Hans, *Justification: The Doctrine of Karl Barth and a Catholic Reflection*(1957; Burns & Oates, 1964).

Lambeth Conference, *1958 Lambeth Conference Papers* (SPCK, 1958).

Lasserre, Jean, *War and the Gospel*(James Clarke, 1962).

Lewis, A. J., *Zinzendorf: The Ecumenical Pioneer. A Study in the Moravian contribution to Christian mission and unity* (SCM, 1962).

Lewis, C. S., *The Four Loves*(Geoffrey Bles, 1960). 「네 가지 사랑」(홍성사).

────── "The Humanitarian Theory of Punishment", in *Churchmen Speak*, ed. Philip E. Hughes (Marcham Manor Press, 1966), pp. 39-44.

────── *The Problem of Pain*(1940; Collins Fontana, 1957). 「고통의

문제」(홍성사).

———— *Surprised by Joy* (Geoffrey Bles, 1955). 「예기치 못한 기쁨」(홍성사).

Lewis, W. H.(ed.), *Letters of C. S. Lewis* (Geoffrey Bles, 1966).

Loane, Marcus L., *Archbishop Mowll* (Hodder & Stoughton, 1960).

Lombard, Peter, *Book of Sentences* (*Sententiarum Libri Quatuor*), in *Opera Omnia*, ed. J.-P. Migne, vol. 192(Paris, 1880), pp. 521-1112.

Lucian, *The Passing of Peregrinus*, tr. A. M. Harman, in *The Works of Lucian*, vol. 5(Heinemann, 1936), pp. 2-51.

Luther, Martin, *Commentary on the Epistle to the Galatians* (1535; James Clarke, 1953).

———— *Letters of Spiritual Counsel*, in the *Library of Christian Classics*, vol. XVIII, ed. Theodore G. Tappert(SCM, 1955).

Mackintosh, Robert, *Historic Theories of the Atonement* (Hodder, 1920).

Maclaren, Alexander, *The Epistles of Paul to the Colossians and Philemon. The Expositor's Bible* (Hodder & Stoughton, 1896).

Marshall, I. H., *The Work of Christ* (Paternoster Press, 1969).

McCrossan, T. J., *Bodily Healing and the Atonement*, ed. Roy Hicks and Kenneth E. Hagin(1930; Faith Library Publications, 1982).

McGrath, Alister, "The Moral Theory of the Atonement: An Historical and Theological Critique", *Scottish Journal of Theology* 38(1985), pp. 205-220.

Menninger, Karl, *Whatever Became of Sin?* (Hawthorn Books, 1973).

Miller, J. H., "Cross" and "Crucifix", in *The New Catholic Encyclopedia*, vol. 4(McGraw Hill, 1980), pp. 473-479 and 485.

Moberly, R. C., *Atonement and Personality* (1901).

Moltmann, Jürgen, *The Crucified God*: The cross of Christ as the foundation and criticism of Christian theology(1973; SCM, 1974). 「십자가에 달리신 하나님」(한국신학연구소).

Morgan, G. Campbell, *Evangelism* (Henry E. Walter, 1964).

Morris, Leon, *The Apostolic Preaching of the Cross* (Tyndale Press, 1955).

_____ *The Atonement*: Its meaning and significance(IVP, 1983). 「속죄의 의미와 중요성」(생명의말씀사).

_____ *The Cross in the New Testament* (Paternoster Press, 1965). 「신약의 십자가」(CLC).

_____ "The use of *hilaskesthai* etc. in Biblical Greek", *The Expository Times* lxii.8(1951), pp. 227-233.

Moule, C. F. D., *The Sacrifice of Christ* (Hodder & Stoughton, 1956).

Moule, Handley C. G., *Colossian Studies* (Hodder & Stoughton, 1898).

Mowrer, O. Hobart, *The Crisis in Psychiatry and Religion* (Van Nostrand, 1961).

Mozely, J. K., *The Doctrine of the Atonement* (Duckworth, 1915).

_____ *The Impassibility of God*: a survey of Christian thought (CUP, 1926).

Muggeridge, Malcolm, *Jesus Rediscovered* (Collins, 1969).

Murray, Iain H., *David Martyn Lloyd-Jones* (Banner of Truth, 1982). 「마틴 로이드존스의 전기」(청교도신앙사).

Murray, John, *The Epistle to the Romans*, 2 vols. in 1(Marshall, Morgan & Scott, 1960-1965). 「뉴인터내셔널 주석 로마서 上下」(생명의말씀사).

_____ *Redemption Accomplished and Applied* (Eerdmans, 1955;

Banner of Truth, 1961). 「구속론」(성광문학사).

Neil, William, *Apostle Extraordinary* (Religious Education Press, 1965).

Neill, S. C., *Christian Faith Today* (Penguin, 1955).

―― *Crises of Belief* (Hodder & Stoughton, 1984).

―― "Jesus and History", in *Truth of God Incarnate*, ed. E. M. B. Green (Hodder & Stoughton,1977).

Nicole, Roger R., "C. H. Dodd and the Doctrine of Propitiation", *Westminster Theological Journal* xvii. 2(1955), pp. 117-157.

Nietzsche, Friedrich, *The Anti-Christ* (1895 ; Penguin, 1968). 「안티크리스트」(박영사).

Nygren, Anders, *Agape and Eros*: a study of the Christian idea of love, tr. A. G. Hebert. 2 vols. (SPCK, 1932-1939). 「아가페와 에로스」(크리스챤다이제스트).

―― *A Commentary on Romans* (1944 ; Fortress Press, 1949).

O'Brien, Peter, *Commentary on Colossians*. Word Biblical Commentary, vol. 44 (Word Books, 1982).

"Principalities and Powers, Opponents of the Church", in *Biblical Interpretation and the Church*: Text and Context, ed. D. A. Carson (Paternoster Press, 1984), pp. 110-150.

O'Donovan, Oliver, *In Pursuit of a Christian View of War*. Grove Booklets on Ethics no. 15(Grove Books, 1977).

Origen, *Ezek. Hom.*, in *Opera Omnia*, ed. J.-P. Migne, vol. 13(Paris, 1862), pp. 663-767.

Orr, James, *The Progress of Dogma* (Hodder & Stoughton, 1901).

Packer, J. I., "Justification", in *New Bible Dictionary* (IVP, 2nd ed.

1982), pp. 646-649. 「새 성경사전」(CLC).

———— "What Did the Cross Achieve? The Logic of Penal Substitution", *Tyndale Bulletin* 25 (1974), pp. 3-45.

Paterson, W. P., "Sacrifice", in *A Dictionary of the Bible*, ed. James Hastings (T. & T. Clark, 1902), pp. 329-349.

Philo, *Ad Gaium*, tr. C. D. Yonge, in *Works*, vol. 4(Henry G. Bohn, 1855).

Piper, John, "Is Self-love biblical?", *Christianity Today*, 12 August 1977, p. 6.

Pius XI, *Ad Catholici Sacerdotii* (Catholic Truth Society, 1935).

Pius XII, *Mediator Dei* (Catholic Truth Society, 1947).

Plato, *Phaedo*, tr. H. N. Fowler (Heinemann, 1914), pp. 200-403. 「파이돈」(범우사).

Pocknee, Cyril E., *The Cross and Crucifix in Christian Worship and Devotion*. Alcuin Club Tracts xxxii(Mowbray, 1962).

Poulton, John, *The Feast of Life*: a theological reflection on the theme Jesus Christ—the life of the world(World Council of Churches, 1982).

Price, Tony, *Evangelical Anglicans and the Lima Text*. Grove Worship series no. 92(Grove Books, 1985).

Priestland, Gerald, *The Case Against God* (Collins, 1984).

———— *Priestland's Progress*: one man's search for Christianity now(BBC, 1981).

Ramsey, A. Michael, *The Glory of God and the Transfiguration of Christ* (Longmans Green, 1949).

Rashdall, Hastings, *The Idea of Atonement in Christian Theology* (Macmillan, 1919).

Robinson, H. Wheeler, *Suffering Human and Divine* (SCM, 1940).

Sanday, W. and Headlam, A. C., *The Epistle to the Romans. International Critical Commentary* (T. & T. Clark, 5th ed. 1902).

Schroeder, H. J., *The Canons and Decrees of the Council of Trent* (1941; Tan Books, 1978).

Shaw, George Bernard, *Major Barbara* (1905).

Sider, Ronald and O'Donovan, Oliver. *Peace and War: a debate about pacifism* (Grove Books, 1985).

Silvester, Hugh, *Arguing with God* (IVP, 1971).

Simon, Ulrich E., *A Theology of Auschwitz* (Gollancz, 1967).

Simpson, E. K. and Bruce, F. F., *Commentary on the Epistles to the Ephesians and the Colossians. New London Commentary* (Marshalls, 1957); *New International Commentary on the New Testament* (Eerdmans, 1957). 「뉴인터내셔널 주석 에베소서-골로새서」(생명의말씀사).

Simpson, P. Carnegie, *The Fact of Christ* (Hodder & Stoughton, 1900).

Skinner, B. F., *Beyond Freedom and Dignity* (1971; Pelican, 1973).

Smith, George D.(ed.), *The Teaching of the Catholic Church* (Burns Oates, 2nd ed. 1952).

Sobrino, Jon, *Christology at the Crossroads* (1976; Orbis, SCM, 1978).

Socinus, Faustus, *De Jesu Christo Servatore* (1578), tr. Thomas Rees (London, 1818).

Stählin, Gustav, "*orgē*", in *Theological Dictionary of the New Testament*, vol. V(Eerdmans, 1967), pp. 419-447.

Stibbs, Alan M., *The Finished Work of Christ*. The 1952 Tyndale Biblical Theology Lecture (Tyndale Press, 1954).

―――― *The Meaning of the Word 'Blood' in Scripture* (Tyndale

Press, 1948).

Stott, John R. W., *The Message of Ephesians: God's new Society*. The Bible speaks today series (IVP, 1979). 「에베소서 강해」(IVP 근간).

―――― *The Message of the Sermon on the Mount: Christian Counter-Culture*. The Bible speaks today series (IVP, 1978). 「예수님의 산상설교」(생명의말씀사).

Swete, H. B., *The Gospel According to St Mark* (Macmillan, 1898).

Tallentyre, S. G., *The Life of Voltaire*. 2 vols. (London, 1903).

Tasker, R. V. G., *The Biblical Doctirine of the Wrath of God* (Tyndale Press, 1951).

Tatlow, Tissington, *The Story of the Student Christian Movement of Great Britain and Ireland* (SCM, 1933).

Taylor, Vincent, *The Atonement in New Testament Teaching* (Epworth Press, 1940).

―――― *Forgiveness and Reconciliation*: a study in New Testament theology (Macmillan, 2nd. ed. 1946).

―――― *Jesus and His Sacrifice*: a study of the passion-sayings in the Gospels (Macmillan, 1937).

Temple, William, *Christus Veritas* (Macmillan, 1924).

―――― *Citizen and Churchman* (Eyre & Spottiswoode, 1941).

―――― *Readings in St John's Gospel*, 2 vols. (Macmillan, 1939-1940).

Tertullian, *Adversus Praxean*, in *The Ante-Nicene Fathers*, tr. Holmes, vol. III, ed. A. Roberts and J. Donaldson(Eerdmans, 1973), pp. 597-627.

―――― *De Carne Christi*, in *The Ante-Nicene Fathers*, tr. Holmes, vol. III, ed. A. Roberts and J. Donaldson(Eerdmans, 1973), pp.

521-542. 「그리스도의 육신론」(분도).

─────── De Corona, in The Ante-Nicene Fathers, tr. S. Thelwall, vol. III, ed. A. Roberts and J. Donaldson(Eerdmans, 1973), pp. 93-103.

Thompson, R. J. and Beckwith, R. T., "Sacrifice and Offering", in New Bible Dictionary (IVP, 2nd ed. 1982), pp. 1045-1054. 「새 성경사전」(CLC).

Tizard, L. J., Preaching: the art of communication(OUP, 1959).

Tournier, Paul, Creative Suffering (1981; SCM, 1982). 「고통보다 깊은」(IVP).

Treuherz, J., Pre-Raphaelite Paintings (Lund Humphries, 1980).

Turner, H. E. W., The Patristic Doctrine of Redemption (Mowbray, 1952).

Tyndale, William, Doctrinal Treatises, Packer Society (CUP, 1848).

Vanstone, W. H., Love's Endeavour, Love's Expense: the response of being to the Love of God (Darton, Longman & Todd, 1977).

Vidler, Alec R., Essays in Liberality (SCM, 1957).

Vitz, Paul, Psychology as Religion: The Cult of Self-Worship (Eerdmans, 1977). 「심리학의 종교성」(교내과학사).

Vivekananda, Swami, Speeches and Writings (G. A. Natesan, Madras, 3rd ed.).

Wace, Henry, The Sacrifice of Christ: its vital reality and efficacy (1898; Church Book Room Press, 1945).

Wallace, Ronald S., The Atoning Death of Christ (Marshalls, 1981).

Warfield, B. B., Biblical Doctrines (OUP, 1929).

─────── The Person and Work of Christ, ed. Samuel G. Craig (Presbyterian & Reformed Publishing, 1950).

Warren, M. A. C., *Interpreting the Cross* (SCM, 1966).
Waterland, Daniel, *A Review of the Doctrine of the Eucharist* (1737; Claren-don Press, 1896).
Webster, Douglas, *In Debt to Christ* (Highway Press, 1957).
─────── *Yes to Mission* (SCM, 1966).
Wells, David F., *Revolution in Rome* (IVP, 1972).
─────── *The Search for Salvation* (IVP, 1978).
Wenham, G. J., *Numbers. Tyndale Old Testament Commentaries* (IVP, 1981). 「틴델 구약주석 민수기」(CLC).
Westcott, B. F., *Commentary on the Epistles of John* (Macmillan, 1883).
─────── *The Epistle to the Hebrews* (1889; Macmillan, 3rd ed. 1903).
─────── *The Historic Faith* (Macmillan, 6th ed. 1904).
*Westminster Confession of Faith*: The Proposed Book of Confessions of the Presbyterian Church in the United States (1976), pp. 77-101. 「웨스트민스터 신앙고백」(생명의말씀사).
Whale, J. S., *Victor and Victim*: the Christian doctrine of redemption (CUP, 1960).
White, Douglas, "The Nature of Punishment and Forgiveness", in *Papers in Modern Churchmanship*, no. II, ed. C. F. Russell (Longmans Green, 1924), pp. 6-9.
Wiesel, Elie, *Night* (1958; Penguin, 1981). 「흑야」(분도).
Williams, Rowan, *Eucharistic Sacrifice—The Roots of a Metaphor*. Grove Liturgical Study no. 31(Grove Books, 1982).
Willmer, Haddon, in *Third Way*, May 1979.
Wright, Tom, "Justification: The Biblical Basis and its Relevance for Contemporary Evangelicalism", in *The Great Acquittal*, ed. Gavin Reid (Collins, 1980).

Yancey, Philip, *Where is God when it hurts?* (Zondervan, 1977). 「내가 고통당할 때 하나님은 어디 계십니까?」(생명의말씀사).

Zwemer, Samuel M., *The Glory of the Cross* (Marshall, Morgan & Scott, 1928).

# 인명 색인

Abelard, P. 226, 228, 229, 265, 410, 411, 412, 413
Agrippa I, King 90
Ambrose 218, 436
Anderson, J. N. D. 174
Anselm 18, 162, 221, 222, 224, 225, 226, 228, 250, 265, 297, 398, 410, 413, 415, 418, 435, 436, 437, 438, 452
Aquinas, Thomas 226
Atkinson, D. 174, 175, 576, 589
Atkinson, J. 344
Augustine 212, 246, 436
Aulen, G. 435, 436, 437, 438, 478
Ayer, A. J. 75

Bailey, K. E. 421, 422
Baillie, D. 506
Bainton, R. H. 665
Barclay, O. R. 15
Barclay, W. 102
Barraclough, G. 33
Barth, K. 277, 278, 288, 302, 326, 327, 344, 345, 399, 527
Bauernfeind, O. 469
Baxter, R. 139
Beckwith, R. T. 23, 259, 342, 344, 514
Beeson, T. 257
Behm, J. 338
Berkhof, H. 444
Berkouwer, G. C. 246, 417
Bernard of Clairvaux 226
Berry, R. J. 174, 175
Bethge, E. 633
Blunt, A. W. F. 278, 659, 660
Bonar, H. 110
Bonhoeffer, D. 529, 633
Boswell, J. 463
Brand, P. 598
Brasnett, B. R. 629

Bruce, F. F. 367, 445, 448
Brunner, E. 77, 78, 164, 167, 177, 178, 203, 204, 230, 231, 245, 247, 250, 306, 371, 372, 376
Buchanan, C. O. 509
Büchsel, F. 320, 328, 332, 333, 370
Bühlmann, W. 635
Bultmann, R. 440, 441
Bushnell, H. 267
Buttrick, G. A. 298

Caird, G. B. 444
Caligula 90
Calvin, J. 150, 151, 227, 246, 266, 326, 389, 390, 446, 494, 576, 583
Campbell, J. M. 266, 267
Carey, G. L. 262, 344
Cicero 40
Clarkson, Margaret 617
Clement of Alexandria 629
Clow, W. M. 487, 488
Coates, R. J. 504, 505
Coggan, F. D. 16, 387
Cox, H. G. 187
Craig, Mary 607
Craig, S. G. 632
Cranfield, C. E. B. 151, 197, 252, 253, 394, 453, 454, 530, 576
Cranmer, T. 15, 211, 227, 341, 342, 350, 358, 494, 495, 496, 497, 512
Crawford, T. J. 149, 252, 260, 271, 279, 280, 377, 423, 439
Cullmann, O. 272, 274
Cyprian 36, 37

Dale, R. W. 18, 150, 203, 215, 220, 221, 299, 418
Darwin, C. 75
Denney, J. 18, 162, 196, 222, 251, 252, 237, 372, 373, 374, 398, 416, 454
Dimock, N. 215, 221
Dix, G. 36, 504
Dodd, C. H. 192, 193, 195, 318, 319, 320, 321, 323, 396
Dodd, V. T. 336
Duffield, G. E. 342, 344
Duns Scotus 226
Dunstone, A. S. 214

Eadie, J. 438, 439
Eareckson, Joni 601, 602
Edwall, P. 508
Eliot, T. S. 190
England, R. G. 344
Erasmus 665
Eusebius 36, 494

Fairweather, E. 411
Fichtner, J. 200
Forsyth, P. T. 76, 164, 230, 243, 247, 248, 287, 288, 325, 326, 336, 373, 399, 404, 439, 640
Foxe, J. 138
Franks, R. S. 212, 219, 221, 412
Fromm, E. 521

Gandhi, M. 74
Gardner, Helen 288
Glasser, W. 185
Glover, T. R. 148
Gough, M. 33
Green, E. M. B. 21, 79, 440, 441, 444, 451, 452, 469, 475, 494, 515
Green, P. 110
Gregory of Nazianzus 212, 290
Gregory of Nyssa 213
Gregory Thaumaturgus 629
Gregory, the Great 436

Grotius, H. 228, 229, 230, 250
Grubb, N. P. 16
Gryn, H. 636
Guillebaud, H. E. 21

Hagin, K. E. 465
Hamley, E. B. 595
Hanson, A. T. 193, 194, 195, 317
Hardy, A. 210
Hart, H. L. A. 171
Hayman, E. 508
Haynal, A. 609
Headlam, A. C. 341
Hebert, G. 507, 508
Heiler, F. 140
Heine, H. 162
Hengel, M. 39, 88, 118, 274, 275, 529
Hermann, J. 320
Heschel, A. 631
Hilary 218
Hippolytus 35, 36
Hoekema, A. A. 533, 537, 538
Hooker, R. 37, 38, 357, 375, 376
Hughes, P. E. 190

Ignatius 138, 290, 629
Imbert, J. 86
Irenaeus 436, 494, 629
Italiander, R. 634

Jeeves, M. A. 174, 175
Jeremias, J. 51, 132, 133, 272, 275, 276, 280, 309, 335, 341, 445, 659, 660
Jerome 494
John of Damascus 436
Johnson, D. 17, 18
Johnson, S. 463
Josephus 40, 90, 103, 320, 321, 333

Justin Martyr 41, 80

Kidner, F. D. 259, 338
King, M. L. 574
Kingdon, D. P. 112
Kitamori, K. 633
Kolbe, M. 257
Küng, H. 344, 345, 346, 347, 348

Lasserre, J. 576, 577
Leo, the Great 436
Lewis, A. J. 556, 558
Lewis, C. S. 99, 170, 188, 190, 400, 598, 599, 618
Lewis, W. H. 190
Lloyd-Jones, D. M. 17, 18
Loane, M. L. 15
Lombard, P 214, 412, 413
Lucian 42
Luther, M. 78, 151, 227, 341, 345, 346, 353, 357, 375, 395, 408, 438, 458, 494, 523, 576, 583, 585, 633, 661, 667

Mackintosh, R. 212
Maclaren, A. 446
Marshall, I. H. 285
Maslow, A. 521
Maxwell, W. D. 508
May, R. 521
McCrossan, T. J. 465, 466
McGrath, A. 412, 681
Menninger, K. 168, 169, 185, 186
Miller, J. H. 33
Moberly, R. C. 268
Moltmann, J. 408, 409, 430, 633
Morgan, G. C. 672, 673
Morris, D. 520
Morris, L. 20, 196, 259, 320, 321, 322,

329, 331, 338, 353, 354, 371
Moule, C. F. D. 509, 668
Moule, H. C. G. 446
Mowll, H. 15
Mowrer, O. H. 184, 185, 186
Mozley, J. K. 212, 629, 631
Muggeridge, M. 80
Murray, I. H. 18
Murray, J. 112, 285
Musser, J. 602

Neil, W. 323
Neill, S. C. 78, 162, 288, 289, 306
Nicole, R. 320, 321
Nietzsche, F. 74, 75, 180, 639
Nygren, A. 400, 459

O'Brien, P. T. 366, 367, 444, 445
O'Donovan, O. 576, 584
Origen 39, 213, 629
Orr, J. 411, 415, 416
Owen, J. 279

Packer, J. I. 268, 269, 342, 344, 356
Parker, J. 595, 672
Paterson, W. P. 254
Philo 90, 320, 321
Piper, J. 522
Pius XI 500
Pius XII 501
Plato 124, 137
Plutarch 629
Pocknee, C. E. 33
Polycarp 138, 629
Pope, A. 594
Poulton, J. 619
Price, T. 509
Priestland, G. 181, 636

Ramsey, A. M. 386, 505
Rashdall, H. 412, 413, 414, 415, 420
Raven, C. E. 15
Rentchnick, P. 608
Robinson, H. W. 418, 632
Rogers, C. 521
Rubinstein, R. 636

Sanday, W. 341
Schroeder, H. J. 500
Shaw, G. B. 304
Shillito, E. 642, 643
Sider, R. 576
Silvester, H. 598, 599
Simon, U. E. 620, 621
Simpson, E. K. 367
Simpson, P. C. 164
Singh, S. S. 139, 140
Skinner, B. F. 170, 171, 520
Smith, G. D. 607
Smith, T. D. 676
Sobrino, J. 635, 636
Socinus, F. 265
Stählin, G. 204
Stibbs, A. M. 337, 338, 505, 506
Stott, A. 676
Stott, J. R. W. 676
Swete, H. B. 97, 469, 529

Tallentyre, S. G. 595
Tasker, R. V. G. 192
Tatlow, T. 15, 17
Taylor, V. 19, 20, 274, 336
Temple, W. 164, 248, 368, 508, 509, 534, 535, 630, 643
Tertullian 35, 218, 290, 292
Thompson, R. J. 259
Tizard, L. J. 596
Toplady, A. 307

Tournier, P. 608, 609
Toynbee, A. 520
Treuherz, J. 28
Turner, D. 23
Turner, H. E. W. 212, 440
Tymms. V. 631
Tyndale, W. 15, 337, 526, 527

Vanstone, W. H. 406, 407
Vidler, A. R. 174
Vitz, P. 521
Vivekananda, S. 306
Voltaire 593, 594, 595

Wace, H. 217, 218
Wallace, R. S. 21, 232
Warfield, B. B. 136, 137, 230, 255, 256, 329, 330, 331, 332, 632
Warren, M. A. C. 539
Waterland, D. 494, 499, 513

Watts, I. 428
Webster, D. 145, 551
Wells, D. F. 328, 344
Wenham, G. J. 259
Wesley, C. 289
Wesley, J. 557
Westcott, B. F. 205, 331, 336, 337, 338
Whale, J. S. 276
White, D. 420, 421
Wiesel, E. 637
Williams, R. 508, 509, 513, 514, 518
Willmer, H. 589
Winslow, O. 112
Wright, N. T. 355, 359

Yancey, P. 598, 627, 628

Zimmerli, W. 272
Zwemer, S. M. 72, 73

# 주제 색인

가롯 유다(Judas Iscariot) 100
가야바(Caiaphas) 87, 95, 106, 143, 389
가족 관계(family relationships) 536,
　547, 566, 567
거룩(holiness) 490, 604, 665
거룩한 친교(Holy Communion) '주의
　만찬'을 보라.
겟세마네(Gethsemane) 123, 134, 285
계시(revelation) 77, 78, 113, 385, 631
고난(suffering) 593
　고난받는 종(Servant) 53, 272, 539,
　　551, 552, 610, 611, 612
　문제(problem of) 594
　반응(response to) 603
　하나님의(of God) '신의 수난론'과
　　'성부 수난론'을 보라.
고백(confession) 186
고전적 견해(classic view) '속죄'를 보
　라.
골고다(Golgotha) 88, 144

공동체(community) 358, 359, 364, 483
공식 기도서(Book of Common Prayer)
　495
공의(의, justice) 356-357, 358, 359,
　391, 554, 555, 633
교회(church) 290, 338, 339, 359, 476,
　547, 548, 567, 576, 577, 611
구레네 시몬(Simon of Cyrene) 71, 88,
　144, 528
구속(redemption) 34, 62, 65, 314, 315,
　328, 378, 418, 536
　세속적(secular) 329
구속적 고난(redemptive suffering) 608
구원(salvation) 61, 65-68, 155, 313,
　396, 664
　행위로써(by works) 325, 350, 357,
　　358, 359
국가(state) 568
　권위(authority of) 579, 580, 581
　역할(role of) 577

권위(권세, authority) 95, 549, 571, 579
그레고리우스 대제(Gregory the Great) 436
그리스도(Christ) '예수 그리스도'를 보라.
그리스도의 몸(body of Christ) '성례전'을 보라.
그리스도의 희생의 유일성(unique-ness of Christ's sacrifice) 497
기아와 빈곤(hunger and poverty) 634

낙관주의(optimism) 594
니케아 신조(Nicene Creed) 119

다락방(upper room) 388
단성론(Monophysitism) 293
대신하는 속죄(vicarious substitution) 18, 19, 267
대제사장(high priest) 271
대학살(holocaust) 620, 634, 636, 637
데시우스(Decius) 36
'도덕적 영향력' 이론('moral influence' theory) '속죄'를 보라.
도덕적 정의(moral justice) 194
도덕적 책임(moral responsibility) 169, 532
도미티안(Domitian) 470
동정심(compassion) '하나님(사랑)'을 보라.
디베료 가이사(Caesar, Tiberius) 94
디오그네투스에게 보낸 편지(*Epistle to Diognetus*) 375

레오 교황(Leo the Great) 436
로마(Rome) 39, 40, 85, 179, 473
    로마 군사들(Roman soldiers) 85

마귀(devil) '사탄'을 보라.
마리아(Mary, 예수님의 어머니) '하나님을 낳은 자'를 보라.

만족시킴(satisfaction) 18, 215, 410, 419, 439
율법(of law) 215
하나님(of God) 232, 248, 298, 299
메시아(Messiah) 32, 44, 51, 75, 108, 176, 276, 295, 332, 403, 441, 472, 539
모라비아 교도(Moravians) 556, 557
모세(Moses) 257, 354, 389
물활론(animism) 449
미사(mass, 로마 가톨릭의) 494
믿음(faith) 349, 350, 351, 356, 357, 622

바라바(Barabbas) 93, 528
박해(persecution) 663, 664, '순교자들'을 보라.
반역(rebellion) 167, 586
반종교개혁(Counter-Reformation) '트렌트 공의회'를 보라.
배반(betrayal) 101, 102, 109
배상(restitution) 185, 231
번영의 복음(prosperity gospel) 551
변신론(theodicy) 392, 393, 397, 399, 429
복음(gospel) 14, 395, 652
복음의 보편적 전망(universal scope of the gospel) '이방인들'을 보라.
복음주의자들(Evangelicals) 349
부활(resurrection) 55, 60, 153, 450, 464, 523, 525, 527, 556, 619, 654
분노(anger) '하나님(진노)'을 보라.
분리(separation) 405
불교(Buddhism) 639
불법(lawlessness) 215
빌라도(Pilate) 87, 106, 144, 294, 653

사탄(Satan) 101, 212, 472, 597
그의 패배(his defeat) 440, 445

◈ 주제 색인 711

사랑(love)
  인간의(human) 406
  하나님의(of God) '하나님(사랑)'을 보라.
사벨리안주의(Sabellianism) 292
사절(ambassadors) 378
선교(mission) 450, 551, 614, 664, '전파와 십자가'를 보라.
섬김(service) 547, 610
성경(Scripture) 22, 54, 55, 180
성령(Holy Spirit) 22, 34, 204, 290, 334, 340, 352, 402, 454, 530, 537, 619, 666
성례전(sacraments) 491, 657
성부 수난론(Patripassianism) 292, 293, 627
성육신(육화, incarnation) 63, 302, 335, 389, 505, 552
성찬(eucharist) '주의 만찬'을 보라.
성찬식 제사(eucharistic sacrifice) 492
성화(sanctification) 347
세례(baptism) 30, 38, 343, 352, 491, 524, 525, 530, 615
세례, 성찬식, 사역(Baptism, Eucharist and Ministry) 509
(현대의) 세상(world, modern) 22, 475, 476, 546, 550, 634, 635
소망(hope) 615
소외(alienation) 361, 378
소크라테스(Socrates) 124, 137
속전(ransom) 329, 379, 380, 397, 410, 505
속죄(atonement) 17, 18, 19, 20, 78, 162, 185, 231, 255, 260, 300, 361, 380, 497
  객관적 견해(objective view) 222, 435
  고전적 견해(classic view) 436
  날(day of) 270

'도덕적 영향력' 이론('moral influence' theory) 226, 410, 435
속전 이론(ransom theory) 213, 227
주관적 견해(subjective view) 268, 410, 435
형벌 이론(penal theory) 215, 265
속죄 염소(scapegoat) 271
속함(expiation) 230, 318, 328
수난의 예고(prediction of the passion)
  공관 복음(in the Synoptics) 43, 55, 451
  요한복음(in John's Gospel) 48, 49, 50, 55
순교자들(martyrs) 36, 612, 614
승리(victory) 433
시민 불복종(civil disobedience) 586이하
신비(mystery) 22
신비 종교(occult) 475
신의 수난론(Theopaschitism) 293, 629
심리학(psychology) 521
심판(judgement)
  심판의 날(day of) 393, 626
  장래(future) 392
십자가(cross)
  갈라디아인들(Galatians) 649
  그리스도의 마음의(in Jesus mind) 42, 123
  사도행전(in Acts) 56
  서신서들(in Epistles) 61
  예수님의 마음에 있는 중심성(centrality in Jesus' mind) 42
  지혜와 능력(wisdom and power displayed) 62, 563
  표적과 상징(sign and symbol of) 32, 409
십자가상(crucifix) 35
십자가에 못박힘(crucifixion) 39, 87, 297, 445, 528, 665

아담(Adam)　175, 185, 306, 460, 463, 484
아브라함(Abraham)　127, 257, 278, 359, 391, 663
악(evil)
　문제(problem of)　391, 593
　반응(response to)　196, 569
　악과 선(evil and good)　571-575, 587, 588
　정복(conquest of)　433, 573, 587
　악과의 갈등(conflict with evil)　'악'을 보라.
야심(ambition)　543
양심(conscience)　182
양자 삼음(adoption)　269, 343, 362, 438, 665, 666
양태론(Modalism)　291이하
어두움(darkness)　145
언약(covenant)　127, 129, 131, 152, 240, 263, 289
예루살렘(Jerusalem)　54, 69, 176, 447, 632
예배(worship)　513, 516
예수 그리스도(Jesus Christ)
　고난받는 종(as suffering Servant)　272
　구세주(as Saviour)　66, 264
　때(hour of)　48, 49, 388
　모욕(blasphemy)　96
　본보기(as example)　229
　생명의 떡(as Bread of Life)　130
　선교(사명, mission of)　43, 124, 534
　선한 목자(as Good Shepherd)　111, 118, 389
　아들(as Son)　64, 284, 326, 327, 387, 388, 403
　양(as Lamb)　65, 262, 263, 264, 267, 289, 290, 389, 471, 488, 516, 556, 626
　완성된 사역(finished work of)　124, 152, 373, 505, 506
　왕(as King)　67
　유혹(temptation of)　447
　인간(as Man)　281
　제사장(as Priest)　64, 335, 494
　죄 없으심(innocence of)　91
　주(as Lord)　67, 338
　주권(supremacy of)　366
　죽음(death of)　129, 130, 131, 388, 401, 402, 530, 531, 619, 650, 651, 652
　중보자(as Mediator)　77
온전함(perfection, perfectionism)　602, 603
용서(죄사함, 사죄, forgiveness)　127, 161, 298, 341, 411, 444, 445, 565, 566, 589
유기의 외침(cry of dereliction)　123, 143, 409
유월절(Passover)　42, 47, 124, 131, 132, 133, 261, 280, 488, 489
유월절 양(lamb, paschal)　132, 133, 261, 488, 516
유전(전통, tradition)　22, 96
율법(law)　166, 215, 459, 652
　도덕적(moral)　219, 231
원수들(enemies)　370, 371, 563
원죄(original sin)　'타락'을 보라.
은혜(grace)　155, 195, 355, 651
의로운, 의(공의, righteous, righteousness)164, 307, 396, 397
의로운 전쟁(just war)　588
이방인들(gentiles)　51, 364, 425, 484, 534, 663
이슬람(회교도, Islam)　32, 71, 475, 487
이원론(dualism)　244, 245, 576
인도주의 형벌론(humanitarian theory of punishment)　188

인자(Son of Man) 46, 275, 332, 388, 545

자랑(boasting) 357, 426, 668
자아상(self-image) 520, 537, 538, 563
잔(cup) 50, 137, 285, 615
재림(Parousia) 450
재창조(recreation) 537
저주(curse) 59, 218, 277-280, 458, 573, 659
적그리스도(Antichrist) 64
적대감(enmity) 370, 378
전가(imputation) 279, 351, 375
전도(Evangelism) 552
전파와 십자가(preaching and the cross) 655, 664-665
정복(conquest) 438
정사와 권세(principalities and powers) 366, 440
정죄(condemnation) 460
제단(altar) 495
제사장(priest) 64, 335, 494, 500
제사장 직분(priesthood) 497
제2차 바티칸 공의회(Second Vatican Council) 502, 510
종말론(eschatology) 359, 472-473
종의 노래(Servant songs) 272, 545, 610
죄(sin) 165, 222-225, 596, 597, 650-652
　담당함(-bearing) 71, 142, 265, 505
　우리의 죄(our) 313, 318, 321, 325
　제물(offering) 255
죄 없음(무죄, sinlessness) 375, 405, 603
죄책(guilt) 230
　참과 거짓(true and false) 179
주의 만찬(Lord's Supper) 30, 61, 124, 264, 488

제정의 말(words of institution)
죽음(death) 528, 530, 531, 611, 650, 651, 652
　그리스도의 죽음의 효력(effects of Christ's) 525
중생(regeneration) 352, 353
지옥(hell) 146
진노(wrath) '하나님(진노)'을 보라.
징계(discipline) 564, 604

창조(creation) 533, 624
천사(들)[angel(s)] 225, 365, 403
청교도들(Puritans) 37
치료(healing) 442, 465
칭의(justification) 314, 341, 378, 412, 527, 653, 671
　로마 가톨릭 신학(in Roman Catholic theology) 345
　루터(in Luther) 345
　큉(in Küng) 344

칼리굴라(Caligula) 90
코란(*Koran*) 73
콘스탄틴(Constantine) 38

타락, 타락됨(fall, fallenness) 212, 349, 460, 535, 536
트렌트 공의회(Council of Trent) 499

평강(화평, peace) 183, 353, 364, 564
폭정(tyranny)
　세상의(of the world) 461
　육신의(of flesh) 459, 460
　율법의(of law) 459
　죽음의(of death) 462
피(blood) 16, 65, 66, 67, 126-129, 289, 290, 335, 355, 357, 379, 478

하나님(God)

거룩(holiness of) 164, 190, 225
고난(suffering of) '신의 수난론'을 보라.
공의(justice of) 221, 252, 392-399
구속주(as Redeemer) 489, 512, 538, 606, 679
무감동성(impassibility of) '신의 수난론'과 '성부 수난론'을 보라.
받아들여짐(accessibility of) 362
사랑(거룩한 사랑, love of) 154, 164, 238, 242, 252, 286, 298, 379, 389, 400, 416, 486, 553, 566, 627
섭리(providence of) 391, 594
심판주(재판장, as Judge) 262, 264, 299, 342, 354, 398
영광(glory of) 385, 652
의(righteousness of) 356, 392, 653
이름(name of) 238, 240
자기 희생(self-substitution of) 251
접근성(approachability of) 197
죽으심(death of) 288
지혜와 능력(wisdom and power of) 423, 563, 626
진노(wrath of) 141, 142, 190, 233, 317, 320, 321, 370-372, 579
창조주(as Creator) 368
하나님을 낳은 자(theotokos) 293
하나님의 나라(kingdom of God) 47
두 왕국 이론(two kingdom theory) 576
하나님의 소멸하는 불(burning of God) '하나님(진노)'을 보라.
행동주의(behaviourism) 170
헤롯(Herod) 92, 109, 144, 442, 546
현실 요법(reality therapy) 185
형벌(심판, penalty) 120, 121, 217, 276
형벌(심판, punishment) 188, 228, 267, 268, 284, 392, 393, 397, 398, 578, 587-589

화목(conciliation) 564
화목(화해, propitiation) 18, 195, 283, 315, 371-373, 378, 396, 512
화목(화해, reconciliation) 119, 296, 315, 343, 360
확증(confirmation) 92
회개(repentance) 266, 413, 574
회심(conversion) 414, 484
희생(제물, sacrifice) 133, 162, 253, 257-259, 264, 280, 326, 493, 543,
힌두교(Hinduism) 74, 306, 475, 597

Anglican Roman Catholic International Commission (ARCIC) 503, 508
International Fellowship of Evangelical Students(IFES) 14
Inter-Varsity Fellowship(IVF) 14, 16
Universities and Colleges Christian Fellowship(UCCF) 14

# 성구 색인

**창세기**
2:17  *121*
3:3  *121*
3:15  *434, 441*
3:19, 23  *121*
4:15  *588*
5:24  *121*
6:6-7  *631*
9:4  *259*
14:18-22  *197*
18:25  *391*
22장  *262*
22:13  *257*
32:20  *321*
39:19  *234*

**출애굽기**
1:15-21  *586*
2:24  *639*
3:5  *199*
3:6  *191*
6:6  *331*
11-13장  *262, 308*
12장  *131*
12:2, 14, 17  *261*
12:26-27  *133*
12:46  *132*
13:8  *133*
13:13  *330*
19:3-25  *199*
20:24  *199*
21:28-32  *330*
23:7  *354*
23:14-17  *255*
24장  *131*
24:8  *128*
25-40장  *199*
28:43  *270*
29:45-46  *199*
30:12-16  *330*
32:10  *236, 321*
32:19  *234*
32:30  *321*
32:32  *257*
33:18-34:7  *386*
33:20-23  *191*
34:6  *239, 389*
34:6-7  *245*
34:20  *330*

**레위기**
5:17  *270*
7:12  *255*
10:17  *270*
16장  *199*
16:5, 21-22  *271*
17:11  *308, 325*
17:11-14  *336*
18:25-28  *202*
19:8  *270*

20:22-23 *202*
22:9 *270*
24:15 *270*
25:25-28 *330*
25:47-55 *330*
27장 *330*

민수기
1:51, 53 *200*
3:40-51 *330*
9:13 *270*
11:1 *236*
14:22 *386*
14:34 *270*
16:41-50 *321*
18:14-17 *330*
18:22 *270*
21:5 *202*
23:19 *630*
25:11-13 *321*
30:15 *270*

신명기
4:24 *201, 236*
6:15 *236*
7:7-8 *238*
7:8 *331*
8:5 *604*
9:26 *331*
12:23 *259, 336*
15:15 *331*
16:3 *133*
21:1-9 *257, 321*
21:22-23 *59*
21:23 *41, 660, 663*
25:1 *354*
27:26 *662*
28:15이하 *597*
29:27-28 *235*

30:15-20 *176*
32:4, 16, 21 *232, 234*
32:16, 21 *234*

여호수아
1:5, 9 *148*
3:4 *199*
7:1 *235*
7:26 *236*
15:25 *103*
23:16 *235*
24:15 *176*

사사기
2:12 *234*
2:12-13 *250*
3:8 *235*
10:16 *631*
13:22 *191*

룻기
3-4장 *330*

사무엘상
3:14 *321*
6:19 *200*
11:6 *234*
15:29 *630*
26:19 *321*

사무엘하
6:6-7 *200*
7:23 *331*
12:5 *234*
24:1 *235*

열왕기상
15:30 *234*
21:22 *234*

열왕기하
2:1-11 *121*
5:27 *597*
13:3 *235*
17:17 *234*
22:13 *235, 250*
22:17 *234-236, 250*
23:26 *236*

역대상
29:11 *442*

역대하
29:20-24 *256*
34:25 *236*

느헤미야
1:10 *331*
9:31 *239*

에스더
7:10 *234*

욥기
9:23 *627*
13:4 *624*
15:20 *623*
16:2 *624*
18:5 *623*
20:5 *623*
21:20 *141*
21:34 *624*
22:5 *623*
25:4 *355*
27:2 *623*
32:2 *624*
33:14, 17 *624*
36:10, 15-16, 22 *624*
40:1-9 *645*

성구 색인 717

40:2, 8  *625*
42:5-6  *191, 625*
42:7-8  *624*
42:8  *625*

시편
7:17  *197*
9:2  *197*
19:1  *386*
21:7  *197*
22:1  *52, 149, 152, 157*
22:15  *151*
22:22이하  *150*
23:3  *239*
29:9  *386*
31:5  *52, 151*
32:3-5  *597*
38:1-8  *597*
40:7-8  *296*
41:9  *101*
46:4  *197*
47:2  *197*
49:12, 20  *121*
50:14, 23  *498*
51:4  *167, 355*
51:17  *498*
57:2  *197*
59:13  *236*
66:10  *605*
69:21  *52, 151*
69:30-31  *498*
71:15  *396*
73편  *392*
75편  *141*
75:8  *142*
77:15  *331*
78:38  *235*
78:58  *234*
79:5  *235*

83:18  *197*
85:10  *245*
89:33  *233*
91:1, 9  *198*
92:8  *197*
93:4  *197*
95:10  *202*
97:2-6  *386*
97:9  *197*
98:2  *396*
99:2  *197*
103:10  *176, 239*
103:14  *176*
110:1  *450*
113:4  *197*
116:17  *498*
118:22  *52*
119:67  *606*
126편  *487*
130:3  *355, 374*
138:6  *198*
143:2  *355*
143:11  *239*

잠언
3:11-12  *604*
16:14  *321*
17:15  *354*
21:4  *198*

전도서
3:19-21  *121*

이사야
5:1-7  *605*
5:23  *354*
6:1  *198*
6:1-5  *191*
6:3  *386*

9:6-7  *442*
10:12  *198*
10:17  *236*
30:27  *236*
35:2  *386*
40:5  *386*
41:10  *148*
42:1  *274*
42:1-3  *176*
42:1-4  *272, 610*
42:6  *128*
43:1-4  *331*
44:1-5  *610*
45:21  *164, 245, 396*
46:13  *396*
48:9  *235*
48:10  *605*
48:20  *331*
49:1-6  *610*
49:8  *128*
49:15  *631*
50:4-9  *610*
51:5-6  *394*
51:11  *331*
51:17-22  *142*
52:11  *465*
52:13  *53*
52:13-53:12  *610*
52:15  *53*
53장  *46, 53, 54, 262, 272이하, 280, 309, 415*
53:1  *272*
53:3  *53, 273*
53:4  *272, 465, 466*
53:5  *272, 467*
53:5-6  *53, 146*
53:6  *272, 284*
53:7  *144, 273*

53:7-8 *273*
53:8 *273*
53:9 *272, 273*
53:10 *273, 284*
53:11 *53, 272, 274, 343*
53:12 *53, 266, 273, 275, 465*
56:1 *394*
57:15 *198*
59:1이하 *190*
61장 *51*
63:9 *639*

예레미야
4:4 *235, 236*
6:14 *183*
8:11 *183*
14장 *239, 240*
21:12 *235, 236*
25:15-29 *142*
27:5-6 *580*
31:3 *631*
31:11 *331*
31:20 *631, 633*
31:31-34 *128*
31:34 *486*
32:6-8 *330*
32:30-32 *234*
44:22 *236*
45:5 *544*
49:12 *142*

예레미야애가
2:3 *236*
3:22 *235, 239*
4:11 *237*
5:7 *270*

에스겔
1:28 *191*
4:4-5 *270*
5:13 *236, 237, 250*
6:12 *237*
7:7-8 *237*
7:8 *237*
7:8-9, 27 *239*
8:17 *234*
13:15 *237*
16:42 *236*
18:25 *630*
20:8, 21 *237*
20:44 *250*
21:17 *236*
22:31 *236*
23:32-34 *141*
24:13-14 *236*
36:5-6 *235*
36:21-23 *240*
38:19 *235*

다니엘
2:21 *580*
3:1-18 *586*
3:26 *197*
4:2 *197*
4:17, 24-25, 32 *197, 580*
4:34 *197*
5:18-21 *197*
5:21 *580*
6장 *216, 249*
6:1-14 *586*
6:4 *216*
6:7 *216*
6:8-9 *216*
6:13-17 *249*
6:14 *217*

6:15 *217*
7장 *46*
7:13-14 *275, 545*
7:18-27 *197*
7:27 *580*
10:9 *191*

호세아
1-3장 *606*
7:16 *197*
8:5 *235, 250*
11장 *243*
11:7 *197*
11:8 *631*
11:8-9 *243, 244*
12:14 *234*
14:1-2 *498*

아모스
2:6 *105*

미가
6:6 *197*
6:6-8 *258*
7:18 *245*

하박국
1:4 *375*
1:13 *190*
2:4 *662*
2:16 *142*
3:2 *245*

스바냐
1:18 *235, 236*
3:8 *235*

스가랴
7:2 *321*
8:22 *321*

9:11  *128*
13:7  *62, 284*
13:9  *605*

말라기
1:9  *321*
1:11  *493, 494, 498*
3:6  *630*

마태복음
1:21-23  *295*
1:23  *639*
2:1-18  *442*
2:13  *99*
3:15  *274*
4:1-11  *442*
4:23  *442*
5:9  *564*
5:10-12  *615*
5:11-12  *138*
5:21-26  *192*
5:24  *377*
5:44  *573*
5:48  *564*
6:12-15  *163*
6:26  *533*
6:29  *386*
6:33  *544*
7:12  *522*
7:23  *200*
8:16-17  *467*
8:17  *272*
10:4  *100*
10:34  *583*
10:38  *528, 615*
11:6  *155*
12:12  *261, 533*
12:15-21  *176*
12:17-21  *272*

16:17  *44*
16:21이하  *45*
16:23  *442*
16:27  *579*
17:9-13  *47*
17:22  *106*
17:22-23  *45*
18:15-17  *568*
18:21-35  *163*
18:23-35  *419*
20:17-19  *46*
20:20-28  *47*
21:33-46  *47*
21:42  *52*
23:27  *96*
23:37  *177*
25:31  *386*
25:34-40  *639*
25:41  *200*
26:2  *48, 106*
26:6-13  *48*
26:6-16  *105*
26:14이하  *48*
26:14-16  *106*
26:18  *50*
26:26-28  *125*
26:26-29  *48*
26:28  *275*
26:31  *52*
26:36-46  *135, 157*
26:37  *137*
26:47-56  *48*
26:53  *448*
26:54  *55*
26:57-58  *114*
27:18  *97, 106*
27:19  *92*
27:20  *99*
27:23  *107*

27:24  *93*
27:25  *108*
27:26  *106*
27:32-35  *88*
28:18-20  *450, 551*

마가복음
1:24  *442*
1:41  *192*
2:17  *181*
2:19-20  *45*
2:20  *273*
3:5  *192, 632*
3:6  *50*
3:19  *100*
3:27  *443, 456*
4:39  *442*
7:21-23  *175, 385*
8:29-30  *43*
8:31  *53, 55, 451, 528*
8:31-32  *44, 82*
8:31이하  *45*
8:34  *241, 528*
9:9  *121*
9:9-13  *47*
9:12  *273*
9:30-32  *45, 82*
9:31  *45, 451*
10:32-34  *46, 82*
10:34  *451*
10:35  *542*
10:35-45  *47, 542, 560*
10:37  *386*
10:38-39  *546*
10:42  *545*
10:43  *545*
10:45  *53, 54, 146, 275, 277, 309, 332, 335, 414, 505, 542*

11:28, 30  *98*
12:1-12  *47*
12:10-11  *52*
13:8  *620*
13:26  *386*
14:3-9  *48*
14:3-11  *105*
14:8  *273*
14:10이하  *48*
14:12-16  *132*
14:21  *51, 102*
14:22-24  *125, 156*
14:22-25  *48, 275*
14:24  *275, 309*
14:27  *52, 284*
14:32-42  *135*
14:33  *137*
14:35  *50*
14:36  *142, 296*
14:41  *50*
14:43-50  *48*
14:57-59  *114*
14:61  *273*
15:1  *99*
15:5  *273*
15:10  *97, 99*
15:15  *94*
15:21  *528*
15:21-25  *88*
15:25  *147*
15:30  *448*
15:33-34  *147, 157*

누가복음
1:20  *597*
1:68  *334, 379*
1:78  *283*
2:11  *295*
2:38  *334*

2:41-50  *43*
4:16-30  *51*
4:35, 39  *597*
5:8  *191*
6:16  *100*
6:26  *665*
6:27-28  *573*
6:36  *564*
7:29  *354*
7:47  *411*
9:22이하  *45*
9:23  *528*
9:32  *386*
9:44  *47*
9:51  *45*
10:18  *443*
11:21-22  *443*
11:21  *214*
11:22  *215, 273*
12:15  *105*
12:50  *55, 136*
13:1  *90*
13:1-5  *598*
13:16  *597*
13:34-35  *632*
14:27  *528*
15장  *422*
15:11-24  *419*
17:3  *566*
18:9-14  *419*
18:13  *317*
18:14  *343*
18:31-34  *46*
19:10  *54*
19:41-44  *632*
20:9-19  *47*
20:17  *52*
21:24  *583*
21:28  *334*

22:3  *101*
22:14-20  *48*
22:15  *132*
22:17-19  *125*
22:19  *118*
22:22  *48*
22:37  *53, 273*
22:39-46  *135*
22:44  *137*
22:47-53  *48*
23:1-2  *114*
23:2  *91*
23:4  *91*
23:1-25  *114*
23:5-12  *92*
23:9  *273*
23:13-15  *91*
23:13-16  *114*
23:16, 22  *92*
23:20  *94*
23:22  *92*
23:23-25  *94*
23:26-33  *88*
23:34  *108, 176, 273*
23:46  *112, 122, 151, 152*
24:21  *334*
24:25-27  *52*
24:26  *55, 70, 388*
24:30-35  *452*
24:44  *55*
24:44-47  *52*
24:46-47  *61*

요한복음
1:12-13  *363*
1:14  *245, 387, 389*
1:17  *389*
1:29  *146, 262, 389*

1:36　*262*
2:4　*49*
2:11　*387*
2:19　*451*
3:14　*387*
3:14-16　*119*
3:16　*283, 298, 299, 404*
3:19　*179*
4:34　*143, 296*
5:14　*597*
5:18　*539*
5:40　*177*
6:15　*44, 442*
6:38-39　*296*
6:44　*177*
6:53-55　*130*
6:64, 71　*100*
7:8　*49*
7:25이하　*49*
8:12이하　*49*
8:28　*387*
8:29　*296*
8:34　*175*
8:34-36　*461*
9:1-3　*598*
9:3　*600*
10:11　*111, 112, 118, 273, 389*
10:15　*118, 273*
10:17　*273*
10:17-18　*112, 451*
10:18　*122, 296*
10:30　*296, 539*
11:4　*387, 600*
11:25-26　*464*
11:33　*121*
11:35　*632*
11:38　*121, 632*

11:40　*387*
11:49-52　*389*
11:52　*484*
12:3-8　*105*
12:20-28　*49, 388*
12:23-24　*70*
12:23-26　*612*
12:24　*551*
12:25-26　*612*
12:27　*50, 136, 143*
12:31　*443*
12:32　*387, 484*
12:32-33　*612*
12:38　*272*
13:1　*49, 50, 262*
13:2, 11, 27　*100, 101*
13:25-30　*101*
13:27　*442*
13:29　*105*
13:30-32　*388*
13:31　*390*
14:11　*296*
14:30　*443, 448*
15:1-8　*605*
15:10　*296*
15:18-21　*615*
15:26-27　*183*
16:8　*183*
16:11　*443*
16:14　*388*
16:32　*150*
16:33　*462*
17:1　*49, 388, 390*
17:3　*475*
17:4　*296*
17:5　*388*
17:10　*388*
17:12　*101*
17:18　*551*

17:21-23　*296*
17:24　*388*
18:1-11　*48, 135*
18:2　*134*
18:11　*143, 285*
18:14　*389*
18:28　*132, 262*
18:38　*91*
19장　*387*
19:4-5, 6　*91, 92*
19:6　*114*
19:9　*273*
19:11　*95, 448*
19:12　*94*
19:14　*262*
19:16-18　*89*
19:17　*529*
19:17-18　*88*
19:28　*151, 152*
19:30　*296*
19:31　*262*
19:36　*132*
20:21　*551*

사도행전
1:15-17, 25　*101*
1:18　*101*
2장　*274*
2:14-39　*56, 82*
2:23　*58, 59, 113, 284*
2:23-24　*451*
2:24　*449, 453*
2:33　*61*
2:33-36　*61*
2:36　*59*
2:36-37　*108*
2:38　*61*
2:40-41　*483*
2:40-47　*484*

2:46　487
3:12-15　95
3:12-26　56, 82
3:13　61, 272
3:15, 16　60, 61
3:17　108, 176
3:18　58
3:26　61, 272
4:8-12　56, 82
4:10　59-61
4:11　52
4:12　61
4:13-20　586
4:19　586
4:27　109, 272
4:28　58, 113
4:30　272
5:28　105
5:29　64, 509
5:29-32　56, 82
5:30　59, 60
5:31　453
5:31-32　61
5:37　102
5:41　138
7:48-49　198
7:51-52　108
8:18-23　105
8:30-35　273
9:4　639
10:4　498
10:34-43　56, 82
10:38　597
10:39　59
10:39-40　60
10:43　61
12:2　583
13:16-41　57, 82
13:28　59

13:28-30, 38-39　60, 61
13:29　59
13:47　611
14:15-17　57, 82
14:22　616
17:2-3　57, 58, 82
17:3　59
17:22-31　57, 82
17:30-31　393, 429
20:28　290, 339
20:32　348
20:33-34　105
21:38　103
26:18　449, 477
28:23-31　57, 82

로마서
1:4　453
1:16　427
1:17　356, 394
1:18　394
1:18-32　195, 575
1:19-20　394
1:25-26　394
2:1-16　180
2:4　235, 393
2:4-16　239
2:5　193, 575
2:15　166
2:17-3:8　180
3장　322, 390, 401
3:9　180
3:10　355, 395
3:18　405
3:19-20　180
3:19-26　411
3:20　355, 395
3:21　356, 394
3:21-25　62

3:21-26　429
3:22　395
3:23　405
3:24　355, 397
3:24-25　316, 335, 356
3:25　239, 253, 284,
　　　317, 318, 322, 325,
　　　379, 380, 397
3:25-26　390
3:26　245, 286, 397
3:27　669
3:28　346, 357
4:5　354
4:6　279
4:15　193
4:25　112, 275, 453
5장　371, 390, 402
5-8장　459
5:1　357, 362
5:1-2　363
5:2-3　621
5:3-5　604
5:5　402, 490
5:6　405
5:8　118, 277, 280, 390,
　　　402, 403, 406, 407,
　　　416, 430
5:9　193, 355, 371, 379
5:9-10　63, 486
5:9-11　362
5:10　299, 370, 371,
　　　403, 405
5:11　362, 377
5:12-14　121
5:12-19　294, 484
5:17　395
5:18　340
5:19　447
5:20-21　195

성구 색인　723

5:20-6:1  *524*
6장  *524*
6:1  *352*
6:1-3  *352*
6:1-4  *452*
6:1-14  *524, 559*
6:2-3  *352*
6:2, 3-4  *524*
6:3  *62*
6:3-4  *525*
6:6  *458, 461*
6:10  *496, 525*
6:11  *526*
6:12-14  *526*
6:14  *460*
6:19  *348*
6:23  *120, 525*
7:7-25  *360*
7:12  *444*
7:25  *176*
8장  *460*
8:1  *358, 360, 460*
8:1-4  *460*
8:3  *254, 284, 360, 380, 460*
8:4  *460*
8:7  *167, 206, 370, 405*
8:13  *530*
8:14-17  *363*
8:15-16  *403*
8:17  *616*
8:17-18  *388*
8:18  *617*
8:18-23  *334*
8:21  *366, 457*
8:22  *620*
8:28  *480*
8:28-29  *617*
8:32  *112, 284, 298, 299, 404, 626, 645*
8:33  *355, 379, 380*
8:33-34  *360*
8:34  *340*
8:35  *583*
8:35-39  *626*
8:36  *531*
8:37  *433*
8:38-39  *486*
8:39  *360*
9:1-4  *257*
9:30  *395*
9:32  *155*
10:3  *395*
10:4  *460*
11:22  *245*
11:28  *370*
11:33-36  *424*
12-13장  *569이하*
12:1  *493, 498*
12:1-2  *462, 569*
12:3  *523*
12:4-13, 15-16  *569*
12:9  *571, 590*
12:9, 17  *572*
12:14  *570, 573*
12:14-13:7  *571, 590*
12:17, 19  *572, 575*
12:17-21  *569*
12:18  *564, 573*
12:19  *575, 579*
12:20  *570, 573*
12:21  *447, 572, 573, 587*
13장  *579이하*
13:1, 2  *580, 581, 584*
13:1-7  *195*
13:3, 5, 6  *580, 585*
13:4  *572, 576, 580-583, 587*
15:8  *581*
15:16  *499, 581*

고린도전서
1:2  *348*
1:17-2:5  *424, 427, 431*
1:18, 23  *39*
1:18-25  *62, 71*
1:23  *155, 664*
1:24  *427*
1:25  *448*
1:30  *279, 427, 439*
2:1-2  *62*
2:8  *108, 289*
4:13-14  *549*
4:21  *549*
5:5  *568*
5:6  *490*
5:7  *488*
5:7-8  *262*
5:8  *490*
6:11  *348*
6:18-20  *340*
7:23  *340*
8:11-13  *550*
10:16  *131, 492*
10:17  *493*
11:20  *493*
11:23  *100*
11:23-25  *125*
11:23-26  *48*
11:24-25  *492*
11:26  *62, 492*
11:30  *597*
13:3  *335*
15:1-5  *62*
15:1-8  *451*
15:3  *120, 275*

15:3-4　*17, 58*
15:12이하　*453*
15:24-28　*450*
15:26　*464*
15:30-31　*531*
15:50-54　*121*
15:55-57　*464*
15:57　*433, 456*

고린도후서
1:5　*615*
2:14　*433*
3:18　*348*
4:9　*467*
4:9-10　*531*
4:10-11　*467*
4:12　*552*
4:16　*468, 531*
4:17　*617*
5:14　*277*
5:14-15　*417, 418, 486, 511, 524*
5:15　*452*
5:17　*352, 537*
5:17-19　*296*
5:18　*368, 372, 376, 379*
5:18-19　*296, 372*
5:18-21　*367, 368, 376*
5:19　*279, 374, 376, 661*
5:20　*277, 377*
5:21　*146, 277, 278, 284, 309, 358, 374, 380, 395, 661*
6:2　*314*
6:4　*581*
7:1　*348*
9:15　*404*

10:1　*549*
10:6-18　*549*
12:7　*597*
12:7-10　*606*
13:4　*448*
13:10　*549*

갈라디아서
1:1　*657*
1:3-5　*650, 652, 673*
1:4　*119, 254, 671*
1:6　*652*
1:7　*664*
2장　*654*
2:4-5　*341*
2:11-14　*656*
2:15-21　*653*
2:16　*341, 350, 357, 653, 661*
2:17　*358*
2:19-20　*654, 657*
2:19-21　*652, 655, 673*
2:20　*112, 416, 483, 653, 668, 671*
3:1　*664, 671*
3:1-3　*655, 673*
3:8　*663*
3:10　*218, 353, 661*
3:10-14　*659, 674*
3:11　*662*
3:12　*662*
3:13　*60, 146, 218, 277, 333, 335, 460, 663, 671*
3:13-14　*309*
3:14　*278, 663*
3:23　*460*
3:26-29　*359, 363*
4:1-7　*363*

4:4　*294, 298, 657*
4:4-5　*335*
4:5　*333*
5장　*666*
5:6　*359*
5:11　*155, 663, 671, 674*
5:13, 16-18　*666*
5:18　*460*
5:19-21　*461, 666*
5:19-26　*674*
5:20　*192*
5:22-23　*605, 666*
5:24　*530, 666-668, 670, 671*
5:25　*667*
6:1-2　*568*
6:12　*663, 671, 674*
6:13　*669*
6:14　*63, 462, 668-671, 674*
6:17　*672*

에베소서
1:4　*617*
1:6　*358*
1:7　*119, 333, 335, 379*
1:10　*367*
1:14　*334*
1:20-23　*449, 456*
1:21-22　*581*
1:22　*367*
2:3-4　*245*
2:4　*283*
2:4-6　*456*
2:8-9　*350*
2:11-22　*364*
2:12　*364*
2:13　*364, 379*

2:14  *370*
2:15  *364, 484*
2:16  *119, 370*
2:17  *371*
2:17-18  *363*
2:19  *364*
3:1  *613*
3:3  *657*
3:4-6  *365*
3:6  *364, 484*
3:12  *363, 486*
3:13  *613*
3:14-15  *566*
4:24  *537*
4:30  *334*
4:31  *192*
5:1-2  *563*
5:2  *112, 118, 254, 416, 511*
5:21  *548*
5:25  *416*
5:25-29  *548*
5:29  *522*
6:10  *444*
6:10-17  *456, 477*

빌립보서
1:29-30  *138*
1:30  *615*
2:3-4  *550*
2:6  *539*
2:6-8  *289*
2:7-8  *241, 294, 404, 505*
2:8  *70, 447*
2:9-11  *367, 450*
2:17  *498, 499*
3:9  *279, 357, 395*
3:10  *615*
3:18  *672*
4:18  *498*

골로새서
1:13  *449*
1:14  *333*
1:15-20  *365, 366*
1:19-20  *297*
1:20  *119, 367, 379, 565*
1:21  *370*
1:22  *490*
1:24  *613*
2:9  *297*
2:13-15  *443, 479*
2:15  *367, 434*
2:20  *524*
3:1-14  *524*
3:5  *530*
3:8  *192*
3:10  *537*

데살로니가전서
1:3  *359*
1:9  *449*
1:10  *193*
2:14-16  *108*
2:16  *193*
3:3  *615*
4:3, 7  *348*
4:14  *452*
5:10  *118, 119*
5:23  *348*

디모데전서
1:13  *176*
1:20  *568*
2:1-2  *585*
2:5  *291*
2:5-6  *333*
2:6  *277, 335*
3:3, 8  *105*
4:2  *182*
6:10  *105*
6:16  *201, 291*

디모데후서
1:10  *458, 464*
2:8-10  *613, 614*
2:11-12  *616*
2:13  *233, 241*
3:1-5  *523*
3:12  *615*
4:6  *499*

디도서
1:2  *233*
1:7  *105*
2:11  *283*
2:14  *118, 334, 335, 359, 483*
3:3  *461*
3:5  *350*
3:5-7  *353*
3:8  *359*

빌레몬서
13절  *277*
18-19절  *257*

히브리서
2:3  *314*
2:10  *602, 644*
2:14  *213, 291, 453, 458, 463*
2:14-15  *443*
2:17  *271, 317, 322*
4:14  *64*

4:15  *603, 632*
4:16  *198, 486*
5:8  *294*
5:8-9  *603, 644*
6:4-6  *668*
6:5  *457*
6:6  *70, 109*
6:18  *233*
7:23-25  *497*
7:26  *603*
7:27  *496*
7:28  *603*
8-10장  *65*
8:2  *581*
8:12  *486*
9:5  *322*
9:7  *271*
9:7-8  *199*
9:9  *337*
9:12  *271, 335, 496*
9:14  *254, 486*
9:15  *333, 393*
9:15-17  *290*
9:18-20  *128*
9:22  *260*
9:26  *120, 496*
9:28  *119, 146, 265, 271, 496*
10:4  *261, 393*
10:5-10  *284*
10:7  *296, 369*
10:10, 11-12  *496*
10:11-12  *497*
10:12  *120*
10:17  *486*
10:19  *486*
10:19-22  *363*
10:26-27  *668*
10:27  *201*

10:29  *348*
10:31  *201*
11:4  *256*
11:37  *583*
12:1-3  *601*
12:2  *70, 615, 645*
12:5-8  *566*
12:5-11  *604*
12:14  *348*
12:18-21  *199*
12:29  *201, 236*
13:12  *348*
13:15  *498*
13:16  *498*

야고보서
1:2-4  *604, 644*
2:14-26  *359*
4:4  *370*
4:7  *477*

베드로전서
1:3  *455*
1:6-7  *605*
1:11  *70*
1:17  *203*
1:18  *334*
1:18-19  *63, 335, 380*
1:19  *261*
1:19-20  *113*
1:21  *455*
2:5  *497, 511*
2:7  *52*
2:8  *155*
2:9  *497*
2:13  *585*
2:14  *582*
2:18-23  *601*
2:20-21  *569*

2:21  *615*
2:22-25  *272*
2:23  *573, 579*
2:24  *60, 63, 146, 265, 467, 530*
3:11  *564*
3:18  *63, 119, 120, 146, 254, 363, 496*
3:22  *449*
4:1  *610*
4:12  *615*
4:13  *388, 615, 616*
4:14  *70*
5:1  *70, 388, 615, 616*
5:8  *457*
5:8-9  *477*
5:9-10  *616*
5:10  *70, 388*

베드로후서
1:16  *386*
2:1  *339*
3:3-9  *393*
3:9  *235, 239*

요한일서
1:5  *146, 201*
1:7  *64, 120, 336*
1:9  *245*
2:1  *322*
2:1-2  *64, 316, 497*
2:2  *283, 317, 318, 322*
2:8  *457*
2:13  *455*
2:15-16  *462*
2:22  *64*
3:1-10  *363*
3:2  *617*
3:4  *166, 206, 215*

3:8  *458*
3:16  *64, 400, 416, 430*
3:16-18  *553*
4:1-3  *64*
4:7-12  *550*
4:9  *64, 401*
4:9-10  *283, 284*
4:10  *64, 316, 317, 318,
       322, 325, 379, 400,
       401, 416, 430*
4:14  *64, 298*
4:18-19  *486*
4:19  *416*
5:4-5  *462*
5:18  *467*

요한이서
7절  *64*

유다서
24절  *617*

요한계시록
1:5  *65, 471, 581*
1:5-6  *65, 120, 339*
1:6  *497*
1:17  *191*
1:17-18  *471*
1:18  *65, 451*
2-3장  *433*
2:7, 17, 26  *470*
3:5, 12  *470*
3:16  *202*
3:17-18  *307*
3:19  *604*
3:21  *434, 455, 470*
4-7장  *471, 512*
4:3  *198*
4:11  *489*

5:1-6  *67*
5:5  *434, 471*
5:5-6  *65*
5:6  *262, 289*
5:8  *498*
5:8-9  *68*
5:9  *262, 289, 471*
5:11-14  *68*
5:12  *262, 489*
6:2  *470*
6:15-17  *69*
7:9  *289, 484, 616*
7:9-14  *66*
7:14  *616*
7:16-17  *66*
8:3-4  *498*
11:15-18  *472*
11:15-12:12  *480*
12장  *472*
12:1이하  *442*
12:5  *472*
12:5-6  *472*
12:9  *472*
12:11  *67, 262, 434,
        472, 478*
12:12  *472*
13장  *585*
13:5, 7  *473*
13:8  *66, 69, 473*
13:11, 14  *473*
13:14  *474*
14:1이하  *66*
14:1-5  *474*
14:3-4  *339*
14:8  *474*
14:10  *142*
15:1-4  *474*
16:1이하  *142*
16:4-7  *474*

17:1, 2, 4, 5, 9  *474*
17:14  *67, 475*
17:18  *474*
18-19장  *475*
18:3, 5, 7  *475*
18:6  *142*
18:11-13  *474*
19:6-7  *69*
19:11  *395*
19:11-16  *475*
19:16  *581*
19:20  *474*
20:1-3  *450*
20:10  *450*
20:14  *121, 450*
21:7  *470*
21:8  *121*
21:9-10, 22-23  *69*
21:27  *66*
22:1, 3  *67*

# 저자 연보

| | |
|---|---|
| 1921년 | 4월 27일 영국 런던에서 아버지 아놀드 스토트 경(저명한 심장병리학자 겸 의사)과 어머니 에밀리 캐롤라인(루터교 신자) 사이에서 존 스토트(John Robert Wamsley Stott) 태어나다. 위로 누나 조안(1912년 출생), 로즈메리(1914년 출생, 1917년 뇌막염으로 사망), 조이(1919년 출생)가 있다. |
| 1935-40년 | 럭비 학교에서 수학. 최우등생이 되다. |
| 1936년 | 영국 국교회에서 견진성사를 받다. |
| 1938년 | 2월 13일 럭비 학교 '브리저의 모임'에 온 성서유니온 간사인 에릭 내쉬(Eric Nash)의 강연을 듣고 그 날 밤 회심하다. |
| 1940년 | 10월 케임브리지 트리니티 칼리지 입학. 프랑스어와 신학 부문 수석, 최우수 장학생으로 선출되다. |
| 1944년 | 케임브리지 리들리 홀에 입학하여 목사 훈련을 받다. |
| 1945년 | 목사 안수를 받고 올 소울즈의 부목사로 부임하다. |
| 1950년 | 올 소울즈의 교구 목사로 부임하다. |
| 1952-77년 | IVCF(InterVarsity Christian Fellowhip) 영국, 북아메리카, 오스트레일리아, 뉴질랜드, 아프리카, 아시아 등 50여 개 대학 모임을 섬기다. |

| | |
|---|---|
| 1954년 | 첫 저서 *Men with a Message: An Introduction to the New Testament and Its Writers* 출간. |
| 1959-91년 | 왕실 예배 목사로 섬기다. |
| 1960-81년 | 영국 국교회 연합 복음주의 운동(EFAC, Evangelical Fellowship in the Anglican Communion)의 명예 총무로 섬기다. |
| 1961-82년 | UCCF(Universities and Colleges Christian Fellowship) 대표를 4회 연임하다. |
| 1965-74년 | 영국 성서유니온(BSU, British Scripture Union) 대표로 섬기다. |
| 1966년 | *Men Made New* 출간.「새 사람」(엠마오). |
| 1967년 | *Our Guilty Silence* 출간.「존 스토트의 복음 전도」(IVP). |
| 1967-84년 | 영국 복음주의 교회 협의회(CEEC, Church of England Evangelical Council) 회장으로 섬기다. |
| 1968년 | BST(The Bible Speaks Today) 시리즈 1권 *The Message of Galatians* 출간.「갈라디아서 강해」(IVP 역간 예정). |
| 1970년 | *Christ the Controversialist* 출간.「변론자 그리스도」(성서유니온). |
| 1971년 | 경제적인 여유가 없는 목회자·교사·신학생들에게 신학 관련 도서를 보내 주기 위한 목적으로 "복음주의 저술 재단"(ELT, Evangelical Literature Trust) 창립. 그의 저술 인세가 토대가 됨. *Basic Christianity* 출간.「기독교의 기본 진리」(생명의말씀사). 이 책은 지금까지 60개 이상의 언어로 번역되어 200만 부 이상 판매됨. |
| 1972년 | *Becoming a Christian* 출간.「그리스도인이 되는 길」; *Your Mind Matters* 출간.「그리스도인의 사고 활용과 성숙」(이상 IVP). |

| 1973년 | BST 시리즈 2권 *The Message of 2 Timothy* 출간. |
| --- | --- |
| 1973-74년 | 영국 복음주의 연맹(British Evangelical Alliance) 대표로 섬기다. |
| 1974년 | 세계 복음화 국제 공의회의 로잔 회의에 기초 위원회 의장으로 활동하다. 제3세계 복음주의 학자들에게 장학금을 주기 위해 랭햄 재단(Langham Trust)의 전신인 장학 재단 설립. 지금까지 랭햄 파트너십 인터내셔널(Langham Partnership International)의 대표로 활발히 활동해 오다. |
| 1974-81년 | 로잔 신학 및 교육 모임(Lausanne Theology and Education Group)의 의장으로 섬기다. |
| 1975년 | 올 소울즈 명예 교구 목사가 되다. |
| 1977년 | 유럽 복음주의 신학자 연합(FEET, Fellowship of European Evangelical Theologians) 설립. |
| 1978년 | BST 시리즈 3권 *The Message of the Sermon on the Mount* 출간. 「예수님의 산상 설교」(생명의말씀사). |
| 1979년 | BST 시리즈 4권 *The Message of Ephesians* 출간. 「에베소서 강해」(IVP 역간 예정). |
| 1980년 | *The Whole Christian* 출간. 「온전한 그리스도인이 되려면」(IVP). |
| 1982년 | 런던 현대 기독교 연구소(LICC, London Institute for Contemporary Christianity) 설립, 1986년부터 지금까지 소장으로 섬겨 옴. *The Bible: Book for Today* 출간. 「왜 성경이 필요한가」(엠마오). |
| 1983년 | 람베스(Lambeth) 신학 박사 학위를 수여받고, 미국과 영국, 캐나다의 학교들로부터 명예 학위를 수여받다. 또한 1983년부터 지금까지, 자연과 환경에 대한 관심을 불러일으키기 위한 |

일환으로 그리스도인 환경 관련 단체인 "로샤"(A Rocha: Christians in Conservation, www.arocha.org)의 적극적인 후원자로 활동해 오고 있다.

| | |
|---|---|
| 1986년 | *The Cross of Christ* 출간.「그리스도의 십자가」(IVP). |
| 1986-90년 | 영국 국교회 연합 복음주의 운동(EFAC, Evangelical Fellowship in the Anglican Communion)의 대표로 섬기다. |
| 1988년 | *Evangelical Essentials* 출간.「자유주의자와의 대화」(여수룬); *The Letters of John* 출간.「요한서신서」(CLC). |
| 1990년 | *Issues Facing Christians Today* 출간.「현대 사회 문제와 그리스도인의 책임」; BST 시리즈 5권 *The Message of Acts* 출간.「사도행전 강해」(이상 IVP); *What Christ Thinks of the Church* 출간.「예수님이 이끄시는 교회」(두란노). |
| 1991년 | *Christian Basics* 출간.「존 스토트의 신앙 생활 가이드」; BST 시리즈 6권 *The Message of Thessalonians* 출간.「데살로니가 전후서 강해」(이상 IVP); *Life in Christ* 출간.「중심되신 그리스도」(여수룬). |
| 1992년 | The *Contemporary Christian* 출간.「현대를 사는 그리스도인」(IVP). |
| 1994년 | BST 시리즈 7권 *The Message of Romans* 출간.「로마서 강해」(IVP). |
| 1995년 | *Authentic Christianity* 출간.「진정한 기독교」(IVP). |
| 1995-2003년 | IFES(International Fellowship of Evangelical Students) 부대표로 섬기다. |
| 1996년 | *Life in Christ* 출간.「예수님이 이끄시는 삶」(두란노); BST 시리즈 8권 *The Message of 1 Timothy&Titus* 출간.「디모데전서·디도서 강해」(IVP). |

| | |
|---|---|
| 1998년 | *I Believe in Preaching* 출간. 「존 스토트 설교론」(크리스챤다이제스트). |
| 1999년 | *Evangelical Truth* 출간. 「복음주의의 기본 진리」; *The Birds our Teachers* 출간. 「새, 우리들의 선생님」(이상 IVP). |
| 2001년 | *The Incomparable Christ* 출간. 「비교할 수 없는 그리스도」 (IVP). |
| 2002년 | *Calling Christian Leaders* 출간. 「리더십의 진실」(IVP). |
| 2003년 | *Why I Am a Christian* 출간. 「나는 왜 그리스도인이 되었는가?」(IVP). |
| 2006년 | *Through the Bible, Through the Year: Daily Reflections from Genesis to Revelation* 출간. |

옮긴이 황영철은 총신대를 졸업하고 기독교윤리실천운동본부 협동총무와 자유번역가로 활동했으며, 영국에서 신학 공부를 마친 후 귀국하여 선실교회에서 담임목사로 섬기고 있다. 저서로 「이 비밀이 크도다」(IVP), 「구원의 윤리」(대장간)가 있으며 역서로는 「그리스도인의 비전」, 「교회」(이상 IVP) 등 다수가 있다.

옮긴이 정옥배는 외국어대학교 서반아어과를 졸업하고 IVP 간사를 역임했으며 미국에 있는 웨스트민스터 신학교와 풀러 신학교에서 수학했다. 역서로 「비교할 수 없는 그리스도」, 「이슬람의 딸들」, BST 성경 강해 시리즈 「신명기」, 「사도행전」, 「로마서」(이상 IVP) 등 다수가 있다.

IVP 모던 클래식스
0 0 1

## 그리스도의 십자가

초판 발행_ 1988년 1월 25일
초판 29쇄_ 1998년 4월 25일
개정판 발행_ 1998년 11월 30일
개정판 18쇄_ 2006년 10월 25일
개정2판 발행_ 2007년 2월 10일
개정2판 17쇄_ 2025년 1월 15일

지은이_ 존 스토트
옮긴이_ 황영철·정옥배
펴낸이_ 정모세

펴낸곳_ 한국기독학생회출판부
등록번호_ 제2001-000198호(1978.6.1)
주소_ 04031 서울시 마포구 동교로 156-10
대표 전화_ (02)337-2257  팩스_ (02)337-2258
영업 전화_ (02)338-2282  팩스_ 080-915-1515
홈페이지_ http://www.ivp.co.kr  이메일_ ivp@ivp.co.kr
ISBN 978-89-328-1558-9
ISBN 978-89-328-4044-4(세트)

ⓒ 한국기독학생회출판부 2007

책값은 뒤표지에 있습니다.
무단 전재와 복제를 금합니다.